HISTOIRE
DES
INSTITUTIONS POLITIQUES
DE L'ANCIENNE FRANCE

PAR

FUSTEL DE COULANGES

Membre de l'Institut (Académie des sciences morales)
Professeur d'histoire en Sorbonne

L'INVASION GERMANIQUE
ET LA FIN DE L'EMPIRE

REVUE ET COMPLÉTÉE SUR LE MANUSCRIT ET LES NOTES DE L'AUTEUR

PAR

CAMILLE JULLIAN

Professeur à la Faculté des lettres de Bordeaux

II

DEUXIÈME ÉDITION

PARIS
LIBRAIRIE HACHETTE ET Cⁱᵉ
79, BOULEVARD SAINT-GERMAIN, 79
—
1904

HISTOIRE
DES
INSTITUTIONS POLITIQUES
DE L'ANCIENNE FRANCE

—

L'INVASION GERMANIQUE
ET LA FIN DE L'EMPIRE

II

OUVRAGES DU MÊME AUTEUR

PUBLIÉS PAR LA LIBRAIRIE HACHETTE ET Cie

Histoire des Institutions politiques de l'ancienne France. Nouvelle édition revue par M. C. Jullian. Six volumes in-8, br. . . 45 fr. »

La Gaule romaine. . . . . 7 fr. 50
L'Invasion germanique et la fin de l'Empire. . . . . . . 7 fr. 50
La Monarchie franque. . . . . 7 fr. 50
L'Alleu et le domaine rural pendant l'époque mérovingienne. 7 fr. 50
Les Origines du système féodal : le Bénéfice et le Patronat pendant l'époque mérovingienne. . . . . 7 fr. 50
Les Transformations de la royauté pendant l'époque carolingienne . . . . 7 fr. 50

Recherches sur quelques problèmes d'histoire. Un vol. gr. in-8, broché. . . . . 10 fr. »

Nouvelles recherches sur quelques problèmes d'histoire. Un vol. gr. in-8, broché. . . . . 10 fr. »

Questions historiques. Un vol. gr. in-8, broché. . . . 10 fr. »

La Cité antique; 18e édition. Un vol. in-16, broché. . . . 3 fr. 50
(Ouvrage couronné par l'Académie française.

241-01. — Coulommiers. Imp. Paul BRODARD. — 4-04.

HISTOIRE
DES
INSTITUTIONS POLITIQUES
DE L'ANCIENNE FRANCE

PAR

FUSTEL DE COULANGES
Membre de l'Institut (Académie des sciences morales)
Professeur d'histoire en Sorbonne

L'INVASION GERMANIQUE
ET LA FIN DE L'EMPIRE

REVUE ET COMPLÉTÉE SUR LE MANUSCRIT ET LES NOTES DE L'AUTEUR

PAR

CAMILLE JULLIAN
Professeur à la Faculté des lettres de Bordeaux

II

DEUXIÈME ÉDITION

PARIS
LIBRAIRIE HACHETTE ET Cⁱᵉ
79, BOULEVARD SAINT-GERMAIN, 79

1904

Droits de traduction et de reproduction réservés

PRÉFACE

Ce volume se compose de deux livres, qui concernent la même époque historique. Dans le premier, il est traité de l'état social et politique de la Gaule au IV° et au V° siècle; le second est consacré aux causes et aux caractères des invasions germaniques qui eurent lieu dans ce pays pendant la même période. L'un de ces livres étudie le théâtre de la lutte et le monde envahi; l'autre, les envahisseurs et la nature de la conquête. Malgré la différence apparente des sujets traités, on voit l'unité de ce volume : c'est le tableau complet de la fin de l'Empire romain en Gaule. En pénétrant plus profondément la pensée de M. Fustel de Coulanges, qui ne croit pas à une invasion tout en acceptant ce terme, on apercevra plus nettement encore l'idée génératrice de cet ouvrage : même sans l'invasion barbare, l'Empire serait tombé, plus tard sans doute et plus lentement, mais d'une manière semblable, et le régime qui l'eût remplacé n'eût pas sensiblement différé de celui qui naquit dans la Gaule franque.

Les matières traitées dans ces 570 pages faisaient l'objet des pages 214-480 dans la seconde édition des

Institutions politiques : le nombre des pages qui leur sont consacrées est donc maintenant plus que doublé. On voit que, pour ce volume plus encore que pour la *Gaule romaine*, nous ne donnons pas une réédition, mais un ouvrage entièrement refondu et presque partout inédit.

Pour le premier livre, en ce qui touche la disposition des matières, le nombre, le titre, l'étendue et le classement des chapitres, M. Fustel de Coulanges n'avait laissé que des indications insignifiantes. Il a fallu y suppléer. — Nous avons groupé les matières de la façon la plus conforme aux habitudes de l'auteur. — La rédaction elle-même est presque toujours son œuvre. — Quelques-uns de ces chapitres (notamment ch. II et III) ont été faits et arrangés en réunissant et en fondant ensemble des notes, des fragments, ou des morceaux déjà imprimés. Pour les autres, nous nous sommes servi, soit d'une rédaction toute récente (ch. VI et VII), soit de leçons plus anciennes qui ont été adaptées à l'ouvrage (ch. I, IV et XII), soit enfin des chapitres imprimés dans la seconde édition. Ces leçons et ces chapitres ont été d'ailleurs complétés à l'aide des textes recueillis par M. Fustel de Coulanges ou des réflexions trouvées dans ses papiers. — Nous avons dû ajouter quelques transitions. Tout ce qui est de nous est mis entre crochets.

Notre tâche a été moins difficile pour le second livre. Le classement et le titre des chapitres avaient été à peu près indiqués par l'auteur. — Pour la rédaction, ils sont composés, les uns, et ce sont les plus nombreux et les plus importants, de travaux récents et presque achevés, et faits en vue de ce volume (ch. I, § 1, 2 et 5; ch. III à X); les autres, des chapitres imprimés de la seconde édition. Les uns et les autres ont été également complétés à l'aide de nombreuses notes manuscrites laissées par l'historien. Comme certains chapitres, rédigés à nouveau, manquaient cependant d'une introduction et d'une conclusion, nous les avons empruntées, sauf de légers changements, à l'ancien texte imprimé (ch. I, III, IV, X). Nous n'avons pas voulu donner aux derniers chapitres, relatifs aux conséquences de l'invasion (ch. XI-XVI), plus d'étendue que dans la seconde édition : M. Fustel de Coulanges se réservait, comme il l'a fait, d'étudier à fond ces conséquences dans les trois volumes sur la Gaule franque. Quelques remarques, extraites de ses manuscrits, ont seulement été ajoutées çà et là.

La conclusion a été tout entière faite par nous, conformément aux idées développées par l'historien dans le courant de ce volume.

Nous nous sommes abstenu de toute addition qui aurait inutilement grossi le volume. Il est évident que, sur les institutions des Germains, sur la noblesse et les sénateurs du IVe siècle, sur les comtes et les soldats fédérés, sur le règne de Clovis, on aurait pu faire de nombreux emprunts à des livres récents : il nous a semblé qu'il n'y avait pas lieu de renvoyer trop souvent à des ouvrages qui ont été inspirés par les recherches de M. Fustel de Coulanges, ou qui sont contraires à ses théories. On aurait pu sans peine multiplier les citations, celles d'inscriptions surtout; mais la pensée de l'historien n'eût pas été fortifiée par un étalage d'érudition qui aurait donné à ce livre l'apparence d'un manuel et changé l'allure du travail. — Pas plus pour ce volume que pour le précédent, il ne nous a paru bon d'indiquer en note les réserves que nous pouvions avoir à faire.

Notre désir a donc été constamment d'intervenir le moins possible et de laisser partout la parole à l'historien. Cet ouvrage est d'une trame si serrée, la pensée de l'auteur y est si nette et si absolue, les discussions y sont si subtiles et si pénétrantes, qu'il fallait avant tout craindre d'en détruire l'unité et d'en changer les tendances. Tout devait se tenir étroitement dans cette œuvre compliquée et puissante, la plus audacieuse peut-être et la plus personnelle qu'ait produite M. Fustel de Coulanges.

Cet ouvrage complète la première série des volumes sur les *Institutions politiques de l'ancienne France*. On peut suivre désormais, à travers ces cinq livres, la pensée maîtresse de M. Fustel de Coulanges et étudier sans effort sa théorie si patiemment construite. Il y développe, avec une méthode d'une précision incroyable et un art consommé, la lutte ou la fusion de l'idée monarchique et des habitudes aristocratiques. Dans la suite de ce grand travail, il devait montrer le triomphe des unes et l'affaiblissement de l'autre sous la dynastie mérovingienne. Nous ignorons encore comment il nous sera possible d'extraire de ses papiers la matière d'un nouveau livre. Mais, quoi qu'il advienne, l'œuvre de M. Fustel de Coulanges apparaît dès maintenant dans son unité parfaite et sa forte simplicité.

Bordeaux, 27 août 1890.

CAMILLE JULLIAN.

INTRODUCTION

Dans ce livre sur l'invasion germanique, j'avoue que j'ai heurté avec trop peu de ménagement les doctrines qui sont en vogue. Mais, ayant lu les écrits de toute sorte que le cinquième et le sixième siècle nous ont légués, j'ai été frappé de voir que la façon dont on présente de nos jours cette invasion soit si différente de la manière dont les contemporains l'ont comprise et l'ont décrite. On se la figure aujourd'hui sous la forme d'une grande conquête qui aurait été opérée par une race aux dépens d'une autre race. Cette opinion est presque aussi inexacte que celle qui soutenait jadis que les Francs avaient été appelés par les Gaulois eux-mêmes. Les documents n'autorisent ni l'une ni l'autre. L'invasion germanique a été trop complexe pour se prêter à aucun de ces deux systèmes. A vrai dire, elle n'a pas été un événement unique et simple; elle a été un composé d'événements très divers. J'ai essayé d'en faire l'analyse.

Il y a des assertions qui ont commencé par être des hypothèses et qui, à force d'être redites, sont devenues des axiomes. Je n'ai parlé ni de l'esprit de liberté des guerriers francs, ni de la royauté élective, ni des assemblées nationales, ni des jurys populaires, ni de la confiscation des terres des vaincus, ni d'alleux distribués aux vainqueurs. J'ai cherché tout cela dans les documents, et ne l'ai point trouvé. On y aperçoit, en compensation, quelques faits certains : par exemple, le maintien du droit de propriété foncière sans nulle altération, la continuité du régime administratif, au moins dans ses formes, surtout la permanence des mêmes distinctions sociales et l'existence d'une aristocratie où entrèrent sans nul doute beaucoup de Germains, mais qui ne fut pas exclusivement germaine. L'esprit moderne est tout préoccupé de théories ethnographiques, et il porte cette prévention dans l'étude de l'histoire. D'autres pensées animaient les hommes du sixième siècle et elles respirent encore dans les textes qui nous sont venus de ce temps-là.

[1877.]

FUSTEL DE COULANGES.

L'INVASION GERMANIQUE

ET

LA FIN DE L'EMPIRE

LIVRE PREMIER

[LA GAULE ROMAINE A L'ÉPOQUE DE L'INVASION]

[(Du commencement du IV⁰ à la fin du V⁰ siècle.)]

[Il s'est produit, dans le cours du III⁰ siècle, une série de faits politiques qui ont transformé peu à peu l'administration de l'Empire romain. De grands changements ont été apportés à l'organisation du pouvoir central, au régime des villes et des provinces, au système des impôts. Vers la même époque, le développement d'une religion nouvelle, prépondérante dans l'Empire et fortement constituée, a modifié en partie les conditions de la vie publique. Après avoir étudié, dans le volume précédent, l'état politique de la Gaule pendant les trois premiers siècles de la domination impériale, il importe de rechercher maintenant ce qu'elle devint sous les derniers empereurs. Nous nous demanderons quelle était la situation du pays au IV⁰ et au V⁰ siècle, au moment où se produisaient ces invasions qui feront disparaître l'autorité impériale et amèneront l'établissement d'un régime nouveau. Et nous aurons à voir si les empereurs des derniers siècles, en changeant les cadres de l'administration et les titres des fonctionnaires, ont adopté de nouveaux principes dans la manière de gouverner les hommes.

C'est à la même époque que nous nous placerons pour étudier les conditions de la vie privée, le régime de la propriété, le droit des personnes, l'état de la société. Il est nécessaire de savoir comment les hommes vécurent sous ce gouvernement, de quelle façon la société était organisée; peut-être apercevrons-nous alors, en dehors des cadres politiques et du système monarchique, des habitudes d'existence et des traditions sociales qui feront pressentir la formation d'un nouvel état de choses.]

CHAPITRE PREMIER

De l'État et de la puissance publique au commencement du v° siècle.

[1° DE L'AUTORITÉ IMPÉRIALE.]

Non seulement la Gaule n'était pas partagée en plusieurs États, mais elle n'était même qu'une partie d'un État beaucoup plus vaste qui s'étendait depuis l'océan Atlantique jusqu'à l'Euphrate.

Cet empire n'avait pas été divisé en deux, ainsi qu'on le dit quelquefois, à la mort de Théodose. Il n'est pas exact qu'il y eut deux empires. Il est vrai qu'il y avait deux empereurs régnant conjointement, et qu'il y avait aussi deux capitales; mais il ne semble pas que les hommes crussent qu'il y eût deux empires romains. Semblables partages avaient eu lieu dès le III° siècle; ils avaient été fréquents au IV°; mais cela n'avait jamais altéré le principe de l'unité théorique de l'Empire. Ce qui se partageait, ce n'était pas proprement l'Empire romain, c'était l'administration; les princes répartissaient entre eux les provinces, les revenus, les dignités à conférer, les pensions et les bureaux du Palais[1]; mais ils étaient censés régir l'Empire en commun[2]. Aussi toute loi nouvelle devait-elle être signée des deux empereurs à la fois; les deux consuls étaient nommés par les deux princes, et les années se comptaient, en Gaule, par les noms de ces deux consuls, dont l'un était à Constantinople. C'était un principe de droit public qu'aucun empereur ne pouvait régner sans l'aveu de l'autre; aussi voyons-nous que chaque nouveau prince d'Occident envoie une ambassade à Constantinople pour demander l'assentiment de l'autre prince. Leur accord s'appelait du terme bien significatif de *unanimitas*, comme si ces deux princes ne devaient avoir qu'une âme, qu'une volonté, n'être qu'un empereur en deux personnes[3]. Que cette théorie ait été maintes fois démentie par la pratique, on n'en peut pas douter; mais ce n'en est pas moins une vérité digne d'attention que, dans les idées des hommes, il n'y eût alors qu'un seul Empire romain,

---

[1] *Diviso palatio*, Ammien, XXVI, 5, 4.
[2] En 399, le sénat de Rome [élève des monuments à Honorius et à Arcadius] : *Imperatoribus invictissimis dominis nostris Arcadio et Honorio senatus populusque romanus*, Orelli, n° 1132; cf. n° 1135, 1137, 1144, 1149, 1150, 1154. — Symmaque, écrivant à Stilicon, appelle Arcadius *dominus noster* aussi bien qu'Honorius. Symmaque, *Lettres*, IV, 4.
[3] Sur l'*unanimitas*, voir Idace, année 455 (Bouquet, I, p. 620).

et nous verrons que ce principe a eu des conséquences importantes¹.

On voudrait savoir quelle idée les hommes de cette époque se faisaient de l'État, sous quel aspect l'autorité publique leur apparaissait ; car cette notion de l'État, suivant qu'elle est plus ou moins nette et plus ou moins forte dans les esprits d'une génération d'hommes, détermine la manière dont les hommes sont gouvernés. Mais il est difficile de répondre à cette question avec une pleine assurance. Du moins pouvons-nous dire quelle est l'impression générale qui ressort de la lecture des écrits de toute sorte du IV° siècle et du commencement du V°.

Une première remarque est que, dans le langage des hommes de ce temps, l'État romain s'appelait [toujours] *respublica*, de même que tous ceux qui en faisaient partie s'appelaient [encore] *cives romani*². Le terme *respublica* se rencontre sans cesse dans les documents ; les princes l'emploient dans leurs actes législatifs, et les sujets dans leurs discours aux princes, dans leurs récits historiques, ou dans leurs lettres intimes ; il appartient donc à la fois à la langue officielle et à la langue ordinaire³. Il désigne en même temps l'ensemble des

---

¹ La *Notitia dignitatum* nous montre encore des troupes gauloises ou espagnoles casernées en Égypte ou en Asie.

² On trouve aussi des expressions telles que *imperium romanum* ou *orbis romanus* ; mais le terme *respublica* est le plus employé, et c'est lui qui désigne spécialement l'État. [Cf. *La Gaule romaine*, p. 147 et suivantes.] — *Omnes romani facti sunt et omnes romani dicuntur*, saint Augustin, *In Psalmos*, 58, 1. — Prudence, *Contre Symmaque*, 501 : *Deus undique gentes Inclinare caput docuit sub legibus isdem Romanosque omnes fieri*. — Rutilius, vers 63 : *Fecisti patriam diversis gentibus unam*. — Claudien, *De consulatu Stilichonis*, III, 151 : *Humanumque genus communi nomine fecit*.

³ Inscription : Orelli, n° 3192 : *Ob egregia ejus in rempublicam merita*, etc.

habitants de l'Empire, la collection de leurs intérêts, et la force commune qui les gouverne. On ne peut guère douter, quand on lit les écrivains du IV° et du V° siècle, quand on lit Ammien, Zosime, Eunape, Sulpice Sévère, Ausone, Sidoine Apollinaire, Rutilius, Symmaque, et même Salvien, on ne peut guère douter que les hommes de ce temps n'eussent une notion très vivace encore de la grande communauté romaine et des « intérêts publics », *res publica*, qui s'y attachaient. L'emploi si fréquent de ce terme donne à penser qu'au fond des conceptions politiques de ces hommes il y avait toujours la notion vague que l'État était la chose de tous, *res publica*. Le patriotisme pouvait être affaibli, surtout par les grandes querelles religieuses; mais ce patriotisme n'avait pas encore péri; l'idée d'un vaste État était dans toutes les âmes; et l'on ne trouve nulle part une expression qui marque que le respect de Rome eût disparu. Pendant tout le IV° siècle, les légions gauloises ont combattu pour Rome, et, même en Asie, contre les Perses, elles se sont fait remarquer par leur vaillance[1].

Mais, que cette chose publique fût administrée par tous, c'est ce dont personne ne paraît avoir eu l'idée. L'opinion universellement admise était que le peuple, véritable souverain, déléguait sa souveraineté à l'empereur. Gaius au II° siècle, Ulpien au III°, expriment nettement cette théorie[2], [dont nous avons vu l'origine sous le premier empereur], et plus tard Justinien lui-même la rappelle dans la préface du Digeste[3]. Un écrivain byzantin, Laurentius Lydus, professe que l'Empire n'est

[1] Ammien Marcellin, XIX, 6.
[2] Ulpien, Digeste, I, 4, 1. [Cf. *La Gaule romaine*, p. 153.]
[3] Digeste, Préface, I, 7 [édit. Mommsen, p. XIII].

ni une royauté ni une tyrannie, mais est seulement un pouvoir chargé de régir « la communauté » et d'écarter les dangers qui pourraient la compromettre[1]. Cette association de l'idée de communauté et de chose publique avec celle de pouvoir absolu est ce qui caractérise les conceptions politiques de cette époque. Elle les distingue aussi bien des théories républicaines des âges antérieurs, des principes de droit personnel du moyen âge et du droit divin des époques plus récentes.

On ne voit jamais, durant les cinq siècles qu'a duré l'Empire, que personne ait eu seulement la pensée de lutter contre la puissance publique ou contre le gouvernement impérial[2]. Il y a eu des guerres civiles, mais

[1] Lydus, *De magistratibus*, I, 3 et 4 ; édit. Fuss et Hase, p. 14-16.
[2] Nous n'affirmons pas que dans un si grand espace de temps il ne se soit produit aucun trouble. Le biographe de Marc-Aurèle en signale un : *Res in Sequanis turbatas Marcus censura et auctoritate repressit* (Jules Capitolin, *Marcus*, 22, 10). Mais il ne dit pas le caractère de ce trouble, ni la cause ; il ne dit rien là qui ressemble à une grande insurrection nationale, et montre que le trouble fut aisément et promptement calmé.
L'abbé Dubos a soutenu, et tout le monde a répété après lui que, sans attendre l'invasion des barbares, une partie de la Gaule s'était séparée de l'Empire et s'était donné un gouvernement républicain. Cette assertion est assez grave pour qu'on se demande sur quel fondement elle s'appuie. — Il n'allègue qu'un seul texte, celui de Zosime, livre VI, chapitre 5, et ce texte doit être examiné de près. L'historien grec rapporte qu'en 408 l'usurpateur Constantinus s'était emparé du pouvoir dans la Gaule, et qu'un autre usurpateur, Gérontius, s'élevait contre lui ; toutes les troupes gauloises se trouvaient alors en Espagne ou dans le midi de la Gaule avec Gérontius, et les corps barbares qui servaient dans le pays rejoignirent celui-ci ; la Gaule était donc absolument sans défense : « Alors les barbares d'au delà du Rhin, se ruant partout sans rencontrer d'obstacles, contraignirent (κατέστησαν εἰς ἀνάγκην) les Bretons et plusieurs peuples de la Gaule à être en dehors (ἀποστῆναι) de l'autorité romaine et à se suffire à eux-mêmes (c'est le sens propre des mots καθ' ἑαυτὸν βιοτεύειν), sans plus recevoir d'ordres du gouvernement romain. Les Bretons, prenant les armes et combattant vaillamment pour leurs propres intérêts, délivrèrent leur ville des barbares (ἐλευθέρωσαν τῶν ἐπικειμένων βαρβάρων τὰς πόλεις) ; en même temps, l'Armorique et plusieurs provinces de la Gaule firent comme les Bretons et se délivrèrent de la même manière, chassant les

pour substituer un prince à un autre, non pas pour

fonctionnaires romains et établissant chez elles le gouvernement qui leur convenait. » — Tel est ce passage. Il y faut remarquer deux choses l'une, que cette séparation n'a pas été volontaire, mais forcée; l'autre, que, par cette délivrance dont il parle, Zosime n'entend pas dire que les peuples se soient délivrés de l'autorité romaine, mais des barbares. Sa pensée est celle-ci : Presque toute la Gaule et l'île de Bretagne sont absolument dégarnies de troupes impériales; les Germains se ruent partout; par suite de leurs incursions, ces deux pays se trouvent séparés de l'Empire et sans communications avec l'empereur Honorius; les populations, ainsi abandonnées à elles-mêmes, résistent pourtant et finissent par se délivrer des barbares. L'historien ajoute, à la vérité, qu'elles ont chassé les fonctionnaires romains; mais il faut faire attention qu'il ne se peut agir ici que des fonctionnaires nommés par l'usurpateur Constantinus; or ce personnage représentait si peu l'Empire, qu'il avait appelé lui-même les Germains. Si les villes voulaient rester romaines, il leur fallait d'abord se débarrasser de ces fonctionnaires et repousser l'autorité de l'usurpateur Constantinus; c'est précisément ce que Zosime dit qu'elles firent. Tous ces événements, obscurs dans le récit trop bref de Zosime, deviennent clairs si on les observe dans les autres écrivains contemporains qui les ont racontés. D'ailleurs le récit de Zosime, qui s'arrête à l'année 410, est continué, pour les années suivantes, par Paul Orose, Olympiodore, Sozomène et Renatus Frigéridus cité par Grégoire de Tours (II, 9). Nous y voyons que les cités du nord de la Gaule restèrent séparées de l'Empire, c'est-à-dire de l'autorité d'Honorius, aussi longtemps que Constantinus et ses barbares furent les maîtres de la partie méridionale et coupèrent toutes relations avec l'Italie. Cela dura jusqu'en 411. Enfin Honorius envoya en Gaule une armée commandée par un Romain nommé Constantius, « et l'on sentit alors, dit Orose (VII, 42), quelle force trouve l'Empire lorsque ses troupes sont commandées par un Romain, au lieu des maux qu'on avait soufferts tant qu'on avait eu des généraux barbares ». En vain Constantinus fit-il venir d'au delà du Rhin une nouvelle armée de barbares (Sozomène, IX, 14); cette armée fut vaincue et détruite par le général de l'Empire. Les usurpateurs firent leur soumission, « et à partir de ce moment toute la contrée rentra sous l'autorité d'Honorius et obéit à ses fonctionnaires » (idem, 15). Un contemporain ajoute que, tous les usurpateurs ayant péri, « la paix et l'unité furent rendues à l'Empire » (Orose, VII, 42). — La scission entre le nord de la Gaule et l'Empire a donc été involontaire et n'a duré que trois ans. En 417, Rutilius, qui était Gaulois, parle, dans son *Itinerarium* (v. 213), de son ami Exupérantius, qui était, cette même année, gouverneur de l'Armorique. Sidoine (*Lettres*, V, 9) dit formellement que toute la Gaule obéissait aux préfets de Valentinien III. Grégoire de Tours et tous les hagiographes montrent en maints passages que le nord de la Gaule est resté romain, et aucun d'eux ne signale, fût-ce par une allusion, l'indépendance de l'Armorique. — Il n'est pas douteux qu'il établir une autre forme de gouvernement¹. Si l'on étudie les écrivains du IV⁰ et du V⁰ siècle, on est frappé de la liberté de langage de beaucoup d'entre eux. Lactance, Sulpice Sévère, Salvien, Ammien, Zosime, ont plus que de l'indépendance, ils ont souvent de la haine². Mais qu'on y prenne garde : l'écrivain chrétien déteste l'empereur persécuteur, l'écrivain païen déteste l'empereur chrétien, l'écrivain catholique déteste le prince arien ; aucun d'eux ne déteste l'autorité impériale. Ce sont haines religieuses, ce n'est pas opposition politique.

Quelle que fût la médiocrité de la plupart de ces princes et l'indignité de beaucoup d'entre eux, l'esprit des hommes s'obstinait à respecter l'autorité impériale. On en faisait, pour ainsi dire, un être de raison que l'on plaçait en dehors de la sphère des êtres humains L'empereur, comme homme, pouvait être fort méprisé ; mais, comme empereur, il était presque un dieu³.

Le titre qui désignait l'empereur était [toujours le titre d'] *augustus*, terme qui dans la langue latine signifiait vénérable, saint, divin, et qui ne s'était appliqué qu'aux dieux jusqu'au jour où on imagina de l'appliquer au prince. On employait aussi les termes de *princeps*, d'*imperator*, et même de *rex*⁴, mais l'expression tout à fait officielle, celle qui était usitée dans les

---

n'y ait eu souvent des troubles dans toute cette partie de la Gaule au v⁰ siècle ; c'est ce que prouvent un passage de Prosper d'Aquitaine (*Chronique, ad annum* 435) et quelques vers de Sidoine Apollinaire (*Carmina*, VII, 246) ; mais il y a loin de là à l'établissement d'une république armoricaine, chose dont personne alors n'avait probablement l'idée.

¹ [Pour les guerres du I⁰ʳ siècle, cf. *La Gaule romaine*, p. 71 et suivantes.]

² Voir comment Zosime parle de Constantin, de Valens, de Théodose, (IV, 14), etc.

³ *Rerum dominus*, Cassiodore, *Variarum*, I, 4.

⁴ L'emploi du mot *rex* pour désigner l'empereur est fréquent : Spartien,

lois, celle qui primait toutes les autres dans les inscriptions et sur les monnaies, était *augustus* ; en sorte que la vieille épithète de la langue religieuse était devenue le premier titre du monarque.

Quand on s'adressait à l'empereur, on lui disait : « Votre Clémence », « Votre Sérénité », « Votre Majesté ». On lui disait même : « Votre Divinité », « Votre Éternité », « Votre Majesté divine », « Votre Bonté céleste »[1]. Nous voyons même dans des lettres que les sujets, entre eux, lorsqu'ils parlaient du prince, avaient assez l'habitude de se servir d'expressions comme celles-ci : « notre maître », « notre divin prince », « notre prince éternel »[2].

Tout ce qui touchait au prince était sacré et divin ; son palais s'appelait le Palais sacré, sa chambre la chambre sacrée ; une lettre de lui était une lettre sacrée, *sacræ litteræ*, ou un oracle, *oracula* ; ses biens s'appe-

---

Hadrien, 23 : *Servi regis, sedile regium....* — Jules Capitolin, *Marcus*, 5 : *Cum a Marco quærerent cur tristis in adoptionem regiam transiret.* — Idem, 18 : *Regium funus* (en parlant de Marc-Aurèle). — Ammien dit *regia stirps* en parlant de la famille impériale (XIV, 1) et il appelle *regina* la femme du César Gallus. — Cf. Sulpice Sévère, *Vita Martini* [2, 2 : *Sub rege Constantio*] ; Rutilius : *Regia tecta* (pour dire le Palais impérial), vers 563.

[1] Symmaque, X, 29 et 38 : *Vestra Serenitas* ; idem, X, 71 ; X, 57 ; X, 60 ; X, 67 ; X, 83 : *Vestra Majestas* ; idem, X, 27 : *Vestrum Numen*. — Spartien, *Helius Verus*, 1 : *Numen Tuum*. — Symmaque, X, 47 : *Divino arbitrio Numinis Vestri* ; idem, X, 26 et 54 : *Vestra Æternitas* ; idem, X, 54 : *Divina Majestas Tua.... Cælestis Mansuetudo Tua*. — Apulée, *Métamorphoses*, VII, p. 212 : *Precibus ad Cæsaris numen porrectis*. — *Sacratissime imperator*, Jules Capitolin, *Marcus*, 19. — *Domini nostri Gratiani cælestis oratio*, Symmaque, I, 7.

[2] Symmaque, II, 31 : *Æternus princeps* ; idem, IV, 74 ; idem, VII, 31 : *Divinus princeps* ; VII, 13. — Orelli, n° 1129, 1140 : *Æternorum principum* ; idem, n° 1146 : *Domino rerum humanarum Valentiniano*. — Il est clair que les chrétiens évitent l'emploi de ces expressions. Ils se contentent de dire *Majestas Vestra*, *Pietas Vestra* ; *Serenitate Tua rempublicam gubernante* (lettre du pape Anastase à l'empereur Anastase, dans Mansi, VIII, 188). *Sacratissimum Serenitatis Tuæ pectus*, ibidem, 190

laient *divina domus*; ses ordres, des ordres célestes, *cœlestia jussa*[1]. Langage étrange, dont le véritable historien ne sourit pas, mais qu'il observe comme symptôme et indice d'un état d'esprit qui fut celui d'une vaste société et qui dura plusieurs siècles[2].

Toute l'autorité publique résidait dans la personne de l'empereur. Il n'existait pas de comices et il ne nous est parvenu aucun indice qui marque qu'on en regrettât l'existence. Quant au sénat, il subsistait, toujours entouré d'honneurs[3]. Les princes mêmes affectaient le respect [envers lui]. En théorie, il partageait la souveraineté avec l'empereur; en pratique, il était réduit à quelques fonctions judiciaires et à l'enregistrement des lois.

L'empereur avait seul le droit de paix et de guerre, les relations avec l'étranger, l'administration intérieure. Presque toute la justice émanait de lui; il pouvait juger en personne ou par ses fonctionnaires. Il levait les impôts, en fixait le chiffre, et réglait à son gré la recette et la dépense. Il recrutait les soldats et commandait aux armées. Il possédait l'autorité législative; il est bien vrai qu'en théorie les véritables lois étaient celles qui émanaient du sénat, et c'est pour ce motif que nous voyons que les Codes de Théodose II et de Justinien ont été présentés et comme soumis au sénat; mais en pra-

---

[1] *Sacrum palatium*, Symmaque, *Lettres*, X, 76; *sacrum ærarium*, idem, I, 60; *in sacrario imperialis oraculi*, Ausone, t. I, p. 256 [Corpet, *Action de grâces*, VIII, 1, 5]; *sacræ litteræ*, Symmaque, II, 63; *diploma sacrum*, idem, V, 38; *statuta cælestia*, idem, X, 83; V, 52.

[2] Le mot μεγαλειότης, *majestas*, se trouve dans une même phrase appliqué à l'empereur et à Dieu, Mansi, t. VI, p. 67.

[3] Voir comment l'empereur Probus s'adresse au sénat: *Vobis qui estis mundi principes et semper fuistis et in vestris posteris eritis* (Vopiscus, *Probus*, 11). — Cf. Ammien, XVI, 10, 5. Code Théodosien, XII, 1, 74: *Amplissimi ordinis collegium*. — [Voir surtout la] lettre de Majorien au sénat: *Imperatorem me factum vestræ electionis arbitrio* (Novelles, édit. Hænel, p. 291).

tique tout ce que le prince décidait avait la même force que si c'était loi[1]. Que ce fût *édit*, *décret*, simple *rescrit* ou *lettre*, toutes ces *constitutions* avaient la valeur d'actes législatifs[2]. Les empereurs possédaient même une grande autorité sur la religion. A l'égard des païens, ils étaient grands pontifes, et, s'il est vrai qu'à partir de Gratien ils aient renoncé à ce titre, ils ne renoncèrent certainement pas au pouvoir que le pontificat leur avait donné sur les cultes et les sacerdoces. A l'égard des chrétiens, leur autorité n'était pas beaucoup moindre : ils n'élisaient pas les évêques, mais ils convoquaient les conciles, ils les présidaient, ils y parlaient, ils se chargeaient d'en promulguer les décisions ; ils prescrivaient les articles de foi, marquaient aux peuples ce qu'il fallait croire, et punissaient ceux qui croyaient autrement[3].

[2° L'ADMINISTRATION CENTRALE.]

Cette autorité si absolue et si universelle s'exerçait par deux grands ressorts : au centre, le Palais ; dans les provinces, la hiérarchie des fonctionnaires. Il nous

---

[1] *Quod principi placuit legis habet vigorem.* Ulpien, Digeste, I, 1, 4.
[2] *Quodcumque imperator per epistulam et subscriptionem statuit, vel cognoscens decrevit, vel edicto præcepit, legem esse constat; hæc sunt quas vulgo constitutiones appellamus.* Ulpien, Digeste, I, 4. — *Veteris juris conditores constitutiones quæ ex imperiali decreto processerunt legis vicem obtinere aperte dilucideque definiunt.* Justinien, au Code, I, 14, 12.
[3] Voir la collection des conciles. Chaque concile, au IV° et au V° siècle, est précédé d'une lettre de convocation envoyée par le prince ; cette lettre indique de quels sujets le concile devra s'occuper, et parfois elle indique d'autres sujets qu'il sera interdit de traiter. Voir, par exemple, une lettre de Constance aux évêques du concile d'Ariminum, dans Mansi, t. III, p. 297 : *Super his tantum tractare debebitis.... Adversus Orientales nihil statuere vos oportet, aut id quod fuerit usurpatum irrito evanescet effectu.*

est resté une précieuse image de cet édifice administratif : c'est la liste des fonctions de l'Empire, *Notitia dignitatum*, qui fut rédigée dans les premières années du v° siècle. Il faut la lire sans parti pris de dénigrement ; elle nous donne l'idée d'un corps bien ordonné[1].

Le sacré Palais, *sacrum palatium* ou *sacrarium*[2], n'était pas seulement le bâtiment où vivait l'empereur : dans le langage du temps, ces mots désignaient l'ensemble des hommes qui vivaient avec lui, qui le servaient ou qui travaillaient avec lui. Ceux qui le composaient s'appelaient *palatini* ou *ministri aulici* ou *officia palatina*[3]. En faire partie se disait *militare in palatio*[4].

C'était tout un monde très nombreux et très divers. Il y avait, en premier lieu, ceux qui servaient la personne même du prince. C'était la foule des chambellans, *cubicularii*[5], des surveillants, *silentiarii*[6], des employés de la garde-robe, *sacræ vestis*, des gens de l'office, *cellarii*, des courriers, *mensores*, des pages, *pædagogium*[7] ; ces services étaient sous les ordres du *primicerius sacri cubiculi*, du *comes castrensis*, sorte de maré-

---

[1] *Notitia dignitatum tam civilium quam militarium in partibus Orientis et Occidentis*, édit. Bœcking, Bonn, 1853, avec commentaire. L'édition Seeck donne un texte meilleur. (La voir pour tous les emplois qui sont mentionnés ici.)

[2] *Sacrarium*, Code Théodosien, VI, 9, 1. On dit aussi *aula, domus imperialis, aulica officia* (Symmaque, *Lettres*, I, 60 et 66). On employait aussi le mot *comitatus*.

[3] Vopiscus, *Aurelianus*, 13 : Præsente exercitu, præsente etiam officio palatino. — Ammien Marcellin, XXVI, 5, 4 : Diviso palatio. — Palatina officia, Lampride, *Héliogabale*, 6. — *Militia palatina*, Symmaque, *Lettres*, V, 76 ; I, 60. — *Miles ærarii*, idem, IV, 43.

[4] Code Théodosien, VI, 35 : DE PRIVILEGIIS EORUM QUI IN SACRO PALATIO MILITANT. Code Justinien, XII, 29. — Cf. *esse in palatinis*, Lampride, *Alexandre*, 15.

[5] Ammien, XX, 8, 4.

[6] Orelli, n°° 3194, 3195.

[7] Sur les *pædagogiani pueri*, Ammien, XXVI, 6, 15 ; XXIX, 3, 3.

chal du Palais¹, des comtes de l'écurie, *comites stabuli*², du *curator palatii*³, hauts dignitaires au-dessus desquels s'élevait encore le grand chambellan ou prévôt de la chambre, *præpositus sacri cubiculi*⁴.

Venaient ensuite ceux qui entouraient le prince dans l'exercice de ses fonctions. Quand l'empereur rendait la justice, il avait auprès de lui ses *auditores* ou assesseurs. Cet *auditorium palatii* était composé de grands personnages que les textes désignent par le terme de *proceres*⁵. De même lorsqu'il faisait des lois, l'empereur était entouré d'un autre conseil, sorte de Conseil d'État qui est généralement désigné par le terme *consistorium*, et qui était composé aussi de *proceres*⁶. Les membres de ce Conseil étaient appelés comtes du consistoire, *comites consistoriani*⁷, ou conseillers, *consiliarii*⁸. Ainsi le prince, lorsqu'il juge ou qu'il légifère, n'est pas seul : il est entouré « des grands du Palais ». Il est établi d'ailleurs que ces grands sont choisis par lui, il les appelle et les renvoie à son gré.

¹ Code Théodosien, VI, 32.
² *Stabuli tribuni*, ou *comites stabuli*, Ammien, XIV, 10, 8; XX, 4, 5; XXVIII, 2, 10; XXX, 5, 19; XXXI, 13, 18. Orelli, n° 1154.
³ *Curator* ou *cura palatii*, plus tard curopalate : Ammien, XXII, 3, 7; XXXI, 12, 15; XXXI, 13, 18; XIV, 7, 19.
⁴ Ammien, XIV, 10, 5; XV, 3, 2; XX, 2, 3. Cf. idem, XXII, 3, 12 : *Cui thalami cura commissa*.
⁵ Code Justinien, I, 14, 2 : *Quæ in commune florentissimorum sacri nostri palatii procerum auditorium introducto negotio statuimus.*
⁶ Idem, I, 14, 8 : *Ab omnibus proceribus nostri palatii... in sacro consistorio recitari*.
⁷ Idem, XII, 10, 1 : *Eos qui Tranquillitatis Nostræ consistorii dici comites meruerint* (anno 399). — Idem, XII, 10, 2 : *Viros spectabiles comites consistorianos* (loi d'Anastase). — Ammien, XIV, 7, 11; XV, 5, 12; XV, 5, 18; XXV, 10, 10; XXXI, 12, 10.
⁸ Ammien, XXV, 3, 14; XXVIII, 1, 21; XXVIII, 6, 21. *Consiliarius Augustorum*, Orelli, n° 3192; *comes ordinis primi intra consistorium*, idem, n°ˢ 3184, 3185, 3192; *comes consistorii*, idem, n°ˢ 5194, 6471, 6473.

A ces hommes nous devons joindre les *notarii*, qui ne ressemblent en aucune façon à nos notaires, et qui paraissent plutôt des secrétaires ou ce que l'ancienne royauté française appelait des *clercs du secret*. Ils assistaient aux conseils du prince; ils en rédigeaient les délibérations, et probablement ils y portaient les notes sur lesquelles toutes délibérations devaient porter; c'étaient eux qui faisaient le vrai travail de ces assemblées[1]; ils entraient dans la confidence de l'empereur et étaient souvent chargés des plus importantes missions dans les provinces[2]. C'étaient des fonctionnaires de très haut rang; partagés en trois classes, dont la plus haute portait le titre de *tribunus et notarius*[3], ils ne sortaient de cette fonction que pour aller administrer de grandes provinces et marchaient les égaux des plus hauts dignitaires[4]. Les *referendarii* étaient aussi des hommes d'importance, qui aidaient les princes dans l'exercice de la justice; c'étaient eux qui introduisaient les causes; c'étaient eux aussi qui exprimaient les sentences que l'esprit du prince avait conçues[5]. Les *cancellarii* avaient une fonction analogue : c'étaient eux

---

[1] Code Théodosien, VI, 35, 7 : *Qui intra consistorii secreta veneranda notariorum funguntur officio.* — Ibidem, VI, 10, 2 : *Notariorum primicerios, si, prout eorum voluntas fuerit, de consistorio nostro sine administratione discesserint.* — Cassiodore, *Lettres*, I, 4 : *Sub Valentiniano principe gessit tribuni et notarii dignitatem; honor qui tunc dabatur egregiis, dum ad imperiale secretum tales constet eligi....* Idem, *Formula notariorum*, VI, 16. — Cf. Lydus, III, 9, qui parle à une époque où la dignité de *notarius* avait été abaissée. — *Notarius in consistorio sacro*, Orelli, n° 1140.

[2] Ammien, XX, 4, 2; XXVIII, 6, 12; XXV, 10, 6; XX, 9, 9; XXII, 11, 1; XXVI, 5, 14; XIV, 5, 6; XVII, 9, 7; XXI, 7, 2.

[3] Idem, XVII, 5, 15; XIX, 9, 9. Symmaque, V, 39.

[4] Code Théodosien, VI, 10. Ammien, XXIX, 2, 5 : *Bassianus, procerum genere natus, notarius militans inter primos.*

[5] Voir Cassiodore, VI, 17 : *Formula referendariorum.*

qui servaient d'intermédiaire entre les plaideurs et le prince¹.

Le Palais comprenait encore une série de bureaux et tout ce que nous entendons aujourd'hui par le mot ministère. Le ministre le plus important était le *magister officiorum*. On jugera de ses attributions par la longue formule qui était employée dans le diplôme de sa nomination² : « C'est une fonction vénérable que celle du maître des Offices. Il lui appartient de gouverner le Palais et de mettre l'ordre parmi tant d'hommes souvent turbulents qui le composent. C'est lui qui introduit le sénateur en notre présence et qui nous explique ses demandes; il donne l'entrée de notre consistoire. Nous nous reposons sur lui du jugement de la plupart des causes. Par lui nous conférons avec les nations étrangères. Son pouvoir est si grand, que les gouverneurs des provinces ne prennent en main les faisceaux qu'en vertu de ses décrets. Tous les appels des jugements

---

¹ Cassiodore, XI, 6; Lydus, III, 36-37.
² Cassiodore, VI, 6 : *Reverendum honorem sumit quisquis magistri nomen acceperit.... Ad eum palatii pertinet disciplina; ipse insolentium scholarum mores procellosos disserenat. Tam multi ordines sine confusione aliqua componuntur.... Per eum senator veniens nostris obtutibus præsentatur; admonet trepidum, componit loquentem, sua etiam verba solet inserere ut nos decenter omnia debeamus audire.... Gloriosus donator aulici consistorii.... Causarum maximum pondus in ejus audientiæ finibus optima securitate reponimus ut ejus curis fideliter sublevati utilitatibus publicis vivacius occupemur. Veredorum quin etiam velocitatem custodit.... Per eum exteris gentibus ad laudem reipublicæ nostræ ordinatur humanitas.... His etiam laboribus æstimatis potestatem maximam huic decrevit antiquitas ut nemo judicum per provincias fasces assumeret nisi hoc et ipse fieri decrevisset. Subdidit ejus arbitrio aliena judicia.... Dignitas ad levamen principis instituta.... Ipse gaudium populis, ipse nostris temporibus præstat ornatum.* — Cf. Code Théodosien, I, 9; VI, 9; Code Justinien, I, 31 ; Procope, *De bello persico*, 8. — Priscus, *Excerpta*, c. 5 : Πασῶν τῶν βασιλέως βουλῶν ὁ μάγιστρος κοινωνός. — Lydus, II, 10 et 23.

reviennent à lui. Sa dignité a été instituée pour soulager le prince. De lui dépend le bonheur des peuples et la gloire de notre règne. » Le maître des Offices ou maître du Palais[1] était donc une sorte de représentant du prince ou un intermédiaire entre lui et les plus hauts d'entre les sujets. Tout le Palais lui était soumis; les plus grands fonctionnaires des provinces dépendaient de lui; il jugeait aux lieu et place de l'empereur. C'était une sorte de premier ministre; tous les ressorts du gouvernement étaient dans sa main. Il avait dans ses attributions la poste impériale, *cursum publicum*, qui était un des principaux rouages du gouvernement[2]. Il avait les fabriques d'armes, que le gouvernement ne confiait pas aux chefs militaires[3]. Il avait la police générale, qu'il exerçait par ses *curiosi*[4]. Il avait la politique étrangère, et aussi voyait-on dans ses bureaux des interprètes de toutes nations[5]. Sous ses ordres étaient les agents très actifs et très utiles que l'on appelait *agentes in rebus* : c'étaient des hommes qui se tenaient toujours à la disposition du prince pour porter ses ordres et pour remplir les missions les plus délicates dans les provinces[6].

Il ne manquait au *magister officiorum* que les finances. La prudence du gouvernement impérial les confiait à deux ministres spéciaux. L'un était le *comes sacrarum largitionum*, l'autre était le *comes rerum privatarum*.

---

[1] Sidoine appelle sa fonction *magisterium palatinum*.
[2] Cassiodore, ibidem; *Notitia dignitatum Orientis*, XI, 50.
[3] *Notitia dignitatum*, édit. Seeck, *Orientis*, XI, 18-39; *Occidentis*, IX, 16-39.
[4] *Notitia Orientis*, XI, 51; *Occidentis*, IX, 45.
[5] *Notitia Orientis*, XI, 52; *Occidentis*, IX, 46.
[6] Code Théodosien, VI, 27; *Notitia Orientis*, XI, 11; *Occidentis*, IX, 9 : *Schola agentum in rebus et deputati ejusdem scolæ*. Cf. Code Théodosien, I, 9; Orelli, n° 3182. — Sur les *agentes in rebus*, Symmaque, *Lettres*, VI, 36; VII, 34, 59, 107; IX, 16; X, 51 et 58.

Le premier était en quelque façon un ministre des dépenses[1]; c'était par lui que passaient les traitements et les largesses, et par là tous les fonctionnaires des provinces comme tous les grands du Palais lui étaient soumis[2]. Il avait en outre la haute main sur tout le commerce de l'Empire[3], sur les mines, sur la fabrication des monnaies[4]. Le *comes rerum privatarum* présidait à l'importante administration du domaine impérial[5].

Au-dessous de tous ces personnages se trouvaient des bureaux appelés *scrinia*, littéralement portefeuilles, chacun d'eux ayant des chefs et des sous-chefs, *magistri, primicerii*, etc.[6]. C'était un très nombreux personnel. Ils avaient, en outre, sous le nom de *rationales* et de *procuratores*, un autre personnel répandu dans les provinces.

[3° L'ADMINISTRATION PROVINCIALE.]

En dehors du Palais, mais rattachée et subordonnée à lui, était l'administration provinciale. L'Empire entier était partagé en six préfectures; les deux capitales, Rome

---

[1] Ibidem, I, 10; VI, 30. Novelles de Valentinien, tit. 7. Ammien, XXI, 8, 1 : *Qui largitiones curat*; XX, 11, 5 : *Qui ærarium tuebatur*.

[2] Cassiodore, VI, 7 : *Parum est autem quod provinciarum judices Tuæ subjaceant Dignitati; ipsis quoque proceribus chartarum confirmas officium, dum perfectum non creditur nisi a te fuerit pro solemnitate completum.*

[3] Ibidem : *Curas quoque littorum adventitia lucri provisione committis; negotiatores, quos humanæ vitæ constat necessarios, huic potestati manifestum est esse subjectos; quidquid in vestibus, in ære, in argento, in gemmis ambitio humana potest habere pretiosum, tuis ordinationibus obsecundat, et ad judicium tuum confluunt qui de extremis mundi partibus advenere.* — Cf. Lydus, II, 27.

[4] *Notitia dignitatum*, édit. Seeck, *Orientis*, XIII; *Occidentis*, XI.

[5] Code Théodosien, [VI, 9]; *Notitia* [*Orientis*, XIV; *Occidentis*, XII].

[6] Sur les *scrinia*, voir Lydus, III, 31; Code Théodosien, VI, 26; Code Justinien, XII, 19; *Notitia*, passim.

et Constantinople, avec leurs alentours, en formaient deux. Quatre préfets du prétoire régissaient, l'un, l'Orient, c'est-à-dire les provinces d'Asie, l'Égypte et la Thrace; l'autre, l'Illyrie avec la Macédoine et la Grèce; un troisième, l'Italie avec l'Afrique; le quatrième, les Gaules avec l'Espagne et l'île de Bretagne[1]. Chaque préfecture se divisait en diocèses; la Gaule en formait [deux, dont l'un était directement administré par le préfet]. Le diocèse à son tour se partageait en provinces, et la province en cités. Le diocèse avait à sa tête un *vicarius* ou vice-préfet, la province un gouverneur appelé proconsul, consulaire, [cor]recteur, ou président.

Les préfets du prétoire, après avoir été des chefs purement militaires sous les premiers empereurs, puis des chefs à la fois civils et militaires au IIIe siècle, n'avaient plus depuis Constantin que l'autorité civile[2]. Ils réunissaient d'ailleurs dans leurs mains, sauf le commandement des troupes, toutes les attributions : ils avaient l'administration proprement dite, la justice, et même les finances. Comme administrateurs, ils contrôlaient les actes des corps municipaux; ils promulguaient les lois et faisaient exécuter les volontés du prince; ils recrutaient les soldats; ils veillaient à l'entretien des routes. Chefs de la justice, ils jugeaient les crimes et les procès, soit directement, soit en appel[3], et les juridictions inférieures des *judices pedanei* ou des corps municipaux leur étaient subordonnées. Pour les impôts, c'étaient eux qui en faisaient la répartition, veillaient au recouvrement, recevaient les produits, et faisaient les dépenses locales. Les vicaires et les gouverneurs rece-

---

[1] *Notitia Orientis*, II et III; *Occidentis*, II et III.
[2] Cette réforme de Constantin est décrite dans Zosime, II, 32 et 33.
[3] Leur juridiction était sans appel. Code Justinien, VII, 62, 19.

vaient leurs instructions. C'était toute une hiérarchie par laquelle les ordres se transmettaient et la surveillance s'exerçait[1].

Chaque province se subdivisait en plusieurs cités. La cité était elle-même un territoire fort étendu, qui comprenait une ville chef-lieu, *civitas*, plusieurs autres villes plus petites, *urbes, oppida, castra*, et un grand nombre de villages, *pagi, vici*. Le mode d'administration de la cité, au commencement du v⁰ siècle, est un point très obscur. La *Notitia dignitatum* n'en parle pas. On sait que, dans les premiers siècles de l'Empire, il avait été de règle que chaque cité s'administrât elle-même et sous sa responsabilité, par un corps municipal appelé *ordo*, sénat, curie, et par un corps de magistrats élus. Il est visible qu'en Gaule la curie et les magistrats, *duumviri* ou *defensores*, existaient encore au début du v⁰ siècle[2]. Mais on croit apercevoir que dans beaucoup de cités, sinon dans toutes, un fonctionnaire impérial nommé comte, *comes*, s'était établi à côté des magistrats municipaux. Cassiodore parle de comtes de cité, *comites civitatis*[3], en termes qui permettent de

---

[1] [Voici la formule que donne Cassiodore des pouvoirs du préfet du prétoire] : ..... *Exhibet sine præscriptione longinquos, magna quantitate mulctat errantes, fiscum pro sua deliberatione distribuit, evectiones simili potestate largitur, vacantia bona proscribit, delicta provinciarum judicum punit, verbo sententiam dicit. Quid est quod non habeat commissum, cujus est vel ipse sermo judicium? Pene est ut leges possit condere, quando ejus reverentia potest negotia sine appellatione finire. Ingressus palatium nostra consuetudine frequenter adoratur.... Potestate nulla dignitas est æqualis. Vice sacra ubique judicat.* Cassiodore, VI, 5, col. 682.

[2] [Nous reviendrons dans le chapitre suivant sur l'organisation municipale et en particulier sur les *defensores*.]

[3] *Comitiva Syracusanæ civitatis*, Cassiodore, VI, 22. — *Ut et conventus nobilium occursione celebri colligatur, et causarum nodi juris disceptatione solvantur*, idem, VI, 23 (*comitiva Neapolitana*); *ut civilia nego-*

penser que l'institution était assez générale. Sidoine Apollinaire mentionne un comte de Marseille, [et nous donne à penser que l'institution tendait à se répandre au moment de la chute de l'Empire][1].

Le système d'emplois administratifs et de bureaux que nous avons vu organisé autour de la personne du prince se trouvait reproduit, en moindres proportions, autour des préfets de prétoire, des vice-préfets et des gouverneurs.

Chacun de ces personnages avait sa petite cour. Il habitait un *palatium* ou *prætorium*[2]; il avait son *consilium* analogue au *consistorium* du prince[3], son *auditorium*[4], [son secrétariat], *secretarium*[5], [réductions fidèles des conseils qui entouraient l'empereur].

Chacun de ces fonctionnaires avait [enfin] ses bureaux, dont l'ensemble s'appelait *officium*[6], [comme ceux du Palais impérial]. La composition de ces bureaux était

---

tia æquus trutinator examines, ibidem. — FORMULA COMITIVÆ DIVERSARUM CIVITATUM : .... *Per illam indictionem in illa civitate comitivæ honorem secundi ordinis tibi largimur, ut et cives commissos æquitate regas et publicarum ordinationum jussiones constanter adimpleas*, idem, VII, 26 — ... *Ut causis vestris ferat remedium et jussionibus publicis procuret effectum*; idem, VII, 27. — Sidoine Apollinaire, VII, 2.

[1] [Cf. *La Monarchie franque*, p. 197.]

[2] Code Justinien, I, 40, *lex ultima* [15]; XII, 41 (40), 3; VIII, 12, 4; Code Théodosien, VII, 8, 6; XV, 1, 8 et 35; X, 2, 1. — Cassiodore, VI, 23 : *Prætoria tua officia replent, militum turba custodit*.

[3] *Consilium præfecturæ*, Sidoine, I, 3. — *Adhibito in consilio præfecti prætorio*, Henzen, n° 6519.

[4] Digeste, XII, 1, 40 ; I, 22, 5; XXXVI, 1, 22 (23).

[5] *Secretarium prætorii*, saint Augustin, *Contra Cresconium*, III, 56; idem, *Ad Donatistas*, 25 et 55. — *Secretarium proconsulis*, Evodius Uzalensis, *De miraculis sancti Stephani*, 5; *Acta conciliorum*, Mansi, IV, 51, *anno* 411. — Cf. Code Justinien, III, 24, *ultima*; IX, 2, 16; XII, 19 2; I, 48, *ultima*; Code Théodosien, I, 7, 2; II, 1, 8.

[6] Cassiodore, VI, 3; Code Théodosien, VIII, 8, 4; Code Justinien, I, 27.

déterminée par des règlements; on la trouve dans la *Notitia dignitatum* :

1° En tête un *princeps*, chef et directeur de tout l'*officium*, chargé d'y maintenir l'ordre, comme fait le *magister officiorum* dans le Palais du prince, chargé aussi vraisemblablement de répartir le travail entre tous les bureaux[1];

2° Un fonctionnaire de rang élevé, appelé *cornicularius*[2];

3° Un *adjutor*, sorte de premier commis que l'on trouve dans tous les *officia*;

4° Un *commentariensis*, chargé de la rédaction et de la garde des notes diverses qui s'accumulent dans toutes les administrations sur le personnel ou sur les faits et actes dont on peut avoir besoin de se souvenir;

5° Un *ab actis*, secrétaire qui rédigeait les *acta fori* ou actes judiciaires, sorte de greffier en chef[3]; nous trouvons ce fonctionnaire à côté de chaque personnage qui rend la justice;

6° Des *numerarii*, agents comptables[4];

7° Des rédacteurs, *ab epistolis* ou *cura epistolarum*, chargés de la rédaction des lettres et instructions adres-

---

[1] Cf. Code Théodosien, VIII, 8, 4, où il est appelé *primiscrinius officii*, Code Justinien, XII, 52, 5.

[2] Voir Ducange, à ce mot. On peut juger de son importance par Code Théodosien, VIII, 7, 8; Cassiodore, XI, 19; Lydus, III, 22.

[3] Cf. Code Justinien, II, 8, 7, anno 524 (II, 7, 26); Orelli, n° 3868; cf. Lydus, III, 20; Cassiodore, XI, 22.

[4] Isidore, *Origines*, IX, 4. — Code Théodosien, VIII, 1 : *De numerariis*; loi 4 : *Vorax et fraudulentum numerariorum propositum qui diversis rectoribus obsequuntur*; loi 6, de Julien : *Numerarii qui rationes civitatum versutis fraudibus lacerare didicerunt.* — Sidoine, II, 1, parle d'un homme qui s'entend avec eux, *conludens numerariis.* — Cassiodore, XII, 23, les mentionne aussi comme chargés des comptes de l'impôt. — On les appelle aussi *tabularii*, Orelli, n°° 3662, 6571; Code Théodosien, VIII, 1, 7.

sées par le haut fonctionnaire à ses subordonnés, et les divers diplômes émanés de la chancellerie[1];

8° D'autres rédacteurs chargés de tenir les registres, *regesta*, qui doivent être gardés dans la chancellerie; on les appelle *regerendarii*[2];

9° D'autres rédacteurs qui sont spécialement employés au tribunal et chargés de prendre note des dépositions et des interrogatoires; on les appelle *exceptores*[3];

10° Viennent encore des officiers désignés par le mot *singulares* ou *singularii*, dont les fonctions ne sont pas nettement déterminées, mais qui semblent être détachés pour toute sorte de missions[4];

11° Au-dessous de tous ces fonctionnaires il y avait encore la foule des *apparitores*, des *præcones*, des *viatores*; c'était un personnel très nombreux.

Tels sont les *officia* qu'on voyait à Trèves autour du préfet du prétoire; à Arles, autour de son vicaire, et dans les chefs-lieux des dix-sept provinces [que formaient alors les Gaules]. C'étaient ces fonctions et ces bureaux, bien plus que les gouverneurs eux-mêmes, qui régissaient le pays.

Le danger d'une administration de cette nature est que les fonctionnaires ne se rendent indépendants du pouvoir central et ne changent leur rôle d'agents du prince contre celui de chefs indépendants et héréditaires. On le vit bien quelques siècles plus tard. L'Empire

---

[1] Lydus, III, 21; Cassiodore, XI, 23.
[2] Cf. Préface du Code Théodosien : *Quæ in regestis divinorum officiorum relata sunt*. [Cassiodore, XI, 29, les nomme *regendarii*.]
[3] Ducange, v° *Exceptor*.
[4] Joignez à cela les *notarii prætoriani* (Orelli, n° 3159); les *cancellarii præfectorum* (Henzen, n° 6536), les *cartularii* (Orelli, n° 2351), les *scribæ*, etc.

romain avait des règles et des pratiques qui écartaient ce danger.

La première, [qui fut une innovation des empereurs du III° siècle], était la séparation des fonctions militaires et des fonctions civiles. Ces dernières, dans l'Empire du IV° et du V° siècle, avaient la primauté hiérarchique; mais les administrateurs n'avaient aucun pouvoir sur les soldats; ceux-ci avaient leurs chefs propres. C'étaient, en tête de la hiérarchie, les *magistri militum*, *magistri peditum* ou *equitum* ou quelquefois *utriusque militiæ*; le nombre n'en était pas invariablement fixé; à l'époque où fut rédigée la *Notitia*, l'Occident en comptait trois: deux résidaient auprès du prince; un résidait en Gaule. Plus bas étaient les comtes militaires, *comites rei militaris*, ou les ducs, *duces*; il y en avait six en Gaule: un comte du *tractus Argentoratensis*, un *dux provinciæ Sequanici*, un *dux tractus Armoricani et Nervicani* dont l'autorité s'étendait jusqu'à l'Aquitaine, un duc de la Seconde Belgique, un duc résidant à Mayence, un duc de la Première Germanie[1]. Ces chefs exerçaient l'autorité militaire sur de grands territoires, et chacun d'eux avait des bureaux et un *officium* complet comme les préfets de prétoire et les gouverneurs de provinces. Enfin au-dessous d'eux venaient les chefs de corps, commandants de légions, d'escadrons ou de troupes barbares, *præfecti* ou *tribuni legionis*, *alæ*, *cohortis* ou *numeri*.

[Les autres règles remontent aux traditions fondées par les premiers empereurs[2]. La plus importante] était que tous ces administrateurs ou ces chefs fussent nommés par le pouvoir central. Ils dépendaient les

---

[1] *Notitia Occidentis*, XXVII, XXXVI, XXXVII; index, édit. Seeck, p. 104.
[2] [Cf. *La Gaule Romaine*, p. 207 et suiv.]

uns des autres; mais le supérieur ne choisissait pas son subordonné. Le gouverneur de province n'était pas nommé par le préfet du prétoire; même ses chefs de bureaux et ses employés n'étaient pas de son choix.

Le mode d'avancement [était d'ailleurs fort] régulier : on entrait dans la carrière, on la traversait suivant des règles fixes. Par exemple, un *agens in rebus* entrait dans le corps, la *schola*, des *agentes*, et s'y élevait de classe en classe; il arrivait à être *centenarius* (capitaine, centurion; car les termes militaires étaient employés dans la carrière civile), puis *ducenarius*, chef de deux compagnies; alors il était envoyé en province comme *princeps officii* du vice-préfet. Ou bien on entrait dans l'*officium* du préfet, et, parvenu au grade de *cornicularius* après peu de temps d'exercice, on passait dans l'administration centrale avec un grade élevé[1].

Tous ces fonctionnaires recevaient des traitements; aucun d'eux n'avait le droit de se payer lui-même; aucun n'administrait pour son compte ni à son bénéfice[2].

Enfin, toutes ces fonctions n'étaient, en principe, que

---

[1] Cf. Cassiodore, XI, 17 et suivantes. — Un *cursus honorum* de haut employé est dans Orelli, n° 2352. — Voici un *cursus honorum* [de grand personnage] au v° siècle : *Claudius Postumus Dardanus, vir industris et patriciae dignitatis, ex consulari provinciae Viennensis, ex magistro scrinii libellorum, ex quaestore, ex praefecto praetorio Galliarum, et Neria Galla, clarissima et industris femina, materfamilias ejus, loco cui nomen Theopoli est, viarum usum caesis utrimque montium lateribus praestiterunt, muros et portas dederunt, quod in agro proprio constitutum tuetioni omnium voluerunt esse commune; adnitente etiam viro industri comite ac fratre memorati viri Claudio Lepido ex consulari Germaniae primae, ex magistro memoriae, ex comite rerum privatarum, ut erga omnium salutem eorum studium et devotionis publicae titulus possit ostendi.* Herzog, n° 490, à Sisteron (Basses-Alpes) [*Corpus*, XII, n° 1524]. C'est le même Dardanus dont parlent Sidoine, V, 9, saint Jérôme, *Lettres*, 129, saint Augustin, *Lettres*, 157 [187].

[2] Voir Trébellius Pollion, *Claudius*, 14. Lampride, *Alexandre*, 42, 4. Cassiodore, VI, 7.

temporaires. Le préfet du prétoire n'était nommé que pour un an. Les fonctionnaires ne pouvaient pas s'enraciner dans une province[1]. Ils étaient sans cesse déplacés. Une inscription nous montre, dans la seconde moitié du IV° siècle, un Pétronius qui a été quatre fois préfet du prétoire, mais dans diverses préfectures[2]; Ausone aussi a passé de la préfecture d'Italie à celle des Gaules. Il pouvait arriver que l'on restât dans la même préfecture, mais il fallait un renouvellement de nomination, et il y avait presque toujours un intervalle entre elles[3].

Le gouvernement n'avait même pas besoin de destituer ses fonctionnaires : ce qu'il faisait d'ailleurs quand il voulait[4]; il allait de soi que le fonctionnaire quittât sa fonction après un temps assez court. [On ne voyait] nulle disgrâce en cela. Il gardait le titre et obtenait quelquefois une distinction honorifique, chose très précieuse dans cette société.

Aussi il n'était pas possible à un fonctionnaire de se détacher du pouvoir central. On en a vu plusieurs aspirer à l'Empire et entreprendre une guerre civile pour l'usurper; mais on n'en voit pas qui essayent de se séparer de l'Empire.

[Les empereurs du IV° siècle n'avaient donc rien changé aux anciens principes du gouvernement. L'autorité du prince était toujours aussi absolue et aussi sainte; la hiérarchie des fonctionnaires aussi régulière, et leurs pouvoirs aussi étendus. Les bureaux du Palais n'avaient fait qu'augmenter en nombre et croître en dignité. La

---

[1] *Per indictionem illam committimus*, Cassiodore, VII, 3.
[2] Orelli, n° 1130.
[3] Orelli, n°° 1146, 3185; Henzen, n°° 5593, 5587.
[4] Ex. : Ammien, XXVIII, 2, 5 et 9 : Un *notarius*, Syagrius, est destitué, *sacramento exutus*

centralisation administrative et l'omnipotence monarchique continuaient à être les règles fondamentales du droit public.] Les hommes étaient administrés, protégés, surveillés par une puissance très éloignée et très haut placée, dont l'action s'exerçait sur eux par une hiérarchie de fonctionnaires.

CHAPITRE II

[Que les libertés provinciales et municipales ont persisté jusqu'aux derniers temps de l'Empire.]

[Cette centralisation administrative et la toute-puissance de l'État n'étaient pas incompatibles avec certaines libertés. Les gouverneurs avaient des droits fort étendus; mais les provinces étaient dotées de conseils qui pouvaient critiquer la manière dont ces droits avaient été exercés. Les villes étaient sous la tutelle de l'État; mais elles avaient leur administration particulière et la jouissance de leurs revenus. L'autorité impériale et l'influence des bureaux du Palais n'ont fait que grandir avec le cours des années; il ne semble pas que les prérogatives des provinces et des villes aient souffert de ces transformations et que l'État ait jamais songé à les restreindre.]

[1° LES ASSEMBLÉES PROVINCIALES[1].]

[Les conseils provinciaux] ont duré jusqu'aux derniers temps de l'Empire. On a une loi de l'année 355

---

[1] [Cf. *La Gaule romaine*, p. 210 et suiv.]

qui porte que les provinces doivent avoir pleine liberté d'exprimer leurs vœux dans leurs assemblées et de les faire soutenir par leurs députés[1]. Constantin avait fait une loi pour interdire de rien changer au mandat arrêté par l'assemblée et d'en rien retrancher[2]. Plus tard, les empereurs Gratien et Valentinien décrétèrent encore que chaque province, après avoir arrêté la rédaction de ses vœux, devait nommer trois députés pour les porter au prince[3]. Ils ajoutèrent qu'aucun gouverneur de province n'avait le droit de se faire livrer la lettre ou le cahier que la province avait rédigé ni d'empêcher les députés de parvenir jusqu'à l'empereur. La poste impériale était même, par une faveur rarement accordée, mise à leur disposition[4].

Nous ne voyons jamais qu'on ait interdit aux assemblées des villes ou des provinces de se réunir. Ammien Marcellin raconte qu'en un moment de danger où l'Empire était attaqué par un ennemi extérieur, les assemblées municipales et nationales se tinrent partout et qu'elles indiquèrent au gouvernement le choix du gé-

---

[1] *In Africanis provinciis universis conciliis liberam tribuo potestatem ut, congruente arbitrio studii, condant cuncta decreta, aut commodum quod credunt consulant sibi, quod sentiunt eloquantur decretis condilis missisque legatis* (Code Théodosien, XII, 12, 1).

[2] Ibidem, XII, 12, 4. Code Justinien, I, 40, 3.

[3] *Habito tractatu conventuque, tres e provincia, qui petitiones adrehant, delegentur* (Code Théodosien, XII, 12, 7).

[4] *Sive integra diœcesis in commune consuluerit, sive singulæ inter se voluerint provinciæ convenire, nullius judicis potestate tractatus utilitati earum congruus differatur, neque provinciæ rector aut præsidens vicariæ potestati aut ipsa etiam præfectura decretum æstimet requirendum. Illud etiam addimus ut si integra diœcesis unum vel duos elegerit quibus desideria cuncta committat, redæ cursualis hisdem tribuatur erectio... Licere volumus oppressis deflere quæ perferunt* (ibidem, XII, 12, 9, édit. Hænel).

néral qu'elles jugeaient le plus capable de défendre l'Empire[1].

Ces assemblées n'étaient ni convoquées ni dissoutes par les fonctionnaires du gouvernement impérial. Elles fixaient elles-mêmes la date et le lieu de leur réunion[2]. Elles n'étaient pas électives; mais elles se composaient de tous ceux qui dans la province avaient été revêtus des magistratures municipales[3]. Les plus riches propriétaires en faisaient partie de droit; on jugeait qu'une grande fortune territoriale, qui représentait de nombreux intérêts, était un titre suffisant pour figurer dans une réunion qui avait précisément à exprimer les intérêts et les besoins du pays[4]. Il était quelquefois permis de se faire représenter par un mandataire, et même d'envoyer son opinion par écrit. Tous les avis étaient discutés en commun, et les décisions étaient prises à la majorité des suffrages[5]. Puis on nommait les députés chargés de porter les décrets arrêtés par l'assemblée: ceux-ci se rendaient à Rome et s'acquittaient avec une

---

[1] Ammien Marcellin, XVIII, 6.

[2] *Provinciale concilium, quo tempore iniri debeat, cum assensu omnium propria auctoritate definiat* (Code Théodosien, XII, 12, 13).

[3] *Ad provinciæ concilium cunctos volumus convenire qui primatum honorantur insignibus* (ibidem. XII, 12, 12). — Ces magistrats municipaux que leurs fonctions avaient élevés au rang de *primates* sont les mêmes que l'édit de 418 appelle *honorati*. [Cf. *La Gaule romaine*, p. 1217.]

[4] Ces grands propriétaires, dans la langue officielle du IVᵉ et du Vᵉ siècle, étaient désignés par le mot *possessores*. — Voir l'édit d'Honorius de 418, qui marque que les assemblées provinciales doivent être composées des *honorati* et des *possessores*.

[5] *Ut in loco publico de communi utilitate sententia proferatur, atque id quod majoris partis assensus probavit, solemnis firmet auctoritas* (Code Théodosien, XII, 12, 12; loi de l'année 392). — *Quod in consilium communia vota deducunt, vel in æde publica vel in aliqua fori parte tractetur ad quam omnium possit esse concursus* (ibidem, XII, 12, 13).

entière liberté du mandat que la province leur avait confié[1].

Le fameux édit d'Honorius, l'année 418, ne créa rien de nouveau. Seulement, le désordre des sept dernières années avait interrompu la tenue des assemblées; Honorius prit soin de les rétablir. « Nous jugeons très opportun et très utile, dit l'empereur, que la coutume soit désormais observée chaque année et que les Sept Provinces aient dorénavant leur assemblée à une époque fixe dans la cité d'Arles; en cela nous cherchons l'intérêt de chacun et de tous; nous voulons que cette réunion des citoyens les plus notables présente ses avis sur les intérêts généraux. C'est un usage ancien que nous rétablissons. L'assemblée se tiendra chaque année des ides d'août aux ides de septembre. Elle sera composée des anciens magistrats, des grands propriétaires et des juges de chacune des provinces. Une amende de trois livres d'or sera prononcée contre ceux qui manqueront d'y assister[2]. »

Nous pouvons suivre cette histoire des assemblées provinciales encore plus loin; Sidoine Apollinaire en parle à la veille de l'établissement des royautés germa-

---

[1] *Civitatum postulata, decreta urbium, desideria populorum liquido Tua Sublimitas recognoscit ad imperialis responsi officium pertinuisse, admissosque legatos dixisse libere quæ illorum fuerant a communi fidei constantiæque commissa* (ibidem, XII, 12, 16).

[2] Le texte de l'édit est dans les *Diplomata*, édit. Pardessus, t. I, p. 3. — Les sept provinces représentées sont : la Viennoise, les deux Narbonnaises, la Novempopulanie, les deux Aquitaines, les Alpes Maritimes. Ces sept provinces avaient formé antérieurement un diocèse distinct du reste de la Gaule, et quoique les deux diocèses eussent [peut-être] été réunis en un seul, la distinction se maintint dans les habitudes. Exemple : Lettre du pape Zosime (Sirmond, p. 42) : *Episcopis per Gallias et Septem Provincias constitutis*; même la *Notitia* fait encore la distinction, édit. Seeck, p. 262 : *Civitates in Galliis*; p. 268 : *Civitates in Provinciis Septem*. Cf. Guiraud, l. III, c. 4.

niques qui devaient les faire disparaître ou tout au moins les transformer. Dans une de ses lettres, écrite en 468, il raconte qu'un préfet des Gaules est accusé devant le sénat par sa province; l'assemblée du pays, dit-il, a émis un décret et a nommé trois députés pour le porter à Rome[1]. Dans une autre lettre, il trace une sorte de tableau qui nous donne une idée de la physionomie ordinaire de ces assemblées provinciales. On y voit que les hommes des grandes familles y entraient en vertu de leur richesse foncière; que les magistrats élus par les villes y siégeaient également; que les places y étaient marquées d'après les dignités dont on avait été revêtu; que les uns étaient assis, les autres debout, suivant leur rang; que l'ordre même d'après lequel on votait était déterminé par l'âge, la richesse, la naissance, et surtout par les fonctions publiques que chacun avait remplies[2]. Ce n'étaient certainement pas des assemblées démocratiques; elles représentaient ce qu'il y avait dans la province de plus élevé et de plus considé-

[1] *Legati provinciæ Galliæ Arvandum publico nomine accusaturi cum gestis decretalibus insequuntur. Provinciale mandatum profertur.* Sidoine, *Lettres*, I, 7. Le même écrivain, dans son *Panégyrique d'Avitus*, parle d'un député élu par la province pour se rendre vers l'empereur et lui demander un allègement de l'impôt. — Une inscription du ve siècle mentionne encore le *concilium* d'une province de Gaule. Voyez Le Blant, *Inscriptions chrétiennes de la Gaule*, n° 595 A.

[2] Voir Sidoine, *Lettres*, I, 3, où il reproche à un ami de vivre dans ses propriétés, de négliger sa carrière politique, et de se laisser devancer dans les dignités par de plus jeunes que lui. Il ajoute : « Vienne le jour de l'assemblée, tu verras des jeunes gens prendre place avant toi, avant toi donner leur avis; ils seront assis et tu resteras debout; à quoi te servira ton âge, ta noblesse? Resté obscur et sans autre titre que celui de propriétaire campagnard, tu seras sans influence dans l'assemblée; l'opinion d'un homme plus pauvre que toi, mais qui aura parcouru les dignités, prévaudra sur la tienne. » Rapprochez de cela un texte du Code Théodosien, XII, 1, 4, où l'on voit que dans ces assemblées les hommes qui avaient rempli les magistratures municipales étaient assis, les autres restant debout.

rable et étaient en quelque façon le faisceau des grands intérêts du pays.

Les requêtes [qu'elles adressaient] au prince avaient-elles de l'efficacité? Il nous est impossible d'établir la proportion exacte de celles qui étaient écoutées et de celles qui ne l'étaient pas[1]. Il y avait un motif pour qu'elles fussent efficaces : c'est que l'Empereur était l'homme le plus intéressé de l'Empire à ce qu'il n'y eût pas de graves abus. Mais il y avait aussi un motif pour qu'elles ne le fussent pas : c'est qu'il était fort difficile de parvenir jusqu'à la personne même du prince; entre la requête et le prince il y avait une série d'intermédiaires qui se trouvaient justement les hommes les plus intéressés de l'Empire à ce que les plaintes ne fussent pas écoutées.

Ces assemblées ne ressemblent [assurément] pas à celles du XIXe siècle. Ce ne sont pas des assemblées nationales. Il n'y a là ni élections régulières, ni discussion, ni vote de lois, ni souveraineté en matière d'impôts ou de service militaire. Mais ce sont des assemblées nationales comme les comprenaient les hommes du IVe siècle.

[3°] SI LE RÉGIME MUNICIPAL EST TOMBÉ EN DÉCADENCE.

Pour comprendre la suite des événements et le lien des institutions, il importe d'observer si le régime municipal que nous avons décrit ailleurs[2] a duré aussi

---

[1] Requêtes écoutées : Digeste, V, 1, 37; XLVII, 14, 1; XLIX, 1, 1. Code Théodosien, II, 19, 5; III, 12, 1; VII, 1, 6; VIII, 4, 2; IX, 34, 5; XI, 30, 5; XII, 5, 2. Ammien, XXX, 5, 8. — Requêtes non écoutées : Ammien, XXVIII, 6.
[2] [La Gaule romaine, p. 224 et suiv.]

longtemps que l'Empire romain et s'il a pu lui survivre.

Présenter les cités et le pouvoir central comme se disputant l'élection des magistrats serait se faire une idée très fausse des mœurs politiques de ce temps-là. L'antithèse qu'on a établie plus tard entre le principe d'autorité et le principe de liberté était alors inconnue. Ce qu'il y avait de liberté municipale n'avait pas été arraché au gouvernement par un effort des villes. Ce qui se perdit ensuite de cette même liberté ne fut pas enlevé aux villes par un calcul du despotisme. On ne voit ni que l'Empire ait accordé ces franchises à regret ni qu'il ait eu le désir de les reprendre. C'est lui-même, au contraire, qui a constitué et organisé la vie municipale, et si l'on observe la série de ses actes législatifs, on y verra que sa politique a toujours été de veiller au maintien de ce régime. La conservation des sénats municipaux et des magistratures locales a été l'un des objets de ses plus constantes préoccupations. S'il y a eu, en réalité, une sorte de lutte dans les deux derniers siècles entre les cités et l'Empire, c'est parce que les populations inclinaient à renoncer au régime municipal et c'est parce que l'Empire les contraignait à le garder. Il était dans la nature humaine de vouloir se soustraire aux obligations qu'il entraînait. S'administrer soi-même et faire soi-même toutes ses affaires est une lourde tâche, et il est ordinaire que les peuples aiment à s'en décharger sur leur gouvernement. Il fallut toute la sévérité des lois impériales pour obliger les hommes à la remplir.

On a dit que c'était un principe établi par le gouvernement impérial que chacun fût attaché perpétuellement à sa fonction, le curiale à sa curie, le laboureur à sa terre, l'ouvrier à son métier, et chacun au pays de sa naissance. C'est là une de ces généralités dont l'histoire est pleine et qu'on oublie de démontrer. Nous ne devons pas nous contenter de ces phrases vagues. Il faudrait étudier par une scrupuleuse analyse comment il s'est fait que le curiale a été attaché à la curie, comment et pourquoi il s'est fait que l'ouvrier a été attaché à son métier. Les causes de ces faits sont diverses et multiples. Quant au principe général qui se serait appliqué à tout cela indistinctement, les documents ne nous le montrent pas; et ce n'est que l'esprit moderne qui l'a imaginé.

Il est vrai que l'on remarque, au IIIe et au IVe siècle, une décadence et une sorte d'affaissement du régime municipal[1]. Mais il en faut chercher la cause ailleurs que dans une oppression dont on ne trouve pas la preuve. La tyrannie du pouvoir central n'est pour rien dans la maladie dont souffrit alors ce régime.

Il faut songer, en effet, qu'il s'accomplit à la même époque une révolution religieuse qui devait apporter un grand trouble dans la vie municipale. Nous avons dit que, dans les premiers siècles de l'Empire, chaque cité avait sa divinité particulière et qu'elle élisait son prêtre comme elle élisait ses magistrats. Le gouvernement de

---

[1] [Encore faudrait-il faire quelques réserves. Un texte nous montre les] *honores curiales* très recherchés au temps de Dioclétien : La vie de saint Éphysius, qui paraît avoir été écrite d'après des documents contemporains (c'est du moins l'opinion des Bollandistes : *Acta ex iis quæ tradidisse litteris Marcus presbyter testis oculatus dicitur*), rapporte que la mère du saint, qui était païenne, l'élevait en vue des honneurs curiaux : *Quem curialium honorum procuratione promovere, eorumdemque functione confirmare et simul gloriæ cupida ad aliquod dignitatis fastigium tendebat evehere. Acta S. Ephysii*, c. 5; *Acta Sanctorum*, II, 280, 15 janvier.

la cité était ainsi associé à une religion[1]. Le sénat des décurions tenait ses séances dans un lieu consacré et ses délibérations étaient précédées de prières et de sacrifices. Les fêtes publiques étaient des cérémonies religieuses. Les jeux du cirque et les représentations théâtrales faisaient partie du culte. Les magistrats municipaux n'avaient pas d'attributions plus importantes que celle de veiller à l'accomplissement de tous les rites[2]. Leur entrée en fonctions était signalée par l'immolation d'une victime; ils devaient ensuite présider au repas sacré[3]. Les dignités municipales étaient, par un certain côté, des sacerdoces.

Mais dans le cours du IIIe siècle le christianisme grandit et se propagea surtout parmi les classes moyennes de la société. Or ces classes moyennes étaient précisément composées des propriétaires qui remplissaient les curies et qui étaient chargés d'administrer les cités. Il était naturel et légitime que la nouvelle religion interdit à ses adeptes les actes du culte païen. Défendre de faire un sacrifice aux dieux, c'était défendre en même temps d'être décurion et d'être magistrat.

Les conciles réprouvaient les jeux scéniques; un chrétien ne pouvait donc être ni édile ni duumvir. Ils excommuniaient ceux qui prenaient part aux repas sacrés[4];

---

[1] [*La Gaule Romaine*, p. 245.] Il y avait dans la langue une expression remarquable : pour signifier qu'on était reçu dans la curie, on disait *initiari curiæ sacris*. Elle se retrouve encore au Code Justinien, X, 31, 52 (loi de 397).

[2] *Duumvir, ædilis, præfectus, quicumque erit, curato uti magistri ad fana, templa, delubra, suo quoque anno fiant, eique suo quoque anno ludos circenses, sacrificia, pulvinariaque facienda curent* (Bronzes d'Osuna, § CXXVIII).

[3] Sur ces repas sacrés, voir Orelli, n°s 2489 et 3678.

[4] *Quotquot ascenderunt in templa et recumbentes manducaverunt, pœnitentiam triennii temporis.....* (Concile d'Ancyre, ann. 314, art. 5;

on ne pouvait donc remplir à la fois les devoirs d'un curiale et ceux d'un chrétien. Un concile prononça formellement que si un chrétien se trouvait obligé d'être magistrat, il serait exclu de l'église pendant l'année de sa magistrature[1]. Un pape défendit aux prêtres de mettre le pied dans la salle de délibérations de la curie, « par ce motif, dit-il, que dans cette salle on verse le sang des victimes et qu'on y fait des immolations aux idoles[2] ». Un autre pape déclara que ceux qui « servaient la curie » ne pourraient être admis dans les ordres[3]. Il était donc impossible aux chrétiens de se mêler à la vie municipale. Il y avait incompatibilité entre la Cité et l'Église. La Cité était païenne, l'Église lui fit la guerre.

Nous pouvons deviner ce qui dut se passer partout. Le chrétien refusa d'abord d'exercer les dignités municipales; il refusa ensuite d'être décurion. Pour rester chrétien, il renonça à être citoyen[4]. C'est alors que les lois impériales redoublèrent de rigueur; elles ramenèrent à la curie ceux qui s'en étaient échappés; elles décidèrent [même, semble-t-il,] que tous ceux qui étaient propriétaires de [plus de] 25 arpents en feraient partie. Le chrétien vendit sa terre, il la donna, il se fit pauvre; les lois alors interdirent ces ventes et ces donations. Elles enchaînèrent l'homme à la curie; elles

---

Harduin, t. I, p. 275). *De his qui festis diebus paganorum, eorum conviviis interfuerunt* (ibidem, art. 7). — Cf. Concile d'Arles, ann. 314 (ibidem, p. 264).

[1] *Magistratum eo anno quo agit duumviratum, prohibendum placuit ut se ab ecclesia cohibeat* (Harduin, t. I, p. 255).

[2] *Nemo clericus vel diaconus vel presbyter... intret in curiam, quoniam omnis curia a cruore dicitur et immolatio simulacrorum est. Constitutio Sylvestris papæ* (Harduin, t. I, p. 293).

[3] *Decreta Stephani papæ* (idem, t. I, p. 142).

[4] *Curiales qui ecclesiis malunt servire quam curiis* (Code Théodosien, XII, 1, 104 et 115). Cf. saint Ambroise, *Epistola* 40, *ad Theodosium*.

le contraignirent à être magistrat à tour de rôle. Cette lutte sourde et continue se prolongea pendant quatre ou cinq générations d'hommes. C'est là que le gouvernement municipal perdit sa vigueur. Les populations, de plus en plus chrétiennes, se détachèrent de plus en plus de lui. Il devint un fardeau qui pesa lourdement, non pas seulement sur la fortune, mais encore sur la conscience. On le haït, on le maudit. L'affection était pour l'Église, la réprobation pour la curie. Le régime municipal aurait alors péri tout à fait et se serait éteint par la volonté des peuples, si le gouvernement impérial n'avait employé toutes ses forces à entretenir en lui un reste de vie.

La victoire définitive du christianisme, au iv⁵ siècle, termina cette longue et douloureuse crise. Les dieux des cités furent renversés; les religions municipales disparurent. Les fêtes, les repas publics, les jeux du cirque, s'ils ne cessèrent pas tout à fait, perdirent du moins leur ancien caractère d'actes obligatoires, et les magistrats n'eurent plus le devoir de présider aux sacrifices. Alors la Cité et l'Église se réconcilièrent. Le christianisme ne combattit plus le régime municipal; il s'y fit une place. L'évêque succéda à l'ancien flamine, comme les fêtes chrétiennes se substituèrent aux repas sacrés et aux cérémonies du théâtre. Les prêtres siégèrent de plein droit dans les curies devenues chrétiennes, et l'évêque y fut le premier et le plus puissant personnage[1].

Ainsi transformé, le régime municipal reprit quelque vigueur. Il dura aussi longtemps que l'Empire romain; nous verrons même plus tard qu'il lui a survécu[2].

[1] Code Justinien, I, 55, 8 : *Episcoporum necnon clericorum et honoratorum ac possessorum et curialium decreto.*
[2] [*La Monarchie franque*, p. 256.]

Si nous nous plaçons par la pensée au milieu des dernières générations de l'Empire romain, c'est-à-dire au commencement du v° siècle, nous y trouvons ce régime municipal encore debout. Quelques changements s'y sont introduits, mais ses traits caractéristiques et ses règles fondamentales sont encore tels qu'au temps des Antonins. Il n'y a nulle part de comices populaires et le gouvernement des cités est resté aristocratique. La classe des décurions conserve le privilège et la charge d'administrer la cité. Elle forme une sorte de sénat qui doit délibérer sur toutes les affaires municipales et nommer les magistrats.

Cette curie des derniers temps de l'Empire était, en général, assez nombreuse, bien qu'il pût se trouver des villes où elle ne le fût pas assez pour supporter le lourd fardeau des charges pécuniaires et administratives. Au sein de cette curie, qui était comme la bourgeoisie ou la classe moyenne de nos sociétés, on distinguait une classe supérieure que la langue officielle appelait les « principaux »[1] ou les « honorés » (*principales, honorati*)[2] et que la langue ordinaire appelait les nobles ou les notables. Elle était composée de ceux qui avaient rempli les plus hautes fonctions de la cité ; il n'est guère douteux qu'une grande fortune ne fût un titre pour en faire partie. De même que les petits propriétaires figuraient de droit parmi les curiales, les grands propriétaires comptaient de droit parmi les principaux.

---

[1] Code Théodosien, XII, 1, 5 : *Qui decuriones vel* PRINCIPALES *constituti*. — 151 : *Trium* PRINCIPALIUM *præsentia*. — 171 : PRINCIPALES *viros in Galliis*. — Code Justinien, X, 31, 42 : *Principales viri*. — Salvien, *De gubernatione Dei*, V, 4 : *Principales civitatum*. — On appelait aussi ces hommes *primates* ou *primarii*.

[2] *Honor* a toujours signifié magistrature; *honoratus* se disait de l'homme qui avait été magistrat (Code Théodosien, VIII, 11, 3).

Cette classe des principaux ou des honorés n'était pas séparée de la curie; elle en était comme la partie supérieure ou le premier rang; elle y jouissait d'une considération particulière. Nous avons peu de renseignements sur les assemblées municipales du v° siècle; quelques traits épars dans les écrivains nous permettent pourtant de nous en représenter la physionomie. La liste des membres est dressée tous les cinq ans; les principaux, les honorés, les nobles sont toujours en tête; chacun y a son rang suivant les fonctions qu'il a remplies, son âge et sa fortune¹. Le même ordre est suivi dans les délibérations; les principaux seuls sont assis, les simples curiales restent debout; les principaux parlent, soutiennent leur avis, expliquent leur vote; les simples curiales, comme les anciens *pedarii* du sénat romain, n'ont guère que le droit de se ranger en silence derrière celui dont ils partagent l'opinion². Toute l'assemblée est présidée par le magistrat suprême de la cité, et à côté de lui siège l'évêque³.

---

¹ Ces règles étaient assez anciennes; on les trouve déjà signalées par Ulpien : *Decuriones in albo ita scriptos esse oportet eo ordine quo quisque eorum maximo honore in municipio functus est, puta qui duumviratum gesserunt, deinde hi qui secundo post duumviratum honore functi sunt, post eos qui tertio, mox hi qui nullo honore functi sunt* (Digeste, L, 3, 1). — *In albo decurionum nomina ante scribi oportet eorum qui dignitates principis judicio consecuti sunt, postea eorum qui antum municipalibus honoribus functi sunt* (Digeste, L, 3, 2). — Voir l'inscription de Canusium, dans Orelli, n° 3721; elle présente la liste de la curie d'une petite ville d'Italie; les membres sont divisés en plusieurs catégories, suivant le rang qu'ils ont dans la société et suivant les fonctions qu'ils ont remplies. [Cf. *La Gaule Romaine*, p. 250.]

² *In sententiis quoque dicendis idem ordo spectandus est quem in albo scribendo diximus* (Ulpien, au Digeste, L, 3, 1). — Sidoine Apollinaire (*Lettres*, I, 6) montre les *honorati sedentes censentesque*, tandis que l'homme qui n'a pas exercé les fonctions est debout et garde le silence. [Cf. plus haut, p. 50.]

³ On a représenté les curies du v° siècle comme des corps opprimés et par conséquent sans force. Pourtant les *curiales* et surtout les *principales*

Quant à la magistrature, elle a changé de nom. Les duumvirs ont disparu presque partout et ont fait place à un personnage qu'on appelle « le défenseur de la cité ». Ce mot nouveau n'annonce pas une transformation bien profonde dans le régime municipal. Le défenseur n'était pas nommé par le gouvernement; il était choisi par la cité. Ainsi que les anciens duumvirs, il était désigné par la curie, c'est-à-dire par la réunion des principaux et des simples curiales. Les empereurs chrétiens prescrivirent que l'évêque et les clercs concourussent à cette élection [1].

On a dit de nos jours que ce *defensor* était un chef de la démocratie. C'est une erreur qui n'a jamais pu s'appuyer d'un seul document. Au contraire, le défenseur, conformément à la règle qui avait toujours été suivie pour les duumvirs, ne pouvait être choisi que parmi les classes les plus élevées de la cité. Cette dignité, qui était la première de toutes, ne s'obtenait qu'après qu'on avait passé par toutes les autres [2].

On a dit encore que les évêques, prenant pour eux cette magistrature, étaient devenus *defensores civitatum*. C'est encore ici une de ces erreurs que les érudits modernes répètent de livre en livre sans se donner la peine de vérifier. Ils ne citent pas un seul texte, et ils

---

étaient encore des hommes puissants. Salvien leur reproche d'être des tyrans à l'égard de la population : *Quot curiales tot tyranni.... Hoc nomine gratulentur, quia potens et honoratum esse videatur. Quis locus est ubi non a* PRINCIPALIBUS *civitatum viduarum et pupillorum viscera devorentur?* (Salvien, *De gubernatione Dei*, V, 4, édit. Pauly). On sait que Salvien attaque volontiers les classes élevées de la société.

[1] Loi de Valentinien II, au Code Théodosien, I, 29, 6 (édit. Hænel, p. 176). — Loi d'Honorius, au Code Justinien, I, 55, 8. — Loi de Majorien, dans les Novelles de cet empereur, V.

[2] Loi de Valentinien et Valens, au Code Justinien, I, 55, 2. Cf. loi de Constantin, au Code Théodosien, XII, 1, 20, et Novelles de Justinien, XV.

ne trouveront jamais un seul exemple d'un évêque qui ait été en même temps *defensor*¹.

---

¹ Comme nous nous écartons, au sujet de ce magistrat, de l'opinion ordinairement reçue, nous devons présenter les documents sur lesquels nous nous sommes appuyé.

Il n'y a dans les Codes que quatre lois qui soient relatives à l'élection du *defensor*. La première est de Valentinien II : *Hi instituantur defensores quos decretis elegerint civitates* (Code Théodosien, I, 29, 6, édit. Hænel, p. 176). La seconde est d'Honorius : *Defensores ita præcipimus ordinari ut reverendissimorum episcoporum necnon clericorum et honoratorum ac possessorum et curialium decreto constituantur* (Code Justinien, I, 55, 8) ; cette énumération comprend toutes les classes supérieures ; il n'y est pas question de la *plebs*. La troisième est de Majorien (Novelles, V) ; elle mentionne la plèbe, mais après les *honorati* et les *municipes* : *Municipes honoratos plebemque commoneat ut adhibito consilio sibi eligant defensorem*. Ce texte peut indiquer une élection qui serait faite par la cité entière, mais non pas une élection purement plébéienne. La quatrième est de Justinien : *In unaquaque civitate defensor decreto factus omnium possessorum in civitate consistentium* (Novelles, XV) ; ici le défenseur apparaît comme l'élu des seuls propriétaires. Nous ne pensons pas que ces documents permettent de regarder le *defensor* comme choisi exclusivement par les classes inférieures ; des quatre textes que nous avons, trois le montrent élu par les classes élevées ou moyennes ; un seul y joint la plèbe.

On a dit que le *defensor* avait dû être choisi parmi les plébéiens ; cette opinion n'est pas conforme aux textes. Une loi de 365 [?] porte que « les défenseurs des cités ne doivent pas être pris dans le corps des décurions ni dans celui des *cohortales*, mais parmi les personnes dignes d'une telle charge », *non ex decurionum seu cohortalium corpore, sed ex aliis idoneis personis* (Code Justinien, I, 55, 2). Cette loi signifie qu'il faut choisir ces magistrats dans des classes plus élevées que celles des décurions et des *cohortales*. Nous avons montré, en effet, que les décurions n'étaient qu'une classe moyenne, et qu'au IV° siècle elle était méprisée. Ainsi, dans une loi du Code Théodosien (XVI, 5, 52), ils ont six classes avant eux, les *illustres*, les *spectabiles*, les *senatores*, les *clarissimi*, les *sacerdotales* et les *principales*, et ils n'ont après eux que les *negotiatores* et les *plebeii*. C'était dans la catégorie des *principales* qu'il fallait choisir le défenseur de la cité. La loi qui défend de le prendre parmi les simples décurions a le même sens que celle par laquelle Constantin interdisait de choisir un simple décurion pour *curator civitatis* (Code Théodosien, XII, 1, 20). Il fallait avoir passé par toutes les charges municipales et avoir rang de *principalis* pour arriver à ces hautes fonctions qui n'avaient rien au-dessus d'elles dans la cité. Cela est clairement expliqué par une novelle de Justinien ; cet empereur se plaint que, depuis quelque temps, la ma-

Le défenseur avait, comme les anciens magistrats, l'autorité administrative et l'autorité judiciaire. Il était chargé du recouvrement des impôts, de la confection et de la conservation des actes authentiques, tels que testaments, donations, affranchissements d'esclaves. Il jugeait toutes les causes dans lesquelles l'objet en litige ne dépassait pas la valeur de 50 pièces d'or. Il était en même temps un officier de police; il devait poursuivre les voleurs et les criminels, les arrêter, les remettre aux mains du gouverneur de la province [1].

gistrature du *defensor* ait été avilie, et il attribue cet avilissement à ce qu'on a, depuis quelque temps, pris l'habitude de choisir le *defensor* parmi les hommes obscurs, *viri obscuri*; il prescrit qu'on revienne aux anciennes règles, et que le *defensor* soit toujours pris parmi les hommes les plus nobles, *nobiliores* (Novelles, XV).

Comme toutes les magistratures municipales, celle de *defensor* était gratuite et fort coûteuse; aussi la loi obligeait-elle à être défenseur malgré soi et à tour de rôle, comme elle avait obligé à être duumvir (Code Justinien, I, 55, 10); de telles dispositions n'auraient pu s'appliquer à une magistrature démocratique.

On a conjecturé que le *defensor* était un chef plébéien placé vis-à-vis des duumvirs qui étaient les chefs de la curie; mais il n'y a pas un seul texte ni une seule inscription qui montre que ces deux magistratures aient existé en même temps, ni à plus forte raison qu'elles aient été rivales. Partout le *defensor* apparaît à la place des duumvirs et avec les mêmes attributions.

Que le *defensor* ait eu pour mission spéciale de défendre les classes pauvres et qu'il ait été une sorte de tribun du peuple, c'est ce qui n'est marqué ni dans les lois ni dans les écrits du temps. Il n'avait pas à protéger les plébéiens contre les décurions et les *principales*, puisqu'il était élu par ceux-ci; ni contre les magistrats municipaux, puisqu'il était lui-même le chef suprême de la cité. Il était un protecteur pour toute la population indistinctement (Code Justinien, I, 55, 8 et 9).

Ce qui a fait illusion, c'est que ce magistrat est quelquefois appelé *defensor plebis*; mais il faut songer que le mot *plebs* avait quelquefois, au v⁰ siècle, le sens de circonscription rurale. Le *defensor plebis* ou *loci* était le chef de ce qu'on a appelé plus tard une paroisse; il ressemblait d'ailleurs dans sa circonscription à ce qu'était le *defensor civitatis* dans la cité.

[1] Code Théodosien, I, 29, et Code Justinien, I, 55 : *De defensoribus civitatum*. Cf. Code Théodosien, XI, 7, 12; VIII, 12, 8; Novelles de Justinien, XV.

Pour la cité qui l'avait élu, il était à la fois un chef de gouvernement et un protecteur. Il avait le devoir de défendre les intérêts municipaux et les intérêts privés contre les abus de pouvoir des fonctionnaires de l'État[1]. Les lois impériales répètent fréquemment qu'il doit soutenir les droits des propriétaires contre les exigences des agents du fisc[2]. Il n'est pas douteux que sa protection ne dût s'étendre également aux classes inférieures. La loi prononce qu'il est « pour tous, décurions ou plébéiens, un appui contre les méchants[3] ».

Pour lui donner les moyens de remplir ces devoirs, les empereurs décidèrent que les rôles des impôts ne seraient valables pour l'exécution qu'après qu'ils auraient été présentés au défenseur. Ils ajoutèrent que le défenseur aurait toujours le droit de se présenter devant le gouverneur de la province et d'assister à ses jugements. Ils voulurent enfin que ce magistrat eût la faculté de correspondre directement avec les ministres et même avec le prince[4].

Ainsi la cité avait gardé, dans les derniers temps de l'Empire romain, ses assemblées délibérantes et ses magistrats élus. Il existait donc encore tout un système d'institutions vivaces pour la gestion des intérêts locaux et pour la garantie des droits particuliers. Que ce régime

---

[1] *Officialium insolentiæ et judicum procacitati occurras* (Code Justinien, I, 55, 4, loi de 385).

[2] *Si quid in læsionem possessorum fieri cognoverint defensores* (Code Justinien, I, 55, 8). — *Jubemus cura et sollertia defensorum minime possessores a susceptoribus prægravari* (ibidem, 9). — Nous observerons ailleurs l'état de la propriété à cette époque, et nous verrons que ces *possessores* étaient, en général, de grands propriétaires.

[3] *Plebem vel decuriones ab omni improborum insolentia tueantur* (Code Théodosien, I, 29, 7 ; Hænel, p. 176).

[4] *Quæcumque utilitatem publicam respiciunt, insinuandi auribus Mansuetudinis Nostræ habeant potestatem* (Novelles de Majorien, V).

municipal ait conservé toute l'activité et toute l'énergie qu'il avait eues dans les deux premiers siècles, c'est ce qu'on ne saurait prétendre. On y reconnaît, au contraire, les signes de l'affaiblissement; on y voit les symptômes de cette indifférence publique qui est pour les institutions ce que l'atonie est pour le corps. Il manquait de ressort, d'élan, de puissance; tout cela ne se voyait plus que dans l'Église chrétienne. Il n'en est pas moins vrai que ce régime municipal, si pâle et si énervé qu'il fût, était encore vivant. Trop faible pour influer beaucoup sur les destinées présentes de cette société, incapable de la sauver des dangers extérieurs et intérieurs qui la menaçaient, il avait, du moins, assez de vie pour se perpétuer obscurément à travers plusieurs siècles du moyen âge et au milieu même des institutions féodales [1].

---

[1] Les formules mérovingiennes, celles de Tours, celles de Bourges, nous montreront encore la curie siégeant, les *principales*, les *defensores*, ce qui ne signifiera sans doute pas que l'organisme municipal ait conservé beaucoup d'énergie, mais ce qui prouve tout au moins qu'il n'a pas été supprimé. [Il est bien vrai que dès les premières années du ve siècle le gouvernement impérial semble avoir établi un représentant, *comes*, dans certaines cités; cf. plus haut, p. 19. Mais nous ne savons pas quelles furent exactement ses fonctions au début; il est fort possible qu'il ait été d'abord un chef militaire. D'ailleurs son autorité a pu être créée aux dépens de celle du gouverneur bien plus que des droits des villes.]

CHAPITRE III

Les charges de la population.

[Plus encore que dans les premiers siècles de la domination impériale, le payement de l'impôt était la charge principale qui pesait sur les populations gauloises : le service militaire était devenu de moins en moins onéreux, et les contributions en argent de plus en plus lourdes. Du reste les deux faits s'expliquent l'un par l'autre : les sujets de l'Empire avaient à payer les hommes chargés de faire le service dont on les dispensait.

Les anciens impôts avaient été étendus ou augmentés ; on en avait imaginé de nouveaux, un petit nombre fut supprimé. L'organisation financière avait été complétée et régularisée par les empereurs intelligents et habiles de la tétrarchie, et, comme on peut le voir par le Code Théodosien, elle était devenue le rouage le plus compliqué de toute l'administration.]

Ce système mérite de fixer notre attention ; car il a survécu de beaucoup à cet Empire[1]. Les révolutions des âges suivants ne l'ont pas détruit ; il a suivi les vicissitudes de la société en s'adaptant à chaque régime nouveau.

Les principaux impôts étaient :

1° L'impôt foncier, que l'on appelait le *cens*, le *tribut*,

---

[1] [Cf. *La Monarchie franque*, p. 247 et suiv.]

ou la *capitation de la terre*; il était payé par tous les propriétaires du sol[1].

2° La *capitation humaine*, contribution personnelle qui pesait sur tous ceux qui n'étaient pas propriétaires. [Cet impôt] portait principalement sur les colons, serviteurs ou fermiers. Il correspondait à ce qu'on a appelé plus tard la taille. Il était un impôt plébéien (*capitatio plebeia*), parce qu'il prouvait qu'on n'était pas propriétaire.

3° Il existait une taxe sur les revenus des commerçants et des ouvriers. On la connaît mal. Les documents la mentionnent une première fois au temps d'Alexandre Sévère[2]. Puis, au IVᵉ siècle, Zosime accuse Constantin de l'avoir établie[3], en quoi il veut peut-être dire qu'il l'a augmentée ou étendue à des branches de commerce qui jusqu'alors n'y avaient pas été sujettes. Un peu plus tard, nous trouvons dans les Codes une série de lois qui sont relatives à cet impôt et qui le désignent par les noms de *lustralis collatio, lustralis functio, aurum et argentum*, en grec *chrysargyre*[4]. C'était un impôt sur tout commerçant, en proportion des produits de son commerce. Il ressemblait à notre impôt des patentes. Nous ignorons quel en était le taux; nous savons seulement qu'il ne se payait qu'une année sur quatre[5].

4° L'impôt sur les ventes dans les marchés publics[6].

---

[1] Code Théodosien, livre XI, titre 1. [Sur son mode de répartition et de perception dans les derniers temps de l'Empire, voir *La Monarchie franque*, p. 264 et suiv.]

[2] Lampride, *Alexander*, 32 : *Aurum negotiatorium Romæ remisit*.

[3] Zosime, II, 38.

[4] Code Théodosien, XIII, 1.

[5] Zosime, ibidem : Μέλλοντος τοῦ τετραετοῦς ἐνίστασθαι χρόνου.

[6] Nous trouvons durant tout l'Empire un *vectigal rerum venalium* (Ulpien, Digeste, L, 16, 17; Code Théodosien, VII, 20, 2; Cassiodore, *Variarum*, IV, 19).

5° Les péages sur les routes, au passage des ponts, ou à l'entrée des ports. On les appelait *telonea*; ils ont subsisté, sous le même nom, durant tout le moyen âge. Les États modernes en ont modifié la forme, mais il s'en faut beaucoup qu'ils les aient abolis[1].

6° Le monopole du sel, qui, après avoir été imaginé et établi par la République romaine, a traversé toute la période impériale et est passé aux États modernes[2].

7° Les prestations en nature (*annonæ*); c'étaient des fournitures de vivres pour l'armée, de vêtements militaires et d'armes, de chevaux et de fourrages pour la cavalerie et pour la poste, de vivres et de meubles pour les fonctionnaires. Ces contributions ont subsisté jusqu'à Charlemagne[3].

8° L'obligation de recevoir et de loger les soldats en passage, celle de défrayer l'empereur dans ses voyages ou toute autre personne voyageant par son ordre. C'est l'origine du droit de gîte, que les rois et les seigneurs du moyen âge ont continué d'exiger[4].

9° Les corvées; c'étaient de véritables impôts que le contribuable payait sous forme de travail; il devait fournir un certain nombre de journées par an pour la con-

---

[1] [Cf. *La Gaule Romaine*, p. 278. On trouvera des détails sur les octrois et les douanes sous les derniers temps de l'Empire dans le volume sur *La Monarchie franque*, p. 248 et suiv.]

[2] Tite Live, XXIX, 37; Code Justinien, IV, 61, 11.

[3] Voir dans les Codes les titres : *De annonis, De erogatione militari, De operibus publicis, De equorum collatione, De militari veste*.

[4] Ulpien, au Digeste, L, 4, 3, § 13 et 14 : *Eos milites quibus supervenientibus hospitia præberi in civitate oportet, per vices ab omnibus, quos id munus contingit, suscipi oportet.* — Ulpien, au Digeste, I, 16, 4 : *Observare proconsulem oportet ne in hospitiis præbendis oneret provinciam.* — Cf. Digeste, I, 18, 6; L, 5, 10; Code Justinien, XII, 41 (40); Code Théodosien, VII, 8 et 9. — Sidoine Apollinaire, *Epistolæ*, VIII, 11, fait allusion à ces usages par les mots *metatoria pagina* et *parato hospitio*. — [Cf. *La Monarchie franque*, p. 260 et suiv.]

struction et l'entretien des routes et des ponts; il devait prêter ses chevaux et ses voitures pour le transport des vivres et des fourrages aux armées[1]. Tout cela se retrouve au moyen âge[2].

Il y avait eu dans la période impériale un impôt sur les successions, impôt qui était de 5 pour 100 de la valeur des héritages, mais qui ne frappait pas les successions en ligne directe[3]. Cet impôt avait disparu avant la fin de l'Empire. Une loi de Justinien en rappelle le souvenir[4], comme d'une chose qui a été abolie. A quelle époque disparut-il, on l'ignore. Comme il n'en est jamais fait mention à partir du IVe siècle, on admet que c'est Dioclétien ou Constantin qui l'a supprimé[5].

Il y eut aussi un impôt sur les affranchissements d'esclaves. Il avait aussi disparu; on n'en voit plus trace à partir du règne de Dioclétien[6].

Cette longue énumération d'impôts ne dirait rien à notre raison, si nous ne pouvions nous faire une idée de la somme d'argent qu'ils représentaient; mais c'est ce qui est fort difficile, parce qu'il ne nous reste de

---

[1] Code Théodosien, XI, 7; XV, 3. Digeste, L, 5, 11.

[2] Il n'est pas de notre sujet de faire un exposé complet des impôts de l'Empire romain. On pourra consulter sur cette matière : les notes de Godefroi, au livre XI du Code Théodosien; Naudet, *Des changements survenus dans l'administration de l'Empire*; Dureau de la Malle, *Économie politique des Romains*; Giraud, *Histoire du droit français*, ch. 3, art. 3; Baudi di Vesme, *Étude sur les impôts en Gaule à la fin de l'Empire romain*; E. Levasseur, *De pecuniis publicis apud Romanos*, 1854; Marquardt, *Rœmische Staatsverwaltung*, t. II [2e édit., 1884].

[3] [Cf. *La Gaule romaine*, p. 277.]

[4] Code Justinien, VI, 33, 3 : *Vicesima hereditatis a nostra recessit republica*.

[5] Un passage de Nazarius [c. 38, p. 243, édit. Bæhrens], d'après Jullian, *Transformations politiques de l'Italie*, p. 195, serait une allusion à cette suppression. Je ne vois pas nettement qu'il ait cette signification.

[6] Cagnat, p. 156.

cette époque aucun document de statistique. On a bien une liste de contributions foncières pour les propriétaires d'une cité, dressée en 323. Mais c'est une ville d'Italie[1].

Il y a lieu de supposer que les impôts sont devenus plus lourds et que la Gaule en a été appauvrie; toutefois cette conjecture ne peut être appuyée d'aucun texte attentivement observé[2].

---

[1] Volcei dans le Bruttium, *Corpus inscriptionum latinarum*, X, n° 407.

[2] On a souvent allégué un passage de Lactance (*De mortibus persecutorum*, c. 7), d'où il semblerait résulter que l'impôt était écrasant; mais on n'a pas fait attention qu'en ce passage l'écrivain chrétien, qui poursuit la mémoire de l'empereur Dioclétien, signale un fait particulier; il s'agit d'une crue d'impôt qui fut ordonnée par ce prince et qui aurait été désastreuse s'il faut en croire Lactance. — Ailleurs (c. 23), il attaque un autre persécuteur, Galérius; et il se plaint, non pas des impôts eux-mêmes, mais seulement de la dureté avec laquelle Galérius fit faire cette année-là l'opération du recensement : *Census in provincias et civitates missus; censitoribus ubique diffusis et omnia exagitantibus, tumultus et captivitatis horrendæ species erant; agri glebatim metiebantur, arbores numerabantur, æstimabantur ætates singulorum.... Non tamen iisdem censitoribus fides habebatur, sed alii super alios mittebantur tanquam plura inventuri.* Tout le passage se trouve au milieu du tableau des persécutions de Galérius et se rapporte uniquement à une opération ordonnée par ce prince. — Pour le v° siècle on a allégué Salvien; mais qu'on lise l'ouvrage de ce prêtre, on n'y trouvera pas un seul mot contre le système d'impôts de l'Empire; la seule chose dont il se plaigne, c'est le mode de perception, duquel nous parlerons plus loin, et surtout l'injustice des percepteurs municipaux, des *curiales* et des *principales*. Voir *De gubernatione Dei*, liv. V, édit. Baluze, p. 106 : *Plurimi proscribuntur a paucis quibus exactio publica peculiaris est præda*, etc.; il faut lire le chapitre entier pour voir qui sont ces *exactores*, ces collecteurs qui font de la perception des impôts une source de bénéfices particuliers. Voir ce que le même écrivain dit plus loin des dégrèvements d'impôts qu'ordonne le gouvernement et dont les curiales, à l'en croire, ne tiennent compte que pour eux-mêmes. Salvien se plaint de l'inégalité de la répartition : *Omnium onus non omnes sustinent.... Divitum tributa pauperculos premunt;* ses récriminations les plus amères sont contre les *exactores* et contre ce qu'il appelle *vis exactionis*. [Salvien, V, 17-29, édit. Pauly.] — Ammien attaque la fiscalité de Valentinien, mais [ne donne] jamais de chiffres, XXX, 5, 6. Mais ce qui diminue la valeur de cette assertion, c'est qu'il dit un peu plus loin que le même Valentinien ménageait les contribuables

C'est seulement pour l'année 355 qu'un historien nous fournit enfin un chiffre. Ammien Marcellin, grand admirateur de l'empereur Julien, dit qu'avant l'arrivée de ce prince en Gaule l'impôt était fixé à 25 pour 1000

et diminua le poids des impôts, XXX, 9, 1. — Pour prouver que la Gaule était écrasée d'impôts, on a invoqué les noms de Mamertin et de Pacatus; mais on les a mal cités, car il se trouve qu'aucun de ces orateurs n'a dit un seul mot des impôts; Mamertin (*Gratiarum actio Juliano*, c. 4) mentionne d'une part les ravages des barbares, de l'autre la justice mal rendue dans les années qui avaient précédé l'avènement de Julien. Quant à Pacatus, dans son panégyrique adressé à Théodose, il fait le plus noir tableau de l'administration de l'usurpateur Maxime dans la Gaule; mais, en parlant de ses confiscations et de ses vengeances, il n'a pas une parole qui soit relative à l'impôt. Ni dans Mamertin ni dans Pacatus on ne trouve un mot sur les contributions de l'Empire ou sur les souffrances qu'elles causaient à la population. — On a cité encore la chronique d'Idace à l'année 410 ; mais on n'a pas songé que l'évêque espagnol signale ici un fait tout particulier : il dit que l'usurpateur Constantinus, qui avait réussi à s'emparer de l'Espagne malgré la résistance des habitants, épuisa de contributions ce pays, que désolaient en même temps la peste, la famine et les barbares : *Debacchantibus per Hispanias barbaris et sæviente pestilentiæ malo, opes et conditam in urbibus substantiam tyrannicus exactor diripit*; dans la langue du temps, *tyrannus* signifie toujours usurpateur, *exactor* percepteur. Le récit d'Orose, VII, 40, explique la phrase d'Idace. — On a allégué enfin Paul Orose, qui, racontant les mêmes faits, ajoute qu'un peu plus tard les barbares établis en Espagne « se montrèrent si bienveillants à l'égard des habitants, qu'on vit quelques-uns de ceux-ci préférer la liberté pauvre au milieu des barbares au souci du payement des impôts au milieu des Romains », *ut inveniantur quidam Romani qui malint inter barbaros pauperem libertatem quam inter Romanos tribulariam sollicitudinem sustinere* (Orose, VII, 41). Que l'on ait vu quelques contribuables se jeter au milieu des barbares pour ne pas payer leurs contributions, cela est possible; mais quel fonds un historien sérieux peut-il faire sur des assertions aussi vagues ? La vérité est qu'aucun document ne nous fournit un fait précis, un chiffre certain. Ce qu'on dit des grandes souffrances des populations s'appuie sur des phrases qui, isolément présentées et citées de seconde main, semblent relatives au système d'impôts de l'Empire, mais qui, observées au milieu de leur contexte, présentent un sens fort différent. Il est vrai que Sidoine Apollinaire se plaint plusieurs fois que les impôts soient lourds (*Epistolæ*, II, 1 ; V, 7; V, 13; VII, 7; *Carmina*, V, 446); mais Sidoine Apollinaire écrit au milieu du ve siècle, dans la Gaule déchirée par les Wisigoths et les Burgondes, et il y a quelque témérité à présenter ces plaintes comme l'expression vraie de ce qu'était la charge de l'impôt avant les invasions.

de la valeur des fonds de terre, et que Julien l'abaissa à 7 pour 1000[1]. De ces deux chiffres, le premier était sans nul doute excessif : aussi l'historien dit-il que la Gaule ne respirait plus, *anhelantibus extrema penuria Gallis*; le second parut léger, car, suivant le même historien, « la population gauloise, dans les transports de sa joie, compara Julien à un soleil bienfaisant qui apporte la fécondité ». Pour nous, il nous semble que le premier de ces deux chiffres n'a pu être qu'exceptionnel, car il est matériellement impossible qu'un gouvernement réussisse à prélever plusieurs années de suite 25 pour 1000 du capital des immeubles; le second aussi a pu être exceptionnellement bas. C'est entre les deux que nous devons nous placer pour nous faire quelque idée des charges qui pesaient sur la Gaule[2].

---

[1] Ammien Marcellin, XVI, 5 : *Pro capitibus singulis tributi nomine vicenos quinos aureos reperit flagitari; discedens vero, septenos tantum.* Ce texte, qui assurément n'est pas clair, a donné lieu à beaucoup d'interprétations; la plus probable et celle qui est aujourd'hui adoptée universellement est que le mot *caput* désigne ici, non pas la *capitatio plebeia*, mais l'unité cadastrale qui était employée pour la fixation de l'impôt foncier; *caput* était en effet usité en ce sens, comme synonyme de *jugum* et de *millena*, et désignait une valeur de 1000 *aurei*; voir Novelles de Majorien, VII, 16, édit. Hænel, p. 522; Novelles de Valentinien, III, 5, § 4; Cassiodore, *Variarum*, II, 37, et le commentaire de Godefroi sur le titre *De censu*. Ammien a donc voulu dire qu'avant Julien l'impôt était de 25 *aurei* par chaque capital de 1000 *aurei*.

[2] Notons toutefois qu'une novelle de Valentinien (titre V, édit. Hænel, p. 143) présente les sept *aurei* pour chaque *millena* comme le chiffre normal. — Le passage d'Ammien que nous avons cité donne à entendre que cet impôt foncier de 7 pour 1000 représentait presque toutes les charges pécuniaires de la Gaule, *septenos aureos munera universa complentes.* C'est qu'il ne croit devoir tenir compte ni du chrysargyre, qui ne se payait à la vérité que chaque cinquième année, ni des douanes. Savigny et Ch. Giraud sont en effet d'avis que les taxes indirectes étaient très faibles en comparaison de l'impôt foncier; elles avaient été fort réduites par Pertinax, puis par Alexandre Sévère (Hérodien, II, 4; Lampride, *Alexander Severus*, 39). — Nous laissons de côté la question de savoir si le *caput* ou *millena* représentait la valeur réelle du fonds ou n'était

Tels sont les seuls renseignements que l'antiquité nous fournisse. Ils ne permettent certainement pas de dire que les contributions de l'Empire romain aient été légères; mais ils n'autorisent pas non plus à penser qu'elles aient été écrasantes. Une appréciation exacte sur cette matière est impossible, et il est sage tout au moins de se garder des jugements trop absolus qui ont été portés sur le système financier de l'Empire romain[1].

Il est surprenant au premier abord qu'en l'absence de documents et lorsqu'il fallait rester dans le doute absolu, l'opinion se soit accréditée chez les modernes que les impôts de l'Empire romain avaient dû être écrasants. Cette opinion est venue de l'idée qu'on se fait aujourd'hui des gouvernements despotiques : on croit qu'ils peuvent lever des impôts autant qu'ils veulent. Mais l'histoire montre qu'il y a là une erreur. Les gouvernements despotiques sont au contraire les plus faibles en matière d'impôts. Un gouvernement libre peut assez

---

qu'un chiffre cadastral servant à établir la proportion entre les contribuables; elle a été discutée par Ch. Giraud (*Histoire du Droit français*, p. 104) et par Serrigny (*Droit public romain*, t. II, p. 87); dans l'état des documents, elle nous paraît insoluble.

[1] Dureau de La Malle et d'autres après lui (cf. Marquardt, p. 222-255) ont essayé de calculer la somme à laquelle s'élevait l'impôt foncier de la Gaule, d'après ce seul passage d'Eumène : *Septem millia capitum remisisti, quartam amplius partem nostrorum censuum; remissione ista septem millium capitum, viginti quinque millibus dedisti vires* (Eumène, *Gratiarum actio Constantino*, c. 11). Mais ces calculs si ingénieux nous paraissent peu sûrs. Il faudrait d'abord se demander si, dans ce passage, le mot *capita* désigne les biens fonciers d'une valeur de 1000 *aurei* ou s'il est employé dans son sens littéral de têtes humaines. Or, si on lit le passage tout entier, c. 11 et 12, jusqu'aux mots *parentes adultorum filiorum non pœnitet quorum onera sibi remissa lætantur*, on s'apercevra qu'il s'agit ici d'un impôt personnel et qui porte sur les pauvres ; le bienfait de l'empereur consiste très réellement à exempter de cet impôt 7000 personnes ; il est donc probable qu'Eumène veut parler de la *capitatio plebeia*. Le texte est en tout cas d'une interprétation trop discutable pour qu'on puisse en faire la base d'un calcul.

facilement créer des impôts nouveaux ou doubler les anciens. Un gouvernement despotique ne peut le faire. Les populations, qui lui livrent aisément la vie de quelques hommes, ne lui livrent pas aisément leur bourse. Elles trouvent toujours qu'elles payent trop, et pour le quart des contributions qu'elles voteraient si elles étaient libres, elles se plaignent et se révoltent. Il faut donc nous défaire de cette idée *a priori* que le gouvernement romain étant despotique a dû lever des impôts énormes. La vérité est que nous ne savons pas ce qu'il levait d'impôts.

Il faut songer aussi que le service militaire a été fort adouci au IV° siècle. Cet adoucissement a nécessité une aggravation proportionnelle des charges pécuniaires. [Le service militaire était en effet devenu un véritable impôt, pesant sur la propriété foncière et s'ajoutant à ceux qui la grevaient déjà[1].]

Il est encore une réflexion qu'on doit faire. Un budget de recettes pourrait à la rigueur être deviné d'après un budget de dépenses; or il n'est pas impossible de calculer les dépenses du gouvernement impérial. Elles avaient trois objets : la cour, l'administration, l'armée. Il n'existait pas de dette publique dont le gouvernement dût payer les intérêts. Il n'avait à entretenir ni un clergé, ni un corps judiciaire, ni un corps diplomatique, ni un vaste système d'écoles. Il est vrai que la cour était très somptueuse; mais l'administration comptait beaucoup moins de fonctionnaires qu'il n'y en a dans les États modernes[2]; quant à l'armée, elle ne dé-

---

[1] [Cf. *La Gaule romaine*, p. 295 et suiv.; nous y reviendrons à propos des barbares, livre II de ce volume, c. 7.]

[2] Il y avait pour cet immense empire 4 préfectures, 14 diocèses, 119 gouvernements : en tout 138 hauts fonctionnaires. Il est vrai que chacun

passait pas le chiffre de 400 000 soldats ; la cavalerie était peu nombreuse ; les troupes étaient rarement déplacées ; les guerres coûtaient infiniment moins que de nos jours¹. Que l'on suppute, en monnaie d'aujourd'hui, ce que pouvaient coûter cette cour, cette administration et cette armée, qu'on y ajoute les frais de quelques flottilles de navires à rames, et ceux qu'entraînait la nourriture de la plèbe romaine, on arrivera à peu près au chiffre de 750 millions ; qu'on double, si l'on veut, cette somme pour tenir compte des largesses, des prodigalités, des abus de toute sorte, on arrivera à peine aux deux tiers de la somme que paye la France actuelle ; et il s'agit ici d'un empire dix fois plus grand que la France et qui, si la richesse mobilière lui manquait, possédait au moins une richesse foncière considérable.

Il est vrai que les populations avaient, en outre, à entretenir leurs routes, leurs temples, leurs écoles, et à subvenir à toutes les dépenses d'intérêt local. Il faut ajouter que les provinces avaient à nourrir la plèbe de Rome. Cette plèbe fut ce qui fit tort à l'Empire. Le gouvernement n'eut pas la force ou n'eut pas le courage de la contraindre au travail. Il obéit à cette populace, il la nourrit à ne rien faire, il s'abaissa à l'amuser. Ce qui a coûté cher aux provinces, c'est moins la cour impériale que la plèbe romaine. Tous les calculs qu'on

---

d'eux avait des subalternes, des secrétaires, ce que l'on appelait alors une *cohors* [ou *scrinia*], ce que nous appellerions des bureaux. [Cf. plus haut, p. 20 et suiv.]

¹ Il est vrai qu'un auteur dit que « quand il y eut quatre empereurs les armées furent multipliées et chacun d'eux levait plus de troupes à lui seul qu'il n'y en avait eu auparavant pour tout l'Empire ». Mais cet auteur est Lactance, qui a besoin de charger la mémoire de Dioclétien et de Galère, parce qu'ils ont été persécuteurs de son église (*De mortibus persecutorum*, 7).

peut faire ne sauraient donner une idée de ce qui fut enlevé chaque année aux populations laborieuses par cette démocratie paresseuse, inerte et inintelligente. Le monde a été appauvri par elle, et l'Empire en a été déshonoré. La grande faute, en effet, peut-être l'unique faute de ce gouvernement impérial, a été d'avoir manqué de courage vis-à-vis d'elle.

Il n'est pas douteux que les populations ne se soient souvent plaintes des impôts qu'on exigeait d'elles; ce n'est pas une raison pour affirmer que ces impôts aient été excessifs. Il est plus juste de penser qu'ils étaient à la richesse publique de ce temps-là ce que les impôts d'aujourd'hui sont à la nôtre, et qu'ils atteignaient, sans les dépasser, les limites du possible. Ce qui permet de croire qu'ils ne furent pas démesurément lourds, c'est que la Gaule, pendant trois siècles au moins, prospéra et s'enrichit. Les souffrances des derniers temps ont eu d'autres causes que l'aggravation des impôts[1].

Le principe du gouvernement romain était l'égalité de tous en matière de contributions. On l'a quelquefois accusé d'avoir exempté les classes élevées; il y a là une erreur : si la classe des sénateurs était affranchie de quelques contributions, c'est qu'elle en payait d'autres qui lui étaient particulières et qui étaient fort lourdes[2]; si les propriétaires étaient exempts de l'impôt personnel,

---

[1] Voir E. Levasseur, *De pecuniis publicis*, p. 83.

[2] La contribution sénatoriale, *gleba senatoria*, variait de 2 à 8 livres d'or par tête, c'est-à-dire approximativement de 1500 à 6000 francs. — Voir Baudi di Vesme, p. 28, et E. Levasseur, p. 20. — Les sénateurs avaient, en outre, à payer l'*aurum oblatitium*, qui était, en général, de 5 pièces d'or par tête (Dion Cassius, LXXII, 16; Symmaque, X, 33, 50; Code Théodosien, VI, 2, 5).

c'est qu'ils payaient l'impôt foncier, qui était incomparablement plus élevé[1].

La règle était que tous les impôts fussent proportionnels. Les prestations en nature et les corvées étaient fixées en raison de la valeur des propriétés[2]. Le chrysargyre variait suivant le chiffre d'affaires du commerçant et de l'industriel. Quant à l'impôt foncier, le gouvernement romain mettait un soin particulier à ce qu'il fût toujours dans un rapport exact avec la valeur du sol. Les registres du cadastre, fréquemment renouvelés, marquaient la qualité de chaque terre, la nature des produits, le revenu moyen, le nombre des serviteurs employés à la culture, celui des animaux de labour, celui des arbres et des ceps de vigne[3]. Il ne faut pas nous laisser abuser par quelques phrases déclamatoires de deux ou trois écrivains. Quand Lactance se plaint de ce que les agents de l'administration financière comptaient les mottes de terre et les arbres[4], il se plaint de ce qu'il y avait de plus à louer. Le plus grand mérite d'une administration financière et le plus grand bienfait que les peuples puissent attendre d'elle, c'est l'attention à maintenir l'égalité. L'Empire romain avait une série

---

[1] Les seules exceptions portaient : 1° sur les terres accordées aux soldats; 2° sur celles du domaine ; 3° sur les pauvres ; 4° sur quelques professions, comme celles des médecins et des professeurs de droit.

[2] Code Théodosien, XI, 1, 15; Code Justinien, X, 25, 2.

[3] Hygin, *De limitibus constituendis* [p. 205, édit. Lachmann] : *Præstant pecuniam per soli æstimationem; certa pretia agris constituta sunt, arvi primi, arvi secundi, prati, silvæ glandiferæ, silvæ vulgaris, pascuæ; his omnibus vectigal ad modum ubertatis per singula jugera constitutum.* — Digeste, L, 15, 4 : *Forma censuali cavetur ut agri sic in censum referantur.... Arvum quot jugerum sit, vinea quot vites habeat, olivæ quot arbores habeant.... —Si agri portio chasmate perierit, debebit per censitorem relevari; si vites mortuæ sint iniquum eum numerum inseri censui* (Digeste, L, 15, 4).

[4] Lactance, *De mortibus persecutorum*, 23.

d'agents pour y veiller : c'étaient des répartiteurs, des inspecteurs, des contrôleurs. Il était naturel que les populations eussent peu de sympathie pour tous ces fonctionnaires; les plaintes dont Lactance et Salvien se sont faits les organes se comprennent aisément; le contribuable a presque autant de haine pour le contrôleur qui le dégrève que pour celui qui le charge; il n'en est pas moins vrai que ces fonctionnaires travaillaient autant dans l'intérêt des populations que du gouvernement.

Ce n'est pas que ce système financier n'eût de graves imperfections. Le soin même que l'on apportait à la confection du cadastre n'était pas sans inconvénients. Les procédés des fonctionnaires avaient quelque chose d'inquisitorial qui devait blesser les populations. On assemblait tous les habitants d'une ville ou d'un canton, suivant l'ancien usage du cens romain; ce déplacement et cette agglomération produisaient déjà un effet funeste. Puis il était de règle que chaque contribuable fît lui-même l'évaluation de sa fortune[1]; cette formalité, libérale en apparence, donnait lieu à un débat contradictoire entre le contribuable et le fonctionnaire; elle invitait le contribuable à la fraude et le fonctionnaire à la violence. Or ce conflit n'avait pas lieu en secret, dans un bureau, d'homme à homme; il se produisait en public, au milieu de la foule rassemblée à cet effet et tout entière intéressée au débat. Une telle manière de procéder faisait de l'opération du cadastre une véritable lutte entre la population et le gouvernement. Il n'est pas surprenant que, dans ces jours-là, ainsi que le dit Lactance, on

---

[1] C'était ce qu'on appelait *professio* (voir Digeste, L, 15, 4).

entendit résonner les coups et bruire les instruments de torture.

Un autre vice du système était que beaucoup d'impôts étaient payés en nature, c'est-à-dire sous forme de vivres, de fourrages, de chevaux, de corvées, de transports et de charrois. Cette sorte de contribution est toujours très onéreuse, par le temps qu'elle enlève à l'homme, par le trouble qu'elle porte dans ses habitudes, par les vexations auxquelles elle se prête[1]. Quoique les sujets eussent toujours le droit de porter plainte contre les agents de l'administration, et qu'ils exerçassent régulièrement ce droit par des députations périodiques, on peut croire que le gouvernement central n'avait ni le loisir ni les moyens de les garantir suffisamment contre les abus de pouvoir des fonctionnaires. Quand le gouvernement était riche, il pouvait encore protéger les populations contre le zèle excessif de ses agents ; mais quand il était pauvre et aux abois, ainsi qu'il arriva souvent, il se trouvait à la merci de ces mêmes agents, et les populations étaient inévitablement sacrifiées[2].

Les règles les plus équitables et les plus libérales peuvent donner de mauvais résultats. On avait voulu que la répartition de l'impôt fût faite par les contribuables eux-mêmes. L'impôt foncier, par exemple, après que le gouvernement en avait déterminé le chiffre pour chaque cité, était divisé entre les contribuables de la cité par

---

[1] Aussi voyons-nous que les populations demandaient que l'impôt en nature fût remplacé par l'impôt en argent. Un exemple de cela est rapporté par Grégoire de Tours, *Vitæ patrum*, II, 1 : *Sanctus Illidius obtinuit ab imperatore ut Arverna civitas, quæ tributa in specie triticea ac vinaria dependebat, in auro dissolveret, quia cum gravi labore penui inferebantur imperiali.*

[2] On peut voir des exemples dans Zosime, IV, 3 ; IV, 32 ; Ammien Marcellin, XXX, 5. Cf. Novelles de Majorien, IV.

les curiales, c'est-à-dire par les principaux propriétaires. De même les principaux commerçants ou industriels répartissaient entre tous le chrysargyre. Ce procédé pouvait donner lieu à des injustices, ou au moins laisser croire qu'il s'en produisait, ce qui était déjà un grand mal. Les pauvres pouvaient penser, comme l'insinue Salvien, que les riches s'entendaient pour rejeter sur eux la plus forte part du poids des impôts[1].

Enfin, la perception n'était pas faite par les agents de l'État. Il appartenait à chaque cité ou à chaque corporation de lever elle-même ses impôts et d'en livrer les produits aux fonctionnaires supérieurs de l'administration impériale[2]. Or c'est aggraver beaucoup le fardeau des contributions que de charger les peuples de les percevoir eux-mêmes. On ne saurait calculer combien cela jette de désordre dans l'existence et de haines dans les cœurs. Salvien dit : « Autant de curiales, autant de tyrans. » Nous pouvons le croire : les curiales, obligés de poursuivre les contribuables, devaient être d'autant plus durs pour eux que ce travail leur répugnait davantage. Ils étaient d'ailleurs responsables du payement intégral de l'impôt[3]; dans un voisin insolvable ils voyaient un ennemi qui les ruinait eux-mêmes. Le pire

---

[1] Salvien, *De gubernatione Dei*, liv. IV et V. On remarquera que Salvien accuse moins les fonctionnaires impériaux que les magistrats municipaux. [Voir plus haut, p. 48, n. 2.]

[2] A cet effet, chaque curie devait nommer, chaque année, parmi ses membres, des collecteurs, *susceptores*. Ces collecteurs, outre la perte de temps et les ennuis que leurs fonctions entraînaient, étaient responsables pécuniairement pour tous les contribuables, et la curie l'était solidairement pour ses collecteurs. Voir Code Théodosien, XII, 6, *De susceptoribus*. — Quant aux impôts indirects, l'usage d'en affermer la perception à des *publicani* se continua sous l'Empire; voir Orelli, n°° 3331 et suivants; Henzen, n°° 6652 et s.; Digeste, III, 4, 1; XXXIX, 4, 12; L, 16, 16; Code Théodosien, VII, 20, 2; Code Justinien, IV, 61, 11.

[3] Voir dans les Codes le titre *De susceptoribus*.

système de perception est celui qui est effectué par les contribuables. M. de Tocqueville a décrit la misère des *collecteurs* du xviii° siècle; il a décrit du même coup la misère des curiales de l'Empire romain.

Parmi les pratiques funestes en matière d'impôts, il faut [encore] nommer l'usage de l'*indulgentia*, c'est-à-dire de la remise des arriérés[1]. Il devint d'usage que chaque empereur l'accordât à son avènement. En matière d'impôt toute faveur est une injustice. L'*indulgentia* récompensait les mauvais payeurs. Or il y a apparence que les plus mauvais payeurs n'étaient pas les petites gens, parce qu'il était facile de les contraindre au payement; c'étaient plutôt les grands propriétaires, sur qui l'*exactor* n'avait aucun pouvoir. Ainsi s'offrait aux hardis et aux puissants un moyen facile de s'exempter de l'impôt, en tout ou en partie : il s'agissait d'éconduire l'*exactor*, de retarder ses payements, d'attendre un nouvel empereur et une nouvelle *indulgentia*.

Quand on lit la partie des lois romaines qui traite des impôts, on est frappé de ce qu'elles ont de dur et d'inexorable. On aurait tort de conclure de là que le gouvernement impérial fût plus avide et plus exigeant qu'on ne l'avait été dans les républiques anciennes ou qu'on ne le fut dans les siècles suivants. Les sujets de l'Empire payaient probablement moins d'impôts que les Athéniens n'en avaient payé au temps de Démosthène et que les Anglais n'en payent aujourd'hui. Mais l'Empire ne se donnait pas la peine de dissimuler aux yeux des hommes les charges qu'il leur imposait. Il ignorait les divers moyens d'en adoucir l'amertume, et

[1] Code Théodosien, XI, 28.

surtout le plus sûr d'entre eux, qui est de faire voter les impôts par la population et de lui montrer à quoi ils sont employés.

Dans les sociétés modernes les impôts sont beaucoup plus lourds que dans l'Empire romain; la part de fortune privée que l'État prend à chaque particulier est beaucoup plus forte; et cependant nous avons perdu l'habitude de nous plaindre. C'était le contraire dans l'Empire romain. Se plaindre de l'impôt était un des thèmes favoris de la littérature. Maudire l'impôt était de bon goût. Ausone, dans un discours officiel, dans le panégyrique qu'il adresse comme consul à l'empereur Gratien, dit en termes élégants que les registres des contributions sont un tissu de fraudes et que c'est faire œuvre pie que de les brûler[1]. Parlait-il sérieusement? Eût-il conseillé à son élève de diminuer les impôts? Est-ce là autre chose qu'une belle période de rhétorique? Je ne sais; je remarque seulement que c'était chose admise et reçue dans l'éloquence d'apparat de se plaindre de l'impôt.

CHAPITRE IV

L'Église chrétienne dans ses rapports avec l'autorité impériale[2].

[1° L'ÉGLISE EST INDÉPENDANTE DE L'ÉTAT.]

Pendant ces siècles où l'autorité impériale dominait et écrasait tout, une seule chose put échapper à peu

[1] *Panégyrique de Gratien* [16, 74, édit. Schenkl, p. 28].
[2] [Cf. le c. 15 de *La Monarchie franque*.]

près à son action : ce fut l'Église chrétienne. Au milieu de tout asservi, elle seule put rester libre.

Un grand principe l'avait, à son berceau, sauvée de la servitude universelle. Son auteur avait déclaré qu'il fallait rendre à César ce qui est à César et à Dieu ce qui est à Dieu. Cette distinction, qui nous paraît banale aujourd'hui, était alors fort nouvelle et hardie. Il fallait entendre par là que la religion, qui dans les temps antérieurs s'était confondue avec l'État, devenait désormais indépendante de lui, que leurs destinées n'étaient plus liées, qu'ils ne devaient plus exercer aucune action l'un sur l'autre. On ne pouvait pas exprimer avec plus de force et plus de justesse à la fois que la religion et la conscience ne devaient plus être soumises à l'autorité publique.

En vertu de ce principe, la société chrétienne ne professa, durant les trois premiers siècles, aucune doctrine politique. Elle ne soutint ni n'attaqua l'Empire ; elle ne prôna ni ne condamna la liberté. Gouvernement, autorité politique, réformes sociales, marche des affaires terrestres, tout cela lui était étranger et ne la concernait pas. De ce qu'elle suivait le précepte d'obéir à César, nous ne devons pas conclure qu'elle eût de l'affection pour le régime impérial. Elle faisait acte de soumission, rien de plus ; elle l'acceptait comme une chose qui ne valait pas la peine qu'on se rebellât contre elle. Le fond de sa pensée en matière de gouvernement était l'indifférence.

Elle ne tenait alors qu'à une chose : c'était que la religion fût hors de la main de l'État. Elle ne voulait pas exercer d'action sur les institutions politiques ; elle ne voulait pas non plus que l'autorité politique eût prise sur elle. La conscience et la croyance étaient un monde qui ne devait avoir aucun contact avec le monde extérieur. A côté de l'Empire, de l'État laïque, que les générations appelaient encore du nom de Cité (*civitas*), il se plaçait un État chrétien ; à côté de la Cité de César, la Cité de Dieu. Le christianisme ne s'occupait pas de l'État impérial ; il ne voulait pas non plus que l'empereur s'occupât de l'État chrétien. C'est pour défendre cette indépendance que le christianisme soutint si vaillamment les persécutions. Les empereurs en effet ne poursuivaient en lui que le principe d'affranchissement, de parfaite indépendance à l'égard de l'État, et c'est pour sauver ce principe que le christianisme donna ses martyrs. Chaque combat fut pour lui une victoire. L'Empire romain avec toute sa force ne put pas briser cette muraille de séparation que la société chrétienne avait dressée entre elle et lui. Pendant trois siècles on vit le spectacle, qui dut paraître alors fort singulier, d'une population qui en vivant au milieu de l'Empire savait pourtant s'isoler de lui, qui en lui obéissant savait s'en affranchir, qui, sous un régime si écrasant, pouvait garder sa liberté d'esprit, sa manière de penser, ses institutions propres, et des allures absolument opposées à celles de la société politique qui l'enveloppait. On ne vit jamais gouvernement avoir aussi peu d'action sur des sujets que l'Empire n'en eut en ce temps-là sur la société chrétienne.

Il est vrai qu'avec Constantin l'Empire reconnut officiellement le christianisme et l'adopta. Ce fut là l'une des crises les plus dangereuses que le christianisme eut à traverser. Car l'État devenu chrétien eut bien plus de force et de prise sur lui que n'en avait eu l'État païen. En protégeant la religion, il pouvait mettre la main sur elle, et être tenté de la dominer.

L'Église échappa à ce danger. Elle ne souffrit jamais que l'empereur devînt pour elle un pontife, comme il était le pontife de l'ancienne religion. Les princes n'eurent jamais d'autorité sur le dogme. Il est vrai qu'ils convoquaient les conciles et que, toutes les fois qu'ils y assistaient, ils en avaient la présidence ; mais on aurait tort de conclure de là qu'ils aient jamais eu la moindre autorité en matière de foi. Le dogme chrétien resta toujours indépendant de l'autorité politique. L'État s'assura seulement deux prérogatives sur le corps de l'Église : la première fut qu'aucun concile ne se tînt sans son autorisation ; la seconde fut que les décisions des conciles ne pussent être promulguées et transformées en lois obligatoires que par l'empereur. En ces deux points on ne faisait qu'appliquer à l'Église les règles du droit commun ; car il était admis que nulle réunion ne pouvait avoir lieu qu'avec l'agrément de l'autorité, et qu'aucun acte législatif ne pouvait émaner d'une autre source que de l'État. Nous n'avons pas à parler de quelques précautions que prirent les empereurs pour empêcher que toutes les forces vives de la population ne se réfugiassent dans le clergé ; qu'il interdît aux soldats, aux curiales, aux fonctionnaires, de se faire prêtres sans une autorisation spéciale, ce n'était là que la contre-partie indispensable des privilèges pécuniaires et judiciaires qu'il accordait au clergé et qu'il ne pouvait pas laisser s'étendre hors de toute mesure. Tout un livre du Code Théodosien est rempli des édits des empereurs qui concernent l'Église ; presque tous semblent dictés par l'épiscopat lui-même. On y voit que l'État, à la vérité, s'occupait beaucoup de l'Église et plus peut-être qu'il n'eût fallu, mais qu'il ne s'occupait d'elle que pour répondre à ses désirs et pour suivre ses inspirations. Ce qui est surtout digne de remarque, c'est que l'Empire n'essaya jamais de s'emparer du droit de nommer les évêques. Il respecta à cet égard les règles établies par l'Église. Les évêques continuèrent à être élus par le clergé et par le peuple de chaque ville, et l'on ne voit ni par les actes législatifs ni par les faits de l'histoire que l'autorité impériale se soit crue en droit d'intervenir, quelque tentation qu'elle dût en avoir, dans le choix de ces chefs qui avaient alors tant de puissance[1].

Ainsi l'Église chrétienne, malgré la protection inévitable de l'État et sous sa surveillance, resta indépendante. La liberté, chassée de partout, se réfugia en elle. Aussi échappa-t-elle à l'influence énervante que l'Empire exerçait alors sur toutes choses. Elle garda son énergie; elle demeura vivante et active lorsque tout languissait. Même dans cette période, elle sut se tenir assez à l'écart de l'État pour que la désaffection des hommes à l'égard des institutions impériales ne l'atteignît pas. Elle ne se laissa entraîner ni dans l'impopularité de l'Empire, ni dans sa chute. Quand celui-ci s'affaissa, l'Église resta debout par sa force propre; et elle se trouva toute prête pour prendre, à son tour, la direction de la société. [Dans les villes, l'évêque ne tarde pas à prendre rang parmi les hauts fonctionnaires, à siéger dans les conseils et devient bientôt le premier personnage de l'administration municipale[2].]

[1] Les lois (Code Justinien, I, titre 3, lois 42 et 48 (41 et 47); Novelles, VI et CXXIII) tracent les règles de l'élection et ne disent pas un mot de la confirmation par l'empereur. — On voit dans la Vie de saint Germain d'Auxerre qu'il fallut, avant de l'élire, demander l'autorisation au préfet du prétoire; mais cela tient seulement à ce que saint Germain était fonctionnaire impérial [*Acta Sanctorum*, 31 juillet].

[2] [Cf. plus haut, p. 56 et 58.]

[3° INFLUENCE DE L'EMPIRE SUR L'ÉGLISE.]

Il faut pourtant bien faire cette réserve que, même dans ses relations avec la société chrétienne, ce ne fut pas le principe de liberté qui inspira l'État. Il ne proclama jamais la liberté de la conscience. Le droit individuel qu'il méconnaissait en toutes choses et dont la notion même manquait à l'administration impériale, ne pouvait pas être proclamé par l'État même dans le domaine de la croyance. L'Empire protégea le christianisme comme il avait protégé les anciens cultes, c'est-à-dire par l'intolérance. Il fit des lois pour obliger les hommes à croire. Le jour où la majorité des évêques se déclara pour l'arianisme, il contraignit les hommes à être ariens. Quand l'arianisme fut à son tour condamné par l'épiscopat, on vit Théodose, par sa fameuse constitution *Cunctos populos*, imposer à tous la croyance catholique. Contre les hérétiques, les princes multiplièrent les supplices, d'abord la déportation, puis la confiscation des biens, puis la mort. L'esprit de contrainte que l'Empire avait soufflé partout pénétra alors dans l'Église.

Plusieurs historiens modernes ont fait remarquer, parfois même en l'exagérant, l'influence que l'Église chrétienne exerça alors sur l'administration de l'Empire et surtout sur la législation. L'influence de l'Empire ne fut pas moindre sur l'Église. Dès que l'Église se fut alliée à l'État, un changement notable se fit remarquer en elle. Les traditions de liberté s'affaiblirent tout à coup et bientôt disparurent. La société chrétienne prit tout de suite le goût des règles fixes et des dogmes absolus. La foi se précisa, se rétrécit, s'imposa. Même sur les points secondaires, la liberté ne fut plus tolérée. L'examen fut réprouvé; le libre choix des opinions (hérésie) devint un objet de condamnation, et le mot même devint une injure. A défaut de la foi libre, il fallut avoir la foi contrainte. On a une loi de Justinien qui défendit aux laïques de discuter sur des points de la religion. La soumission et la discipline montèrent au premier rang des vertus chrétiennes. Il semble que quelque chose de l'âme de l'Empire passa dans le corps de l'Église.

L'action de l'Empire et l'influence de ses traditions et de ses habitudes se manifestèrent surtout dans la constitution hiérarchique du clergé. Dans les deux premiers siècles de notre ère, c'est-à-dire dans ce même temps où la société chrétienne vivait dans la plus parfaite indépendance et hors de contact avec l'Empire, elle s'était donné une constitution tout à fait démocratique et républicaine. Elle s'était organisée à peu près à la façon des anciennes cités et s'était donné les institutions de l'antique régime municipal. Les chrétiens de chaque ville formaient une Église, *ecclesia*, c'est-à-dire une assemblée. Tous les croyants y figuraient au même titre et avec un rang égal[1]. L'assemblée élisait les chefs de la communauté, comme les anciens comices élisaient leurs magistrats. Ces chefs, qu'on appelait les anciens, πρεσβύτεροι, ou les surveillants, ἐπίσκοποι, étaient en effet de simples magistrats dans l'ordre religieux, et l'on

---

[1] Épîtres de Pierre, I, 5 : « Je prie les pasteurs qui sont parmi vous, moi qui suis pasteur avec eux.... Paissez le troupeau de Dieu qui vous est commis, veillant avec lui, non par contrainte, mais volontairement..., non comme ayant la domination, mais en vous rendant les modèles du troupeau. »

ne saurait même dire si leur dignité était viagère et permanente, ou si elle était seulement temporaire. Ils n'avaient pas seuls le don de la prédication et de l'enseignement : tous les croyants pouvaient enseigner et prêcher.

Cette organisation pouvait convenir à la primitive Église. Elle fut modifiée dès que la société chrétienne devint plus nombreuse et que son gouvernement devint plus difficile. Dès le IIIe siècle, les chefs des communautés, c'est-à-dire les anciens et les surveillants, devenus des dignitaires permanents et inamovibles, formèrent entre eux une véritable corporation, un clergé, κλῆρος, qui se distingua et se détacha de la foule, λαός, c'est-à-dire des laïques. Les prêtres et les évêques prirent dès lors un caractère sacré et une autorité plus grande sur la conscience[1]; le culte leur appartint exclusivement; la prédication même et l'enseignement leur furent à peu près réservés. Il est juste d'ajouter que ce clergé ne forma pas pour cela une caste. Il vivait au milieu des fidèles. Il vivait de leur vie. C'était même d'eux qu'il tenait ses fonctions et son pouvoir. Prêtres et évêques étaient élus par les laïques. Ils étaient à l'égard de la société religieuse un corps dirigeant, un gouvernement; mais ce gouvernement n'émanait d'aucune autre source que de la société religieuse elle-même.

Peu à peu au sein de ce clergé il s'établit une hiérarchie, et l'autorité se marqua de plus en plus. L'évêque, qui avait été longtemps l'égal du prêtre, monta au-dessus de lui[2]. Puis le métropolitain s'éleva au-dessus du

---

[1] On voit dans Tertullien, *De baptismo*, I, 81, que les laïques, qui avaient pu autrefois administrer les sacrements, perdirent ce pouvoir.

[2] A l'origine, il ne paraît pas que les prêtres et les évêques aient été distincts. Saint Pierre traçant les devoirs des différentes catégories de

simple évêque. La raison de cela fut que le métropolitain résidait dans la capitale ou métropole d'une province[1]. La prééminence des cités les unes sur les autres entraîna la prééminence des sièges épiscopaux qui y étaient attachés. En ce point déjà, la société civile commençait à marquer son empreinte sur la société religieuse. La hiérarchie ecclésiastique se façonnait insensiblement sur la hiérarchie administrative. En vertu de ce principe, les capitales d'empire devaient passer avant les capitales de province, et les empereurs décidèrent, au IVe siècle, que les sièges de Rome et de Constantinople auraient la prééminence sur toute la chrétienté.

Il est vrai que l'établissement de cette hiérarchie ne modifia pas tout de suite le gouvernement de l'Église. La prééminence n'entraîna pas d'abord le commandement. Le métropolitain n'eut aucune autorité sur le simple évêque. L'évêque n'en avait même pas une bien marquée sur le prêtre. Il faut nous représenter le régime de la société chrétienne en ce temps-là comme un régime républicain. Chaque cité, ou, comme on disait

---

chrétiens, ne marque que des πρεσβύτεροι et des νεώτεροι (ceux-ci correspondant à ce qu'on a appelé plus tard les laïques), Épîtres de Pierre, I, 5, 1-5. Saint Paul, écrivant aux habitants de Philippes, leur dit (Aux Philippiens, I, 1) : « A tous les saints en Jésus-Christ, aux évêques et aux diacres » ; il y a donc dans une ville plusieurs évêques, qui ne sont évidemment que des prêtres. Ailleurs, saint Paul (A Timothée, I, 3), parlant des pasteurs, ne mentionne que des évêques et des diacres; dans l'Épître à Tite, 1, 1-7, les mêmes pasteurs sont appelés prêtres et évêques. — L'évêque, primitivement, avait été consacré par l'imposition des mains des prêtres : « Le don qui est en toi, qui t'a été donné par prophétie, par l'imposition des mains de l'assemblée des anciens », πρεσβυτερίου. Ce mot semble désigner un simple conseil (A Timothée, I, 4, 14).

[1] On ne devenait pas métropolitain après avoir été évêque. On le devenait d'emblée. Il n'y avait pas plus de difficulté à être métropolitain que simple évêque. Le métropolitain avait la supériorité sur l'évêque uniquement parce que la capitale de province avait la suprématie sur la simple cité.

alors, chaque église, avait son évêque élu par elle et son corps de prêtres également élu. L'évêque ressemblait au magistrat, le corps des prêtres au sénat des anciennes cités. Ces *anciens* formaient un conseil, dont l'évêque devait prendre les avis et sans le concours duquel il ne pouvait rien. Ce conseil partageait avec lui la gestion des intérêts de l'église et l'administration des biens communs, comme il partageait avec lui les fonctions du culte et les soins de la juridiction. Les mêmes règles étaient observées pour l'ensemble de la société chrétienne. S'agissait-il des intérêts généraux, la décision appartenait toujours à des assemblées. Il y avait des assemblées diocésaines, composées de prêtres et présidées par l'évêque. Il y avait des assemblées provinciales, composées d'évêques et de prêtres sous la présidence du métropolitain. Il y avait enfin des assemblées générales ou conciles œcuméniques, composés d'évêques et présidés par l'un d'eux. Toutes ces réunions, qui étaient formées de chefs élus par les différentes cités, étaient véritablement des assemblées représentatives. La société chrétienne se gouvernait ainsi elle-même suivant des formes qui conciliaient la liberté avec l'unité.

Mais quand l'Empire, en se faisant chrétien, eut pris la charge de protéger et de surveiller l'Église, son esprit la pénétra si fort, que toute cette ancienne constitution en fut altérée. Les principes autoritaires s'introduisirent en elle. Les habitudes administratives l'envahirent. Elle prit modèle, de plus en plus, sur la société politique. Elle fortifia en elle le gouvernement. Elle tendit insensiblement à transformer les fidèles en sujets, les évêques en souverains. L'Empire l'inclina sur cette pente. La loi qui interdisait aux laïques de discuter sur la religion et leur interdisait même toute réunion à ce sujet¹, correspondait à la règle politique qui leur défendait de s'occuper des actes du gouvernement. Nous avons dit plus haut que l'Empire ne s'empara pas du droit de nommer les évêques; mais il modifia les règles de l'élection, en les rapprochant des principes politiques de cette époque. Il lui était difficile d'admettre que l'évêque fût élu par la foule des fidèles, c'est-à-dire que l'autorité eût sa source dans le choix des sujets; ne pouvant abolir tout de suite cette vieille règle, il l'atténua du moins : il voulut que le peuple de chaque ville fût seulement consulté, mais que la nomination de l'évêque fût faite par les autres évêques et le métropolitain de la province. Il en vint à décider que le peuple désignerait seulement trois candidats et que le métropolitain choisirait entre eux². Par là on se rapprochait quelque peu du principe qui dominait dans la société politique, principe d'après lequel l'autorité émanait toujours d'en haut et s'imposait aux subordonnés.

Grâce à l'appui de l'Empire et à l'ascendant de ses institutions, l'épiscopat prit décidément le pas sur la prêtrise; il devint un véritable pouvoir, une sorte d'*imperium*. Il lui fut donné en effet, à cette époque, trois prérogatives qu'il n'avait pas eues jusque-là. D'abord il acquit l'autorité absolue sur les prêtres, qui furent dorénavant nommés par lui et révocables par lui³. En second lieu, le droit de juridiction lui fut réservé, c'est-à-dire qu'il jugea seul et en son nom ce qu'il n'avait jugé auparavant qu'avec le concours des fidèles et des prêtres. Enfin, il devint l'unique administrateur des

---

¹ Code Théodosien, XVI, 4, lois 2 et 3.
² Cette règle ne paraît pas avoir été en usage en Gaule.
³ *Quemcunque clericorum indignum officio suo episcopus judicaverit et ab ecclesiæ ministerio segregaverit...* Code Théodosien, XVI, 2, 39 (408).

biens de chaque église et disposa souverainement des revenus; il s'opéra sur ce point une révolution insensible qui tendit à transformer les terres de la communauté en terres de l'évêque, de même que dans l'ordre administratif les terres de l'*ager publicus* étaient devenues le fisc impérial. Quant au système représentatif qui avait été si fortement établi dans l'Église, on s'appliqua à l'affaiblir et à le faire disparaître. Le corps des prêtres ne fut plus un conseil indépendant vis-à-vis de l'évêque. Comme le fonctionnaire impérial, l'évêque n'eut que des sujets. Les inférieurs n'eurent pas plus de droit de contrôle dans la société religieuse qu'ils n'en avaient dans la société politique. L'évêque fut tout-puissant sur son clergé, comme le clergé lui-même l'était sur les laïques. Chaque église fut gouvernée monarchiquement par un prélat. Les métropolitains eurent un droit de surveillance sur les simples évêques, absolument comme dans l'ordre administratif les fonctionnaires de rang supérieur avaient un droit de surveillance sur ceux d'ordre inférieur. Si l'Empire ne poussa pas plus loin le principe de la monarchie dans l'Église, s'il ne donna aucune autorité effective au pontife de Rome ou au patriarche de Constantinople, c'est que cela n'eût pas été conforme à son intérêt. Il laissa donc subsister le régime fédératif pour l'ensemble de la chrétienté avec un système d'assemblées épiscopales; mais il établit le régime monarchique et les habitudes autoritaires dans chaque diocèse. La chrétienté devint une fédération de prélats, dont chacun était un souverain dans son église.

Il arriva donc que, lorsque l'autorité impériale disparut, l'Église chrétienne portait en elle une image des institutions de l'Empire et une partie de son esprit. Par l'Église, les traditions politiques et les habitudes administratives de l'Empire romain passèrent aux générations suivantes.

CHAPITRE V

[Que les empereurs n'ont cessé d'affermir le droit de propriété.]

On n'a pas une connaissance exacte d'un régime politique et on ne peut pas le juger si l'on n'observe ce qu'il a fait des droits individuels, et particulièrement du droit de propriété, qui est la base et la plus sûre garantie de tous les autres. Il importe donc de chercher quel fut, au temps de l'Empire romain, l'état de la propriété foncière et à quel titre le sol fut possédé.

Si nous regardons le vieux droit civil de Rome, tel qu'il nous a été transmis par les jurisconsultes du temps des Antonins, nous serons d'abord porté à croire qu'il supprima presque partout la propriété privée. On y lit, en effet, que le droit de posséder en propre n'était reconnu qu'au citoyen romain, et qu'il ne pouvait même s'appliquer que sur la terre purement romaine, c'est-à-dire dans les étroites limites de l'ancien territoire de Rome. C'était une vieille règle du droit public que les peuples vaincus fussent dépossédés ; un sujet ne pouvait pas être propriétaire; la conquête avait brisé tout lien légal entre la personne humaine et le sol. En vertu de ce principe, la terre provinciale (on entendait par ces mots la terre conquise) ne devait pas avoir d'autre propriétaire que l'État romain ; elle était tout entière domaine public, *ager publicus*. Aussi les jurisconsultes disaient-ils expressément : « Sur le sol provincial, la propriété appartient à l'État romain ou au prince; les hommes n'en ont que la possession et la jouissance[1]. »

Cette maxime n'appartient pas aux siècles du Bas-Empire : elle vient de la République romaine; elle se rattache au vieux droit public de l'Italie et de la Grèce. Si elle avait été complètement appliquée, il faudrait croire que les Gaulois, comme tous les vaincus, perdirent tout droit sur leur sol, et que la propriété privée disparut alors de la plus grande partie de la terre habitée.

Mais une règle si rigoureuse ne pouvait pas manquer d'être fort adoucie dans la pratique. Plusieurs peuples étaient entrés dans l'empire de Rome à titre d'alliés et non pas de provinciaux; ils avaient donc conservé la propriété de leurs terres[2]. D'autres obtinrent plus tard ce qu'on appelait le « droit italique », c'est-à-dire le plein exercice de la propriété privée sur le sol[3]. Ce droit italique s'appliqua peu à peu à beaucoup de territoires situés au milieu des provinces[4]. Il arriva ainsi que le sol provincial, dont les jurisconsultes marquent la triste condition, fut de plus en plus restreint et que la pro-

---

[1] Gaius, II, 7 : *In provinciali solo dominium populi Romani est vel Cæsaris; nos possessionem tantum et usumfructum habere videmur.* [Il faut cependant faire quelques réserves sur la portée à donner au texte de Gaius : cf. *La Gaule romaine*, p. 275, n. 1.]

[2] Voir *Lex Antonia de Termessibus*, et *Lex vulgo dicta Thoria* (*Corpus inscriptionum latinarum*, t. I). — Cf. Cicéron, *In Rullum*, I, 4 : *Excipit in vendendis agris eos agros de quibus cautum sit fœdere.* Cicéron, *Pro Flacco*, 32, indique qu'il pouvait se trouver dans les provinces *prædia quæ haberent jus civile, quæ mancipi essent*.

[3] Le *jus italicum* n'était point une condition personnelle, c'était une condition de la terre. — Voir Ch. Giraud, *Recherches sur le droit de propriété chez les Romains*, p. 295.

[4] Pline, *Histoire naturelle*, III, 3, 25; Digeste, L, 15, 1 et 8.

priété privée regagna insensiblement le terrain que la conquête lui avait fait perdre.

En même temps on travailla à modifier l'ancien Droit, et il y eut une série de dix générations de jurisconsultes, de magistrats, de princes, de fonctionnaires, qui s'occupèrent sans relâche à trouver les moyens d'assurer aux possesseurs du sol provincial toutes les garanties que le vieux droit civil leur avait refusées[1].

On a d'ailleurs la preuve que la propriété privée ne fut pas abolie en Gaule par la domination romaine. Les historiens ont signalé comme un fait remarquable que, dès les premiers temps de l'Empire, Auguste avait fait le *cens* de la Gaule[2]. On se tromperait fort si l'on croyait qu'il ne s'agit ici que de cette mesure d'administration que les modernes appellent un recensement ou un cadastre. Ce que la langue romaine appelait proprement le *cens* était une opération qui ne s'appliquait qu'à la propriété privée. Inscrire une terre sur les registres du cens, c'était reconnaître légalement que cette terre n'appartenait pas à l'État et qu'elle était le domaine propre d'une famille. L'inscription au cens était un titre de droit[3]. Le cens qu'Auguste dressa pour la Gaule avait

---

[1] Il y avait eu, au temps de la République, une distinction de droit entre la propriété quiritaire et la simple possession ; cette distinction s'effaça insensiblement sous l'Empire romain. Conservée encore dans les textes des jurisconsultes, elle [s'atténua] peu à peu dans la pratique. [Cf. *Les Origines du Système féodal*, p. 66.]

[2] Tite Live, *Epitome*, 134; Dion Cassius, LIII, 22. [Cf. *La Gaule romaine*, p. 274.]

[3] L'ancien *census* romain ne comprenait que les *res mancipi* ; ce qui n'était pas un objet de pleine et entière propriété ne pouvait pas y figurer. Cicéron, *Pro Flacco*, 32 : *At hæc prædia in censu dedicavisti ; illud quæro, sintne ista prædia censui censendo? habeant jus civile? sint, necne, mancipi? subsignari apud ærarium, apud censorem possint?* La suite du paragraphe montre bien que la déclaration au cens, après qu'elle avait été acceptée par les censeurs, constituait un titre.

donc un double effet : en même temps qu'il servait de base à la répartition de l'impôt foncier, il assurait aux hommes la propriété complète et absolue de leur sol[1].

Ce droit de propriété ne leur fut jamais contesté dans la suite. Les écrivains de l'époque impériale, qui nous tracent le tableau des usages et de l'état social qu'ils avaient sous les yeux, montrent clairement que les terres situées dans les provinces se transmettaient, se vendaient, se léguaient avec une liberté et une sécurité parfaites, et que les hommes se considéraient comme aussi solidement propriétaires que s'ils eussent joui de l'ancien droit des Quirites. Nous ne trouvons pas, dans toute cette période de cinq siècles, l'expression d'une plainte ou d'un regret qui marque l'absence du droit de propriété. On ne voit non plus aucune province où la propriété individuelle et héréditaire ait disparu. Les monuments épigraphiques nous montrent dans toutes les parties de l'Empire un grand nombre de familles chez qui la richesse foncière se perpétue et dont les générations successives vivent sur le même sol.

Il s'en faut beaucoup que la politique du gouvernement impérial ait été hostile à la propriété privée. L'abus des confiscations, qu'on peut lui reprocher comme à toute l'antiquité, tint plutôt à la sévérité du droit pénal qu'à un calcul politique et à un désir constant d'accaparer le sol. On ne voit à aucun indice qu'il ait voulu amoindrir le droit de propriété individuelle en se réservant à lui-même une sorte de domaine éminent; tous

---

[1] [Cf. *Liber coloniarum*, édit. Lachmann, p. 259.] — Voir encore, sur la signification du cens, Cassiodore, *Variarum*, III, 52. — On n'a pas assez remarqué le changement introduit par le *cens* d'Auguste ; il explique en grande partie l'affection que les provinces ont témoignée au régime impérial.

ses actes et toutes ses lois sont l'opposé d'une telle prétention[1]. Les Codes impériaux ne cessent de mentionner une classe de propriétaires (*domini*) ; la relation légale entre ces hommes et le sol est indiquée par les deux termes également énergiques de *dominium* et de *proprietas*[2]. Les empereurs répètent maintes fois que l'individu a un droit sur la terre. L'hérédité est reconnue sans aucune contestation[3]. Nul obstacle n'est opposé à la vente, au legs, à la donation ; l'État ne se réserve aucun privilège sur la terre[4].

Il est vrai que le domaine public était immense ; mais il n'était pas inaliénable ; les ventes le transformaient sans cesse en propriété privée. Si l'on est frappé de quelques lois qui montrent le fisc avide et âpre à saisir la terre à la suite de jugements criminels, il en est beaucoup d'autres qui montrent avec quelle facilité il se dessaisissait. Le précieux recueil des *Agrimensores*, les maîtres arpenteurs de ce temps-là, signale fréquemment les terres du fisc qui étaient concédées à des particuliers et qui n'étaient jamais reprises[5]. Nulle statistique n'est possible au sujet de l'Empire romain ; il y a au moins grande apparence qu'en dépit des confiscations le domaine public alla toujours en s'amoindrissant et que, dans cet espace de cinq siècles, la propriété privée ne cessa pas d'être en progrès.

---

[1] [Nous reviendrons sur cette question dans le volume sur *l'Alleu*, p. 10 et suiv.]

[2] Dans les derniers siècles, le mot *possessio* avait le même sens [cf. *Les Origines du système féodal*, p. 66].

[3] [*L'Alleu*, p. 12.]

[4] Code Justinien, VII, 25 : *Sit plenissimus et legitimus quisque dominus.* — [*L'Alleu*, p. 13.]

[5] *Agrimensores seu Gromatici veteres*, édit. Lachmann. Voir surtout pages 20, 54, 111, 163, 284.

L'acte qui a été renouvelé le plus fréquemment par les empereurs et qui caractérise le mieux leur politique traditionnelle, fut la fondation des colonies. Le nombre en a été incalculable; elles couvrirent l'Italie et les provinces. Or ces colonies n'avaient aucune ressemblance avec ce que nous appelons aujourd'hui de ce nom; elles étaient précisément le contraire d'une émigration au dehors. Fonder une colonie, c'était transformer des terres du domaine public en propriété privée. Que la terre fût distribuée à des vétérans, qu'elle le fût à des citoyens, ou bien encore qu'elle fût laissée, ainsi qu'il arrivait souvent, à ceux-là mêmes qui l'avaient jusqu'alors occupée sans titre régulier et seulement parce qu'ils l'avaient défrichée, la colonisation consistait toujours à fonder le droit complet de propriété privée sur le sol. C'était un acte analogue à celui que le gouvernement français essaye en Algérie, lorsqu'il veut approprier le sol jusque-là possédé en commun par la tribu arabe[1].

Le gouvernement romain procédait à cette opération avec un soin particulier. Une loi était faite pour chaque colonie; elle indiquait, avec cette précision dont les législateurs romains ont eu le secret, que la terre, qui avait été auparavant terre publique, devenait terre privée, qu'en conséquence elle serait libre de toute redevance envers l'État, et qu'elle pourrait être librement transmise par legs, vente ou donation[2].

Encore ne jugeait-on pas que la loi fût suffisante pour

---

[1] *Ex publico facere privatum* (*lex dicta Thoria*). — *Omnibus legibus agris publicis privatos esse deductos* (Cicéron, *In Rullum*, II, 25). — *Divisi et assignati agri sunt qui veteranis aliisve personis dati sunt aut redditi* (Hygin, édit. Lachmann, p. 117). — Voir les *Libri coloniarum*, ibidem.

[2] Voir la *Lex Æmilia Roscia*, dans les *Gromatici veteres*, édit. Lachmann, p. 263. Cf. *Gromatici*, pages 11, 169, 201, 215, 224, 233.

imprimer au sol ce caractère nouveau, et l'on faisait intervenir la religion même. Quand était venu le jour fixé pour la fondation, les *agrimensores* se présentaient. Ces arpenteurs étaient presque des prêtres ; ils étaient au moins les héritiers du vieux culte de la propriété foncière et les dépositaires des anciens rites. Ils traçaient sur le sol les lignes sacrées que d'antiques traditions leur avaient enseignées ; puis, les dieux étant pris à témoin, ils partageaient la terre en lots réguliers. Ce n'est pas qu'il fallût que les lots fussent égaux entre eux ; mais il était nécessaire qu'ils fussent tous orientés suivant les rites et enclavés dans les lignes saintes. Sur les limites de chaque part, à des distances fixes, on enfonçait des *termes* ; ces pierres ou ces troncs d'arbres étaient des objets consacrés par la religion, des simulacres que l'on vénérait comme des êtres divins. On leur offrait des sacrifices annuels ; on leur adressait des prières. Il y avait une grave impiété à les heurter du soc de la charrue, et la législation romaine punissait ce crime de peines cruelles.

Nous pouvons bien penser qu'au temps de l'Empire la religion du dieu Terme n'avait plus la pleine vigueur qu'elle avait eue dans les âges antiques. Elle vivait pourtant encore au fond des âmes ; le gouvernement impérial la réveillait pour établir ou pour affermir le droit de propriété.

Lorsque les lots de terre avaient été ainsi marqués de l'empreinte de la religion, il fallait qu'on les tirât au sort[1]. Cette règle venait-elle du désir d'assurer l'égalité dans le partage ? On peut en douter ; car on sait que les parts n'étaient pas égales et qu'elles étaient en propor-

---

[1] *Mensura peracta, sortes dividi debent* (Hygin, p. 113).

tion du grade ou du rang de chaque colon¹. Le tirage au sort était un très vieil usage que les populations de la Grèce et de l'Italie avaient toujours pratiqué pour l'appropriation du sol et sans lequel il ne semblait pas que la propriété privée pût s'établir. Les anciennes croyances lui attribuaient une sorte de vertu merveilleuse; on le regardait comme l'expression de la volonté divine. La terre que le sort assignait à un homme semblait lui être donnée par les dieux mêmes; un lien sacré s'établissait dès lors et pour toujours entre cette terre et cet homme. Le droit de propriété se trouvait ainsi placé au-dessus de toute discussion.

A l'époque qui nous occupe, de telles pensées n'étaient plus dans l'esprit des philosophes et des jurisconsultes; elles étaient encore dans l'esprit du vulgaire. Dans la langue du peuple, « tenir par le sort » était une expression qui signifiait posséder en propre. Quand on voulait dire d'un homme que de simple occupant il était devenu propriétaire en vertu d'un titre régulier, on disait qu'au lieu de tenir en occupation, il tenait en sort, *ex occupatione tenebat in sorte*². Ce mot, qui marquait plus fortement qu'aucun autre l'union intime et sainte entre le sol et la famille, était employé dans le langage ordinaire avec le sens de patrimoine ou d'héritage³.

---

¹ *Non omnibus æqualiter datus, sed secundum gradum militiæ* (Siculus Flaccus, édit. Lachmann, p. 156). — *Modus agri pro portione officii dabatur* (Hygin, ibidem, p. 176).

² *Libri coloniarum*, dans les *Gromatici*, édit. Lachmann, p. 231.

³ *Sors patrimonium significat*, dit le grammairien Festus. — Tite Live, I, 34, emploie le même mot dans le sens d'héritage. — Cf. Code Théodosien, XI, 1, 15 : *Unusquisque annonarias species pro modo sortium præstiturus.* Le mot grec κλῆρος correspond exactement au mot *sors*; tous les deux étaient employés pour désigner la terre possédée en propre et héréditairement.

Après que les limites sacrées avaient été tracées, les termes posés, les parts attachées à chaque famille par le sort, on dressait un tableau de ce sol ainsi distribué; sur un parchemin ou sur une plaque de cuivre les lignes et les limites de chaque champ étaient représentées. Deux exemplaires de ce plan étaient conservés, l'un dans les archives de chaque cité, l'autre dans celles du gouvernement[1]. Deux autorités de nature différente veillaient au maintien de cette propriété désormais inviolable : l'une était l'importante corporation des maîtres-arpenteurs[2], l'autre était la classe des fonctionnaires aidés des jurisconsultes.

Ces règles de l'administration impériale sont certainement l'opposé de ce que ferait un gouvernement qui viserait à attirer à lui la possession du sol ou qui prétendrait à un domaine éminent sur la terre. Ce n'est pas assez de dire que la propriété individuelle ne s'affaiblit pas dans les cinq siècles que dura l'Empire; on peut ajouter qu'elle prit vigueur : elle se propagea et s'enracina dans des pays où elle n'était pas encore bien établie avant la conquête.

Les habitudes romaines qui étaient relatives à la propriété foncière se sont si bien implantées, dans la Gaule qu'on les y retrouve encore dans les siècles du moyen âge. La corporation des arpenteurs s'y est perpétuée

---

[1] Siculus Flaccus, p. 154 : *Omnium agrorum et divisorum et assignatorum formas et divisionem et commentarios principatus in sanctuario habet.* — *Liber coloniarum*, p. 239 : *Balbus mensor, temporibus Augusti, omnium provinciarum et formas et mensuras compertas in commentariis contulit.* — Digeste, XLVIII, 13, 8 (6) : *Qui tabulam æream formam agrorum continentem refixerit vel quid inde immutaverit.*

[2] Sur l'importance de cette corporation sous l'Empire, voir Ch. Giraud, *Recherches sur le droit de propriété*, p. 134-136. — *Agrimensor* en Espagne, Hübner, *Corpus*, II, n° 1598. — [*L'Alleu*, p. 4.]

sous les rois mérovingiens[1]. Les *termes*, que le gouvernement romain avait ordonné d'enfoncer dans le sol, sont souvent mentionnés dans des actes de testament ou de donation du vii° siècle[2]. Enfin la langue de la Gaule a longtemps conservé le mot *sors* pour désigner la propriété héréditaire.

CHAPITRE VI

Les différentes classes de la société dans l'Empire romain. — Les esclaves.

Les distinctions sociales qui ont régné en France jusqu'à 1789 sont beaucoup plus anciennes que le régime féodal. Il faut examiner ce qu'elles étaient dans l'Empire romain. Nous observerons plus tard si les âges suivants les ont beaucoup modifiées.

Nous nous placerons par la pensée au milieu du iv° siècle de l'ère chrétienne, entre les règnes de Constantin et de Théodose, et nous énumérerons les différentes classes de la population de l'Empire, en commençant par les plus basses et en nous élevant successivement jusqu'aux plus hautes.

---

[1] Ch. Giraud, *Recherches sur le droit de propriété*, p. 159, 155; *Histoire du Droit français*, p. 256. Ducange, *Glossaire*, au mot *Forma*. Baluze, *Capitulaires*, t. I, p. 123, 158 et t. II, p. 294. Cf. *Bibliothèque de l'École des Chartes*, t. I, p. 246.

[2] *Diplomata*, n°° 341, 370. Hincmar, *Vie de saint Remi*, 49.

[1° DE LA CONDITION DES ESCLAVES.]

L'esclavage a été commun à toutes les sociétés anciennes. Il a été indépendant des institutions politiques et des formes de gouvernement. Il a eu la même vigueur au milieu du despotisme et au milieu de la liberté, dans les sociétés aristocratiques et dans les sociétés démocratiques.

Les sociétés anciennes avaient dans l'esprit une idée que nous n'avons plus, à savoir que le même droit de propriété qui s'exerçait sur un meuble, sur un animal, sur un fonds de terre, pouvait aussi s'exercer sur des personnes humaines. C'est de cette idée qu'il faut que nous partions si nous voulons comprendre l'esclavage antique et toutes les institutions qui en sont dérivées.

L'esclave est par essence un homme qui, au lieu de s'appartenir à lui-même, est soumis au droit de propriété d'un autre homme, *dominio alterius subjicitur*[1].

Dans la langue latine que parlait la Gaule romaine, le pouvoir du maître sur l'esclave s'appelait *dominium* et plus souvent *potestas*, terme que nous retrouverons dans les siècles suivants[2]. Le maître s'appelait *dominus*, ce qui était le même mot dont on désignait le propriétaire de la terre. On appelait l'esclave *servus* ou *mancipium*; ce dernier mot était celui qui, dans la plus vieille langue latine, avait désigné la propriété elle-

---

[1] Florentinus, au Digeste, I, 5, 4 : *Servitus est constitutio juris gentium qua quis dominio alieno subjicitur*. Institutes, I, 5. — Marcianus, au Digeste, I, 5, 5 : *Servi in dominium nostrum rediguntur*.

[2] *Potestas est in persona servi dominium*, Paul, au Digeste, L, 16, 215. — *Servi sunt in potestate dominorum*, Gaius, au Digeste, I, 6, 1.

même et surtout la propriété foncière[1]. Tant il est vrai que l'esclave était par excellence un objet de propriété. La réunion des esclaves appartenant à un même maître s'appelait *familia*[2]. Ne croyons pas que l'emploi de ce terme impliquât quelque pensée morale ou charitable; l'emploi de ce terme, comme celui de *famulus*, datait d'une époque où *familia* avait désigné, non pas une femme et des enfants, mais un ensemble de biens meubles ou immeubles[3].

Les mêmes règles de droit qui régissaient la propriété de la terre régissaient aussi celle de l'esclave. Comme elle, il était propriété héréditaire; il passait du père au fils, du parent au parent. Il pouvait être légué, être donné en dot. Il pouvait être vendu. La vente de l'esclave s'opérait comme celle de la terre; dans le droit ancien, elle n'avait pu se faire qu'avec la formalité de

---

[1] Voir des exemples qui marquent bien le sens de ce mot, dans Cicéron, *Ad familiares*, VII, 29; *Pro Cæcina*, 26; Lucrèce, *De natura rerum*, III, v. 985, où le *mancipium* s'oppose à l'usufruit. — On sait que dans l'ancien Droit l'esclave était *res mancipi* comme les fonds de terre et comme les bœufs de labour.

[2] Cicéron, *Pro Cæcina*, 19 : *Emere familiam*. — Paul, *Sententiæ*, III, 5 : *Domino occiso, de ea familia quæstio habenda est.* — Ulpien, au Digeste, L, 16, 195, § 3 : *Servitutium solemus appellare familias, ut in edicto prætoris.... Interdicto Unde vi familiæ appellatio omnes servos comprehendit.*

[3] Ulpien, au Digeste, L, 16, 195 : *Familiæ appellatio qualiter accipiatur videamus; nam et in res et in personas deducitur.* — Dans l'expression *actio familiæ erciscundæ* (Cicéron, *De oratore*, I, 56, et Ulpien, au Digeste, X, 2, 2), le mot *familia* désigne l'ensemble des biens. Il en est de même dans cette loi des Douze Tables : *Agnatus proximus familiam habeto* (citée par Ulpien, *Fragmenta*, XXVI, 1); de même encore dans le mot *pater familias*, qui pourrait s'appliquer à des hommes n'ayant ni femme ni enfants ni parents. — Voir les expressions *familiæ emptor* (Gaius, II, 105, et Ulpien, XX, 7); *vendere familiam* (Gaius, II, 109). — Voir encore dans Tite Live, III, 55, une vieille formule : *Ejus caput Jovi sacrum esset, familia ad ædem Cereris venum iret*; et notez que Denys d'Halicarnasse (VI, 89), qui traduit la même formule, rend le mot *familia* par τὰ χρήματα.

la *mancipatio*; à l'époque qui nous occupe, la *traditio* suffisait.

Le maître de l'esclave avait sur lui, en principe et en droit, le même pouvoir que sur tout autre objet meuble ou immeuble. Il pouvait le prêter, le louer, c'est-à-dire louer son travail, *operas*, ou ses profits, *mercedes*. Il pouvait le céder en usufruit[1], le mettre en gage[2], l'hypothéquer. En un mot, toutes les opérations qui pouvaient se faire à propos d'un immeuble se faisaient aussi sur l'esclave.

On disait de l'esclave qui s'enfuyait qu'il commettait un vol; il volait à son maître sa propre personne[3]. Aussi le maître avait-il à son égard le droit de poursuite[4].

Celui qui tuait l'esclave d'un autre en payait le prix à son maître, comme il l'eût indemnisé de la perte de tout autre objet de propriété[5]. En retour, le maître était responsable des délits commis par son esclave au préjudice des tiers[6]. Si l'esclave avait commis un crime

---

[1] Gaius, au Digeste, VII, 7, 3 et 4 : *In hominis usufructu operæ sunt et ob operas mercedes. Fructus hominis consistit... in operis servorum*. Code Justinien, VII, 15 : *Proprietarius servo cujus ususfructus ad alium pertinet*.

[2] *Si titulo pignoris obligasti mancipia* (Code Justinien, IV, 24, 11). — Le même esclave pouvait appartenir à l'un en nue propriété, à l'autre en usufruit (Digeste, XL, 12, 25; *Fragmentum Dosithei*, 11, édit. Huschke, p. 408 [p. 429]; Ulpien, *Fragmenta*, I, 19).

[3] Code Justinien, VI, 1, 1 : *Servum fugitivum sui furtum facere*.

[4] Voir Digeste, XI, 4 : *De fugitivis*. — Cf. Code Justinien, VI, 1, 2 : *Requirendi fugitivos potestatem fieri dominis præsidalis officii est*. — *Si fugitivi servi deprehendantur ad barbaricum transeuntes, aut pede amputato debilitentur aut metallo dentur* (Code Justinien, VI, 1, 5, loi de Constantin).

[5] *Lex Aquilia*, au Digeste, IX, 2, 2 : *Qui servum alienum vel pecudem injuria occiderit, quanti id in eo anno plurimi fuit tantum æs dare domino damnas esto*. — Cf. Gaius, III, 210-222; Digeste, IX, 2, 5.

[6] Code Justinien, III, 41, 4. — Digeste, XL, 1, 12 : *Servus qui plagium admisit pro quo dominus pœnam intulit*.

par l'ordre du maître, il était réputé innocent, et c'était le maître qui était poursuivi[1].

Le maître avait eu dans l'ancien Droit une juridiction illimitée à l'égard de son esclave. La législation impériale ne lui avait pas enlevé entièrement ce droit de justice; elle l'avait seulement diminué, en lui retirant la faculté de condamner à mort[2].

L'esclave n'avait pas de droits civils. Les jurisconsultes professaient que, quelle que fût comme homme son égalité naturelle avec les autres hommes, il n'était rien en Droit. Le sentiment, l'intérêt, la philosophie, la religion pouvaient ordonner de le bien traiter, le Droit ne faisait rien pour lui. Pour le Droit, il n'était pas une personne.

Nous nous tromperions pourtant si nous pensions que l'esclave fût regardé comme une bête de somme ou comme une chose inanimée. Le mot *res*, que la langue du Droit lui applique souvent, signifiait objet de propriété. Il n'y a pas de société ancienne qui se soit refusée à considérer l'esclave comme un être humain.

---

[1] Ulpien, au Digeste, IX, 4, 2 : *Servum nihil deliquisse qui domino jubenti obtemperavit.... Dominus qui non prohibuit, hac actione tenetur. Si servus sciente domino occidit, in solidum dominum obligat; ipse enim videtur dominus occidisse; si autem insciente, noxalis est, nec enim debuit ex maleficio servi in plus teneri quam ut noxæ eum dedat.*

[2] Il ne faut pas perdre de vue que le *jus vitæ necisque* n'était pas le droit de tuer par caprice, mais le droit de frapper de mort par jugement un esclave réputé coupable. Cette faculté avait autrefois appartenu au maître : *Apud omnes gentes animadvertere possumus dominis in servos vitæ necisque potestatem esse*, dit Gaius (*Institutes*, I, 52) ; et il ajoute : *Sed hoc tempore non licet supra modum et sine causa in servos sævire; nam ex constitutione imperatoris Antonini, qui sine causa servum suum occiderit, non minus teneri jubetur quam qui alienum servum occiderit* (ibidem, I, 53). Remarquez dans ce texte le *sine causa*, qui implique qu'en cas de cause grave le maître pouvait encore tuer son esclave. — Spartien, *Hadrianus*, 18 : *Servos a dominis occidi vetuit, eosque jussit damnari per judices si digni essent.*

Les Romains ne doutaient pas qu'il n'eût une âme, puisque cet esclave prenait part aux cérémonies religieuses de la famille, puisqu'il récitait les prières avec le maître, puisqu'il avait même quelques fêtes sacrées qui lui étaient particulières. Nul n'ignorait qu'il y avait obligation morale à l'aider, à le protéger, à le soigner dans ses maladies ; si Caton recommandait comme une bonne règle d'économie de vendre ses esclaves avant qu'ils fussent vieux, c'est précisément parce qu'il reconnaissait qu'on avait le devoir de nourrir l'esclave devenu vieux et inutile. Mais on acceptait en même temps comme un fait indiscutable que le droit de propriété pouvait s'exercer à son égard aussi complètement que sur un objet inanimé. Il était homme, comme son maître ; mais il était l'homme de son maître.

Ce qu'il y avait de plus caractéristique dans la condition de l'esclave, c'est qu'étant membre de la famille il n'était pas membre de la cité. Il ne faisait jamais partie du corps politique, de ce que les anciens appelaient le peuple. L'État n'était rien pour lui, et il n'était rien pour l'État. D'une part, l'État ou la cité n'exigeait rien de lui ; jamais le service militaire ne lui fut imposé ; il n'avait pas non plus de contributions à payer. D'autre part, l'État ne le protégeait pas et ne lui assurait aucun appui contre l'oppression de son maître ou contre les injures d'un étranger. Les lois n'existaient ni pour lui ni contre lui [1]. L'État ne lui demandait pas compte de

---

[1] Digeste, IV, 5, 3 : *Servile caput nullum jus habet.* XLVIII, 10, 7 : *Servi neque jure civili neque prætorio computantur.* — C'est [aussi] le sens de cette phrase d'Ulpien : *Quod attinet ad jus civile, servi pro nullis habentur ; non tamen et jure naturali, quia, quod ad jus naturale attinet, omnes homines æquales sunt* (Digeste, L, 17, 32). — C'est cette distinction du fait et du droit qui explique le *Tam homo sum quam tu* de Plaute (*Asinaire*, v. 474), le mot de Cicéron en faveur de l'esclave (*De*

ses actions, et ce n'est que dans les derniers temps des sociétés anciennes que l'esclave a pu être directement poursuivi et puni par l'autorité publique. Il ne pouvait pas non plus demander justice à l'État pour les violences dont il était victime. Il ne paraissait pas devant le tribunal, même comme témoin[1]. S'il avait commis un crime, c'était son maître qui était responsable en justice[2]. Si un crime avait été commis contre lui, c'était le maître qui présentait la plainte et qui recevait l'indemnité. Ces règles du vieux Droit romain se retrouvent dans toutes les sociétés. Elles avaient pour conséquence naturelle que l'esclave, ne pouvant pas avoir l'État pour juge, était nécessairement jugé dans la maison, c'est-à-dire par son maître. C'est en ce sens que l'on disait que son maître avait sur lui le droit de vie et de mort. Cela signifiait, non pas qu'il pût le tuer par caprice, mais qu'il devait punir ses fautes et que le châtiment pouvait aller jusqu'à la peine de mort. Le même pouvoir que le magistrat exerçait sur le citoyen, le maître l'exerçait sur l'esclave.

L'esclave n'avait pas de droits civils, par cette raison qu'il ne comptait pas dans la cité. Chez les anciens, l'état

officiis, I, 13), le mot de Sénèque (Epistolæ, 31), et aussi les fêtes religieuses que le paganisme même accordait à l'esclave (Caton, De re rustica, 5 et 140 ; Cicéron, De legibus, II, 8 et 12 ; Macrobe, Saturnales, I, 7). Mais tout cela n'avait aucun rapport avec le Droit.

[1] L'esclave pouvait être appelé devant le tribunal, mais il n'était pas réputé *testis*. — Voir Digeste, XXII, 5 ; Code Justinien, IV, 20.

[2] Gaius, IV, 77 : *Si servus tuus noxam commiserit, tecum est actio.* — Le maître pouvait dégager sa responsabilité en livrant son esclave à la partie lésée ; Institutes de Justinien, IV, 8 : *Ex maleficiis servorum noxales actiones proditæ sunt, quibus domino damnato permittitur aut litis æstimationem sufferre aut hominem noxæ dedere.* Cf. Gaius, IV, 75. — En cas de crime ou délit rentrant dans la catégorie des *judicia publica*, l'esclave était soumis à la justice de l'État et personnellement puni (Digeste, XLVIII, 19).

de famille était étroitement lié à l'état de citoyen. L'esclave, qui n'avait pas les droits de la cité, n'avait donc pas non plus les droits de la famille. Il n'y avait pas pour lui de mariage légalement reconnu; aux yeux des jurisconsultes, il n'était ni mari ni père. Ses fils appartenaient à son maître, non à lui; sa femme n'était pas *uxor*, mais *contubernalis*[1]; et elle lui était ordinairement choisie, assignée par le maître; les enfants qui naissaient n'étaient pas ses fils, *liberi justi*; c'est pour cette raison qu'ils suivaient la mère, non le père, et que, dans le cas d'union entre une femme esclave et un homme libre, les enfants naissaient esclaves. Cette règle n'a pas été inventée par la cruauté des maîtres; elle découlait naturellement de la conception que les hommes se faisaient du mariage et de l'impossibilité qu'ils voyaient à ce qu'il y eût un vrai mariage avec une esclave[2].

Le droit de propriété n'existait pas non plus pour lui. Les jurisconsultes professent qu'il ne se peut pas que l'esclave ait des biens[3]. Lui qui est possédé, comment

---

[1] Columelle, I, 8, dit à propos du *villicus*, qui est un esclave : *Qualicunque villico contubernalis mulier assignanda est*; Orelli, nᵒˢ 2807, 2826, 2835, 2838. *Edictum ædilitium*, au Digeste, XXI, 1, 35; ibidem, XXXIII, 7, 12; XL, 5, 41. — Toutefois la langue usuelle, moins rigoureuse que le Droit, appelait quelquefois *uxor* la compagne de l'esclave, et le mot est employé même par Ulpien, au Digeste, XXXIII, 7, 12, § 7 et 35 : *Contubernales servorum, id est uxores*, et par Paul, *Sententiæ*, III, 6, 38.

[2] Le principe était : *In potestate nostra sunt liberi nostri quos ex justis nuptiis procreavimus* (Gaius, au Digeste, I, 6, 3). *Cum legitimæ nuptiæ factæ sunt, patrem liberi sequuntur; vulgo quæsitus matrem sequitur* (Celsus, au Digeste, I, 5, 19; Ulpien, au Digeste, I, 5, 24). Or il n'y avait jamais *justæ nuptiæ* entre une esclave et un homme libre. Ulpien, V, 9 : *Cum connubia non sint, partus sequitur matrem*. Digeste, IV, 2, 12 : *Partus ancillarum et fetus pecorum et fructus restitui oportet*.

[3] *Servus bona habere non potest* (Ulpien, au Digeste, L, 16, 182).

posséderait-il[1]? Ce qu'il acquiert ou paraît acquérir, il l'acquiert pour son maître[2].

Il est vrai que nous voyons dans le Digeste et les Codes qu'on pouvait instituer l'esclave héritier. Mais nous devons rapprocher cela de la règle que tout ce qui était acquis par l'esclave était acquis à son maître[3]. Cette sorte d'institution d'héritier n'était qu'une fiction légale[4].

Il se pouvait pourtant que l'esclave eût d'une certaine façon quelque chose à lui. Cela ne s'appelait pas *dominium*, ni *proprietas*, ni *bona*; cela s'appelait *peculium*. Voici les trois règles qui s'appliquaient au pécule d'esclave.

1° Ce pécule n'existait qu'avec la permission du maître et ne comprenait que ce que le maître avait voulu y mettre[5]. Il ne se peut donc pas agir d'argent gagné à son insu, moins encore à ses dépens. Mais le maître a permis à son esclave de travailler au dehors,

---

[1] *Cum possideatur, possidere non videtur* (ibidem, L, 16, 118).

[2] Code Justinien, VII, 15, 1, § 2 : *Plenissimum jus habeat in servo proprietarius et omnia ei servus adquirat, secundum ea quæ generaliter in servos et dominos constituta sunt.*

[3] *Quodcumque per servum adquiritur, id domino adquiritur* (Gaius, au Digeste I, 6, 1). — Voir un exemple de cela au Digeste, XXXVIII, 2, 50 : *Servum suum jussit adire hereditatem, quam retinet.*

[4] Gaius, *Institutes*, II, 153-154 : *Necessarius heres est servus cum libertate heres institutus.... Qui facultates suas suspectas habet, solet servum primo aut secundo vel etiam ulteriore gradu liberum et heredem instituere, ut si creditoribus satis non fiat, potius hujus heredis quam ipsius testatoris bona veneant, id est ut ignominia potius heredem quam testatorem contingat.* — Ce n'est pas ici le lieu d'examiner les divers cas dans lesquels pouvait se produire cette institution d'héritier appliquée à l'esclave; voir Accarias, *Droit romain*, t. I, p. 827-830 de la 3ᵉ édition.

[5] Ulpien, au Digeste, XV, 1, 5 : *Peculium Tubero sic definit, ut Celsus refert, quod servus domini permissu habet.* — Pomponius, au Digeste, XV, 1, 4 : *Ex his apparet non quid servus ignorante domino habuerit peculii esse, sed quid volente.*

par exemple, comme ouvrier ou comme médecin, ou bien encore il lui a fait tenir une boutique ; le maître avait droit à tous ses profits, mais il a trouvé juste ou avantageux à la fois de lui en laisser une part ; c'est ce qu'il laisse ainsi sur les comptes que lui rend son esclave, qui forme le pécule de cet esclave[1]. Ce pécule peut se trouver parfois assez considérable ; il peut comprendre beaucoup d'argent (par exemple, si l'esclave tient une *mensa*, un comptoir de banque) ; il peut comprendre des meubles, des chevaux, d'autres esclaves ; il peut même comprendre des terres : mais tout cela doit être connu du maître et n'existe que par sa volonté.

2° Le maître peut à tout moment reprendre ce pécule à son esclave, ou lui en reprendre une partie[2]. Il n'est pas besoin pour cela que l'esclave ait commis une faute ou que le maître soit ruiné. Il suffit que le maître veuille reprendre. Il le reprend pour payer ses dettes[3]. Quand le maître se défait de son esclave, soit par vente, soit par affranchissement[4], il peut à son choix lui laisser son pécule ou le garder pour lui. Ainsi, quel que soit le motif pour lequel l'esclave sort de la maison du maître, il n'a le droit d'emporter son pécule que si le maître le veut. Le maître lègue ses esclaves avec ou sans leur pécule[5]. Nous voyons bien le principe qui inspire tout

---

[1] C'est le sens de cette phrase de Pomponius, au Digeste, XV, 1, 4 : *Peculii est non id cujus servus seorsum a domino rationem habuerit, sed quod dominus ipse separaverit suam a servi rationem discernens.*

[2] Pomponius, ibidem : *Cum servi peculium totum adimere vel minuere dominus possit.*

[3] Digeste, XV, 1, 4, § 5 : *Si ære alieno dominico exhauriatur peculium servi.*

[4] Scévola, au Digeste, XXXIX, 5, 35.

[5] Digeste, XXI, 2, 5 ; XXXIII, 7, 20, § 3 ; XXXIII, 8 : *De peculio legato.* — Code Justinien, VII, 23, 1 : *Nisi specialiter fuerit datum peculium, penes successorem remanere.*

cela : c'est que le maître est le vrai propriétaire du pécule de l'esclave.

5° La troisième règle, conséquence naturelle des deux précédentes, est que l'esclave en mourant ne peut pas léguer son pécule; tout testament est interdit à l'esclave. Il ne peut même pas le laisser à ses enfants, ni à aucun de ses parents; l'esclave n'a pas de successeurs[1]. Le pécule revient tout entier au maître[2]. Encore faut-il noter que ce pécule ne revient pas au maître à titre d'héritage; vous ne verrez jamais que le maître soit l'héritier de son esclave. Il reprend le pécule simplement parce que ce bien n'avait pas cessé de lui appartenir.

[Ces règles montrent qu']au temps de l'Empire personne n'eut même la pensée d'abolir l'esclavage. Du moins, les mœurs et les lois, la philosophie et la religion furent d'accord pour l'adoucir. Nous n'avons à nous occuper ici que des lois. Elles prononcèrent que le maître n'exercerait plus le droit de justice sur l'esclave en matière criminelle et qu'il serait tenu de le déférer à la justice publique. Elles ajoutèrent que le maître qui se serait montré trop dur envers son esclave serait contraint de le vendre[3]. La puissance de l'État se faisait ainsi, par une heureuse innovation, la protectrice de l'esclave. Celui qui se réfugiait auprès d'une

---

[1] Code Justinien, VI, 59, 4 : *Servus successores habere non potest.*

[2] Voir tout le titre du Digeste, XV, 1, *De peculio*; Code Justinien, IV, 26.

[3] Spartien, *Hadrien*, 18 [plus haut, p. 85, n. 2]; Gaius, I, 53; Digeste, I, 6, 2. — On voit même par un texte du Digeste (V, 1, 53) qu'il fut permis à l'esclave d'intenter une action contre son maître en certains cas, par exemple *si suppressas tabulas testamenti dicant in quibus libertatem sibi relictam adseverant*, ou bien, *si suis nummis redemptos se et non manumissos contra placiti fidem adseverent.*

statue du prince y trouvait un asile. L'empereur Claude décida que celui qui abandonnerait son esclave malade perdrait tout droit sur lui. Antonin décréta que celui qui tuerait son propre esclave serait puni de la même peine que s'il eût tué l'esclave d'autrui. Constantin alla plus loin : il punit le meurtre d'un esclave à l'égal de celui d'un homme libre [1]. En même temps, il interdit de séparer, par la vente, le mari de la femme et les enfants des parents.

2° LES SERFS DE LA GLÈBE (*servi rustici*) [2]

Le principal emploi de l'esclave était la culture du sol. Il ne manquait pas dans l'Empire romain de petites propriétés qui fussent exploitées par les propriétaires eux-mêmes ; mais la plus grande partie du sol était formée de grands domaines qui étaient cultivés principalement par les bras des esclaves.

On peut voir dans les écrits de Caton, de Varron et de Columelle [3] ce que c'était que le domaine rural qui était appelé *villa* dans la langue latine et qui a conservé ce nom au moyen âge. Les constructions qui s'y élevaient se composaient ordinairement de trois parties bien distinctes. L'une était la maison où habitaient le maître, sa famille et les gens attachés à sa personne. L'autre était la demeure des esclaves employés à l'ex-

---

[1] Code Justinien, IX, 14. Cf. Wallon, *Histoire de l'esclavage*, t. III. — [Pour suivre les destinées de l'esclavage après l'invasion, voir *L'Alleu*, p. 290 et suiv.]

[2] [Nous avons étudié cette condition avec plus de détails dans les *Recherches sur quelques problèmes d'histoire*, p. 54 et suivantes. Nous y reviendrons quand nous étudierons l'organisation de la *villa* romaine dans le volume sur *L'Alleu*, c. 1.]

[3] Varron, *De re rustica*, I, 11-23. Columelle, I, 4 et 6 ; XII, 2.

ploitation du sol[1]. La troisième comprenait les dépendances, les granges, les greniers, les étables. Alentour s'étendaient les champs, qui étaient d'un seul tenant et que limitait une ligne de termes ou bornes sacrées.

Tout ce qui était nécessaire à l'exploitation du domaine était compris sous la dénomination de « garniture de fonds » (*instrumentum fundi*), et par cette expression l'on entendait trois catégories d'êtres ou d'objets : 1° les esclaves, 2° les animaux, 3° les outils[2].

Une troupe d'esclaves était donc une partie indispensable des moyens de culture. De nombreux renseignements nous font voir leur condition : ils étaient traités en hommes, sans aucun doute, mais en hommes qui devaient produire beaucoup et coûter peu. On les nourrissait en proportion du travail qu'on espérait d'eux. La *villa* renfermait ordinairement une prison souterraine où ils étaient enfermés en punition de leurs fautes. Les plus mauvais travaillaient avec des entraves aux pieds pour que la fuite leur fût impossible[3]. Ils avaient parmi eux des chefs choisis par le maître : c'était le *villicus*, qui commandait les travaux ; le *cellarius*, qui avait le soin des provisions ; l'*actor* ou le *procurator*, qui faisait les comptes, s'occupait des achats et des ventes, passait marché au nom du maître et au besoin le représentait en justice.

[1] On peut remarquer que la demeure du maître s'appelait *pars urbana*, les autres constructions *pars rustica* ; les esclaves attachés à la personne étaient désignés par le mot *urbani* ; ceux qui étaient attachés au travail des champs s'appelaient *servi rustici*. Code Théodosien, IX, 42, 7 : *In prædiis mancipia urbana et rustica*. — Ces mêmes distinctions, exprimées dans les mêmes termes, se retrouvent encore dans des actes écrits en Gaule au VIIIe siècle. [Cf sur les serfs de la glèbe en ce temps-là, *L'Alleu*, c. 14.]

[2] Varron, *De re rustica*, I, 17 : *Tres partes instrumenti, genus vocale et semivocale et mutum ; vocale in quo sunt servi*.

[3] Columelle, I, 6 ; I, 8 ; XI, 1. Juvénal, *Satires*, 14.

Tous ces éléments essentiels de la grande propriété rurale, tels que nous les voyons dans les écrivains des premiers temps de l'Empire, se retrouveront encore dans les siècles du moyen âge.

Les esclaves ruraux, dans la société romaine, n'avaient pas une autre condition légale que les esclaves domestiques. Ils étaient complètement à la disposition du maître; ils pouvaient être déplacés et vendus. Ce qu'on a appelé depuis le servage de la glèbe n'existait pas encore. Ces hommes appartenaient au maître plutôt qu'au sol.

Toutefois l'habitude s'établit naturellement de les considérer comme attachés à la terre. On les inscrivait sur les registres du cens comme étant une partie intégrante du domaine, et dès lors ils pouvaient difficilement être séparés du sol. On les vendait avec lui et on ne les vendait guère sans lui[1]. Les jurisconsultes du IIIe siècle professent que lorsqu'on a vendu un « domaine garni », cette formule signifie que les esclaves sont compris dans la vente[2].

Ce qui n'était d'abord prescrit que par la coutume le fut ensuite par la loi. A partir du IVe siècle, les empereurs défendirent formellement de vendre les esclaves ruraux sans la terre ou la terre sans eux[3].

Il arriva ainsi peu à peu que l'esclave appartint plus au sol qu'à la personne du maître; on put l'appeler serf

---

[1] Une lettre de Pline (III, 19) montre combien un domaine perdait de sa valeur lorsqu'on le vendait sans les esclaves.
[2] Paul, *Sententiæ*, III, 6, § 42 à 58. — Digeste, XXXIII, 7, 27 : *Fundum Titio, ita ut est instructus, cum omnibus rebus et mancipiis dari volo.* — [Cf. *L'Alleu*, p. 56 et 57.]
[3] Loi de Valentinien et Gratien, au Code Justinien, XI, 47 [48], 7 : *Rusticos censitosque servos absque terra vendi non licet..., tanti servi transeant quanti apud superiores dominos manserunt.*

de la glèbe. Il est difficile d'apprécier si ce changement adoucit ou aggrava son sort. Ce qui est sûr, c'est qu'il n'était plus soumis en toutes choses à la volonté capricieuse d'un homme. Fixé au sol, il eut une demeure assurée, une terre à laquelle il s'accoutuma et qu'il put aimer comme sienne. Il eut surtout une famille, il connut son père et ses fils; avec l'hérédité du sang et des affections, il fallut insensiblement lui donner celle des biens. Toutes les conditions matérielles et morales de son existence se trouvèrent ainsi changées.

CHAPITRE VII

Les affranchis[1].

1° DES DIFFÉRENTS MODES D'AFFRANCHISSEMENT.

L'affranchissement était l'acte par lequel l'esclave était mis hors de la puissance d'un maître, *mittebatur manu et potestate*[2], et cessait d'être un esclave.

Cet acte ne pouvait être accompli, sauf quelques cas particuliers, que par le maître[3]. L'esclave n'avait aucun

---

[1] [Cf. Lemonnier, *Condition privée des affranchis*, 1887.]
[2] C'est le sens du mot *manumittere*. Ulpien, au Digeste, I, 1, 4 : *Est autem manumissio de manu missio : nam quamdiu quis in servitute est, manui et potestati suppositus est, et manu missus liberatur potestate.*
[3] Je laisse de côté certains cas particuliers et rares, par exemple celui où un esclave était affranchi par l'autorité publique et où le prix en était payé au maître (Tite Live, XXXII, 26, Code Justinien, VII, 13, 2), ou encore celui où un esclave est affranchi pour avoir été trop durement traité ou abandonné dans sa maladie par son maître (Digeste, XL, 8, 2). — En thèse générale, la volonté du maître était nécessaire pour l'affranchissement; aussi Scévola dit-il [*Fragmentum*, 7] : *Debet propositum manumittendi habere dominus; si per vim coactus manumiserit, non*

moyen d'acquérir par lui-même et de son plein droit la liberté. Nous voyons parfois qu'un esclave a donné de l'argent à son maître pour être affranchi¹ ; nous ne devons pas entendre par là qu'il y a eu achat formel et que le maître a été tenu de vendre la liberté. Même en ce cas, ce qui a rendu l'esclave libre, ce n'est pas le prix versé, c'est la volonté du maître².

Au commencement du v° siècle, les lois autorisaient plusieurs modes d'affranchissement, entre lesquels le maître pouvait choisir.

Il pouvait d'abord affranchir son esclave par une simple déclaration verbale. Sans s'adresser à l'autorité publique, sans sortir de sa maison, il réunissait quelques témoins, quelques amis, et en leur présence il disait à l'esclave : « Sois libre à l'avenir », *liber esto*. C'est ce que les jurisconsultes appelaient *manumissio inter amicos*³.

Il pouvait l'affranchir par une déclaration écrite. Il adressait à l'esclave lui-même une lettre où il lui disait :

---

veniet servus ad libertatem, quia non intelligitur voluisse qui coactus manumisit.

¹ Par exemple, ce *medicus ocularius* qui fit graver sur son tombeau qu'il avait donné 50 000 sesterces pour son propre affranchissement (Orelli, n° 2985).

² Le Droit ne reconnaissait ni contrat de vente ni contrat d'aucune sorte entre un maître et son esclave ; d'ailleurs l'esclave n'avait rien en propre et son *peculium* appartenait déjà de plein droit à son maître. — Cela n'empêche pas qu'en pratique l'affranchissement ne résultât souvent d'une sorte de rachat, le maître offrant à son esclave l'occasion de gagner de l'argent et lui donnant ensuite la liberté en échange de cet argent. D'ailleurs cette sorte d'affranchissement se faisait, la plupart du temps, par voie indirecte, et c'était une tierce personne qui était censée acheter l'esclave avec la condition de l'affranchir. Voir Digeste, II, 4, 10.

³ Ulpien, *Fragmenta*, I, 10 : *Liberti qui non legitime inter amicos manumissi sunt* ; I, 18 : *Si inter amicos eum manumiserit, plerisque placet eum nihil egisse*. — Gaius, *Institutes*, I, 41 : *Inter amicos manumittere*. — Paul, *Sententiæ*, IV, 12, 2 : *Inter amicos manumittere non prohibentur*. — Pline, *Lettres*, VII, 16 : *Quos proxime inter amicos manumisisti*.

« Je veux que tu sois libre, ou sois libre en vertu de ma volonté ». C'était la *manumissio epistola*[1].

Mieux encore, le maître pouvait affranchir par son testament. Il y écrivait : « Je veux que tel esclave soit libre »; ou bien : « Je prie mon héritier ou mon légataire d'affranchir tel esclave ». La première de ces formules constituait l'affranchissement direct, *directa libertas*; la seconde, l'affranchissement par fidéicommis, *fideicommissaria libertas*. Dans l'un et l'autre cas, c'était la *manumissio testamento*[2].

Il pouvait affranchir par la forme de la vindicte. A l'origine et durant plusieurs siècles, ce mode d'affranchissement avait consisté en un procès fictif. L'esclave avait été conduit par son maître devant un magistrat siégeant sur son tribunal. Une tierce personne était venue en même temps et avait prétendu que cet esclave n'était pas un esclave, mais était un homme libre. Le maître avait reconnu que cet *assertor* disait vrai, ou au

---

[1] Cervidius Scévola, *Fragmentum*, 15 (édit. Huschke, p. 409 [p. 450]) : *Mulier... potest manumittere..., tutore auctoritatem accommodante eo tempore quo epistola scribitur servo a domina.* — Paul, *Sententiæ*, IV, 12, 2 : *Mutus et surdus... per epistolam manumittere non prohibentur.* — Plus tard, Justinien exigea que la lettre fût signée de cinq témoins (Code Justinien, VII, 6, 1, § 1).

[2] Institutes, I, 5 : *Manumissio procedit... aut per epistolam aut per testamentum aut aliam quamlibet ultimam voluntatem.* — Orelli-Henzen, n°ˢ 4353, 7321. — Digeste, XL, 4, *De manumissis testamento*, fr. 4 : *Si quis ita scripserit :* STICHUS LIBER ESTO. — Ibidem, fr. 9 et 10 : *Si quis liber esse jussus est.* — Paul, *Sententiæ*, IV, 14 : *Testamento manumitti... hoc modo :* STICHUS LIBER ESTO.... *Liberum esse volo.* — Ulpien, II, 7 : *Libertas et directo potest dari hoc modo :* LIBER ESTO, LIBER SIT, LIBERUM ESSE JUBEO, *et per fideicommissum ut puta :* ROGO, FIDEI COMMITTO HEREDIS MEI UT STICHUM SERVUM MANUMITTAT. — Digeste, XL, 4, 35 : *Posse servis dari testamento directam libertatem.* — Ibidem, 59 : *Puram et directam libertatem domini sui testamento Stichus acceperat.* — Sur la *fideicommissaria libertas*, voir XL, 4, fr. 5, 40, 43, et tout le titre 5 *De fideicommissariis libertatibus*. Corpus inscriptionum lati-

moins il avait gardé le silence et n'avait pas repoussé son affirmation. Alors le magistrat avait prononcé, comme juge, que l'homme sur lequel il y avait eu débat était un homme libre[1]. Peu à peu les formes de ce procès fictif s'étaient adoucies et simplifiées[2]; mais il en restait toujours deux choses : d'abord la présence d'un magistrat, ensuite le prononcé d'une véritable sentence. Le consul, le préteur, le gouverneur de province ou son lieutenant[3] déclarait comme par arrêt judiciaire que

narum, t. II, p. 517, n° 2265 : *Manumissus ex testamento*. — [Sur l'affranchissement par testament et par lettre après l'invasion, cf. l'*Alleu*, p. 515 et suiv.]

[1] Les formes anciennes de la vindicte sont indiquées çà et là. Gaius, au Digeste, XL, 2, 7, parle du *pro tribunali* comme d'une règle ancienne; Ulpien, ibidem, 8, fait allusion à la présence habituelle des licteurs du magistrat; Hermogénien, ibidem, 23, rappelle les *verba sollemnia*, c'est-à-dire les paroles légales qui devaient être prononcées. — Boëthius, *Ad Ciceronem, Topica*, 2 : *Vindicta est virgula quam lictor* (le maître qui voulait affranchir prenait ordinairement pour *assertor libertatis* un licteur du magistrat) *manumittendi servi capiti imponens, eumdem servum in libertatem vindicabat, dicens quædam verba solemnia*. — Festus, *De verborum significatione*, p. 148 : *Cum cuipiam adserat manum, educendi ejus gratia ex servitute in libertatem, vocatur adsertor*. — Tous les détails de ce procès fictif s'expliquent par le rapprochement avec le procès réel qu'on appelait *liberalis causa*. Gaius, IV, 16 : *Qui vindicabat, festucam tenebat, deinde adprehendebat hominem et ita dicebat : Hunc ego hominem ex jure Quiritium meum esse aio*, etc. Cf. Code Justinien, VII, 16, et Asconius, *In Cornelianam*, édit. Orelli, p. 63.

[2] Ainsi la condition *pro tribunali* cessa d'être exigée; Gaius, au Digeste, XL, 2, 7 : *Non est necesse pro tribunali manumittere; plerumque in transitu servi manumitti solent, cum aut lavandi aut gestandi aut ludorum gratia prodierit prætor aut proconsul*. — Ulpien, ibidem, 8 : *In villa... (sine lictoribus)*. — Voir un exemple dans Pline, *Lettres*, VII, 16. — L'usage s'était établi de faire représenter le magistrat par ses licteurs; Hermogénien, ibidem, 23 : *Manumissio per lictores hodie domino tacente expediri solet*.

[3] Ulpien, *Fragmenta*, I, 7 : *Vindicta manumittuntur apud magistratum populi romani, velut consulem, prætoremve, vel proconsulem*. — Gaius, au Digeste, XL, 2, 7 : *Prætor aut proconsul legatusve Cæsaris*. — *Apud consules, prætores, præsides* (loi de Constantin, au Code Justinien, VII, 1, 4). — Les consuls affranchissaient encore au v° siècle (Sidoine Apollinaire, *Panégyrique d'Anthémius*, vers 544, et Cassiodore,

l'esclave était libre¹. C'était cet arrêt qui lui donnait la liberté et qui plus tard la lui garantissait contre toute personne, même contre son ancien maître².

Il y avait encore l'affranchissement dans l'église³. De même qu'aux temps antérieurs on avait pu affranchir l'esclave dans un temple, par forme de vente à la divinité⁴, de même Constantin reconnut comme légitime l'affranchissement dans une église chrétienne⁵. Il fixa les règles de cet affranchissement, pour lequel il exigea la présence des prêtres, celle du public et la confection d'un acte écrit⁶.

Lettres, VI, 1). — L'empereur aussi, comme magistrat suprême, affranchissait. Code Justinien, VII, 1, 4 ; VII, 10, 7 ; Digeste, XL, 1, 14. [Cf. *L'Alleu*, p. 306.] — Les magistrats municipaux de quelques cités avaient aussi le droit d'affranchir. Paul, *Sententiæ*, II, 25, 4 ; Code Justinien, VII, 1, 4. *Lex Salpensitana*, Corpus inscriptionum latinarum, t. II, p. 255 : *Si quis... apud duumviros qui jure dicundo præerunt servom suum ex servitute in libertatem manumiserit, liberumve esse jusserit... liber esto.*

¹ Il y avait réellement *addictio in libertatem*. Varron le dit très formellement ; il ajoute que, même au cas où ce serait par erreur que le préteur avait prononcé le mot *addico*, l'homme n'en serait pas moins libre ; car il y aurait chose jugée (Varron, *De lingua latina*, VI, 30). — Cicéron fait une allusion très claire à cette *addictio* dans une lettre à Atticus, VII, 2, à la fin ; il semblerait que la formule fut *liberum addico*.

² Encore au temps de Justinien, la vindicte est proprement l'affranchissement devant le tribunal. Code Justinien, VII, 15, 2 : *Si quis servo suo libertatem imponat... sive ad qualecunque tribunal sive apud eum qui libertatem imponere legibus habet licentiam* (anno 530).

³ Institutes, I, 5 : *Manumissio procedit, ex sacris constitutionibus, in sacrosanctis ecclesiis.* — Code Justinien, VII, 15, 2 : *Si quis servo suo libertatem imponat sive in ecclesia....* — Noter que dans les affranchissements de l'Église la règle de l'âge de trente ans ne fut jamais imposée (Code Justinien, ibidem).

⁴ Sur les affranchis des temples, voir Orelli, nᵒˢ 3016 et suivants ; Henzen, nº 6393. Cf. Tacite, *Annales*, XIII, 27 : *Hinc (ex libertis) plerumque ministeria sacerdotibus.* — Scévola, au Digeste, XXXIII, 1, 20, cite la formule d'un testament par lequel une testatrice lègue une rente *sacerdoti et hierophylaco et libertis qui in eo templo erunt.*

⁵ Code Théodosien, IV, 7, anno 321. [Cf. plus loin, p. 101, n. 1.]

⁶ Code Justinien, I, 13, 1, anno 316. [Cf. *L'Alleu*, p. 312 et suiv.]

Ces divers modes d'affranchissement n'avaient pas une égale valeur. L'affranchissement régulier et légal, celui que les jurisconsultes appelaient *justa et legitima manumissio*, était l'affranchissement par la vindicte devant « le magistrat du peuple romain [1] ». L'esclave, sur lequel l'arrêt de ce magistrat avait été prononcé en faveur de la liberté, devenait aussitôt un homme libre aux yeux de la loi. La loi ne le distinguait plus du citoyen, et elle lui donnait immédiatement ce titre de citoyen romain [2]. C'est du nom de *civis romanus* que les jurisconsultes et les codes appellent cet affranchi [3], et cette sorte de liberté est toujours appelée « la cité romaine », *civitas romana* [4]. Constantin voulut que l'af-

---

[1] Gaius, *Institutes*, I, 17 : Cervidius Scévola, 5 (Huschke, p. 406 [p. 427]). Nous n'avons pas à parler ici de la *manumissio censu*, qui ne se pratiquait plus au iv⁰ siècle ; *censu manumittebantur olim*, dit déjà Ulpien, *Fragmenta*, I, 8. Tacite ne paraît connaître qu'une seule *manumissio justa*, la *manumissio* par la vindicte (*Annales*, XIII, 27).

[2] Ibidem, I, 17 : *Is civis romanus fit*. — Ulpien, *Fragmenta*, I, 6 : *Cives romani sunt liberti qui legitime...* — Cf. Denys d'Halicarnasse, IV, 24 : Εὐθὺς εἰσι Ῥωμαῖοι ; Appien, *Guerres civiles*, I, 100, 104 et II, 120 : Ὁ ἐξελεύθερος αὐτοῖς ἰσοπολίτης ἐστί. — Cervidius Scévola, 5 (édit. Huschke, p. 406 [p. 427]) : *Olim una libertas erat et manumissio fiebat vindicta... et civitas romana competebat manumissis*.

[3] Code Justinien, IV, 57, 1 : *... Ad libertatem perducereris ita ut civis romanus sis*. — Ulpien, *Fragmenta*, XXIX, 1 : *Civis romani liberti hereditatem*. — Gaius, III, 72 : *Ceteris civibus romanis libertis*. — Au féminin, on appelait aussi l'affranchie *civis romana* ; Suétone, *Vespasianus*, 3 ; Code Justinien, IV, 49, 11 ; VII, 9. — On peut noter que la qualification de *cives romani* pour désigner tout spécialement des affranchis était déjà employée au temps de Tite Live (XLII, 27 ; XLII, 31 ; XLIII, 12).

[4] Ulpien, au Digeste, XXXVIII, 16, 3 . *Libertum accipere debemus eum quem quis ex servitute ad civitatem romanam perduxit*. — Salvien, *Ad Ecclesiam*, III, 7, édit. Halm, p. 148, appelle aussi cet affranchissement supérieur du nom de *civitas romana*. — Constantin emploie cette expression dans le même sens, au Code Théodosien, II, 22, 1. — *Civitas romana* a déjà le même sens dans Pline le Jeune ; l'expression désigne non des droits politiques, mais la condition de l'affranchi supérieur (Pline, *Lettres*, X, 5) ; elle est synonyme de *jus Quiritium*, et ces termes

franchissement dans l'église produisit les mêmes effets que la vindicte[1].

Au contraire, l'affranchissement par simple déclaration verbale, « entre amis », n'avait eu longtemps aucune valeur légale. Jusqu'au temps de l'Empire, l'esclave qui avait été ainsi affranchi, sans aucune publicité, sans aucune intervention de l'autorité publique, avait pu être considéré comme « demeurant dans l'état de liberté[2] », mais en droit strict il était resté esclave[3]. La loi Junia Norbana, qui appartient au règne de Tibère[4], vint donner une sanction à la déclaration du maître; elle créa ainsi une nouvelle sorte d'affranchissement qui était légal, mais qui fut incomplet. Elle décida que l'esclave ainsi affranchi serait homme libre; mais elle décida en même temps qu'il ne serait pas un citoyen

---

sont plusieurs fois employés avec la même signification et appliqués à des affranchis (ibidem, X, 5; X, 6; X, 11; X, 104; cf. Cicéron, *Pro Cæcina*, 53, et Ulpien, III, 4). [Nous retrouverons l'affranchi *civis romanus* sous les Mérovingiens, *L'Alleu*, p. 352-353.]

[1] Code Théodosien, IV, 7 : *Qui religiosa mente in ecclesiæ gremio servulis suis meritam concesserit libertatem, eamdem eodem jure donasse videatur quo civitas romana dari consuevit.*

[2] Cervidius Scévola, *Fragmentum*, 4-5, édit. Huschke, p. 406 [p. 427] : *Dicitur apud veteres eos qui inter amicos manumittuntur non esse liberos, sed domini voluntate in libertate morari.* — Remarquer que le sens propre du mot *morari* est s'attarder à, s'arrêter en attendant; c'est certainement ce sens qu'il a dans l'expression *morari in libertate*, laquelle désigne une sorte d'état provisoire qui n'est pas encore la liberté.

[3] Ibidem, 5 : *Qui domini voluntate in libertate erant, manebant servi.* — C'est ce que dit encore très nettement Gaius, III, 56 : *Olim... ex jure Quiritium servos fuisse.*

[4] Suivant M. Accarias, elle serait plus ancienne d'un siècle, et daterait de l'an 671 de Rome. Voir son *Précis du Droit romain*, t. I, p. 134 de la troisième édition, et la note. La méprise du savant juriste vient de ce qu'il a cru voir en 671 un consul qui se serait appelé Junius Norbanus. Jamais homme n'a porté à la fois ces deux noms, qui appartenaient à deux *gentes* différentes. Les *Norbani* n'ont jamais été des *Junii*. La loi en question portait les deux *nomina* des deux consuls de l'an 772, L. Norbanus Balbus et M. Junius Silanus (Dion Cassius, LVII, 18; Pline, *Histoire naturelle*, II, 87, 202; Tacite, *Annales*, II, 59).

romain. Elle lui donna la qualification de « latin[1] ». On sent bien que ce mot est un terme de convention, comme il y en avait tant dans la langue du droit public de Rome. Cette latinité fictive désignait, non une race, non un peuple, non pas même une situation politique, mais une condition sociale[2].

Telle est l'origine de cette nombreuse classe d'hommes que les textes de l'époque impériale mentionnent par les noms de *latini Juniani*, de *latini liberti*, ou simplement de *latini*. Ce sont toujours des affranchis, et on les appelle ainsi pour les distinguer d'une autre classe d'affranchis qui sont appelés *cives romani*. Les deux qualifications sont sans cesse opposées l'une à l'autre[3]. Les deux sortes d'affranchis, dont nous verrons plus loin

---

[1] Cervidius Scévola, *Fragmentum*, 6 : *Nunc habent propriam libertatem inter amicos manumissi et fiunt Latini Juniani.* — Gaius, I, 22 : *Per legem Juniam libertatem acceperunt.* — Ulpien, I, 10 : *Hodie ipso jure liberi sunt ex lege Junia, qua lege Latini Juniani nominati sunt, inter amicos manumissi.* — Gaius, III, 56 : *Per legem Juniam liberos esse cœpisse.*

[2] Gaius, *Institutes*, I, 22 : *Qui hoc modo manumissi sunt Latini Juniani appellantur quia adsimulati sunt Latinis coloniariis.* — Cervidius Scévola, *Fragmentum*, 6 : *Fiunt Latini Juniani quoniam lex Junia, quæ libertatem iis dedit, exæquavit eos Latinis coloniariis.... Lex Junia eos fieri Latinos jubet quos dominus liberos esse voluit.*

[3] Gaius, *Institutes*, I, 16 : *Manumissum modo civem romanum, modo latinum fieri dicemus.* — L'opposition est bien marquée par Ulpien, *Fragmenta*, I, 5 et 10 : *Cives romani sunt liberti qui legitime... Latini sunt liberti qui non legitime....* Elle l'est encore très fortement dans Gaius, III, 58 et 62, qui met le *civis romanus libertus* en antithèse avec le *latinus*; de même encore, III, 72. — Voir encore la même opposition dans une loi de Constantin, au Code Théodosien, II, 22, 1, où les mots *civitas romana* ne peuvent s'appliquer qu'à des affranchis et s'opposent nettement à la condition du *latinus*, affranchi d'ordre inférieur. De même dans Salvien, édit. Halm, p. 148, la *latina libertas* s'oppose à la *civitas romana* dans la même phrase. Enfin, au VI° siècle encore, la même antithèse entre les deux sortes d'affranchissement est encore marquée dans les Institutes de Justinien, I, 5, 3 : *Modo majorem libertatem consequebantur et fiebant cives romani, modo minorem et latini fiebant.* [Cf. sur cette question, L'*Alleu*, p. 315 et suiv.]

la différence, ont existé depuis le commencement de l'Empire jusqu'aux invasions barbares, en Gaule comme dans tout le monde romain[1].

Les effets de l'affranchissement par lettre ne sont pas nettement marqués dans les textes. Un passage de Scévola implique que la lettre ne conférait que la latinité[2]; et cela ressort aussi du passage de Justinien qui, supprimant l'affranchissement latin, commence par établir qu'à l'avenir la lettre conférera la liberté complète[3].

Quant à l'affranchissement par testament, il était en principe un plein et légal affranchissement[4]; mais en

---

[1] Nous laissons de côté les affranchis déditices (voir Gaius, I, 12-15, et Ulpien, XX). Ils durèrent moins longtemps; Justinien, au Code VII, 5, déclare que ce n'est depuis longtemps qu'un vain nom.

[2] Cervidius Scévola, *Fragmentum*, 15, édit. Huschke, p. 409 [p. 450].

[3] Code Justinien, VII, 6, 1, § 1.

[4] Il faut faire une distinction au sujet de la *manumissio testamento*. Le vieux droit civil, le droit des Douze Tables, la reconnaît comme *manumissio legitima*. Gaius, *Institutes*, I, 17: *Justa ac legitima manumissione liberetur, id est vindicta aut censu aut testamento*. Ulpien, *Fragmenta*, I, 9: *Ut testamento manumissi liberi sint lex duodecim tabularum facit*. Cervidius Scévola, *Fragmentum*, 5 (édit. Huschke p. 406): *Ante una libertas erat et manumissio fiebat vindicta vel testamento vel censu, et civitas romana competebat manumissis*. — Mais il faut faire attention que les Douze Tables ainsi que le *jus civile* entendaient par là un *testamentum legitimum*, c'est-à-dire un *testamentum* solennellement accompli *in calatis comitiis* ou au moins un *testamentum* fait suivant les formes *in procinctu* ou *per æs et libram* : toutes choses qui n'ont rien de commun avec ce que nous appelons un testament. Voir Aulu-Gelle, V, 19, Velléius, II, 5, Servius, *Ad Virgilium, Énéide*, VII, v. 612, sur le *testamentum in procinctu* qui ne doit pas être confondu avec le testament militaire dont traite le Digeste, XXIX, 1; et Ulpien, *Fragmenta*, XX, 9, sur le *testamentum per æs et libram*. — Plus tard, tous ces modes de tester disparurent, et furent remplacés par un *testamentum prætorium*, qui se faisait par un simple écrit, *per tabulas*, et dont le préteur, à défaut du droit civil, garantissait l'accomplissement. Voir déjà Cicéron, *In Verrem*, I, 45, et plus tard, Digeste, XXIX, 3; Code Théodosien, IV, 4; Code Justinien, VI, 23 et 36. — Or ce n'était que par les anciennes formes de testament que la *manumissio justa* était acquise; elle ne l'était pas, de plein droit, par le testament qui était usité au IVe siècle.

pratique il ne l'était pas toujours. Le testateur pouvait imposer toute espèce de conditions à l'esclave qu'il affranchissait[1], et il pouvait aussi décider que cet affranchi ne serait qu'un latin. C'était la volonté du testateur qui marquait les effets et les limites du don qu'il faisait[2].

Il y avait donc deux degrés dans l'affranchissement[3], et cela dura quatre siècles. A des époques bien différentes, Tacite et Salvien les signalent et les distinguent à peu près dans les mêmes termes. Tacite dit qu'en dehors de la vindicte l'affranchi est encore « presque dans les liens de la servitude », et Salvien appelle la liberté latine « un joug et un lien[4] ».

On pouvait d'ailleurs être élevé de la seconde classe des affranchis à la première, soit par un affranchissement nouveau, accompli dans les formes régulières, et qu'on appelait *iteratio*[5], soit par une faveur spéciale du

---

[1] Digeste, XL, 4, fr. 11, 13, 15, 16, 17, 36, 41, 44; XL, 5, fr. 4.

[2] Code Justinien, VII, 6, 1, § 6 : *Si quis... in testamento... quemdam manumiserit, licet hoc scripserit quod voluerit esse Latinum, supervacua adjectio latinitatis aboleatur et fiat civis romanus.* — D'ailleurs on avait trouvé moyen, même en se servant de la vindicte, de borner l'affranchissement à la latinité (Code Justinien, ibidem). — Noter qu'il y avait des cas où cette condition de latin était imposée à l'affranchi sans la volonté du maître, par exemple si l'esclave avait moins de trente ans (Gaius, I, 21), ou s'il s'agissait d'un esclave qui servait de gage à des créanciers (Scévola, 16).

[3] C'est ainsi qu'il faut expliquer cette phrase de Suétone, *Auguste*, 40 : *Servos multis difficultatibus a libertate, et multo pluribus a libertate usta removit.*

[4] Tacite, *Annales*, XIII, 27 : *Quos vindicta patronus non liberaverit, velut vinculo servitutis attineri.* — Salvien, *Ad Ecclesiam*, III, 7, édit. Halm, p. 148 : *Jugo latinæ libertatis addicunt... per vinculum latinæ libertatis adstricti.*

[5] Ulpien, *Fragmenta*, III, 4 : *Iteratione fit civis romanus qui post latinitatem quam acceperat... iterum juste manumissus est.* — Cervidius Scévola, 14 : *Latinus fit... ut postea iterum possit vindicta vel testa-*

prince, *beneficio principali*¹, soit enfin en récompense de certains services rendus au public². Il se pouvait aussi que l'affranchi d'ordre supérieur fût, pour quelque délit, dégradé « de la cité romaine », et qu'il descendît à la condition de latin³.

Du reste, l'affranchissement même d'ordre supérieur ne mettait jamais l'esclave sur le même pied que les autres hommes. En vain la loi le déclarait-elle citoyen romain ; les mœurs établissaient une barrière entre lui et les hommes « qui n'avaient jamais eu la tache de la servitude ». Dans la langue latine, *liber* ne fut jamais synonyme de *ingenuus*, et l'homme affranchi ne fut jamais l'égal de l'homme qui était né libre⁴.

Deux procédés toutefois furent imaginés par les empereurs pour faire passer, par faveur spéciale, l'ancien esclave parmi les « ingénus ». D'une part, ils accordèrent à un affranchi le droit de porter l'anneau d'or, signe de

---

mento manumitti et civis romanus fieri. — Voir Pline, *Lettres*, VII, 16. — Suivant Suétone, c. 3, la femme de Vespasien aurait été *latinæ conditionis* et serait devenue plus tard *civis romana*.

¹ Ulpien, III, 2 : *Beneficio principali latinus civitatem romanam accipit si ab imperatore jus Quiritium impetraverit.* — Cf. Pline, *Lettres*, X, 4 (5) ; Gaius, *Institutes*, III, 72.

² Ulpien, III, 4 : *Latini jus Quiritium consequuntur his modis : beneficio principali, liberis, iteratione, militia, nave, ædificio, pistrino.* Dans la suite du passage, Ulpien explique ces différents termes. Il n'y a pas de méprise possible sur le mot *latinus* qui s'applique ici à un *manumissus* de moins de trente ans (cf. *lex Ælia Sentia*), non plus que sur l'expression *jus Quiritium* qu'Ulpien emploie concurremment avec *civitas romana* comme entièrement synonymes. — Gaius, I, 32-35.

³ Code Théodosien, II, 22, 1 (loi de 326) : *Si is qui, dignitate Romanæ civitatis amissa, latinus fuerit effectus, in eodem statu excesserit....*

⁴ Gaius, I, 11 : *Ingenui sunt qui liberi nati sunt ; libertini, qui ex justa servitute manumissi sunt.* — Marcien, au Digeste, 1, 5, 5. — Ulpien, au Digeste, XXII, 5, 14 : *Circa eum qui se ex libertinitate ingenuum dicit, referendum est.... Si in possessionem libertinitatis fuit.... Sin vero in possessione ingenuitatis sit et libertinus esse dicatur....*

l'ingénuité¹; cela lui permettait d'arriver aux honneurs qui étaient accessibles à la classe équestre. D'autre part, ils pouvaient accorder à l'affranchi ce que les jurisconsultes appellent *restitutio natalium*. Cela avait désigné, primitivement, une sentence judiciaire par laquelle un homme qui était réellement né libre, mais qui était devenu esclave par quelque violence ou quelque fraude, était rendu à son ingénuité native². Plus tard, il en fut de cela comme de la vindicte : du procès réel on fit un procès fictif; un homme, dont on savait parfaitement qu'il était né esclave, et qui avait été ensuite affranchi par son maître, se présenta devant l'empereur, qui déclara qu'il était né libre³. Cette fiction avait la valeur que l'esprit romain attribuait toujours à la chose jugée, et l'ancien esclave chez qui toute tache

---

[1] A l'origine, l'anneau d'or avait été un signe de *nobilitas*. Il fut peu à peu étendu à tous les sénateurs, puis à tous les chevaliers (Pline, *Histoire naturelle*, XXXIII, 6, 18; XXXIII, 7-8, 29-34); enfin tous les ingenui, classe qui était très peu nombreuse dans les premiers temps de l'Empire, purent le porter, en sorte qu'il ne fut plus interdit qu'aux affranchis. — *Jus anulorum ingenuitatis imaginem præbet* (*Fragmenta Vaticana*, 226). Paul, au Digeste, XL, 10, 5 : *Is qui jus anulorum impetravit, ut ingenuus habetur*. Ulpien, ibidem, 6 : *Libertinus, si jus anulorum impetraverit... ingenuus intelligitur.* — Sur cette faveur impériale on peut voir Tacite, *Histoires*, I, 13; II, 57; Suétone, *Galba*, 14, et *Vitellius*, 12; Dion Cassius, XLVIII, 45.

[2] Voir sur ce point une lettre de Pline à Trajan et la réponse de l'empereur (Pline, *Lettres*, X, 72 et 73, édit. Keil, 77 et 78 dans d'autres éditions). — Ces procès sont signalés aussi dans le Code Justinien, VII, 14. — On en a un curieux exemple qui se rapporte à la femme même de Vespasien (Suétone, *Vespasien*, 3).

[3] Que cette *restitutio natalium* ne fût plus qu'une fiction, c'est ce qui ressort d'un fragment de Marcien, au Digeste, XL, 11, 2. Marcien donne de cela une explication théorique qui nous paraît peu exacte : il suppose que l'esclave est rendu à la liberté naturelle, *restituitur natalibus in quibus initio omnes homines fuerunt*. Cette explication est trop philosophique ; elle est d'ailleurs démentie par la formule même, qui était *restituere hominem suis natalibus* (Ulpien, *Digeste*, XL, 11, 1 ; Marcien, ibidem, 2; Scévola, ibidem, 3 ; Paul, ibidem, 4).

de servitude était effacée¹, devenait un ingénu. Mais le prince seul avait le droit d'accorder cette faveur², et tout porte à croire qu'il l'accordait rarement³.

2° DU PATRONAGE DES AFFRANCHIS⁴.

Je serai plus long sur les affranchis que je n'ai été sur les esclaves, d'abord parce que le sujet est beaucoup plus complexe, ensuite parce que j'aurai besoin de distinguer sur presque tous les points un état légal et un état réel qui étaient sensiblement différents l'un de l'autre, [enfin parce que l'usage des affranchissements contribuera, plus que l'institution de l'esclavage, à la structure de la société féodale⁵.]

L'affranchissement était, en principe et en droit, un acte par lequel le maître renonçait à son pouvoir sur l'esclave. S'il avait été accompli suivant les formes régulières, c'est-à-dire par la vindicte, la liberté devait être entière et sans réserve. Comment en aurait-il été autrement? Rappelons-nous qu'il y a eu procès fictif et arrêt du magistrat en faveur de la liberté. Légalement,

---

¹ Digeste, XL, 11, 5 : *Libertinus qui natalibus restitutus est, perinde habetur atque si ingenuus factus (pour natus?) maculam servitutis non sustinuisset*; ibidem, 5 : *Ad omnem ingenuitatis statum restitui cum qui isto beneficio principis utatur.* — La loi de Dioclétien, au Code Justinien, VI, 8, 2, distingue nettement ceux qui ont obtenu le *jus anuli* de ceux qui ont obtenu la *restitutio natalium*; les premiers n'ont que l'image de l'*ingenuitas*, les seconds sont réellement *ingenui*.

² Digeste, XL, 11; Code Justinien, VI, 2.

³ Ibidem, XL, 11, 2 : *Imperatores non facile solent quemquam natalibus restituere nisi consentiente patrono.* — Nous verrons plus loin qu'il y avait des raisons pour que le patron n'accordât pas aisément son consentement.

⁴ [Sur la permanence des règles relatives au patronage des affranchis, cf. L'Alleu, c. 11, § 1 et 2.]

⁵ [Cf. ibidem, p. 354 et 355.]

l'homme était aussi libre que s'il n'eût pas été esclave, aussi libre que les autres citoyens. Aussi la loi lui donnait-elle tout de suite le titre de citoyen romain.

Un tel affranchi avait nécessairement tous les droits de famille d'un citoyen. Son mariage était légal; sa femme était *uxor*; il avait sur elle tous les droits qui étaient exprimés par le mot *manus*[1]. Ses enfants étaient reconnus; ils lui appartenaient; ils étaient en sa puissance[2]. Aussi verrons-nous tout à l'heure qu'ils devaient hériter de lui.

Il était libre de sa personne, et « pouvait aller où il voulait », sans que le patron pût le contraindre par des voies de droit à rester dans sa maison[3]. Il résultait de la manière même dont le juge avait prononcé la liberté qu'aucune condition ne devait être mise, légalement, à cette liberté. L'homme était désormais maître de son temps, de son travail, de ses biens.

Mais la pratique ne répondait pas à la théorie, et la jurisprudence s'éloignait notablement du droit strict.

Si l'affranchi n'avait plus de maître, il avait un patron. Pour comprendre l'origine du patronage, la conception d'esprit qui l'a d'abord inspiré, et quelques-unes des règles qui y sont restées attachées, il faut partir de ce fait que l'esclave, aussi longtemps qu'il avait été esclave, n'avait pas eu de famille. Léga-

---

[1] Gaius, *Institutes*, III, 44 : *Si moriatur libertus relicta uxore quæ in manu ipsius esset.*

[2] Ibidem : *Liberi quos in potestate habet.* — Code Justinien, VI, 4, 4, § 10 : *Etenim lex duodecim tabularum cum liberos in potestate liberti invenit....* — Code Justinien, VI, 55, 7 : *Filium habere suum libertus in potestate non prohibetur, cum ex legitimis nuptiis ingenuorum exemplo filios habere liberto non sit interdictum* (loi de 294).

[3] *Qui manumittebantur liberum ubi voluerint commorandi arbitrium habent... neque cum patrono habitare libertos jura compellunt* (Loi de Dioclétien, au Code Justinien, VI, 3, 12).

lement, il n'avait même pas eu de père¹. Cela était tellement vrai, que les jurisconsultes étaient amenés à déclarer que la loi sur le parricide n'était pas applicable à l'esclave². Une fois affranchi, il fallait qu'il fît partie d'une famille, il fallait qu'il eût un père. Or il semblait naturel que le père fût son ancien maître, celui-là même qui venait de l'affranchir et qui par là l'avait fait naître à la vie civile. C'est certainement en vertu de cette idée que l'affranchi prenait le nom du patron³. Pour la même raison, la condition légale de l'affranchi était celle du patron; il n'était citoyen romain que si le patron l'était; au temps où l'on distinguait encore, parmi les hommes libres, des latins et des pérégrins, l'affranchi avait été, comme son patron, latin ou pérégrin⁴. Le lieu d'origine de l'affranchi, disaient les jurisconsultes, était le lieu d'origine du patron, ce qui signifiait que si l'ancien esclave était né en Syrie ou en Germanie et qu'il eût été affranchi par un maître habitant Toulouse, il devenait légalement un Romain de la

---

¹ Ulpien, XII, 3 : *Nec patrem habuisse videtur, cum nulla sit servilis cognatio.* Aussi l'affranchi n'héritait-il jamais de l'esclave qui avait été son père. Ulpien, ibidem : *Libertinus nullo modo patri heres fieri potest.*

² Digeste, XLVIII, 9, 12 : *Item (non in servum cadit) nec lex Pompeia parricidii, quoniam caput primum eos adprehendit qui parentes cognatosve occiderint, quæ in servos, quantum ad verba pertinet, non cadunt.* — On devine sans peine que le juge frappait cet esclave coupable comme si la loi l'eût condamné ; ce n'en est pas moins un point de droit bien curieux que de voir qu'un esclave qui avait tué son père, son frère ou un parent, ne pouvait être réputé parricide ; c'est qu'en effet la loi ne lui reconnaissait ni père ni frère.

³ Lactance ne se trompe pas lorsqu'il dit que les affranchis prennent le nom du patron comme s'ils étaient ses fils. Lactance, *Institutiones divinæ*, IV, 3 : *Servus liberatus patroni nomen accipit tanquam filius.*

⁴ Cervidius Scévola, 12, édit. Huschke, p. 408 [p. 429]. — Pline, *Lettres*, X, 5, édit. Keil : *Est peregrinæ condicionis, manumissus a peregrina.*

Première Narbonnaise et de la cité des Tolosates[1]. Son domicile légal était aussi celui du patron.

[Une] autre conséquence du même principe [était que] si l'affranchi mourait sans enfants, l'hérédité légitime était dévolue au patron ou au fils du patron, comme à son plus proche parent[2]. C'est qu'il ne fallait pas lui chercher un père, ou des frères, ou des collatéraux dans la famille d'esclaves où il était né; le patron était son père; les fils et les petits-fils du patron étaient ses collatéraux[3]. Tant était fort le lien qui continuait à unir forcément l'ancien esclave, même devenu citoyen romain, à celui qui avait été son maître. S'il tuait

---

[1] Ulpien, au Digeste, L, 1, 6 : *Liberti originem patronorum vel domicilium sequuntur; item qui ex his nascuntur.*

[2] Ulpien, *Fragmenta*, XXIX, 1 : *Civis romani liberti hereditatem lex duodecim tabularum patrono defert, si intestato sine suo herede decesserit.* — Ibidem, XXVII, 1 : *Libertorum intestatorum hereditas primum ad suos heredes pertinet, deinde ad eos quorum liberti sunt, velut patronum, patronam liberosve patroni.* — Digeste, XXXVIII, 16, 3 : *Intestato liberto mortuo primum suis deferri hereditatem verum est; si hi non fuerint, tunc patrono.* — Remarquer qu'il s'agit dans tous ces exemples d'affranchis qui ont été *juste manumissi*, et c'est ce qu'Ulpien fait lui-même observer dans ce dernier texte : *Libertum accipere debemus eum quem quis ex servitute ad civitatem romanam perduxit.* — A cela se rattachaient plusieurs cas particuliers ; si, par exemple, le préteur en affranchissant avait jugé bon d'assigner à qui appartiendrait l'affranchi, *si adsignaverit prætor cujus libertus sit, sine dubio ejus erit et ei legitima hereditas deferetur.*

[3] Je prie de remarquer que cette *legitima hereditas* dont il est parlé ici n'est pas la même chose qu'un autre droit sur les *bona libertorum* dont je parlerai plus loin. Dans le cas actuel, je pense que le patron hérite à titre de père, et les parents du patron à titre d'agnats. Je me fonde sur ce que la règle indiquée par Ulpien n'est pas au titre *De bonis libertorum*, mais au titre *De suis et legitimis heredibus*. D'ailleurs le principe est expressément formulé au Code Justinien, VI, 4, 4, § 14 : *Quum libertorum cognati esse videantur ii qui eos manumittunt, ideo et ex legitima successione, quemadmodum in ingenuis gradu propiores vocantur, ita etiam in libertis vocantur.* — On peut voir aussi au Digeste, XXXVIII, 2, 23, et Ulpien, *Fragmenta*, XXVII, que les règles qui régissaient la succession de l'affranchi étaient précisément les mêmes qui s'appliquaient aux agnats ; comparer Ulpien, XXVI, 4.

son patron, il était parricide, lui qui, s'il tuait son propre père, ne l'était pas[1].

Ce patronage était, par un côté, une protection pour l'affranchi. Une vieille règle obligeait l'ancien maître à le défendre en justice contre les tiers. Une autre règle l'obligeait à le nourrir ou à l'assister. Mais par un autre côté le patronage était un pouvoir. Les jurisconsultes admettent que le patron a un droit de correction sur son affranchi[2].

Les obligations de l'affranchi (nous ne parlons encore que des obligations légales) étaient exprimées dans la langue du Droit par les deux mots *reverentia* et *obsequium*, c'est-à-dire la déférence, la soumission. C'étaient deux termes bien vagues, et l'on pense bien que le patron pouvait les interpréter comme il voulait. En théorie, ce n'étaient peut-être que les mêmes obligations qu'un fils avait envers son père. En pratique, la différence était grande. Quand le jurisconsulte nous dit que « la personne d'un patron doit être aussi honorable et sacrée que celle d'un père[3] », nous pouvons croire que sous cette formule les hommes entendaient autre chose qu'un simple respect et qu'ils y voyaient des devoirs bien

---

[1] Paul, *Sententiæ*, V, 24 : *Lege Pompeia de parricidiis (tenetur)... qui patrem, matrem..., patronum, patronam occiderint.* — Digeste, XLVIII, 9, 1.

[2] Ulpien reconnaît ce droit, tout en en marquant les limites, au Digeste, XLVII, 10, 7, § 2 : *Meminisse oportebit liberto adversus patronum non quidem semper, verum interdum injuriarum dari judicium, si atrox sit injuria quam passus sit, puta, si servilis. Ceterum levem coercitionem utique patrono adversus libertum dabimus nec patietur eum prætor querentem quasi injuriam passus sit, nisi atrocitas eum moverit; nec enim ferre prætor debet heri servum, hodie liberum conquerentem quod dominus ei convicium dixerit vel quod leviter pulsaverit vel emendaverit.*

[3] Ulpien, au Digeste, XXXVII, 15, 9 : *Liberto et filio semper honesta et sancta persona patris ac patroni videri debet.*

déterminés et stricts. Le contraire de cette *reverentia*, ils l'appelaient « ingratitude ». Or l'ingratitude de l'affranchi était, en justice, un véritable délit et presque un crime. Le patron avait eu longtemps le droit de punir lui-même cette ingratitude en remettant l'affranchi en esclavage[1]. Plus tard, l'ingratitude fut déférée à la justice, et les juges ou gouverneurs de provinces eurent ordre de la punir sévèrement[2]. Pour avoir été « arrogant ou obstiné », pour « avoir élevé la tête » vis-à-vis du patron, la peine était la servitude[3]. Même peine pour celui qui abandonnait le patron dans ses maladies ou le délaissait dans la pauvreté[4]. Pour l'ingratitude prouvée, ou « pour manque d'égards », le juge pouvait prononcer la peine de l'amende ou du bâton[5]. Pour une injure,

---

[1] Paul, au Digeste, IV, 2, 21 : *Si mulier contra patronum suum ingrata facta, sciens se ingratam, cum de suo statu periclitabatur, aliquid patrono dederit ne in servitutem redigatur....* — Code Justinien, VI, 3, 12 : *Nec a patronorum filiis, quibus solam reverentiam debent, ad serviendi necessitatem redigi possunt, nisi ingrati probentur.*

[2] Paul, au Digeste, L, 16, 70 : *Heres proximus potest libertum patronum ut ingratum accusare.* Cf. Digeste, XXXVII, 15, 3 et 4. — Code Justinien, VI, 6, 5 : *Si non agnoscunt reverentiæ debitæ munus, non immerito videntur ipsi adversus se provocare severitatem.* — Code Justinien, VI, 3, 5 : *Nisi ei honorem patronis debitum exhibuerit, adeat competentem judicem pro modo admissi vindicaturum.*

[3] *Si manumissus ingratus circa patronum suum extiterit, et quadam jactantia vel contumacia cervices adversus eum erexerit, aut levis offensæ contraxerit culpam, a patronis rursus sub imperia dicionemque mittatur* (loi de Constantin, au Code Justinien, VI, 7, 2). — Cf. Suétone, *Claude*, 25 : *Libertinos ingratos et de quibus patroni quererentur, revocavit in servitutem.*

[4] *Cum probatum sit patronos esse... paupertate vel corporis valetudine laborantes relictos, primum eos in potestate patronorum redigi et ministerium dominis præbere cogi; sin autem nec hoc modo admoneantur, a præside emptori addicentur et pretium patronis tribuetur* (Digeste, XXV, 3, 6).

[5] Digeste, XXXVII, 14, 7 : *Mandatis imperatorum cavetur ut in provinciis præsides de querellis patronorum jus dicentes libertis pœnas irrogent. Interdum illæ pœnæ a liberto ingrato exiguntur : vel pars*

c'était l'exil. Pour avoir porté la main sur le patron, c'étaient les travaux forcés dans les mines[1].

Pour ce qui est de l'*obsequium*, la loi ne le définissait pas ; mais il est bon de remarquer que ce terme désignait dans la langue latine la soumission à la volonté d'un homme. L'affranchi était tenu de condescendre, de plier, d'obéir, de suivre la volonté du patron. Sans définir cet *obsequium*, la loi l'exigeait[2]. Les magistrats et les gouverneurs de provinces avaient pour instruction de punir l'affranchi qui ne remplissait pas ce devoir indéterminé[3].

On voit assez par là que l'affranchissement, même le plus régulier et le plus légal, ne donnait pas l'indépendance. L'esclave, qui devenait à l'égard de la société un homme libre, restait à l'égard de son ancien maître un sujet. Aussi voyons-nous dans les textes de loi qu'un affranchi était toujours l'affranchi de quelqu'un. On disait : « mon affranchi », « mon affranchi propre », *proprius libertus*, « les affranchis du père et les affranchis de la mère », *liberti paterni* ou *materni*. L'homme affranchi du vivant du maître restait à lui.

---

bonorum ejus aufertur et patrono datur, vel fustibus cæditur et ita absolvitur. — *Si inofficiosus patrono sit, castigari oportet* (ibidem, 1).

[1] Digeste, XXXVII, 14, 1 : *Si convicium ei dixit, in exilium temporale dari debebit.... Si manus intulit, in metallum dandus est.*

[2] Code Justinien, VI, 6, 5 : *Qui... a dominis manumittuntur, mero jure omne obsequium patronis debent* (loi de 223). — Ibidem, 6 : *Libertos, maxime quibus impositæ operæ non sunt, consuetum potius obsequium quam servile ministerium manumissoribus exhibere debere.* — Ibidem, 8 : *Nec patronæ tuæ obsequiis refragari te fas est.* — Paul, au Digeste, XXXVII, 14, 19 : *Ingratus libertus est qui patrono obsequium non præstat vel res ejus filiorumve tutelam administrare detractat.*

[3] Ulpien, au Digeste, I, 16, 9 : *De plano proconsul potest expedire hæc : ut obsequium patronis liberisque patronorum exhiberi jubeat... libertum non obsequentem emendare aut verbis aut fustium castigatione.*

L'homme affranchi par testament, *libertus orcinus*, appartenait à ses héritiers[1]; l'homme affranchi par fidéicommis appartenait à celui qui avait mission de l'affranchir. On ne comprenait pas qu'un affranchi n'eût pas un patron et ne fût à personne[2].

Les règles du patronage s'imposaient tellement à la manière de penser des hommes et à leur droit, que lorsque les empereurs imaginèrent d'élever des affranchis à la classe équestre par le don de l'anneau d'or, ils se crurent obligés de respecter et de maintenir les droits des patrons à l'égard de ces affranchis dont ils faisaient de grands personnages[3]. Il n'existait que la *restitutio natalium* qui pût supprimer tout à fait le lien du patronage[4], en effaçant le souvenir même de la servitude;

---

[1] Ibidem, XXVI, 4, 3, § 3 : *Orcinus libertus effectus ad familiam testatoris pertinebit.* — Code Justinien, VII, 6, 1, § 7 : *Ne eripiatur liberis et cognatis jus patronatus, orcinus libertus videatur et ad eum jura patronatus perveniant cui leges concedunt.* — Cf. Lex Salpensana, XXII, Corpus inscriptionum latinarum, II, t. p. 253 : *Jura libertorum retineant...* ; ibidem, XXIII : *Is in libertos libertasve suos suasve paternos paternas... deque bonis eorum earum et is quæ libertatis causa inposita sunt, idem jus esto.*

[2] Il est vrai que nous voyons dans un passage de Paul au Digeste, XXXVIII, 2, 4, un affranchi qu'il dit être *libertus nullius* : il s'agit de l'esclave qui a révélé le meurtre de son maître et qui était affranchi par arrêt du préteur; mais il faut rapprocher de cela un passage d'Ulpien qui vise précisément le même cas et qui ajoute que le préteur *assigne* l'affranchi, c'est-à-dire lui choisit un patron (Ulpien, au Digeste, XXXVIII, 16, 3, § 4).

[3] Ulpien, au Digeste, XL, 10, 6 : *Salvo jure patroni.* — *Fragmenta Vaticana*, 226 : *Jus anulorum ingenuitatis imaginem præbet salvo jure patronorum patronique liberorum.* — Nous verrons plus loin que, même après cette faveur impériale, le patron gardait des droits sur la succession de son affranchi. — D'ailleurs le prince avait l'habitude, avant d'accorder cette faveur, de s'assurer du consentement du patron. Digeste, XL, 10, 3 : *Divus Commodus jus anulorum datum ademit illis qui invitis aut ignorantibus patronis acceperant.*

[4] Digeste, XL, 11, 2 ; Code Justinien, VI, 8, 2 ; Digeste, XL, 11, 5 : *Jus patroni hoc impetrato amittitur.*

mais un jurisconsulte nous avertit que les empereurs n'accordent guère cette faveur qu'avec le consentement du patron, et deux autres vont jusqu'à dire qu'ils ne peuvent pas l'accorder sans ce consentement[1]; autrement, dit l'un d'eux, ce serait porter atteinte au droit du patron et de sa famille[2].

5° DES TRAVAUX DUS PAR LES AFFRANCHIS.

Nous avons vu que la loi n'obligeait l'affranchi qu' « à la déférence et à la soumission »; mais à côté de ce vague de la loi une pratique très nette et très précise s'était formée. On est frappé à première vue du grand nombre des affranchissements; or ce grand nombre même donne à penser que ces affranchissements n'étaient pas tout à fait sans réserve. Songeons que l'esclave était une sorte de capital productif. Il n'eût pas été naturel de se dépouiller de lui sans quelque compensation. Le pur désintéressement et la charité entrent d'ordinaire pour assez peu de chose dans les institutions humaines. Le maître qui affranchissait était presque toujours un homme qui se trouvait partagé entre le besoin qu'il avait de conserver les services de son esclave, et le désir qu'il ressentait d'améliorer la condition de cet esclave. Aussi l'affranchissement n'était-il, le plus souvent, qu'un moyen de concilier deux intérêts et deux sentiments contraires. Il se faisait une sorte de conven-

---

[1] Marcien, au Digeste, XL, 11, 2 : *Imperatores non facile solent quemquam natalibus restituere nisi consentiente patrono.* — Modestin, ibidem, 5 : *Patrono consentiente debet libertus ab imperatore natalibus restitui.* — Paul exige le consentement même du fils du patron; ibidem, 4 : *Nec filio patroni invito libertus natalibus suis restitui potest.*

[2] Paul, ibidem : *Ipsi patrono aut filiis ejus fiat injuria.*

tion entre le maître et l'esclave[1]. Le maître disait à son esclave : « Je veux bien te faire homme libre et citoyen, mais tu continueras à me servir; il est vrai que je n'exigerai plus de toi un service d'esclave, c'est-à-dire un service complet et sans limites; mais tu vas t'engager à me rendre tels services dont nous allons convenir, et de tant de jours dans l'année. » Ces services convenus s'appelaient « les devoirs imposés à cause de l'affranchissement », *imposita libertatis causa*, c'est-à-dire [qu'ils étaient] la condition de la liberté[2].

La difficulté était que le droit romain ne reconnaissait aucune valeur à la convention faite ainsi entre le maître et l'esclave; en sorte que, si l'esclave refusait plus tard de rendre les services convenus, le maître n'avait pas de recours en justice. On imagina donc d'exiger de l'esclave un serment[3]. Mais nouvelle difficulté : un serment d'esclave n'était pas valable en droit[4]. On en vint alors à exiger de l'esclave, avant de l'affranchir, un premier serment n'ayant qu'une valeur religieuse et par lequel il s'engageait, aussitôt qu'il serait affranchi, à prêter un second serment. C'était dans celui-ci qu'étaient insérés les articles convenus, et il y était ajouté ces mots que le serment était prononcé *libertatis causa*. Cela signifiait que ce serment était la condition de la liberté, et plus tard le magistrat pouvait

---

[1] Code Justinien, VI, 3, 1 : *Si tempore manumissionis operæ tibi impositæ sunt, scis te eas præstare debere. Solet autem inter patronos et libertos convenire ut....*

[2] Digeste, XXXIX, 5, 8; XL, 12, 44; XXXVIII, 1, 2; XXXVIII, 2, 33 et 37; XXIV, 3, 64, § 1. — Cf. *Lex Salpensana*, XXIII (*Corpus inscriptionum latinarum*, t. II, p. 255) : *Quæ libertatis causa inposita sunt.*

[3] Digeste, XL, 4, 12 : *Si quis libertatem sub jurisjurandi condicione reliquerit.* — Ibidem, XL, 4, 36; XXXVIII, 16, 3, § 5.

[4] Paul au Digeste, XL, 4, 56 : *Nisi post manumissionem juret, non obligatur.*

annuler l'affranchissement par le seul fait que le serment n'avait pas été tenu[1].

Quelquefois le maître obligeait son ancien esclave à employer les formes sacramentelles de la stipulation[2].

Les conditions insérées dans le serment ou dans la stipulation variaient beaucoup. L'affranchi pouvait s'engager à rester, soit toujours, soit un temps déterminé, dans la maison du patron et à son service, ou au service de son fils[3]. Il pouvait promettre de servir son héri-

---

[1] Ulpien, au Digeste, XXXVIII, 1, 7 : *Ut jurisjurandi obligatio contrahatur, libertum esse oportet qui juret, et libertatis causa jurare…. Jurare debet post manumissionem ut obligetur, et sive statim sive post tempus juraverit, obligatur….* — Le procédé est mieux expliqué par Vénuléius, au Digeste, XL, 12, 44 : *Licet dubitatum antea fuit utrum servus dumtaxat an libertus jurando patrono obligaretur in his quæ libertatis causa imponuntur, tamen verius est non aliter quam liberum obligari. Ideo autem solet jusjurandum a servis exigere ut hi religione adstricti, posteaquam suæ potestatis esse cœpissent, jurandi necessitatem haberent, dummodo in continenti, cum manumissus est, aut juret aut promittat.* — Une allusion très claire à ces procédés se trouve dans une lettre de Cicéron à Atticus (liv. VII, lettre 2, *in fine*); il parle d'un préteur qui annulait l'affranchissement si le serment n'était pas aussitôt renouvelé et dans les mêmes termes que la première fois, (*si*) *eadem liber non juraret* (édit. J.-V. Leclerc, in-8°, t. XIX, p. 214; la traduction de la phrase est inexacte).

[2] Sur la *stipulatio* employée en ce cas, voir Digeste, XXXVIII, 1, fragments 3, 4, 5, 22, 23, 24, 39. La forme ordinaire *Spondesne? Spondeo* est signalée au fragm. 10 et aux fragm. 24 et 39; d'où la formule : *De quibus juraverit vel promiserit, obligatusve erit;* Paul, au Digeste, XXXVIII, 1, 37. — On voit assez qu'un pareil contrat ne pouvait se faire qu'après l'affranchissement et quand il y avait eu *manumissio justa*. — Cette origine des *operæ*, telle que nous venons de l'établir, explique l'expression *obligatio operarum* que l'on rencontre plusieurs fois chez les jurisconsultes (par exemple, Ulpien, au Digeste, XXXVIII, 1, 15). Ces *operæ* n'étaient pas la conséquence d'un droit originel et général, mais la conséquence d'une *obligation* contractée personnellement. Il y avait des affranchissements *operis non impositis* (ibidem, fr. 51).

[3] C'est ce qui résulte, par exemple, du passage de Cicéron que nous venons de citer. Cicéron a affranchi Chrysippus à la condition qu'il resterait au service de son fils comme pédagogue. Chrysippus n'a pas tenu son engagement; il a quitté la maison, et Cicéron regarde ce départ comme un véritable délit; il l'appelle *fuga*, et annonce l'intention d'annuler

tier¹. Souvent il promettait une sorte de redevance que l'on décorait du nom de don gracieux, *donum, munus*².

Le plus souvent, l'ancien esclave s'engageait à donner au patron une partie de son travail. Ce travail se comptait par journées, *operæ*³. L'un promettait dix journées par an, un autre vingt, tel autre « un nombre indéterminé qui serait à la volonté du patron⁴ ».

Le genre de travail était déterminé par la nature de l'esclave, par ses aptitudes ou son talent. L'un était laboureur, charpentier, maçon ; un autre était orfèvre, architecte, médecin, copiste, peintre, acteur ou maître d'école⁵. Tantôt le travail était donné dans la maison du patron, où l'affranchi faisait l'office d'intendant, de secrétaire, de valet de chambre, de cuisinier⁶ ; tantôt l'affranchi faisait son métier par la ville, et rapportait au patron une partie convenue de ses honoraires. Quelquefois l'affranchi tenait une boutique, et devait payer au patron une somme déterminée sur les bénéfices de son commerce⁷.

l'affranchissement, ayant eu soin d'ailleurs qu'une des formes de la vindicte eût été omise.

¹ Cela résulte indirectement de la loi 10 du Code Justinien, VI, 3, qui défend seulement de s'engager aux mêmes services et dans la même mesure que quand on était esclave. Il y aurait là, en effet, une contradiction que le législateur ne pourrait admettre.

² Ulpien, au Digeste, XXXVIII, 1, 7 : *Jurare debet... donum, munus se præstaturum.* — Paul, ibidem, L, 16, 53 : *Si donum, munus... redemerit.* — Noter qu'on n'admettait pas que cela fût appelé *pretium* (Code Justinien, VI, 3, 1). Cf. VI, 4, 4, § 5.

³ Paul, au Digeste, XXXVIII, 1, 1 : *Operæ sunt diurnum officium.* Pomponius, ibidem, 3.

⁴ Celsus, au Digeste, XXXVIII, 1, 30 : *Si libertus ita juraverit dare se quot operas patronus arbitratus sit.* — Sur ces *operæ*, voir tout le titre du Digeste, *De operis libertorum*, XXXVIII, 1, et au Code Justinien, VI, 3.

⁵ Digeste, XXXVIII, 1, fr. 23, 24, 25, 26.

⁶ Mommsen, *Inscriptiones neapolitanæ*, n°⁸ 6875, 5388, 5639, 6881, 6889, etc. [*Corpus inscriptionum latinarum*, t. IX, n°⁸ 5190, 5958.]

⁷ Un jurisconsulte du III° siècle mentionne un procès entre un patron et

Il était inévitable que cette obligation du travail donnât lieu à beaucoup de discussions. Le droit civil était muet à cet égard, puisque ce n'était pas lui qui créait l'obligation. De là des conflits incessants. S'il faut en croire Tacite, les affranchis auraient eu une propension à manquer à leurs devoirs[1]. S'il faut en croire les jurisconsultes, les patrons auraient exagéré le poids de ces obligations « jusqu'à charger outre mesure et opprimer les affranchis[2] ». Le préteur et le proconsul eurent à intervenir dans ces débats[3], et il s'établit peu à peu, par le travail continu des jurisconsultes et des empereurs, une jurisprudence à peu près fixe. D'une part, les juges obligèrent l'affranchi à s'acquitter des travaux qu'il avait promis pour obtenir la liberté[4]. D'autre part, les jurisconsultes et les empereurs rappelèrent aux patrons que les *operæ* devaient toujours être en rapport avec les forces et l'état de santé de l'affranchi[5], et que l'affranchi malade en était dispensé. Ils

ses affranchis qui tenaient une boutique et devaient lui payer chacun un *denarius* par jour. Dosithée, *Sentences d'Hadrien*, dans Bœcking, *Corpus juris antejustiniani* [1841], p. 206.

[1] Tacite, *Annales*, XIII, 26 : *Actum in senatu de fraudibus libertorum.... Coalitam libertate irreverentiam eo prorupisse ut vi ne an [jam?] æquo cum patronis jure agerent, consultarent, ac verberibus manus ultro intenderent.*

[2] Ulpien, au Digeste, XXXVIII, 1, 2 : *Istam libertatis causa impositorum præstationem ultra excrevisse ut premeret atque onerarel libertinas personas.*

[3] Ibidem : *Hoc edictum prætor proponit coartandæ persecutionis.... Pollicetur se judicium operarum daturum in libertos et libertas.*

[4] Digeste, XXXVIII, 1, *passim*; Code Justinien, VI, 3, 1.

[5] Ulpien, Digeste, XXXVIII, 1, 7 : *Operas qualescumque, quæ modo probe jure licito inponuntur.* — Paul, ibidem, 16 : *Quæ honeste et sine periculo vitæ præstantur.... Tales patrono operæ dantur quales ex ætate, dignitate, valetudine....* — Ibidem, 17 : *Nec audiendus est patronus si poscit operas quas vel ætas recusat vel infirmitas corporis.* — Pomponius, ibidem, 34 : *Dum languet libertus, patrono operæ pereunt.*

ajoutèrent que celui qui avait deux enfants en serait exempté[1]. On n'établit pas d'une manière très nette si l'affranchi, pendant ses journées de travail, devait être nourri par le patron ; mais il fut décidé qu'au cas où il ne serait pas nourri, il lui serait laissé le temps nécessaire pour se procurer sa nourriture[2].

Aussi bien que l'homme, la femme affranchie devait les journées de travail, au moins jusqu'à l'âge de cinquante ans[3]; mais, si elle se mariait, elle était aussitôt dispensée de cette obligation[4]. La raison de cette faveur s'aperçoit bien, et le jurisconsulte même la dit : « C'est que la femme ne pourrait servir à la fois son patron et son mari[5]. » Mais pour la même raison cette femme ne

---

[1] Paul, au Digeste, XXXVIII, 1, 37 : *Qui libertinus duos pluresve a se genitos natasve in sua potestate habebit, ... ne quis eorum operas... de quibus juraverit... dare facere praestare debeto.* — Code Justinien, VI, 3, 7 : *Qui duos filios in potestate habuit, operarum obligatione liberetur.* Cette disposition datait de la *lex Julia de maritandis ordinibus.* Notons bien que les mots *qui filios habent in potestate* impliquent qu'il fallait qu'il y eût *justes noces.* — Noter encore que l'esclave qui avait été affranchi *suis nummis acceptis,* ne devait pas d'*operæ* (Code Justinien, VI, 3, 8). — S'il avait été affranchi avec l'argent d'un tiers, ce n'était pas l'ancien maître qui avait droit aux *operæ* (Code Justinien, VI, 3, 3). — Le *manumissus ex causa fideicommissi* ne devait pas d'*operæ* (XXXVIII, 2, 29).

[2] La question paraît avoir été très controversée. D'une part, Sabinus enseignait très nettement *suo victu vestituque operas praestare debere libertum* (Digeste, XXXVIII, 1, 18). D'autre part, Javolénus, parlant, il est vrai, de l'affranchi que le patron oblige à se déplacer, déclare qu'il doit le travail *sumptu et vectura patroni* (ibidem, 21 ; cf. 20), et il dit ailleurs que le patron ne peut pas obliger l'affranchi à se nourrir (ibidem, 33). Paul, Gaius et Nératius adoptent ce moyen terme dont nous avons parlé ibidem, 18, 19, 50).

[3] Digeste, XXXVIII, 1, 34 et 35.

[4] Ibidem, 28 et 46 ; Code Justinien, VI, 3, 9 et 11.

[5] Hermogénien, au Digeste, XXXVIII, 1, 48 : *Patronus operarum exactionem amittit; nam hæc, cujus matrimonio consensit, in officio mariti esse debet.* Encore paraît-il que le travail pouvait être exigé par la *patrona* ou par ses filles, *quia his non indecore praestantur.*

pouvait se marier qu'avec la permission du patron. On trouvait juste que, puisque ce mariage devait porter préjudice au maître, le maître fût toujours libre de l'interdire[1].

Il n'est pas inutile de noter que, dans cet engagement que l'esclave prenait pour être affranchi, il pouvait insérer la clause que les journées de travail seraient dues, non seulement par lui, mais par ses enfants nés ou à naître[2].

Tous ces faits nous montrent bien que, si le droit civil déclarait que l'esclave régulièrement affranchi devenait aussitôt un homme libre et un citoyen et qu'il était maître de lui-même, *suæ potestatis*[3], l'ancien maître gardait pourtant un droit sur sa personne et surtout sur son travail. Cela est tellement vrai, que nous voyons chez les jurisconsultes qu'on pouvait louer son affranchi à une personne tierce[4]. On prêtait, on donnait, on léguait un affranchi. On le mettait en gage[5], ce qui voulait dire qu'en empruntant on donnait hypothèque sur les profits qu'il y avait à

Code Justinien, VI, 3, 11 : *Is qui libertæ suæ nubenti commodavit adsensum, quamvis operas ab ea exigere non possit, jura patronatus non amittit.* — Hermogénien, au Digeste, XXXVIII, 1, 48 : *Patronus qui libertæ nuptiis consentit, operarum exactionem amittit.* — Paul signale le cas où une affranchie a deux patrons, dont un seul a autorisé son mariage ; le mariage a lieu, mais elle continue à devoir les *operæ* au patron qui n'a pas autorisé (ibidem, 28). — Le législateur considère que le patron qui épouse sa *liberta* l'affranchit par cela seul des *operæ* (Code Justinien, VI, 3, 9 ; Digeste, XXXVIII, 1, 46).

[2] Ulpien, au Digeste, XXXVIII, 1, 5 : *Si quis operas sit stipulatus sibi liberisque suis, etiam ad postumos pervenit stipulatio.*

[3] Ces mots sont appliqués à l'affranchi par Vénuléius, au Digeste, XL, 12, 44.

[4] Digeste, XXXVIII, 1, 25 : *Qui operas liberti sui locat... is existimandus est mercedem ex operis liberti sui capere.*

[5] Paul, au Digeste, XXXVIII, 1, 37, § 4 : *Si creditori suo libertum patronus delegaverit.*

tirer de lui. On le prêtait et on spéculait sur son travail[1]. L'affranchi pouvait appartenir à un homme en nue propriété et à un autre homme en usufruit. On le comptait dans la dot des femmes[2], dans les successions, et il passait naturellement à l'héritier comme tout autre objet de propriété[3]. Si son patron avait deux héritiers, il pouvait se trouver qu'il appartînt désormais à tous les deux par moitié; ou bien encore il pouvait appartenir pour un tiers à l'un et pour les deux tiers à l'autre[4]. C'était un bien que l'on pouvait se partager et dont on disposait suivant les mêmes règles qui s'appliquaient à toutes les sortes de biens[5].

4° DE LA SUCCESSION DES AFFRANCHIS.

Il était fréquent dans la société romaine que les affranchis s'enrichissent; car dans toute cette société, aussi bien en Gaule qu'en Italie, c'étaient les affranchis qui avaient en main toute l'industrie et presque tout le commerce. Ils exerçaient même la plupart des professions que nous appelons aujourd'hui libérales; ils étaient médecins, peintres, architectes, acteurs, co-

---

[1] C'est probablement le sens de *fenerare libertos*, dans Pétrone, *Satyricon*, c. 76.

[2] *Lex Papia Poppæa*, fragm. 22 (Giraud, *Juris romani vestigia*, p. 49 : Digeste, XXIV, 3, 64).

[3] Digeste, XXXVIII, 1, 6 : *Fabriles operæ ceteræque... ad heredem transeunt.*

[4] Ulpien, au Digeste, XXXVIII, 1, 15 : *Si plures heredes existant patrono qui operas stipulatus est, verum est obligationem operarum numero dividi.* — Paul, ibidem, 28 ; Gaius, ibidem, 49. — Sur ces *liberti communes*, voir Orelli, *Inscriptiones latinæ*, n° 3012.

[5] [Nous verrons, dans le volume sur *L'Alleu*, p. 356-359, que ces règles seront conservées par la société mérovingienne.]

pistes, banquiers, précepteurs[1]. A eux appartenaient aussi un grand nombre de fonctions publiques; ils remplissaient ce que nous appelons aujourd'hui les bureaux de l'administration : ils étaient greffiers des juges, appariteurs des magistrats, agents des douanes[2]. Ces fonctions n'étaient peut-être pas très estimées, mais elles étaient lucratives. Les écrivains, les inscriptions, les lois, tout montre qu'un grand nombre d'affranchis arrivaient à la fortune[3]. Il n'est donc pas inutile de chercher ce que devenait leur succession.

Rappelons-nous d'abord la distinction entre les deux degrés de l'affranchissement et les deux classes des affranchis. C'est surtout au point de vue du droit de succession que ces deux classes différaient.

1° L'affranchi latin pouvait acquérir[4] : en quoi il était supérieur à l'esclave; il pouvait acheter pour lui-même; il pouvait même recevoir une donation, fût-ce d'un immeuble[5]. Mais il ne pouvait être ni héritier ni légataire[6]. Il n'avait pas non plus ses propres enfants pour

[1] Digeste, XXXVIII, 1, fr. 23-27, 49.
[2] Ibidem, I, 18, 16 : (*Provinciarum præsides*) *libertini eorum.* — Tacite, *Annales*, XIII, 27 : *Hinc* (*ex ordine libertinorum*) *plerumque ministeria magistralibus*.
[3] Tite Live parle déjà d'affranchis qui possèdent des immeubles pour plus de 30 000 sesterces. Cf. Cicéron, *Pro Balbo*, 25 ; *De legibus*, III. 15, 30 ; Dion Cassius, LIV, 23. Nous verrons tout à l'heure une classe d'affranchis qui possèdent plus de 100 000 sesterces. — [Cf. Lemonnier, liv. VI, c. 2.]
[4] La loi reconnaissait à l'affranchi le droit de *habere in bonis*. Code Justinien, VII, 15, 1 : *Liberum effici et, si quid postea sibi adquisierit, hoc in bonis suis habere*.
[5] *Fragmenta Vaticana*, § 259, édit. Huschke, p. 747 [p. 769] : *Mulier prædium non mortis causa latino donaverat; perfectam in prædio donationem esse apparuit*.
[6] Gaius, I, 23-24 : *Non tamen illis permittit lex... ex testamento alieno capere.... Quod autem diximus ex testamento eos capere non posse, ita intellegemus ne quid in directo hereditatis legatorumve*

héritiers, et enfin il n'avait pas le droit de faire un testament. Tout ce qu'il avait, il ne l'avait que sa vie durant. A sa mort, tout cela revenait au patron, ou aux héritiers du patron¹. Ses biens étaient, au moment de sa mort, comme un pécule d'esclave, c'est-à-dire qu'ils étaient de plein droit la propriété du maître.

C'était la loi Junia Norbana qui avait établi cette règle, en quoi elle avait adouci d'anciennes règles bien plus rigoureuses. Elle n'avait donné à l'homme qu'elle appelait latin qu'un demi-affranchissement. Elle avait voulu lui assurer la liberté de son vivant, sans priver le maître des droits que la jurisprudence antérieure lui donnait à sa succession². En sorte que l'on pouvait dire du latin qu'il n'avait qu'un affranchissement viager, et que, vivant comme affranchi, il mourait comme esclave³.

Cette condition d'affranchi latin dura jusqu'à la fin de l'Empire. On a une loi de Constantin qui s'y rapporte : « Tous les biens du latin, dit le législateur, appartiennent comme pécule au patron ou aux héritiers

---

nomine eos posse capere dicamus; alioquin per fideicommissum capere possunt. Cf. ibidem, II, 110, où une exception est signalée, mais où la règle est rappelée. — Ibidem, II, 275 : *Latini... hereditates legataque directo jure lege Junia capere prohibentur.* — Ulpien, XX, 14 : *Latinus Junianus testamentum facere non potest.* — Il y avait des cas où le latin pouvait tester, mais à condition de tester en faveur de son patron (Gaius, III, 72 ; cf. Digeste, XXXVIII, 2, 47). — Ses enfants mêmes n'héritaient pas : *Moritur latini jure, nec ei liberi ejus heredes esse possunt* (Gaius, III, 72).

¹ Gaius, III, 56 : *Jure quodammodo peculii bona latinorum ad manumissores pertinent.*

² Ibidem : *Legis Juniae lator, cum intellegeret futurum ut ea fictione res latinorum defunctorum ad patronos pertinere desinerent, necessarium existimavit, ne beneficium istis datum in injuriam patronorum converteretur, carere ut bona eorum proinde ad manumissores pertinerent ac si lex lata non esset.*

³ C'est ce que Justinien appelle [loi de 531, Code, VII, 1, 7] : *Mortis liberti tempore eum in servitutem redigere.*

du patron, sans que les fils du latin puissent alléguer un prétendu droit d'hérédité[1]. »

Un écrivain du ve siècle, Salvien, montre que cette situation de l'affranchi latin existait encore en Gaule de son temps. Après avoir parlé d'abord « des maîtres qui donnent à leurs esclaves la liberté romaine, de telle sorte que ceux-ci ont dorénavant la propriété de leur pécule et peuvent en disposer par donation ou par testament[2] », il parle d'autres esclaves « que leurs maîtres jugeant indignes de la cité romaine ont soumis au joug de l'affranchissement latin; ceux-ci vivent comme affranchis; mais au moment de leur mort ils n'ont plus rien, leur dernière volonté n'a aucune valeur, ils ne peuvent rien donner en mourant : de sorte qu'ils vivent comme libres, mais meurent comme esclaves[3]. »

Cette législation ne fut supprimée dans l'Empire d'Orient que par Justinien[4]. Nous verrons qu'elle disparut insensiblement en Gaule, mais non pas sans laisser des traces dans la condition de toute une classe d'hommes[5].

---

[1] Code Théodosien, II, 22, 1 : *Is qui... latinus fuerit effectus... omne peculium ejus a patrono vel patroni filiis sive nepotibus vindicetur; nec ad disceptationem veluti hæreditariæ controversiæ filiis liceat accedere.* — Il est digne de remarque que le législateur appelle les biens de l'affranchi *peculium*.

[2] Salvien, *Ad Ecclesiam*, III, 7, édit. Halm, p. 148 (dans l'édit. Baluze, p. 275) : *Servi a dominis romana libertate donentur, in qua scilicet et proprietatem peculii capiunt et jus testamentarium consequuntur, ita ut et viventes cui volunt res suas tradant et morientes donatione transcribant.*

[3] Ibidem : *Qui servos suos, quia eos civitate romana indignos judicant, jugo latinæ libertatis addicunt; quos scilicet jubent quidem sub libertorum titulo agere viventes, sed nolunt quidquam habere morientes; negato enim his ultimæ voluntatis arbitrio, morientes donare non possunt... ut vivant quasi ingenui et moriantur ut servi.*

[4] Code Justinien, VII, 6 : *De latina libertate tollenda.*

[5] [Cf. *L'Alleu*, p. 327, 344, 338 et 354.]

2° Voyons maintenant ce qu'il advenait de l'homme qui avait été régulièrement affranchi et que la loi appelait un citoyen romain[1].

L'ancien droit civil, même celui des Douze Tables, prononçait expressément que cet affranchi laissait ses biens à ses enfants et que le patron n'avait aucun droit sur eux[2]. L'affranchi avait, comme tout citoyen romain, des héritiers siens, avant lesquels personne ne pouvait passer[3]. Son héritage n'allait au patron qu'à défaut de fils et pour ce motif légal qu'il n'avait ni ne pouvait avoir de collatéraux.

Il semble que cette règle, si juste qu'elle nous paraisse aujourd'hui, ait choqué les idées des hommes d'alors. Avec la conception qu'on se faisait de l'esclavage, il était difficile que l'ancien maître ne fût pas convaincu qu'il avait des droits sur les biens de son ancien esclave. Cet homme lui devait sa liberté. C'était même par un nouveau bienfait du maître que l'affranchi avait emporté son pécule[4]. Et si ce pécule avait grandi dans le com-

---

[1] Tout le titre du Digeste *De bonis libertorum*, XXXVIII, 2, s'applique aux hommes *legitime manumissi*; c'est ce que marquent les mots du fragment 1 : *Cum ex servitute ad civitatem romanam perducuntur*. Cf. Digeste, XXXVIII, 16, 3, § 1 : *Libertum accipere debemus cum quem quis ex servitute ad civitatem romanam perduxit*. Ulpien, *Fragmenta*, XXIX, 1 : *Civis romani liberti hereditatem....*

[2] *Lex duodecim tabularum, cum liberos in potestate liberti invenit, patronis nihil præstitit* (Code Justinien, VI, 4, 4, § 10).

[3] Ulpien, *Fragmenta*, XXVII, 1 : *Libertorum intestatorum hereditas primum ad suos heredes pertinet; deinde ad eos quorum liberti sunt.* — Gaius, III, 40 : *Si is suum heredem reliquerat, nihil in bonis ejus patrono juris erat.*

[4] Le Digeste signale sous quelle forme se faisait souvent cette nouvelle concession. *Ad eum quem manumiserat, epistulam misit in hæc verba : « Titius Sticho liberto suo salutem. Cum te manumiserim, peculium quoque tuum quidquid habes tam in nominibus quam in rebus moventibus sive in numerato, me tibi concedere hac epistula manu mea scripta notum tibi facio »* (Scévola, au Digeste, XXXIX, 5, 35).

merce, dans l'industrie, dans la banque, n'était-ce pas un peu parce que l'affranchi portait le nom du maître et restait sous sa garantie et sa protection? Il faut entrer dans ces idées pour nous expliquer les détours que les patrons imaginèrent pour éluder la loi. Deux de ces détours surtout nous sont bien connus. D'une part, le maître, au moment d'affranchir, fit jurer à son esclave qu'il ne se marierait pas et fut assuré ainsi qu'il n'aurait pas d'héritiers. D'autre part, à peine affranchi, il l'obligea à conclure un pacte en vertu duquel l'affranchi le reconnaissait comme associé dans tous ses bénéfices et dans toute fortune qu'il pourrait acquérir. La loi et le préteur repoussèrent le premier moyen[1]; la jurisprudence prétorienne admit le second[2]. C'était assez pour que le maître fût assuré d'avoir une partie au moins de la succession de l'affranchi.

La vieille loi permettait aussi à l'affranchi de faire

---

[1] Code Justinien, VI, 4, 4, § 5 : *Si patronus a liberto vel liberta stipulatus erit vel jurejurando eos obstrinxerit ne matrimonium ineant, vel liberos procreent, hic omnia jura patroni amittit, cum olim quoque ea jura quæ ex duodecim tabulis et prætoris edicto competebant, amitteret.* — Paul, au Digeste, XXXVII, 14, 6, § 4: *Lege Julia de maritandis ordinibus remittitur* (alias *permittitur*, mot qui a le même sens dans plusieurs passages des jurisconsultes; cf. Digeste, II, 14, 37 et XLVIII, 1, 5) *jusjurandum quod liberto in hoc impositum est ne uxorem duceret, libertæ ne nuberet, si modo nuptias contrahere recte velint.* Cf. Digeste, XL, 9, 31 : *Quæsitum est si libertam patronus jurejurando adegisset ne ea liberos impuberes habens nuberet, quid juris esset; Julianus dicit non videri contra legem Æliam Sentiam fecisse eum qui non perpetuam viduitatem libertæ injunxisset.* Cette prescription, pour l'affranchie, ne vise que les seconds mariages.

[2] Ulpien, au Digeste, XXXVIII, 2, 1 : *Antea soliti fuerant a libertis durissimas res exigere.... Primus prætor Rutilius edixit se non amplius daturum patrono quam operarum et societatis actionem, videlicet si hoc pepigisset ut, nisi ei obsequium præstaret libertus, in societatem admitteretur patronus. Posteriores prætores certæ partis bonorum possessionem pollicebantur : videlicet enim imago societatis induxit ejusdem partis præstationem ut, quod vivus solebat societatis nomine præstare, id post mortem præstaret.*

un testament, et elle ne pouvait pas le lui interdire, puisqu'elle le considérait comme citoyen romain. Ainsi, au cas où l'affranchi n'avait pas d'enfants, il pouvait disposer de ses biens en faveur de qui il voulait, sans que le patron pût y prétendre. Telle était la loi [1]. Mais il est probable qu'il y eut sur ce point de longs débats, et que l'on trouva encore des détours pour annuler cette liberté de tester [2]. Il est curieux d'observer que les jurisconsultes eux-mêmes trouvaient que cette faveur de la loi était excessive et qu'elle blessait le sentiment de l'équité. Ils voulaient bien admettre que l'affranchi laissât ses biens à son fils; mais qu'il léguât à un étranger, ou même à un fils adoptif ou à sa femme, à l'exclusion du patron, cela leur paraissait « ouvertement injuste [3] ». Il arriva donc que le préteur, corrigeant sur ce point le Droit, ordonna comme chose équitable que l'affranchi qui faisait un testament et qui instituait pour héritière sa femme ou un fils adoptif, laissât du moins la moitié de son bien au patron [4].

[1] Gaius, III, 40 : *Ita demum lex duodecim tabularum ad hereditatem liberti vocat patronum si intestatus mortuus esset libertus.* — Ulpien, *Fragmenta*, XXIX, 1 : *Civis romani liberti hereditatem lex duodecim tabularum patrono defert, si intestato libertus decesserit.* — Code Justinien, VI, 4, 4, § 15 : *Si testamento facto extraneos heredes scripserint... secundum duodecim tabulas... patronos omnino excludi.*

[2] Il en est un qu'on entrevoit dans un fragment de Paul. Le maître insérait, dans les conditions imposées *libertatis causa*, quelque chose qui n'était sans doute exécutable qu'à la mort de l'affranchi, et il avait alors le droit de choisir entre l'exécution de cette condition et la possession de biens (Digeste, XXXVII, 14, 20).

[3] Gaius, III, 40-41 : *Si vel adoptivus filius filiave vel uxor quæ in manu esset, sua heres esset, aperte iniquum erat nihil juris patrono superesse. Qua de causa postea prætoris edicto hæc juris iniquitas emendata est.*

[4] Ibidem : *Jubetur ita testari ut patrono suo partem dimidiam bonorum suorum relinquat; et... datur patrono contra tabulas testamenti partis dimidiæ bonorum possessio.* — De même si l'affranchi mourait

Puis vint la loi Papia Poppæa, œuvre de l'empereur Auguste. Cette loi, tout imprégnée des plus hautes idées morales, reconnut pourtant le droit du patron à la succession de son affranchi, et étendit même ce droit au cas où l'affranchi laissait des enfants légitimes. Elle voulut que la succession fût partagée de telle sorte que le patron eût au moins une part d'enfant[1]. Elle n'exempta de cette charge que les successions d'affranchis qui n'allaient pas au chiffre de 100 000 sesterces[2].

Quant à ceux qui mouraient sans laisser ni enfants naturels ni enfants adoptés, il resta de règle que le patron eût leur succession[3]. S'ils testaient, il fallait que le patron eût une part de leurs biens. Si cette part, qui ne pouvait être moindre que le quart de la totalité[4], ne

---

sans tester laissant une femme ou un fils adoptif, le patron avait la moitié de l'héritage. — Ulpien, XXIX, 1 : *Ex edicto prætoris, seu testato libertus moriatur, ut tamen aut nihil aut minus quam partem bonorum dimidiam patrono relinquat, contra tabulas testamenti partis dimidiæ bonorum possessio illi datur, nisi libertus aliquem ex naturalibus liberis successorem relinquat.*

[1] Gaius, III, 42 : *Postea lege Papia aucta sunt jura patronorum.... Cautum est ea lege ut... ex bonis ejus..., qui pauciores quam tres liberos habebit, sive is testamento facto sive intestato mortuus erit, virilis pars patrono debeatur.* — Gaius explique ensuite que le patron avait la moitié si l'affranchi laissait un enfant; le tiers, s'il en laissait deux; il n'était exclu que s'il y avait plus de deux enfants.

[2] Le texte de Gaius porte : *Quod ad locupletiores libertos pertinet*; dans la suite du passage, la ligne où le jurisconsulte indiquait le chiffre de fortune est illisible dans le manuscrit; mais on peut voir par Ulpien, au Digeste, XXXVII, 14, 16, que la loi visait le *libertus centenarius*. — Un article de la loi Papia Poppæa réprimait la fraude qui consistait, de la part de l'affranchi, à diminuer son chiffre de fortune pour que le patron n'eût aucun droit : *Si libertus minorem se centenario in fraudem legis fecerit, non valebit id quod factum est*, etc. Cf. Digeste, XXXVIII, 5 : *Si quid in fraudem patroni factum sit*, et Code Justinien, VI, 5 : *Si in fraudem patroni alienatio facta est.*

[3] Ulpien, au Digeste, XXXVIII, 2, 17 : *Liberto sine liberis mortuo in primis patronus et patrona bonorum possessionem accipere possunt.*

[4] *Si patronus ex minore parte quam legitima heres institutus* (Digeste,

lui était pas laissée, il attaquait le testament et le juge lui donnait gain de cause[1]. Les fils du patron avaient les mêmes droits que le patron lui-même[2]. S'il y avait deux patrons, chacun d'eux avait droit au quart[3].

D'autres règles étaient appliquées à la femme affranchie. Une ancienne esclave, devenue libre, pouvait aussi s'enrichir. Quels étaient les droits du patron sur ses biens? Ici le vieux Droit rencontrait deux principes qui se trouvaient tout favorables au patron. D'une part, si la femme laissait des enfants sans tester, ses enfants n'héritaient pas d'elle, en vertu de cette vieille règle que la femme n'avait jamais d'héritiers siens[4]. D'autre part,

XXXVIII, 2, 19). — *Si debita patrono portio legata sit* (ibidem, 5, § 15). — *Libertus patronum et extraneum conjunctim ex parte dimidia heredem scripsit; quadrans ex quo institutus erat patronus, totus ipsi imputari debebit, residuum ex debita sibi parte omnibus heredibus pro portione cujusque aufert* (ibidem, 20). — *Si patronus ex debita parte heres instituatur et libertus fidei ejus commisit ut quid daret, non erit cogendus solvere, ne pars ex legibus verecundiæ patronali debita minuatur* (Digeste, XXXIX, 5, 20).

[1] *Si patronus contra tabulas bonorum possessionem acceperit, quia eum præterierit libertus* (Paul, Digeste, XL, 5, 31). — Pomponius, au Digeste, XXXVIII, 2, 2 : *Si patronus a liberto præteritus bonorum possessionem petere potuerit contra tabulas et antequam peteret decesserit, liberi ejus petere poterunt.* — Ulpien, ibidem, 3, § 10 . *Totiens ad bonorum possessionem contra tabulas invitatur patronus quotiens non est heres ex debita portione institutus.* — Ibidem, § 20 : *Debitam partem eorum quæ cum moritur libertus habuit, patrono damus.*

[2] Gaius, au Digeste, XXXVIII, 2, 5. Cf. Paul, ibidem, 18 ; Paul, Sententiæ, III, 2.

[3] Digeste, XXXVIII, 2, fragm. 10, 21, 34. — Nous n'avons pas à parler ici de quelques exceptions ; l'une d'elles concernait les *bona castrensia* de l'affranchi (voir Digeste, XXXVIII, 2, 5, § 6) ; une autre était relative aux biens d'un affranchi que le patron avait maltraité (ibidem, fragm. 9, 14, 35) ; une autre encore est signalée au Code Justinien, VI, 4, 4. Mais on voit bien que ces exceptions mêmes prouvent la règle générale.

[4] Gaius, III, 43 : *Si intestata liberta moriebatur (quia suos heredes femina habere non potest), ad patronum hereditas pertinebat.* — Ulpien, XXIX, 2 : *Si intestata moriatur liberta, semper ad patronum hereditas pertinet, licet liberi sint libertæ, quoniam non sunt sui heredes matri.* — Cf. Paul, Sententiæ, IV, 10, 2.

l'affranchie n'était pas libre de tester, parce qu'elle était toute sa vie en tutelle; or c'était son patron qui était son tuteur; elle ne pouvait donc jamais faire un testament sans l'autorisation de son patron[1]. Il est vrai que celui-ci pouvait donner l'autorisation; mais alors, de deux choses l'une : ou bien c'est qu'il renonçait lui-même à la succession de cette femme, ou bien c'est qu'il comptait qu'elle testerait en sa faveur. Cela est si vrai que, si le testament n'était pas pour lui, il avait le droit de l'attaquer[2]. Aussi Gaius explique-t-il que le patron n'était privé de l'héritage que s'il le voulait bien[3], et c'est là ce que le jurisconsulte appelle l'équité[4].

Mais la loi Papia Poppæa diminua et réduisit ce que ces règles avaient d'équitable aux yeux de Gaius, d'inique à nos yeux. Elle décida que la femme affranchie qui aurait quatre enfants serait par cela seul libérée de la tutelle du patron. Dès lors elle était libre de tester. La loi ajouta pourtant que dans son testament elle devrait laisser une part d'enfant au patron, et même, qu'au cas où elle laisserait une fortune de 100 000 sesterces, elle devrait lui en léguer la moitié[5]. Si, laissant des enfants,

---

[1] Gaius, III, 43 : *Cum enim libertæ in patronorum legitima tutela essent, non aliter testamentum facere poterant quam patrono auctore.* — C'est apparemment en vertu du même principe que l'affranchie ne pouvait pas se marier sans l'autorisation du patron. [Cf., plus loin, p. 135.]

[2] Ibidem : *Si auctor ad testamentum faciendum factus erat, de se queri debebat heres ab ea non relictus* [suppléments de Huschke].

[3] Ibidem : *Nec cogitari ullus heres poterat, qui posset patronum a bonis libertæ invitum repellere.*

[4] Ibidem : *In bonis libertinarum nullam injuriam patiebantur patroni.*

[5] Idem, III, 44 : *Sed postea lex Papia, cum quattuor liberorum jure libertinas tutela patronorum liberaret, et eo modo concederet eis etiam sine tutoris auctoritate condere testamentum, prospexit ut pro numero liberorum quos liberta mortis tempore habuerit, virilis pars patrono debeatur, eique ex bonis ejus, quæ C milia sestertiorum plurisve reliquerit patrimonium, (dimidia pars debeatur).* — Ulpien, *Frag-*

elle négligeait de tester, son héritage tout entier revenait au patron[1].

C'est ainsi que fut réglée la succession des affranchis. On voit bien que le patron était comme un propriétaire supérieur qui conservait toujours un domaine éminent sur les biens que son ancien esclave pouvait acquérir. De là vient que le Droit romain fait toujours figurer parmi la fortune d'un défunt les affranchis qu'il peut avoir[2]. L'éventualité de leur succession était en effet une valeur et elle devait entrer en compte dans la propre succession du patron. Le patron dans son testament les léguait, les partageait, les assignait à tel ou tel de ses héritiers à son choix[3]. La personne de l'affranchi pouvait être libre, mais ses biens ne l'étaient pas complètement. Il lui était même difficile d'aliéner de son vivant, ou du moins la loi le prévenait qu'à sa mort on examinerait si l'aliénation ne portait pas préjudice au patron et n'était pas « une fraude » contre lui[4].

---

menta, XXIX, 5 : *Lex Papia libertas quattuor liberorum jure tutela patronorum liberavit, et cum intulerit jam posse eas sine auctoritate patronorum testari, prospexit ut pro numero liberorum libertæ superstitum virilis pars patrono debeatur.*

[1] Gaius, ibidem : *Si intestata liberta decessit, tota hereditas ad patronum pertinet.* — Ce texte de Gaius est celui que donne Huschke, p. 280 de sa troisième édition [p. 294, 4° édit.]. Le passage est très altéré dans le manuscrit; voir l'édition d'Ernest Dubois et ses notes, pages 282-283. — Voir encore Gaius, III, 51.

[2] Voir tout le titre *De bonis libertorum*, Digeste, XXXVIII, 2, et Code Justinien, VI, 4. — Cf. Gaius, *Institutes*, III, 41 et suiv.; Paul, *Sententiæ*, III, 2; Ulpien, *Fragmenta*, XXIX.

[3] Digeste, XL, 4, 42 : *Illum illius libertum esse volo.* — Ibidem, XXXVIII, 2, 12: *Si quis libertum filio suo adsignaverit... (filius) admitti potest ad bonorum liberti possessionem.* Cf. ibidem, fragm. 10, 15, 39; ibidem, L, 16, 107 : *Adsignare libertum hoc est testificari cujus ex liberis libertum eum esse voluit.*

[4] Voir tout le titre *Si quid in fraudem patroni factum sit*, Digeste, XXXVIII, 5; et le titre *Si in fraudem patroni alienatio facta est*, au Code

Deux exemples font voir à quel point les droits du patron étaient réputés légitimes. Si un affranchi était condamné pour quelque crime à la confiscation des biens, le fisc, si rapace qu'il fût d'ordinaire, se croyait tenu de distraire des biens confisqués la part due au patron¹. Si un clerc ou un moine mourait sans laisser de parents et sans tester, on cherchait, avant d'adjuger son héritage à l'Église, s'il n'était pas l'affranchi d'un particulier, et en ce cas une loi de 434 rappelait que ses biens devaient appartenir, non à l'Église, mais au patron².

Toutes les règles relatives à la succession des affranchis durèrent jusqu'à la fin de l'Empire romain, et l'on sait qu'elles furent aussi en vigueur en Gaule qu'en Italie. Ajoutons qu'elles ne s'appliquaient pas seulement aux affranchis des particuliers. Les municipalités, les corporations, les temples païens et les églises chrétiennes possédaient aussi des affranchis, et avaient par conséquent des droits sur leurs biens³. Il existait aussi

---

Justinien, VI, 5; Digeste, XXXVII, 14, 16 : *Si qua alienaverit in fraudem patroni...., revocabuntur ea quæ per fraudem sunt alienata.*

¹ Digeste, XXXVIII, 2, 28 : *Si in libertinum animadversum erit, patronis ejus jus, quod in bonis ejus habituri essent, eripiendum non est; sed reliquam partem bonorum quæ ad manumissorem jure civili non pertineat, fisco esse vindicandam placet.* — Par suite du même principe, si c'était le patron dont les biens étaient confisqués, les biens de ses affranchis entraient dans la confiscation en ce sens que le fisc succédait aux droits du patron (Code Justinien, VI. 4, 1).

² Code Théodosien, V, 3, 1; Code Justinien, I, 3, 20 : *Si quis episcopus, aut presbyter, aut diaconus aut diaconissa, vel clericus aut monachus aut mulier quæ solitariæ vitæ dedita est, nullo condito testamento decesserit, nec ei parentes vel liberi vel uxor extiterit..., bona ecclesiæ socientur, exceptis his facultatibus quas forte juri patronatus subjecti relinquunt. Nec enim justum est bona quæ patrono legibus debentur, ab ecclesiis detineri.*

³ Ulpien, au Digeste, XXXVIII, 16, 3, § 6 : *Si municipes servum manumiserint, admittentur ad legitimam hereditatem in bonis liberti vel libertæ intestatorum.* — Digeste, XL, 3, 1 et 2 : *Divus Marcus omnibus collegiis, quibus coeundi jus est, manumittendi potestatem dedit, quare*

un nombre incalculable d'affranchis de l'État ou du prince, et le fisc était, en tout ou partie, leur héritier[1].

[5° DE LA SITUATION DES AFFRANCHIS SOUS L'EMPIRE.]

Ces règles traversèrent sans altérer les cinq siècles de l'Empire. Salvien les signale encore. Elles sont passées ensuite, ainsi que nous le verrons plus tard, dans les sociétés qui ont succédé à l'Empire[2]. Nous les reconnaîtrons dans la mainmorte du moyen âge. Déjà même nous rencontrons dans la langue de l'Empire une manière de parler qui a peut-être engendré l'expression de mainmorte : « Mourir en affranchi », « mourir en esclave », se disaient pour faire entendre que les biens du défunt appartenaient de plein droit au patron[3].

Comme la personne de l'affranchi avait une valeur appréciable en argent, il suivait de là que le patron pouvait le léguer, comme on lègue un objet de propriété. Peut-être même pouvait-il le vendre ; mais il était entendu qu'il vendait, en ce cas, non sa personne, qui était réputée libre, mais son travail, ses redevances et l'éventualité de sa succession.

A cela se rattache encore une disposition curieuse du droit romain. L'affranchi ne pouvait pas se marier sans l'autorisation du patron. La raison de cette règle s'aper-

---

hi quoque legitimam hereditatem liberti vindicabunt. — Sur les *liberti municipiorum*, voir *Inscriptiones latinæ*, Orelli-Henzen, n°° 3017, 2992 et suivants, 6399, etc. ; sur les *liberti collegiorum*, ibidem, n°° 5019, 3021, etc.

[1] Digeste, XXXVIII, 16, 3, § 8 : *Principem ad bona libertorum suorum admitti plus quam manifestum est.*

[2] [*L'Alleu*, c. 11.]

[3] [Cf. plus haut, pages 124 et 125.] — Comparer Ulpien, au Digeste, XXXVIII, 2, 3 : *Hic vivit quasi ingenuus, moritur quasi libertus.*

çoit bien : si l'affranchi se mariait et s'il avait des enfants, le patron perdait un héritage.

Voici encore une règle qui est dans le droit romain et que nous retrouverons dans le droit du moyen âge : la fille affranchie, *liberta*, ne devait pas se marier hors de la *gens* du patron, ce qui voulait dire qu'elle ne devait épouser qu'un affranchi du même maître. Il est clair, en effet, que si elle eût épousé un étranger, elle eût suivi son mari et eût été perdue pour son patron. Le législateur déclare, en effet, que, dans ce cas, le patron perd non seulement tout droit à l'héritage, mais même son droit sur le travail de la *liberta*. Ce formariage (l'expression se trouve déjà dans la langue de l'Empire) portait donc préjudice au patron. Aussi ne pouvait-il être contracté qu'avec l'autorisation formelle de celui-ci, qui avait le droit d'exiger une compensation en argent pour ce qu'il perdait[1].

Toutes ces règles venaient certainement d'une époque très antique. Loin que le régime impérial les ait créées, il s'attacha à les adoucir. On peut voir dans le Digeste que le gouvernement s'émut de l'excès des redevances et des corvées que beaucoup de patrons exigeaient. Il se plaignit de ce qu'il y avait des maîtres « qui opprimaient et écrasaient leurs affranchis ». Il exigea qu'il fût laissé à l'affranchi assez de jours de travail libre pour qu'il

---

[1] Tertullien, *Ad uxorem*, II, 8 : *Nonne domini disciplinæ tenacissimi servos suos* FORAS NUBERE *interdicunt?* L'obligation pour l'affranchie qui veut se marier d'obtenir l'autorisation du patron résulte de ce passage d'Ulpien, au Digeste, XXXVIII, 1, 13 : *Si impubes sit patronus, voluntate ejus non videtur liberta nupta, nisi tutoris auctoritas voluntati accesserit.* Cf. ibidem, 14; et 28 : *Si duorum communis liberta unius voluntate nupserit.* — Cette règle explique le passage de Tite Live, XXXIX, 19 : *Uti Fecenniæ Hispalæ* (qui était une *libertina*, c. 12) GENTIS ENUPTIO *esset. Gentis enuptio*, comme *foras nubere*, est le formariage. [Cf. plus haut, p. 121, n. 1; p. 151, n. 1.]

pût subvenir à ses besoins[1]. Il interdit les travaux qui dépassaient les forces de la personne, ou les services qui blessaient la bienséance. Il déclara exempts de toute corvée l'affranchi malade, la femme âgée de plus de cinquante ans et les parents qui avaient deux enfants à nourrir. La loi favorise, en général, l'affranchissement, et dans toute question douteuse, c'est pour l'affranchissement qu'elle se prononce[2].

Telle était la condition légale des affranchis sous l'Empire. Cette classe paraît avoir été fort nombreuse. Tacite remarque que la plèbe libre, *plebs ingenua*, diminuait de jour en jour[3]. Plusieurs traits épars dans les écrivains du temps montrent que les affranchis restaient ordinairement attachés au service du patron[4]. Ils constituaient la maison d'un grand ; ils étaient ses secrétaires, ses médecins, ses artistes, ses bouffons. Ils suivaient les gouverneurs de province à titre de scribes, d'huissiers, d'appariteurs, d'agents de toute sorte. Ceux du prince remplissaient les bureaux de l'administration centrale. Le grand commerçant avait ses affranchis pour le représenter au dehors ; dans l'industrie, la plupart des chefs d'ateliers étaient des affranchis. D'autres étaient à la tête des domaines ruraux des grands propriétaires. Cette société comptait plus d'esclaves que d'affranchis et plus d'affranchis que d'hommes libres.

Dans l'ancienne République romaine, la condition d'affranchi avait été héréditaire. Il fallait plusieurs

---

[1] Ulpien et Gaius, au Digeste, XXXVIII, 1, 2 et 19. [Plus haut, p. 119.]
[2] Pomponius, Digeste, L, 17, 20 : *Quoliens dubia interpretatio libertatis est, secundum libertatem respondendum erit.*
[3] Tacite, *Annales*, IV, 27 : *Minore in dies plebe ingenua.* Cf. XIII, 27 : *Si separarentur libertini, manifestam fore penuriam ingenuorum.*
[4] Tacite, *Histoires*, I, 4 : *Pars populi magnis domibus annexa, clientes libertique.*

générations pour que le descendant de l'esclave s'élevât enfin à la liberté. Cette règle rigoureuse disparut du droit impérial; on ne la trouve ni dans les écrits des jurisconsultes ni dans les décrets des princes. Elle subsista pourtant dans la pratique. Les mœurs et les intérêts, plus forts que les lois, la conservèrent.

Il ne faut pas perdre de vue que dans presque toutes les sociétés il y a un ordre légal dont les codes présentent un tableau exact, et un ordre extra-légal qui se trouve en contradiction formelle avec les codes et qui n'a pas pour cela moins de force.

On ne comprendrait pas le grand nombre d'affranchis qu'il y avait dans la société romaine, si cette condition et les devoirs qui y étaient attachés n'avaient duré qu'une vie d'homme; on ne comprendrait pas non plus que la classe des hommes libres eût été toujours en diminuant, ainsi que l'atteste Tacite. Représentons-nous d'ailleurs l'affranchi dans la réalité de son existence. Tantôt il continue à vivre auprès du maître dans une douce et presque honorable domesticité; son fils aura intérêt à y rester après lui, car dans cette société où il y a peu de travail libre, il vaut mieux être un affranchi qu'un prolétaire. Tantôt il dirige un domaine rural au profit du maître; son fils sera heureux de lui succéder. Tantôt il occupe un emploi, et son fils y aspire. La loi dit à ce fils qu'il est un homme libre; mais son intérêt, son ambition, ses habitudes lui commandent de rester un affranchi. Il arrive alors qu'à chaque génération le contrat d'affranchissement est implicitement renouvelé; le descendant de l'ancien maître et le descendant de l'ancien esclave trouvent un égal profit à le renouer, et la loi ne saurait le leur défendre. C'est ainsi que l'hérédité s'est établie, sinon malgré la loi, du moins à côté d'elle.

C'est pour cela aussi que la classe des affranchis s'est conservée et est allée croissant ; nous verrons ailleurs qu'elle n'a pas disparu avec l'Empire romain[1], et qu'elle sera un élément très important dans la vie féodale et dans tout le régime du moyen âge[2].

CHAPITRE VIII

Les colons[3].

Il y a au Code Théodosien une loi qui indique comment on doit faire la description cadastrale d'un domaine.

---

[1] Nous ne voulons pas dire que l'hérédité de la condition d'affranchi soit devenue la règle au temps de l'Empire ; la règle était, au contraire, que le fils d'affranchi fût réputé ingénu : ce point est hors de doute ; mais nous croyons voir dans les faits qu'il y eut un état réel qui était différent de l'état légal. Il est visible, en effet, que cette multitude d'affranchissements sans cesse renouvelés pendant douze générations d'hommes n'a pas eu pour effet d'augmenter la classe des ingénus. Il nous paraît que, dans l'état économique de cette société, quiconque n'était pas propriétaire du sol, en un temps surtout où les corporations industrielles tombaient en ruine, ne trouvait rien de mieux ni de plus sûr que la condition d'affranchi ou de client : ces deux termes étaient à peu près synonymes. [Cf. *Les origines du système féodal*, p. 235 et suiv.]

[2] [Sur l'hérédité de fait de la condition de l'affranchi à l'époque mérovingienne, cf. *L'Alleu*, p. 339 et suiv.]

[3] Sur le colonat de l'Empire romain on peut consulter : Guérard, *Polyptyque d'Irminon*, prolégomènes, pages 225-232 ; Ch. Giraud, *Histoire du Droit français*, c. 3, art. 5 ; Laboulaye, *Histoire du droit de propriété foncière*, liv. II, c. 18 et 19 ; Wallon, *Histoire de l'esclavage*, t. III ; Révillout, *Étude sur l'histoire du colonat*, dans la *Revue historique de Droit français et étranger*, 1856 et 1857 ; Savigny, *Ueber den rœmischen Colonat* ; Zumpt, *Ueber die Entstehung des Colonats* ; J. Lefort, *Histoire des contrats de location perpétuelle*, 1875. [Pour plus de détails sur la manière dont le colonat s'est formé, voir les *Recherches sur quelques problèmes d'histoire*, 1885. Nous étudierons plus longuement la condition du colonat lorsque nous parlerons du domaine rural dans le volume sur *L'Alleu*, p. 68 et suiv.]

« On devra compter, dit le législateur, d'une part le nombre des esclaves, de l'autre le nombre des paysans domiciliés et celui des colons[1]. » Cette loi nous montre que les grands propriétaires du IVe siècle avaient ordinairement fait deux parts de leurs terres : ils exploitaient l'une directement par le travail de leurs esclaves; ils avaient divisé l'autre en petits lots sur chacun desquels vivait une famille de paysans ayant une habitation particulière (*casa*) et une culture à soi (*colonia*). Cette nouvelle classe de population rurale mérite d'être examinée de près; car telle elle était au temps de l'Empire romain, telle elle sera dans la plus grande partie du moyen âge.

Cette classe, qui n'apparaît dans les textes de lois qu'aux derniers siècles de l'Empire, mais qui était peut-être beaucoup plus ancienne, comprenait des éléments très divers. On y distinguait :

1° Les hommes que les lois romaines appelaient *censiti* et *adscriptitii*. Ils étaient encore très rapprochés de la condition servile et n'étaient même légalement que des esclaves; seulement leur inscription sur les registres du cens comme faisant partie du domaine les rendait désormais inséparables de la terre; ils y vivaient de père en fils[2].

2° Les affranchis. C'étaient d'anciens esclaves qui, en vertu de l'acte même d'affranchissement, avaient le droit et le devoir de cultiver un lot de terre dont ils partageaient les profits avec l'ancien maître. A leur mort,

---

[1] Code Théodosien, IX, 42, 7 : *Descriptio comprehendat.... quot sint mancipia in prædiis... quot sint casarii vel coloni.* De même au Code Justinien, IX, 49, 7, § 1 : *Quot sint casarii* (édit. Krüger). — D'autres lois marquent encore cette distinction : *Servos vel tributarios vel inquilinos* (Code Justinien, XI, 48 ou 47, 12).

[2] Code Justinien, XI, 47 (48), 7. Cf. ibidem, 18 et 21.

s'ils laissaient des enfants, il était naturel et presque inévitable que ceux-ci vécussent sur la même terre et qu'ils en eussent la jouissance aux mêmes conditions. Ainsi, de génération en génération, les fils se succédaient sur ce champ, le labouraient, récoltaient les fruits, et payaient une redevance aux fils de l'ancien maître vis-à-vis desquels ils étaient héréditairement dans la situation d'affranchis[1].

3° Les *inquilini*. C'étaient des hommes qui n'avaient jamais été esclaves, mais qui, ne possédant pas de terre, étaient venus s'établir sur le domaine d'autrui et y avaient obtenu une sorte de location pour laquelle ils devaient payer une redevance annuelle[2].

4° Les anciens *coloni*. Ce terme avait désigné, à l'origine, des fermiers libres. Il était souvent arrivé que le fermage passât du père au fils et restât dans la même famille pendant une suite de générations. Les anciens professaient que les meilleurs fermiers étaient ceux qui étaient nés sur le domaine et qui y étaient comme incorporés[3]. L'intérêt égal du fermier et du propriétaire les tenait unis ; aussi vit-on prévaloir l'usage des baux indéfinis et perpétuels ou de l'emphytéose. Un trait caractéristique de cette époque est que l'usage du bail temporaire alla peu à peu disparaissant. Les mœurs d'abord, les lois ensuite, le réprouvèrent. On jugea sans doute, ainsi que le dit le législateur, que l'état de colon perpétuel était conforme en même temps à l'intérêt du propriétaire et à celui du cultivateur[4].

---

[1] [Cf. *L'Alleu*, p. 61 ; cf. ici, plus haut, p. 117 et suiv., p. 137.]
[2] [Cf. *Recherches*, p. 65 et 100.]
[3] Columelle, I, 7 : *Felicissimus fundus qui colonos indigenas habet.*
[4] Code Justinien, XI, 47 (48), 19 : *Tempore annorum triginta coloni fiunt... et coguntur terram colere. Hoc et domino et agricolis utilius*

5° Il y avait encore une catégorie de colons qui avaient été autrefois propriétaires de leur petit champ et qui l'avaient vendu au grand propriétaire, leur voisin, pour un prix très faible, mais à la condition d'en être toujours de père en fils les fermiers[1].

6° Il y avait enfin des barbares de naissance. Pendant des guerres qui durèrent quatre siècles, il est avéré que l'Empire fit plus de captifs en Germanie que les Germains n'en firent dans l'Empire. Ces captifs, qu'on amenait quelquefois par tribus entières, étaient répartis dans les provinces qui avaient besoin de bras; on les distribuait aux propriétaires du sol, non à titre d'esclaves, mais à titre de colons. Chacun d'eux était assigné à un champ, et il était inscrit sur les registres de l'État comme attaché à ce champ pour toujours[2].

Quelque diverse que fût l'origine de tous ces hommes dont nous venons de distinguer les catégories, leur situation légale était à peu près la même. Nous pouvons, laissant de côté les différences légères qui les séparaient, les ranger dans une même classe et les appeler tous du même nom de colons[3].

Ils différaient absolument des esclaves; la loi ne les confondait jamais avec eux. Elle les appelait formellement des hommes libres, *ingenui*[4]. La qualification de

---

est. — Une loi de Gordien, de l'année 239, signale l'usage de la *conductio perpetua quæ ad heredes transmittitur* [Code Justinien, IV, 65, 10].

[1] Salvien, *De gubernatione Dei*, liv. V, c. 8 et 9. [*Recherches*, p. 142. Il y a des réserves à faire sur l'hérédité du fermage; cf. *Les Origines du système féodal*, p. 105 et 106.]

[2] [Cf. plus loin, liv. II, c. 6. *Recherches*, p. 43 et suiv.]

[3] Code Justinien, XI, 47 (48), 13 : *Inter inquilinos colonosve, quorum indiscreta eademque pæne videtur esse condicio, licet sit discrimen in nomine.* La différence était plus sensible entre les *ascripticii* et les *coloni*: les premiers n'avaient qu'un pécule à la discrétion du maître; les seconds pouvaient avoir du bien en propre (Code Justinien, XI, 47, 18).

[4] *Salva ingenuitate*, Novelles de Valentinien, XXX, édit. Hænel. — On

serfs de la glèbe ne leur fut jamais donnée et elle ne leur convenait en aucune façon[1]. Ils jouissaient des droits civils ; leur mariage était légalement reconnu ; ils héritaient de leur père et leurs fils héritaient d'eux. Ils pouvaient paraître en justice et intenter un procès[2].

Ce qui caractérise véritablement leur situation, c'est que le sol qu'ils cultivaient ne leur appartenait pas. Ils n'avaient donc aucun des droits qui sont inhérents à la propriété. Ils ne pouvaient ni vendre leur champ ni le léguer[3]. Ils en payaient une redevance annuelle, soit en fruits, soit en argent. La redevance s'appelait ordinairement *tributum*, et l'on donnait le nom de *tributaires*[4] à ceux qui la payaient. Ce nom figure dans les lois romaines du iv° siècle et dans les lois germaniques du vi° siècle pour désigner la même classe d'hommes.

Les colons avaient donc quelque ressemblance avec les fermiers des sociétés modernes ; mais ils en différaient en deux points. On ne pouvait jamais les chasser de la terre qu'ils occupaient, et ils n'avaient pas non plus le droit de la quitter[5]. Ils étaient attachés pour toute la vie au champ sur lequel ils étaient nés. Ni leur

---

les confondait si peu avec les esclaves, que pour certains crimes leur peine était d'être mis en servitude (Code Théodosien, V, 9, 1).

[1] C'est par une expression métaphorique qu'un empereur déclare « qu'on pourrait les regarder comme serfs de la terre » : *Servi terræ ipsius æstimentur* (Code Justinien, XI, 51 [52]). — Aucun texte de loi ne les appelle formellement *servi*, ni *mancipia* ; ils sont même souvent opposés aux *servi*. [*Recherches*, p. 101, n. 3.]

[2] Code Théodosien, IV, 23 ; V, 10, 1 ; XII, 19, 2. Code Justinien, III, 38, 11 ; XI, 47, lois 13, 20, 22, 24. Novelles de Valentinien, XXX. [*Recherches*, p. 102 et suiv.]

[3] Code Théodosien, II, 30, 2 ; V, 10. Code Justinien, XI, 49, 2.

[4] *Tributarios vel inquilinos* (ibidem, XI, 47 ou 48, 12). — Voir une lettre de Sidoine Apollinaire (V, 19), où l'homme qui est *in originali inquilinatu*, est appelé en même temps *colonus* et *tributarius*.

[5] Code Justinien, XI, 51 (50).

volonté ni celle du propriétaire ne pouvait les en séparer. Le propriétaire vendait-il son champ, il vendait en même temps les colons; s'il vendait ses colons, c'est qu'il vendait en même temps sa terre[1]. Les fils prenaient sur ce champ la place du père mort, héritant à la fois de la jouissance du sol et de l'obligation de le cultiver[2]. La redevance, d'ailleurs, était fixée pour toujours et ne devait pas être augmentée[3].

Il est difficile d'apprécier si, dans cette singulière situation, les avantages l'emportaient sur les inconvénients. Les lois impériales assuraient au colon, contre le propriétaire, la jouissance perpétuelle du sol et l'invariabilité de la redevance[4]. Comme compensation, elles assuraient au propriétaire la présence perpétuelle du colon. Elles unissaient cet homme au sol par un lien indissoluble. Elles lui interdisaient de s'éloigner un seul moment. S'il fuyait, elles permettaient au propriétaire de le poursuivre et de lui infliger comme châtiment la servitude[5]. S'il réussissait à s'échapper et mourait sans avoir été repris, ses fils étaient ramenés comme colons et restitués au sol que leur père avait déserté.

---

[1] Code Justinien, XI, 47 (48), 2 : *Si quis prædium vendere voluerit vel donare, retinere sibi colonos privata pactione non possit.* — Digeste, XXX, 1, 112 : *Si quis inquilinos sine prædiis quibus adhærent legaverit, inutile est legatum.* — Cf. Code Théodosien, XIII, 10, 3.

[2] *Semper terræ inhæreant quam semel colendam patres eorum susceperunt* (Code Justinien, XI, 47 ou 48, 23).

[3] Ibidem, XI, 47 ou 48, 23, § 2 : *Caveant possessionum domini aliquam innovationem vel violentiam colonis inferre.* — Ibidem, XI, 49 ou 50, 1 : *Quisquis colonus plus a domino exigitur quam ante consueverat, adeat judicem et facinus comprobet...* — Ibidem, XI, 47 ou 48, 23, § 2 : *Veterem consuetudinem in reditibus præstandis observare.*

[4] *Ut soboles in fundo nata remaneat in possessione sub isdem condicionibus sub quibus genitores ejus* (Code Justinien, XI, 47 ou 48, 23, § 3).

[5] Ibidem, XI, 47 (48); XI, 50 (51). Code Théodosien, V, 9, 1.

Ainsi le colon, sans être esclave, manquait pourtant de la première des libertés, celle de se déplacer, celle de choisir son domicile, son travail et ses moyens d'existence.

Il faut toutefois remarquer que tant d'obligations étaient balancées par ce droit de jouissance perpétuelle que leur état de colon leur assurait. Il faut ajouter encore que, pour la plupart des catégories de colons, cette condition était ou l'adoucissement manifeste d'une ancienne servitude, ou le résultat d'un contrat volontairement conclu. Les seuls colons dont on puisse dire qu'ils le fussent malgré eux, étaient les captifs qui avaient été amenés de la Germanie. Plusieurs historiens modernes ont pensé que l'introduction de ces Germains avait été l'origine du colonat. Il a des sources bien plus anciennes; mais on est forcé de reconnaître que c'est après l'introduction des Germains que nous voyons les lois impériales se montrer si rigoureuses à l'égard des colons. Jusqu'alors le colonat avait été un état contre lequel il n'avait pas été nécessaire de s'armer des sévérités légales.

Il y avait encore un point par lequel le colon différait de l'homme libre : il était personnellement subordonné au propriétaire du sol. Les lois répètent fréquemment que ce colon a un maître (*dominus*)[1], qu'il lui doit l'obéissance, qu'il ne peut rien faire sans son autorisation. Elles ne disent pas formellement que ce propriétaire exerce sur lui un droit de justice; mais ce qui

---

[1] *Colonos domino esse reddendos* (Code Justinien, XI, 48 ou 47, 11). — *Tributarios vel inquilinos apud dominos remanere* (ibidem, 12). — *Si dominus colonos transtulerit* (ibidem, 13). — (*Sunt in*) *potestate domini* (ibidem, XI, 51, alias 52). — Cf. Isidore de Séville, *Origines*, IX, 4 : *Coloni sunt sub dominio possessoris, pro eo quod locatus est fundus.*

n'était pas encore dans les lois était déjà dans les mœurs¹. Pour nous expliquer ces usages, il faut songer que la plupart des colons étaient des affranchis ; or le droit romain laissait toujours l'affranchi dans la dépendance et la sujétion du patron².

Les colons étaient donc, presque autant que les esclaves, les *hommes* du maître. Cet emploi du mot *homme* pour exprimer la sujétion personnelle s'est prolongé durant tout le moyen âge ; il a commencé au temps de l'Empire romain. Les lois elles-mêmes disent, en s'adressant aux propriétaires : « vos hommes, vos paysans », *vestri homines, vestri rusticani*³, et, par cette expression, elles désignent, non les esclaves proprement dits, mais tous ceux qu'on appelait affranchis, tributaires ou colons.

Nous avons déjà dit comment les armées de ce temps-là étaient composées. Les propriétaires devaient fournir un nombre de conscrits proportionné à l'étendue de leurs propriétés. Les lois indiquent, d'une part, que ces conscrits n'étaient pas des esclaves, et, d'autre part, que ces hommes étaient pourtant donnés et fournis par un maître⁴. Ils étaient donc pris dans une classe intermédiaire entre la servitude et la liberté, c'est-à-dire

---

¹ Les lois elles-mêmes le laissent voir. Le Code Théodosien, XVI, 5, 52 et 54, § 6, montre que le colon est soumis en certains cas à la juridiction du propriétaire, qui en retour est responsable de ses délits.

² [Cf. plus haut, c. 7.]

³ Code Théodosien, XIII, 1, 3 : *Homines vestri ac rusticani.... Rusticanos colonosque vestros.* — Code Justinien, XII, 1, 4 : *Senatorum substantiæ et homines eorum.* — Code Théodosien, XVI, 5, 52 : *Homines domus nostræ.* — Sulpice Sévère, dans une lettre écrite à la fin du IVᵉ siècle [et qui lui est attribuée], parle de ses colons ou paysans, qu'il appelle *homines mei, rustici mei* ; *Epistola ad Salvium*, dans la Patrologie latine, t. XX [p. 255, à la suite de l'édit. de Vienne].

⁴ Code Théodosien, VII, 13, 5 et 7 : *Dominus tironis, tironem ex agro est oblaturus.* [*La Gaule Romaine*, p. 292 et suiv. ; *Recherches*, v. 112.

parmi ces colons ou ces affranchis dont nous venons de montrer la condition. Le grand propriétaire gallo-romain donnait une partie de ses hommes pour la défense de l'État, de même que, naguère encore, le grand propriétaire russe livrait au tsar, pour le service militaire, une partie de ses paysans.

CHAPITRE IX

Les classes moyennes.

Toutes les classes que nous avons énumérées plus haut touchaient de quelque façon à la servitude, et les hommes y dépendaient d'un maître au lieu de dépendre de l'État. Plus haut s'élevaient les vrais hommes libres, c'est-à-dire ceux qui étaient exempts de toute sujétion personnelle et n'avaient à obéir qu'aux lois et au prince. A eux seuls convenait le nom de citoyens, *cives*, nom qui resta fort usité et fort honorable durant cette période, et qui signifiait que l'homme n'était soumis qu'à l'autorité publique.

Ces citoyens se partageaient en plusieurs classes fort distinctes. Il s'en faut, en effet, beaucoup que la société romaine fût démocratique. A aucune époque de son histoire, Rome n'aima l'égalité. Jamais ville, au contraire, ne porta plus loin le goût des distinctions sociales.

Dans la République romaine, les rangs étaient déterminés par la richesse. Le point capital de la constitution politique était le cens. Chaque citoyen y faisait la déclaration minutieuse de sa fortune en présence du magistrat, sous le sceau du serment et au milieu des cérémonies les plus redoutables de la religion[1]. Puis, d'après cette déclaration, le magistrat lui assignait son rang dans la société. La pauvreté et la richesse établissaient des différences légales entre les hommes.

Une première ligne de démarcation était tracée entre ceux qui ne possédaient pas le sol et ceux qui le possédaient. Les premiers étaient appelés, dans la langue officielle, du nom de « prolétaires »; les seconds étaient désignés par le mot *assidui* : c'étaient les hommes établis, fixés, ayant racine dans le sol. Ceux-là étaient égaux dans leur pauvreté; ceux-ci avaient une richesse inégale; aussi les partageait-on en cinq classes, suivant les divers chiffres de fortune[2].

Entre ces diverses catégories d'hommes, rien n'était égal, ni les impôts, ni le service militaire, ni les droits politiques. Ils ne se mêlaient entre eux ni à l'armée ni dans les comices. Les prolétaires, exempts d'impôts et dispensés d'être soldats, ne votaient pas non plus dans les assemblées[3]. Entre les cinq classes supérieures, les impôts, le service militaire et l'importance réelle dans les comices étaient proportionnels à la fortune[4].

Il ne faut pas se représenter le peuple romain, au temps de la République, comme une foule confuse. Il est au contraire partagé en un nombre infini de petits cadres, que l'on appelle des curies, des centuries, des

---

[1] Tite Live, I, 42, 43; XXIX, 37. Denys d'Halicarnasse, IV, 15 et 16.

[2] Tite Live, I, 43. Cicéron, *De republica*, II, 22. Aulu-Gelle, VII, 13. — M. Belot, dans son *Histoire des chevaliers romains*, a jeté une vive lumière sur ces distinctions sociales de la République romaine.

[3] Même dans les assemblées par tribus, les prolétaires et les *libertini* n'avaient pas la même valeur que les *ingenui* et les propriétaires.

[4] *Ex quo belli pacisque munia, non viritim, sed pro habitu pecuniarum fierent* (Tite Live, I, 42; cf. XXIX, 37).

tribus, des *collegia*, des corporations, des confréries (*sodalitates*)[1]. Les hommes y sont répartis suivant leur richesse, leur naissance, leur rang, leur profession. Le riche ne coudoie le pauvre nulle part ; le petit laboureur ne se rencontre jamais avec l'artisan ; le forgeron n'a rien de commun avec le potier.

Ces usages et ces institutions passèrent de Rome dans les provinces. Là aussi le cens fut établi ; il eut les mêmes effets qu'à Rome et il détermina les rangs d'une hiérarchie sociale[2].

La dernière classe pour l'importance était celle que l'on appelait, ainsi qu'à Rome, du nom de plèbe. On y distinguait plusieurs éléments. Au degré inférieur étaient les hommes absolument pauvres qui, la plupart du temps, ne vivaient que des secours publics ; le blé leur était distribué gratuitement ou à bas prix ; les magistrats municipaux leur devaient des repas à certains jours de fête ; le pain et les jeux, ainsi qu'à Rome, leur étaient prodigués, et c'étaient les classes élevées qui faisaient les frais de ces largesses. Tout porte à croire que cette partie de la population était peu estimée et s'estimait peu elle-même.

A un rang supérieur se plaçait la population laborieuse. Légalement, elle faisait encore partie de la plèbe ; mais elle se distinguait d'elle par le travail, par la con-

---

[1] *Populus romanus relatus in censum, digestus in classes, decuriis atque collegiis distributus.... Ita est ordinata respublica ut omnia patrimonii, dignitatis, artium officiorumque discrimina referrentur* (Florus, I, 6). Cf. Plutarque, *Vie de Numa*, 17.

[2] Tite Live, *Epitome*, 134. Tacite, *Annales*, I, 31, 33 ; II, 6 ; XIV, 46. Dion Cassius, liv. XLIV. *Liber coloniarum*, édit. Lachmann, p. 218. — Les inscriptions de la Gaule mentionnent fréquemment les *censitores*. Renier, *Mélanges d'épigraphie*, p. 71-72 [*Corpus*, t. XII, n°' 408, 671, 1855]. — La *professio*, qui est si souvent indiquée dans les Codes, rappelle l'ancien *census*. — [Cf. plus haut, p. 56.]

sidération, par l'exercice de quelques droits. Elle s'était organisée, comme à Rome, en corporations. La liberté dans la pauvreté eût été trop précaire; on s'associa pour se soutenir et s'aider réciproquement. Les artisans, dans chaque métier, formèrent une corporation semblable à celles qu'il y avait à Rome[1]. Ces associations, que le gouvernement protégeait et surveillait en même temps[2], assuraient à leurs membres l'indépendance vis-à-vis des classes plus élevées, la sécurité dans le travail et quelque dignité dans l'existence. Chacune d'elles avait, de l'aveu même du gouvernement, ses réunions, ses fêtes, ses banquets sacrés[3], sa bannière qu'on portait avec fierté aux jours de cérémonie[4]. Chacune avait son trésor commun, qu'alimentaient les cotisations ou les legs; elle possédait des biens en terres ou en rentes[5]. Chacune d'elles avait aussi ses chefs; elle les choisissait elle-même en pleine liberté; elle les prenait quelquefois dans son sein, plus souvent au-dessus d'elle, afin qu'ils fussent plus capables de défendre ses intérêts ou de maintenir l'harmonie entre ses membres[6]. Ces associations étaient comme autant de petits États libres qui,

---

[1] *Item collegia Romæ certa sunt, veluti pistorum et quorundam aliorum et naviculariorum, qui et in provinciis sunt* (Gaius, au Digeste, III, 4, 1). — *Hadrianus fabros, perpendiculatores, architectos, genusque cunctum exstruendorum mœnium seu decorandorum in cohortes centuriaverat* (Aurélius Victor, *Epitome*, 14). — *Corpora omnium constituit vinariorum, lupinariorum, caligariorum, et omnino omnium artium* (Lampride, *Alexander Severus*, 33). — Cf. Code Théodosien, XIV, 8, 1.

[2] Digeste, III, 4; XLVII, 22. Les inscriptions mentionnent les *collegia licite coeuntia, quibus est coire ex senatusconsulto permissum*.

[3] Code Théodosien, XVI, 10, 20. Orelli, n° 2417.

[4] Les *vexilla collegiorum* sont signalés par Trébellius Pollion, *Gallieni*, 8; Vopiscus, *Aurelianus*, 34; Eumène, *Gratiarum actio*, 8 [édit. Bæhrens, p. 186].

[5] Digeste, XXXIV, 5, 20 (21). Code Théodosien, XVI, 10, 20. Orelli, n°° 4068, 4135. — Voir E. Levasseur, *Histoire des classes ouvrières*, t. I.

[6] Lampride, *Severus*, 33. Orelli, n°° 3761, 4054, 4083, 7120.

sans faire jamais aucune opposition au gouvernement, administraient eux-mêmes leurs propres affaires.

Comme il y avait des corporations d'artisans, il y en avait aussi de marchands. Celles-ci jouissaient d'une considération proportionnée à leur importance et à leur richesse. Le gouvernement, qui sentait qu'une société ne pouvait pas se passer d'elles, leur accorda des privilèges. Plusieurs d'entre elles, comme celle des *Nautes parisiens*, ont duré plus longtemps que l'Empire. On peut dire même qu'en général ce système des corporations, bienfait de la domination romaine, a survécu à cette domination [1].

Au-dessus de toutes ces classes, qui n'étaient que les divers échelons de la plèbe, s'élevaient les propriétaires fonciers. Il était dans les habitudes de l'esprit romain de considérer la possession du sol comme le bien suprême de l'homme; on y voyait la meilleure satisfaction de ses besoins naturels et de ses intérêts, le gage de sa moralité, l'assurance de sa liberté; on faisait de cette possession la mesure des devoirs politiques de l'homme et de ses droits. Le plus petit propriétaire fut toujours plus estimé que le riche négociant [2].

Les codes, les inscriptions, tous les documents qui

---

[1] [Voir, sur les *Nautes* du Rhône et de la Saône, les corporations d'Utriculaires, etc., de la Gaule Narbonnaise, Hirschfeld, *Corpus*, t. XII, p. 942, et les notices d'Allmer, *Revue épigraphique*.]

[2] On ne connaît pas le détail de l'opération du cens. Plusieurs faits donnent à penser que tous les biens indistinctement n'y étaient pas compris, ou n'y figuraient pas pour leur valeur réelle. Les biens meubles y étaient comptés pour peu de chose. Plusieurs motifs pouvaient faire exclure telle classe d'hommes ou telle nature de biens. On sait, par exemple, que la fortune d'un *libertinus* n'était inscrite qu'à partir d'un certain chiffre. Tite Live, XLV, 15. Dion Cassius, LV, 13. — Les motifs qui faisaient refuser à un homme l'inscription au cens sont indiqués dans un discours de Dion Chrysostome, XXXIV.

marquent l'état social, nous montrent la population des provinces partagée toujours en deux catégories; la première s'appelle la classe des propriétaires (*possessores*), la seconde s'appelle la plèbe (*plebeii*)[1]. Il y eut durant tout l'Empire une distinction essentielle et radicale entre ceux qui avaient la terre et ceux qui ne l'avaient pas. Ce trait de mœurs de la société de l'Empire romain, ainsi que nous le verrons plus tard, a exercé une puissante action sur l'état social de ces temps-là et même des siècles suivants[2].

Il est encore un trait caractéristique de cette époque qu'il ne faut pas négliger. Ce qu'on appelait alors une cité (*civitas*) n'était pas seulement une ville, c'était en même temps un territoire. Ce territoire pouvait être fort étendu, être plus vaste qu'un de nos départements, comprendre plusieurs villes et un grand nombre de villages; il n'en était pas moins une unité municipale : il avait son chef-lieu, son administration, ses magistrats. Comme cette cité comprenait à la fois ville et campagne, ceux qui la composaient étaient aussi bien des hommes de la campagne que des hommes de la ville. Les premiers avaient même une grande supériorité sur les seconds. Ils étaient seuls considérés comme véritables membres du corps municipal, véritables curiales. Pour entrer dans cet ordre il fallait posséder au moins 25 arpents de terre. La bourgeoisie de ce temps-là ne ressemblait donc pas à celle de nos jours ; c'était surtout

---

[1] Ulpien, au Digeste, L, 9, 1 : *Commissum est ordini et possessoribus cujusque civitatis....* — Dans le Code Théodosien (XI, 15, 2), la classe des *potiores id est possessores* est opposée à celle des *inferiores vel plebeii*. De même dans une inscription (Henzen, n° 5171) l'*ordo possessorius* est placé avant le *populus*. Cf. Orelli, n° 3734; Herzog, n° 574; [Hirschfeld, n°ˢ 2459, 2460, 5874].

[2] [Cf. *L'Alleu*, c. 1 et 2.]

une classe de propriétaires ruraux. Peu importait qu'ils eussent leur domicile habituel à la ville ou à la campagne ; mais il était nécessaire qu'ils possédassent une partie du sol de la cité. A cette condition, ils exerçaient tous les droits de citoyen ; ils prenaient part aux assemblées, concouraient à la gestion comme à la jouissance des propriétés communales, et élisaient les magistrats.

Au-dessus des petits propriétaires qui pouvaient n'avoir que 25 arpents, il y avait l'ordre des décurions ; pour y être admis, il fallait posséder un chiffre de fortune assez élevé ; le minimum paraît avoir été, d'après un texte de Pline, de 100 000 sesterces en biens inscrits au cens. Au-dessus des simples décurions s'élevaient encore ceux qu'on appelait les Principaux. On ne sait pas quel chiffre de propriété était exigé pour faire partie de cette classe. Il est hors de doute qu'un homme de peu de fortune n'avait aucun moyen de s'y faire admettre ; s'il eût réussi à s'y glisser, les fortes dépenses qui étaient imposées à cette classe l'eussent empêché d'y figurer longtemps. Tous les degrés sociaux étaient marqués par les chiffres du cens, et à tous ces degrés les devoirs et les droits étaient proportionnés à la richesse[1].

[1] [Cf. plus haut, p. 35-57 : *La Gaule Romaine*, p. 249.]

CHAPITRE X

La noblesse dans l'Empire romain.

[1° SI L'EMPIRE A COMBATTU L'ARISTOCRATIE.]

Avant la domination romaine, il y avait en Gaule une caste noble[1]. César l'appelle l'ordre des chevaliers; elle avait sur la foule la triple supériorité de la naissance, de la richesse et de la force des armes; elle était surtout une noblesse militaire. A côté d'elle et lui disputant le rang suprême, se plaçait la classe sacerdotale des druides. Toutes les deux régnaient d'une façon presque despotique sur la société gauloise, en dépit de quelques efforts que pouvaient faire les classes inférieures pour échapper à leur empire.

La domination romaine eut pour résultat de faire disparaître à la fois ces deux sortes de noblesse. Tant que l'Empire fut debout, la Gaule ne revit ni une aristocratie sacerdotale ni une aristocratie militaire.

Ce n'est pas à dire que ce régime ait tout nivelé. Rome ne connut jamais l'esprit démocratique. Il n'y a pas une seule époque dans sa longue histoire où elle n'ait eu une noblesse.

Le patriciat des premiers âges n'a aucun rapport avec notre sujet : nous n'en parlerons pas. Si l'on se transporte au dernier siècle de la République, vers le temps de Marius ou de Cicéron, on y trouve une aristocratie aussi fortement constituée que l'ancien patriciat

---

[1] [*La Gaule Romaine*, l. I, c. 3.]

et dont nous devons essayer de compter les divers échelons.

Au-dessus des simples citoyens s'élevait, en premier lieu, l'ordre équestre. Il était partagé lui-même en deux classes fort inégales. Tous ceux qui possédaient une fortune évaluée sur les registres du cens à 400000 sesterces, pouvaient se dire chevaliers romains; ils l'étaient par la seule vertu de leur patrimoine et on les appelait *equites equo privato*[1]. A un rang plus élevé étaient ceux qui, possédant une fortune plus considérable ou recommandés par d'autres titres, étaient inscrits par les censeurs sur la liste officielle de l'ordre. Comme ils étaient chevaliers par décret de l'autorité publique, on les appelait *equites equo publico*[2]. Ils étaient réputés fort supérieurs aux précédents.

Dans ce corps lui-même il y avait des inégalités. On distinguait douze centuries de second rang et six de premier rang; celles-ci étaient composées d'hommes de plus haute naissance. Il y avait aussi des chevaliers qui

---

[1] *Quibus census equester erat* (Tite-Live, V, 7). — Cf. Horace, *Épîtres*, I, 1. Pline, *Lettres*, I, 19.

[2] Les mots *equus publicus* ne signifient pas cheval donné par l'État. Nous avons affaire ici à une de ces vieilles expressions de la langue officielle qui n'ont plus leur sens littéral. *Equus* désigne non pas un cheval, mais le rang équestre. *Equus privatus* est le rang équestre attaché au patrimoine; *equus publicus*, le rang équestre assigné par l'État. La langue officielle conservait, comme il arrive presque toujours, les vieilles formes de langage; pour dire : donner ou enlever le rang équestre, on disait *assignare equum, equum adimere*. — *Dare equum* est une expression analogue à *dare vitem* s'appliquant aux centurions; Spartien, *Hadrien*, 10. Un écrivain emploie l'expression *dare honorem equi publici*; Capitolin, *Antonin*, 4. — Deux textes marquent la différence qu'il y avait entre les deux catégories de chevaliers: l'un est du temps de la République, l'autre du temps d'Hadrien. Tite Live (V, 7) parle d'une classe d'hommes qui ne sont pas *pedestris ordinis* (cette dernière classe est signalée plus loin et bien distincte), qui sont par conséquent des *equites*, qui le sont au moins par le cens, *quibus erat census equester*,

avaient le droit d'ajouter à ce titre l'épithète officielle de « splendide » ou d' « illustre »[1].

Venait ensuite l'ordre sénatorial. Pour en faire partie, la première condition était de posséder une grande fortune[2]; la seconde était d'être inscrit sur la liste par les censeurs. On était d'ailleurs désigné à leur choix soit par la naissance, soit par l'exercice des hautes magistratures. La dignité de sénateur était à peu près héréditaire, non en vertu des lois, mais en vertu des mœurs.

Enfin, dans le sein même du sénat, mais au-dessus des simples sénateurs, se plaçaient des hommes que l'on appelait « nobles ». C'étaient ceux qui pouvaient dire que la dignité sénatoriale était ancienne dans leur famille, qui avaient des ancêtres ayant été magistrats, et qui avaient le droit de montrer leurs images et de les faire porter en procession sur les chars sacrés, dans les cérémonies funéraires ou dans les pompes triomphales[3]. On calcu-

---

mais à qui le rang de chevalier public n'avait pas été assigné, *equi publici non erant assignati*. Une sentence de l'empereur Hadrien, rapportée par Dosithée, montre que l'on pouvait posséder *facultatem equestris dignitatis*, c'est-à-dire le chiffre de fortune requis pour être chevalier, et avoir encore besoin de solliciter *equum publicum*, c'est-à-dire l'inscription sur la liste des chevaliers d'État (Dosithée, *Sentences d'Hadrien*, dans Bœcking, *Corpus juris antejustiniani*, p. 205).

[1] Cicéron, *De finibus*, II, 18; *In Verrem*, II, 28. Tite Live, XXX, 18. Tacite, *Annales*, II, 59; IV, 58; XI, 4 et 35; XV, 28. Orelli, n°ˢ 140 et 3051.

[2] *Patrimonium senatoriæ professionis*, Spartien, *Hadrianus*, 7.

[3] Sur le droit d'image et l'extrême importance qui s'y attachait, on peut voir : Cicéron, *Pro Rabirio Postumo*, 7; *In Verrem*, V, 14; *In Rullum*, II, 1; Polybe, VI, 53; Pline, *Histoire naturelle*, XXXV, 2; Vitruve, VI, 3, 6. Ces images étaient des objets sacrés et comme des idoles auxquelles on offrait des sacrifices (Dion Cassius, LVIII, 4 et 7; LIX, 27; LX, 5). — On comptait les images à Rome à peu près comme dans la noblesse moderne on comptait les quartiers, avec cette différence que les membres de la famille qui n'avaient été revêtus d'aucune dignité ne figuraient pas dans la série. Cet usage de calculer les images des ancêtres explique l'expression de Tite Live [I, 34] : *Ancum nobilem una imagine Numæ*, et celle de

lait le degré de noblesse d'après le nombre de ces images. On distinguait aussi ceux qui n'avaient parmi leurs ancêtres que des préteurs, et ceux qui comptaient des consuls et des censeurs. Ces inégalités étaient marquées dans les séances et les délibérations du sénat, comme elles l'étaient dans la vie privée.

Telle était l'échelle sociale au temps de la République. On peut voir dans les discours et dans les lettres de Cicéron quel sentiment de dédain chacune de ces classes professait pour celle qui lui était immédiatement inférieure[1]. On y peut voir aussi quel mélange de respect et d'envie chaque classe avait dans le cœur à l'égard de celle qui était immédiatement au-dessus d'elle.

On doit encore faire cette remarque que dans toute l'histoire de Rome il n'y eut jamais aucun effort sérieux pour détruire cette hiérarchie. C'est se faire une idée fort inexacte des tribuns du peuple que de les regarder comme des démocrates. Ils combattirent le patriciat, mais ce fut pour élever à sa place cette aristocratie que nous venons de décrire, et ils ne cessèrent jamais d'en

---

Suétone : *Balbus multis in familia senatoriis imaginibus* (Suétone, *Auguste*, 4).

[1] L'adversaire de Célius lui reprochait en plein tribunal de n'être que le fils d'un chevalier romain : *Equitis romani esse filium criminis loco poni ; objectus est pater quod parum splendidus* (Cicéron, *Pro Cælio*, 2). — De même l'adversaire de Muréna lui reprochait son peu de naissance et vantait sa propre race : *Contempsisti Murenæ genus, extulisti tuum* ; Cicéron défend son client en prouvant qu'il est d'une famille prétorienne (Cicéron, *Pro Murena*, 7). — Le tribun Rullus se vantait devant le peuple d'être un noble, et Cicéron, pour lui enlever les suffrages populaires, insinuait que cette noblesse était fausse : *Tentavit patientiam vestram cum se nobilem esse diceret* (*In Rullum*, II, 7). — Ce trait des mœurs romaines est marqué en beaucoup d'autres passages de Cicéron ; on le retrouve dans Tite Live, Horace, Ovide. — Voir le discours de Marc-Antoine au peuple après la mort de César ; il commence par un éloge de la noblesse du dictateur (Dion Cassius, XLIV, 57).

être les soutiens. La plupart des tribuns appartenaient à la noblesse ou aspiraient à en faire partie[1].

Le principe de l'inégalité était la richesse plus que la naissance. C'étaient, avant tout, les chiffres du cens qui déterminaient les rangs[2]. L'esprit romain ne comprenait ni qu'un homme pauvre pût appartenir à l'aristocratie, ni qu'un homme riche n'en fît pas partie. Cependant la naissance ne laissait pas d'être fort appréciée. Pour que la richesse eût tout son prestige aux yeux d'un Romain, il fallait qu'on la tînt d'héritage. Elle était d'autant plus respectable qu'on la voyait attachée à une famille depuis un plus grand nombre de générations. Cette société, qui avait le culte de la richesse, tenait pourtant en mépris les parvenus. La règle était que les hommes s'élevassent les uns au-dessus des autres en proportion de l'ancienneté de leur fortune. Il est donc vrai que cette aristocratie était accessible à tous, mais il faut ajouter qu'on y parvenait lentement. L'avancement était réglé par des lois sévères; il fallait monter de degré en degré, sans qu'il fût permis d'en franchir plus d'un. L'ambition et le travail de toute une existence s'employaient à élever sa famille d'un échelon.

Les lois de cette République romaine étaient démocratiques; mais Rome était gouvernée par ses mœurs

---

[1] Les plus ardents adversaires des Gracques furent des tribuns. Les Gracques eux-mêmes étaient des nobles (cf. *Les Origines du système féodal*, p. 211). Cicéron parle d'un tribun de son temps, qu'il qualifie de très noble, *Cn. Domitium, tribunum plebis, virum nobilissimum* (*In Rullum*, II, 7), et qui appartenait, en effet, à une famille consulaire Rullus, auteur d'une loi agraire qui n'avait rien de démocratique, appartenait à la noblesse : il était un Servilius.

[2] *Senator censu legi, judex fieri censu* (Pline, *Histoire naturelle*, XIV, 1). — *Distinctos senatus et equitum census, ut locis, ordinibus, dignationibus antistent* (Tacite, *Annales*, II, 33).

et non pas par ses lois[1]. Or les mœurs étaient aristocratiques. Le peuple avait autant de respect pour les nobles que les nobles avaient d'orgueil vis-à-vis du peuple. Dans les comices, les suffrages étaient en la possession des riches, c'est-à-dire de ceux qui étaient nobles ou en chemin de le devenir[2]. Pour obtenir les magistratures, il fallait d'abord être riche, parce qu'elles coûtaient fort cher; il était même presque indispensable d'être noble. Ne croyons pas que les candidats eussent l'habitude de flatter le peuple en lui parlant un langage démocratique. Ils lui plaisaient bien davantage en lui rappelant leurs ancêtres et en déroulant leur généalogie. On faisait assaut de noblesse sous ses yeux. Le meilleur titre qu'on pût invoquer pour être consul était qu'on avait un père qui l'avait été[3]. En vain se trouva-t-il quelques tribuns de loin en loin qui soutinrent qu'il fallait préférer le mérite à la naissance. La vénération du peuple pour les grandes familles était plus forte que leurs discours, et il consentait rarement à donner ses suffrages à celui qu'on appelait un « homme nouveau ».

Vint ensuite l'Empire : l'inégalité disparut en politique; elle subsista tout entière dans les mœurs. La société continua à se partager en classes superposées l'une à l'autre. Les historiens parlent sans cesse de la noblesse, de l'ordre équestre, de la plèbe[4]. Au théâtre

---

[1] [Cf. *Les Origines du système féodal*, p. 224.]

[2] Il est assez connu que, dans les deux derniers siècles de la République romaine, les suffrages s'achetaient. Voir Cicéron, *Pro Cluentio*, 27; *Pro Plancio*, 19; *Ad Atticum*, IV, 15; Tite Live, *Epitome*, 69.

[3] Voir le *Pro Murena*, le *Pro Plancio*, les lettres de Cicéron.

[4] *Nobilitas* (Pline, *Panégyrique*, c. 9). — *Nobilitas, eques, vulgus* (Tacite, *Histoires*, I, 88-89). — *Honores cuicumque nobili debitos* (Tacite, *Annales*, III, 5). — *Nobilis femina* (ibidem, XI, 12). — *Maximinus ob humilitatem generis a nobilitate contemnebatur* (Jules Capitolin, *Maxi-*

et dans les jeux du cirque chaque homme avait sa place marquée suivant son rang ; les chevaliers n'avaient pas plus le droit de se mêler aux sénateurs que les plébéiens aux chevaliers. Regardez la population romaine assistant à une cérémonie ou à une pompe funéraire ; ce n'est jamais une foule : en tête marchent les sénateurs, puis vient l'ordre équestre, et la plèbe suit rangée par classes [1].

Les familles romaines avaient leurs tableaux généalogiques [2]. Juvénal nous montre les nobles de Rome fiers du vieux sang qui coule dans leurs veines et étalant, aux jours de procession, sur les chars sacrés, les images de leurs ancêtres, images d'autant plus vénérées qu'elles sont plus antiques et plus mutilées par le temps. Tacite, qui appartient à l'aristocratie et qui écrit pour elle, parle avec un singulier dédain de tout ce qui n'est pas noble [3]. C'est basse naissance à ses yeux d'être seulement un chevalier. Quand il nous présente un personnage, il oublie rarement de nous dire le rang qu'avaient son père et son aïeul [4]. Le passage d'un homme du

---

minus, 8). — *Balbinus, familiæ vetustissimæ, nobilissimus* (ibidem, 2 et 7). — Οἱ εὐγενεῖς, οἱ εὐπατρίδαι (Hérodien, I, 8 ; III, 5).

[1] Voir la dédicace du Capitole, dans Tacite, *Histoires*, IV, 53 ; les funérailles de Pertinax, dans Dion Cassius, LXXIV, 4 et 5 ; le triomphe de Gallien, dans Trébellius Pollion, c. 8.

[2] *Plena imaginibus domus Scribonia* (Tacite, *Annales*, II, 27).

[3] Tacite, *Annales*, VI, 39 ; III, 29 ; IV, 21.

[4] *Piso nobilis utrinque* (*Histoires*, I, 14) ; *Galbæ vetus nobilitas* (ibidem, I, 49) ; *claritas natalium* (ibidem) ; *patris consulatus, censuram* (ibidem, I, 52) ; *Volusio vetus familia, neque tamen præturam egressa ; ipse consulatum intulit* (*Annales*, III, 30.) — *Vinicius, patre atque avo consularibus, cætera equestri familia*, « Vinicius n'avait que deux degrés de noblesse sénatoriale, son arrière-grand-père n'était qu'un chevalier » (*Annales*, VI, 15). — *Virginius equestri familia*, « Virginius n'était que d'une famille équestre » (*Histoires*, I, 52). — *Cassius Severus sordidæ originis* (*Annales*, IV, 21). — *Capito, avo centurione, patre prætorio* (ibidem, III, 75).

rang équestre au rang sénatorial lui paraît un événement digne de remarque, et il signale comme un scandale l'élévation d'un *libertinus* au rang équestre. Son livre est plutôt l'histoire des familles que celle de la société. Sa langue même est aristocratique et hautaine, et le mot « honnêtes gens » a sous sa plume le même sens que sous celle du duc de Saint-Simon.

Les distinctions sociales étaient marquées par des signes extérieurs. Un sénateur se reconnaissait à la large bande de pourpre brodée sur sa toge, un chevalier à son anneau d'or. A chaque classe appartenait un titre particulier : les sénateurs avaient droit à celui de *clarissimus*; les chevaliers à celui d'*egregius* ou à celui d'*illustris*[1]. Ne pensons pas que ces titres n'aient pris naissance que dans le Bas-Empire; très employés au temps de Trajan et de Marc-Aurèle, ils étaient déjà en usage au temps de Cicéron.

Les rangs et les titres étaient héréditaires. Sous la République, il avait été presque impossible que le fils d'un sénateur ne succédât pas à son père. Il en fut de même sous l'Empire. Auguste voulut que les fils de sénateurs assistassent, dès leur première jeunesse, aux séances du sénat et fissent ainsi l'apprentissage des fonctions qu'ils ne pouvaient manquer d'avoir à remplir un jour[2]. Nous avons des lois du temps des Antonins qui montrent clairement que la dignité sénatoriale se transmettait avec le sang[3]. La noblesse se communiquait

---

[1] Orelli, n°° 784, 3413, 3764, 4040. Henzen, n°° 5315, 6909. [*Corpus*, t. XII, n°° 3165, 3170.] Tacite, *Annales*, IV, 58; XI, 4 et 35; XV, 28. — En s'adressant à un consul ou à un préteur, on disait : *Vir clarissime* (Pline, *Lettres*, VII, 33. Aulu-Gelle, XV, 5; I, 2; II, 2). — Cf. Digeste, XXVII, 9; VI, 1, 52; VI, 21, 4; L, 16, 100 : *Clarissimas personas*.

[2] Suétone, *Auguste*, 38.

[3] Paul, au Digeste, I, 9, 6 : *Senatoris filius est et is quem in adop-*

même aux femmes. La femme d'un sénateur était *clarissima* et celle d'un chevalier de premier rang était *illustris* ou *splendida*[1]. Le titre restait aux veuves. Il passait aux fils dès leur naissance[2], et les filles le gardaient à la condition de ne pas déroger en épousant un homme d'une classe inférieure[3]. Les lois, aussi bien que les mœurs, interdisaient les mésalliances[4]. Tout ce qui touchait à la préséance était jugé fort important : le jurisconsulte Ulpien a dû examiner si la femme d'un consulaire avait le pas sur un préfet du prétoire[5].

L'esprit aristocratique était trop puissant dans cette société pour qu'il fût possible aux empereurs de se montrer aussi démocrates que quelques-uns d'entre eux auraient voulu l'être. Les mêmes conditions d'avancement qui avaient été établies sous la République furent observées, à peu de différence près, sous l'Empire. Le prince désignait les magistrats, mais il était à

---

tionem accepit. A senatore in adoptionem filius datus ei qui inferioris dignitatis est, quasi senatoris filius videtur, quia non amittitur senatoria dignitas adoptione. Cf. Ulpien, au Digeste, I, 9, 5 et 7. — Code Justinien, XII, 1, 11 : *Cum paternos honores invidere filiis non oporteat, a senatore vel clarissimo susceptum in clarissimatus sciendum est dignitate mansurum.*

[1] Ulpien, au Digeste, I, 9, 8 : *Feminæ nuptæ clarissimis personis clarissimarum personarum appellatione continentur.* — Ibidem, L, 16, 100 : *Clarissimas personas utriusque sexus.* — Suétone, *Othon*, 1 : *Alba Terentia, splendida femina.* — Tacite, *Annales*, XI, 15 : *Feminæ illustres.* — *Senatores utriusque sexus* (saint Augustin, *De moribus Ecclesiæ catholicæ* [liv. I, c. 35, § 77]). — Symmaque, *passim*.

[2] On a des inscriptions tumulaires où l'on voit que des enfants portaient le titre de *clarissimus puer, clarissima puella, puella equestris memoriæ* (L. Renier, *Mélanges d'épigraphie*, p. 214 et 289; Orelli, nᵒˢ 3053, 3764; Henzen, nᵒˢ 5315, 6419, 6909, 7121); [*Corpus*, XII, nᵒˢ 137, 675, 2599, 1524, 5804].

[3] Ulpien, au Digeste, I, 9, 8 : *Feminis dignitatem clarissimam parentes tribuunt, donec plebeii nuptiis fuerint copulatæ.*

[4] Digeste, XXIII, 2, fragm. 16, 23, 27, 32, 44.

[5] Ulpien, au Digeste, I, 9, 1.

peu près obligé de les choisir dans les hautes classes[1]. Les honneurs étaient aussi recherchés à cette époque qu'ils l'avaient été sous la République. Ils ne donnaient plus le pouvoir, mais ils donnaient le rang, qui, aux yeux de la plupart des hommes, a plus de prix que le pouvoir. Être édile, préteur, consul, était encore la plus haute ambition des hommes[2]. Ces magistratures étaient à peu près héréditaires ; les empereurs, sauf quelques exceptions qui faisaient scandale, n'osaient pas les conférer à leurs courtisans ou à leurs serviteurs intimes, et ils les réservaient aux hommes des grandes familles. « Il est naturel que le fils d'un consul soit consul à son tour ; cela lui est dû : cette dignité, il l'a déjà méritée par le seul éclat de sa naissance. » C'est un contemporain de Trajan qui parle ainsi dans un discours officiel[3]. Les contemporains de Marc-Aurèle furent surpris qu'il eût donné le consulat à Pertinax ; ce n'était pas que cet homme manquât de mérite, mais il manquait de naissance[4].

---

[1] *Mandabat honores nobilitatem majorum spectando* (Tacite, *Annales*, IV, 6). — Il fallait être fils de sénateur pour obtenir les magistratures inférieures du *vigintivirat*, par lesquelles on passait pour arriver aux plus hautes.

[2] Cela ressort des nombreuses inscriptions qui relatent le *cursus honorum*. — Voir aussi Pline, *Panégyrique*, 69 ; Ausone, *Gratiarum actio*, et les *Panegyrici veteres*, passim. — *Ab ætate puerili ad hanc usque caniliem consulatus amore flagravi*, dit Mamertin, dans son Remerciment à Julien, c. 17. Ces mêmes sentiments sont attestés par Ausone, par Rutilius, par Sidoine Apollinaire. Les empereurs ne cessèrent de déclarer que le consulat était la première de toutes les dignités : *Diversa culmina dignitatum consulatui cedere decernimus ; consulatus præponendus est omnibus fastigiis dignitatum* (Code Théodosien, VI, 6, 1). — Les consulaires eurent toujours le pas sur les préfets du prétoire (Digeste, I, 9, 1).

[3] *Non debitum hoc illi ? Non vel sola generis claritate promeritum ?* (Pline, *Panégyrique*, c. 58). — *Juvenibus clarissimæ gentis debitum generi honorem offerres* (ibidem, c. 69).

[4] Dion Cassius, LXXI, 22.

Les empereurs employaient, à la vérité, des hommes de bas étage dans les bureaux de leur administration centrale ou pour la gestion de leurs affaires personnelles. C'est que tous ces emplois étaient réputés peu honorables et qu'il n'y fallait que des serviteurs. Ils se gardaient, en général, de confier à cette sorte d'hommes les hautes fonctions administratives et le gouvernement des provinces. Tout cela était réservé à la noblesse, au sénat, pour le moins à l'ordre équestre; même dans les armées, les grades furent, durant les deux premiers siècles de l'Empire, l'apanage presque exclusif des hautes classes. Aux chevaliers appartenaient de plein droit les commandements d'escadron et de cohorte; aussi les obtenaient-ils dès l'âge de dix-huit ans[1]. Pour commander une légion, il fallait être sénateur[2]. Pour être chef d'armée, il était presque indispensable d'être de rang consulaire[3].

On est souvent tenté de croire que le sénat de l'Empire n'avait ni importance ni considération. Les écrivains de ce temps-là le présentent, au contraire, comme un corps toujours honoré et souvent puissant. Tacite dit en propres termes qu'une partie du gouvernement

---

[1] Orelli, n°⁸ 3050, 3052. L. Renier, *Mélanges d'épigraphie*, p. 232. — Suétone, *Auguste*, 38; *Claude*, 25; *Othon*, 10. — Velléius, II, 76, 101, 111.

[2] Le commandement d'une légion n'était confié qu'à d'anciens préteurs (L. Renier, ibidem, p. 78); or les préteurs étaient membres du sénat.

[3] Voir L. Renier, *Mélanges d'épigraphie*, p. 78. — On reprochait à Commode d'avoir le premier enlevé le commandement des armées aux sénateurs pour le donner à des hommes qui n'avaient que le rang équestre (Lampride, *Commode*, c. 6). — Plus tard, quelques empereurs, comme Gallien, voulurent écarter les sénateurs de l'armée; cf. Wilmanns, *De præfecto legionis*, dans l'*Ephemeris epigraphica*, 1872, p. 102. Mais il y a beaucoup d'exemples qui montrent que cette exclusion fut loin d'être absolue.

reposait sur lui[1]; on l'appelait le conseil public de l'Empire; les jurisconsultes ne cessèrent jamais de le regarder comme la vraie source de la loi. C'est qu'il était la réunion de tout ce qu'il y avait de plus riche et de plus brillant dans l'Empire. Il était l'aristocratie même, en un temps où les mœurs étaient aristocratiques. Aussi les respects des hommes ne lui manquèrent-ils à aucune époque; sous Théodose comme sous Auguste, il était l'objet de la vénération publique[2].

Les empereurs eurent une double politique à son égard : les uns lui prodiguèrent les marques de déférence, les autres le poursuivirent de leur haine. Les premiers assistaient exactement à ses séances, siégeaient au milieu de lui, non comme présidents, mais comme simples membres, faisaient leurs propositions et laissaient souvent la décision au sénat; ainsi firent Auguste, Tibère, Claude, Vespasien, Trajan, les Antonins et beaucoup d'autres[3]. Les seconds, comme Néron, Domitien, Commode, Caracalla, lui firent la guerre; ils

---

[1] *Senatus cui aliqua pars et cura reipublicæ* (Tacite, *Histoires*, I, 50). — Un préfet du prétoire était au-dessous du rang d'un sénateur (Lampride, *Commode*, 4). Cf. Digeste, I, 9, 1. — Voir la thèse latine de M. Bloch, p. 84-85.

[2] Voir le début du Code Théodosien. — [Lécrivain, *Le sénat romain depuis Dioclétien*, 1888.]

[3] Jules Capitolin dit de Marc-Aurèle, c. 10 : *Semper interfuit senatui, neque umquam recessit de curia nisi consul dixisset : Nihil vos moramur, Patres Conscripti*. Tacite et Dion Cassius donnent à entendre la même chose de la plupart des empereurs. On voit souvent les princes faire des propositions, prononcer des discours, comme simples membres du sénat (voir un exemple au Digeste, XXIV, 1, 32). Ils s'honoraient d'être sénateurs, comme plus tard les rois de France s'honorèrent d'être gentilshommes; *nostri ordinis*, dit Claude dans son discours au sénat [l. 57, tables de Lyon]. Honorius dit de même : *Cœtum amplissimum cujus consortio gratulamur* (Code Théodosien, XII, 1, 180). *Jus senatorum et auctoritatem ejus ordinis, in quo nos ipsos numeramus*, dit l'empereur Julien (Code Justinien, XII, 1, 8).

voulurent l'affaiblir et l'humilier ; ils firent tous leurs efforts pour briser ce corps aristocratique. Ils le décimèrent par des supplices, mais ils ne purent rien de plus. Leur haine se heurta contre une force invincible, celle des mœurs. Les règles de la hiérarchie sociale se trouvèrent au-dessus de leur pouvoir. Ils purent enrichir sans mesure leurs serviteurs ; ils ne purent pas en faire des nobles. Si loin qu'allât la docilité de l'aristocratie, elle n'alla jamais jusqu'à admettre dans son sein les affranchis des Césars.

Si l'on observe la politique impériale dans son ensemble et sans tenir compte de quelques exceptions, on verra qu'elle ne tendit pas à faire disparaître l'inégalité. Elle s'attacha, au contraire, à maintenir les distinctions sociales[1]. Les lois d'Auguste et de Tibère, celles des Antonins, celles des princes chrétiens du iv° siècle, veillèrent également à ce que les rangs ne fussent jamais confondus. Jusqu'aux derniers temps de l'Empire, nous voyons la législation marquer les limites entre les classes ; il y a des lois qui interdisent aux commerçants d'aspirer aux dignités qui doivent être le partage de la noblesse[2]. Le législateur ne cesse de rappeler aux hommes la règle d'hérédité qui attache chacun à sa classe et qui ne permet de s'élever à la classe supérieure que sous des conditions rigoureusement déterminées. L'esprit aristocratique, qui régnait déjà au milieu des institutions républicaines, ne s'est pas affaibli sous l'Empire.

Une étude quelque peu attentive des écrivains du iv° et du v° siècle, comme Ammien, Symmaque ou Sidoine Apollinaire, et mieux encore une étude des Codes romains

[1] Voir ce que dit Pline dans le *Panégyrique de Trajan*, c. 69 : *Cæsar, cujus est (hæc vis?) ut nobiles et conservet et efficiat.*
[2] Code Justinien, XII, 1, 6.

ou de la *Notitia dignitatum imperii*, montrent une société où les rangs étaient bien marqués, et l'on y peut même distinguer plusieurs sortes d'aristocratie.

[2° L'ARISTOCRATIE DES FONCTIONNAIRES.]

Une première aristocratie se composait des personnages qui entouraient le prince ou qui participaient à son autorité. Les textes nous montrent une classe d'hommes qu'ils appellent du nom de *proceres*. Le mot signifie d'une manière générale les grands ; mais au iv° siècle nous ne le trouvons appliqué qu'aux hommes de l'entourage de l'empereur. C'est ainsi que les lois parlent « des *proceres* du Palais sacré[1] ». C'est ainsi encore que, dans une formule, nous lisons que le prince peut créer des *proceres* par diplôme, et que ces *proceres*, s'ils n'exercent pas réellement les hautes fonctions, en portent au moins les titres[2]. Ce sont en général des préfets du prétoire, des ministres, ou des dignitaires du Palais. Ils jugent avec le prince dans son *auditorium* ; ils délibèrent avec lui dans son *consistorium*. Ces grands sont quelquefois désignés [aussi] par les termes de *primates* ou de *optimates*[3].

Viennent ensuite, un peu au-dessous des « grands »,

---

[1] Loi de Théodose II et de Valentinien III, de 425, au Code Justinien, I, 14, 2 : *Florentissimorum sacri nostri palatii procerum.* — Loi de Justinien, au Code Justinien, I, 14, 8 : *Proceribus nostri palatii.* — Ammien, XXIX, 2, 5, parle de Bassianus, *procerum genere natus* ; or cet homme était fils d'un préfet du prétoire, et était lui-même un fonctionnaire.

[2] Cassiodore, VI, 10 : *Formula qua per codicillos vacantes proceres fiant.*

[3] Idem, VI, 10. Ammien, XV, 5, 18. — Cf. les *summi in palatio viri* Lampride, *Alexander*, 19, 5)

ceux qu'on appelle les *comtes*. Le sens littéral du mot était compagnon. Déjà les premiers empereurs avaient eu leurs « compagnons » ou « amis », *comites* ou *amici Cæsaris*. Il est possible que ces mots eussent d'abord présenté l'idée d'un lien personnel d'amitié ou de vie commune; mais ils n'avaient pas tardé à prendre un autre sens. Nous voyons dans Jules Capitolin que l'on pouvait être *amicus Cæsaris* en étant détesté de César et en le détestant, et tout en restant fort éloigné de sa personne[1]. Être ami de César était une dignité, un titre, un rang dans l'Empire.

Cette noblesse de cour était déjà presque organisée au temps de Tibère. Suétone nous montre que ce prince distribua ses *comites* en trois catégories ou trois degrés; ceux des deux premiers rangs avaient en même temps le titre d'*amici*. Le même passage de l'historien donne à croire qu'en général un traitement était attaché à ce titre de comte[2].

Peu à peu le titre d'ami tomba en désuétude; peut-être sembla-t-il trop orgueilleux pour un sujet. Celui de compagnon ou comte subsista et prit de plus en plus d'importance. On le rencontre fréquemment dans les inscriptions. Le Recueil d'Orelli nous présente [entre autres], sous Vespasien, un personnage qui a été « comte de l'empereur[3] »; un autre a été « comte de l'empereur », *comes Augusti*, au temps des Antonins[4];

---

[1] Jules Capitolin, *Maximin*, 4. — *Erat quidam senator, in civitate Nicomedia, amicus imperatoris* (sous Maximien); *Vita sanctæ Julianæ*, 1, *Acta Sanctorum*, février, II, p. 875. — [Nous reviendrons sur ce sujet dans le volume sur *Les Origines du système féodal*, p. 227 et suiv.]

[2] Suétone, *Tibère*, 46. — Lampride parle encore de *amici primi, secundi loci, inferiores* (Lampride, *Alexander*, 20, 1).

[3] Orelli-Henzen, n° 3139.

[4] Ibidem, n° 6051.

un troisième est qualifié « comte de Sévère [et de son fils Antonin] », *comes Severi [et Antonini]*[1]; un quatrième est « comte des empereurs », *comes Augustorum*, au temps où règnent Constance et Constant[2]; un autre est dit « comte de nos maîtres les empereurs [et les césars] », *comes dominorum nostrorum Augustorum [et Cæsarum]*[3]; il en est un qui a le titre de « comte ayant entrée au consistoire », *comes in consistorio*, sous Constantin[4]; on en voit enfin sous Théodose qui ont simplement le titre de comte, *comes*, sans nulle autre désignation[5].

Les inscriptions témoignent même que la distinction des trois rangs de comtes, qui paraît avoir commencé sous Tibère, a été toujours maintenue. Nous trouvons des *comites ordinis primi*[6], des *comites ordinis secundi*[7], des *comites ordinis tertii*[8]. Nous rencontrons des personnages qui ont été d'abord comtes de second ordre et qui à la fin de leur carrière sont devenus comtes de premier ordre[9]. Les mêmes faits se présentent chez les écrivains. Nous voyons, par exemple, qu'Ausone, précepteur de Gratien, a obtenu comme récompense de son préceptorat le titre de comte, *nomen comitis*[10]. Dans Ammien

---

[1] Orelli-Henzen, n° 3652.
[2] Ibidem, n° 6475.
[3] Ibidem, n° 2284.
[4] Ibidem, n° 2285.
[5] Ibidem, n°° 1128 et 3764. [On pourrait multiplier ces exemples à l'infini; cf. comme inscriptions les plus connues celles qui sont relatives] Q. *Claudio Frontoni.., comiti divi Veri Augusti* (*Corpus inscriptionum latinarum*, III, n° 1457), et *C. Saturnino..., comiti domini nostri Constantini* (ibidem, VI, n° 1704; Wilmanns, n° 1223).
[6] Ibidem, n°° 3161, 3191, 6473, 6916.
[7] Ibidem, n° 3185.
[8] Ibidem, n° 1187.
[9] Ibidem, n°° 3184, 3672, IV° siècle.
[10] Ausone, t. II, p. 260; t. I, p. 22 [édit. Corpet; *Syagrio*, v. 35; *Gratiarum actio*, c. 3, § 11: édit. Schenkl].

Marcellin, nous voyons l'empereur Constance, au moment où il envoie un certain Lauricius comme gouverneur d'une province difficile, lui conférer la dignité de comte, *adjecta comitis dignitate*[1]. Le même historien mentionne « un certain comte Libino[2] ». Un autre personnage, à qui l'on demande son titre, répond : « Je suis comte de l'empereur Valentinien », *comes sum Valentiniani imperatoris*[3]. Symmaque emploie dans ses lettres des expressions comme celle-ci : « Cyriades, comte clarissime »[4]. Rutilius Namatianus félicite son ami Victorinus d'avoir été nommé comte et attaché à la cour[5]. Enfin les lois elles-mêmes signalent ce qu'elles appellent « la comté de premier rang », *comitiva primi ordinis*[6], et attestent l'usage de conférer le titre de comte après l'exercice de quelques hautes fonctions[7].

Personne ne peut supposer que cette expression de comte eût le même sens qu'elle devait avoir au moyen âge ; elle ne désignait certainement pas un seigneur possédant un territoire nommé comté. La *comté* n'était alors qu'une simple dignité, et le comte n'était qu'un dignitaire de la cour[8].

---

[1] Ammien, XIX, 13.
[2] Idem, XXI, 3 : *Libinonem quemdam comitem*.
[3] Idem, XXIX, 5.
[4] Symmaque, V, 76 ; cf. VI, 12 : *Viri excellentissimi comitis*. — Dans les *Acta S. Tatianæ*, sur l'époque d'Alexandre Sévère : *Ministri autem Satanæ erant viri pessimi, Vitalis quidam habens dignitatem comitis et Bassus cubicularius et Caius domesticus*; *Acta*, janvier, t. II, p. 2.
[5] *Illustris nuper sacræ comes additus aulæ*, Rutilius, v. 507.
[6] Code Théodosien, VI, 13, 1.
[7] Ibidem, XII, 1, 75. Voir [le commentaire de Godefroi et] Lydus, p. 106.
[8] La cour s'appelait *comitatus*; Lampride, *Alexander*, 15 : *Alexander purgavit palatium suum comitatumque abjectis ex aulico ministerio cunctis infamibus*. Symmaque, IV, 9 : *Pervectus ad comitatum domini nostri Honorii*; IX, 8 : *Me in sacro comitatu hactenus fuisse didicisti*. Ausone écrit à Symmaque [*Epistulæ*, 17] : *Dum in comitatu degimus*

Il existait encore dans l'Empire d'autres titres de noblesse. L'Empire avait toute une hiérarchie d'épithètes qui étaient comme les décorations de son aristocratie et qui en marquaient les rangs. En tête était le titre de *patrice*, que Constantin avait institué, titre très rarement accordé et qui était le couronnement des plus brillantes carrières administratives ou militaires[1]. Puis venaient, en suivant l'ordre descendant, les titres d'homme *illuster*, de *spectabilis*, de *clarissimus*, de *perfectissimus*, de *egregius*. Il est hors de doute que ces mots avaient une grande valeur aux yeux des hommes; on en a la preuve dans les inscriptions[2] et dans les lettres. Sur le tombeau d'un grand personnage il était de règle de graver celui de ces noms auxquels il avait eu droit. Celui qui écrivait à un *vir illuster* devait l'appeler « Votre Excellence », *Excellentia Tua* ou *Vestra*, « Votre Hautesse », *Vestra Altitudo*; à d'autres on disait : *Vestra Spectabilitas*, *Vestra Celsitas*[3]. Cette obligation était même écrite dans la loi, et la négligence sur cet article était un délit punissable[4].

Ce qui caractérise ces titres de noblesse, c'est qu'ils étaient attachés aux fonctions publiques. Étaient « hommes illustres », vers l'an 400, les préfets du prétoire, les consuls, le *magister officiorum*, les *comites largitionum* et *rerum privatarum*, le *præpositus sacri*

---

ambo (dans les lettres de Symmaque, I, 32). — [Cf. *Les Origines du Système féodal*, p. 232.]

[1] Zosime, II, 40; Symmaque, IV, 8; Cassiodore, *Variarum*, VI, 2; Code Théodosien, XI, 1, 1.

[2] Voir les recueils épigraphiques [et plus haut, p. 160].

[3] Voir les lettres de Symmaque. — Ausone écrit *Vestra Nobilitas* à un préfet du prétoire. Ausone, *Lettres*, 16, t. II, p. 210. — Les empereurs eux-mêmes écrivaient à un préfet du prétoire *Sublimitas Tua* ou *Tua Magnificentia* (Symmaque, X, 72 et 77).

[4] Code Justinien, I, 48, 2.

cubiculi[1], etc. Étaient *spectabiles* les vice-préfets, les ducs, les chefs de bureaux, *magistri scriniorum*. Le titre de *clarissime* paraît avoir été réservé aux sénateurs. Les gouverneurs de provinces étaient [d'ordinaire] *perfectissimes*. Les services rendus dans les fonctions inférieures étaient récompensés par le titre de *egregius*.

Ce n'était donc là, au fond, qu'une noblesse de fonctionnaires; en d'autres termes, c'était un fonctionnariat noble. Cette noblesse émanait uniquement de l'autorité impériale; elle en était comme le rayonnement. Elle n'était pas héréditaire; elle était donnée à chacun par le prince. Elle conférait certains privilèges en matière de juridiction et d'impôts; mais elle ne donnait aucun droit vis-à-vis du prince et n'assurait aucune indépendance. On sent assez qu'elle n'avait rien de féodal. Il était pourtant nécessaire d'en marquer l'existence, car elle devait survivre pendant quelque temps à l'Empire romain et durer une partie du moyen âge.

[3° L'ARISTOCRATIE DES GRANDS PROPRIÉTAIRES.]

A côté de cette aristocratie de fonctionnaires et de courtisans, il en existait une autre, moins brillante peut-être et moins en vue, mais peut-être plus forte.

Ce n'est pas qu'il n'arrivât fréquemment qu'un personnage figurât à la fois dans les deux catégories; mais la différence entre ces deux sortes d'aristocraties était

---

[1] Voir la *Notitia dignitatum*. Il est presque impossible d'établir nettement cette division, parce que les choses ont varié; nous ne pensons pas qu'il y ait eu des règles absolument fixes. On pouvait d'ailleurs obtenir les titres sans remplir réellement les fonctions, par diplôme honoraire. Novelles de Justinien, édit. Zachariæ, 40, t. I, p. 558 (*vulgo* 23); Novelles de Théodose II, 25, p. 110 (Hænel).

essentielle, l'une n'ayant pas l'hérédité, l'autre étant, par son principe même, héréditaire.

[C'est de cette noblesse qu'il convient de rechercher l'origine, et sur laquelle nous devons insister. Car elle sera bientôt la puissance la plus solide du monde romain, et elle lui survivra longtemps encore.] Les habitudes aristocratiques, que la société romaine a conservées sous tous les régimes politiques et qui se sont continuées sous des formes différentes au moyen âge, forment un des traits les plus saillants de l'histoire du monde. Elles ont eu une action incalculable sur les âges suivants. L'historien doit en tenir compte ; les négliger, ce serait briser un des anneaux qui unissent les générations du moyen âge à celles de l'antiquité, et ce serait se mettre dans l'impossibilité de comprendre le lien des institutions.

La constitution sociale de Rome devint, en effet, celle de tous les peuples soumis à sa domination. Ses mœurs aristocratiques s'étendirent de proche en proche, et l'on vit la noblesse romaine, avec ses titres, ses distinctions, ses privilèges, se propager dans les provinces. Il y eut partout un ordre équestre et un ordre sénatorial.

Ce qui est remarquable ici, c'est que cette noblesse de province n'avait nulle part un caractère provincial. Elle n'était ni gauloise, ni espagnole, ni grecque : elle était purement romaine. Les nobles pouvaient être de sang gaulois ou espagnol, mais ils appartenaient à la noblesse de Rome. Aucun d'eux ne songeait à se vanter d'ancêtres antérieurs à la conquête. Ils ne pensaient pas davantage à former entre eux des castes nationales. L'ambition des provinciaux était de faire partie de la noblesse même de Rome.

Beaucoup de Gaulois étaient chevaliers romains. Les

deux sortes de chevaliers qu'il y avait à Rome se retrouvaient en Gaule. On était chevalier privé (*eques equo privato*) dès qu'on possédait une fortune de 400 000 sesterces en biens inscrits au cens[1]. On devenait chevalier d'État (*eques equo publico*) si l'on était admis par le prince sur la liste officielle, et le Gaulois pouvait alors figurer dans la fête sacrée qui avait lieu à Rome pour l'ordre équestre[2].

Beaucoup de Gaulois étaient même sénateurs romains. Peu à peu ce titre se donna à des provinciaux qui n'étaient pas contraints de résider à Rome[3]. Aussi arriva-t-il insensiblement, dès le IIIe et surtout au IVe siècle, qu'il se forma un ordre sénatorial répandu dans tout l'Empire[4], et beaucoup plus nombreux que les quatre ou cinq cents personnages qui siégeaient réellement dans la curie. Ces sénateurs provinciaux

---

[1] *Equites romani a plebe* (inscription de Narbonne, Orelli, n° 2489) [*Corpus*, XII, n° 4333]. A Orange, les chevaliers devaient être assez nombreux; car au théâtre trois rangées de bancs leur étaient réservées (Herzog, *Gallia narbonensis*, p. 186) [*Corpus*, XII, n° 1241]. C'est ainsi qu'il y avait 500 chevaliers romains dans la seule ville de Gadès en Espagne (Strabon, III, 5, 3).

[2] Cela ressort des inscriptions. Herzog, n° 124 : *Sollio equum publicum habenti*; n° 106 : *Q. Solonio, equo publico*; n° 613 : *Equo publico honorato ab imperatoribus Antonino et Vero* [*Corpus*, XII, p. 918]. — Ulpien, VII, 1 : *Concessum est mulieri in hoc donare viro suo ut is ab imperatore lato clavo vel equo publico honoretur*.

[3] Paul, au Digeste, L, 1, 22 : *Senatores qui liberum commeatum, id est, ubi velint morandi arbitrium impetraverunt*. Cette autorisation, rare aux premiers siècles, fut prodiguée plus tard. Cela ressort des textes du Digeste (L, 1, 22 et 23), qui décident que les hommes des municipes devenus sénateurs continueront d'exercer les charges municipales. — A la fin de l'Empire, saint Augustin (*Cité de Dieu*, XV) parle de sénateurs romains qui n'ont jamais vu Rome.

[4] *Senatori in qualibet provincia constituto* (Code Justinien, XII, 1, 14). — *Nemo ex clarissimis qui in provinciis degunt ad præturam devocetur, sed maneat unusquisque domi suæ tutus et sua dignitate lætetur* (ibidem, XII, 2, 1). Ces deux lois sont du IVe siècle. Cf. I, 39, 2 — [Voir le livre de Lécrivain, surtout Ire partie, c. 4, 6, 7 et 8.]

avaient le rang sans les fonctions[1]. On leur donnait le titre de clarissime et ils portaient le laticlave. Leur dignité se communiquait à leurs femmes et se transmettait à leurs enfants[2]. Ce sénat n'était pas, à vrai dire, un corps politique : il était une classe d'hommes, un ordre de noblesse.

Deux conditions étaient exigées pour en faire partie, et elles étaient les mêmes pour les provinciaux que pour

---

[1] Cet usage de donner le titre sans les fonctions apparaît d'assez bonne heure. On en trouve un exemple curieux dans une inscription de Vienne ; il y est question d'un personnage qui ne semble pas avoir jamais quitté sa ville : *Huic divus Hadrianus latum clavum cum quæsturâ optulit urbana, et petentis excusationem accepit* (Herzog, n° 512; Wilmanus, n° 2244) [Corpus, XII, n° 1783]. Ainsi, dès le temps d'Hadrien, la dignité de sénateur et la questure sont allées chercher un provincial qui n'en a accepté que les insignes et le rang. Deux autres inscriptions (Henzen, n°° 5970 et 5317) montrent deux personnages qui ont été *lato claro exornati* par Nerva et par Septime Sévère, sans qu'aucun d'eux paraisse avoir exercé aucune magistrature à Rome. — Cette admission fictive dans le sénat s'exprimait par le mot *allectio*. Henzen, n° 6005 : *Marco Salonio a Tiberio Claudio Cæsare Aug. censore adlecto in senatum et inter tribunicios relato*. Orelli, n° 3659 : *Allecto inter prætorios a divis Vespasiano et Tito censoribus*. Orelli, n° 3719 : *Clarissimo viro adlecto inter tribunicios ab imp. Aurelio Commodo*. Cf. Orelli, n°° 922, 1170. Une inscription (Henzen, n° 6929) montre un enfant de quatre ans qui, apparemment pour récompenser les services du père, fut *adlectus in amplissimum ordinem* par Antonin le Pieux. — Les historiens mentionnent ces *allectiones*. Capitolin, *Marcus*, 10 : *Multos ex amicis in senatum adlegit cum ædiliciis aut prætoriis dignitatibus*. Capitolin, *Pertinax*, 6 : *Cum Commodus adlectionibus innumeris prætorios miscuisset, Pertinax jussit eos qui præturas non gessissent sed adlectione accepissent, post eos esse qui vere prætores fuissent*. — Enfin l'usage de conférer le laticlave comme simple marque d'honneur est marqué chez les jurisconsultes; Gaius, au Digeste, XXIV, 1, 42 : *Ex indulgentia principis Antonini recepta est alia causa donationis, ut si uxor viro lati clavi petendi gratia donet*; Ulpien, VII, 1 : *Ut is ab imperatore lato claro honoretur*. — [Voir la fin de la thèse latine de M. Bloch, 1883.]

[2] *Si quis senatorium fastigium generis felicitate sortitus* (Code Théodosien, VI, 2, 2). *Senatorii seminis homo* (Sidoine Apollinaire, *Lettres*, I, 6). — Ce n'est pas que l'hérédité ait jamais été proclamée par la loi; elle s'établit par l'effet des mœurs, ainsi que nous le verrons plus loin. — *Clarissima femina, Corpus*, t. II, n° 111, 1024, 4124, 4994; *clarissimus puer*, ibidem, n° 4124. — [Cf. plus haut, p. 161.]

les Romains, les mêmes sous l'Empire que sous la République. L'une était qu'on fût fort riche ; l'autre était qu'on fût inscrit sur la liste par le magistrat chargé de faire le cens, c'est-à-dire par l'empereur.

La classe sénatoriale alla sans cesse en grandissant en nombre; il arriva au contraire que l'ordre équestre diminua et s'affaiblit insensiblement. La seule raison de ce double fait est que, par le développement des fortunes, les chevaliers s'étaient élevés peu à peu au rang de sénateurs. Au IV° siècle, l'ordre équestre avait presque disparu et il n'y avait plus qu'une seule noblesse, la noblesse sénatoriale.

La société du IV° siècle se partageait donc de la manière suivante : en bas était la plèbe, qui comprenait les corporations d'artisans et de marchands; au milieu était la classe des petits propriétaires, qui se distinguaient en simples curiales et en principaux; en haut étaient tous ceux qui avaient le titre de sénateurs romains[1].

Ces classes étaient nettement séparées : « Il n'y a rien de commun, dit la loi, entre les curiales et les sénateurs, entre les plébéiens et les curiales[2]. » Elles payaient toutes des impôts; mais elles ne payaient pas

---

[1] *Senator populi Romani* était l'expression consacrée. Voir les *Interpretamenta* de Pollux, dans les *Notices et Extraits des manuscrits*, t. XXIII, 2° partie. — Spartien parle d'un Espagnol, nommé Maryllinus, *qui primus in sua familia senator populi Romani fuit* (Hadrianus, 1). — Il ne faut pas confondre avec cette classe les sénateurs des villes, qui n'étaient que des décurions ou des *principales*. Sur les sénateurs romains, hommes clarissimes, voir l'inscription de Canusium (Orelli, n° 3721). [Cf *La Gaule Romaine*, p. 230.]

[2] *Senatoriæ functionis curiæque sit nulla conjunctio* (Code Théodosien, VI, 3, 2 et 3). *Municeps esse desinit senatoriam adeptus dignitatem* (Hermogénien, au Digeste, L, 1, 23). — *Senatores et eorum filii filiæque origini eximuntur* (Paul, au Digeste, t. I, 22, § 5).

les mêmes impôts. Les simples plébéiens, ceux du moins qui appartenaient aux corporations, payaient des contributions spéciales à l'État, mais ne supportaient pas les charges municipales. Les curiales, au contraire, portaient à la fois le fardeau des charges publiques et de celles de la cité. Les sénateurs étaient soumis à des impôts excessifs au profit de l'Empire, mais ils étaient affranchis des contributions municipales[1]. Les impôts de ces trois classes n'étaient pas payés dans les mains des mêmes percepteurs; chacune avait les siens. Chacune aussi avait ses chefs : les corporations avaient leurs syndics, les curiales leurs duumvirs ou leur défenseur; les sénateurs eux-mêmes avaient des chefs dans chaque province, que l'on appelait « défenseurs du sénat ». Ils avaient aussi une juridiction particulière; car il était de règle dans l'Empire romain que nul ne fût jugé par des hommes d'une condition inférieure à la sienne, et ce principe a subsisté pendant tout le moyen âge[2].

Les lois criminelles et pénales variaient suivant les classes. Le sénateur était exempt de la prison préventive

---

[1] Baudi di Vesme, trad. Laboulaye, p. 28 et 29. — Les impôts sénatoriaux étaient les suivants : 1° Le *follis* ou *glebalis collatio*, contribution foncière, annuelle, et suivant la fortune, de 2, de 4, ou de 8 livres d'or; Code Théodosien, VI, 2, lois 8, 10, 16, 17, 19, 21. La livre d'or valait 72 *solidi*. Le chiffre est un peu abaissé pour les moins riches par une loi de 393; ibidem, VI, 2, 4. — 2° L'*aurum oblatitium*, versé au commencement de chaque règne, aux *decennalia* et aux *quinquennalia*; Symmaque, II, 57; X, 35. — 3° La préture est considérée comme un impôt; car elle coûtait fort cher. S'il faut en croire Olympiodore, édit. Didot, frag. 44, un sénateur aurait dépensé 1200 livres d'or, et les fils de Symmaque 2000.

[2] *Forum ex persona constituimus* (Code Justinien, XII, 1, 13; Code Théodosien, I, 6, 11; IX, 1, 75; IX, 40, 10). — *Hadrianus equites romanos de senatoribus judicare non permisit* (Spartien, *Hadrianus*, 8). — Cf. Pline, *Lettres*, II, 11; IX, 13.

et de la torture; le curiale l'était de la torture seule. Un même crime était puni de mort, si le coupable était un plébéien; de l'exil et de la confiscation, s'il était un sénateur[1]. Les amendes s'élevaient, au contraire, en proportion du rang des coupables; nous pouvons même mesurer d'après le taux des peines pécuniaires la distance qui séparait légalement les classes : pour une même faute, le sénateur avait à payer 100 livres d'argent, le *principalis* 50, le simple curiale 10[2].

Toutes ces distinctions sociales étaient héréditaires. Chaque homme avait de plein droit le rang dans lequel la naissance l'avait placé. Toutefois on devait déchoir si l'on devenait pauvre, et l'on pouvait aussi s'élever par degrés à mesure qu'on devenait riche. Monter les échelons de cette hiérarchie était l'ambition de tout ce qui était actif et énergique. Le gouvernement impérial ne s'opposa pas à cette sorte d'ascension continuelle vers laquelle tous les efforts tendaient. Il veilla seulement à ce qu'elle ne fût pas trop rapide; il fixa les conditions et les règles suivant lesquelles elle était permise. Il prit soin surtout d'empêcher, autant qu'il était possible, qu'une famille ne franchît deux degrés dans une seule vie d'homme. L'esclave pouvait, par l'affranchissement complet, s'élever à la plèbe; mais il lui était défendu de monter au rang des curiales. Le plébéien devenait curiale à la condition de posséder vingt-cinq arpents de terre et de supporter sa part des charges municipales[3]. Le curiale, à son tour, pouvait passer au

---

[1] Digeste, IV, 3; XXII, 5; XLVIII, 8. Code Théodosien, IX, 21, 1.
[2] Code Théodosien, XVI, 5, 54; cf. XVI, 5, 52.
[3] *Plebeii quos ad decurionum subeunda munera splendidior fortuna subvexit* (Code Théodosien, XII, 1, 53). — Il n'est pas besoin de dire que, l'intérêt et la vanité pouvant se trouver en désaccord, il y avait des

rang des Principaux s'il avait une fortune qui lui permît de faire les frais des hautes magistratures et si ses concitoyens les lui conféraient ; mais le gouvernement impérial exigeait que l'on remplît toutes les fonctions inférieures avant d'arriver aux plus élevées, ce qui était un premier obstacle et tout au moins un long retard pour les parvenus [1].

Quand la carrière municipale avait été parcourue tout entière, alors seulement une famille pouvait aspirer au titre de sénateur romain. Ici la richesse était encore nécessaire, mais elle ne suffisait plus. La règle était qu'il fallût obtenir du prince une magistrature romaine : ne fût-on qu'édile ou tribun pendant quelques mois, on prenait place de plein droit dans le sénat. On y entrait aussi par l'exercice des hautes fonctions administratives : l'homme qui avait gouverné une province et qui avait eu dans les mains le « droit de glaive », devenait en quittant ses fonctions un sénateur. Plus tard, il suffit d'avoir rempli les hauts emplois du Palais ou de l'administration centrale [2].

Une fois le titre acquis, il restait dans la famille. Une sorte d'obligation morale engageait les fils et les petits-fils à suivre la même carrière des honneurs (*cursus honorum*), mais ils les obtenaient sans peine et comme par droit d'hérédité. Au lieu de conquérir péniblement chacun d'eux pour s'élever jusqu'au sénat, ils n'avaient qu'à les traverser en courant, parce qu'ils étaient déjà de famille sénatoriale.

On comprend, d'après cela, que le nombre des séna-

---

hommes qui souhaitaient de rester plébéiens ; mais la loi les contraignait à monter au rang de curiales (ibidem, XII, 1, 133).

[1] Code Théodosien, XII, 1, 77.
[2] Ibidem, XII, 1, lois 41, 74, 100 ; VI, 2, lois 8 et 14.

teurs dût s'augmenter à chaque génération. Comme ce sénat était une classe et non une assemblée, il n'y avait pas de raison pour que le nombre de ses membres fût limité, et les empereurs ne craignaient pas de l'accroître. Ils prirent l'habitude d'accorder le titre de sénateur à tous ceux qui se recommandaient soit par un mérite particulier, soit par une richesse considérable, soit enfin par une grande notoriété dans leur province [1]. De même qu'ils donnaient les insignes du consulat, de la préture, du tribunat à des hommes qui n'étaient en réalité ni consuls, ni préteurs, ni tribuns [2], de même ils donnèrent les insignes de sénateur à des hommes qui n'en devaient jamais exercer les fonctions. Plus le titre était prodigué, plus il y eut de solliciteurs : tout ce qui était riche et ambitieux l'obtint [3].

[1] Les inscriptions signalent fréquemment ce fait : *Adlectus in amplissimum ordinem ab imperatore Cæsare Hadriano Augusto* (Orelli, n° 2258) [*Corpus*, XII, n° 4354]. *Lato clavo exornatus a divo Augusto Nerva* (Henzen, n° 5970). *Lato clavo exornatus ab imperatore Septimio Severo* (Henzen, n° 5317). — [Bloch, p. 129 et suiv.]

[2] L'usage de donner les insignes ou le diplôme d'une magistrature sans donner la magistrature elle-même est déjà signalé par Pline, *Histoire naturelle*, XXXV, 58, 201, et par Tacite, *Annales*, XVI, 17; XV, 72. Il s'étendit de plus en plus dans la suite; le Code Théodosien (VI, 22, 5 et XII, 1, 41) montre l'abus qui se faisait des *codicilli* et des *insignia*. — Celui qui avait obtenu le diplôme d'une magistrature devenait aussi bien sénateur que s'il eût obtenu la magistrature elle-même : *Hi quibus detulimus magistratus, quosque etiam ornavimus insignibus dignitatum, ad splendidissimum ordinem senatorium cooptentur* (ibidem, XII, 1, 122).

[3] *Codicillos senatorios, clarissimæ infulas dignitatis* (Code Théodosien, XII, 1, 42 et 74). — *Si qui inter inlustres viros locum occupaverint, non laborioso administrationis actu, sed honorario titulo dignitatis, senatui respondeant* (ibidem, 187). — Ulpien parle déjà de ceux qui ne sont sénateurs que parce qu'ils ont reçu les insignes et le diplôme de cette dignité, *qui senatoriis ornamentis utuntur* (Ulpien, au Digeste, L, 16, 100). — Cette habitude paraît avoir commencé sous Caligula (Dion Cassius, LIX, 9); Pline en cite un exemple sous Vespasien (*Lettres*, I, 14). — [Bloch, ibidem.]

C'est ainsi qu'il se forma à la longue, dans toutes les provinces de l'Empire, un grand corps aristocratique. On l'appelait indifféremment le sénat ou la noblesse[1]. Dans les écrivains du v⁰ et du vi⁰ siècle, le mot sénateur n'a pas d'autre sens que celui de noble ; il en fut de ce titre comme de ceux de duc, comte ou marquis, qui perdirent peu à peu leur signification originelle par le seul effet de l'hérédité.

L'existence de cette classe noble est signalée, pour ainsi dire, à chacune des pages des Codes impériaux. Les historiens de cette époque confirment les indications des lois. Ammien Marcellin mentionne dans toutes les provinces de l'Empire des personnages qu'il appelle nobles et qui le sont par droit d'hérédité. Zosime distingue la plèbe, les commerçants, les propriétaires, les *clarissimes*. Les panégyristes, dans leurs harangues officielles, signalent fréquemment la noblesse[2]. Un orateur veut-il montrer les habitants d'une ville sortant de leurs murs pour aller au-devant de l'empereur, il ne manque pas de dire que les sénateurs en robe blanche marchent en tête[3]. De même Grégoire de Tours, rappelant des récits et des légendes de cette époque, montre la population de Clermont se rendant au-devant d'un saint évêque :

---

[1] *Sensisti, Roma, arcem te omnium gentium et terrarum esse reginam, cum ex omnibus provinciis optimates viros curiæ tuæ pignoraveris, ut senatus dignitas non nomine quam re esset illustrior cum ex totius orbis flore constaret.* Nazaire, *Panegyricus Constantino*, X, c. 35.

[2] Ammien, XIV, 1 et 7 ; XXIX, 1 et 2 ; Zosime, II, 38. — *Prætermitto commemorare avita illi sæcularium honorum fastigia et quod concupiscibile ac pæne summum habet mundus usque ad consulatus provectam familiæ suæ nobilitatem.* Vita S. Honorati (v⁰ siècle), par Hilaire d'Arles, c. 4. *Acta Sanctorum*, 16 janvier, II, p. 381.

[3] *Quid referam pro mœnibus suis festum nobilitatis occursum, conspicuos veste nivea senatores* (Latinus Pacatus, *Panegyricus ad Theodosium*, c. 37).

« Les sénateurs du pays d'Auvergne, qui brillaient de tout l'éclat de la noblesse romaine, s'avançaient sur des chevaux ou sur des chars[1]. »

Cette noblesse fut pour le moins aussi nombreuse et aussi brillante dans la Gaule que dans aucune autre province. Ni la richesse, ni l'ambition, ni les talents ne manquèrent aux Gaulois durant toute la période impériale. Ils s'élevèrent aux fonctions administratives, aux magistratures, aux honneurs, à tout ce qui conférait la noblesse, à tout ce qui donnait le droit de s'appeler « sénateur du peuple romain ».

Saint Paulin, qui naquit en Aquitaine, au milieu du IVe siècle, et qui devint évêque de Nole, était « par sa naissance sénateur clarissime de la ville de Rome[2] ». Un autre Aquitain, Sulpice Sévère, appartenait aussi à la noblesse et avait épousé « une femme d'une famille consulaire ». Les Syagrius[3], les Grégorius, les Ferréolus, les Sidonius Apollinaris, les Avitus étaient sénateurs et nobles de père en fils.

Ces grandes familles gauloises avaient adopté les mœurs aristocratiques de l'ancienne Rome. Elles avaient dans leur maison un portique, où se dressaient les images des ancêtres, non plus en cire, mais en argent massif et habillées de tissus de soie[4]. Rangées dans

---

[1] Grégoire de Tours, *De gloria confessorum*, c. 5 : *Senatores qui in illo loco nobilitatis romanæ stemmate fulgebant.*

[2] *Paulinus, genere Aquitanus, dignitate generis urbis Romæ senator clarissimus* (Patrologie latine, t. XX, col. 94). — Cf. saint Ambroise, *Epistola* 30.

[3] *Syagria, e senatu romano nobili prosapia* (Vita S. Boniti, dans les *Acta* de Mabillon, t. III).

[4] Ausone, *Epigrammata*, 24 : *Hos ille Serum veste contexi jubet, Hos cælat argento gravi, Ceris inurens januarum limina Et atriorum pegmata.*

l'*atrium*, et exposées aux yeux dans les jours solennels, elles étaient les titres de noblesse de la famille.

Sidoine Apollinaire appartenait par sa naissance à la noblesse et à l'ordre sénatorial[1]; on peut voir dans ses lettres et dans ses vers les sentiments, les idées, les habitudes de cette classe[2]. Il n'est pas jusqu'aux Vies des saints qui, écrites à cette époque ou d'après des traditions qui en venaient, ne nous présentent tous les traits d'une société aristocratique. Le récit des vertus des saints commence presque toujours par l'éloge de leur naissance. Saint Maximin de Poitiers appartenait à une famille sénatoriale et ses parents étaient clarissimes. Saint Calminius était de noblesse romaine et sénateur[3]. L'auteur de la Vie de saint Remi[4] ne manque pas de nous apprendre qu'il était noble en ligne paternelle et en ligne maternelle. Un chroniqueur raconte le martyre d'une jeune fille, et il nous dit d'abord qu'elle brillait de tout l'éclat de la noblesse sénatoriale[5]. Le poète Fortunatus, faisant l'éloge de deux évêques, évêque lui-même, n'oublie pas de rappeler leur haute naissance; « mais ils échangèrent, ajoute-t-il, cette noblesse terrestre contre le sénat du ciel[6] ». Il semble croire que même dans le ciel la société soit aristocratique.

---

[1] Grégoire de Tours, *Historia Francorum*, II, 21 : *Sidonius vir nobilissimus et de primis Galliarum senatoribus.*

[2] Voir surtout *Epistulæ*, I, 3; II, 1; II, 4; *Carmina*, XXII.

[3] *Maximinus, urbis Pictavorum indigena, clarissimis est ortus parentibus, antiquam prosapiam a majoribus senatorii ordinis deducens* (*Vita Maximini*, auctore Lupo [Surius, t. V, 29 mai]). — *Processit ex Romanæ lucis claritate ex senatorio ordine trahens nobilitatis originem* (*Vita S. Calminii* [19 août, Bollandistes, t. III, p. 759]).

[4] *Vita S. Remigii*, par Hincmar, c. 3.

[5] *Nobilitate senatoria florens* (Grégoire de Tours, *Historia Francorum*, II, 2).

[6] *Felices qui sic de nobilitate fugaci Mercati in cælis jura senatus habent* (Fortunat, *Carmina*, IV, 15). Cf. ibidem, IV, 17.

Ailleurs, il parle d'un enfant mort en bas âge et il vante sa naissance sénatoriale. Plusieurs des témoins qui signent le testament de saint Remi se qualifient « hommes clarissimes »[1]. Saint Honorat, évêque d'Arles, « était d'une famille sénatoriale et consulaire[2] ».

Grégoire de Tours écrit dans un temps où les Francs sont déjà les maîtres ; mais il appartient par son sang et par toute son âme à la société gauloise et il en décrit avec vérité les sentiments et les usages. Or il ne manque jamais, chaque fois qu'il nous présente un personnage nouveau, de nous faire connaître sa famille et son rang[3]. Leucadius, dit-il, était un des principaux sénateurs des Gaules ; Grégorius, évêque de Langres, était un des principaux sénateurs du pays, et « sa femme Armentaria était aussi de naissance sénatoriale » ; Simplicius, qui fut évêque d'Autun, était de race noble, et il avait épousé une femme « d'une naissance égale à la sienne » ; Paulin de Bordeaux était noble aussi et possédait d'immenses richesses[4] ; les évêques Urbicus, Vénérandus, Volusianus appartenaient à la classe des sénateurs, tandis que l'évêque Injuriosus « n'était que de la classe des citoyens » ; un autre était « de naissance ingénue, à la vérité, mais non sénatoriale[5] ».

---

[1] *Diplomata, chartæ*, édit. Pardessus, n° 119, t. I, p. 91.
[2] *Senatoria et consulari familia* (*Vita S. Honorati Arelatensis episcopi*, c. 4).
[3] Grégoire de Tours, *Historia Francorum*, V, 46 : *Genus senatorium.* II, 2 : *Nobilitas senatoria.* II, 11 : *Avitus, unus ex senatoribus.* VI, 39 : *Sulpicius, vir valde nobilis, de primis senatoribus Galliarum.* I, 29 : *Leocadius senator.* I, 39 : *Urbicus ex senatoribus. Vitæ Patrum*, c. 6 : *Gallus de primoribus senatoribus* ; c. 7 : *Gregorius ex senatoribus, conjugem de genere senatorio habens.*
[4] Grégoire de Tours, *De gloria confessorum*, 76 et 110.
[5] Idem, *Vitæ patrum*, 20 : *Genere non quidem senatorio, ingenuo tamen.*

CHAPITRE XI

De la prépondérance de l'aristocratie foncière dans l'Empire romain.

Le trait le plus caractéristique de l'histoire des derniers siècles de l'Empire est que la classe aristocratique fut toujours en progrès et devint à la fin toute-puissante, tandis que les classes moyennes tombèrent peu à peu dans la pauvreté et dans la servitude.

1° LA DÉCADENCE DES CURIALES COÏNCIDE AVEC CELLE DE LA PETITE PROPRIÉTÉ.]

Cela ne fut pas, comme on l'a dit quelquefois, l'effet du despotisme, de l'excès des impôts, des privilèges. La prépondérance de l'aristocratie foncière et l'effacement des classes moyennes sont deux faits liés entre eux, qui s'expliquent l'un l'autre, et qui sont la conséquence naturelle des mœurs et des habitudes sociales que nous avons observées dans le chapitre précédent.

Nous avons vu que les hommes les plus riches dans tout l'Empire composaient l'ordre sénatorial ; les petits propriétaires formaient les curiales, et ceux qui ne possédaient rien étaient la plèbe. On pouvait s'élever de la plèbe à la curie, de la curie à la classe des sénateurs. Le grand objet de l'ambition des hommes était de monter de l'une à l'autre. Les curiales étaient, à l'égard de ce qui était au-dessus d'eux, une classe inférieure et dédaignée ; l'ordre sénatorial, au contraire, avait des privilèges honorifiques, c'est-à-dire ce qu'il y a de plus précieux pour la plupart des hommes. Il arriva donc que, de même que tout plébéien devenu propriétaire passait dans la curie, de même tout curiale qui devenait riche aspirait à sortir de la curie pour entrer dans l'ordre des sénateurs[1].

Le gouvernement impérial se prêta d'abord à cette ardente ambition des hommes. Il se contenta d'augmenter les impôts que les sénateurs de tout l'Empire avaient à payer, et crut que leur grand nombre importait à l'intérêt de ses finances[2]; mais le danger de cette politique apparut bientôt. Déjà en 326 Constantin se plaignait que les curies fussent abandonnées; Constance II, en 338 et 339, reconnaissait que dans les provinces les plus florissantes de l'Empire il ne restait presque plus de curiales[3].

On se trompe quand on attribue cette diminution des curies à l'appauvrissement général de la population. Les textes ne disent pas cela. Ils montrent au contraire que si beaucoup d'hommes s'efforçaient de quitter les curies, c'est parce qu'ils voulaient s'élever plus haut. Ils aspiraient aux emplois civils ou aux grades de l'armée, qui conduisaient peu à peu au rang sénatorial[4]. Ils entraient

---

[1] Code Théodosien, XII, 1, 58 : *Qui curiali ortus familia senator factus est.* 65 : *Omnes curiales qui ad altiorem gradum properaverint.* 69 : *Qui præmatura cupiditate senatorios cœtus honoribus patriæ prætulisse noscuntur.* 74 : *Qui ex curiis ad senatus consortia pervenerunt.* 14 : *Si quis decurio fugiens curiam ad senatum Urbis inclytum pervenerit.* 90 : *Universos qui ex genere curiali ad senatoriam dignitatem aspirasse constiterit.* 93 : *Cuncti qui ex decurionibus senatorum se splendori et collegio miscuerunt.*

[2] Zosime, II, 38. S'il faut en croire le même historien, beaucoup d'hommes reçurent le diplôme de préteur, à charge de payer les frais de fonctions qu'ils ne devaient pas exercer; ce titre de préteur conférait le rang sénatorial; c'était donc une sorte de vente de titre de noblesse.

[3] Code Théodosien, XII, 1, lois 13, 25, 27.

[4] Ibidem, XII, 1, 13 : *Curias desolari cognovimus, his qui per originem obnoxii sunt, militiam sibi per supplicationem poscentibus et ad*

dans les fonctions publiques, surtout dans celles du Palais, qui procuraient le plus sûr moyen de s'élever[1]. Un abus, qui paraît avoir été général, consistait à acheter à prix d'argent les titres ou diplômes qui conféraient la dignité de sénateur[2]. Si les curies étaient désertes, cela tenait, ainsi que le dit le législateur lui-même, à ce que leurs membres les plus riches avaient acheté les insignes et les titres des rangs supérieurs[3]. Elles étaient réduites à rien, dit un écrivain du temps, parce que les uns les quittaient pour s'élever aux grades de l'armée, les autres pour entrer dans « le grand sénat de Rome »[4].

Les curies s'efforçaient de retenir leurs membres. Elles adressaient des réclamations au gouvernement impérial, et celui-ci y répondait en les autorisant à ressaisir ces hommes qui les dédaignaient et les déser-

---

legiones vel diversa officia currentibus. On sait qu'au IVe siècle le mot *militia* se disait aussi bien des emplois civils que du service militaire.

[1] Code Théodosien, XII, 1, 38 : *Quoniam nonnulli, curiis derelictis, domesticorum seu protectorum se consortio copulaverunt, scholarii etiam nomen dederunt militiæ, aut palatinis officiis sunt adgregati.... Qui palatini nominis præferunt dignitatem.* — Ibidem, 40 : *Curiales plerique ad inane vocabulum militiæ cucurrerunt, ut nec muniis militaribus obsequantur.... Universi, nulla prærogativa de vocabulo dignitatis in militia conquisitæ suffragante, restituantur civitatibus.*

[2] Ibidem, XII, 1, 5 : *Si decurio, suffragio comparato, perfectissimatus vel egregiatus meruerit dignitatem, declinare suam curiam cupiens, codicillis amissis suæ condicioni reddatur.* — Le mot *suffragium* dans la langue des Codes désigne la somme d'argent par laquelle un solliciteur achetait une faveur ou un emploi. Code Théodosien, VI, 22, 2 : *Ab honoribus mercandis per suffragia certa mulcta prohibuit; cui addimus ut quicumque fugientes obsequia curiarum, umbras et nomina adfectaverint dignitatum, tricenas libras argenti inferre cogantur;* ibidem, XII, 1, 44 : *Quicumque intra palatium perfectissimus aut comes provectus suffragio est, spolietur honoris indebiti dignitate.*

[3] Ibidem, XII, 1, 25 : *Quoniam emptæ dignitatis obtentu curias vacuefactas esse non dubium est;* ibidem, 27 : *Exiguos admodum curiales residere, dum universi indebitæ dignitatis infulas mercantur.*

[4] Τῶν μὲν εἰς τὰ στρατιωτῶν, τῶν δὲ εἰς τὸ μέγα συνέδριον. Libanius, *In Juliani necem*, édit. Morel, p. 296.

taient[1]. Elles ne se faisaient pas faute de les poursuivre ; elles allaient les chercher jusque dans les fonctions publiques et dans les hauts emplois. C'était la matière de nombreux procès dont parle un historien du iv° siècle. Un grand personnage se trouvait tout à coup saisi par les curiales de sa ville natale et traîné en justice devant le tribunal de l'empereur. En vain présentait-il le diplôme qui lui avait conféré son privilège ; en vain alléguait-il qu'il avait rempli des fonctions pendant le nombre d'années fixé par les règlements, il avait beaucoup de peine à gagner sa cause. Le plus sûr était, dit l'historien, de s'entendre avec les curiales et de transiger à prix d'argent[2]. Il arrivait donc assez souvent qu'on payât la curie pour avoir le droit de s'éloigner d'elle, tant il est vrai que ce n'était pas toujours par pauvreté qu'on en sortait.

Cela même n'aurait pas ruiné les curies, si elles avaient pu regagner du côté de la plèbe ce que les rangs supérieurs de la société leur enlevaient. Représentons-nous, en effet, cette ascension lente, mais continue, de classe en classe, qui fut la grande règle sociale de tout l'Empire. Il n'est pas douteux qu'elle n'ait été un stimulant puissant pour le travail et une cause de prospérité durant trois siècles. Tant que les plébéiens purent s'élever à la curie comme les curiales s'élevaient au rang

[1] Voir au Code Théodosien, XII, 1, les lois 13, 29, 41, 42, 96, et bien d'autres qui sont adressées aux curies ou qui répondent à leurs revendications. — En 364, la Byzacène se plaint de ce que les prêtres chrétiens sortent des curies (Code Théodosien, XII, 1, 59 et XVI, 2, 1).

[2] Ammien Marcellin, XXII, 9, 12 : *Illud amarum et notabile fuit quod ægre sub eo* (sous l'empereur Julien) *a curialibus quisquam adpetitus, licet privilegiis et stipendiorum numero* (cf. *quos intra viginti stipendia in officiis deprehenderint*, Code Théodosien, XII, 1, 13) *communitus, obtinebat æquissimum : adeo ut plerique territi emercarentur molestias pretiis clandestinis.*

de sénateur, il y eut progrès incessant et régulier de toutes les classes. Il n'en fut plus ainsi au iv° siècle. Le travail se ralentit dans tout l'Empire; les corporations industrielles et commerçantes tombèrent dans la pauvreté, et le progrès de la plèbe s'arrêta. Ce fut là le mal qui insensiblement atteignit et rongea les curies. Comme ces curies possédaient le sol, elles ne sentirent pas tout d'abord la misère des rangs inférieurs et s'y montrèrent indifférentes; ces propriétaires ruraux purent continuer quelque temps à s'enrichir; ils purent même continuer à aspirer au sénat. Mais il arriva alors que les curies, qui voyaient leurs principaux membres les quitter l'un après l'autre pour s'élever à un rang plus haut, ne réparèrent plus leurs pertes par une adjonction proportionnelle de plébéiens. Le vide se fit peu à peu en elles. Elles devinrent à chaque génération moins nombreuses et surtout plus pauvres; car c'étaient leurs membres les plus riches qui les abandonnaient, et il ne se créait pas de richesse nouvelle. Elles s'épuisaient par en haut, et ne se renouvelaient pas par en bas.

L'équilibre entre les classes fut alors rompu. Comme c'étaient les curies qui devaient supporter seules le poids des charges municipales, elles furent de jour en jour moins capables de soutenir ce fardeau, et ainsi l'un des organes les plus nécessaires à la vie sociale se trouva frappé de langueur et de mort.

Le gouvernement impérial paraît avoir bien compris le danger. Autant les curiales faisaient d'efforts pour passer dans la classe aristocratique, autant il en fit pour les retenir dans la curie. Il semble avoir regretté la facilité avec laquelle il avait accordé, par simple diplôme, le rang sénatorial. « Nous ne voulons plus, dit Constantin, que le décurion aspire au sénat. » Le même prince se plaignit que beaucoup n'eussent obtenu ce rang que par la brigue, par les sollicitations, quelquefois même par l'argent. Tous les empereurs qui suivirent s'attachèrent à ralentir le mouvement de la classe moyenne vers l'aristocratie. Ils interdirent aux curiales, autant qu'il fut possible, l'exercice des fonctions publiques[1]. Ils rappelèrent sans cesse aux hommes l'observation des anciennes règles qui prescrivaient qu'on ne s'élevât que par degrés. « Que nul ne songe à devenir sénateur, dirent-ils, avant d'avoir parcouru toute la série des fonctions municipales[2]. » Ils allèrent jusqu'à exiger « qu'on fût resté durant quinze années au rang des Principaux avant de prétendre à être sénateur[3] ». Ils ajoutèrent d'ailleurs que cette dignité serait acquise de plein droit au terme de ces quinze années de fonctions municipales[4]. Car ils n'interdirent jamais d'une manière absolue aux curiales de s'élever à une condition plus haute; ils s'appliquèrent seulement à modérer et à régler ce mouvement général qui emportait les hommes vers l'aristocratie.

Il arriva pourtant, en dépit de leurs efforts, que les anciennes proportions entre les classes furent profondément altérées et que l'aristocratie grandit toujours, tandis que les classes moyennes et inférieures ne ces-

[1] Code Théodosien, XII, 1, lois 14, 18, 25, 27, 147, 154, 159.
[2] Ibidem, XII, 1, 57 : *Nemo ad ordinem senatorium ante functionem omnium munerum municipalium accedat.* 58 : *Qui curiali ortus familia ante completa munera patriæ senator factus est, fructu careat.* 182 : *Nemo, munerum ordine transcurso, ad altioris curiæ honores audeat pervenire, sed prius universis functionibus propriæ civitatis expletis, tum ad competentem honorem singuli venire deproperent.*
[3] Ibidem, 171 : *Principales viros e curia in Galliis non ante discedere quam quindecennium in ordinis sui administratione compleverint.*
[4] Ibidem : *Expletis omnibus, splendoris et honoris ornamenta succedunt.*

sèrent de glisser vers la ruine. L'ambition et la vanité des riches n'étaient pas les seules causes du mal; il avait sa principale source dans le système économique au milieu duquel vivait cette société. Il en faut dire quelques mots.

Rome avait toujours eu en grande considération la richesse foncière et en grand mépris la richesse purement mobilière. L'industrie avait été réputée œuvre servile, même quand elle était exercée par des mains libres; au temps de la République, le citoyen qui s'était livré au travail manuel avait été à peu près privé des droits politiques. Le petit commerce était aussi dédaigné que l'industrie; le grand commerce lui-même paraissait indigne des classes élevées; aussi l'interdisait-on aux sénateurs. Les chiffres du cens, sur lesquels se réglaient les rangs, la considération et les droits, ne comprenaient ordinairement que les biens fonciers. Le sol fut toujours, dans cette société romaine, la source principale et surtout la mesure unique de la richesse. Les grands de Rome ne laissaient pas d'avoir des capitaux et de les faire valoir; mais l'élément principal de leur fortune et surtout la base de leur situation sociale fut toujours la terre. Il y eut un temps où l'on spécula beaucoup à Rome, mais le principal objet de cette spéculation était le sol lui-même. Le domaine public fut, sous ce rapport, à peu près ce que la dette publique est de nos jours.

Ce trait des mœurs romaines se continua sous l'Empire; les empereurs même veillèrent à ce qu'il ne s'effaçât pas. Une loi de Tibère obligea les capitalistes à placer au moins les deux tiers de leur fortune en fonds de terre[1]. Trajan exigea de ceux qui aspiraient aux di-

---

[1] Suétone, *Tibère*, 48. — Tacite, *Annales*, VI, 17.

gnités, non seulement qu'ils fussent riches, mais qu'au moins le tiers de leur fortune fût placé en biens-fonds situés en Italie, le reste pouvant être situé dans les provinces[1]. La classe sénatoriale, jusqu'aux derniers temps de l'Empire, fut en même temps la classe des grands propriétaires fonciers.

Cette union intime entre la richesse terrienne et l'aristocratie est frappante. Il n'est pas douteux qu'il n'y eût dans cette société quelque commerce et quelque industrie ; il existait aussi des professions à la fois honorables et lucratives, comme celles des médecins, des juristes, des professeurs ; mais il est digne de remarque que ni le commerce, ni l'industrie, ni les carrières libérales ne donnèrent naissance à une classe puissante comme celle que nous voyons dans les États modernes. Il y eut des banquiers, des négociants, des industriels ; mais ces hommes ne formèrent jamais une aristocratie. Ils ne constituèrent jamais un groupe d'intérêts considérables et un faisceau de valeurs avec lequel l'État dût compter. Que l'on compare l'Empire romain avec les sociétés d'aujourd'hui, et l'on remarquera cette différence : l'Empire romain, après trois siècles de paix et de travail, n'avait pas plus de capitaux qu'au premier jour. La richesse mobilière, qui double et triple aujourd'hui la puissance des nations, n'existait pas.

Sans chercher les causes diverses de cette absence du capital mobilier, nous en dirons seulement les conséquences. Elles furent très graves. Si l'on songe que chez les nations modernes le développement de la richesse mobilière et les tendances démocratiques de la société marchent ensemble, on ne sera pas surpris que, dans

---

[1] Pline, *Lettres*, VI, 19. Cf. Capitolin, *Marcus*, 11.

l'Empire romain, il y ait eu une relation entre l'absence du capital et les progrès de l'aristocratie foncière.

Le capital est en effet la grande ressource des prolétaires. Il est le sol fécond qui les nourrit. C'est par lui qu'ils travaillent; c'est par son aide qu'ils peuvent sortir de la pauvreté et s'élever à la richesse. Avec lui, il peut y avoir des inégalités sociales, mais l'énergie de l'homme en triomphe. Sans lui, le pauvre ne peut être qu'esclave; le prolétaire est à la merci du propriétaire du sol.

Il se produisit dans la seconde moitié du IIIe siècle quelques événements qui jetèrent le trouble dans les provinces : ce furent les luttes des compétiteurs à l'Empire, quelques incursions de barbares, et quelques révoltes de paysans[1]. Ces faits, dont il ne faut pas exagé-

---

[1] Quelques historiens modernes ont attribué aux révoltes des Bagaudes une grande importance. Nous ne pensons pas que l'étude des textes justifie cette opinion. Il faut avant tout distinguer avec soin les Bagaudes de l'an 270 de ceux du Ve siècle. — Dans l'anarchie qui précéda le règne de Dioclétien, il semble bien qu'il y ait eu une certaine fermentation chez la population rurale déjà opprimée par le régime de la grande propriété. Eutrope (IX, 13) parle du désordre que les paysans excitèrent, *tumultum rusticani in Gallia concitarunt*. Une troupe de paysans, *manus agrestium ac latronum*, dit Aurélius Victor (*De Cæsaribus*, 39), ravagea les campagnes et essaya de prendre les villes, *urbes tentavit*. Orose (VII, 25) parle aussi d'une troupe de paysans, *rusticanorum manus*, qui, sous les ordres d'Ælianus et d'Amandus, excitèrent de grands troubles, *perniciosos tumultus excitarunt*. Mamertin (*Panegyricus Maximiano dictus*, c. 4) mentionne ces campagnards ignorants qui se firent soldats, *militares habitus ignari agricolæ appetiverunt*, et pillèrent leurs propres champs, *suorum cultorum rusticus vastator*. Deux passages d'Eumène qui s'éclairent l'un l'autre (*Pro restaurandis scholis*, c. 4; *Gratiarum actio* [*Panegyrici*, VIII], c. 4) signalent aussi ces Bagaudes comme un ramassis de brigands, *latrocinium bagaudicæ rebellionis*, qui auraient soutenu le compétiteur à l'empire Tétricus contre Claude II et Aurélien; la ville d'Autun, qui était du parti de Claude II, aurait été assiégée par eux pendant sept mois et contrainte d'ouvrir ses portes. — Nous ne possédons aucun autre renseignement sur les Bagaudes. Aucun de ces textes n'autorise les exagérations qui ont été faites à leur sujet. Le mot *manus* qui leur est appliqué par les historiens ne saurait signifier une révolte de toute une population. Il s'agit de ras-

rer la gravité, ne mirent pas l'Empire en péril : les révoltes furent étouffées, les barbares refoulés, l'unité et la paix rendues à l'État. Ce n'était là qu'une de ces crises passagères comme nos sociétés en traversent si souvent sans y périr; mais elle causa à l'Empire romain un mal irréparable, et ce qui eût à peine ralenti la marche progressive d'une nation moderne arrêta pour toujours celle de l'Empire. C'est que, durant ces trente années de troubles, le travail industriel fut interrompu, et comme toute réserve du capital faisait défaut, la population laborieuse ne put jamais se relever. A partir de ce moment, la classe des propriétaires du sol, qui n'avait jamais cessé d'être prépondérante, devint tout à fait maîtresse et exerça l'empire sur la société.

Les conséquences allèrent encore plus loin. L'absence de richesse mobilière livrait inévitablement la petite propriété à la grande. Ce qui fait que de nos jours le plus pauvre paysan peut garder le coin de terre qui ne suffit pas toujours à le nourrir, c'est qu'il a la ressource d'un autre bénéfice comme ouvrier ou mercenaire. Ce qui fait qu'il peut améliorer son sol ou réparer les pertes des mauvaises années, c'est qu'il existe du crédit. Rien

---

semblements armés, qui ont pu être assez nombreux et qui, dans le désordre de cette époque, ont pu produire beaucoup de mal ; mais il est téméraire d'y voir l'insurrection de tout un peuple ou de toute une classe. Ces mouvements furent réprimés sans aucune peine, dès que l'ordre fut rétabli dans l'Empire : *Maximianus facile agrestium hominum imperitiam et confusam manum composuit* (Orose, VII, 25). *Levibus prœliis agrestes domuit* (Eutrope, IX, 13). *Maximianus, fusis hostibus aut acceptis, quieta omnia fecit* (Aurélius Victor, 39). Mamertin lui-même ne juge pas à propos de louer Maximien d'une telle victoire : *Quod ego cursim prætereo.* — Il est manifeste que ces soulèvements n'ont rien produit ; aucune réforme ne naquit de là, et l'on ne sait même pas si ces hommes demandaient des réformes. On n'a plus entendu parler de Bagaudes pendant cent cinquante ans.

de tout cela dans l'Empire romain. Si le paysan avait besoin d'argent, il n'en trouvait pas chez le capitaliste de la ville; il n'en pouvait obtenir que du riche propriétaire du voisinage. Celui-ci mettait hypothèque sur le petit champ de son débiteur. Or l'hypothèque est tout autre chose entre les mains d'un capitaliste éloigné ou dans celles du propriétaire voisin. Il était presque inévitable que la terre devînt au bout de peu d'années la propriété du créancier[1].

Nous avons dit que la source première du mal était la ruine des classes industrielles. Dès que le prolétaire ne pouvait plus s'enrichir, il ne pouvait plus s'élever au rang de propriétaire du sol; l'achat de la terre lui était impossible. Cela même causa la ruine des petits propriétaires de campagne. Leurs champs perdaient d'autant plus de valeur qu'il y avait moins de concurrents pour les rechercher. Étaient-ils forcés de vendre, ils ne trouvaient d'acheteur que le grand propriétaire, et celui-ci mettait le prix qu'il voulait.

Les petits possesseurs du sol se trouvèrent donc, aussi bien que les prolétaires, à la merci des grands propriétaires fonciers. On vit alors se produire des faits étranges, dont nos sociétés modernes n'ont pas même l'idée, et qui étaient pourtant inévitables à cette époque. Écoutons le législateur : « Le gouverneur de province devra veiller à ce que les puissants ne fassent pas tort aux faibles; il empêchera les usurpations de propriété, les ventes arrachées par la crainte ou les ventes simulées qui ne sont suivies d'aucun payement réel[2]. » On voit ici tout ce que le grand propriétaire pouvait faire souffrir

[1] Voir dans les Codes tout ce qui se rapporte aux *prædia obligata*.
[2] Digeste, I, 18, 6. [Tous ces faits seront développés dans *Les Origines du système féodal*, c. 4 et c. 9.]

au petit paysan. Écoutons maintenant un écrivain du v° siècle : « Combien y a-t-il de pauvres qui puissent vivre dans le voisinage d'un riche, sans qu'il mette la main sur ses biens et sur sa personne? Faibles qu'ils sont en présence des envahissements d'un grand, ils se voient enlever leur terre et par surcroît leur liberté[1]. » Laissons de côté ce qu'il peut y avoir ici de déclamatoire; il est certain que dans le système social et économique de ce temps-là la petite propriété avait une peine infinie à se maintenir et ne pouvait manquer de se perdre dans la grande. Tantôt le paysan vendait à vil prix; tantôt il abandonnait son champ faute de trouver un acheteur et il désertait un sol qu'il ne pouvait ni cultiver ni vendre. D'autres fois encore, il faisait donation de sa terre, par acte formel, à son riche voisin, sous la seule condition d'en rester le fermier. Quelquefois enfin il était réduit à livrer sa personne elle-même et à se faire le colon, l'affranchi ou l'esclave du riche[2].

Il ne faut pas perdre de vue que ces petits propriétaires de campagne étaient les mêmes hommes que l'on appelait les curiales. La décadence des curies, qui est attestée par les lois, coïncide donc avec la décadence de la petite propriété rurale. Cette classe s'affaiblissait de deux manières : les uns, réussissant à échapper à la pauvreté et même à s'enrichir, la quittaient pour passer

---

[1] Salvien, *De gubernatione Dei*, livre IV, 4.
[2] Code Théodosien, II, 22 : *Si quis, dignitate romanæ civitatis amissa, latinus fuerit effectus, omne peculium ejus a patrono vindicetur.* Nous avons vu que l'homme qu'on appelait *latin* était un affranchi. Il y avait donc alors (la loi est de 326) des hommes libres qui tombaient dans cette classe. Cela est expliqué par deux passages de Salvien (*De gubernatione Dei*, V, 5, et *Ad Ecclesiam*, III, 7). Une Novelle de Majorien (édit. Hænel, p. 315) constate que beaucoup de curiales se faisaient colons et même esclaves.

dans l'ordre sénatorial ; les autres, s'appauvrissant d'année en année, la quittaient pour passer dans la plèbe. La curie perdait ses membres, les uns par leur richesse, les autres par leur misère. Comme un corps en dissolution, elle se séparait en deux éléments, l'élément supérieur qui s'élevait vers les hautes régions de l'aristocratie, l'élément inférieur qui tombait de chute en chute dans le colonat et dans la servitude.

Telle fut la révolution sociale qui, malgré les efforts des empereurs, s'accomplit au IVe et au Ve siècle. Nous avons dû l'observer et la décrire, parce que sans elle on ne comprendrait pas combien le terrain était préparé pour les institutions féodales des âges suivants.

Pour que les hommes perdent leur liberté civile et soient soumis à des seigneurs, pour qu'il se fonde des institutions de servage, de sujétion personnelle, de vassalité, il n'est pas nécessaire qu'il y ait une révolution violente, une conquête étrangère, un changement de race. La marche naturelle et régulière des faits sociaux et économiques peut parfois amener un déplacement de la richesse ; elle peut produire le développement démesuré d'une classe et l'affaiblissement excessif de toutes les autres ; elle peut conduire insensiblement les hommes à un tel état que quelques-uns soient maîtres et le plus grand nombre serviteurs. La société se transforme ainsi, peu à peu, à son insu, en dépit même de ses lois, par la force invincible de ses mœurs et par la puissance des intérêts.

C'est ce qui arriva à la société de l'Empire romain. On la dirait immuable durant ces cinq siècles ; elle alla, au contraire, se modifiant sans cesse, et il ne doit pas échapper à l'historien que dès cette époque elle entrait dans la voie où toutes les sociétés de l'Europe devaient marcher ensuite pendant huit siècles, c'est-à-dire dans la voie des institutions aristocratiques et féodales.

Si nous nous plaçons par la pensée au début du ve siècle, c'est-à-dire à la veille des invasions germaniques, voici sous quel aspect cette société se présente à nous. Dans les villes est une *plèbe* libre, mais qui depuis cinq ou six générations diminue en nombre et s'appauvrit. Dans les campagnes vivent deux classes très nombreuses, celle des esclaves ou serfs, *servi*, et celle des colons, *tributarii*, *coloni*; ceux-là sont absolument assujettis au maître; ceux-ci sont réputés libres, mais ils sont attachés à une terre qu'ils ne possèdent pas, et ils doivent au propriétaire une redevance et des corvées. Ils sont d'ailleurs soumis à son égard à une sujétion personnelle; ils lui doivent le respect et l'obéissance. Au-dessus de ces foules s'élève, si l'on ne tient pas compte du peu de petits cultivateurs libres qu'il reste encore, la classe riche et puissante des grands propriétaires fonciers.

[2° PUISSANCE DES GRANDS PROPRIÉTAIRES [1].]

Il ne semble pas qu'il y ait, du moins en Gaule, de très vastes domaines, de *latifundia*. Chaque grande fortune est composée, en général, de plusieurs *villæ*, qui sont souvent fort éloignées les unes des autres [2] : ce qui prouve que ces grandes fortunes se sont formées lentement, en plusieurs générations, par une série d'acquisitions et de mariages. Chaque villa est ordinairement une grande ferme, entourée de ses champs, de ses prés,

---

[1] [Pour plus de développements, voir le c. 1 de *L'Alleu*.]

[2] Cela ressort surtout des actes de testament des familles gallo-romaines du ve et du vi^e siècle. [Cf. *L'Alleu*, p. 56 et 57.]

de ses vignes et de ses bois. A elle est attachée, à titre de « garniture du fonds », *instrumentum fundi*, une troupe d'esclaves ou serfs de la terre. Il y a parmi eux des laboureurs, des bergers, des vignerons; il y a aussi le boulanger, le charpentier, le maçon, les femmes qui tissent et celles qui cousent les vêtements; c'est tout un petit peuple, auquel le maître a préposé un chef, que l'on appelle intendant, *villicus*, ou prévôt, *præpositus*[1].

Autour ou à côté de cette partie du domaine qui est cultivée par des esclaves au profit du maître, une autre partie du même domaine est divisée en tenures, *coloniæ*; là habitent les « serfs casés », *servi casarii*, les colons, les tributaires, les affranchis; chacun d'eux cultive sa parcelle, et, après qu'il s'est acquitté de ses corvées et redevances, il jouit des fruits.

A l'égard des colons comme des esclaves, le propriétaire du sol est un véritable maître. Ils sont « ses hommes », *homines ejus*, dit la loi romaine. Il a sur eux un droit de justice; nous voyons des lois qui le chargent de punir, non seulement les fautes qu'ils ont commises contre lui, mais même celles qui ne l'atteignent pas et qu'il semble que l'État seul devrait châtier[2]. Il exerce sur ses paysans à peu près les mêmes droits que l'autorité publique exerce sur lui-même.

Ce grand propriétaire porte presque toujours le titre de *senator*, titre qui a été acquis par sa famille dans une des générations antérieures et qu'il conserve par droit d'héritage. Cette qualification est devenue tellement inhérente à l'état de grand propriétaire foncier, que nous la trouvons parfois employée par les écrivains

---

[1] [Cf. *L'Alleu*, p. 44 et suiv.]
[2] Code Théodosien, XVI, 5, 52 et 54. — [Cf. *L'Alleu*, p. 450 et 451.]

dans des cas où ils ne songent certainement pas au rang et ne veulent désigner autre chose que la qualité de riche propriétaire[1].

Sidoine Apollinaire nous décrit l'existence intime de ces seigneurs, au milieu desquels il a vécu. Pendant l'hiver, ils habitent ordinairement la ville; car ils sont assez souvent les chefs du corps municipal; il faut qu'ils assistent aux assemblées, aux séances des tribunaux, aux fêtes publiques. Pendant l'été, ils vont de *villa* en *villa*, suivis d'un nombreux cortège de clients, d'affranchis, d'esclaves. La demeure seigneuriale[2] est vaste; elle renferme plusieurs appartements, des salles de réception, des thermes, et le portique, où l'on étale, non les armures et le blason, mais les images des ancêtres avec les insignes des hautes fonctions qu'ils ont remplies. Une telle demeure ne ressemble assurément pas à ce que sera plus tard la forteresse féodale; et pourtant, dès cette époque, et en présence des incursions des barbares, les grands sentent le besoin de fortifier leurs habitations; ils commencent à bâtir sur les hauteurs, à s'entourer d'enceintes, et leurs maisons s'appellent déjà des châteaux, *castella*[3]. Ils vivent là, partageant leur temps entre les soins de l'exploitation rurale et les plaisirs de la chasse ou de la littérature. On cause, on fait des vers, on s'écrit, on s'informe des affaires publi-

[1] Ainsi un chroniqueur du vᵉ siècle, voulant dire que les Burgondes partagèrent le sol avec les propriétaires, dit : *Terras cum gallicis senatoribus diviserunt* (Marius d'Avenches, anno 456).

[2] Il est digne de remarque que, dans le langage des derniers temps de l'Empire, la demeure du maître, qui s'élève au milieu de la *villa*, s'appelle *prætorium*. Voir Palladius, *De re rustica*, c. 8, 11, 22, 24. [*L'Alleu*, p. 92.]

[3] Sidoine, *Lettres*, V, 14 · *Montana castella*. — On rencontre aussi quelquefois les mots *turris* et *burgus*. — Voir la description d'une villa appelée *Burgus* en Aquitaine, dans Sidoine, *Carmina*, 22. — [*L'Alleu*, p. 93.]

ques. La vie est large et opulente; il y a surtout un grand luxe de serviteurs et de chevaux[1]. Plusieurs font un magnifique emploi d'une immense fortune, comme ce Léontius qui aime les grandes constructions et les tableaux; comme cet Ecdicius qui, dans une famine, est assez généreux et assez riche pour nourrir quatre mille pauvres, et qui plus tard, dans une incursion des Wisigoths, lèvera à ses frais et sur ses terres une troupe de cavaliers et mettra l'ennemi en fuite[2].

Tous les documents qui laissent apercevoir l'esprit d'une époque montrent que cette noblesse était aussi honorée par le gouvernement que respectée par les populations. Il est bien vrai que les lois ne lui assuraient aucun pouvoir, et que la constitution de l'Empire ne lui donnait pas formellement le droit de s'occuper des affaires de l'État. C'était elle pourtant qui remplissait les hautes magistratures des cités; c'était elle qui fournissait les duumvirs ou le *defensor*, et qui formait le corps des Principaux; c'était elle qui composait les assemblées provinciales et les députations par lesquelles les peuples étaient mis en rapport avec le prince. C'était même chez elle que le gouvernement impérial choisissait ordinairement ses hauts fonctionnaires. Il n'allait pas les chercher dans les classes inférieures; les hauts grades de son administration n'étaient pas donnés, par voie d'avancement, aux employés subalternes; ils appartenaient, par une sorte de droit de naissance, aux grandes familles. L'Empire prenait volontiers ces sénateurs ou ces nobles gaulois pour en faire ses préteurs

---

[1] Voir les vers où Paulin de Pella décrit sa riche maison : *Instructa obsequiis et turbis fulta clientum* (*Eucharisticos*, v. 367-457). [*L'Alleu*, p. 95.]

[2] Grégoire de Tours, II, 24; Sidoine, *Carmina*, 22; *Epistolæ*, III, 3.

et ses consuls, ses gouverneurs de province, ses préfets du prétoire et ses ministres. Toutes les dignités, excepté celles de l'ordre militaire, leur étaient réservées et étaient presque héréditaires dans leurs familles[1]. Un jeune noble, comme le Gaulois Protadius, comme Rutilius, comme Sidoine Apollinaire[2], entrait dans les hauts emplois au sortir de ses études; il lui suffisait de montrer que son père, son aïeul, son bisaïeul, avaient jadis obtenu les honneurs; il devenait alors, comme de plein droit, gouverneur de province, maître des offices, préfet du prétoire, consul; puis, jeune encore, ayant achevé la carrière des grands emplois, *cursus honorum*, il revenait vivre dans ses propriétés, opulent, considéré, influent dans les assemblées, poussant à son tour les plus jeunes dans la carrière, correspondant avec ceux qui étaient encore dans les charges, maniant indirectement les affaires de sa province, et, s'il était chrétien, terminant sa brillante carrière dans les honneurs de l'épiscopat. Telle fut l'existence de Sidoine Apollinaire et celle de la plupart de ses amis.

On voit que cette aristocratie des grands propriétaires fonciers ne se désintéressait pas des affaires publiques et n'en était pas non plus systématiquement écartée.

---

[1] Sidoine, *Lettres*, I, 3 : *Adipiscendæ dignitati hereditariæ incumbam, cui pater, avus, proavus præfecturis magisteriisque micuerunt.*

[2] Symmaque (*Lettres*, IV, 23) écrit au Gaulois Protadius : *Secundum natales tuos honorum culmen indeptus es.* Ce personnage remplit, en effet, comme ses ancêtres, toute la carrière des honneurs et finit par être préfet de Rome (Rutilius, *Itinerarium*, v. 550); il avait deux frères : Minervius, qui devint *comes rerum privatarum*, et Florentinus, qui fut préfet de Rome. — Rutilius, autre Gaulois, était d'une famille depuis longtemps dans les hautes fonctions; son père avait été gouverneur d'Étrurie et *comes largitionum*; lui-même fut consul et *magister officiorum*. — Le grand-père et le bisaïeul de Sidoine Apollinaire avaient été préfets; son père et lui-même le furent à leur tour.

Elle était au contraire fort puissante. Quoique le gouvernement fût, en principe, une monarchie absolue et personnelle, il est visible que cette monarchie n'administrait que par l'intermédiaire de l'aristocratie, qui se trouvait ainsi de toutes les manières la classe dirigeante de la société[1].

La différence la plus frappante qui distingue cette noblesse romaine de celle que nous verrons se constituer plus tard, c'est qu'elle n'était pas une caste militaire. Le gouvernement impérial avait pris soin, dès le III° siècle, d'interdire aux sénateurs de faire partie de l'armée. Cette règle, qui se trouvait d'accord avec l'esprit public et les mœurs, empêcha l'aristocratie de réunir tous les éléments de force. Elle avait la terre, elle n'avait pas les armes. Nous verrons plus loin quelle suite d'événements a mis les armes et la terre dans les mêmes mains et comment l'aristocratie, en se continuant à travers les âges, a transformé ses habitudes et son caractère.

CHAPITRE XII

De l'affaiblissement de l'autorité publique.

A mesure que l'aristocratie devint puissante, l'autorité impériale perdit sa force. Si l'on se contentait de juger ce gouvernement d'après la phraséologie pompeuse qui était en usage dans ses chancelleries, ou d'après les panégyriques de ses orateurs officiels, on croi-

---

[1] Les lois interdisaient aux simples curiales d'aspirer aux honneurs; il fallait donc que l'Empire prît ses fonctionnaires dans la haute classe.

rait qu'il fut aussi bien obéi au IV° siècle qu'il l'avait été au temps des Antonins. Il y a des indices du contraire. Sa faiblesse, dont les écrivains du temps ne parlent pas, se manifeste par plusieurs symptômes. Les Codes eux-mêmes laissent voir que les hauts fonctionnaires sont moins dociles, moins dans la main du pouvoir, qu'à l'époque précédente ; il faut les surveiller, les punir, les menacer sans cesse, et le renouvellement continuel des mêmes menaces prouve assez qu'elles étaient impuissantes. La perception des impôts devient aussi plus difficile. Des empereurs avouent dans leurs lois que les gouverneurs de province ne sont plus assez forts pour obtenir des grands le payement de leurs contributions[1].

Il semble à première vue que cela fût le signe de l'appauvrissement de l'Empire ; qu'on y regarde de plus près, c'est le signe d'une résistance passive à l'autorité impériale. Cet esprit de résistance est partout ; il prend quelquefois le prétexte de la religion, quelquefois celui de la compétition des prétendants au trône ; le plus souvent il se dissimule sous les dehors de l'obéissance la plus servile. Il ne s'agit nullement ici d'une révolte contre l'Empire : nul ne songe à le renverser ; on le respecte, on veut qu'il dure ; mais chacun s'efforce de lui donner aussi peu d'obéissance qu'il est possible. Aucune théorie politique n'est en jeu ; personne ne songe à mettre le principe de liberté en face du principe d'autorité ; mais il y a dans l'autorité elle-même une sorte d'énervement et d'impuissance vis-à-vis d'une classe d'hommes plus forte qu'elle[2].

---

[1] Voir Code Théodosien, XI, 7 ; Code Justinien, X, 19.
[2] Voir dans Symmaque, X, 51, l'affaire de ce sénateur, domicilié en

Cette classe est riche et le gouvernement est pauvre. Cette classe est maîtresse de la plus grande partie du sol; elle est en possession des dignités locales, des fonctions administratives et judiciaires; le gouvernement n'a que les apparences du pouvoir et une force armée qui va diminuant sans cesse. Qu'on lise le Code Théodosien : on y reconnaîtra presque à chaque page les embarras de ce gouvernement qui est omnipotent en droit, mais qui en réalité ne peut pas se faire obéir ; on y verra partout la marque de cette lutte quotidienne entre le despotisme officiel et la résistance inerte et invincible de ce qu'il y a de plus élevé dans la population.

Développement d'une classe aristocratique, ruine des classes inférieures, affaiblissement de l'autorité publique, voilà trois choses qui coïncident. En même temps surgit le patronage, et l'on voit se produire un retour instinctif des hommes vers le régime de la sujétion personnelle[1]. Les écrivains contemporains ont bien décrit ce mouvement. « Le pauvre, dit saint Augustin, se met sous la dépendance d'un riche pour obtenir de lui la nourriture et pour vivre en sûreté sous sa protection[2]. » « Le faible, dit Salvien, se donne à un grand, afin que celui-ci le défende et le protège[3]. » C'est surtout dans les lois impériales que les progrès du patronage et de la clientèle sont accusés[4].

Épire, qui, mandé par le préteur, puis par le proconsul, refuse d'obéir et maltraite les appariteurs.

[1] [Ce sujet sera développé dans le volume sur *Les Origines du système féodal*, p. 235 et suiv.]

[2] Saint Augustin, *Cité de Dieu*, II, 20 : *Obsequuntur divitibus pauperes causa saturitatis atque ut eorum patrociniis quieta inertia perfruantur.*

[3] *Tradunt se ad tuendum protegendumque majoribus*, Salvien, *De gubernatione Dei*, V, 8 et 9.

[4] Code Théodosien, XI, 24, 1 : *Eos quos in defensionem suam videntur*

Il n'est pas douteux que ce patronage ne fît tomber les hommes dans une véritable dépendance. L'homme qui prenait un patron devenait le serviteur [d'un autre homme, et cessait en fait d'être celui de l'État. L'Empire perdait ainsi peu à peu un nombre infini de sujets, qui allaient grossir la foule des clients des grands propriétaires fonciers. Il n'y avait pas encore lutte entre eux et l'État. Il y avait du moins une concurrence à laquelle l'État était presque toujours assuré de perdre].

L'esprit moderne, avec les habitudes qu'il s'est faites depuis un siècle, ne comprend la résistance à un gouvernement que sous la forme de l'opposition hostile ou de la révolte. Il est une autre sorte de résistance qui se rencontre souvent dans l'histoire de l'humanité. Elle consiste en ceci, que l'homme ne manifeste aucune haine contre le gouvernement qui le régit, qu'il n'en sent même aucune au fond de son cœur, qu'il l'aime sincèrement ou qu'au moins il se plaît à le flatter, mais qu'en même temps il lui refuse ses forces, ses services, ses biens, et surtout le concours de ses volontés. Il ne lutte pas contre le pouvoir, mais il lui échappe; il lui glisse des mains. En lui prodiguant le respect, il cesse de lui obéir. Nulle insurrection, parce qu'il n'y a aucun sentiment ni aucune opinion qui soit hostile; nulle marque extérieure d'un conflit, parce que personne ne songe à un conflit. Une seule chose se produit : c'est que le gouvernement, sans qu'on y prenne garde, perd sa vigueur. Ses fonctionnaires ou ne lui obéissent plus ou ne savent plus se faire obéir. Il s'appauvrit ou par l'insuffisance des recettes ou par le désordre des dé-

---

suscepisse, ab eorum patrocinio facias separari; cf. XII, 1, 50. Code Justinien, II, 14 et 15 (*alias* 13 et 14). — [Cf. *Les Origines du système féodal*, p. 98 et suiv.]

penses, parce qu'il est faible vis-à-vis du contribuable ou faible vis-à-vis du fonctionnaire. Ses soldats eux-mêmes ou perdent le courage ou perdent la discipline. Sa justice s'amollit. C'est un énervement général de l'autorité. Cette maladie a fait périr plus d'États que les insurrections n'en ont renversé. Elle peut d'ailleurs s'attaquer à tous les genres de gouvernement, au régime républicain comme au régime monarchique, à l'aristocratie aussi bien qu'à la démocratie. Elle se produit toutes les fois que les institutions sociales cessent d'être en parfait accord avec les institutions politiques. Il se trouve alors qu'une classe d'hommes est plus forte que l'État, et l'État peu à peu n'est plus qu'une ombre. C'est ce qui arriva à l'Empire romain. Au IV siècle, on vit à la fois une aristocratie puissante se constituer, les classes moyennes tomber dans la pauvreté, et l'autorité publique s'affaiblir. Que ces trois faits-là se prolongent pendant plusieurs siècles, qu'à peine apparents sous l'Empire ils s'accentuent et grandissent avec le temps [et à la faveur des troubles de l'invasion germanique], et l'on verra s'établir le régime féodal.

CHAPITRE XIII

De l'état moral des populations de la Gaule sous l'Empire romain.

Avant de quitter cette étude sur les institutions que Rome a données à la Gaule [et pour compléter la connaissance de la société gauloise au moment de l'invasion], une question se pose à côté de laquelle on ne peut passer sans s'arrêter. On voudrait savoir comment l'homme vivait en ce temps-là, quel était le tour ordinaire de ses pensées, la disposition habituelle de ses mœurs. On se demande, au milieu de ces institutions publiques, ce que valait l'individu humain.

[1° LE TRAVAIL ET LES MŒURS.]

Une chose frappe d'abord les yeux : c'est que, durant cette période de leur histoire, les Gaulois ont beaucoup travaillé. Leur pays est encore couvert, après quinze siècles, des preuves visibles de ce travail; on rencontre partout des restes de routes presque indestructibles; cette œuvre immense, qui eut alors presque la même valeur que les chemins de fer ont de nos jours, fut exécutée, sous l'Empire romain, par des Gaulois, aux frais de la Gaule, et pour le profit commun de la Gaule et de l'Empire. A cette même époque, les anciennes bourgades se transformèrent en villes; les *oppida* devinrent des cités populeuses. Le nombre des villes qu'il y a eu sous l'Empire romain égale celui qu'il y a aujourd'hui; s'il en a été fondé quelques-unes depuis lors, elles n'ont fait que remplacer celles que le temps ou quelques accidents de guerre avaient détruites. Ces villes étaient couvertes de monuments publics : partout s'élevaient des temples, des palais, des basiliques, des théâtres, des thermes, des aqueducs. Ce ne sont pas des Italiens qui sont venus construire tout cela. On ne voit à aucun indice que Rome ait envoyé ses architectes, ses ingénieurs ou ses ouvriers. Tout ce grand travail a été accompli par l'esprit et la main des Gaulois[1].

[1] [Cf. *La Gaule romaine*, p. 134 et suiv.]

La domination romaine n'a ruiné ni appauvri aucun des peuples qui lui ont été soumis. La raison de cela se voit sans peine. Le fond du caractère romain n'était pas l'amour de la guerre, c'était l'amour de l'argent. Rome ne fit pas ses conquêtes par un vain désir de gloire, elle les fit pour s'enrichir. Il n'est pas de notre sujet d'énumérer ici tous les moyens qu'elle savait employer pour atteindre ce but; il suffit de dire qu'à mesure qu'elle conquérait un pays, elle se gardait bien d'y rien détruire et d'y tarir les sources de la richesse. On a beaucoup parlé du pillage des provinces; il ne faut ni le nier ni l'exagérer : ce qui est sûr, c'est que l'esprit romain était trop pratique pour ignorer que le pillage est une maigre ressource. Rome aimait bien mieux, quand elle était maîtresse d'un pays et que sa domination n'y était plus contestée, y développer l'agriculture, le commerce et l'industrie. Elle cherchait en cela son profit; mais il n'était pas possible qu'elle s'enrichît sans enrichir en même temps les peuples.

Un exemple rendra cette vérité plus claire. La Gaule était à peine soumise, et déjà les commerçants romains étaient accourus. Ils avaient vu d'un coup d'œil où devait être le centre des opérations commerciales dans le pays, et ils s'étaient établis vers le milieu du cours de la Loire, à Génabum. Cet établissement fut interrompu par une révolte de la Gaule; mais il n'est pas douteux qu'il ne se soit ensuite relevé et qu'il n'en ait été fondé de semblables à Lyon, à Toulouse, à Paris, à Trèves. Représentons-nous ce qui dut se passer alors : la vie laborieuse dans les villes, la navigation active sur les rivières, les transports continuels sur les routes, les échanges plus faciles et plus nombreux, les laboureurs encouragés à semer par l'espoir de vendre avantageusement leurs grains, des ateliers se formant partout pour tisser les étoffes ou fabriquer les armes, tout un monde enfin de commerçants, de bateliers, d'agriculteurs, d'industriels surgissant comme par enchantement. Rome fut partout la grande inspiratrice du travail; elle en donna au monde le goût et presque la passion.

Elle propagea en même temps son amour pour la richesse, pour le bien-être, pour le luxe et les arts, pour l'existence confortable et somptueuse. Par elle, les habitudes de travail et d'opulence s'étendirent à tous les peuples.

« Le monde, dit Tertullien, devient chaque jour mieux cultivé et plus riche; partout des routes, partout le commerce; les déserts d'autrefois sont transformés en riants domaines; on laboure où il n'y avait que des forêts, on sème où il y avait des sables, on dessèche les marais; il y a aujourd'hui plus de villes qu'il n'y avait autrefois de maisons[1]. »

Cette existence universellement laborieuse et prospère dura environ trois siècles; c'est l'époque des Césars, des Flaviens, des Antonins et des Sévères. Elle fut interrompue ensuite, par l'effet des troubles intérieurs et des compétitions des princes, et peut-être plus encore par la lutte acharnée que se firent les deux religions. La vie publique et la vie privée furent également agitées. Le travail se ralentit et la richesse cessa de croître.

Est-ce à dire que la misère se soit alors abattue sur la Gaule? On est fort embarrassé quand on lit les écrivains des derniers temps de l'Empire. Ils parlent fréquemment de la pauvreté des populations; mais ils parlent aussi fréquemment de leur prospérité. Ils disent que

[1] Tertullien, *De anima*, 30.

les villes sont en ruine, et ils disent aussi qu'elles sont florissantes. Ils signalent d'immenses désastres où il semble que des contrées entières devaient s'abîmer à jamais, et nous voyons pourtant que les cités demeurent populeuses et que les monuments restent debout. Ici ils se plaignent que les campagnes soient en friche; là ils vantent les abondantes moissons. Dans telle page de Salvien, la Gaule est réduite à l'extrême indigence, et dans telle autre page elle se livre à un luxe, à des plaisirs, même à des vices qui ne sont possibles que dans une société riche. Au milieu de ces contradictions, il faut douter, il faut surtout se garder des extrêmes[1].

La première lecture de quelques textes de lois donne à penser que les curies étaient ruinées; une lecture plus attentive montre que, si elles étaient moins prospères qu'au siècle précédent, cela tenait en grande partie à ce qu'il s'était formé au-dessus d'elles une classe plus riche. Il y avait eu un déplacement de richesse plutôt qu'un appauvrissement. Croire que la Gaule fût alors aussi heureuse qu'au temps des Antonins serait une erreur manifeste; croire qu'elle fût absolument épuisée et misérable en serait une autre.

---

[1] Les écrivains du temps dépeignent avec la même exagération la misère et la prospérité. Une même phrase présente les deux extrêmes : *Paulo ante mæsta omnia, semiruta oppida, desolata mœnia, solitudinem,.... nunc cuncta lætantia, agros consitos, urbes frequentes, magnifico cultu publica tecta surgentia, dites messibus segetes, vincentes agricolarum vota vindemias* (Mamertin, *Gratiarum actio Juliano*, c. 10). — Mêmes contradictions dans Salvien; il dit que les campagnes sont couvertes de riches moissons, que les celliers sont remplis de vins, que le commerce est florissant, *negotiatorum ac sericorum [Syrorum?] turbæ majorem civitatum partem occuparerunt* (*De gubernatione Dei*, 4, § 69). — Mamertin, *Panegyricus genethliacus*, 15 : *Hominum ætates et numerus augentur, cultura duplicatur : ubi silvæ fuere seges est.* — On peut voir dans Paulin de Pella, *Eucharisticos*, v. 205 et suiv., la richesse d'une famille d'Aquitaine au v° siècle.

Il est facile de répéter que les mœurs étaient corrompues dans l'Empire romain; il est moins facile de trouver dans les documents la preuve de cette corruption. Quelques satires et quelques épigrammes ne démontrent rien. Il serait aussi contraire à la bonne méthode historique de juger cette époque sur deux ou trois fantaisies littéraires que de juger la société athénienne d'après les comédies d'Aristophane, ou notre siècle d'après nos romans. Le vice est de toutes les sociétés; celles qui savent le signaler et le poursuivre par leur littérature n'en sont pas plus infectées que celles qui manquent d'écrivains pour le peindre.

Il est vrai que l'Empire romain, grâce à une longue paix et à un grand travail, était riche; mais les nations paisibles et prospères ne sont pas nécessairement des nations dépravées. Richesse n'est pas vice, et pauvreté n'est pas toujours vertu. Le luxe n'est pas la même chose que la corruption.

Dans les siècles de l'Empire romain, deux religions également ardentes à la lutte étaient en présence. Elles s'accusaient réciproquement de libertinage. Nous ne devons pas croire aux calomnies que les païens jetaient à la société chrétienne; nous ne sommes pas non plus tenus de croire aux accusations par lesquelles les chrétiens répliquaient à leurs adversaires.

Il nous est resté de nombreux témoignages qui nous permettent de connaître la vie privée de ces temps-là. Les inscriptions, les lois, les poésies, les biographies, les lettres intimes nous décrivent les mœurs et les occupations journalières. Rien de tout cela ne nous offre le tableau d'une société foncièrement corrompue. Les inscriptions signalent sans cesse, et dans un langage simple et franc, la piété filiale, les habitudes de la vie de famille, le mariage respecté, l'affection des serviteurs pour leurs maîtres et la sollicitude des maîtres pour leurs serviteurs[1]. Une cité veut-elle faire l'éloge d'un de ses membres, elle rappelle dans une inscription « sa gravité et l'honnêteté de ses mœurs[2] ». Cela ne saurait prouver que ces vertus fussent toujours pratiquées; mais cela prouve au moins qu'elles étaient universellement appréciées.

On estimait fort la vie de famille. Le poète Ausone se plaît à parler de sa mère, « qui était toute au devoir conjugal et à l'éducation de ses enfants[3] ». Le même écrivain rappelle l'austérité de son aïeule, les soins avec lesquels son grand-père et son oncle élevèrent sa jeunesse. Il travaille lui-même à l'éducation de son fils et de son petit-fils. Rutilius dans ses vers, Symmaque dans ses lettres, Sidoine dans ses lettres et dans ses poésies, nous montrent les plus grands personnages de leur temps occupés des soins de leur famille et menant une existence à la fois opulente et régulière. Le riche Protadius, après avoir parcouru la carrière des honneurs et des fonctions impériales, revient vivre dans ses propriétés du nord de la Gaule et il consacre ses loisirs à réunir les documents de l'histoire de son pays[4]. Sidoine Apollinaire n'emploie les siens qu'à faire des vers et à écrire à ses amis; ses œuvres nous sont restées et nous y voyons

---

[1] Orelli-Henzen, n°ˢ 4530, 4626, 4639, 4662, 4848, 7385. L. Renier, *Mélanges d'épigraphie*, p. 209-211. Herzog, *Appendix epigraphica*. [*Corpus*, t. XII, n° 5193, etc.]

[2] *Gravitatem et honestos mores* (inscription de Thorigny).

[3] Ausone, *Parentalia*, 4 :

Morigeræ uxoris virtus cui contigit omnis,
Fama pudicitiæ lanificæque manus,
Conjugiique fides et natos cura regendi.

[4] Symmaque, *Epistolæ*, IV, 18, 32, 36, *Ad Protadium*.

les habitudes quotidiennes des riches et des grands. Ils ont de vastes habitations, des châteaux au milieu de beaux parcs; ils aiment la chasse, les chevaux, le bain, les jeux de paume ou de dés, les conversations élégantes, les repas en compagnie de quelques amis, le chant et la musique, les vers et les beaux discours; quant à des débauches et à des plaisirs grossiers, il n'en est jamais question¹. Sidoine parle des femmes de la plus haute classe : il les montre partageant leur temps entre les travaux d'aiguille et la lecture, car elles ont des bibliothèques et elles lisent². Il ne paraît pas en connaître dont la conduite mérite le blâme.

Il est vrai que, d'autre part, Salvien dit « que tous les Aquitains se ressemblent, que leur ventre est un gouffre et leur vie une prostitution; qu'il n'est pas un seul homme riche qui ne soit vautré dans la débauche, pas un qui garde la foi conjugale, pas une femme qui ne soit outragée dans sa maison comme la plus vile des créatures. » « Quel est le riche, ajoute-t-il, qui ne soit pas souillé de tous les crimes? où est celui qui n'est pas coupable d'homicide? » Vous croyez qu'il n'accuse

---

¹ Voir la description que fait Sidoine Apollinaire de la villa d'Avitacum (*Epistolæ*, II, 2), et celle du *burgus* d'un de ses amis (*Carmina*, XXII). Voir encore le tableau qu'il fait de la vie quotidienne de Vectius, homme du plus haut rang (*Epistolæ*, IV, 9), et celle du sénateur Consentius (*Carmina*, XXIII), lequel partage sa vie entre l'agriculture et les lettres (*Epistolæ*, VIII, 4). Voir enfin ce qu'il dit d'Ecdicius, de Pragmatius, de Ferréolus, de Philagrius, de tant d'autres. Il est vrai que Sidoine est chrétien et que ses amis le sont comme lui; mais ce qui est bien frappant, c'est que ce contemporain de Salvien n'exprime aucun blâme sur la corruption du siècle. La lecture des lettres de Symmaque, des ouvrages de Rutilius, de Sulpice Sévère, de Prosper d'Aquitaine, produit la même impression que celle de Sidoine Apollinaire. Ausone et Paulin de Pella dépeignent une société qui assurément n'a rien d'austère, mais où la famille au moins est respectée.

² Sidoine, *Carmina*, XXII, *et alias passim*.

que les païens ; c'est de l'Église chrétienne qu'il parle :
« elle est la sentine de tous les vices ; elle est un assemblage de fornicateurs et d'adultères, de larrons et de meurtriers[1]. » Mais à qui fera-t-on croire qu'un langage aussi violent et aussi déclamatoire soit conforme à la vérité ?

L'un des traits saillants de cette société était son goût pour les travaux et les jouissances de l'esprit. Jamais l'instruction littéraire ne fut appréciée plus haut ; jamais on n'estima tant l'art de bien parler et de bien écrire. Les écoles de Trèves, d'Autun, d'Arles, de Bordeaux, de Toulouse, de Clermont, de Marseille, restèrent très florissantes jusqu'au ve siècle. On enseignait la grammaire et les mathématiques, la poésie et l'éloquence. Ausone cite un professeur de rhétorique aux leçons duquel on se pressait. Il y avait des écoles de droit, et l'on y enseignait, non seulement la pratique, mais la science ; on y commentait encore les Lois des Douze-Tables[2]. Le professeur était entouré de considération ; on arrivait par l'enseignement à l'illustration et aux plus grands honneurs. Les hommes qui avaient rempli les plus hautes fonctions de l'État, comme Ausone, comme Rutilius, comme Sidoine, comme Protadius (nous ne citons que des Gaulois), croyaient s'honorer encore par la littérature. On écrivait beaucoup ; œuvres médiocres, il est vrai, et qui méritaient peu de vivre ; mais aux yeux de l'historien qui observe les différentes époques de l'humanité et qui les compare, c'est une

---

[1] *Quid est aliud pæne omnis cœtus Christianorum quam sentina vitiorum ? Quotumquemque invenies in ecclesia non aut ebriosum, aut belluonem, aut adulterum, aut fornicatorem, aut latronem, aut homicidam ?* (Salvien, *De gubernatione Dei*, III, 9, 44 ; cf. IV, 5, 5.)

[2] Sidoine, *Epistolæ*, IV, 1 ; IV, 11 ; *Carmina*, XXIII.

chose de grande valeur dans une société que ce souci des travaux intellectuels.

Essayons de nous représenter, ici l'homme riche tout occupé de ses vers et de ses harangues, là le professeur de philosophie attirant la foule pour lui démontrer la spiritualité de l'âme[1], ailleurs le prêtre chrétien enseignant les dogmes de la religion et les lois de la morale; ayons en même temps sous les yeux ces villes couvertes de monuments, ces temples et ces basiliques que chaque génération construit, ces villas somptueuses que décrit Sidoine Apollinaire, ces moissons dont Salvien lui-même vante la richesse; calculons ensuite ce que tout cela suppose de labeur quotidien, et demandons-nous si tout ce travail de l'esprit, de l'âme, ou des bras, serait compatible avec une absolue dépravation des mœurs.

Dire que l'Empire romain a péri par l'effet de sa corruption, c'est dire une de ces phrases vides de sens qui nuisent si fort au progrès de la science historique et à la connaissance de la nature humaine[2].

Cette société a été, comme toutes les autres, un mélange de vertus et de vices, de bonnes et de mauvaises mœurs, d'énergie d'âme et de faiblesse. Si elle ne répond pas de tous points à l'idéal de moralité et d'intelligence que notre esprit peut concevoir, encore faut-il, pour

---

[1] Parmi les amis de Sidoine Apollinaire, l'un commentait Aristote, l'autre écrivait un traité *De statu animæ* (*Epistolæ*, IV, 1; IV, 11).

[2] Il n'est sans doute pas nécessaire de faire remarquer qu'en parlant de la société de l'Empire romain nous n'entendons pas parler de la ville de Rome. Il est avéré que dans cette ville les mœurs étaient assez corrompues, aussi bien chez les basses classes que chez les classes élevées; voir la peinture qu'en fait Ammien Marcellin au livre XXVIII; mais l'indignation même d'Ammien contre les mœurs de la capitale indique que celles des provinces étaient différentes.

être juste, la comparer à tout ce qu'il y avait alors dans l'humanité. En dehors de l'Empire, il n'existait que les Perses en Asie et les Germains en Europe. Ceux-ci, pour être ignorants et grossiers, n'étaient pas nécessairement plus vertueux. Tacite ne dit pas qu'ils fussent exempts d'aucun des vices de la nature humaine. Il remarque leur penchant à l'ivrognerie, leur passion pour le jeu, leur amour de l'argent et du plaisir[1]. Il montre que l'adultère et la prostitution même leur étaient connus[2]. Il signale surtout avec une singulière énergie de style leur paresse et leur haine pour le travail[3]. Les écrivains du IV° siècle montrent leur convoitise, leur brigandage. Ammien, racontant une invasion des Wisigoths, dit qu'ils remplirent tout « de pillages, de meurtres, d'incendies, d'outrages à la pudeur et à la nature »[4]. Salvien lui-même, qui n'est pas suspect d'une haine particulière à leur égard, laisse voir leur perfidie et leur incontinence. Sans doute il ne faut pas le croire quand il dit « que tout est vice dans leur conduite »; mais on peut penser, comme lui, « que les Romains et les barbares se valaient par les vices[5] ».

On ne saurait exiger de l'histoire un jugement formel sur la valeur morale des différents peuples. Au moins

---

[1] Tacite, *Germania*, 22, 23, 24; *Histoires*, IV, 73 : *Libido atque avaritia. Vinolentiam ac libidines grata barbaris*, *Annales*, XI, 15.

[2] Au chapitre 19, Tacite décrit le châtiment de la femme adultère, en ajoutant, il est vrai, que la faute est rare. — Il parle, au même passage, de la prostitution, *publicatæ pudicitiæ*.

[3] Tacite, *Germania*, 16 : *Dediti somno cibaque hebent; amant inertiam*. 45 : *Solita Germanorum inertia*.

[4] *Rapinis, cædibus, sanguine, incendiis, et liberorum corporum corruptelis omnia fædissime permiscentes*, Ammien, XXXI, 8, 6.

[5] *Omnium barbarorum vita vitiositas* (Salvien, *De gubernatione Dei*, IV, 14, § 68). — *Possunt nostra et barbarorum vitia esse paria.... Pares vitiositate barbaris sumus* (ibidem, § 67 et 66).

y a-t-il grande apparence qu'à l'époque dont nous parlons, la société de l'Empire romain, si imparfaite qu'elle fût, était encore ce qu'il y avait de plus régulier, de plus intelligent, de plus noble dans le genre humain. C'était en elle qu'on travaillait le plus. C'était chez elle que les qualités d'esprit étaient le plus appréciées. C'est d'elle enfin qu'est sortie l'Église chrétienne qui, dans les siècles suivants, en dépit du désordre social, a sauvé tout ce qui était conscience, élévation d'âme et culture intellectuelle.

[2° LA DÉCADENCE DE LA VIE POLITIQUE.]

Il faut pourtant signaler un côté faible dans cette société de l'Empire romain, et montrer par quoi elle a mérité de disparaître. Le mal moral dont elle souffrait n'était pas la corruption des mœurs; c'était l'amollissement de la volonté et, pour ainsi dire, l'énervement du caractère. Quand on compare cette société à celle de l'ancienne Gaule ou de l'ancienne Italie, on y trouve moins d'agitations et moins de luttes; mais on y trouve aussi moins de vie et une moindre expansion des facultés viriles. La vertu qui lui manque le plus, c'est la force. Peut-être avait-on la vie trop aisée. Il n'y avait plus de luttes ni de difficultés pour tremper les caractères et faire la sélection des forts.

Cette sorte d'atonie se reconnaît même dans le domaine des faits intellectuels. Durant quatre siècles d'une paix continue qui aurait dû être si féconde, l'homme n'a fait aucune découverte. La science n'a pas avancé d'un pas. Aucune conquête n'a été faite sur l'ignorance et sur les préjugés. Aucun effort n'a été tenté pour connaître et comprendre la nature. L'esprit n'a eu ni l'indépendance qui cherche ni l'intuition qui trouve[1]. Les sciences morales n'ont pas fait plus de progrès que celles du monde matériel. Nul véritable effort philosophique; nulle érudition. On ne pensa à étudier scientifiquement ni l'ancienne histoire de la Grèce ni même celle de Rome. On posséda l'Égypte et l'on ne songea pas à lire ses hiéroglyphes. La seule étude fut celle du Droit, parce qu'elle touchait aux intérêts de chaque jour et qu'elle procurait profits et honneurs.

La littérature a été fort cultivée; il ne s'y est pourtant rien produit de puissant ni d'élevé. Jamais il n'y eut tant d'habiles versificateurs, et si peu de poëtes. Dans cette foule d'orateurs, vous ne trouvez pas un homme éloquent, si vous exceptez l'Église chrétienne. Après Tacite, il n'y a plus un historien, plus un homme qui sache envisager les événements et embrasser du regard une société. On affine la langue et on l'affadit. Il semble que l'esprit, amolli par les facilités de l'existence, ait perdu la force de conception qui fait les grands ouvrages. Une sorte de paresse l'empêche de former un plan étendu, de s'appliquer à un problème difficile. On n'écrit ni pour instruire, ni pour convaincre, ni pour élever l'âme; on n'écrit que pour faire montre de son talent. Les peintres, les sculpteurs, les architectes sont en nombre incalculable; partout s'élèvent des temples, des palais, des basiliques; il manque les grands artistes et les chefs-d'œuvre; la puissance et le souffle font défaut.

[1] Dion Cassius au IIIe siècle, Ammien Marcellin au IVe, montrent jusqu'où allait l'ignorance, même dans les classes les plus élevées. On en était encore à la magie (Ammien, XIV, 17, 7; XXI, 1); tous les esprits croyaient aux sortilèges (idem, XXVIII, 4; XXIX, 2); on lisait les vieux livres de Tagès (idem, XVII, 10, 2); il y avait encore des auspices étrusques à la suite des armées (idem, XXIII, 5, 10).

On voit quelque chose d'analogue dans l'ordre politique. Ces générations d'hommes se suivent et se ressemblent. Elles savent obéir, ce qui n'est pas un mal; mais elles obéissent sans discernement et sans choix, ce qui est un mal très grand. Elles obéissent parce qu'elles ne conçoivent rien d'autre que l'obéissance. Elles obéissent aussi bien à Héliogabale qu'à Trajan; elles obéiront aussi bien à un chef barbare qu'à un empereur romain. Cette sorte d'obéissance est l'effacement de la volonté et le renoncement au droit.

Ce que nous appelons dans notre siècle la vie politique, c'est-à-dire cet ensemble de sentiments et d'intérêts qui font que tous ou presque tous s'occupent des intérêts généraux de la société et prétendent en dire leur avis, n'existe pas sous l'Empire romain. Il ne faut d'ailleurs accuser de cela ni les empereurs ni leurs fonctionnaires. La vie politique disparaissait du monde romain avant l'Empire. Déjà la conquête des peuples par les armes romaines avait été favorisée par l'extinction de l'esprit politique chez ces peuples. Puis cet esprit s'était altéré et éteint dans Rome même, avant la fin de la République, et c'est justement cela qui avait amené l'Empire. Ces générations avaient eu l'aversion de la vie publique. L'Empire ne voulut ni ne put réveiller ce qui était mort, et les populations vécurent, se détachant de plus en plus des idées politiques, satisfaites du gouvernement qui les laissait à leurs travaux individuels. Mais si l'esprit politique trop développé chez un peuple a ses embarras et ses dangers, l'absence trop complète de vie politique amène un affaiblissement des volontés qui est pour une société menacée par l'ennemi le pire péril. Au commencement de l'Empire, les hommes n'avaient pas la volonté de se gouverner eux-mêmes; à la fin de l'Empire, ils n'en avaient même plus l'idée.

La classe sénatoriale elle-même manque de l'esprit de gouvernement. Les hommes de cette classe traversent les dignités par devoir et par habitude; mais vous ne voyez pas un homme parmi eux qui conçoive ou qui cherche les conditions du gouvernement, qui se préoccupe des grands intérêts, qui étudie des progrès à accomplir, qui travaille. Chacun remplit sa fonction, monte les degrés de la hiérarchie, et c'est tout.

Tout ce que les hommes eurent alors d'énergie, ils le portèrent du côté de la religion. Païens et chrétiens, dans une mesure presque égale, tournèrent vers elle toutes les forces de leur âme. Elle fut le centre de leurs ardeurs et de leurs passions, de leur travail d'esprit, de leurs devoirs, de leurs vertus, de leur dévouement. Il ne leur resta pas de vigueur pour la vie politique. Ils n'eurent qu'indifférence pour les intérêts purement terrestres, pour la forme de gouvernement, pour les destinées de l'État. Le sentiment religieux, tellement séparé du patriotisme, ne pouvait pas être un élément de force pour l'Empire et ne devait servir de rien à sa défense.

L'esprit politique a fait place à l'esprit religieux. Ce n'est pas seulement chez les chrétiens que cet esprit religieux domine toute l'âme. La même disposition, la même préoccupation existe chez les païens. La religion est autre, la religiosité est la même. Chez les uns comme chez les autres, la plus grande partie du temps est donnée aux pratiques du culte; la plus grande partie des pensées ont le caractère de croyances dogmatiques; et les passions les plus fortes sont pour le triomphe de l'une ou l'autre des causes religieuses. On pense plus au ciel qu'à la terre, et nous disons le ciel des païens aussi bien que le ciel des chrétiens. Il n'y a plus de comices, mais il y a des processions aux temples ou des assemblées dans l'église. La foule est indifférente aux magistratures politiques, mais elle a ses comices pour l'élection aux sacerdoces ou à l'épiscopat, et les luttes y sont ardentes. Les discours qu'on écoute, ce sont les sermons. Les livres qu'on lit et qui attirent l'attention publique (sans parler d'une littérature légère ou érudite à l'usage d'un très petit nombre), ce sont les livres de polémique religieuse. Toute l'activité, toute l'ardeur, toute la volonté, toute l'âme de ces générations est là. Les hommes ne se partagent pas en deux systèmes politiques, ils se partagent en deux religions. Viennent les barbares : à peine les hommes s'apercevront-ils qu'il y ait deux races en présence ; ils se demanderont, comme saint Augustin et Orose, si l'arrivée des barbares sera favorable ou contraire au christianisme.

C'est une opinion généralement admise qu'au IVe et au Ve siècle l'Empire romain se dépeuplait. Il est vrai que nous ne possédons aucun document qui prouve d'une manière certaine cette décroissance de la race ; mais il est impossible d'étudier l'histoire de ce temps sans être obsédé de la pensée que l'espèce humaine diminuait[1]. C'est une impression dont l'historien ne peut pas démontrer la justesse, mais dont il ne peut pas non

---

[1] Nous verrons plus loin [liv. II, c. 6] que pendant tout le IVe siècle il a fallu introduire beaucoup de Germains dans l'Empire pour que les terres fussent cultivées. — Il ne faut pourtant rien exagérer ; on rencontre plusieurs fois dans les écrivains du temps l'expression *arva jacentia* ; elle ne signifie pas, dans la langue du temps, que les terres fussent abandonnées ; elle s'applique aux grands domaines et veut dire que le nombre des colons n'y était pas suffisant. Nous en devons donc conclure, non pas précisément que les campagnes fussent désertes, mais au moins que l'agriculture, comme nous le dirions aujourd'hui, manquait de bras. — Remarquez la fréquence des pestes.

plus se défendre. D'où vient donc ce sentiment amer dont on est saisi malgré soi?

Ce qui décroissait, ce n'était peut-être pas la race humaine, mais c'était certainement la population libre. Nos précédentes études l'ont montré : la classe moyenne, qui avait grandi dans la première partie de l'Empire, diminua et s'affaiblit dans la seconde. Elle s'appauvrit, d'abord parce que les plus riches la quittèrent pour passer dans les rangs de l'aristocratie, ensuite parce que ce qui en resta vit tout à coup le travail et l'industrie lui faire défaut. La misère alors, comme il arrive toujours, tua la liberté. Pour avoir les moyens de vivre, le pauvre se fit serviteur[1]. C'est alors qu'on voit se multiplier les esclaves et se développer la classe des colons et celle des clients. La petite propriété disparaît insensiblement pour faire place aux grands domaines. On ne voit plus aussi qu'un très petit nombre d'hommes libres pour une multitude de serviteurs. Ce qu'il y a de plus vrai dans les livres de Salvien, c'est sa protestation indignée contre l'énorme distance qui sépare le riche du pauvre. Il nous décrit ces troupes d'esclaves qui tremblent, non pas même devant le maître qu'elles ne connaissent pas, mais devant les agents du maître[2]. Sidoine Apollinaire, dans ses peintures moins sombres, nous montre aussi chacun de ces opulents seigneurs entouré d'une foule de clients ou d'esclaves. Bientôt les diplômes et les actes de testament nous montreront des familles gallo-romaines qui

---

[1] Voir Salvien, *De gubernatione Dei*, V, 8 et 9. Cf. Code Théodosien, XI, 24 ; XII, 1, 50. Nous reviendrons, dans la suite de nos études, sur ces faits importants. [Voir le volume sur *Les Origines du système féodal*, c. 4, § 5 et c. 9, § 5.]

[2] Salvien, *De gubernatione Dei*, liv. IV, c. 3, § 15 : *Pavent actores, silentiarios, procuratores.* — Voir ce qu'il dit ailleurs (VIII, 2) des *potentes* et des *nobiles*.

possèdent quinze ou vingt villas et des centaines de serviteurs[1]. Ainsi, par l'effet de causes qui tiennent plutôt à l'ordre des faits économiques et sociaux qu'à l'ordre des faits politiques, la classe moyenne des hommes libres s'est presque éteinte. Ce qui en reste est pauvre, mécontent, humilié. Cette classe ne compte plus, et ce n'est pas elle assurément qui pourra défendre l'Empire.

L'aristocratie le peut-elle davantage ? Il est bien vrai que la constitution aristocratique d'une société n'est pas toujours une cause de décadence; l'histoire montre, au contraire, qu'elle est souvent un élément de force et une source d'énergie. Mais il y a à cela une condition, c'est que le corps aristocratique joigne à ses richesses et à ses privilèges la vigueur des bras et de la volonté. Il n'en était pas ainsi dans l'Empire romain. La classe aristocratique avait la terre, la richesse, l'illustration, l'éducation, ordinairement la moralité de l'existence; il lui manquait de savoir combattre et commander. Elle s'éloignait du service militaire; plus que cela, elle le méprisait. C'est un des signes caractéristiques de cette société d'avoir toujours placé les fonctions civiles, non pas au niveau, mais fort au-dessus des grades de l'armée. Elle estimait grandement les professions de médecin, de professeur, d'avocat; elle n'estimait pas celle d'officier et de soldat, et la laissait aux gens de bas étage[2]. Mieux eût valu, pour cette aristocratie et pour la société qu'elle dirigeait, qu'elle eût moins de délicatesse de mœurs et plus de force physique, moins d'esprit et plus de volonté. Voyez ces hommes auxquels Sidoine Apollinaire adresse

---

[1] [Voir L'Alleu, c. 1.]
[2] Mamertin, Gratiarum actio, c. 20 : *Militiæ labor a nobilissimo quoque pro sordido et illiberali rejiciebatur.* — Végèce, I, 7 : *Honestiores quique civilia sectantur officia.*

ses lettres et ses poésies ; ils sont presque tous de grands personnages : gouverneurs de provinces, préfets du prétoire, empereurs ou ministres d'empereurs ; la plupart sont des hommes honnêtes, des esprits fins et distingués ; en est-il parmi eux qui aient dans l'âme la force nécessaire au gouvernement des peuples en un tel temps? On est saisi de tristesse en pensant que ce sont ces délicats et ces raffinés qui vont se trouver en présence des barbares. Cette aristocratie, qui était née de la paix et du travail, était peu faite pour un temps de troubles et de périls. Elle n'était pas une sauvegarde pour les peuples. Elle ne pouvait défendre ni ses sujets, ni elle-même, ni l'Empire.

Il arrivait ainsi que, tandis que les classes inférieures manquaient d'énergie à cause de leur dépendance même, la classe élevée en manquait tout autant malgré sa supériorité. La société était aristocratique, et, par un rare malheur, l'aristocratie était sans force. Cela fait pressentir les événements qui vont suivre. Comme la classe moyenne est peu nombreuse et l'aristocratie peu guerrière, il sera de toute nécessité qu'on prenne pour soldats des étrangers. Il se produira alors des faits qui semblent aujourd'hui presque incompréhensibles, mais qui étaient alors inévitables : on verra le gouvernement impérial être réduit à enrôler des Germains, et les grands propriétaires provinciaux accueillir tous les barbares qui promettront de les défendre. La richesse d'un côté, la force physique de l'autre, voilà une mauvaise constitution pour une société. Il ne faudra donc ni un ennemi bien puissant, ni une bien terrible catastrophe pour renverser l'Empire romain.

LIVRE II

L'INVASION GERMANIQUE

—

Entre l'histoire de la Gaule romaine et celle de la France, se place l'invasion germanique. Cet événement doit être étudié avec attention ; il importe, en effet, de savoir s'il a apporté de grands changements dans les institutions ou dans les idées politiques, dans l'état social ou dans les mœurs de la Gaule.

Il y a deux manières de traiter de l'invasion germanique : on peut parler d'elle en général et en gros, ou bien on peut l'étudier en détail et par l'analyse.

Si on la regarde en gros, de haut, on verra une population qui envahit en masse, comme une grande migration ou comme un torrent, qui conquiert, qui s'empare naturellement du sol et des biens, qui fonde nécessairement un régime nouveau, transforme le pays, donne à l'histoire de l'humanité un autre cours.

Si on l'étudie dans le détail, on verra qu'elle ne s'est pas faite en une fois, mais en plusieurs siècles, non d'une seule manière, mais par plusieurs manières absolument différentes, non par une grande migration, mais par l'arrivée lente et successive de séries d'individus ou de petits groupes; on remarquera aussi qu'aucun document n'indique une vaste spoliation ; on observe enfin que le pays n'a pas été d'abord transformé et que rien de nouveau n'a été fondé du premier coup.

CHAPITRE PREMIER

Les anciens Germains

[Malgré cela], il faut faire sur la société germanique la même étude que nous avons faite sur la société romaine. Il se pourrait [en effet] que, toute conquête écartée, la seule entrée de nombreux Germains en Gaule ait importé des usages, des institutions, des mœurs, des conceptions d'esprit qui aient été le germe du régime féodal. Il importe donc d'étudier la vieille Germanie, de voir quel était le régime des terres, quel était l'état des personnes, quelles étaient les règles du gouvernement, et de chercher ce qu'il y avait en elle qui pût contribuer à la formation [d'un régime nouveau].

1° NATURE DE NOS DOCUMENTS.

Une première question se pose : Nous est-il possible de connaître la vieille Germanie, la Germanie d'avant les invasions? Quiconque a le sens historique sait combien il est difficile de saisir avec exactitude et précision l'organisation sociale d'un peuple, même quand on possède sur lui des documents nombreux, comme on en a sur les Grecs et sur les Romains. Quelles ressources avons-nous pour connaître l'ancienne Germanie? Quels sont nos moyens d'investigation pour savoir ses mœurs, son gouvernement et son droit?

Quand on étudie une société, les documents les plus précieux et les plus sûrs qu'on puisse avoir sur elle sont ceux qui nous viennent d'elle-même, c'est-à-dire ceux qui ont été écrits dans son temps, dans sa langue et avec son esprit. Que saurions-nous des Égyptiens, de leurs institutions et de leurs croyances, si nous n'avions que les documents grecs?

Nous ne possédons aucun document de source germanique. Il est possible que ces peuples aient connu quelque espèce d'écriture; mais il est certain que nous n'avons d'eux aucun texte écrit : pas un livre, pas une inscription, pas une monnaie. Des anciens Gaulois il nous reste au moins quelques pierres et des tombeaux. On trouve beaucoup de tombeaux dans les vallées du Rhin, du Mein, du Danube; mais ce sont des tombeaux romains. Nous avons beaucoup d'inscriptions; mais elles sont écrites pour des Romains et en langue latine. On trouve des ruines de villes ou de camps, mais ce sont des villes et des camps romains[1].

Les Germains n'avaient pas d'annales comme les Grecs et les Romains en avaient eu bien des siècles avant notre ère; mais ils avaient au moins des poésies

---

[1] Voir les recueils de Steiner, *Codex inscriptionum Rheni et Danubii*, 1851-1864 et de Brambach, 1867. — Voir aussi les études de Seeger sur les fortifications romaines dans l'Odenwald, de Christ sur les pierres milliaires romaines du pays de Heidelberg, de Urlichs sur le Rhin dans l'antiquité, de Schneider sur les routes militaires des Romains sur la rive droite du Rhin, de Herzog sur la frontière romaine à travers le Wurtemberg, de Scharff sur les routes militaires romaines dans le Taunus, de Cohausen sur les tombeaux romains à Mayence et les murs romains à Wiesbaden, de J. Jung sur les Romains dans la vallée du Danube (les résumés de Haupt et de Hübner sur la question du *limes*, etc.); voir enfin une série d'études et d'articles dans les *Jahrbücher des Vereins von Alterthumsfreunden im Rheinlande*, la *Monatschrift für die Geschichte des Westdeutschlands*, [la *Westdeutsche Zeitschrift*, le *Correspondenzblatt*], etc.

qui leur en tenaient lieu. C'est une remarque que fait Tacite[1]. Là se trouvait probablement l'histoire de leurs dieux, qui était aussi l'histoire de leur race. Ils y chantaient Tuist né de la Terre, et un Hercule, et même un Ulysse, s'il faut en croire Tacite. Probablement ils avaient mis dans ces chants, sans y penser, un tableau de leur état social et de leurs mœurs. Mais rien de tout cela n'est venu jusqu'à nous.

Nous ne pouvons même pas constater que ces poésies fussent encore chantées dans l'époque mérovingienne : aucun écrivain ne parle d'elles[2]. Éginhard toutefois rapporte que Charlemagne fit mettre en écrit « des chants barbares et très antiques dans lesquels étaient chantées les actions des anciens rois et les guerres[3] ». Mais c'est tout ce que nous savons de ces chants, et si Charlemagne a essayé de les sauver de l'oubli, il n'y a pas réussi. Non seulement ces poésies ne nous sont pas parvenues, mais aucun auteur du moyen âge ne les mentionne ; on ne voit plus trace d'elles après Charlemagne.

Nous ne pensons pas qu'aucun esprit juste regarde le *Niebelungenlied* comme un poème des vieux Germains. Écrit au xiiie siècle, chanté peut-être trois ou quatre siècles plus tôt, il porte l'empreinte du christia-

---

[1] Tacite, *Germanie*, 2 : *Carminibus antiquis quod unum apud illos memoriæ et annalium genus est.* — Cf. Jordanès, *De rebus Geticis*, c. 4 : *In priscis eorum carminibus pæne historico ritu recolitur.* — Ammien parle des chants guerriers : *Majorum laudes clamoribus stridebant inconditis* (XXXI, 7, 11). Paul Warnefrid dit que le roi des Lombards Alboin était célébré dans des vers (*Historia Langobardorum*, I, 27).

[2] L'opinion de MM. Junghaus et Monod, d'après laquelle Grégoire de Tours se serait servi de poésies populaires, est une pure conjecture. En tout cas il est visible par ce qu'il dit de l'origine des Francs qu'il n'a connu aucune poésie d'avant les invasions.

[3] Éginhard, *Vita Caroli*, 29.

nisme et des habitudes féodales. Le nom d'Etzel (Attila) et celui de Burgondes ne sont pas une preuve suffisante qu'il remonte au v° siècle; car ce sont de purs noms, et ils ne répondent à aucune réalité historique; vous chercheriez en vain le peuple des Huns ou le pays des Burgondes. Vous n'y trouveriez non plus aucun indice de l'époque antérieure aux invasions; aucun indice sur ces invasions mêmes. Rien de l'antique Germanie, pas même son nom; rien de sa géographie; rien de sa religion; rien de son état social. Pas un trait de mœurs, pas une description, pas un usage qui appartienne à ces anciens peuples. Il serait puéril de dire que ce qu'il y a de sentiments belliqueux et cruels soit de la vieille Germanie : cela est de tous les pays, et les grands coups d'épée sont de tous les poèmes.

On admettra volontiers que ces anciens Germains avaient des traditions, des légendes, des souvenirs, comme tous les peuples en ont. Ce seraient pour nous des documents précieux. Mais aucune de ces traditions ne s'est conservée dans la mémoire des hommes. Les Francs n'en ont transporté aucune en Gaule. Je ne crois pas qu'on en ait trouvé jusqu'ici en Allemagne. Aucun document du moyen âge n'en signale l'existence. Les légendes mêmes avaient péri. Le moyen âge n'a eu aucun souvenir d'Arminius, et quand on a voulu établir la légende d'un héros national, il a fallu la demander aux écrivains latins.

Ces peuples avaient sans nul doute des lois; mais il n'y a pas d'indice qu'elles fussent écrites. Nous ne possédons aucun texte législatif qui soit antérieur aux invasions, ni qui soit en langue germanique.

Il est vrai que les codes que ces peuples ont écrits plus tard en latin, peuvent contenir des restes de leur plus vieille législation. Aussi sont-ils pour nous une source précieuse de renseignements. Par exemple, quand nous lisons dans la Loi Salique que la fille n'hérite pas de la terre paternelle, nous sommes à peu près assurés que cette disposition vient de la Germanie; car elle n'a pas été empruntée au droit romain. Elle n'a pas non plus été imaginée au moment de l'établissement en Gaule, car c'est justement à partir de ce temps qu'elle disparaît de la pratique. Nous avons donc sous les yeux une vieille loi germanique, et elle jette un grand jour sur tout le droit de succession, même sur la nature de la propriété foncière et sur la constitution de la famille. J'en dirai autant de ce qui concerne la *composition* pour crime, et la responsabilité de la famille entière pour la faute commise par un de ses membres. De même encore pour l'usage du *reipus* en cas de mariage de la veuve. Voilà donc une bonne partie du droit germanique que nous retrouvons dans des codes postérieurs aux invasions. Aussi le droit privé est-il ce que nous pouvons le mieux saisir de l'ancienne Germanie.

Encore faut-il se garder des exagérations, et ne pas croire que dans ces codes tout soit germanique d'un bout à l'autre. Ils ont été écrits en latin[1]. Ils ne sont pas même la traduction de textes germaniques. Cette vérité, qui est incontestée pour les Burgondes, les Wisigoths et les Ostrogoths, nous paraît également certaine pour les Francs et les Lombards, et même pour des peuples restés en Germanie. Prétendre, ainsi qu'on l'a fait, que derrière chaque mot latin nous devons voir un mot germanique et deviner un antique usage, c'est faire

[1] Excepté les lois anglo-saxonnes; mais ces lois sont d'une époque très postérieure.

une hypothèse qui est commode pour certains systèmes ingénieux, mais qui me paraît peu digne de la véritable érudition. Nous devons prendre ces textes tels qu'ils sont, dans la langue où ils ont été écrits et en donnant à chaque mot le sens qu'il avait à l'époque où ils l'ont été. Les commentaires et les systèmes qu'on y a ajoutés sont pleins de périls.

La comparaison qu'on peut faire des poésies ou des codes scandinaves est encore un élément d'information dont il ne faut user qu'avec la plus grande réserve. Les poèmes des Eddas, les codes islandais qu'on appelle Gragas, n'ont pas été mis en écrit avant le xii° siècle, et ils l'ont été loin de la Germanie, chez des peuples chrétiens. On y trouvera quelques antiques traditions qui peuvent avoir été germaniques, mais il serait téméraire de prétendre y trouver les mœurs et l'état social de la Germanie.

Nous n'avons donc aucun document qui soit germanique et qui date d'avant les invasions. Ces générations d'hommes n'ont rien laissé qui puisse nous renseigner directement sur leurs institutions.

Au ix° siècle, deux hommes qui étaient des Germains, Ruodolf et Méginhard, qui écrivaient en Saxe et pour des Saxons, essayaient de remonter à ce qu'on savait de plus ancien sur leur race[1]. Trouvaient-ils des documents saxons, des légendes, des souvenirs populaires? Rien de pareil. Ils ne possédaient d'autres renseignements que le livre de Tacite, et ils le copiaient mot à mot, sans y rien ajouter[2]. De même pour les temps postérieurs ils

---

[1] Ruodolf et Méginhard écrivaient la *Translatio S. Alexandri* entre 863 et 890. On trouvera ce texte dans les *Monumenta Germaniæ, Scriptores*, t. II, p. 673 et suiv.

[2] *Translatio Alexandri*, p. 675 : *Inter deos maxime Mercurium*

copiaient Éginhard. Ce qui est plus étrange, c'est qu'ils ignoraient que ces Saxons fussent indigènes dans le pays et qu'ils les croyaient venus de l'île de Bretagne au temps du roi franc Thierry[1]. Il en est à peu près de même de l'auteur de la Vie de saint Libuin, de l'auteur de la Vie de saint Sturm, d'Adam de Brême[2]. Ils citent César, Tacite, Orose; ils ne citent aucune tradition du pays. Était-ce habitude de moines de ne vouloir consulter que les sources latines? Je le veux bien; encore faut-il reconnaître que, s'il était resté des traditions locales ayant quelque force, elles se fussent imposées à des chroniqueurs germains, et qu'un Saxon, eût-il été moine, n'aurait pu ni les ignorer ni tout à fait les omettre.

Voici Paul Diacre, qui écrit l'histoire des Lombards; il s'appelle de son vrai nom Winfrid, fils de Warnefrid, arrière-petit-fils de Leuphis qui était un Lombard et qui vint avec les Lombards conquérir l'Italie[3]. Ayant à faire l'histoire de son peuple, c'est dans Pline qu'il va la chercher d'abord. Ce qu'il dit de la Scandinavie est emprunté à Pline. Tous ses récits sur la vieille Germanie, il les a tirés des écrivains latins. Ce qu'il sait des anciens rois Ibor et Agien, il le doit à Prosper d'Aquitaine[4]. Sa légende des Sept Dormants était déjà dans Grégoire de Tours[5]. Il a une fable assez ridicule,

---

venerabantur cui certis diebus humanis quoque hostiis litare consueverant. Deos suos neque templis includere neque ulli humani oris speciei assimilare arbitrati sunt. Auspicia et sortes quam maxime observabant; sortium consuetudo simplex est, etc. Comparer Tacite, *Germanie*, 9 et 10.

[1] *Translatio Alexandri*, p. 674.
[2] [Cf. les tomes II et VII des *Scriptores Germaniæ*.]
[3] Paul Diacre, *Historia Langobardorum*, IV, 39.
[4] Prosper d'Aquitaine, *Chronique*, édit. Migne, col. 584.
[5] Paul Diacre, *Historia Langobardorum*, I, 4; Grégoire de Tours, t. IV, p. 105 et suiv. [*Historia septem dormientium*].

dont il n'indique pas la source, et dans laquelle nous lisons les noms de Wodan et de Freya; mais l'auteur prend ces noms pour des noms d'hommes[1].

Dès le vi° siècle, Grégoire de Tours n'a aucune connaissance de documents germaniques. Il essaye, au second livre de son *Histoire des Francs*, de se rendre compte de ce qu'étaient les ancêtres des rois qui étaient ses maîtres. Or il vivait souvent au milieu des Francs; il fréquentait les rois et leurs ministres. Il a pu les interroger, et ils ont pu lui répondre. Il n'a obtenu d'eux aucun renseignement sur les pays d'où ils venaient. Non seulement il ne cite aucun écrit ni aucun chant germanique, mais il n'a même aucune tradition de source franque qui remonte plus haut que le roi Childéric. Ce qu'il a pu savoir des temps antérieurs, il l'a demandé à des écrivains latins, Sulpicius Alexander et Rénatus Profuturus Frigéridus, dont les connaissances semblent avoir été bien imparfaites[2]. Aussi Grégoire de

---

[1] *Historia Langobardorum*, I, 8. — Voir aussi Saxo Grammaticus, *Historia Daniæ*. — Nous ne pouvons accorder beaucoup d'autorité à une liste que l'on trouve sous le nom de *Generatio regum et gentium* dans six manuscrits (A. Saint-Gall, 732, p. 154, ix° siècle; B. Paris, 4628 A, x° siècle; C. Vatican, 5001, f° 140, xiii° siècle; D. Paris, 609, ix° siècle; E. *Cavensis*, xi° siècle; F. *Augiensis*, 229), écrite vers 800 et dont s'est servi Nennius, *Historia Britonum*, c. 17 (Müllenhoff, p. 163 [de sa *Germania antiqua*, 1873]). — Il est possible que l'on trouve ici une trace des *antiqua carmina* qui disaient les généalogies d'Irmin, d'Inguo et d'Istio, mais la tradition se serait bien altérée dans ses voyages; car il n'y a que douze *gentes*, quatre par quatre, et sur ces douze il y a bien peu de noms qu'on retrouve dans Tacite. On y trouve en revanche les Romains et les Bretons, qui pouvaient difficilement figurer dans les vieux chants, comme branches de la race de Teut. Dans ce texte, je vois bien trois noms, Ermin, Inguo, Istio, qui sont antiques et qu'on a pu recevoir d'une vieille légende, à moins qu'on ne les ait empruntés à Tacite. Quant aux douze noms de peuples, ce sont des noms du iv° siècle de notre ère; ou, plus exactement encore, ce sont les noms que les auteurs de ces manuscrits des ix° et x° siècles trouvaient dans ce qu'ils connaissaient de l'histoire.

[2] Grégoire de Tours, *Historia Francorum*, II, 8-9.

Tours, l'historien des Francs, ne sait-il rien de l'existence des Francs en Germanie. Il semble que ces Francs eux-mêmes eussent déjà oublié leur ancienne histoire et leur ancienne patrie. On a peine à s'expliquer une si complète disparition des souvenirs nationaux des anciens Germains.

Nous n'avons donc quelque notion des anciens Germains que par des écrivains étrangers à la Germanie. Nous ne savons d'elle que ce que les Romains en ont su.

César, pendant ses campagnes en Gaule, a franchi deux fois le Rhin. Il est vrai qu'il n'a pas pénétré bien profondément dans le pays. La plus sérieuse de ses deux expéditions n'a duré que dix-huit jours[1]; or, pendant ces dix-huit jours, les populations s'étaient retirées devant lui; il n'a donc pas vu un peuple germain chez lui, n'a pas pu en étudier l'organisation politique, n'en a pas vu fonctionner les institutions.

Mais dans la Gaule même, et durant neuf années, il a vu un grand nombre de Germains, les uns qui étaient ses ennemis, les autres qui servaient dans son armée. Il n'est pas douteux qu'il n'ait conversé avec beaucoup de ses prisonniers ou de ses auxiliaires, et il les a certainement interrogés. Il avait, comme général d'armée, intérêt à les bien connaître. Il a donc une grande autorité quand il décrit les mœurs et les pratiques germaines. Nous devons noter seulement qu'il a vu les Germains chez lui et non chez eux, et qu'il a connu plutôt les guerriers que les peuples.

De là vient apparemment qu'il connaît si peu leur religion, et qu'il ne sache pas qu'ils ont des prêtres[2].

---

[1] César, *De bello gallico*, IV, 19, *in fine* : *Diebus omnino decem et octo trans Rhenum consumptis, se in Galliam recepit.*

[2] Ibidem VI, 21.: *Germani neque druides habent qui rebus divinis*

Il ne dit rien ni de leur géographie ni de leur organisation politique. Tacite le contredit sur beaucoup de points. Il le cite avec éloge, mais une seule fois et à propos des Gaulois[1]; il ne le cite jamais sur les Germains.

La partie de l'ouvrage de Tite Live où étaient décrites les mœurs des Germains est perdue[2]. Le géographe Strabon, qui écrivait à l'époque de Tibère, puisqu'il parle de la revanche de Varus, a écrit quelques pages sur la Germanie; mais il ne l'a pas visitée, et il emprunte ses renseignements à César et à Posidonius[3]. Il ne faut citer que pour mémoire Pomponius Méla, qui écrivait sous Caligula ou sous Claude : il parle de la Germanie d'après des livres plus anciens et répète des fables sans les contrôler.

Deux grands ouvrages furent composés un peu plus tard sur les guerres de Germanie, l'un par Aufidius Bassus, l'autre par Pline l'Ancien. Nous ne connaissons le premier que par un mot de Quintilien[4]. La perte de celui de Pline est profondément regrettable. Pline avait vu les Germains chez eux[5], et il n'est pas douteux qu'un esprit si curieux et si porté vers toute science n'eût étudié de près les mœurs et les institutions de ces

---

præsint, neque sacrificiis student. Comparer Tacite, qui montre que les Germains ont, sinon des druides, au moins des *sacerdotes*, qui sont même assez puissants (c. 7, 10, 11, 40, 43, et Ammien, XXVIII, 5) [cf. plus loin, p. 268, n. 3]. Les sacrifices sont souvent mentionnés par Tacite.

[1] Tacite, *Germanie*, c. 28.
[2] Nous n'en avons que la mention qui est faite dans le sommaire du livre CIV : *Prima pars libri situm Germaniæ moresque continet.*
[3] Strabon, VII, 2, 2 ; VII, 3, 3.
[4] Quintilien, X, 1, 103.
[5] Pline le Jeune, III, 5 : *Cum in Germania militaret... inchoavit.* — Pline l'Ancien déclare lui-même qu'il a vu le pays des Chauques (*Histoire naturelle*, XVI, 1, 2).

peuples. Tout a péri, et nous n'avons de Pline, au sujet de la Germanie, que quelques indications plus géographiques qu'historiques dans son *Histoire naturelle*.

Nous arrivons ainsi à Tacite. Dans ses *Annales* et ses *Histoires*, il a plusieurs fois l'occasion de parler des Germains, et il rapporte plusieurs faits qui les caractérisent assez bien. C'est là qu'il montre des Germains qui combattent Rome et d'autres Germains qui la servent, plusieurs qui sont citoyens romains, d'autres qui sont soldats dans la garde des empereurs[1]. C'est là que nous pouvons voir plusieurs de leurs usages, leurs ambitions et la manière dont ils combattent. C'est là surtout que nous pouvons apercevoir leurs discordes intestines et le trouble auquel le pays était en proie.

Avant d'écrire ses *Annales*, au début même de sa carrière d'historien, il avait écrit un livre, d'ailleurs assez court, sur la Germanie. On sait, par lui-même, en quelle année il l'écrivit : ce fut sous le second consulat de Trajan, par conséquent en l'année 98[2]. Cet ouvrage nous est parvenu intact[3]. Il est vrai que nous ne l'avons que grâce à un seul manuscrit qui, trouvé vers 1457, s'est perdu peu d'années après; en sorte que nous n'avons que des copies du xve et du xvie siècle, issues toutes de ce premier manuscrit, dont la valeur est incertaine et sur laquelle toute vérification de texte est impossible[4].

---

[1] [On reviendra là-dessus plus loin, c. 5 et 7.]
[2] Tacite, *Germanie*, 37.
[3] Peut-être ce livre de la *Germanie* n'est-il qu'un fragment des *Histoires*. Voir l'étude de M. Ferd. Brunot, 1883.
[4] Le manuscrit a été découvert en Allemagne, vers 1457, par Enoch d'Ascoli. Plusieurs années après, il disparaissait, et on ne l'a plus retrouvé Par bonheur, il en avait été fait plusieurs copies en Italie. Nos meilleurs manuscrits sont : 1° le *Leydensis*, qui est copié sur la copie que Pontanus

Nous devons nous demander quelle est l'autorité de Tacite comme historien des Germains. On souhaiterait qu'il eût visité la Germanie; mais jamais il ne dit qu'il ait voyagé dans le pays. Regardons les expressions qu'il emploie pour indiquer la manière dont ses connaissances lui sont venues. Il ne dit jamais : « J'ai vu ». Il dit : « On sait », *constat* ou *notum est*, ce qui indique l'opinion courante[1]; *accepimus*, qui est l'expression ordinaire pour ce qu'on a appris de seconde main[2]; il dit encore : *Parum comperi*, « je n'ai pas pu savoir[3] ». Pas un de ces termes ne donne à penser qu'il ait vu le pays de ses yeux.

On a dit pourtant[4] qu'il avait dû visiter le pays; mais la seule raison qu'on donne est qu'il aurait été gouverneur de la Belgique. Or ce point même est tout à fait douteux. Il est bien vrai que Pline l'Ancien cite un Cornélius Tacitus, chevalier romain, qui était procurateur impérial dans cette province vers l'an 60; ce pourrait être le père de notre historien, mais Tacite ne pouvait être alors qu'un enfant. Il fut préteur en 88; or on conjecture qu'il fut chargé ensuite du gouvernement de la Belgique; la vérité est qu'on ignore quel emploi il exerça après sa préture; il put être gouverneur d'une

---

avait faite du manuscrit primitif; 2° le *Vaticanus*, n° 1862, qui paraît être une première copie de ce manuscrit; 3° le *Neapolitanus* ou *Farnesinus*; 4° le manuscrit de la bibliothèque de Stuttgart. Ces manuscrits ne sont pas toujours d'accord, et les divers éditeurs de la *Germanie* établissent le texte suivant leurs préférences pour l'un ou pour l'autre. On a longtemps donné le premier rang au *Leydensis*, que M. Holder a aujourd'hui relégué au second.

[1] Tacite, *Germanie*, 16.
[2] Ibidem, 27 : *Hæc in commune... accepimus.*
[3] Ibidem, 9. — Ajouter les expressions : *Crediderim*, c. 2; *credibile est*, c. 28; *novimus*, c. 35.
[4] [Borghesi, Œuvres, t. VII, p. 325.] Teuffel, trad., t. II, p. 309. Geffroy, *Rome et les barbares*, p. 92.

des 21 provinces prétoriennes, ou légat d'une des 30 légions[1]; on ignore laquelle de ces 51 fonctions lui fut confiée. La seule chose dont on soit sûr, c'est qu'il ne put obtenir ni la Germanie Supérieure ni la Germanie Inférieure, parce que ces deux provinces étaient consulaires. A supposer qu'il ait eu la Gaule Belgique, c'était une province dont le chef-lieu était Reims, et elle était assez loin du vrai pays germanique, puisqu'elle en était séparée par les deux Germanies romaines dont les capitales étaient Mayence et Cologne, qui n'avaient rien de germain. Un gouverneur de Belgique, qui n'avait pas le droit de quitter sa circonscription pour voyager à l'étranger, n'avait aucune raison particulière de bien connaître la Germanie. Puisque Tacite ne nous dit pas qu'il l'ait visitée, puisqu'il ne fait pas la moindre allusion à ses voyages, le plus prudent pour nous est de croire qu'il ne l'a pas vue.

Mais il avait d'autres moyens de la connaître. Il possédait sans doute des livres sur les Germains. Il est vrai qu'il ne cite jamais celui d'Aufidius Bassus; il a connu visiblement celui de Pline, bien qu'il ne le cite pas dans sa *Germanie*; il le nomme dans ses *Annales* et dans ses *Histoires*. D'ailleurs la Germanie commençait à être bien connue de ses contemporains. Beaucoup de Romains avaient parcouru le pays, soit comme commerçants, soit comme soldats, soit comme prisonniers, et ils en étaient revenus. Beaucoup de Germains vivaient à Rome, soit comme prisonniers, soit comme auxiliaires des empereurs; d'autres, chassés de leur pays par les discordes intestines, trouvaient à Rome un refuge. Il en venait comme otages. Il en venait comme ambassadeurs,

---

[1] Bloch, *De decretis magistratuum ornamentis*, p. 85.

et Tacite, qui était sénateur romain, pouvait s'entretenir avec tous ces personnages. L'impression générale que l'on emporte de la lecture de ce livre est qu'il est écrit par un homme qui, sans avoir vu le pays, avait réuni un nombre immense d'informations. Il a condensé en un petit nombre de pages ce que les Romains savaient, au temps de Trajan, sur la Germanie.

De grands admirateurs de ce livre en ont, sans le vouloir, diminué beaucoup l'autorité. En exagérant certains mots, et en poussant à l'extrême deux ou trois phrases, ils ont dit que l'auteur s'était proposé de faire la satire des mœurs romaines. Nous ne pensons pas que la lecture toute simple et sans parti pris de ce livre doive donner une telle impression. Tacite ne fait pas davantage une apologie des Germains, dont il signale avec une parfaite indifférence les vertus et les vices. Il y a une façon de lire son livre qui fait qu'on y voit un éloge contenu des races teutoniques et un réquisitoire contre les races latines; mais cela tient uniquement à la façon dont on veut le lire et au sentiment qu'on porte soi-même dans cette lecture[1]. Tacite n'a pas pensé à faire un grand éloge des Germains quand il les a félicités d'ignorer l'usage de la monnaie, et leurs femmes de ne pas savoir écrire[2]. Quant à un sentiment de crainte qu'il aurait éprouvé pour l'Empire romain en présence des forces germaines, ce sentiment était très loin de son cœur, et on n'a pu le lui attribuer que par suite d'une erreur sur le sens d'une de ses phrases[3]. Il faut donc restituer à ce livre son mérite d'impartialité.

---

[1] [Cf. *Les Origines du système féodal*, p. 24, n. 2.]
[2] Tacite, *Germanie*, 19.
[3] Voir sur ce sujet les remarques fort justes de M. Ferd. Brunot

C'est un livre d'histoire, non de polémique, et nous avons sous les yeux une description toute simple et toute sincère.

S'il y a une réserve à faire, j'oserais regretter la remarquable personnalité du style et de la pensée de Tacite. Le livre y gagne en éloquence; peut-être y perd-il un peu en pure exactitude. Bien voir et bien comprendre un peuple étranger est chose toujours difficile; c'est chose particulièrement difficile à certains esprits puissants qui ne peuvent, pour ainsi dire, s'abstraire ni se détacher d'eux-mêmes. Comme Tacite est un profond moraliste, il lui arrive parfois de juger quand il faudrait décrire; et ses jugements nous privent des renseignements que nous cherchons. Sa profondeur d'observation psychologique n'est pas précisément la qualité la plus précieuse d'un historien qui, dans l'étude des sociétés, doit bien moins se préoccuper de démêler les replis cachés du cœur humain que d'apercevoir nettement les formes sociales, les usages, les intérêts et toutes les vérités purement relatives de l'humanité changeante.

Il ne peut non plus se défendre d'une comparaison incessante entre la Germanie et Rome. Cela ne tient pas à ce qu'il veuille exalter l'une et rabaisser l'autre; cela tient uniquement à ce que la pensée des choses romaines l'occupe toujours, alors même qu'il parle des Germains. Remarquez comment il procède : chaque fois qu'il arrive à un trait de mœurs ou à un usage germain, au lieu de le décrire tel qu'il est en lui-même, il dit en quoi il diffère du trait de mœurs ou de l'usage romain correspondant. Dans bien des endroits où nous voudrions qu'il fixât son regard sur une institution germaine, il se détourne brusquement pour parler de

Rome. Dans d'autres phrases où il parle de la Germanie, on voit qu'il y a un sous-entendu qui est romain, et que c'est à Rome qu'il pense. Cette disposition d'esprit où nous voyons qu'était Tacite, n'est pas la plus favorable pour bien connaître une nation étrangère ni surtout pour la décrire exactement.

Il faut reconnaître enfin que ce livre est trop court au gré de ceux qui y voudraient trouver une étude complète de la société germaine. C'est un tableau en raccourci, c'est une esquisse en quelques traits[1]. Tout esprit qui recherche la précision dans les faits historiques regrettera que Tacite n'ait dit que quelques mots du droit des Germains, qu'il ait à peine consacré une ligne à leur façon de posséder le sol, qu'il n'ait pas décrit avec plus de détail une de leurs assemblées politiques, qu'il ait si souvent mentionné des *principes* sans nous dire ce qu'ils étaient. Bien d'autres points encore, pour avoir été seulement indiqués par Tacite, restent obscurs pour nous. Il dépeint d'ailleurs la Germanie entière comme à peu près semblable à elle-même; et il y a de fortes raisons de douter que ses divers peuples eussent les mêmes institutions. On s'étonne enfin de voir dans sa description la Germanie si régulièrement constituée et si paisible, lorsque tout ce qu'il nous en dit dans ses *Annales* et ses *Histoires* nous la montre déchirée par les discordes et à l'état de société instable.

Après Tacite, nous n'avons plus rien. Les historiens

---

[1] On a sur la *Germanie* de Tacite cette illusion qu'on éprouve sur tout livre qui se trouve, en son genre, unique au monde. Comme on ne possède aucun terme de comparaison, on lui donne une foi absolue et sans réserve. Supposez que nous eussions conservé le livre de Pline ou quelque autre, il nous aiderait à faire la critique de celui de Tacite. Nous y verrions alors des lacunes, des incertitudes, des obscurités, peut-être des erreurs. Rien de tout cela ne nous apparaît, parce que le livre est unique.

des siècles suivants, Dion Cassius, Hérodien, les écrivains de l'*Histoire Auguste*, Ammien Marcellin, ne parlent des Germains que pour nous dire leurs guerres contre l'Empire, leurs incursions et leurs défaites ou leurs succès. A part deux ou trois indications, ils ne parlent ni de leurs mœurs ni de leur gouvernement. Ptolémée et la Table de Peutinger ne nous donnent que des noms de peuples et des renseignements géographiques, qui ont d'ailleurs un grand prix. De l'état social et des institutions, pas un mot.

Cette absence de toute étude de la Germanie après Tacite est malheureuse pour nous. Rien ne nous assure, en effet, que la société germanique, en supposant que Tacite l'ait vue avec exactitude et complètement comprise, soit restée immobile pendant le long espace de trois siècles. La société romaine a bien changé dans cet intervalle, toute régie qu'elle était par des lois fixes et un pouvoir essentiellement conservateur; la société germanique, où les institutions n'avaient pas la même fixité, ni les pouvoirs publics la même solidité, a bien pu avoir aussi ses changements. Nous pouvons même, sans grande témérité, affirmer qu'elle les a eus. Car, d'une part, si nous comparons la liste des peuples germains au temps de Tacite et au moment de l'invasion, nous voyons bien que ce n'est plus la même liste; beaucoup de peuples ont cessé d'être, et des peuples nouveaux semblent être nés : ce qui ne s'est pu faire qu'avec de grands bouleversements. D'autre part, il y a plusieurs institutions que Tacite décrit comme fort en vigueur à son époque, lesquelles ne se retrouvent plus au moment de l'invasion : par exemple, nous ne retrouvons plus la noblesse, dont Tacite parlait. La royauté aussi semble bien éloignée de celle qu'il décrivait, et nous ne voyons plus fonctionner d'assemblées semblables à celles dont il avait parlé. Il s'est donc opéré, pendant ces trois siècles, de grands changements en Germanie, et aucun historien ne nous renseigne sur ces changements. Nous voyons, par exemple, trois peuples nouveaux, Alamans, Francs, Saxons, et personne ne nous apprend ni comment, ni quand, ni de quels éléments, ni à la suite de quels événements ces peuples se sont formés.

Les historiens du v° siècle, comme Orose en Occident et Zosime en Orient, ne parlent encore que des faits de guerre; s'ils connaissent un peu les invasions, ils paraissent ignorer l'état social et l'organisation des envahisseurs. Peut-être quelques hommes avaient-ils fait des études sur ce sujet; mais leurs œuvres ont péri; nous n'avons presque rien de Sulpicius Alexander, de Rénatus Profuturus Frigéridus, que connaissait encore Grégoire de Tours[1]; rien non plus d'Ablavius, que citait Jordanès et qui avait écrit une histoire des Goths[2].

Deux hommes, au vi° siècle, reprirent cette histoire. L'un était Cassiodore, homme habile plutôt que grand esprit, et qui sut être l'un des plus hauts fonctionnaires de Théodoric et de son successeur. Nous voudrions penser qu'il composa ce livre avec un esprit purement scientifique, et surtout qu'il s'instruisit du passé de la Germanie auprès des hommes de race germanique. Mais le seul renseignement qui nous soit parvenu sur ce livre nous en donne une autre idée. Le roi Athalaric, qui

---

[1] Grégoire de Tours, II, 9.
[2] Jordanès, c. 4 : *Ablavius, descriptor Gothorum gentis egregius, verissima adtestatur historia.* Cf. c. 14 et 23.

en fait l'éloge dans une lettre au sénat [1], le présente comme ayant pour principaux mérites d'avoir fait à la famille régnante une belle généalogie de dix-sept rois, d'avoir mis au jour « des faits que les Goths avaient oubliés », et d'avoir été composé avec la fleur des meilleurs livres. De là ressortent deux choses : l'une, que ce livre était surtout un panégyrique, et Cassiodore en fut récompensé par la dignité de préfet du prétoire ; l'autre, qu'il était moins composé avec des documents germaniques qu'avec des livres latins ou grecs. Quel degré de confiance mériterait cet ouvrage, et quelle sorte de renseignements nous donnerait-il sur l'ancienne Germanie, nous ne saurions le dire.

Il n'en est rien resté ; mais, une vingtaine d'années après qu'il avait été composé, il en fut fait une sorte de résumé par Jordanès [2]. Celui-ci était un Germain ; le passage où il parle de sa famille fait supposer qu'il était Goth et peut-être allié à la famille royale des Amales [3]. On serait heureux d'avoir ainsi l'histoire des Goths écrite par un Goth ; mais il faut observer que, d'après ce même passage, sa famille s'était séparée des Goths [4] ; lui-même était catholique, ce qui l'éloignait de sa nation d'origine [5]. Il fut d'abord *notarius*, puis il se fit moine [6]. Son éducation, son tour d'esprit, sa langue et son style sont d'un Romain, et non pas d'un Goth. Il cite Virgile, Lucain et Tite Live ; car c'est un lettré, bien

---

[1] Dans Cassiodore, IX, 25.
[2] Les manuscrits cités portent Jordanès ou Jordanis et non pas Jornandès. Sigebert de Gembloux, au moyen âge, le citait aussi sous le nom de Jordanès. [Cf. édit. Mommsen, p. V.]
[3] C. 50. Cf. 60, *in fine* : *Ex ipsa gente trahenti originem.*
[4] C. 50. Son grand-père était *notarius* d'un roi Alain allié de l'Empire.
[5] C. 25.
[6] C. 50 : *Conversionem meam.* On l'a supposé évêque de Ravenne, mais c'est peu probable.

que par modestie de moine il dise qu'il ne l'est pas[1]. Toutes ses affections sont pour l'Empire romain, et il croit que Rome restera la maîtresse des nations jusqu'à la fin du monde. Son patriotisme n'est pas germain; il est romain. Il a le culte des empereurs et ne parle d'eux qu'avec des formules admiratives. Il ne leur compare pas les plus grands rois barbares. Le consulat lui paraît ce qu'il y a de plus grand sur la terre après la dignité impériale. Il est le sujet de Justinien, qu'il appelle son maître, et il déclare en terminant son livre qu'il l'a écrit moins à la gloire des Goths qu'à la gloire de Justinien leur vainqueur[2].

Il nous dit lui-même de quelles sources il s'est servi, et ce ne sont pas des sources germaniques. Il résume le livre de Cassiodore, « livre qu'il n'avait plus sous les yeux, mais qu'on lui avait prêté pendant trois jours[3] ». Il consulte sans cesse et il cite ses autorités : c'est Tacite et Dion Cassius, sur les anciens Germains; c'est le géographe Ptolémée, sur l'île de Scanzia; c'est Trogue-Pompée, Paul Orose, Priscus et Ablavius. Car il ne craint pas de reconnaître que toute sa science est de seconde main. Il déclare qu'il l'a prise dans les livres[4]; or il n'existait de livres qu'en latin et en grec. Il sait, à la vérité, que les Goths avaient de vieilles poésies qui étaient comme leur histoire, et il les allègue; mais on ne sait s'il les a consultées lui-même ou s'il tient ce renseignement d'Ablavius qu'il cite à côté. Il ne dit

---

[1] *Agrammatus*, c. 50.
[2] Il paraît se proposer de faire valoir les droits de Germanus, neveu de Justinien, et descendant des Amales par sa mère, à la succession du grand Théodoric.
[3] Jordanès, Préface à Castalius
[4] *In fine.*

jamais qu'il se soit enquis auprès des Goths, et en effet il ne vivait pas au milieu d'eux, et ce n'était pas non plus pour eux qu'il écrivait. On ne peut guère douter, il est vrai, qu'il n'ait eu dans l'esprit quelques traditions de sa race, et il semble bien qu'il s'y rapporte lorsqu'il se sert de l'expression *ut fertur*; mais tout lecteur de ce livre remarquera combien ces traditions sont vagues et indécises. Elles tiennent aussi moins de place que les légendes grecques sur la guerre de Troie et sur les Amazones. Toutes ces fables se mêlent et se confondent chez Jordanès. Sa singulière histoire de Zalmoxis et de Dicineus, ces anciens sages qui avaient enseigné aux Goths la physique et la théologie, semble empruntée à des sources grecques[1]. L'esprit critique et l'intelligence lui manquent; il n'a d'ailleurs ni géographie ni chronologie. On voit bien qu'il se préoccupe de faire remonter le plus haut possible la généalogie des Amales, mais il ne se préoccupe ni des mœurs, ni des croyances, ni des institutions des anciens temps, et aussi ne nous apprend-il rien de précis sur ces sujets.

Tels sont nos documents. Deux pages de César, deux ou trois de Strabon et de Pline, une vingtaine de Tacite, quelques lignes de Dion Cassius et d'Ammien Marcellin, le livre de Jordanès, voilà à quoi se réduisent les sources de nos connaissances sur l'état social de la vieille Germanie. On voit combien cela est insuffisant pour quiconque ne se contente pas de notions vagues, pour quiconque sait que les faits sociaux ne peuvent être compris qu'à l'aide d'un détail très précis et très com-

[1] Il cite lui-même Dion sur ce point, et d'autres *annalium scriptores*, c. 5. § 40; cf. c. 11, l'histoire plus développée et encore plus romanesque de Dicineus.

plet. Aussi le véritable historien usera-t-il d'une grande réserve en traitant de cette Germanie. Il y a une école historique en Allemagne qui aime à parler des anciens Germains, comme une école historique en France se plaît à parler des anciens Gaulois. On ne connaît pas mieux les uns que les autres; mais on se figure que le patriotisme éclaire ces ténèbres et qu'il décuple le peu de renseignements que l'on possède. Sous l'empire de ce patriotisme, on commente les phrases de Tacite, on leur fait dire beaucoup plus que l'auteur n'a voulu dire, on y ajoute des hypothèses, on poétise cette antiquité et on l'exalte. La vérité dont il faut nous convaincre est que nous ne pouvons connaître que très imparfaitement la Germanie. Représenter ses institutions, ainsi qu'on le fait, comme un ensemble bien complet et bien ordonné, c'est construire un système qui n'a pas de fondement et que l'état de nos documents n'autorise pas. Il doit suffire que quelques faits, quelques institutions, quelques traits de caractère nous aient été transmis par nos auteurs, et nous ne devons y rien ajouter.

2° ÉTAT DES PERSONNES. — LES ESCLAVES, LES SERFS DE LA GLÈBE, LES AFFRANCHIS.

Si insuffisants que soient nos documents sur la vieille Germanie, ils nous donnent une idée assez nette des diverses classes entre lesquelles se partageait cette société.

La servitude existait chez les Germains comme chez tous les anciens peuples. Ce fait semblait si naturel à Tacite, qu'il n'avait pas besoin de le faire remarquer;

il l'indique en passant et par quelques mots. Il fait observer que l'enfant du maître n'est pas élevé plus délicatement que l'enfant de l'esclave ; « tous les deux vivent ensemble et couchent sur la même terre nue ; enfants, on ne les distingue pas ; mais vienne l'âge, on ne les confondra plus, et l'*ingenuus* prendra son rang[1] ». Parlant ailleurs des Suèves, il dit que chez eux « la chevelure longue et nouée sur la tête est le signe qui distingue les hommes libres des esclaves[2] ».

Tacite ne marque pas qu'il y ait quelque différence de nature entre cette servitude et celle qu'il voyait dans la société romaine. Il appelle l'esclave du même nom qu'à Rome, *servus* ; il l'oppose à l'homme qu'il appelle *ingenuus*, et il montre que cet esclave appartient à un maître, *dominus*.

La seule différence qu'il signale est relative, non à la nature, mais à l'une des sources de l'esclavage. Tandis que les lois romaines défendaient à l'homme libre de se donner lui-même en servitude, la coutume germanique le lui permettait. « Les jeux de hasard, dit-il, sont poussés chez eux à un point qui confond ; même sans avoir l'excuse de l'ivresse, ils en font la chose du monde la plus sérieuse ; l'idée de gagner ou de perdre les affole à ce point que, lorsqu'ils ont tout perdu, ils mettent encore comme enjeu sur un dernier

---

[1] Tacite, *Germanie*, 20 : *Dominum ac servum nullis educationis deliciis dignoscas ; inter eadem pecora, in eadem humo degunt, donec ætas separet ingenuos.*

[2] Ibidem, 38 : *Insigne gentis obliquare crinem nodoque substringere ; sic... ingenui a servis separantur.* — L'historien mentionne encore les esclaves dans deux autres passages ; c. 40 : *Servi ministrant* ; c. 44 : *Sub custode servo.* — [Cf. *Recherches sur quelques problèmes d'histoire*, p. 207.]

coup leur liberté et leur personne; puis le perdant se livre lui-même en servitude[1]. »

A cette occasion, l'historien nous donne une idée du pouvoir que le maître possédait sur l'esclave. Car il dit que cet homme qui vient de perdre au jeu sa liberté, se laisse lier et se laisse vendre[2]. Ces deux choses sont donc les premières marques de l'esclavage : le maître peut lier et vendre l'homme qui lui appartient. A ce sujet Tacite indique que les Germains connaissent le commerce des esclaves, *per commercia tradunt*[3]. Dans ce peu de traits, nous retrouvons déjà les traits essentiels de l'esclavage romain.

On voudrait savoir si le maître pouvait, ainsi qu'à Rome, châtier et tuer son esclave. « Battre de verges un esclave, le charger de fers, est chose rare chez les Germains[4]. » Ces mots mêmes indiquent que la chose a lieu et qu'elle est dans les droits du maître. Ces supplices, qui étaient si fréquents dans la société romaine, le sont moins en Germanie. Tacite, en faisant cette remarque, ne veut pas dire que la condition légale de l'esclave soit plus douce, mais que le maître est plus clément.

Vient ensuite une phrase sur le droit de tuer l'esclave. Ce droit existait à Rome, en ce sens que le maître avait

---

[1] Tacite, *Germanie*, 24 : *Aleam, quod mirere, sobrii inter seria exercent, tanta lucrandi perdendique temeritate ut, cum omnia defecerunt, extremo ac novissimo jactu de libertate ac de corpore contendant. Victus voluntariam servitutem adit.* — Tacite ne dit pas qu'il n'y ait que les dettes de jeu qui fassent des esclaves ; je serais tenté de croire que des dettes d'autre nature pouvaient entraîner la servitude ; cela se retrouvera dans les lois barbares. [Cf. *L'Alleu*, p. 284 et suiv.]

[2] Ibidem : *Alligari se ac venire patitur.*

[3] Ibidem : *Servos conditionis hujus per commercia tradunt.* Cf. Tacite, *Agricola*, 28 : *Per commercia venumdatos.*

[4] *Germanie*, 25 : *Verberare servum ac vinculis et opere coercere rarum.*

le jugement de l'esclave et pouvait le condamner à mort. « Il leur arrive, dit Tacite, de tuer leurs esclaves, mais c'est moins par mode de jugement et par sévérité pour des fautes commises que par emportement et par colère; ils tuent leur esclave comme ils tueraient un ennemi, avec cette différence que le meurtre de l'esclave est impuni[1]. » Ainsi le pouvoir du maître, en Germanie, va jusque-là. Tuer son esclave est un acte dont il ne doit compte à personne, un acte qui ne dépasse pas son droit.

La servitude est donc dans la société germanique ce qu'elle est dans la société romaine. L'autorité du maître n'a pas de limites; l'esclave lui appartient : il peut le vendre, il peut le tuer.

Ces esclaves pouvaient être des esclaves domestiques. Il est clair que le maître qui pouvait les charger de fers et les tuer pouvait à plus forte raison exiger d'eux toute sorte de services et, s'il le voulait, les attacher à sa personne. Tacite ne dit pas qu'il n'y eût aucun esclave de cette sorte en Germanie; au contraire, dans le passage où il montre le fils du maître et le fils de l'esclave élevés dans la même maison, il laisse bien voir que cet esclave est attaché à la maison du maître[2]. Mais en même temps il paraît avoir été frappé du petit nombre des esclaves domestiques. Au lieu qu'à Rome la maison

---

[1] Tacite, *Germanie*, 25 : *Occidere solent, non disciplina et severitate, sed impetu et ira, ut inimicum, nisi quod impune.*

[2] Ibidem, 20 : *In omni domo nudi ac sordidi excrescunt... in eadem humo degunt.* Ces mots ne sauraient s'appliquer à l'esclave dont il est parlé au c. 25, qui a sa demeure isolée et indépendante. — On a nié l'existence des esclaves domestiques chez les Germains, uniquement sur ce que Tacite insiste davantage sur les esclaves ruraux; et l'on conçoit en effet que ceux-ci fussent incomparablement plus nombreux que ceux-là. Mais le mot *ceteris* par lequel commence le passage relatif aux esclaves ruraux marque bien qu'il en existait d'autres.

d'un grand comptait un nombre incalculable de valets de cuisiniers, de secrétaires, de portiers, il remarque que rien de semblable ne se voyait en Germanie. La vie est simple; même chez les plus grands, le luxe est impossible, les raffinements du service personnel sont donc inconnus. Pas ou peu d'esclaves par conséquent. En général, dit Tacite, « les soins intérieurs de la maison appartiennent à la femme et aux enfants[1] ». Ce serait singulièrement exagérer et dénaturer cette phrase de Tacite que d'y voir une sorte de théorie chevaleresque du service libre. Tacite n'a rien de semblable dans l'esprit.

A côté des esclaves proprement dits, de ces esclaves qu'on pouvait vendre, Tacite signale une catégorie d'esclaves qui vivaient dans une condition particulière. C'étaient des esclaves ruraux. Nous n'avons sur eux que quatre lignes; mais ce sont quatre lignes de Tacite. Il faut les étudier de près et observer le sens de chaque mot.

« Leurs autres esclaves, dit-il, ne sont pas employés comme chez nous[2]. » On sait que dans ce petit livre de Tacite, et surtout dans les vingt-sept premiers chapitres, l'auteur compare chaque point des mœurs germaines au point correspondant ou opposé qu'il aperçoit dans les mœurs romaines[3]. La comparaison se fait souvent dans son esprit par forme de sous-entendu; ici elle est clairement exprimée. Dès qu'il a introduit les mots *non in nostrum morem*, on comprend que les mots qui

---

[1] Tacite, *Germanie*, 25 : *Cetera domus officia uxor ac liberi exsequuntur.*

[2] Ibidem, 25 : *Ceteris servis non in nostrum morem descriptis per familiam ministeriis utuntur; suam quisque sedem, suos penates regit.*

[3] [Voir plus haut, p. 239.]

suivront immédiatement indiquent l'usage romain ; *non in nostrum morem descriptis per familiam ministeriis.* C'est donc en nous reportant aux usages de l'esclavage rural au temps de Tacite que nous comprendrons sa phrase. Le mot *familia* qu'il emploie ici ne signifie pas famille. Quand il est question d'esclaves, *familia* signifie l'ensemble des serviteurs d'un même maître ; et quand il est question, comme ici, d'esclaves ruraux, on sent bien que l'écrivain a en vue la *familia rustica*, dont nous avons vu plus haut l'organisation[1]. Quant aux *ministeria*, ce sont précisément les groupes entre lesquels cette *familia rustica* était partagée ; il y avait le *ministerium* des laboureurs, celui des vignerons, celui des bergers, celui des ouvriers charpentiers ou maçons, et chacun d'eux avait à sa tête son *magister operum*, surveillant et chef des travaux. Tacite veut dire que ces esclaves germains ne sont pas, comme dans la société romaine, réunis en une même *familia* dans laquelle se classent les divers *ministeria*.

De ces simples mots, un contemporain de Tacite qui lisait son livre, voyait surgir et apparaître à son esprit toute une série de différences qu'il n'était pas besoin de lui signaler autrement. Les esclaves germains n'étaient pas distribués en *ministeria* ; cela voulait dire qu'ils n'étaient pas, l'un uniquement laboureur, l'autre uniquement berger, mais que chacun d'eux pouvait être tout cela à la fois ou suivant l'occasion. Ils ne travaillaient pas comme la *familia rustica*, cela voulait dire qu'ils ne travaillaient pas tous ensemble, par groupe de dix, sous les yeux d'un chef, pour le profit exclusif du maître qui les nourrissait et les habillait, mais ne leur

---

[1] [Cf. p. 198 et *L'Alleu*, p. 42 et suiv.]

laissait aucune part de la récolte, labourant où on leur disait de labourer, et, le soir, revenant à la *villa* pour dormir en commun comme ils avaient travaillé en commun. Ces usages romains sont inconnus en Germanie. En ce pays, l'esclave a son domicile propre, *suam sedem*. Tacite redouble son expression pour mieux rendre toute sa pensée. L'esclave n'a pas seulement un domicile, *sedem*, il a des pénates à lui, *suos penates*. Ce mot avait encore au temps de Tacite une grande force. Jamais on n'aurait dit d'un esclave romain qu'il eût des pénates à lui; il ne connaissait que ceux de son maître. Tacite ajoute encore un mot, *penates regit* : l'esclave germain a ses pénates où il est le maître. Assurément, ces expressions si nettes et si énergiques prouvent assez que l'historien a en vue un esclave qui vit, non seulement isolé, mais presque indépendant, un esclave qui a sa famille, sa maison, sa terre.

Cet esclave a pourtant un maître; Tacite le dit aussitôt, et fait apparaître son *dominus*. Mais il va nous montrer que cet esclave n'est pas soumis à toutes les volontés de ce maître : « Le maître exige de lui une quantité déterminée de blé, ou de bétail, ou de laine, ou de lin, comme il l'exigerait d'un fermier; l'obéissance et les obligations de cet esclave ne vont pas plus loin[1]. »

Je crois qu'on s'est mépris sur la pensée de Tacite quand on a assimilé ce cultivateur germain à un colon. Tacite introduit dans sa phrase le mot *colonus*, qui de

---

[1] Tacite, *Germanie*, 25 : *Frumenti modum dominus aut pecoris aut vestis ut colono injungit, et servus hactenus paret.* — Comparer les hilotes de Laconie, les thètes de l'Attique avant Solon, les pénestes de Thessalie et les clérotes de Crète. Tous ces hommes étaient attachés au sol et payaient une redevance fixe comme en Germanie. [Cf. *Nouvelles Recherches, Propriété chez les Grecs*, Ire p., § 7 et IIe p., § 3.]

son temps signifie un fermier, et il l'introduit par simple voie de comparaison. Il ne dit pas que l'esclave germain soit un fermier : il dit seulement qu'il lui ressemble ; encore ne lui ressemble-t-il que sur un seul point : c'est quand il s'agit de la rente à payer. Pour tout le reste, il diffère de lui. Il diffère aussi du colon des derniers siècles de l'Empire. Ce colon, nous l'avons vu[1], est toujours un homme de condition libre, attaché d'ailleurs à la terre à perpétuité. Tacite ne dit pas précisément que le Germain soit fixé pour toujours à la même terre ; ce qui est plus sûr et plus caractéristique, c'est qu'il n'est jamais un homme libre ; ce cultivateur est un esclave : la phrase qui le concerne commence par le mot *servis* et se termine encore par le mot *servus*. Si isolée et si indépendante que soit son existence, il n'en est pas moins un esclave. Il est tenancier de la terre, mais il est tenancier serf. Sa tenure est une tenure servile. Tacite, dans ces quelques lignes si précises, n'a pas décrit le colonat, mais il a décrit le servage de la glèbe.

La tenure servile, qui n'était pas inconnue dans la société de l'Empire romain, mais qui y était d'un usage peu fréquent, était l'usage ordinaire en Germanie.

Au-dessus des esclaves proprement dits et des serfs ruraux se trouvait une classe d'hommes que Tacite appelle des affranchis[2]. Il n'en dit, à la vérité, qu'une ligne : « Les affranchis ne sont pas fort au-dessus des esclaves[3]. » Il ne nous apprend pas comment l'affranchissement était pratiqué, ni quelles formalités y étaient requises. Un document très postérieur et relatif aux

---

[1] [Cf. liv. I, c. 8.]
[2] [*Recherches sur quelques problèmes*, p. 209 et suiv.]
[3] Tacite, *Germanie*, 25 : *Liberti non multum supra servos sunt.*

anciens Lombards mentionne l'affranchissement par la flèche avec l'énoncé d'une vieille formule sacramentelle[1]. La Loi Salique a conservé aussi un mode d'affranchissement « par le denier » qui pourrait bien remonter aux anciens âges, quoique l'usage de la pièce de monnaie semble contraire à une haute antiquité[2]. Du moins paraît-il certain que les anciens Germains connaissaient, suivant l'expression de Warnefrid, « un passage de l'état de servitude à l'état de liberté ». C'est assez pour que nous jugions que l'esclavage ne formait pas, comme dans quelques sociétés antiques, une race absolument à part ou une sorte de caste absolument fermée. L'homme libre pouvait devenir esclave, ainsi que nous l'avons vu, et réciproquement l'esclave pouvait sortir de la servitude. Il y a d'ailleurs dans la phrase de Warnefrid un mot qui donne à penser qu'il y avait deux sortes d'affranchissement[3]; l'auteur décrit un affranchissement qui donne la liberté complète; il fait entendre qu'il y en avait un autre qui ne donnait qu'une liberté précaire ou incomplète.

Tacite ne nous apprend pas quels étaient les effets de l'affranchissement, quels droits il conférait à l'affranchi, quels pouvoirs il laissait au maître. Notre étude précédente sur l'affranchissement romain[4] a montré combien ces points ont d'importance et combien nous pouvons regretter la brièveté de Tacite. C'est que Tacite,

---

[1] Warnefrid (Paul Diacre), *Historia Langobardorum*, I, 13 : *Plures a servili jugo ereptos ad libertatis statum perducunt, utque rata eorum haberi possit libertas, sanciunt more solito per sagittam immurmurantes ob rei firmitatem quædam patria verba.*

[2] [Cf. *L'Alleu*, p. 306 et suiv., p. 328 et suiv.]

[3] Le mot *plures*, lequel d'ailleurs ne doit pas être pris dans le sens du plus grand nombre, mais dans le sens de plusieurs.

[4] [Cf. plus haut, liv. I, c. 7.]

même lorsqu'il parle des Germains, pense surtout aux mœurs romaines. Telle est la nature de ses préoccupations que, dès que le mot d'affranchi s'est présenté sous sa plume, son esprit se détourne de la Germanie et se porte vers l'aristocratie de son temps et le gouvernement impérial. Il songe tout de suite à ces affranchis qui s'enrichissent, qui gouvernent la maison, qui s'imposent à leur patron, à moins qu'ils ne le dédaignent et ne l'insultent[1]. Il songe surtout à ces affranchis des empereurs qui sont des personnages puissants, qui remplissent les bureaux de l'administration, qui s'introduisent dans l'ordre équestre et s'élèvent aux fonctions les plus importantes, qui enfin gouvernent obscurément et insolemment l'Empire[2]. Au lieu donc de nous apprendre par quelques mots précis quelle était la condition des affranchis germains, il se contente de dire qu'ils ne ressemblent pas à ceux de Rome : « Rarement ils ont l'autorité dans la maison, jamais ils ne l'ont dans l'État[3]. » Il semble qu'il fasse ici la contre-partie de cette autre phrase où il dit que « sous les mauvais princes les affranchis se grandissent au point d'être une partie du gouvernement[4] ». Il assure qu'il n'en est pas de même en Germanie. Encore est-il forcé d'ajouter que le même cas n'est pas sans s'y produire,

---

[1] Comparer Tacite, *Annales*, XIII, 27; XIV, 55; XV, 54 et 55; XVI, 10. La même préoccupation se retrouve quand il parle des Bretons, *apud quos flagrante etiam tum libertate nondum cognita erat libertinorum potentia* (*Annales*, XIV, 39).

[2] Idem, *Annales*, XI, 24; XII, 53; XIV, 39; *Histoires*, I, 13; I, 58; I, 76; II, 57; III, 12; III, 47. — [Cf. *La Gaule romaine*, p. 204.]

[3] Idem, *Germanie*, 25 : *Raro aliquod momentum in domo, nunquam in civitate.* — *Momentum* (*movimentum*) est proprement ce qui fait pencher la balance, ce qui donne l'impulsion ; de là l'idée d'influence ou d'autorité.

[4] Idem, *Histoires*, I, 76 : *Hi (liberti) malis temporibus partem se reipublicæ faciunt.*

au moins chez ceux des peuples germains qui sont soumis au pouvoir royal. Sans doute la royauté porte au nivellement des conditions; car, chez ces peuples-là aussi bien que dans l'Empire, la faveur du prince permet aux affranchis « de monter au-dessus des hommes libres et même au-dessus des nobles ». « Chez les autres, l'abaissement des affranchis est la preuve de la liberté[1]. »

Cette boutade du sénateur romain a sans doute moins de prix pour nous que n'en aurait une description précise de la nature et des effets de l'affranchissement en Germanie. Quoi qu'il en soit, nous devons retenir de toute la phrase de Tacite ce trait que nous pouvons croire exact : « Les affranchis ne sont pas fort au-dessus des esclaves. » Leur élévation au-dessus des hommes libres est une exception. La règle est que l'affranchi reste tout près de l'esclave, et qu'il ne devienne pas l'égal de l'homme né libre. Les affranchis forment, en général, une classe intermédiaire entre la servitude et la liberté.

La situation que l'historien romain esquisse d'un trait se trouvera plusieurs siècles après lui. Dans les États fondés après les invasions, nous verrons des hommes qu'on appellera du nom latin de *liberti* ou du nom germanique de *liti*, et qui auront ce caractère essentiel d'être placés entre les hommes libres et les esclaves[2]. Ces lites venaient, suivant toute vraisemblance, de l'ancienne Germanie, et c'est d'eux probablement que Tacite a parlé.

---

[1] Tacite, *Germanie*, 25 : *Exceptis duntaxat iis gentibus quæ regnantur; ibi enim et super ingenuos et super nobiles ascendunt; apud ceteros, impares libertini libertatis argumentum sunt.*

[2] [Cf. *L'Alleu*, p. 592, 595, 401, 402.]

Nous possédons d'ailleurs, en dehors de Tacite, un document qui montre à quel point les classes étaient distinctes en Germanie. Il est vrai que ce document est du ixe siècle; mais il a été écrit par un Saxon et chez les Saxons, lesquels n'avaient pas encore subi l'influence romaine et conservaient les coutumes des vieux âges. « Chez les Saxons, écrit Ruodolf, c'était une règle établie que l'homme libre dût épouser une femme libre, l'affranchi une affranchie, l'esclave une esclave. Si l'un de ces hommes épousait une femme qui ne fût pas de sa classe et qui lui fût supérieure par la naissance, il payait cette faute du prix qu'aurait eu sa vie[1]. » Cette interdiction du mariage est le signe le plus visible de la vieille distinction des classes.

Quelle était, par rapport à la terre, la condition de cet affranchi ou de ce lite? Tacite ne le dit pas. Était-il un tenancier? Ne pouvait-il pas aussi bien que l'esclave avoir la tenure du sol sous la condition d'une redevance? Y avait-il des tenures lidiles comme des tenures serviles? On peut faire cette conjecture, mais il n'y a pas d'affirmation permise.

3° ÉTAT DES PERSONNES. — LES LIBRES ET LES NOBLES[2].

Nous voudrions savoir quelle était la proportion numérique entre la classe des hommes libres et les

---

[1] *Translatio S. Alexandri*, écrite par Ruodolf au ixe siècle, dans les *Monumenta Germaniæ, Scriptores*, t. II, p. 673 : *Id legibus firmatum est ut... liber liberam ducat uxorem, libertus conjungatur libertæ, et servus ancillæ. Si quispiam sibi non congruentem et genere præstantiorem uxorem duxerit, cum vitæ suæ damno componat.* — Cf. *Vita S. Libuini*, dans les *Monumenta Germaniæ*, t. II, p. 361.

[2] [Cf. *Recherches*, p. 211 et suiv.]

classes inférieures; mais nous ne trouvons sur ce point aucun chiffre ni aucun indice.

Ce que nous savons mieux, c'est que parmi ces hommes libres il y avait des inégalités et des rangs.

La première inégalité était celle qui résultait de la richesse. Pline l'Ancien, qui est peut-être celui de tous les Romains qui a le mieux connu la Germanie, nous montre « des riches » qui se distinguent « de la masse du peuple[1] ». Tacite signale aussi des hommes « très riches[2] ». Tandis que tous les autres se couvrent d'un simple morceau d'étoffe dont les deux bouts sont réunis sur l'épaule par une agrafe, ces riches se reconnaissent à leur vêtement serré à la taille et assujetti aux membres. Ils portent aussi des fourrures, dans lesquelles ils mettent quelque recherche; ils ont des peaux tachetées et bigarrées qu'ils font venir des régions de l'extrême Nord. Leurs femmes ont des robes de lin, qu'elles savent relever par la couleur de la pourpre[3].

Tacite ne nous dit pas d'où venait cette différence de richesse. Il est possible que quelques-uns eussent beaucoup de ces serfs ruraux dont parle Tacite, et par suite beaucoup de redevances foncières. Ou bien, ils avaient de nombreux troupeaux; or nous savons par l'historien que les troupeaux tenaient lieu de monnaie et étaient le signe de la richesse et la forme du capital[4]. Existait-il

---

[1] Pline, *Histoire naturelle*, XXVIII, 35, 133 : *Divites a plebe distinguit.*
[2] Tacite, *Germanie*, 17 : *Locupletissimi.*
[3] Ibidem : *Locupletissimi veste distinguuntur, non fluitante velut Sarmatæ ac Parthi, sed stricta et singulos artus exprimente.... Gerunt et ferarum pelles... exquisitius; eligunt feras et detracta velamina spargunt maculis pellibusque belluarum quas exterior Oceanus atque ignotum mare gignit.... Feminæ sæpius lineis amictibus velantur, eosque purpura variant.*
[4] Ibidem, 5 : *Eæque* (c'est-à-dire les troupeaux) *solæ et gratissimæ opes sunt.*

quelque commerce? Pouvait-on s'enrichir à fabriquer des armes ou ces étoffes de lin qui étaient un objet de luxe? Existait-il, comme dans la plupart des sociétés arriérées, que l'on croit primitives, tout un système de prêts et d'usure qui, pour un peu de blé ou de bétail, enchaînait le débiteur et enrichissait le créancier? On ne saurait le dire. C'est apparemment de ces riches que Tacite a voulu parler quand il nous montre des hommes « qui se lèvent tard, prennent d'abord un bain chaud, font ensuite un repas, non sur des lits à la façon des Romains, mais chacun sur un siège et à une table particulière, puis, après avoir vaqué aux affaires, terminent la journée par un festin qu'ils prolongent sans nulle honte toute la nuit[1] ».

L'inégalité de richesse n'est pas la seule que les Germains connaissent. Ils ont aussi une inégalité de naissance. Tacite emploie maintes fois en parlant d'eux les mots *nobiles* et *nobilitas*.

Il est vrai que le mot *nobilis* a quelquefois chez les écrivains le sens de notable, remarquable; c'est même là son sens étymologique, et il serait possible que Tacite eût employé ce mot avec cette acception; en ce cas il aurait voulu dire, de chaque Germain qu'il qualifie *nobilis*, que c'était un homme distingué et connu par ses exploits ou son mérite personnel. Mais nous devons songer que, dans la langue des contemporains de Tacite et surtout chez cet écrivain, les termes *nobilis* et *nobilitas*, s'éloignant de leur signification originelle, avaient la signification très précise et spéciale de noblesse, de rang dans

---

[1] Tacite, *Germanie*, 22 : *Statim e somno, quem plerumque in diem extrahunt, lavantur, sæpius calida.... Lauti cibum capiunt; separatæ singulis sedes et sua cuique mensa. Tum ad negotia, nec minus sæpe ad convivia procedunt... diem noctemque continuare potando nulli probrum.*

la société, de distinction qu'on tient des ancêtres. Quand on disait d'un Romain qu'il était *nobilis*, cela voulait dire qu'il appartenait, au moins depuis une génération, à l'ordre noble ; s'il y parvenait le premier de sa famille, il n'était qu'un *homo novus*, et son fils seul était véritablement un noble. Tel était le sens des mots dans la langue qu'on parlait autour de Tacite et qu'il parlait lui-même[1]. Ajoutons que si l'on observe les mots dont cet écrivain a l'habitude de se servir, on remarquera qu'il exprime toujours le mérite personnel par *virtus*, et la notoriété ou l'éclat qui en résulte par *decus*.

Nous allons d'ailleurs passer en revue les passages où il applique à des Germains le terme *nobilitas*, et nous verrons si sa pensée y attache l'idée de noblesse de naissance ou celle de simple notoriété personnelle.

Au chapitre xi de la *Germanie*, il décrit des assemblées assez tumultueuses et dit que chacun s'y fait écouter en proportion de l'autorité que lui donne « ou son âge, ou l'éclat de ses actions guerrières, ou son éloquence, ou sa *nobilitas*[2] ». Si l'on réfléchit que tous les mérites personnels sont énumérés par les trois premiers termes, on pensera sans doute que le dernier ne peut désigner que le mérite de la naissance, et on le traduira certainement par noblesse.

« Les Germains, dit encore Tacite, prennent leurs rois d'après la noblesse, les chefs de guerre d'après le mérite. » Dans cette phrase, *nobilitas* s'oppose à *virtus*, comme, en tout pays, la noblesse du sang s'oppose au mérite personnel[3].

---

[1] [Cf. plus haut, liv. I, c. 10, p. 155 et 159.]
[2] Tacite, *Germanie*, 11 : *Prout ætas cuique, prout nobilitas, prout decus bellorum, prout facundia est, audiuntur.*
[3] Ibidem, 7 : *Reges ex nobilitate, duces ex virtute sumunt.*

Il signale ailleurs le goût « des jeunes nobles » pour la guerre[1]. Après une expédition d'où les Romains avaient ramené des captifs et des captives, il remarqua qu'il se trouvait parmi ces dernières plusieurs « femmes nobles »[2]. De même l'historien Velléius, au moment où il introduit Arminius à ses débuts, énumère ses mérites : « Il était courageux, *manu fortis*, d'intelligence vive, *sensu acer*, et il était aussi noble de naissance, *genere nobilis*[3] ».

Chez le peuple germain des Canninéfates, Tacite nous montre un personnage nommé Brinno, dont tout le mérite personnel se bornait à « une stupide audace », mais qui était distingué par l'éclat de sa naissance[4].

La distinction d'une classe libre et d'une classe noble est surtout bien marquée dans ce passage : « Les affranchis en général ne sont pas beaucoup au-dessus des esclaves, excepté toutefois chez ceux des peuples germains qui obéissent à des rois; car alors, par l'effet de la faveur royale, on voit des affranchis monter même au-dessus des hommes libres, même au-dessus des nobles[5] ».

De telles expressions ne permettent pas de douter que

---

[1] Tacite, *Germanie*, 14 : *Plerique nobilium adolescentium petunt ultro eas nationes quæ tum bellum aliquod gerunt.*

[2] Tacite, *Annales*, I, 57 : *Inerant feminæ nobiles.* — Cf. *Germanie*, 18 : *Exceptis admodum paucis qui ob nobilitatem plurimis nuptiis ambiuntur.*

[3] Velléius Paterculus, II, 118 : *Tum juvenis, genere nobilis, manu fortis, sensu celer, promptus ingenio, nomine Arminius.* — Cf. Tacite, *Annales*, II, 62 : *Erat inter Gotones nobilis juvenis nomine Catualda.*

[4] *Histoires*, IV, 15 : *Erat in Canninefatibus stolidæ audaciæ Brinno, claritate natalium insigni.* — On remarquera que l'expression *claritas natalium* était justement celle qui était usitée dans l'aristocratie romaine pour désigner l'éclat de la naissance. *Homo clarus natalibus, femina natalibus clara*, étaient des expressions consacrées [cf. plus haut, p. 159]. Il est curieux que Tacite les applique à un Germain.

[5] Tacite, *Germanie*, 25 : *Et super ingenuos et super nobiles ascendunt.*

dans la pensée de Tacite il n'existât une noblesse germaine. Il y a encore un autre passage où il montre l'importance de cette classe noble dans un État germain. Il montre les Chérusques en grand embarras et dans l'impossibilité de se gouverner eux-mêmes par suite de ce « qu'ils avaient perdu leur noblesse dans des guerres intestines [1] ». Il ne leur restait plus qu'un seul homme de la race royale ; mais il vivait à Rome ; il y était né, il y avait toujours vécu, non comme otage, mais volontairement ; il y était devenu citoyen romain et avait pris un nom latin [2]. Malgré tout cela, les Chérusques demandèrent à l'empereur Claude de le leur envoyer pour régner sur eux [3] ; et ils l'appelèrent ainsi, non pas pour son mérite personnel, « qu'ils ne devaient éprouver que plus tard [4] », mais par ce seul motif « qu'il dépassait tous les autres par sa noblesse [5] ».

Le simple fait d'être né dans une famille noble conférait des privilèges. C'est ce que nous voyons dans le passage où Tacite décrit la cérémonie dans laquelle le jeune Germain reçoit ses premières armes. Il figure, dès ce jour-là, dans la classe des guerriers. Or, quel rang va-t-il prendre dans cette classe? Si les Germains étaient une société démocratique, il est clair que ce jeune homme prendrait le dernier rang, n'ayant rien fait encore pour monter au premier. Il n'en va pas ainsi ;

---

[1] Tacite, *Annales*, XI, 16 : *Eodem anno Cheruscorum gens regem Roma petivit, amissis per interna bella nobilibus.*

[2] Ibidem : *Uno reliquo stirpis regiæ, qui apud Urbem habebatur, nomine Italicus.... Illum Romæ ortum, nec obsidem, sed civem.* Cet homme était d'ailleurs le neveu d'Arminius, fils de son frère Flavus.

[3] Ibidem : *Gens regem Roma petivit.... Igitur Cæsar auctum pecunia, additis stipatoribus, hortatur....*

[4] Ibidem, 17 : *Virtutem experirentur.*

[5] Ibidem, 17 : *Accitum, quando nobilitate ceteros anteiret.*

car Tacite ajoute : « Une noblesse distinguée ou les grands services rendus par les ancêtres assignent à de tout jeunes gens la dignité de chef[1]. » Et pour rendre ces expressions plus claires encore, il nous dit ce que deviennent « les autres », c'est-à-dire les jeunes gens qui ne sont pas nobles ou qui sont d'une noblesse moins élevée : « C'est seulement quand ils sont plus âgés et qu'ils ont fait leurs preuves qu'on s'attache à eux[2] », tandis qu'aux premiers on n'avait demandé ni d'être âgés ni d'avoir prouvé leur courage. Il était impossible que Tacite marquât plus clairement qu'il y avait des distinctions de classe et des privilèges de naissance en Germanie.

Si nous nous représentions les Germains du temps

---

[1] Tacite, *Germanie*, 13 : *Insignis nobilitas aut magna patrum merita principis dignationem* (ailleurs *dignitatem*) *etiam adolescentulis assignant*. Notons que le mot *aut* n'a pas le sens d'une disjonctive ; *aut* est souvent employé pour répéter une idée en la précisant et en la déterminant ; par exemple, dans Tacite, c. 14 : *Arare terram aut exspectare annum*. — Le *Codex Leydensis* et le *Vaticanus* 1862, c'est-à-dire deux des trois meilleurs manuscrits, portent *dignitatem*. D'ailleurs le mot *dignatio* a le même sens que *dignitas* ; voir Tacite, *Annales*, IV, 52 ; XIII, 20 ; XIII, 42 ; *Histoires*, I, 52 ; III, 80 ; Velléius, II, 59 ; II, 69 ; Tite Live, II, 16, etc. Burnouf accepte la leçon *dignatio* et traduit par « rang ». — M. Geffroy, *Rome et les barbares*, p. 178, note, et M. Garsonnet, *Histoire des locations perpétuelles*, p. 52, traduisent : « L'insigne noblesse mérite à de tout jeunes gens la faveur du prince » (voir Waitz, I, p. 149 ; Zœpfl, t. II, p. 24, note 15) ; nous ne pouvons admettre comme exacte cette traduction ; jamais le mot *dignatio* ne signifie faveur. D'ailleurs, la phrase de Tacite n'aurait pas de sens ; elle contient visiblement une antithèse entre *dignationem* et *adolescentulis* ; or il n'y a pas d'antithèse entre la faveur d'un chef et la jeunesse de l'homme à qui il l'accorde, quand il ne s'agit d'ailleurs que de porter les armes. L'antithèse existe, au contraire, entre l'extrême jeunesse d'un homme et la dignité de chef qu'on lui confère. Ce qui frappe et surprend Tacite, c'est qu'on accorde le rang de chef à de tout jeunes gens, et c'est là aussi ce qu'il veut faire remarquer. [On reviendra sur ce passage dans le volume sur *Les Origines du système féodal*, p. 16 et suiv.]

[2] Ibidem : *Ceteris robustioribus ac jam pridem probatis aggregantur*. [Cf. *Les Origines du système féodal*, p. 17, n. 1.]

de Tacite comme une de ces sociétés primitives où tous les hommes seraient libres et égaux, nous nous ferions une opinion qui serait certainement contraire à celle qu'en avait Tacite.

Si le livre de Tacite ne nous était pas parvenu, nous aurions encore des documents d'une autre nature qui nous permettraient d'entrevoir l'existence de cette vieille noblesse germanique. Jordanès signale chez les anciens Goths une sorte de caste noble dans laquelle on choisissait les rois et les prêtres [1]. Plus tard, même après les migrations et la longue période de troubles qui les avait précédées, nous trouvons encore quelques familles héréditairement nobles. Il n'y en a plus, à la vérité, que deux chez les Goths [2]; nous n'en connaissons qu'une chez les Vandales [3], qu'une chez les Langobards [4], qu'une seule aussi chez les Francs [5]. Mais on en compte davantage chez les peuples qui sont restés en Germanie. Au vii° siècle, les Bavarois en ont encore cinq; celle des Agilolfings est la première et la plus noble, et c'est en elle qu'on choisit les ducs; les quatre autres sont nobles aussi, leur noblesse est expressément reconnue par la loi

---

[1] Jordanès, *De rebus geticis*, c. 5, édit. Closs, p. 31 : *Vocitatos [vocatos?] Pilleatos hos qui inter eos genere extabant, ex quibus et reges et sacerdotes ordinabantur.* — L'édition Mommsen, p. 64, porte *generosi* au lieu de *genere*; le sens est d'ailleurs le même.

[2] Ibidem, 29 : *Ordinato super se rege Alarico, cui erat post Amalos secunda nobilitas Balthorumque ex genere origo.*

[3] Ibidem, 22 : *Asdingorum stirpe quæ inter eos eminet.*

[4] Warnefrid (Paul Diacre), *Historia Langobardorum*, I, 14 : *Regnavit Agilmundus ex prosapia ducens originem Gungincorum quæ apud eos generosior habebatur.* — Ibidem, I, 21 : *Hi omnes litingi* (ailleurs *adelingi*) *fuerunt, sic enim apud eos quædam nobilis prosapia vocabatur.*

[5] C'est la famille mérovingienne. Grégoire de Tours, *Historia Francorum*, II, 9 : *Reges crinitos super se creavisse de prima et nobiliori eorum prosapia.* On ne trouve d'ailleurs chez les Francs aucune autre famille noble.

du pays, et les membres de ces quatre familles ont le privilège que leur wergeld soit double de celui des simples hommes libres[1]. A l'inégalité du prix de l'homme on peut apprécier la distance qui sépare les classes. Chez les Frisons le meurtre d'un homme « noble » est taxé presque deux fois plus cher que celui d'un homme libre[2]. La loi des Thuringiens distingue expressément l'homme libre de celui qu'elle appelle *adaling*, c'est-à-dire noble, et la vie de ce noble vaut le triple de la vie de l'homme libre[3].

On sait que les Saxons ont mieux gardé qu'aucun autre peuple germain le vieil état social, car ils n'ont pas subi l'influence romaine; aussi les érudits sont-ils d'accord pour voir dans la Saxe, même au temps de Charlemagne, une image assez exacte de ce qu'était toute la Germanie au temps de Tacite. Or l'auteur de la Vie de saint Libuin écrit que « dans les anciens âges, comme de son temps encore, la nation se partageait en trois ordres : il y avait ceux qu'on appelait dans leur langue *edeling*, ceux qu'on appelait *friling*, et ceux qu'on appelait *lassi*, » et l'auteur ajoute que le premier de ces trois mots doit se traduire en latin par *nobiles*; le second

---

[1] *Lex Bainwariorum*, II, 20, ou III, 1, dans Pertz, *Leges*, t. III, p. 289 : *De genealogia qui vocantur Huosi... isti sunt primi post Agilolvingas qui sunt de genere ducali; illi duplam compositionem accipiant.* Voir dans Pertz la note 50 sur ce texte.

[2] *Lex Frisionum*, I, 5, dans Pertz, t. III, p. 656 : *Si nobilem occiderit, LXXX solidos componat; si liberum, LIII.* — Ibidem, I, 11 : *Si quis homo, sive nobilis, sive liber, sive litus, sive servus.* — Ibidem, 15 : *Compositio hominis nobilis libræ XI; compositio liberi libræ V et dimidia.*

[3] *Lex Angliorum ac Werinorum*, I : *Si quis adalingum occiderit, DC solidos componat; qui liberum occiderit, CC solidos componat.* — Ibidem, X : *Qui feminam nobilem occiderit, DC solidos componat.*

signifie hommes libres, et le troisième désigne des hommes d'origine servile[1].

Il est vrai que cet hagiographe n'écrivait qu'au commencement du x° siècle; mais Nithard s'était exprimé de même un siècle auparavant[2]; et, plus tôt encore, Charlemagne faisant un capitulaire pour les Saxons, en 785, avait reconnu qu'il existait chez eux trois catégories de personnes, les *nobiles*, les *ingenui* et les *liti*[3]; il avait conservé cette inégalité et avait prononcé que le meurtre « d'un noble de naissance » serait composé par cent vingt *solidi*, celui d'un « ingénu » par soixante, celui d'un « lite » par trente[4].

Il n'est pas à supposer que cette noblesse se soit formée au viii° siècle. Elle est, chez les Saxons, comme chez les Thuringiens et les Bavarois, le reste d'une noblesse plus ancienne que Tacite avait déjà signalée. Il s'en

---

[1] *Vita Libuini*, par Hucbald (Pertz, *Scriptores*, t. II, p. 361) : *In Saxonum gente, priscis temporibus, erat gens ipsa, sicut nunc usque consistit, ordine tripartito divisa; sunt ibi qui illorum lingua edlingi, sunt qui frilingi, sunt qui lassi dicuntur; quod in lingua latina sonat nobiles, ingenuiles, serviles.*

[2] Nithard, *Historiæ*, IV, 2 : *Quæ gens omnis in tribus ordinibus divisa consistit; sunt inter illos qui ædlingi, sunt qui frilingi, sunt qui lazzi eorum lingua dicuntur.*

[3] *Capitularia*, édit. Pertz, t. I, p. 251, art. 15; édit. Boretius, p. 69 : *Nobiles et ingenuos et litos.* Art. 17 : *Tam nobiles quam ingenui et liti.*

[4] Ibidem, art. 19 : *Si de nobili genere fuerit, CXX solidos; si ingenuus, LX; si litus, XXX.* Voir aussi le capitulaire de 797 dans Pertz, p. 76. — S'il faut en croire Adam de Brême (Pertz, t. VII), les Saxons auraient été très soucieux de leur noblesse, *generis ac nobilitatis suæ curam habentes*, au point qu'ils repoussaient toute mésalliance; *id legibus firmatum est ut nulla pars in copulandis conjugiis propriæ sortis terminos transferat, sed nobilis nobilem ducat uxorem, et liber liberam.* C'est ce que disait déjà Ruodolt dans la *Translatio Alexandri*, Pertz, t. II, p. 673 : *Generis ac nobilitatis suæ providentissimam curam habentes*, etc. [Cf. *Recherches*, p. 217.]

fallait de tout que cette antique Germanie fût une société démocratique[1].

De quelle nature était cette antique noblesse? On ne saurait le dire. Était-elle issue d'une ancienne conquête et représentait-elle une race victorieuse? C'est une supposition que l'on peut faire, mais Tacite ne le dit pas, et aucun écrivain ancien, pas même Jordanès, ne parle d'une ancienne conquête. Tacite ne fait pas la moindre allusion à une distinction de races; il écarte même l'idée de deux races différentes[2]. L'origine de cette noblesse se perdait dans les vieux âges. Elle échappe à l'histoire.

Certainement cette classe noble avait l'usage des armes, et probablement l'habitude des commandements; mais les simples hommes libres combattaient aussi, et il y a des raisons de croire que les lites eux-mêmes n'étaient pas exclus de l'armée.

Il est possible d'ailleurs que cette classe ait eu aussi un caractère sacerdotal. Il n'en était pas en Germanie comme en Gaule où les prêtres formaient un ordre distinct des guerriers[3]. Quelques indices donnent à penser

---

[1] C'est pourtant ce qu'a soutenu, tout récemment encore, Fahlbeck, *La royauté et le Droit royal des Francs*, traduction française, p. 1-2 : « La société germaine était entièrement démocratique.... Dans la vie politique régnait une égalité parfaite. » Toute cette théorie est, pour certains esprits, la conséquence nécessaire et inévitable des idées préconçues avec lesquelles ils abordent l'étude de la Germanie ; ils y trouvent leur idéal personnel, ou ils l'y mettent. Cette théorie est absolument contraire aux textes.

[2] Tacite, *Germanie*, 2. — [Cf. *Recherches*, p. 215 et suiv.]

[3] C'est ainsi, si nous ne nous trompons, qu'il faut interpréter la phrase de César, *De bello gallico*, VI, 21 : *Neque Druides habent*. César ne veut sans doute pas dire que les Germains n'aient pas de prêtres; ils en avaient incontestablement et dont l'autorité était même fort grande ; voir Tacite, *Germanie*, 7 et 11; Strabon, VII, 1, 4; VII, 3, 5; Ammien Marcellin, XXVIII, 5, 14; mais ces prêtres ne formaient pas, comme en Gaule, une corporation en dehors des familles et en dehors de l'ordre équestre.

que les Germains choisissaient volontiers, sinon exclusivement, leurs prêtres parmi ces familles nobles. Du reste, nous chercherions en vain quelle était la constitution de cette noblesse, quels étaient ses droits ou ses obligations; les documents nous font défaut. Nous ignorons aussi s'il y avait un lien entre cette noblesse et la possession du sol; nous ignorons enfin s'il y avait une dépendance obligatoire des hommes vis-à-vis de cette classe noble. Tout ce que nous pouvons faire est de constater son existence.

Il y a, d'autre part, une question que nous ne pouvons manquer de nous poser : ne serait-il pas possible que cette noblesse germanique eût été l'origine, ou l'une des origines du régime féodal?

Rien n'autorise à le penser. D'abord, toute noblesse n'est pas une féodalité. Une aristocratie féodale est, par définition même, celle qui se forme par le lien personnel entre un inférieur et un supérieur, et qui suppose une concession faite par le supérieur, une obligation librement contractée par l'inférieur. Aucun de ces traits n'est signalé dans ce que les documents nous apprennent de l'ancienne noblesse germanique.

D'ailleurs, il est bien difficile d'admettre que cette noblesse soit la source du régime féodal en Gaule, puisqu'elle n'a pas été transplantée dans ce pays par les invasions. Trois peuples sont entrés en Gaule, les Burgondes, les Wisigoths et les Francs. Chez les Burgondes, il n'existait aucune famille noble; il n'en existait qu'une seule chez les Wisigoths, et qu'une seule chez les Francs. Or, chez ces deux peuples, les deux familles nobles étaient devenues deux dynasties royales. Il ne restait donc plus aucun élément germanique de noblesse. Aussi pourrons-nous constater plus loin *que* dans la société franque il n'y a jamais eu aucun ordre de familles héréditairement privilégiées[1].

La noblesse était une institution de la vieille Germanie, institution que les guerres intestines avaient affaiblie[2] et que les migrations avaient détruite. Dans la société romaine aussi il y avait une noblesse. Les deux noblesses, romaine et germanique, ont duré à peu près jusqu'au temps des invasions, et les invasions les ont toutes les deux fait disparaître.

[Mais] cette noblesse germaine ne ressemblait pas à celle que nous avons observée dans l'Empire romain. Elle se rapprochait plutôt de l'aristocratie primitive de l'ancienne Grèce et de l'ancienne Rome; elle se composait de familles qui disaient descendre des dieux et qui étaient revêtues d'un caractère sacré. Comme les Patriciens de Rome et les Eupatrides d'Athènes, ces anciens nobles de la Germanie étaient [semble-t-il] à la fois prêtres et guerriers.

Les légendes scandinaves, à défaut de légendes purement germaniques, peuvent nous donner une idée de ce vieil état social. C'était la Divinité elle-même, disait-on, qui avait établi trois castes d'hommes éternellement inégales. Elle avait fait naître d'abord le serf, « qui avait le teint noir, les mains calleuses, le dos voûté »; sa tâche était de « labourer les champs, de creuser les tourbières, de garder les chèvres et les porcs ». Puis elle avait fait naître l'homme libre « aux yeux brillants,

---

[1] La Loi Salique ne reconnaît pas, comme les lois des Thuringiens et des Saxons, un ordre noble. Elle n'établit aucune différence *héréditaire* entre les hommes libres. — [*La Monarchie franque*, c. 4.]

[2] Tacite cite un exemple de cela, déjà de son temps, chez les Chérusques : *Amissis per interna bella nobilibus* [cf. plus haut, p. 263]. Les générations suivantes, en Germanie, furent pour le moins aussi troublées.

au teint coloré », qui savait « dompter les taureaux, fabriquer la charrue, construire des maisons, établir des greniers ». Le Dieu avait enfin engendré le noble « aux joues vermeilles, au regard aussi perçant que celui du dragon », qui savait « brandir la lance, ployer l'arc, chevaucher hardiment; c'était lui qui possédait en toute propriété les champs héréditaires et la maison des ancêtres; il connaissait aussi les runes, les rites sacrés et le vol des oiseaux[1] ».

4° L'ÉTAT GERMAIN.

Il faut d'abord écarter une manière de voir qui est fort en usage, mais qui est inexacte et contraire aux documents que nous avons.

Quand nous parlons de « tribus germaniques », nous disons une chose à laquelle les anciens n'ont jamais pensé. Le mot « tribu », tel que nous l'employons en parlant des peuples non civilisés ou à peine civilisés, présente à l'esprit l'idée d'un organisme tout à fait primitif et embryonnaire; qui dit tribu dit réunion d'un certain nombre de familles d'une même race; la tribu est un

---

[1] Edda de Sæmund, t. III, p. 173 à 190; nous en donnons la traduction latine : *Infantem peperit Edda, cute nigricantem, vocaruntque thræl (servum); erat ei manuum cutis rugosa, digiti crassi, facies fœda, dorsum incurvum.... Aggeres construxerunt, agros oblimarunt, circa sues occupabantur et cespites effodiebant. Inde ortæ sunt servorum prosapiæ. — Infantem peperit Amma.... Vocarunt karl (virum) rufum et rubicundum... didicit boves domare, aratrum fabricari, domos ædificare, horrea struere; inde ortæ sunt prosapiæ colonorum. — Puerum peperit Modir... et nomen Iarl indiderunt; flavus erat capillus, lucidæ genæ, oculi acuti. Didicit hastam quatere, equis insidere, gladios distringere, runas illum Deus docuit; eum obtinere jussit hereditarios campos et antiquas habitationes.... Calluit runas; didicit avium clangorem intelligere.*

corps peu nombreux, faiblement constitué, et qui n'a d'autre lien que celui de la naissance ou celui des besoins les plus matériels. Aucun auteur ancien, en parlant des Germains, n'emploie ce mot, ni aucune périphrase qui présente les mêmes idées. Ce sont les modernes qui ont pris l'habitude de dire « les tribus germaniques », comme ils disent « les tribus sauvages ». Les anciens ne se sont jamais exprimés ainsi.

César et Tacite, en parlant des Germains, emploient les deux termes *populi* ou *civitates*[1]. *Populus* dans la langue latine a le sens très précis de peuple organisé. *Civitas* signifie proprement l'État.

Ainsi les anciens Romains qui ont connu la Germanie n'ont jamais remarqué que la société y fût à l'état rudimentaire ; ils n'ont pas dit que l'organisme social y fît défaut ou seulement qu'il y fût faiblement constitué. Ils y ont vu des peuples, des États.

Ces peuples et ces États leur ont même paru considérables. Par le nombre d'hommes qu'ils comprenaient, ils dépassaient de beaucoup les anciennes cités de la Grèce et de l'Italie. Tel d'entre eux, celui des Bructères, pouvait mettre sur pied 60 000 guerriers[2] ; les Chérusques, les Chauques, les Marcomans étaient plus puissants encore.

Tacite énumère les peuples germains. Dans la région du Rhin sont les Bataves, les Cattes, les Tenctères, les Bructères, les Chamaves, les Angrivariens ; derrière cette première ligne sont les Frisons, les Chauques qui s'étendent depuis la mer du Nord jusqu'à la forêt Hercynienne, et les Chérusques qui occupent presque tout

---

[1] César, IV, 6 ; V, 55 ; VI, 23 : *Civitates Germanorum*. Tacite emploie les mots *gentes, civitates, populi, nationes*. Strabon dit ἔθνη.
[2] Tacite, *Germanie*, 33.

le bassin du Wéser. Dans la partie méridionale, depuis le cours du Danube jusqu'aux monts de la Bohême et jusqu'au cours de l'Elbe, est la grande race des Suèves, qui comprend plusieurs grands peuples, les Semnons, les Langobards, les Reudignes, les Avions, les Angles, les Varins, les Eudoses, les Suardons, les Nuithons, les Hermondures, les Narisques, les Marcomans, les Quades. Plus loin, vers l'est, sont les Gothins, les Oses, les Buriens, la puissante nation des Lygiens, et, en remontant vers la Baltique, les Gothons, les Rugiens, les Lémoviens, les Suions, au delà desquels commence le monde nomade des Sarmates[1]. On peut compter une quarantaine de peuples dans cette région, plus grande que la Gaule, et nous ne devons pas nous figurer des peuples peu nombreux et se mouvant à l'aise dans ce vaste territoire : « Ils n'occupent pas seulement le sol, dit Tacite, ils le remplissent[2]. » Sauf quelques grandes forêts encore impénétrables, il ne semble pas qu'il y ait d'espaces vides dans la Germanie telle que Tacite l'a connue. Les faits montrent que ces peuples se touchent de si près, qu'ils sont sans cesse en guerre pour se disputer une plaine, une saline, ou la possession d'une rivière.

L'État germain, semblable à ce qu'était l'État gaulois avant César, est un grand corps organisé. Il est composé de plusieurs groupes qui ont eux-mêmes une vie propre et que les historiens latins appellent des cantons,

---

[1] Sur la géographie de la Germanie et sur ce qu'on peut ajouter aux indications de Tacite, voir Zeller, *Histoire d'Allemagne*, liv. I, c. 1 et 2.

[2] Tacite dit cela des Chauques : *Tam immensum terrarum spatium non tenent modo, sed et implent*, c. 35. — Il ne parle jamais de ces grands espaces dont les peuples germains, s'il faut en croire César, auraient aimé à s'entourer.

pagi. Chacun de ces cantons à son tour se subdivise en villages, *vici*. Le village, qui n'est souvent qu'une grande famille entourée de ses nombreux serviteurs, est ordinairement gouverné par le chef de famille; le canton semble être administré partout par la réunion des chefs de village; l'État a un gouvernement central, dont Tacite a décrit l'organisme.

On s'est quelquefois représenté ces Germains comme des peuples parfaitement libres, à qui la sujétion aurait été inconnue et l'obéissance insupportable. Les historiens anciens ne les présentent pas sous cet aspect; Tacite lui-même se garde de ces exagérations. Il parle souvent de la liberté des Germains, mais on sait bien que dans sa pensée la liberté n'était nullement incompatible avec le régime monarchique.

C'est ce régime, en effet, qui paraît avoir prévalu chez les anciens Germains. Tacite signale chez eux des dynasties royales. « Les Marcomans et les Quades, dit-il, ont eu jusqu'à nos jours des rois de leur nation, issus de la noble race de Marbod et de Tuder[1]. » Il cite ailleurs les Gothons, « qui sont en puissance de rois[2] ». Il nomme deux autres peuples « qui ont pour leurs rois un singulier respect ». Il signale les Suions qui sont assujettis à la monarchie la plus despotique qu'on puisse imaginer[3]. Il dit de tous les Germains « qu'ils tirent leurs rois des familles les plus nobles[4] ». Il parle des

---

[1] Tacite, *Germanie*, 42.
[2] Ibidem, 43 : *Gothones regnantur*. Tacite ne présente pas cette royauté comme un fait exceptionnel; il dit seulement qu'elle est chez les Gothons plus absolue que chez les autres Germains : *Regnantur paullo adductius quam ceteræ Germanorum gentes*.
[3] Voir tout le chapitre 44 de la *Germanie*.
[4] Tacite, *Germanie*, 7 : *Reges ex nobilitate sumunt*. — Quelques interprètes ont pensé que cette phrase indiquait une royauté élective;

Chérusques qui ont une race royale¹. Partout il nous présente des rois ou au moins des chefs qu'il appelle princes. Quant à des magistrats élus et annuels, simples représentants d'une association libre, il n'en montre jamais. Les écrivains qui sont venus après lui, Dion Cassius, Ammien Marcellin, Jordanès, parlent sans cesse de rois à la tête des peuples germains, et aucun d'eux ne décrit rien qui ressemble à des institutions républicaines².

Il est vrai que cette royauté n'était presque jamais sans limites. C'est qu'il y avait dans l'ancienne Germanie deux pouvoirs rivaux de la royauté. D'une part était le sacerdoce, qui exerçait un grand prestige sur des populations crédules et qui possédait même une partie de

---

cela est douteux : le mot *sumere* n'exprime pas dans la langue latine l'idée d'élection. Tacite ne dit nulle part que les Germains eussent l'habitude d'élire leurs rois ; il montre seulement que la royauté était quelquefois disputée et que les partis portaient tour à tour tel ou tel roi au pouvoir. Il faut se garder de prendre des faits exceptionnels pour une institution régulière de droit public. Il ressort du tableau qu'il trace que la royauté était héréditaire ; au moins ne devait-elle pas sortir d'une certaine famille.

¹ Tacite, *Annales*, 16 : *Uno relicto stirpis regiæ* [cf. plus haut, p. 265]. Les Bataves aussi avaient une famille royale (*Histoires*, IV, 13).

² Les Bructères avaient un roi au temps de Trajan (Pline, *Lettres*, II, 7). — Au temps de Marc-Aurèle, un peuple germain avait un roi qui n'était qu'un enfant de douze ans (Dion Cassius, LXXI, 11, 13, 16, 20 ; LXXVII, 20). — La royauté existait chez les Quades (Capitolin, *Marcus*, 14). — Les Alamans avaient des rois en 354 ; il existait même des insignes royaux : *Ejus vertici flammeus torulus aptabatur* (Ammien, XVI, 12, 24). — Vopiscus cite des rois, *Probus*, 14 ; cf. Zosime, I, 67. — Les Francs avaient des rois au temps de Maximien (Mamertin, *Panégyrique*, III, 5 ; Eumène, ibidem, VII, 10). — Ammien cite des rois chez les Burgondes, les Alamans, les Quades, chez les Francs en 374 (XXVIII, 5 ; XXIX, 6 ; XXX, 5). — Jordanès donne la généalogie complète de la famille royale des Goths. — Ne pensons pas d'ailleurs que la royauté fût une institution récente les Cimbres et les Teutons avaient eu des rois. Strabon signalait des rois chez les Gètes (VII, 3, 6 et 8) ; Hérodote en montre déjà chez les anciens Cimmériens (IV, 11), et cette royauté était toujours héréditaire.

l'autorité judiciaire[1]. D'autre part étaient les chefs inférieurs, chefs de canton ou chefs de bande guerrière, les uns « qui étaient princes par droit de naissance[2] », les autres qui le devenaient en attirant autour d'eux une foule de clients et de compagnons de guerre qui leur restaient attachés même pendant la paix[3]. On conçoit que dans une société ainsi constituée la royauté eût peu de force. Ce sacerdoce et cette aristocratie étaient plus puissants que les rois[4].

Il existait chez chaque peuple des assemblées publiques, et elles étaient de deux sortes. Comme il était clair que le roi ne pouvait rien entreprendre sans l'assentiment des prêtres qui disposaient des auspices, et des chefs qui disposaient des guerriers, il devait consulter sur toutes choses ces prêtres et ces chefs, et il ne pouvait gouverner qu'en se conformant à leurs avis. Il y avait donc autour des rois une sorte de sénat aristocratique assez semblable à celui que l'histoire nous montre autour des anciens rois de Rome et de la Grèce[5].

Il se tenait aussi chez les Germains, comme dans ces anciennes cités, des réunions de tous les hommes libres. Aucune loi ne pouvait être établie ni aucune guerre entreprise sans le consentement de cette sorte d'assem-

---

[1] Tacite, *Germanie*, 7 et 11.
[2] *Insignis nobilitas principis dignationem etiam adolescentulis assignat* (ibidem, 13).
[3] *Hæc dignitas, hæ vires, magno semper juvenum globo circumdari, in pace decus, in bello præsidium* (ibidem, 13). — [On reviendra longuement sur ce compagnonnage et cette clientèle dans le volume sur *les Origines du système féodal*, c. 2, c. 8, § 2.]
[4] Il semble qu'il y ait eu chez beaucoup de peuples germains un grand prêtre placé à côté du roi et partageant en quelque façon le pouvoir avec lui. Strabon signale ce grand prêtre chez les Cattes (VII, 1, 4) et chez les Gètes (VII, 3, 5) ; Ammien le signale chez les Burgondes (XXVIII, 5).
[5] Tacite, *Germanie*, 11 : *Principes consuliunt.*

blée générale[1]. Mais, pour se faire une idée juste de ce qu'était cette assemblée et de la place qu'y pouvait tenir la liberté publique, il faudrait savoir dans le détail comment elle exerçait ses attributions et surtout de quelle manière on y votait. Tacite n'explique pas comment elle procédait à une élection, comment elle délibérait sur une loi. Il se borne à dire que tous les guerriers y étaient convoqués, et par ces guerriers nous devons entendre ceux qui n'étaient ni esclaves, ni colons, ni lites, ceux qui avaient été admis au rang de membres du peuple et au privilège de porter les armes. Il ajoute que ces assemblées n'ont pas lieu à jour fixe, mais qu'elles commencent quand on se trouve assez nombreux. Il fait encore remarquer que les hommes mettent peu d'empressement à se réunir et qu'ils croient faire acte de liberté en y venant tard; on dirait qu'il s'agit ici d'une obligation pénible plutôt que d'un droit précieux. Une fois réunis, placés sous la sévère présidence d'un de leurs prêtres, ils écoutent en silence les propositions du roi ou des chefs[2]. Enfin, ils ne votent pas et ils ne peuvent répondre à la proposition qui leur est faite que par un murmure s'ils la rejettent, ou par un cliquetis d'armes s'ils l'approuvent. Voilà tous les traits que nous connaissons de ces assemblées; ils sont caractéristiques : cette absence de suffrage régulier et ce défaut absolu d'initiative marquent assez combien il y avait de distance entre les réunions de guerriers germains et les comices organisés de la Grèce et de Rome. Il est visible que de telles assemblées devaient

[1] Tacite, *Germanie*, 11 : *De majoribus rebus consultant omnes.*
[2] Ibidem : *Silentium per sacerdotes, quibus et coercendi jus est, imperatur. Rex vel princeps... audiuntur,... Si displicuit sententia fremitu aspernantur; si placuit, frameas concutiunt.*

avoir peu d'indépendance et exercer peu d'action sur la marche des affaires. Elles ratifiaient les volontés des chefs plutôt qu'elles ne pouvaient exprimer les leurs. Aussi Tacite marque-t-il bien clairement que c'était entre le roi et les chefs que les affaires étaient réellement discutées[1]. Nous devons nous représenter ces assemblées partagées en deux groupes bien distincts : dans une plaine, la foule des guerriers; sous une tente ou sur un tertre élevé, le roi entouré des prêtres, des chefs, de tous les grands. La petite assemblée a délibéré plusieurs jours à l'avance, et quand la grande est enfin réunie, elle ne peut que marquer son assentiment ou sa désapprobation.

On a supposé que, chaque peuple germain étant partagé en plusieurs cantons, les chefs de ces cantons étaient élus par les suffrages du peuple; mais cette conjecture ne s'appuie sur aucun texte ancien[2]. Tout porte à croire que l'État germain se divisait en plusieurs

---

[1] Tacite, *Germanie*, 11 : *Ita tamen ut ea quoque quorum penes plebem arbitrium est, apud principes pertractentur.* M. Geffroy (*Rome et les barbares*, p. 214) remarque fort justement que ces *principes*, non élus, ne peuvent présenter même une ébauche du régime représentatif. Ammien explique la pensée de Tacite, quand il dit que chez les Quades, qui avaient un roi, tout devait se décider *ex communi procerum mente* (Ammien, XXX, 6).

[2] On a allégué la phrase de Tacite : *Eliguntur principes qui jura per pagos reddunt* (ch. 12); mais il faut l'observer de près et dans son contexte. Tacite ne dit pas que dans chaque *pagus* un chef soit élu par la population du *pagus*; il dit, ce qui est tout à fait différent, que c'est dans l'assemblée centrale de l'État, *in iisdem conciliis*, que l'on choisit les chefs qui rendront la justice aux différents cantons. Ce que nous avons vu des assemblées montre assez comment ils pouvaient être choisis; ils l'étaient vraisemblablement dans la réunion préparatoire des chefs et par eux. — Ce passage de Tacite montre aussi que les juges étaient des *principes*, c'est-à-dire des nobles et des chefs. Cf. c. 13 : *Principis dignitionem adolescentulis nobilitas assignat.* — Il y a loin de là à la théorie des *Grafen* électifs, que l'on a imaginée en dehors de tous les documents.

groupes, et que ces groupes avaient leurs chefs et leurs petits rois comme l'État entier avait son roi suprême. Ammien Marcellin signale, en effet, une hiérarchie de chefs, les uns qu'il appelle *reges*, les autres qu'il appelle *reguli*. Il énumère ainsi les principaux personnages d'un peuple germain : un roi, *rex*, un « sous-roi », *subregulus*, des grands, *optimates*, et enfin « les chefs qui gouvernent les diverses fractions du peuple[1] ».

Un peuple germain, pris dans son ensemble, n'avait pas toujours un monarque à sa tête ; parfois le roi suprême faisait défaut, et il n'y avait d'autre autorité que celle de ces chefs de canton ou de ces rois de second ordre. Ils traitaient en commun les affaires générales et chacun d'eux régnait sur son petit territoire. Il résultait de là que le gouvernement central était républicain, tandis que le gouvernement local, dans le canton, était monarchique. La royauté n'était pas au centre, mais elle était partout[2].

Le droit de rendre la justice appartenait à ceux qui, à des degrés divers, exerçaient l'autorité[3]. Sur ce point important des institutions germaniques, nous ne possédons d'autres renseignements qu'un chapitre de Tacite. Il importe de l'observer de près ; car on en a tiré des conclusions exagérées. « Les crimes les plus graves,

---

[1] Ammien, XVIII, 2, 13 : *Reges omnes et reguli*. XVII, 12, 21 : *Regalis Vitrodorus, Viduari filius regis, et Agilimundus subregulus, aliique optimates, et judices variis populis præsidentes*. Cf. XXVII, 5. — De même Dion Cassius (LXXI, 16, édit. Boissée) mentionne un premier roi, un second roi, et plusieurs grands.

[2] C'est le sens des paroles de César, qui d'ailleurs ne s'appliquent qu'à une partie des Suèves : *Principes regionum atque pagorum inter suos jus dicunt* (VI, 23). Remarquons que *jus dicere* dans la bouche d'un Romain, habitué à réunir inséparablement l'autorité judiciaire et l'autorité politique, désigne tout autre chose qu'un simple droit de juger.

[3] [Cf. *De la justice chez les anciens Germains*, dans les *Recherches*, p 361 et suiv.]

dit-il, ceux qui entraînent la peine de mort, sont jugés devant le conseil public. Pour le jugement des délits et des contestations privées, l'usage est que l'on choisisse dans ces mêmes assemblées ceux des chefs qui doivent parcourir les cantons et les villages. Çà et là ces juges s'arrêtent et tiennent leurs assises. Ils ne jugent pas sans être entourés d'une centaine d'hommes tirés du peuple[1]. » On voudrait savoir quels étaient les droits de ce chef et quels étaient ceux de ces cent habitants qui l'entouraient. Était-ce un grand jury analogue au jury anglais? Était-ce même un tribunal que le chef ne faisait que présider, et qui jugeait souverainement? Toutes ces suppositions ont été faites; mais Tacite se borne à dire que ces hommes se tenaient comme conseillers auprès du chef qui rendait la justice[2].

La peine de mort n'était pas inconnue des Germains. Elle frappait les crimes commis contre la société, ne fût-ce que celui d'avoir été lâche dans un combat. Elle était prononcée par la bouche des prêtres et le coupable était immolé aux dieux, suivant un principe commun à tous les peuples primitifs et dont on trouve la trace dans le vieux droit romain[3].

Quant aux crimes d'ordre privé, ni l'État ni la religion n'intervenaient pour les punir. Il appartenait à la famille lésée d'en poursuivre la vengeance. Le fils de la victime pouvait, à son choix, rendre meurtre pour meurtre ou conclure un arrangement avec l'assassin et recevoir de lui une indemnité. Cette façon de payer le

---

[1] *Centeni singulis ex plebe comites* (Tacite, *Germanie*, 12). — Notons que ce mot *plebs* ne peut désigner que les *ingenui*, c'est-à-dire la seconde des quatre classes de la société germanique.
[2] *Consilium simul et auctoritas adsunt* (ibidem).
[3] Ibidem, 7 et 12.

crime n'était pas particulière aux Germains ; elle fut commune à toutes les sociétés primitives et on la peut voir dans la vieille législation des Grecs. A Athènes, aussi bien que dans la Germanie, c'était à chaque famille qu'il appartenait de venger le crime dont un des siens avait été frappé, et elle avait toujours le droit de transiger avec le coupable et de recevoir l'« argent du meurtre[1] ».

[5° LE DEGRÉ DE CIVILISATION DE L'ANCIENNE GERMANIE.]

[Après avoir résumé tout ce que les textes ont pu nous apprendre de certain sur les institutions sociales et politiques de la Germanie, il nous reste à jeter un

---

[1] Harpocration : Ὑποφόνια· τὰ ἐπὶ φόνῳ διδόμενα χρήματα τοῖς οἰκείοις τοῦ φονευθέντος, ἵνα μὴ ἐπεξίωσιν. — Rapprocher de cela deux passages de Démosthène, l'un qui marque que la famille était seule chargée de poursuivre le coupable, et qu'elle pouvait transiger avec lui (*Discours contre Nausimaque*, 29), l'autre qui indique que la famille du meurtrier était solidaire du meurtre vis-à-vis de la famille de la victime (*Discours contre Aristocrate*, 82-84). Ce sont là les restes d'un vieux droit criminel qui avait fort ressemblé à celui des Germains. — L'antique usage de la composition pour meurtre est marqué dans l'*Iliade*; au chant XVIII, v. 498-500, le poète représente deux hommes qui paraissent en justice au sujet d'une composition que l'un prétend avoir payée, que l'autre nie avoir reçue. La composition s'appelle ποινὴ ἀνδρὸς ἀποφθιμένου. — De même dans Hérodote, II, 134, le prix d'une vie d'homme s'appelle ποινὴ τῆς ψυχῆς. — Le même usage paraît avoir existé dans le très ancien droit de l'Italie ; c'est peut-être ainsi qu'il faut entendre le passage de Cicéron, *De republica*, II, 9 : *Multæ dictione ovium et boum, non vi et suppliciis coercebat.* Ce qui est certain, c'est que le mot *pœna* a signifié d'abord un poids de cuivre : *Viginti quinque pœnas in XII Tabulis significat viginti quinque asses* (Festus, édit. Müller, p. 371) ; il a été employé pour signifier un prix, une compensation, une composition ; aussi a-t-on dit : *pœnas dare*, payer le prix d'un crime ; *pœnas expetere*, réclamer le payement de ce prix ; *pœnas domestici sanguinis expetere*, *pœnas hominis persequi*, poursuivre la composition du meurtre d'un homme, du sang d'un parent.

coup d'œil d'ensemble sur le monde que les Romains appelaient de ce nom, sur les peuples qui l'habitaient, sur le caractère de leur race et le degré de civilisation auquel ils étaient parvenus au commencement de l'ère chrétienne.]

L'Empire romain avait pour limites du côté de la Gaule le cours du Rhin. Au delà de ce fleuve étaient des peuples divers, qu'il était assez difficile de désigner par un seul nom. Les habitants de l'Empire avaient pris l'habitude, on ne sait pour quel motif, de les appeler Germains[1]; mais eux-mêmes ne s'appelaient pas ainsi. Le terme de Teutons, qui est devenu depuis d'un grand usage, ne s'appliquait qu'à la moindre partie d'entre eux. On ne voit à aucune marque certaine que ces peuples eussent un nom qui leur fût commun.

C'est qu'ils ne formaient pas un corps de nation. Il n'existait entre eux aucune sorte d'unité. Ils ignoraient, non seulement la centralisation, mais même le fédéralisme. Ils étaient une quarantaine de peuples absolument indépendants et sans lien, et ils se faisaient souvent la guerre pour se disputer le sol.

Ces hommes, que nous appellerons du nom convenu de Germains, n'appartenaient pas à une autre race que les peuples de l'Empire. Leurs ancêtres, comme ceux

---

[1] Tacite dit que le mot *Germani* est d'une date récente, *vocabulum recens et nuper additum* (*Germania*, c. 2). C'était un surnom, une sorte de nom de guerre, *ob metum*, tout autre chose enfin qu'un nom ethnique. Il semble que ce mot ait été plus usité dans la bouche des Romains que dans celle des Germains. Il n'est pas bien sûr que les populations de la Germanie l'aient jamais adopté. On ne le voit porté par aucun de ceux qui ont plus tard envahi l'Empire. — Au ve et au vi^e siècle, lorsque ces peuples voulaient se désigner par une appellation commune, ils n'en connaissaient pas d'autre que celle de *barbari*; c'est ainsi que, dans leurs codes mêmes, les Wisigoths et les Burgondes appellent tous les hommes de leur race.

des Gaulois, des Italiens, des Hellènes, étaient venus de l'Asie centrale et faisaient partie de la grande race indo-européenne. Ces quatre groupes de peuples, que le cours des siècles avait rendus si différents entre eux, avaient eu la même origine et s'étaient longtemps ressemblé. Ils avaient emporté du berceau commun un même fonds de croyances, de langage, de pensées, d'institutions sociales. Seulement, le progrès avait été rapide pour les uns et lent pour les autres. Les Hellènes d'abord, puis les Italiens, à la fin les Gaulois, avaient accru leur force intellectuelle par la culture; les Germains, au contraire, sous un ciel rigoureux et sur un sol encore couvert de forêts et de marécages, n'avaient pu faire les mêmes progrès. Ils se trouvaient donc encore, ou peu s'en fallait, au même degré de civilisation où avait été toute cette famille de peuples dix siècles auparavant[1].

Leur religion était celle des âges primitifs de leur race[2]; ils adoraient les dieux qu'avaient autrefois adorés les plus vieilles populations de la Grèce et de l'Italie : le soleil qui éclaire, la terre qui nourrit, le glaive qui tue[3]. Plus la religion était grossière et le dogme vague, plus le prêtre avait d'empire. « Chez les Semnons, dit

---

[1] Aucun ancien ne pensait à voir dans les Germains une race particulière. Le géographe Strabon n'apercevait pas de différences entre les Gaulois et les Germains : « Par leur nature physique et par leurs institutions politiques, dit-il, ils se ressemblent et sont frères » (Strabon, IV, 4, 2). « Les Germains ont les mêmes traits que les Gaulois et le même genre de vie » (VII, 1, 2). L'empereur Julien disait encore que les Francs et les Saxons avaient une origine commune avec les Gaulois (Ier Panégyrique à Constance, c. 30). Dion Cassius ne désigne jamais les Germains autrement que par le nom de Celtes. — Les distinctions ethnographiques, que l'esprit moderne a exagérées, n'étaient pas aperçues des anciens.

[2] Sur la religion des Germains, voir un chapitre qui épuise la matière, dans le livre de M. Geffroy, *Rome et les barbares*.

[3] *Mucrones pro numinibus colunt* (Ammien, XVII, 12, 21). Mêmes usages chez les Grecs; voir A. Maury, *Religions de la Grèce*, t. I, p. 124.

Tacite, c'est la divinité qui règne; tout lui est soumis et obéissant[1]. » « Les prêtres, dit-il ailleurs, ont le pouvoir d'enchaîner et de frapper de mort. » « Ce sont eux qui président les assemblées publiques, et ils ont le droit de punir. » L'un des plus graves châtiments était une sorte d'excommunication par laquelle ils interdisaient à un homme l'approche des cérémonies religieuses[2]. L'usage des sacrifices humains n'avait pas encore disparu[3]. Ils avaient des auspices comme les Romains et les Grecs[4]; les prophétesses étaient aussi vénérées chez eux qu'elles l'avaient été à Dodone et à Delphes[5]. Ils n'avaient pas d'ailleurs plus de temples que les Italiens n'en avaient eu au temps d'Évandre, et leurs idoles étaient des objets informes comme celles des plus anciens Grecs[6]. La notion même de l'art leur manquait.

La famille[7] paraît s'être constituée chez les Germains suivant les mêmes règles que chez tous les peuples de la même race; la *gens* antique de Rome, le γένος des Grecs, avaient leur analogue en Germanie. Cette famille était un groupe étendu et compact[8]; elle comprenait des hommes

---

[1] *Regnator omnium Deus; cetera subjecta et parentia* (Tacite, *Germanie*, 39).

[2] *Nec sacris adesse ignominioso fas* (ibidem, 6). La même peine existait chez les Gaulois (César, VI, 13). Comparer l'ἀτιμία des Grecs, qui était l'exclusion des droits politiques et religieux à la fois. [Cf. *La Gaule romaine*, p. 27.]

[3] *Certis diebus humanis quoque hostiis litare fas habent* (Tacite, *Germanie*, 9).

[4] *Auspicia sortesque, ut qui maxime, observant* (ibidem, 10).

[5] Tacite, c. 9. — Cf. César, I, 50; Strabon, VII, 2.

[6] *Deos non in ullam humani oris speciem assimulare* (Tacite, c. 9). — L'historien ne veut pas dire par là que les Germains n'eussent pas d'idoles.

[7] [Cf. une étude plus détaillée de la famille germaine dans les *Recherches*, 1885, p. 219 et suiv., c 4.]

[8] C'est ce qu'indiquent ces mots de César, VI, 22 : *Gentibus cognationibusque hominum*. Cf. les *familiæ et propinquitates* dont parle Tacite, *Germanie*, 7; et *Annales*, I, 57 : *Segestes magna cum propinquorum... manu*.

libres, des clients, des compagnons, des lites, des serviteurs. Elle formait un corps tellement indivisible, qu'en justice elle comparaissait tout entière, qu'elle était solidairement responsable des dettes ou des fautes de chacun de ses membres, et que même à la guerre elle marchait en un seul faisceau[1]. Elle était soumise à l'autorité du chef de famille, qui avait gardé chez les Germains presque toute la puissance qu'il avait eue dans les premiers temps de Rome et de la Grèce[2].

Ces Germains ont été tour à tour injustement rabaissés ou exaltés sans mesure. La vérité est entre les deux extrêmes. Ils n'étaient pas des sauvages et ne ressemblaient en aucune façon aux peuplades de l'Amérique ou de l'Australie. Le géographe Strabon, qui écrivait cinquante ans après César, à une époque où les commerçants romains visitaient la Germanie et où beaucoup de Germains vivaient à Rome, dit que ces peuples étaient de son temps ce que les Gaulois avaient été avant la conquête romaine : « Gaulois et Germains se ressemblent physiquement et politiquement; ils ont le même genre de vie et les mêmes institutions[3]. »

Ils n'étaient pas des nomades. Jamais la race indo-européenne n'eut de goût pour la vie errante. Tacite, qui rapporte tous les traits qui l'ont frappé chez les Germains, n'en signale pas un seul qui soit la marque d'un peuple exclusivement chasseur et pasteur. Il ne les représente jamais comme Hérodote a représenté les Scythes ou comme furent plus tard les Huns. Il les

---

[1] Tacite, *Germanie*, 7 : *Nec fortuita conglobatio turmam aut cuneum facit, sed familiæ et propinquitates.*

[2] Voir Geffroy, *Rome et les barbares*, p. 195.

[3] Strabon, IV, 4, 2 : Τῇ φύσει καὶ τοῖς πολιτεύμασι ἐμφερεῖς εἰσι καὶ συγγενεῖς ἀλλήλοις. VII, 1, 2 : Γερμανοὶ μικρὸν ἐξαλλάττοντες τοῦ Κελτικοῦ φύλου... παραπλήσιοι δὲ καὶ μορφαῖς καὶ ἤθεσι καὶ βίοις.

distingue des Sarmates en ce point surtout que ceux-ci vivent dans des chariots, tandis que les Germains se construisent des maisons[1]. Il est si éloigné de croire qu'ils soient une population nomade, qu'il les dit autochtones; il lui semble que ces hommes sont établis dans le pays depuis un temps immémorial; il est vraisemblable que les Germains qu'il a connus avaient perdu le souvenir de leurs anciennes migrations.

Ces hommes étaient agriculteurs[2]. Ils aimaient la terre; ils se fixaient au sol autant qu'il leur était possible et ne le quittaient guère que quand ils en étaient chassés par d'autres peuples[3]. Ils le cultivaient aussi bien que le pouvaient faire des hommes peu industrieux, et ils se nourrissaient de blé[4].

Ils ne vivaient ni sous des tentes, ni sur des chariots, ni dans des huttes; ils avaient des maisons, des fermes, des villages, même des forteresses[5]; il leur manquait encore d'avoir des villes.

[1] Tacite, *Germanie*, 46.
[2] [Cf. les *Recherches sur cette question : Les Germains connaissaient-ils la propriété des terres?* c. 1.]
[3] Cela ressort de tout le livre de Tacite et, en particulier, de ce qu'il dit des Chauques et des Chérusques (c. 35 et 36). — Il n'en est pas moins vrai que les déplacements étaient fréquents. Comme les Germains n'avaient pas de villes, ils reculaient facilement devant tout peuple qui leur paraissait plus fort (voir César, IV, 1).
[4] Tacite, *Germanie*, 15 : *Agrorum cura*; 25 : *Humor ex hordeo aut frumento*; 25 : *Frumenti modum dominus injungit*; 26 : *Seges*; 45 : *Frumenta ceterosque fructus*. — Un siècle auparavant, César, dans une expédition, avait « brûlé les récoltes des Sicambres », *frumentis incensis* (César, IV, 19). — César dit aussi des Tenctères qu'ils s'enfuirent devant les Suèves, *quod agricultura prohibebantur* (IV, 1). Il ajoute d'ailleurs (VI, 22) que les Germains avaient peu de goût pour le travail agricole, *non agriculturæ student*; ce qui ne signifie pas qu'ils ignorassent l'agriculture. Tacite montre les Frisons s'approchant du Rhin, s'emparant de terres vacantes, et se hâtant « de construire des maisons, d'ensemencer les champs et de labourer ce sol comme s'il eût été l'héritage de leurs ancêtres » (Tacite, *Annales*, XIII, 54).
[5] César, racontant son expédition en Germanie, dit qu'il brûla *vicos et*

Si l'on regarde deux peuples à une même époque, on est frappé de leurs différences : il semble d'abord que chacun d'eux ait un génie propre, des institutions spéciales, une nature humaine particulière. Mais ce n'est pas ainsi qu'il faut comparer les peuples. Pour juger s'ils se ressemblent ou s'ils diffèrent, il les faut observer, non au même point du temps, mais dans les mêmes périodes de leur développement. Deux groupes de populations peuvent avoir été régis par les mêmes institutions et avoir traversé les mêmes changements politiques ; parce que l'un d'eux a marché moins vite que l'autre, ils paraissent différer beaucoup ; la vérité est qu'ils se ressemblent. Si Tacite avait connu le vieil état social des populations sabelliennes et helléniques, il y aurait trouvé presque tous les traits de caractère qui le frappèrent si fort en Germanie. L'usage de marcher toujours armé avait été celui des anciens Grecs[1]. La répugnance des Germains à former des villes et le soin qu'ils prenaient d'isoler leurs habitations sont des traits de mœurs que Thucydide signale chez les Athéniens avant la guerre médique[2]. La solidarité des membres de chaque famille pour l'expiation des fautes comme pour le partage des indemnités a été une institution reconnue par le plus vieux droit de Rome, et on en trouve des vestiges dans le droit grec. Ce que disent

ædificia (IV, 19). Il parle même d'*oppida* (IV, 19 et VI, 10). — Tacite décrit la manière de construire (*Germanie*, c. 16) : *Non cæmentorum apud illos aut tegularum usus ; materia ad omnia utuntur informi... quædam loca diligentius illinunt terra ita pura ac splendente ut picturam ac lineamenta colorum imitentur*. Ce ne sont pas là des huttes ni de simples cabanes. Tacite parle aussi de leurs villages (*vici*), dont les constructions ne se touchent pas, *non in nostrum morem connexis ædificiis*.

[1] Tacite, *Germanie*, 13 et 18 ; Thucydide, I, 5.
[2] Ibidem, 16 ; Thucydide, II, 16.

les lois germaniques de l'homme qui veut renoncer à sa famille, rappelle une antique formalité que les Romains et les Grecs avaient connue.

Le droit civil des Germains était celui qu'avaient eu toutes les vieilles sociétés, en Grèce, en Italie et même dans l'Inde. Le mari achetait la femme à ses parents et marquait par là que le père lui avait cédé sa puissance sur elle. La femme était en tutelle toute sa vie, ainsi que dans l'Inde et dans la Grèce ; de l'autorité du père elle passait sous celle du mari, puis sous celle des parents du mari défunt, et c'était de ceux-ci qu'un nouvel époux devait l'obtenir par un nouvel achat[1]. La succession, au moins celle de la terre, passait au fils et non pas à la fille ; le patrimoine se transmettait de mâle en mâle sans que les parents par les femmes fussent admis au partage ; cette règle, que l'on peut observer dans la Loi Salique, dans les codes des Ripuaires, des Bavarois, des Burgondes[2], avait été autrefois en vigueur dans l'Inde et dans la Grèce, et le droit romain en conservait encore des restes très visibles[3]. Les ordalies, les épreuves, les jugements de Dieu avaient été usités partout[4]. Le bouclier qui était dressé devant

---

[1] C'est ce qui explique le *reipus* des Lois germaniques (voir *Loi Salique*, XLVII). — On sait que dans le vieux droit romain la veuve avait pour tuteur le plus proche agnat de son mari et qu'elle ne pouvait se remarier sans le consentement de ce tuteur ; le *reipus* est le vestige d'une règle semblable qui restait en vigueur chez les Germains.

[2] *Loi Salique*, LIX (LXI) : *De terra nulla in muliere hereditas, sed ad virilem sexum tota terra pertineat* (les textes les moins anciens portent *terra salica*. Pardessus, p. 33, 64, 318). — *Loi des Ripuaires*, LVI, 4 : *Femina in hereditatem non succedat.* — Les lois des Burgondes, des Bavarois, des Saxons n'accordent l'héritage à la fille qu'à défaut de fils. Il en est de même dans le droit antique. — [Cf. *Recherches*, p. 240 et suiv.]

[3] [*La Cité Antique*, l. II, c. 7. *Nouvelles Recherches*, p. 35.]

[4] L'épreuve par le fer chaud ou en traversant la flamme est mentionnée

tout tribunal germain a beaucoup d'analogie avec la pique qui était fichée en terre devant le tribunal des Quirites. L'usage des cojurateurs germains trouve son pendant dans l'ancienne Rome : là aussi la famille accusée comparaissait tout entière devant le tribunal, escortée de ses amis et de tous ceux qui se portaient garants pour elle et s'engageaient à prendre leur part de responsabilité. Il n'est pas jusqu'à ces assemblées de guerriers germains applaudissant l'orateur par le cliquetis des armes qui ne se retrouvent trait pour trait chez les anciens Gaulois[1]. Les institutions des Germains et leur vie domestique, leurs habitudes et leurs croyances, leurs vertus et leurs vices étaient ceux de toutes les nations de l'Europe.

Ce qui les distinguait le plus des peuples dont nous venons de parler, c'est qu'ils n'étaient pas parvenus à cette forte constitution de l'État que les Grecs et les Romains avaient atteinte depuis plusieurs siècles. Le régime de la Cité ne s'établit jamais chez eux avec cette régularité et cette rigueur qu'il eut à Athènes, à Sparte, à Rome. La famille resta plus longtemps forte, et l'État resta toujours faible. Les petits groupes du canton et de la tribu, qui s'étaient effacés d'assez bonne heure dans la cité grecque ou italienne, conservèrent longtemps en Germanie leur indépendance et leur vie propre. Aussi les Germains se trouvaient-ils encore au temps de Tacite dans cet état social par lequel avaient passé les anciens Grecs avant que leurs cités fussent fortement

---

dans Sophocle, *Antigone*, v. 264-265. Il est clair que cette vieille procédure ne se retrouve plus dans le droit classique des Grecs. — Nicolas de Damas mentionne chez les Ombriens l'institution du duel judiciaire (*Fragmenta historicorum græcorum*, coll. Didot, t. III, p. 457, fragment 107).

[1] Comparer Tacite, *Germanie*, 11, et César, *De bello gallico*, VII, 21.

organisées. Un peuple germain, au lieu d'être, comme nos sociétés démocratiques, un assemblage de milliers d'individus égaux entre eux et directement soumis à l'autorité publique, était une fédération de cantons, de villages, de grandes familles nobles, de bandes de guerriers volontairement associés; et les chefs de ces divers groupes, forts de leur noblesse ou du nombre de leurs serviteurs, étaient plus puissants que le roi et que l'État.

De là vient que les Germains apparaissaient à Tacite comme doués d'une liberté dont Rome depuis bien des siècles n'offrait plus l'exemple. Il admirait que cette royauté ne fût jamais absolue; c'est que le véritable pouvoir ne résidait pas en elle : il se partageait entre les chefs de famille, les chefs de canton, les chefs de bande, tous ceux qui étaient nobles ou prêtres, tous ceux qui exerçaient cette espèce d'autorité que les langues germaniques appelaient *Mund*, tous ceux qui traînaient à leur suite une nombreuse escorte de clients, de compagnons, de serviteurs. Là était la puissance, là était la force de discipline pour cette société. La liberté, très grande vis-à-vis de l'autorité publique, était à peu près nulle vis-à-vis de ces chefs locaux ou de ces chefs domestiques. On a beaucoup vanté l'esprit d'indépendance des Germains; pourtant l'immense majorité de ces hommes était dans les liens d'une sujétion personnelle. A titre d'esclaves ou de paysans attachés à la glèbe, de lites ou d'affranchis, de compagnons de guerre, ils étaient étroitement soumis, non au roi ou à l'État, mais à la personne d'un autre homme : ils avaient un maître. Ce qui dominait de beaucoup dans la Germanie, loin que ce fût la liberté, c'était la subordination.

CHAPITRE II

Les Germains au ve siècle.

Entre l'époque où Tacite décrivait les institutions des Germains et celle où ils sont entrés dans l'Empire, il s'est écoulé trois siècles. Nous devons observer ce que ces peuples étaient devenus dans ce long intervalle.

Il n'y a pas d'indice qu'ils eussent fait aucun progrès. Ils n'avaient pas plus de villes qu'au temps de Tacite et leur sol n'était pas mieux cultivé. Aucune unité ne s'était faite entre eux. Leurs institutions n'avaient reçu aucun développement, n'avaient acquis aucune solidité. Ils n'étaient supérieurs ni moralement ni politiquement à ce qu'ils avaient été. Ils n'étaient pas devenus plus forts. Il s'était même produit une série de faits qui avaient dû inévitablement les affaiblir.

On sait en effet que dans cet espace de temps les Germains ne cessèrent pas d'avoir des relations avec l'Empire. Or ces relations étaient de deux sortes. Pendant qu'une moitié des Germains lui faisaient la guerre, l'autre moitié étaient ses alliés; quelques-uns par peur, la plupart par intérêt et par cupidité, acceptaient son influence. La politique romaine répandait chez eux l'argent; elle avait partout ses émissaires, ses partisans, ses amis; elle corrompait sans beaucoup de peine une foule de chefs et il lui arrivait souvent de faire donner la royauté aux hommes de son choix. Tacite montre bien que cette politique réussissait déjà de son temps; Dion Cassius et Ammien Marcellin attestent qu'elle se continua avec le même succès dans les siècles qui suivirent[1].

Il n'est pas difficile de deviner quels en furent les effets. Supposons qu'une population déjà divisée en elle-même, et où les institutions politiques manquent de force, soit livrée durant dix générations de suite à cette intervention étrangère et à cette corruption constante, nous voyons sans peine ce qu'y peuvent devenir les institutions et les mœurs. Tacite, Dion, Hérodien, Ammien, tous les historiens sont d'accord pour montrer que les Germains se prêtèrent, sauf quelques exceptions rares, à cette influence énervante et mauvaise. Ils prirent facilement les vices que leurs ennemis désiraient qu'ils eussent. On ne peut douter qu'il n'y eût là une première cause de trouble dans l'existence de ces sociétés, un premier élément de désorganisation.

Il y en avait un autre. On ne se rend pas assez compte de ce que fut l'histoire intérieure de la Germanie pendant ces trois siècles. Il est incontestable qu'il s'est déroulé une série d'événements qui intéressaient sa vie intime. Il n'y a pas eu, à la vérité, d'historiens germains pour nous en conserver le souvenir; les historiens romains ou les ont ignorés ou se sont peu souciés de nous les transmettre; mais il n'est pas impossible de s'en faire une idée. Dès le temps de Tacite, la Ger-

---

[1] Tacite, *Germanie*, 42 : *Externos reges patiuntur; vis et potestas regibus ex auctoritate romana.* XI, 16 : *Cheruscorum gens regem Roma petivit* [cf. plus haut, p. 203]. XII, 29 : *Vannius Suevis a Druso impositus.* — Spartien, *Hadrianus*, 12 : *Germanis regem constituit.* — Capitolin, *Marcus*, 14 : *Quadi, amisso rege, non prius se confirmaturos eum qui erat creatus, dicebant, quam id nostris placuisset imperatoribus.* — Dion Cassius, LXXI, 13. — On peut voir dans Ammien, XVII, 12 et XVIII, 2, 16, combien les Germains se plaçaient facilement *in clientela rei romanæ.* Idem, XXX, 6 : *Quadi... quædam utilia rei Romanæ pollicebantur.*

manie était déchirée, non seulement par les rivalités des peuples entre eux, mais encore par des guerres civiles. On sait, par exemple, que les dissensions furent si violentes chez le peuple des Cattes, qu'une partie d'entre eux fut chassée du pays et réduite à chercher un refuge dans l'Empire romain[1]. Tacite nous montre aussi des guerres civiles chez les Chérusques, et elles furent si acharnées et si sanglantes, que toute la noblesse y périt[2]. Ainsi, dès le premier siècle de notre ère la Germanie était dans un état troublé. Il s'en faut de beaucoup qu'elle se trouvât encore dans cet âge primitif des sociétés où quelques institutions simples fonctionnent avec calme. Elle était en proie aux luttes des partis et aux luttes des classes. Qu'est-elle devenue dans les trois siècles qui ont suivi? Il est peu vraisemblable que le calme s'y soit rétabli, et l'on croira plus volontiers que, suivant la marche ordinaire des choses, l'agitation a été croissant. Cette conjecture prendra presque la force d'une certitude si l'on compare la Germanie du v° siècle à ce qu'elle était du temps de Tacite. On apercevra de telles différences, qu'il ne sera pas douteux que la face du pays n'ait été changée dans l'intervalle, et si l'on ne peut compter les révolutions qui s'y sont produites, on pourra du moins constater les effets de ces révolutions.

Les Germains avaient eu autrefois une noblesse héréditaire et sacrée; au v° siècle cette noblesse a disparu presque partout. De ces familles que l'on disait descendre des dieux, il n'en reste que quatre chez les Bavarois, deux chez les Goths, une chez les Francs. Si

[1] Tacite, *Histoires*, IV, 12 : *Seditione domestica pulsi*. Cf. *Germanie*, 29.
[2] Idem, *Annales*, XI, 16 : *Amissis per interna bella nobilibus*.

quelques autres survivent, elles sont tombées dans l'obscurité; elles ont perdu leur prestige et jusqu'au souvenir de l'empire qu'elles avaient exercé autrefois[1].

Le sacerdoce même a disparu. Les Germains avaient eu autrefois une religion, quelques dogmes, beaucoup de cérémonies; les prêtres avaient possédé une grande puissance, et au temps de Tacite ils conservaient encore une sorte d'empire. Trois siècles plus tard, nous ne voyons plus rien de semblable. Plusieurs de ces peuples deviennent chrétiens avec une facilité qui prouve assez que leur sacerdoce n'avait plus aucune force. D'autres restent encore païens, comme les Francs; ils conservent quelques rites grossiers, un culte d'habitude, quelques idoles informes; mais on ne voit pas plus de traces de croyances dans leur âme que de prêtres dans leur société.

Une autre institution qui avait été presque partout renversée, c'était la royauté héréditaire. L'un des objets de la politique romaine avait été de la faire disparaître chez la plupart des peuples et de la remplacer par une royauté élective qui se prêtait mieux à l'influence étrangère. La liberté n'avait rien gagné à ce changement; mais les rivalités des partis et les haines intérieures s'en étaient accrues, et les révolutions étaient devenues plus faciles[2].

Ammien, sans décrire à part la constitution germanique, marque une foule de traits dont l'ensemble forme un tableau assez complet. Il montre comment ces nations étaient régies. Or cette constitution des Ger-

---

[1] [Cf. plus haut, p. 265.]
[2] Ainsi Tacite raconte (XI, 17) une lutte intestine chez les Chérusques au sujet d'un roi ami de Rome.

mains au IV° siècle est fort différente de celle que Tacite avait tracée. Nous ne voyons jamais une nation assemblée. Il y a partout des rois [comme autrefois], et sous eux des *subreguli*, des *optimates* : de droits de la communauté, il n'est jamais question. Ces rois sont d'ailleurs mal obéis, [sans que nous trouvions] jamais un droit naturel à côté d'eux. [Il faut d'ailleurs éviter de se méprendre sur ce titre de *rex* que l'historien latin leur donne. Ils ne peuvent être comparés aux rois nobles de l'ancienne Germanie. Ce sont] à peine de petits chefs de bande[1].

Mais voici la différence capitale entre la Germanie du temps de Tacite et celle du V° siècle. Les anciens Germains étaient en général sédentaires et, autant qu'il leur était possible, fixés au sol qu'ils cultivaient. Chacun de ces peuples avait sa place qu'il occupait depuis plusieurs générations et qu'il ne quittait que lorsqu'il en était violemment chassé. Tacite parle des Chauques, les plus puissants et « les plus nobles des Germains », qui, « exempts de cupidité et d'ambition, tranquilles et renfermés chez eux, ne provoquaient aucune guerre ». Il parle aussi d'un autre grand peuple, les Chérusques, « qui nourrissaient la molle oisiveté d'une paix que personne n'osait troubler[2] ». Il signale ailleurs comme une chose fréquente « la longue paix dans laquelle s'endormaient ces peuples[3] ». Que l'on observe les traits dont il peint les Chauques, « toujours préoccupés des règles du droit », les Chérusques, « que l'on appelait par excellence le peuple bon et juste » et qui n'étaient pas insensibles aux douceurs du repos et de la civilisation,

---

[1] Cf. Ammien, XVIII, 2, 8 et suiv., 13.
[2] Tacite, *Germanie*, 35, 36.
[3] *Si civitas longa pace et otio torpeat* (Tacite, *Germanie*, 14).

et l'on pourra conjecturer quels véritables progrès les Germains auraient accomplis s'ils étaient restés dans cette voie. Au temps de Tibère, le Marcoman Marbod avait essayé de fonder un empire paisible et fortement constitué au centre de la Germanie[1]. Un essai de même nature avait été tenté chez les Gètes : un roi avait voulu relever sa nation « par le travail, par la sobriété et par la discipline[2] ». Les Germains n'étaient certes pas incapables de ces vertus et ils pouvaient grandir pacifiquement par le travail au milieu d'institutions régulières.

Par malheur pour la Germanie, il se trouvait quelques peuples à qui cet état régulier répugnait. Ce qui était plus fâcheux encore et ce qui devait avoir de plus graves conséquences pour l'avenir, c'est que, dans le sein même des peuples paisibles, les mœurs germaines autorisaient tout homme qui aimait la guerre ou qui en convoitait les profits à sortir de l'état de paix et à se faire soldat sous un chef de son choix. Rien n'était plus ordinaire et ne semblait plus légitime. Un homme se levait au milieu d'une assemblée ; il annonçait qu'il allait faire une expédition, en tel lieu, contre tel ennemi ; ceux qui avaient confiance en lui et qui désiraient du butin, l'acclamaient pour chef et le suivaient[3]. Il se formait ainsi, sans l'autorisation du roi, sans l'assentiment du peuple, une bande guerrière qui allait combattre et piller où elle voulait. Le lien social était trop faible pour retenir les hommes malgré eux contre les tentations de la vie errante et du gain ; il était admis que chacun fût libre

---

[1] Velléius, II, 109 ; Tacite, *Annales*, II, 26, 44, 62.
[2] Strabon, VII, 3, 11.
[3] César, VI, 23 ; Tacite, *Germanie*, 13, 14.

de choisir entre les institutions paisibles de l'État et le régime de la bande guerrière.

Cet usage devait être un jour funeste à l'Empire romain ; il le fut d'abord à la Germanie elle-même. Nous devons nous représenter cette sorte de désertion presque annuelle, ces forces vives qui sortaient périodiquement du pays. Tantôt elles n'y revenaient pas, et c'était déjà un mal. Tantôt elles y revenaient, et c'était un mal plus grand ; car, après des courses vagabondes et un brigandage sans scrupule, elles rapportaient des habitudes mauvaises, des goûts malsains, des richesses mal acquises et des convoitises inassouvies ; elles rapportaient surtout la haine des travaux de la paix et une indiscipline dédaigneuse à l'égard des lois sévères de la patrie. Que l'on songe que cela dura pendant douze générations d'hommes, et que l'on calcule tous les vices et tous les désordres qui durent s'infiltrer dans la population germanique et la corrompre. Il n'est pas un peuple au monde qui puisse conserver ses mœurs, son caractère, ses institutions, en présence de tels faits se renouvelant incessamment durant trois siècles. La société germaine se dissolvit.

Il est une décadence pour les nations civilisées, et il en est une aussi pour les peuples barbares. Chacune d'elles a ses vices qui lui sont propres ; mais il y a deux symptômes qui leur sont communs : l'un est l'affaiblissement graduel des institutions, l'autre est la diminution lente ou rapide de la population, lente chez les nations civilisées, plus rapide chez les barbares.

Regardons ce qu'est devenue la population germanique deux siècles après Tacite. Tous les peuples qui avaient été grands et forts ont cessé de l'être, et plusieurs ont même tout à fait disparu. Il n'est plus parlé ni des

Cattes, ni des Chauques, ni des Chérusques. Les Cimbres, déjà peu nombreux au temps de Tacite, les Teutons, qui existaient encore au temps de Pline, ne se retrouvent plus. On ne voit plus ni ces puissants Marcomans qui avaient pu lever 75 000 guerriers, ni les Hermondures, ni les Quades[1], ni les Semnons, « la nation sacrée » qui avait occupé jadis cent cantons, ni les Lygiens, autrefois si puissants, ni les Narisques, ni les Eudoses, ni les Suardons, ni les Buriens[2]. On rencontre encore les noms de Bructères, de Chamaves, de Sicambres ; mais ces noms ne désignent plus les grandes nations que Tacite avait connues et n'en représentent que les faibles restes. Tout ce que Tacite avait décrit, tout ce qu'il avait admiré, a cessé d'être. Jamais terre n'a été plus remuée que le fut la Germanie durant ces trois siècles.

A la place des peuples dont il parlait avec quelque complaisance, nous trouvons les Alamans, les Francs, les Saxons. Ces noms nouveaux ne désignent pas des populations nouvelles ; ils ne sont pas non plus des noms de peuples, et c'est pourquoi ils n'existaient pas du temps de Tacite ; ils sont des noms de guerre. Francs[3]

---

[1] On trouve encore le nom des Quades à la fin du IV° siècle, mais Ammien, qui les mentionne, ajoute que leur faiblesse actuelle ne laisse guère deviner la force qu'ils avaient eue autrefois (XXIX, 6).

[2] On peut comparer de même la Germanie du V° siècle à celle que décrit Pline, *Histoire naturelle*, IV, 28, 99. Des dix-sept noms qu'il cite on n'en retrouve plus que cinq, et la carte du pays a été complètement transformée dans l'intervalle.

[3] Le mot *Francs*, qui apparaît pour la première fois vers l'an 250, n'est jamais employé par les écrivains comme le nom spécial d'un peuple. La Table de Peutinger porte : *Chauci, Ampsuarii, Cherusci, Chamavi, qui et Franci*. — Ammien (XX, 10) montre Julien portant la guerre contre les Francs, et attaquant tour à tour les *Salii*, les *Chamavi*, les *Attuarii*. — Il est probable que le mot *frank* signifie guerrier ; on a

et Saxons signifient guerriers; Alamans signifie hommes de pays divers[1] : assemblages d'hommes que la guerre ou le hasard avait formés. On a imaginé de nos jours que c'étaient des confédérations d'anciens peuples; ce n'en étaient que des débris. Les Francs étaient tout ce qu'il restait des Cattes, des Sicambres, des Bructères, des Chamaves, des Tenctères, des Angrivariens[2]; les Saxons semblent les restes des Chauques et des Chérusques; les Alamans, des Quades, des Hermondures et de plusieurs autres peuples. Qu'on ajoute à cela les Burgondes dont l'origine est inconnue, quelques hordes qui portaient encore le grand nom des Suèves, les Langobards qui devaient rester longtemps obscurs, voilà tout ce qui subsistait de l'ancienne Germanie.

Ce n'était pas seulement la population qui s'était amoindrie, les institutions surtout avaient péri. Il ne faut se faire illusion ni sur le nombre ni sur l'organisation de ces Francs et de ces Alamans. Ils n'étaient que des bandes guerrières. Il est bien vrai que le guerrier germain traînait après soi sa femme, ses enfants, ses vieillards, ses lites et ses esclaves; il occupait des villages, il cultivait ou faisait cultiver le sol; ces bandes avaient donc quelque apparence de peuples. Ce qui leur manquait, c'était l'organisation politique. Observons bien l'ancien régime de l'État germain, tel que Tacite l'expose; nous ne trouvons plus rien de

pourtant proposé une autre étymologie : *frank* serait le mot *vrang*, errant, et aurait désigné des hommes sortis de leur pays pour chercher aventure.

[1] Οἱ Ἀλαμανοὶ ξυνήλυδές εἰσιν ἄνθρωποι καὶ μιγάδες καὶ τοῦτο δύναται αὐτοῖς ἡ ἐπωνυμία (Agathias, I, 6). — L'historien grec fait observer qu'il tient ce renseignement d'Asinius Quadratus, « qui a écrit avec une grande exactitude l'histoire des Germains ».

[2] Sulpicius Alexander, cité par Grégoire de Tours (II, 9), mentionne parmi les Francs des Bructères, des Chamaves, des Ampsuaires, des Cattes. On sait que Clovis était, de son nom national, un Sicambre.

semblable chez les Francs et les Alamans. Le gouvernement y est fort instable : tantôt ils ont des ducs et tantôt ils ont des rois. La liberté n'est pas mieux assurée, et nous ne voyons jamais ni l'assemblée nationale, ni la réunion régulière des grands. Ils n'ont aucune législation certaine; une partie des Francs essaye, à la vérité, de se donner des lois; mais le reste et tous les Alamans semblent avoir attendu jusqu'au vi⁰ siècle. Ils ont des traditions, des coutumes, mais rien d'arrêté ni de fixe. L'ancien régime de l'État, avec ses règles nettes et précises, avait disparu dans les désordres et les guerres civiles des derniers siècles. Les peuples s'étaient dissous et il n'était resté que les bandes. Ces troupes de Francs et d'Alamans obéissaient, non à des lois, mais à des chefs; elles les choisissaient avec quelque apparence de liberté, mais elles leur vouaient une obéissance absolue, sous la seule condition que le butin fût également partagé. Tout cela était l'opposé du régime légal et pacifique que Tacite avait vu. Ces nouveaux Germains n'avaient plus les institutions politiques de la vieille Germanie. Ils avaient perdu aussi le goût de la vie sédentaire, l'attachement au sol, l'idée de la patrie.

Ces débris de peuples tenaient bien peu de place. Dès la fin du ii⁰ siècle de notre ère, la Germanie était presque vide. Il arriva alors que les peuples du Nord et de l'Orient s'y précipitèrent. Les Vandales quittèrent les bords de la Baltique et s'avancèrent sur l'Elbe. Les Goths abandonnèrent la Scandinavie et allèrent prendre position sur le Danube; les Gépides et les Hérules se placèrent derrière eux. En même temps les Alains et les Huns accoururent de l'Orient. La Germanie, qui au temps de Tacite avait été remplie de peuples nombreux et forts, n'eut rien à opposer à tous ces nouveaux venus. C'était une terre qui manquait d'hommes; elle appartenait au premier occupant[1].

Ces peuples nouveaux n'étaient pas bien puissants et ils ne pouvaient refaire une Germanie bien vigoureuse. Ce qu'il y avait de plus fort parmi eux, c'étaient les Goths; l'historien Jordanès, qui appartenait à cette nation, ne nous en donne pourtant pas une idée bien haute. Il nous dit que, dans toute la première moitié du III° siècle, ces Goths, établis au nord du Danube et vivant sous des rois, étaient au service de l'Empire romain, dont ils recevaient une solde[2]. Un peu plus tard, à la faveur des troubles de l'Empire, ils franchirent le Danube et ravagèrent quelques provinces; ils étaient alors au nombre de 50 000, en y comprenant Ostrogoths et Wisigoths. Dès que Dioclétien eut remis l'ordre dans l'État, ces barbares, redevenus humbles, offrirent à l'Empire leurs services et s'engagèrent par un traité à lui fournir des soldats[3]. Ils songèrent dès lors à combattre les autres barbares plutôt qu'à faire la guerre à l'Empire. Ils luttèrent avec succès contre les Gépides et les Vandales et soumirent un grand nombre de petites peuplades inconnues. Jordanès, à ce moment, exalte la grandeur où ils étaient parvenus, non aux dépens de l'Empire, mais aux dépens des autres Germains. Toute-

---

[1] Voir sur tous ces faits : Ammien, XXVI, 3 et 5; XXVII, 5 et 14. Jordanès, *De rebus geticis*, 13, 14, 22, 35. Paul Diacre, *De gestis Langobardorum*. Procope, *De bello gothico*, II, 14-15; *De bello vandalico*, 1, 2.

[2] *Reipublicæ romanæ sua fœderati erant et annua munera percipiebant.... Subtracta sibi stipendia ægre ferentes* (Jordanès, c. 16, § 89).

[3] *Fœdere inito cum imperatore, quadraginta suorum milia illi contra gentes varias obtulere, quorum et numerus et militia usque ad præsens in republica nominatur fœderati* (idem, c. 21, § 112).

fois Ammien Marcellin, qui vivait à cette époque, raconte un fait qui peut nous faire juger leur faiblesse. Ils avaient soutenu, à titre de soldats auxiliaires, un compétiteur à l'Empire ; Valens, résolu à les châtier, se porta contre eux avec une armée et entra dans leur pays : « Aussitôt, dit l'historien, l'effroi s'empara des Goths et ils s'enfuirent avec leurs familles bien loin dans les montagnes[1]. » De leur retraite, ils implorèrent la paix et livrèrent des otages (367). Ce trait suffit à montrer que ce qu'on a appelé de nos jours l'Empire gothique n'était pas bien puissant. Ajoutons que, peu d'années après, la guerre civile éclata entre ces Goths[2]. Puis vinrent les Huns ; à leur seule apparition et avant toute bataille, les Goths se divisèrent et leur empire se décomposa. Tout cela paraît grand, vu de loin; de près, ce n'est que faiblesse, désorganisation, impuissance.

Les Germains qui vont se montrer dans l'histoire au v° siècle et qui envahiront l'Empire romain, ne sont pas un peuple jeune qui vient hardiment se faire sa place entre les peuples. Ce sont les restes d'une race affaiblie, qui a été assaillie et vaincue pendant trois siècles par les Romains, qui a été ensuite assaillie et vaincue encore par les Slaves et par les Huns, qui a été surtout déchirée par ses longues luttes intérieures, qui a été énervée par une série de révolutions sociales et qui a perdu ses institutions.

[1] *Imperator transgressus est Histrum, resistentibus nullis, quum ultro citroque discurrens nullum inveniret; omnes enim formidine perciti montes petivere Serrorum arduos et inaccessos* (Ammien, XXVII, 5).

[2] *Athanaricus proximorum factione genitalibus terris expulsus* (ibidem).

CHAPITRE III

Des causes des invasions germaniques.

Nous avons examiné jusqu'ici les institutions de la société romaine et celles de la société germanique avant le temps où ces deux sociétés se sont mêlées et comme fondues ensemble dans la Gaule, c'est-à-dire avant l'entrée des Germains dans ce pays. C'est cet événement qu'il faut maintenant étudier.

Cette race germanique, que nous venons de voir s'affaiblissant et se dissolvant chez elle, est [en effet] la même qui a fait à l'Empire romain une guerre de cinq siècles et qui, à chaque génération, a tenté de l'envahir. Il faut chercher les vraies causes et observer le caractère de cette lutte.

1° QUELS SONT NOS DOCUMENTS ?

L'entrée des Germains dans l'Empire n'est pas un événement qui se soit accompli en un court espace de temps ; elle se compose d'une série d'actes très divers qui se sont opérés en plusieurs siècles. Nous les connaissons aussi par une longue série de documents.

Pour les trois premiers siècles de notre ère, nous savons les rapports des Germains avec l'Empire, leurs défaites ou leurs alliances, par Tacite, Dion Cassius, Hérodien, Lampride, Jules Capitolin, Trébellius Pollion, Vopiscus. Pour le IVe siècle, nous trouvons des renseignements dans Ammien Marcellin, qui raconte avec prédilection les succès de Julien et dont le récit s'arrête après la défaite de Valens, puis Zosime, qui pousse le sien jusqu'à l'an 410.

Les invasions et les établissements des Germains au v° siècle sont racontés par Orose, qui écrivait en Espagne et qui a vu les barbares; son livre, il est vrai, s'arrête à l'année 418, et après lui nous ne voyons pas d'historiens en Occident, ou du moins les œuvres des historiens ne sont pas venues jusqu'à nous. Nous avons quelques sèches chroniques, celle de Prosper d'Aquitaine et celle qui est mise sous le nom de Prosper Tiro, qui vont l'une et l'autre jusqu'en 455; celle d'Idace qui va jusqu'en 468, celle de Cassiodore qui poursuit jusqu'en 519 et celle de Marius d'Avenches, lequel, à la vérité, n'est plus un contemporain de ces événements. Jordanès a écrit l'histoire d'une partie des invasions avec cette particularité qu'étant fils de barbare il écrit pourtant en latin et se sert surtout de sources latines. Les historiens grecs Eunape, Olympiodore, Socrate, Sozomène, Priscus, qui écrivaient dans la première moitié du v° siècle, nous ont laissé de nombreux renseignements sur les invasions.

Ce qui vaut peut-être mieux que ces chroniqueurs et ces historiens, ce sont plusieurs écrivains de ce même temps qui n'ont pas songé à faire œuvre d'histoire et qui nous décrivent d'autant mieux les faits qu'ils ont vus. C'est, par exemple, Rutilius, qui a vu la Gaule après l'invasion de Radagaise et qui a administré Rome après l'invasion d'Alaric. C'est le prêtre Salvien, qui dans ses prédications ne ménage ni ses concitoyens ni les barbares; c'est Paulin de Pella, riche Aquitain, qui raconte quelle fut sa vie au milieu des Wisigoths; c'est Vincent de Lérins, qui écrit des ouvrages de théologie; c'est

Euchérius, qui prêche à Lyon de 434 à 450; c'est surtout Sidoine Apollinaire, qui fait des vers au milieu des invasions, qui vit parmi les Wisigoths et les Burgondes, qui est en relations avec leurs chefs, et qui écrit à ses amis ce qu'il voit, ce qu'il sait, ce qu'il sent. Ajoutons à tout cela les Actes des Conciles, qui ne peuvent pas ne pas porter l'empreinte des événements de l'époque, et les Vies des saints, qui, écrites en général pour le peuple et par des hommes du peuple, attestent, non seulement les faits, mais aussi la manière dont le peuple les a compris[1].

Ainsi les documents ne manquent pas, et ils sont de toute nature. Les contemporains nous ont laissé, dans leurs histoires, dans leurs chroniques, dans leurs sermons, dans leurs poésies et dans leurs lettres, un tableau de ce qui se passa autour d'eux, de ce qu'ils virent et de ce qu'ils souffrirent. Nous n'avons pas, à la vérité, un récit complet de ces événements si divers et si complexes; aussi plusieurs points resteront-ils à jamais obscurs. Mais l'ensemble des faits, la nature des invasions et l'impression générale que les contemporains en ont ressentie, se détachent avec une grande netteté. Nous ne sommes pas réduits à des généralités vagues. Si les généralités, les idées préconçues, les inexactitudes se sont introduites dans l'histoire, ce n'est pas le manque de documents qui en est cause. Il faut revenir à l'étude des textes et ne dire que ce qu'il y a en

---

[1] Les principales Vies de saints sont: les Vies de saint Germain d'Auxerre (Bouquet, I, p. 642), d'Orientius d'Auch (idem, I, p. 643), de saint Lupus de Troyes (idem, I, p. 644), de saint Aniane d'Orléans (idem, I, p. 645). Ajoutez *Vita S. Severini* (idem, III, p. 392), *Cæsarii Arelatensis* (idem, III, p. 384), *Sigismundi* (idem, III, p. 402), *Dalmatii* (idem, III, p. 419), *Eptadii* (idem, III, p. 380).

eux. Ils suffisent à nous faire savoir de quelle manière les Germains sont entrés dans l'Empire et si cet événement a présenté à l'esprit des contemporains le caractère d'une conquête accomplie par une race sur une autre race.

2° SI LES GERMAINS ONT AGI DE CONCERT POUR ENVAHIR L'EMPIRE.

Une première question se pose. Les Germains, pour entrer dans l'Empire, ont-ils agi de concert? Ont-ils eu une haine ou une ambition commune qui les ait mis aux prises avec Rome et qui ait dû donner à l'invasion le caractère d'une conquête nationale? Les faits, étudiés en détail, peuvent-ils être résumés dans la formule générale d'une lutte de la société germanique contre la société romaine?

Ce concert ne se voit pas une seule fois dans les documents. Il n'y a pas eu, durant les sept premiers siècles de notre ère, un seul moment où les Germains aient formé entre eux un corps.

Tacite ne signale chez eux aucune institution fédérative; il ne mentionne ni une assemblée, ni un conseil commun, ni même la pensée de l'unité. Pline, Dion Cassius, Ammien, Jordanès, ne parlent d'aucune institution de cette nature. Tous les auteurs nous montrent en Germanie une quarantaine de peuples qui se font la guerre, qui s'unissent par des alliances, qui s'envoient des ambassades, absolument comme font des peuples qui sont indépendants les uns des autres.

Il n'est même pas sûr qu'il y ait eu un nom commun entre eux. Tacite nous dit expressément que le nom de Germains est d'invention récente et qu'il n'est pas un nom ethnique¹. Quant au terme de Teutons, il appartenait à un seul de ces peuples, et à l'un des plus faibles ; il est reconnu que le nom de *Deutsch* n'a jamais appartenu à l'antiquité². Un langage à peu près identique, quelques traditions communes, les mêmes croyances religieuses, mais non pas un sacerdoce commun ainsi qu'en Gaule, beaucoup d'usages semblables et à peu près le même genre de vie, voilà ce qu'on peut saisir chez ces Germains ; mais on ne trouve rien qui ressemble à l'unité politique ou nationale.

Les guerres étaient perpétuelles entre eux. Tacite, qui n'avait pas à les énumérer et ne pouvait pas les connaître toutes, a pourtant l'occasion d'en signaler un bon nombre. Il montre les Chérusques habituellement en guerre contre les Suèves³, les Chauques contre les Ampsivariens⁴, les Suèves contre les Lygiens⁵. Les Bructères, dit-il, viennent d'être anéantis par leurs voisins⁶. Les Cattes ont été vaincus par les Hermondures⁷ ; les Marcomans sont en lutte avec les Suèves⁸ ; et il existe « une discorde éternelle » entre les Cattes et les Chérusques⁹.

Ces guerres sont sanglantes : dans une seule bataille,

---

¹ Tacite, *Germania*, 2 : *Germaniæ vocabulum recens et nuper additum, quoniam qui primi Rhenum transgressi Gallos expulerint ac nunc Tungri, tunc Germani vocati sint. Ita nationis nomen, non gentis, evaluisse paullatim, ut omnes primum a victore ob metum, mox etiam a se ipsis invento nomine Germani vocarentur.*

² Waitz, *Deutsche Verfassungsgeschichte*, 3ᵉ édit., t. I, p. 11.

³ Tacite, *Annales*, II, 44 : *Gentis assuetudine arma in se vertentant.*

⁴ Ibidem, XIII, 55.

⁵ Ibidem, XII, 29.

⁶ Idem, *Germania*, 33 : *Bructeris penitus excisis vicinarum consensu nationum.*

⁷ Idem, *Annales*, XIII, 57.

⁸ Ibidem, II, 62.

⁹ Ibidem, XII, 28 : *Cherusci cum Cattis æternum discordant.*

soixante mille Germains sont tombés[1]. Elles sont haineuses et sans pitié : l'historien représente deux peuples germains en présence; avant d'en venir aux mains, « ils vouent aux dieux l'armée ennemie; en vertu de ce vœu, les vainqueurs massacrent hommes et chevaux, et tout ce qui a appartenu aux vaincus est livré à l'extermination[2] ».

On a quelquefois reproché aux Germains des actes de perfidie à l'égard des Romains; je ne connais pas de perfidie plus horrible que celle des Ubiens envers les Chauques : ils les invitèrent à un grand festin, et quand le vin les eut plongés dans le sommeil, ils mirent le feu à la maison et les brûlèrent tous[3].

« Puisse durer toujours, s'écrie Tacite, la haine que ces nations se portent à elles-mêmes[4]! » Elle a duré en effet, et la lutte contre l'Empire ne l'a pas éteinte. Après Tacite, tous les historiens qui ont l'occasion de parler de la Germanie signalent des guerres intestines. Dion Cassius montre les Cattes en lutte contre les Chérusques, les Lygiens contre les Suèves[5]. Un écrivain du IIIe siècle, Mamertin, écrit : « Partout les nations barbares se déchirent et se détruisent entre elles; les Goths écrasent les Burgondes; les Thervinges prennent les armes contre les Vandales; les Burgondes s'emparent des terres des Alamans[6]. » Chez Jordanès, nous voyons

---

[1] Tacite, *Germania*, 33.
[2] Idem, *Annales*, XIII, 57 : *Victores diversam aciem Marti ac Mercurio sacravere, quo voto equi, viri, cuncta victa occidioni dantur.*
[3] Idem, *Histoires*, IV, 79.
[4] Idem, *Germania*, 33 : *Maneat gentibus odium sui.*
[5] Dion Cassius, LXVII, 5.
[6] Mamertin, dans les *Panegyrici veteres*, III, 16, 17 : *Undique se barbaræ nationes vicissim lacerent et excidant..... Gothi Burgundios excidunt..... Thervingi adversus Vandalos concurrunt; Burgundiones Alamannorum agros occupavere.*

les Goths en guerre contre les Vandales¹, les Burgondes contre les Gépides², les Suèves, les Quades et les Alamans contre les Goths³.

Si l'on arrive au vᵉ siècle, c'est-à-dire au temps des grandes invasions, on reconnaît aisément qu'elles n'ont pas été concertées et qu'il n'y a eu aucun accord entre les envahisseurs. Non seulement chaque peuple a agi séparément, mais ces peuples, à ce moment même, n'ont pas cessé de se faire la guerre entre eux⁴. Deux peuples germains ne peuvent être voisins sans se combattre; ils se font la guerre, dit Grégoire de Tours, « parce qu'ils sont voisins », *quoniam propinqui sunt*⁵. Que l'on compte les combats du vᵉ siècle, on en trouvera beaucoup plus de Germains contre Germains que de Germains contre les armées de l'Empire⁶. Les Burgondes sont en guerre contre les Wisigoths, les Wisigoths contre les Suèves et les Vandales, les Francs contre les Alamans⁷, les Saxons, les Wisigoths et les Burgondes; les Ostrogoths font la guerre aux Hérules, et les Lombards, à la veille d'entrer en Italie, s'acharnent contre les Gépides, dont ils exterminent la population mâle et réduisent les femmes en esclavage⁸, tandis que du crâne de leur roi ils font un vase à

---

¹ Jordanès, *De rebus geticis*, 4, § 26.
² Ibidem, 17, § 97.
³ Ibidem, 16, 48, 55.
⁴ Orose, VII, 37 : *Taceo de ipsorum inter se barbarorum crebris dilacerationibus, cum se invicem Gothorum cunei duo, deinde Alani atque Huni variis cædibus populabantur.*
⁵ Grégoire de Tours, *Historia Francorum*, II, 2.
⁶ Orose, VII, 43 : *Nunc cottidie apud Hispanias geri bella gentium (barbararum inter se) et agi strages ex alterutro barbarorum crebris certisque nuntiis discimus.*
⁷ *Franci et Alamanni in mutuam cædem inhiabant. Vita S. Vedasti brevior*, Acta Sanctorum, février, I, p. 801.
⁸ Paul Diacre, *Historia Langobardorum*, I, 27.

boire. Les Thuringiens, dans une guerre avec les Francs, ravagent leur pays, pendent aux arbres les petits enfants et, s'étant emparés de deux cents jeunes filles, les attachent à des chevaux qui les déchirent, ou les clouent en terre avec des pieux[1]; et, à la génération suivante, les Francs rendent la pareille aux Thuringiens. Entre Germains les haines sont inexpiables.

Il n'y a donc eu aucune unité de volonté ou d'action chez ces Germains qui sont entrés dans l'Empire. Se figurer une grande immigration du corps germanique est une idée que l'observation des faits ne justifie pas. L'histoire montre des invasions de Germains plutôt qu'une invasion des Germains.

[Quand les Germains furent entrés dans l'Empire, leur haine réciproque ne cessa de croître.] Par bonheur pour les Romains, les armées barbares se détestaient mutuellement. Les Burgondes ne pouvaient souffrir le voisinage des Wisigoths, qui ne pouvaient souffrir celui des Alains ni des Suèves. Pendant une trentaine d'années, l'Empire se servit des uns pour affaiblir ou maîtriser les autres. Le général de l'Empire Aétius employa tour à tour les Wisigoths contre les Burgondes et les Burgondes contre les Wisigoths. Quand les Wisigoths se révoltaient, il enrôlait des troupes de Huns; quand les Huns voulurent envahir, il fit marcher les Wisigoths.

On s'est quelquefois représenté la barbarie conjurée contre l'Empire; c'est le contraire qui se voit dans les chroniques du temps. Tous ces barbares se combattaient

---

[1] Grégoire de Tours, *Historia Francorum*, III, 7 : *Pueros per nervum femoris ad arbores appendentes, puellas ducentas interemerunt ligatis brachiis super equorum cervicibus.... Aliis super orbitas viarum extensis sudibusque in terram confixis, plaustra desuper onerata transire fecerunt, confractisque ossibus canibus avibusque eas in cibaria dederunt.*

entre eux, et ils se disputaient les faveurs impériales. Le roi Ataulph s'engageait envers l'empereur Honorius à combattre toutes les autres nations germaniques dans l'intérêt de l'Empire. De leur côté, les rois des Suèves et des Vandales disaient au même empereur : « Reste en paix avec nous tous; laisse-nous seulement nous battre entre nous¹. » Le chroniqueur contemporain ajoute : « Tout cela est à peine croyable, et tout cela est pourtant vrai; aussi voyons-nous chaque jour quelqu'une de ces nations barbares en exterminer une autre; nous avons vu deux troupes de Goths s'entre-détruire; ces peuples se déchirent entre eux. » Qu'on lise le livre du Goth Jordanès : on n'y trouvera aucun sentiment hostile à l'Empire; mais on y remarquera une violente animosité contre les Gépides, les Vandales, les Burgondes, les Huns. Plus tard, les mêmes haines entre Germains se retrouveront dans tous les récits de Grégoire de Tours.

Le gouvernement impérial avait beaucoup de peine à se faire respecter de ces demi-sujets; il y avait pourtant un point sur lequel il les trouvait toujours dociles : dès qu'il leur donnait l'ordre de combattre d'autres Germains, ils obéissaient. Ils défendirent toujours les frontières avec la plus grande vaillance contre les hommes de leur race. Ils s'insurgèrent souvent contre l'Empire, ils ne le trahirent jamais. Une fois à son service, ils n'hésitèrent pas à regarder les autres Germains comme leurs vrais ennemis. Leur patrie n'était plus la Germanie, c'était l'Empire.

¹ Orose, VII, 43 : *Mandantes Imperatori : Tu cum omnibus pacem habe; nos nobis confligimus; nobis perimus, tibi vincimus, quæstu reipublicæ si utrique pereamus.* Cf. VII, 37.

8° SI C'EST LA HAINE DE LA RACE OU DES INSTITUTIONS ROMAINES QUI A ARMÉ LES BARBARES.

Que le patriotisme ait existé dans quelques âmes, c'est ce qu'on peut croire sans peine : Tacite en montre quelques exemples; mais qu'il ait été un sentiment général et que ce sentiment ait mis au cœur des Germains la haine de Rome, c'est ce que les documents ne montrent pas.

On est frappé en effet, pour peu qu'on lise les textes, du grand nombre d'amis que Rome a trouvés de tout temps parmi les Germains. Arioviste, avant d'envahir la Gaule, avait demandé et obtenu du sénat le titre d' « ami de Rome »[1], et c'est pourquoi il ne s'attendait pas à ce que César le traitât en adversaire.

Sur le fameux Arminius, Tacite nous donne, en passant, ce renseignement précieux : « Il parlait la langue latine, ce qui n'était pas surprenant, puisqu'il avait vécu dans les camps romains et qu'il avait été, comme chef d'une troupe germaine, à la solde de l'Empire[2]. » Velléius l'avait connu « servant l'Empire avec zèle[3] » et il l'avait vu « gagnant par ses services le droit de cité romaine et le rang de chevalier[4] ». C'était le temps où tous les Chérusques étaient réputés sujets de Rome, ayant fait leur soumission au général romain[5]. L'idée de la révolte ne lui vint que plus tard. Il souleva alors

---

[1] César, *De bello gallico*, I, 35.
[2] Tacite, *Annales*, II, 10.
[3] Velléius, II, 118 : *Assiduus militiæ nostræ comes.*
[4] Ibidem : *Etiam civitatis romanæ jus equestremque consecutus gradum.*
[5] Idem, II, 105 : *Intrata protinus Germania, subacti Caninefates, Attuarii, Bructeri, recepti Cherusci.*

les Chérusques ; mais encore ceux-ci ne furent-ils pas unanimes contre Rome : il y avait chez eux tout un parti qui professait hautement que « l'alliance romaine était avantageuse aux Germains[1] ». La famille même d'Arminius n'était pas d'accord ; car ils étaient deux frères, Arminius et Flavus : quand le premier fit la guerre à Rome, le second combattit dans les rangs des Romains[2].

De même dans la suite, Tacite montre que chez chaque peuple qui attaque Rome il existe pourtant un parti romain, et que, lorsqu'un peuple fait la guerre à Rome, c'est ordinairement une raison pour que le peuple voisin soit pour elle. Quand Germanicus porte la guerre contre les Chérusques, les Chauques lui offrent aussitôt leur concours et sont admis sous les drapeaux de Rome[3]. Rome a presque toujours autant de Germains pour elle qu'elle n'en a contre elle. Se représenter au cœur des Germains une haine innée à l'égard de Rome, voir en eux un ennemi perpétuel et héréditaire, c'est se figurer ce qui est démenti par une multitude de faits historiques, c'est attribuer aux hommes d'autrefois des sentiments beaucoup plus modernes.

Il faut prendre garde à certaines opinions qui se sont glissées dans la science historique et qui, parce qu'elles sont répétées depuis deux ou trois siècles, sont devenues des axiomes qu'on ne songe plus à vérifier. Tout le monde connaît *le Paysan du Danube*, cet admirable petit poème de La Fontaine, qui est l'expression la plus

---

[1] Tacite, *Annales*, I, 58 : *Quia Romanis Germanisque idem conducere et pacem quam bellum probabam* (discours du Chérusque Ségeste). Cf. ibidem, XIII, 55.

[2] Ibidem, II, 9 : *Erat is in exercitu, cognomento Flavus, insignis fide.*

[3] Ibidem, I, 60.

énergique de la haine des Germains contre Rome. Mais il est bon de savoir que ce type du Paysan du Danube, que nous voyons dans La Fontaine, n'existe chez aucun écrivain de l'antiquité. Le fabuliste se hasarde à dire que c'est Marc-Aurèle qui a tracé ce portrait; mais on ne le trouve certainement pas dans les œuvres de Marc-Aurèle. Il est d'invention moderne : celui qui l'a créé est un Espagnol, Antonio de Guévara, dans un livre fort romanesque publié en 1529 sous ce titre l'*Horloge des Princes ou le Livre de Marc-Aurèle*[1]. C'est dans ce livre, qui n'a absolument rien d'historique, que se trouve pour la première fois le type du Germain ennemi de Rome et de la civilisation romaine.

Si, au lieu de nous arrêter à cette légende du xvi° siècle, nous nous reportons aux écrivains qui ont vécu dans les cinq premiers siècles de notre ère, qui ont pu voir beaucoup de Germains et démêler leurs sentiments, nous remarquerons qu'en général c'est le type contraire qu'ils nous présentent. Velléius raconte qu'il a vu un Germain, « vieillard de haute taille et d'un extérieur qui décelait un rang élevé dans sa nation », franchir le Rhin sur un petit bateau, demander la permission de contempler le général romain, et, « ayant contemplé Tibère, s'écrier qu'il lui semblait qu'il eût vu la Divinité et qu'il n'avait pas eu de plus beau jour dans sa

---

[1] *L'Horloge des Princes avec le très renommé livre de Marc-Aurèle*, par don Antoine de Guévare, traduit du castillan en français par Herberay seigneur des Essars, 1576, p. 255 : « Advint que comme un jour Marc-Aurèle fut environné de sénateurs, de philosophes, médecins, et autres hommes sages, s'esmeut entre eux question de parler quand Rome s'estoit changée ès meurs qui estoyent toutes corrompues.... Ouyes telles et semblables paroles, l'empereur Marc-Aurèle prinst la main et leur conta un fort notable exemple, disant : Vint à Rome un pauvre paysan du rivage du Danube, » etc.

vie¹. » Un peu plus tard, deux ambassadeurs germains viennent à Rome; on les conduit au théâtre; ils remarquent dans les premiers rangs quelques étrangers : « Ce sont, leur dit-on, des places d'honneur qu'on accorde aux envoyés des nations les plus amies de Rome. » — « Eh bien, répliquent-ils, aucune nation ne surpasse les Germains en fidélité; » et ils vont occuper ces places. Quelques jours après, ils quittent Rome, non sans s'être fait donner le titre de citoyens romains². Tacite nous montre un grand nombre de Germains amis de Rome, Ségeste, Flavus, et ce Boiocalus qui se vante « d'avoir servi Rome avec zèle durant cinquante ans³ », et tant d'autres. L'historien ne dit pourtant pas que ces hommes fussent des traîtres; on n'avait eu ni à les acheter ni à les corrompre; ils ne se cachaient pas d'aimer Rome; ils disaient tout haut qu'à leur avis « Rome et la Germanie avaient les mêmes intérêts et que la paix entre elles valait mieux que la guerre⁴».

Les sentiments étaient au moins fort partagés. Dion Cassius montre, au temps de Domitien, une lutte des Chérusques et des Cattes, lutte dont la cause est que les premiers sont les amis des Romains; les Lygiens, battus par les Suèves, demandent des secours à l'empereur; un roi des Semnons et une prophétesse qui avait succédé à Velléda, « viennent à Rome pour voir Domitien et retournent dans leur pays après avoir reçu de lui des honneurs⁵ ». Le même historien montre que les Ger-

---

¹ Velléius, II, 107.
² Tacite, *Annales*, XIII, 54.
³ Ibidem, XIII, 55.
⁴ Ibidem, I, 58.
⁵ Dion Cassius, *Fragments*, livre LXVII, c. 5, édit. Gros-Boissée, t. IX, p. 350-352.

mains tenaient beaucoup à faire le commerce avec l'Empire : faveur très enviée qu'on n'accordait qu'aux plus fidèles[1].

C'est une grande erreur de croire que les Germains eussent de la répugnance pour les mœurs et les institutions romaines. Tacite nous montre que les Bataves prenaient des noms romains : ils s'appelaient Julius Paulus[2], Julius Briganticus[3], Claudius Civilis[4], Claudius Labéo[5]. S'ils se révoltèrent une fois dans l'espace de cinq cents ans, à l'instigation de Civilis, ce fut moins contre les Romains eux-mêmes, « pour qui ils avaient tant de fois combattu[6] », que contre les excès du service militaire qu'on leur imposait[7]. Encore n'étaient-ils pas unanimes dans la résistance contre Rome[8]. Durant tout le reste de la période impériale, nous trouvons les Cohortes Bataves servant fidèlement l'Empire. Quant aux Ubiens, il suffit de rappeler ce qu'en dit Tacite : « Ces hommes d'origine germaine avaient abjuré leur patrie et adopté un nom romain, celui d'Agrippinien[9]. » Ils avaient une ville, à la façon des Romains, et s'y plaisaient. Ils avaient même, comme les cités gauloises, le

---

[1] Dion Cassius, LXXI, 11 et 19. C'est ce que montre aussi Tacite, Germanie, 41. Cf. Julius Capitolinus, Maximini, 4, 4.

[2] Tacite, Histoires, IV, 13.

[3] Ibidem, II, 22 et 70.

[4] Ibidem, IV, 13.

[5] Ibidem, IV, 18. On trouve aussi parmi les Bataves un Julius Maximus et un Claudius Victor (Tacite, Histoires, IV, 33).

[6] Ibidem, IV, 20 : *Nullum sibi bellum adversus Romanos, pro quibus toties bellassent.* Civilis lui-même avait compté auparavant vingt-cinq années de service dans l'armée romaine. Ibidem, IV, 32.

[7] Ibidem, IV, 20 : *Longa militia fessis.*

[8] Ibidem, IV, 18, 56, 66.

[9] Ibidem, IV, 28 : *Gens germanicæ originis, ejurata patria, Romanorum nomen, Agrippinenses vocabantur.* Cf. IV, 63-79.

culte de Rome et d'Auguste¹. Ils prenaient des noms romains².

On voit bien dans Tacite que beaucoup de Germains aimaient à vivre à Rome³. Plusieurs changeaient même leurs noms germaniques contre des noms latins. L'un s'appelait Italicus⁴, un autre Flavus⁵. Ammien en cite qui, tout germains qu'ils sont, se nomment Latinus⁶, Macrianus⁷, Gabinius⁸; un Alaman s'était donné le nom grec ou égyptien de Sérapion⁹. C'est que son père, nommé Médéric, avait eu cet enfant lorsqu'il résidait en Gaule, et il avait le goût des mystères grecs et orientaux auxquels il s'était fait initier. Aurélius Victor cite un roi des Germains qu'il appelle Attalus¹⁰.

Au IVᵉ et au Vᵉ siècle, ils gardent volontiers leurs noms germains; mais ils se mettent non moins volontiers au service de l'Empire. Le nombre des Germains qui sont soldats de Rome, et soldats fidèles, est incalculable. Au moment où Constance fait la guerre aux

---

¹ Tacite, *Annales*, I, 57.
² Idem, *Histoires*, V, 22 : Une femme ubienne s'appelait Claudia Sacrata. [Voir les inscriptions dans le Recueil de Brambach.]
³ Ils y formaient, paraît-il, un *collegium* (Orelli, n° 3538; Henzen, *Bulletin*, 1856, p. 106-107 [*Bulletin épigraphique*, t. III, p. 61 et suiv.])
⁴ Tacite, *Annales*, XI, 16.
⁵ Ibidem, II, 9; XI, 16.
⁶ Ammien Marcellin, XIV, 10, 8.
⁷ Idem, XVIII, 2, 15.
⁸ Idem, XXIX, 6, 5.
⁹ Idem, XVI, 12, 25.
¹⁰ Aurélius Victor, *De Cæsaribus*, 33 (au temps de Gallien). — Les inscriptions nous montrent beaucoup de Germains qui, étant au service de Rome, ensevelis à Rome et avec des épitaphes romaines, avaient porté durant leur vie des noms romains. Exemples : Valens, *natione Batavus* (Muratori, 922, 44); Alcimachus, *natione Batavus* (Orelli, n° 3538); Bassus, *Germanus* (Gruter, 602, 8); Macer, *Germanus* (Reinesius, IX, 30); Bassus, *Frisius* (Gruter, 600, 12); Nobilis, *natione Batavus* (Wilmanns, n° 1518). [*Corpus*, t. VI, n°ˢ 4341, 8802, 4338, 4340, 4342, etc.; *Bulletin épigraphique*, ibidem.]

Alamans, il y a trois Alamans qui occupent des grades élevés dans son armée¹. Non seulement ces Germains partagent avec les habitants de l'Empire les commandements militaires², ils recherchent même les fonctions administratives. Ils font partie des bureaux du Palais, ils remplissent des charges de cour³. Leur ambition va jusqu'aux dignités purement honorifiques. Ils aspirent à être consuls de Rome. Constantin leur accorde les faisceaux et la trabée consulaire⁴. A partir de ce moment nous voyons des Germains qui sont consuls ; quatre Francs l'ont été, Dagalaïf en 366, Mérobaude en 377, Ricomer en 384, Bauto en 385⁵ ; un autre barbare, nommé Fraiut, le fut en 401⁶. Le consulat ne conférait aucun pouvoir ; il est d'autant plus remarquable que les Germains y aient aspiré ; ils en aimaient le titre, la pompe, les ornements⁷. Ces hommes, qui vivaient dans l'Empire, n'y figuraient certainement pas comme des conquérants ou des ennemis ; ils y étaient des serviteurs, des solliciteurs, des dignitaires. Aussi employaient-ils vis-à-vis des empereurs les mêmes formes de langage qui étaient exigées des sujets romains ; un roi des Alamans nommé Vadomaire, dans ses lettres à

---

¹ Ils se nomment Latinus, Agilo, et Scudilo ; il est vrai qu'ils trahissent Constance (Ammien, XIV, 10, 8).

² Un roi des Alamans devient duc de Phénicie, Ammien, XXI, 3, 5. Un autre roi de la même nation échangea sa royauté contre le grade de tribun d'un corps auxiliaire ; Ammien, XXIX, 4, 7.

³ Ammien, XV, 5, 11 : *Franci quorum in palatio multitudo florebat.*

⁴ Idem, XXI, 10, 8 : *Barbaros adusque fasces auxerat et trabeas consulares.*

⁵ Chronique de Cassiodore. Ces quatre personnages furent consuls ordinaires et leur nom est inscrit dans les fastes. Beaucoup d'autres reçurent les ornements consulaires.

⁶ Zosime, V, 21.

⁷ On l'appelait encore *amplissimus magistratus* (Ammien, XXVI, 9, 1).

l'empereur Julien, ne manquait jamais de le saluer des titres de maître, d'Auguste et de dieu[1].

Au moment même de la crise que l'on appelle communément l'invasion germanique, il y a des Germains qui servent l'Empire, qui le défendent, qui lui sont fidèles, qui l'aiment[2]. Et ce ne sont pas quelques hommes achetés, quelques traîtres ; ce sont des troupes entières, et parmi ces amis de Rome se trouvent des hommes très distingués comme militaires ou même comme hommes d'État. Les calculs rigoureux sont impossibles, parce que les historiens du temps ne donnent pas de chiffres ; mais quand on les a lus, on arrive à cette opinion qu'au milieu même des invasions il y a eu autant de Germains qui servaient Rome qu'il y en a eu qui la combattaient[3].

Regardez les Goths, tels que les dépeint Jordanès, qui est Goth lui-même. Ils attaquent souvent l'Empire ; mais plus souvent encore ils le servent. Dans ce que Jordanès appelle « leurs révoltes », ce n'est pas à l'empereur ni à l'Empire romain qu'ils en veulent : ils s'en prennent aux fonctionnaires qu'ils accusent de les maltraiter ; ils demandent du blé, de l'argent, des terres ; ils pillent, ils brûlent ; mais ils ne font jamais une guerre déclarée à l'Empire. Ils ont des convoitises ; on ne voit pas qu'ils aient de la haine. L'expression de leur admiration pour l'Empire éclate à tout moment. Atha-

---

[1] Ammien, XXI, 3, 6 : *Vadomarius Julianum adsidue per litteras dominum et Augustum appellabat et deum.*

[2] Zosime, IV, 33 : Εὖνοι σφόδρα Ῥωμαίοις.

[3] Il y a bien parfois quelque signe de haine ; par exemple, une partie des Goths qui passèrent le Danube avaient juré πάντη τρόπῳ Ῥωμαίοις ἐπιβουλεύειν (Eunape, fr. 60, édit. Didot, t. II, p. 41), mais le même historien qui nous dit cela ajoute que d'autres Goths avaient des sentiments tout opposés.

naric, visitant Constantinople, est saisi d'enthousiasme pour la grandeur de la ville, pour la richesse de son port, pour l'ordre qui y règne, et il s'écrie que le chef de cet État est vraiment un dieu sur la terre[1]. Le grand Théodoric a commencé par être un des dignitaires du Palais impérial[2], puis consul, et, adopté par le prince, il se dit « son serviteur et son fils[3] ». Ce Jordanès lui-même qui n'oublie pas qu'il est un Goth, est pourtant un admirateur de l'Empire, et la pensée qui le dirige est que les Goths doivent s'assimiler aux Romains[4].

Tout homme doué de quelque sens historique sera frappé de cette vérité que, dans les six premiers siècles de notre ère, le sentiment qui se montre chez les Germains n'est jamais la haine de Rome. Quelques plaintes contre les arrêts des juges romains ou les exactions des percepteurs n'impliquent nullement la haine de l'Empire. Rien qui ressemble à une antipathie de race ne se voit dans les documents[5]. On n'y trouve non plus

---

[1] Jordanès, *De rebus geticis*, 28, édit. Closs, p. 106 [édit. Mommsen, p. 95] : *En, inquit, cerno quod sæpe incredulus audiebam, famam videlicet tantæ urbis; et huc illuc oculos volvens, nunc situm urbis commeatumque navium, nunc mœnia clara prospectans miratur populosque diversarum gentium, sic quoque militem ordinatum : Deus, inquit, sine dubio terrenus est imperator.*

[2] Ibidem, 57, p. 193 [p. 132] : *Imperator Zeno Theodoricum inter proceres palatii conlocavit....*

[3] Ibidem, p. 194 [p. 135, § 291] : *Ego qui sum servus vester et filius.*

[4] Jordanès termine son livre *De rebus geticis* en déclarant qu'il a écrit, non à la louange des Goths, mais à la louange de leur vainqueur, *nec tantum ad eorum laudem quantum ad laudem ejus qui vicit*. Son autre livre, *De Summa temporum*, est tout à la gloire de Rome ; aussi croit-il que l'Empire romain durera jusqu'à la fin du monde (c. 3) [édit. Mommsen, p. 9, § 84]. [Cf. plus haut, p. 245.]

[5] Il est vrai qu'Orose dit que [Radagaise et] les Goths *omnem Romani generis sanguinem diis suis propinare devoverant* (VII, 37) ; mais beaucoup de faits qu'il cite prouvent que ce sentiment de haine féroce n'était pas général même chez les Goths.

aucune apparence de dédain pour la civilisation romaine. On ne voit à aucun signe qu'ils aient maudit la richesse, le bien-être, le luxe des habitants de l'Empire. Quelques modernes ont pu se figurer qu'ils avaient substitué des mœurs pures à des mœurs corrompues; mais c'est là une conjecture que rien n'appuie, les textes ne démontrant ni la corruption des uns ni la pureté universelle des autres. L'histoire ne montrera pas que les Germains aient remplacé les habitudes romaines par de nouvelles règles de vie. Ils n'ont fait la guerre ni aux villes, ni à la propriété foncière, ni au luxe des repas ou des bains. Les théâtres sont tombés sous la réprobation de l'Église chrétienne; le commerce et la richesse ont diminué par l'effet du trouble social. Beaucoup de monuments romains ont été brûlés ou renversés dans le désordre des invasions, mais la volonté de les détruire n'apparaît nulle part, et aussi en est-il resté debout un plus grand nombre qu'il n'en est tombé[1]. Ces Germains ont d'ailleurs adopté les arts de l'Empire et ont continué à construire suivant les types romains. Ils ont pu être d'une grande ignorance; encore n'avaient-ils aucune haine ni pour les livres, ni pour les écoles, ni pour la langue : ils se sont hâtés d'apprendre le latin ; ils ont composé des discours et des poésies en latin. La pensée de substituer leur religion nationale à la religion qui prévalut alors dans l'Empire ne leur vint pas à l'esprit. Quant au désir de renverser les institutions impériales pour les remplacer par des institutions germaniques, les documents n'en parlent jamais, et ce désir ne peut être saisi dans les textes; si

[1] Sauf dans quelques villes de la région rhénane, sans cesse exposées. En Gaule, les grandes ruines datent du IXe siècle et sont l'effet des incursions des Normands.

les institutions se sont en effet modifiées par suite de l'entrée des Germains, au moins est-il certain que ce changement n'a pas été le résultat d'une volonté arrêtée ni d'un parti pris.

Il nous paraît donc que ce serait une opinion tout à fait inexacte de croire que les invasions des Germains aient eu pour cause une antipathie de race ou un sentiment d'hostilité pour la civilisation et les institutions romaines. Ces violentes et aveugles haines qui remplissent aujourd'hui le cœur du Germain étaient inconnues à ses ancêtres. Pour les Germains d'alors, « l'ennemi héréditaire », c'est le Germain.

4° [LA VRAIE CAUSE DE L'INVASION GERMANIQUE.]

La pensée de poursuivre une race étrangère et détestée ne se manifeste jamais chez les Germains; dans leurs invasions mêmes, l'historien ne rencontre aucun de ces traits qui caractérisent une guerre de races. Si les Germains sont entrés dans l'Empire, ce n'est assurément ni le patriotisme ni la haine qui les a poussés.

Les invasions ont été quelquefois attribuées à l'excès de population et à la surabondance de force; mais cette conjecture a contre elle l'observation des faits. C'est une étrange erreur que d'avoir cru que la Germanie fût « une pépinière de nations¹ », comme si l'humanité y avait été plus féconde qu'ailleurs. La barbarie n'est jamais

---

¹ *Officina gentium et vagina nationum*. On a souvent répété ces paroles de Jordanès (*De rebus geticis*, c. 4, § 25); mais dans le texte elles ne s'appliquent pas à la Germanie : elles s'appliquent à la Scandinavie, dont les Goths étaient ou se croyaient originaires. Encore faut-il, pour comprendre ce texte, le rapprocher d'un passage du chapitre 6 (17 dans d'autres éditions) où l'historien rapporte que les Goths partirent de la Scandinavie sur trois navires seulement. Cette tradition se rapporte à une

féconde. Comment la population aurait-elle été nombreuse sur un sol qui était alors couvert de forêts et de marécages, chez des peuples peu laborieux et qui ignoraient l'industrie, dans un état social troublé par des guerres incessantes? Tacite dit que de son temps la population n'était pas en rapport avec l'étendue du sol et qu'il y avait en Germanie plus de champs qu'on n'en pouvait cultiver. S'il en était ainsi dès le temps de Tacite, cela fut encore plus vrai après lui, lorsque quelques-uns de ces peuples, comme les Bructères et les Chérusques, eurent été exterminés par leurs voisins, lorsque plusieurs autres eurent été détruits par les armes de Rome, lorsque le reste se fut affaibli dans de longues luttes intestines. Ce ne fut certainement pas parce qu'ils étaient trop nombreux et trop forts que les Germains attaquèrent l'Empire.

Quelques historiens ont accusé l'extrême avidité de cette race et ont cru que l'invasion n'avait été qu'un grand brigandage. Il est incontestable que l'amour de l'or, qui est commun à la nature humaine, se rencontre chez ces Germains comme chez tous les peuples. Il ne faut pourtant rien exagérer. Ces hommes avaient les vertus et les vices de toutes les sociétés; mais ils n'avaient ni vertus ni vices qui leur fussent propres. S'ils aimaient l'or, ils aimaient aussi la terre; ils pouvaient devenir laborieux; ils l'auraient été dans leur pays si l'état social de la Germanie eût permis le travail.

époque très reculée, plusieurs siècles avant l'ère chrétienne, comme on peut le voir par la suite du récit. Jordanès n'a jamais dit que ni la Germanie ni la Scandinavie fussent des pépinières de populations humaines. Il reproduit simplement de très vieilles légendes sacrées, *in priscis carminibus* (c. 4), dans lesquelles les nations gothiques prétendaient avoir la Scandinavie pour berceau. Les historiens modernes ont tiré de ces quelques mots des conclusions singulièrement exagérées.

Il y a autant d'injustice à supposer qu'une immense convoitise arma cette population contre les richesses de l'Empire, qu'il y a d'ingénuité à prétendre, ainsi que d'autres l'ont fait, que ce fut l'amour de la vertu qui les lança contre ce qu'on appelle la corruption romaine. Car chacun, suivant ses haines, a rabaissé ou exalté ces Germains, comme s'ils étaient les pères des Allemands d'aujourd'hui.

La vraie cause des invasions se trouve dans les désordres intérieurs et dans les révolutions sociales qui bouleversèrent la Germanie durant ces quatre siècles. On doit en effet remarquer que, dans tout cet intervalle de temps, chaque fois qu'un peuple germain fait une tentative d'invasion, c'est qu'il a été chassé du pays qu'il occupait par un autre peuple[1]. Souvent aussi les envahisseurs ne sont autres qu'un parti qui a été vaincu dans une guerre civile. C'est parce qu'une révolution intérieure les chasse, que ces hommes cherchent à pénétrer dans l'Empire. Ils demandent des terres, non pas parce que la terre manque en Germanie, mais parce que les haines de leurs voisins ou de leurs compatriotes leur interdisent d'y rester. Il y a deux séries de faits qui se correspondent, les guerres intestines en Germanie et les incursions dans l'Empire[2].

Ce qui précipita surtout l'invasion, ce fut cette ruine

---

[1] C'est ce que César constatait déjà : *Venisse invitos, ejectos domo* (IV, 7). — *Causa transeundi fuit quod agri cultura a Suevis prohibebantur* (ibidem, IV, 1). — Strabon (IV, 3) : Ἐξελαυνόμενοι κατέφευγον. — Tacite, XIII, 55 : *Pulsi a Chaucis et sedis inopes. Germania*, 29 : *Seditione domestica (pulsi).*

[2] Tacite, *Annales*, XIII, 55 : *Eosdem agros Ansibarii occupavere, quia pulsi a Chaucis et sedis inopes tutum exsilium orabant.* Idem, *Germania*, 29 : *Batavorum populus seditione domestica in eas sedes transgressus.* — Strabon, IV, 3, 4 : Ὑπ' ἄλλων ἐξελαυνόμενοι κατέφευγον ἐς τὴν ἐντὸς τοῦ Ῥήνου.

des institutions et des mœurs germaines que nous avons signalée plus haut. Le régime de l'ancien État germain s'affaissa partout; avec lui, l'ordre, l'organisation sociale, tous les goûts et toutes les habitudes de la vie sédentaire disparurent. A tout cela succéda le régime de la bande guerrière, c'est-à-dire la vie instable, le dégoût pour la culture du sol des ancêtres, l'absence de mœurs et d'idées fixes. Que l'on observe attentivement chacune de ces tentatives d'invasion qui se renouvellent pendant quatre siècles, on en comptera infiniment peu qui soient faites par des peuples organisés : elles le sont par des bandes guerrières[1].

On remarquera même que, dans les deux premiers siècles, les peuples avaient été ordinairement alliés de Rome, tandis que les bandes sorties de ces mêmes peuples étaient ses ennemies. La plupart des chefs réguliers des États germains professaient hautement qu'il était utile et même patriotique de s'allier à Rome, tandis que les chefs des bandes guerrières tenaient le langage opposé. Les premiers comprenaient que l'alliance romaine, sans nuire beaucoup à la liberté, était la garantie de l'état sédentaire et du progrès. Mais ces espérances de ce qu'il y avait de plus éclairé en Germanie furent trompées, et la désorganisation se continua toujours; les révolutions furent incessantes, et à la fin les peuples mêmes disparurent, en ne laissant plus d'eux que des bandes guerrières.

[1] Aussi arrivait-il que, si les légions romaines pour châtier une agression se présentaient sur le territoire du peuple d'où cette agression était partie, on pouvait presque toujours leur dire ce que les Quades dirent à Valentinien : *Nihil ex communi mente procerum gentis delictum, sed per extimos quosdam latrones* (Ammien, XXX, 6). Le mot *latrones* désigne ici la bande d'aventuriers que le peuple renie. Pareilles observations se rencontrent plusieurs fois dans les écrivains du temps.

A partir de ce moment, il n'y eut plus rien en Germanie qui fût capable de retenir les hommes et de les fixer au sol. Partout l'état sédentaire fit place à l'état instable. La vraie Germanie était dissoute; alors les mêmes éléments de trouble qui l'avaient décomposée se portèrent contre l'Empire romain.

Aussi peut-on constater que c'est dans le moment où la Germanie était le plus bouleversée et le plus en désarroi que les invasions ont redoublé d'intensité. Sous l'empereur Auguste elles avaient été peu dangereuses; elles commencent à le devenir sous Marc-Aurèle; à mesure que les institutions sociales de la Germanie s'affaiblissent et que la série des révolutions brise les peuples, le nombre des envahisseurs augmente. Sous Honorius, la Germanie est devenue presque un désert dans lequel toutes les hordes nomades des Slaves et des Huns circulent à l'aise, et c'est à ce moment même que l'invasion est dans toute sa force. Tant il est vrai qu'en tout cela il ne s'agissait pas d'une lutte entre deux races ou entre deux nations. La lutte était entre l'Empire romain et le régime de la bande guerrière, c'est-à-dire entre l'état sédentaire et l'état instable. Le théâtre de cette lutte avait été d'abord au delà du Rhin, et les peuples germains en avaient été les premières victimes. Quand le mal eut dévoré la Germanie, il attaqua l'Empire.

CHAPITRE IV

Les vraies invasions germaniques.

Les sociétés en dissolution sont toujours un dangereux voisinage. Si faibles qu'elles soient, elles ont toujours la faculté de nuire. Incapables de rien fonder chez elles, elles peuvent détruire ce qui est à leur portée. Il n'est pas d'empire, si fortement constitué qu'il soit, qui puisse vivre en sûreté à côté d'elles.

Entre civilisés et barbares, la lutte n'est pas égale. Les nations civilisées appliquent les neuf dixièmes de leurs forces à la paix et au travail; les barbares appliquent à la guerre tous leurs bras et toute leur âme. Il peut donc arriver que des sociétés très fortes soient matériellement vaincues par des sociétés très faibles.

Rome, avant de connaître les Germains, s'était toujours attaquée à des populations bien assises. Les Gaulois mêmes et les Espagnols étaient fixés au sol et avaient des villes. Les populations ondoyantes et instables qui sortirent de la Germanie lui firent une guerre d'un genre nouveau. Ce n'est pas la même chose d'avoir à lutter contre un État régulièrement constitué ou contre une société sans organisation. On connaît le premier : on sait ce que sont ses forces et où elles sont; on peut prévoir comment et de quel côté il attaquera. On distingue aussi les points qu'il faut attaquer en lui et les organes vitaux contre lesquels doivent porter les coups. On devine ses desseins, parce que ses desseins ont toujours quelque suite; on peut avoir avec lui des négociations, des traités, un droit international; on a avec lui un fonds d'idées communes qui fait que la guerre est loyale et la paix à peu près sûre. Rien de semblable avec la société ou barbare ou désorganisée. On ne peut savoir ses desseins, puisqu'elle-même n'en a pas d'arrêtés. On ne sait où sont ses forces, puisqu'elles se déplacent toujours. On ne peut la frapper à son centre et à son cœur, puisqu'elle n'a pas de capitale. On ne peut traiter avec elle, parce que les pouvoirs avec qui l'on traiterait, ou manquent de stabilité ou manquent de bonne foi. Il n'y a pas de lois avec elle, puisqu'elle n'en a pas en elle-même. C'est un ennemi insaisissable, contre lequel aucune victoire ne sert, avec lequel aucun traité n'a de valeur. Une telle guerre déroute les règles de la stratégie comme celles de la morale[1]. Attendre l'ennemi chez soi est dangereux, parce qu'on ne peut jamais prévoir de quel côté il attaquera; le poursuivre chez lui est plus dangereux encore, parce qu'en un pays barbare l'armée d'un peuple civilisé ne peut pas vivre.

Il n'y avait aucune proportion entre la puissance de

---

[1] Les Romains n'avaient pas contre la Germanie de frontière vraiment fortifiée. Le *limes* n'était qu'une ligne souvent fictive ou marquée par un mince fossé. Quelques archéologues modernes qui l'ont retrouvé et étudié ont pu croire qu'il n'était qu'une pure démarcation et une ligne de douane, plus à l'adresse des Romains que des Germains; telle est du moins l'opinion de Cohausen. Nous pensons plutôt que ce *limes* était une ligne d'arrêt contre les Germains, mais ligne si faible et si peu profonde, qu'il ne pouvait jamais les arrêter quand il n'y avait pas de légions. Il exigeait d'ailleurs pour être défendu un nombre de soldats que les Romains n'eurent jamais. Le tracé de ce *limes* a été fort bien établi par M. Haupt, *Der rœmische Grenzwall in Deutschland*. — En arrière il y avait quelques villes fortes; mais les forteresses qui peuvent arrêter les armées d'un peuple civilisé sont de peu d'effet contre des hordes. C'est que les armées civilisées ne s'avancent que par des routes régulières, et ont besoin de ces routes pour leurs bagages et leurs approvisionnements. Les hordes qui n'ont pas de bagages et qui vivent de pillage passent à côté des routes.

l'Empire et la faiblesse des Germains; pourtant ces Germains soutinrent contre l'Empire une guerre sans fin, le menacèrent plus d'une fois de la ruine, et telle fut enfin l'issue de la lutte, que l'Empire parut être vaincu et détruit par leurs armes.

On est ordinairement tenté de regarder l'entrée des Germains dans l'Empire comme un événement un et simple qui se serait opéré sous une seule forme, celle d'une invasion à main armée. C'est, au contraire, un événement très complexe, qui ne s'est accompli qu'en plusieurs siècles et qui s'est accompli sous des formes très diverses. La seule méthode pour l'étudier et le comprendre est la méthode analytique. Il faut le décomposer en ses diverses parties, et l'examiner par ses différents côtés.

Les Germains sont entrés dans l'Empire de cinq manières : 1° comme envahisseurs et ennemis; 2° comme sujets de Rome, et sujets volontairement; 3° comme esclaves, colons, ou sujets malgré eux; 4° comme soldats de l'Empire et soldats toujours fidèles; 5° comme soldats de l'Empire, mais soldats infidèles ou exigeants qui, après l'avoir défendu, s'en sont emparés.

Commençons par observer ceux qui sont entrés en envahisseurs et en ennemis, et passons en revue leur histoire.

1° [DEPUIS CÉSAR JUSQU'A PROBUS.]

Nous ne remonterons pas aux Cimbres et aux Teutons; ils furent anéantis par Marius. Puis vint Arioviste avec ses 120 000 Germains. Ce chef de bandes guerrières fut repoussé par César, et ses bandes à peu près exterminées. Toutes les invasions tentées au temps d'Auguste furent arrêtées de même, et l'on sait que le désastre de Varus et le massacre de ses trois légions surprises en pleine paix furent complètement vengés[1]. Plus tard, quand le Batave Civilis ouvrit la Gaule à des hordes de Bructères et de Tenctères, tout cela fut rejeté au delà du Rhin. En cent cinquante années d'efforts, la Germanie n'avait pas entamé l'Empire; tout au contraire, il s'était formé sur la rive du Rhin deux provinces toutes romaines sous ce même nom de Germanie qui n'était nullement hostile. La population y était germaine de naissance, ayant été admise ou amenée de force par le gouvernement romain lui-même; mais elle était toute romaine par la fidélité, par l'obéissance, par les habitudes de la vie et même par la langue. Là s'élevaient les grandes villes de Cologne, Mayence, Trèves, Coblentz, Strasbourg, Bâle. Ces villes, couvertes de monuments, de temples, de basiliques, d'amphithéâtres, remplies d'une population laborieuse et riche, n'avaient rien de commun avec la Germanie d'au delà du Rhin; elles prouvaient seulement de quels progrès la race germanique était capable et ce qu'aurait pu devenir la Germanie elle-même si elle avait eu dès lors des institutions fixes.

Vers le milieu du second siècle, le désordre redoubla dans le pays et eut pour résultat immédiat une nouvelle poussée contre les frontières romaines. Marc-Aurèle lutta vingt ans avec la plus grande énergie contre cette tentative d'invasion, et les frontières ne furent pas franchies.

Plusieurs peuples, « poussés par d'autres barbares,

---

[1] Florus, IV, 12; Velléius, II, 117-119; Tacite, *Annales*, I, 55-60; Strabon, VII, 1, 4.

demandèrent à être reçus dans l'Empire¹ », pénétrèrent jusqu'à Aquilée, mais reculèrent à l'approche d'une armée romaine ; puis, pour obtenir la paix, ils massacrèrent ceux de leurs chefs qui étaient hostiles à l'Empire² ; les Quades s'engagèrent même à soumettre l'élection de leur roi à la confirmation de l'empereur³. Pareils mouvements recommencèrent bientôt : Marcomans, Vandales, Sarmates, Victovales, Quades firent irruption en Pannonie ; Marc-Aurèle détruisit ces bandes et délivra la province⁴. Il pénétra en Germanie, où la guerre dura plusieurs années⁵ ; Marcomans, Quades, Iazyges firent leur soumission⁶ ; plusieurs peuples consentirent à payer un tribut⁷ ; il mit des garnisons chez les Marcomans et chez les Quades⁸. Il est probable qu'elles n'y restèrent pas longtemps ; au moins est-il certain que les invasions furent arrêtées.

Au siècle suivant, Alexandre Sévère « souffrait de voir la Gaule pillée par les ravageurs germains⁹ » ; il se

¹ Jules Capitolin, *Marcus*, 14 : *Marcomannis cuncta turbantibus, aliis etiam gentibus, quæ pulsæ a superioribus barbaris fugerant, nisi reciperentur, bellum inferentibus.*
² Ibidem : *Plerique reges et cum populis suis se retraxerunt et tumultus auctores interemerunt.*
³ Ibidem : *Quadi, amisso rege suo, non prius se confirmaturos eum qui erat creatus dicebant quam id nostris placuisset imperatoribus.*
⁴ Ibidem, 17 : *Pannonias, Marcomannis, Sarmatis, Vandalis, simul etiam Quadis extinctis, servitio liberavit.*
⁵ Ibidem, 27.
⁶ Ibidem, 22 : *Accepit in deditionem Marcomannos.* — Dion Cassius, LXXI, 11 : Πολλοὶ πρὸς αὐτὸν ἦλθον... εἰρήνην αἰτούμενοι... Κούαδοι, ἵππους καὶ βοῦς πολλὰς ἔδωκαν... καὶ ἕτεροι συχνοὶ παραδώσοντες ἑαυτοὺς ἐπρεσβεύσαντο.
⁷ Cela ressort de Dion Cassius, LXXI, 19, où il est dit que, quelque temps après ses victoires, Marc-Aurèle accorda à plusieurs de ces peuples une remise perpétuelle ou temporaire du tribut ».
Dion Cassius, LXXI, 20 : Les Marcomans et les Quades se plaignirent des abus que commettaient 20 000 soldats romains qui avaient été établis en garnison dans leur pays (édit. Gros-Boissée, t. X, p. 38-40).
⁹ Lampride, *Alexander Severus*, 59 : *Erat gravissimum ipsi quod*

disposait à les frapper chez eux lorsqu'il mourut. Son successeur Maximin reprit son projet, pénétra en Germanie, « brûla les villages, enleva les troupeaux, tua une foule d'ennemis, emmena d'innombrables captifs[1] ».

Sous les règnes troublés de Valérien et de Gallien, les irruptions recommencèrent. Zosime raconte que des Goths, des Boranes, des Urugundes, des Carpes, des Marcomans, ravagèrent la Thrace et même la Grèce, tandis que les Perses attaquaient l'Asie et d'autres Germains la Gaule[2]. « Gallien tint tête à ces derniers : tantôt il les empêchait de passer le Rhin ; tantôt, s'ils l'avaient passé, il les arrêtait ; mais contre ces multitudes partout présentes il avait peu de troupes ; il s'entendit avec un des chefs germains, fit un traité avec lui, et désormais ce chef empêcha ses compatriotes de franchir le fleuve ou repoussa ceux qui l'avaient franchi[3]. »

Mais d'autres barbares ravageaient l'Italie ; Gallien y courut[4]. Pendant ce temps, Postumus, qu'il avait laissé en Gaule [à la tête des armées], se fit empereur[5]. Ce vaillant soldat réussit du moins à repousser les en-

---

Germanorum vastationibus Gallia diripiebatur, pudoremque augebat quod, victis jam Parthis, ea natio imminebat reipublicæ cervicibus quæ semper etiam minusculis imperatoribus subjecta videbatur.

[1] Jules Capitolin, *Maximini*, 12 : *Vicos incendit, greges abegit, prædas sustulit, barbarorum plurimos interemit, cepit innumeros.* — Hérodien, VII, 2.

[2] Zosime, I, 27-29 : Γότθοι καὶ Βοράνοι καὶ Οὐρουγοῦνδοι καὶ Κάρποι τὰς κατὰ τὴν Εὐρώπην ἐλήιζοντο πόλεις ; (édit. Bekker, p. 26).

[3] Zosime, I, 30 ; Aurélius Victor, *De Cæsaribus*. — Gallien ne paraît pourtant pas avoir réussi à empêcher des Francs « de traverser la Gaule entière en la pillant et de pénétrer jusqu'en Espagne » (Aurélius Victor, ibidem). — Grégoire de Tours, I, 30, parle aussi des pillages qu'une troupe d'Alamans aurait poussés jusqu'en Auvergne.

[4] Zosime, I, 37-38.

[5] Idem, I, 40 ; Trébellius Pollion, *Gallieni*, 4.

vahisseurs et à les rejeter au delà du Rhin[1]. La mort de Postumus fut le signal de nouvelles incursions ; les barbares prirent et brûlèrent plusieurs villes ; mais ils furent repoussés par Lollianus et ces villes furent relevées[2]. Puis vinrent Victorinus et Tétricus, dont l'historien dit « qu'ils furent donnés par la Providence pour empêcher les Germains de s'emparer du sol de l'Empire[3] ».

Pendant ces années, la Gaule avait enduré des souffrances inouïes. Les écrivains du temps ne sont pas venus jusqu'à nous pour en témoigner ; mais les traces s'en voient encore. En effet, tous les restes de fortifications élevées au IVe siècle dans le nord-est de la Gaule montrent que ces murailles ont été construites avec les débris de monuments du siècle précédent. Beaucoup de villes avaient donc été ruinées. Du moins le mal avait été passager, et il fut si bien réparé, que les écrivains de l'âge suivant qui sont venus jusqu'à nous, ne paraissent pas s'en souvenir. De ces grandes irruptions et de ces cruels ravages du IIIe siècle il n'est rien resté.

Sous Claude II, c'est surtout l'Orient qui est la proie

---

[1] Trébellius Pollion, *Gallieni*, 4 : *Postumus Gallias ab omnibus circumfluentibus barbaris validissime vindicavit.* — Aurélius Victor, *De Cæsaribus*, 33 : *Explosa Germanorum multitudine.* — Chronique d'Eusèbe, anno 260.

[2] Trébellius Pollion, *Tyranni triginta*, 5 : *Et Lollianus nonnihil reipublicæ profuit, nam plerasque Galliæ civitates, nonnulla etiam castra quæ Postumus in solo barbarico ædificaverat quæque interfecto Postumo subita inruptione Germanorum et direpta fuerant et incensa, statum in veterem reformavit.*

[3] Ibidem : *Adsertores romani nominis exstiterunt ; quos datos divinitus credo ne possidendi romanum solum Germanis daretur facultas.* L'historien ne veut pas dire que ces Germains fussent par eux-mêmes très redoutables ; il dit, dans l'ensemble de son chapitre, que, pendant que Gallien perdait l'État par son incurie, les incursions simultanées des Perses, des Goths et des Germains auraient pu détruire l'Empire.

de l'invasion. Déjà quelques années auparavant, des bandes de Goths avaient pénétré jusqu'en Grèce ; vaincues par les Grecs, on leur avait pourtant permis de retourner dans leur pays[1]. Ces mêmes Goths, auxquels se joignirent des Hérules, des Grutunges, des Ostrogoths, des Peuces, des Sigypèdes[2], formant ensemble une multitude que les historiens évaluent à 320 000 guerriers[3], s'embarquèrent sur 6000 navires[4], et, par le Pont-Euxin et la mer Égée, tentèrent une grande irruption dans l'Empire ; mais une grande partie périt dans des naufrages[5] ; une autre partie, qui put débarquer près de Thessalonique, fut écrasée dans les gorges des montagnes, où il périt 50 000 barbares[6] ; un autre groupe, qui ravagea quelque temps la Macédoine, fut vaincu par les troupes impériales et ce qui échappa à la mort fut fait prisonnier[7]. De ces 320 000 barbares, il ne resta dans l'Empire que des captifs[8].

[1] Trébellius Pollion, *Gallieni*, 13 : *A Byzantiis ducibus victi sunt barbari.... Deinceps Achaiam omnem vastaverunt et ab Atheniensibus, duce Dexippo, victi sunt,... Gallienus plurimos interemit.... Fugere sunt conati.* — Idem, *Claudius*, 6 : *Illi Gothi qui evaserant eo tempore quo illos Marcianus est persecutus.* — Zosime, I, 40.

[2] Trébellius Pollion, *Claudius*, 6 : *Gothi omnes gentes suorum ad romanas incitaverunt prædas, Scytharum diversi populi, Peuci, Grutungi, Austrogoti, Virtingui, Sigypedes, Celtæ etiam et Eruli, prædæ cupiditate in romanum solum irruperunt.*

[3] Ibidem : *Armatarum gentium trecenta viginti milia tunc fuere.*

[4] Zosime, I, 42. Trébellius Pollion. c. 8, ne parle que de 2000 navires.

[5] Zosime, I, 42. Trébellius Pollion, *Claudius*, 9 : *Multi naufragio perierunt.*

[6] Zosime, I, 43. Trébellius Pollion, 9 : *Pugnatum est apud Mœsos, multa prœlia fuerunt apud Marcianopolim... plerique capti reges.... ubique victi sunt Gothi.*

[7] Zosime, I, 45-46. Trébellius Pollion, *Claudius*, 8 : *Claudius dua milia navium barbararum et trecenta viginti milia armatorum delevit, oppressit, adtrivit.*

[8] Trébellius Pollion, 8 : *Nunc cum omnibus familiis romano servitio deputavit.* — Quelques-uns restèrent comme soldats incorporés dans les troupes romaines, beaucoup comme colons attachés à la glèbe : Ὅσοι

Aurélien, qui succéda à Claude II, arrêta une irruption d'Alamans[1]. Les Marcomans franchirent les Alpes et arrivèrent jusqu'à Milan, dont ils ravagèrent les environs; mais, après une première victoire près de Plaisance, qui mit l'Italie en danger, ils furent vaincus[2] et l'on n'entendit plus parler d'eux[3].

Après la mort d'Aurélien, la Gaule fut encore envahie. « Elle fut un moment, dit l'historien Vopiscus, au pouvoir des Germains[4]. » Soixante villes furent dans leurs mains avec un butin immense, et ils se répandirent en Gaule, courant çà et là sans rencontrer aucune résistance[5]. Survint Probus, qui leur livra plusieurs combats, tua, dit-on, 400 000 de ces ravageurs,

διεσώθησαν, ἢ τάγμασι Ῥωμαίων συνηριθμήθησαν ἢ γῆν λαβόντες εἰς γεωργίαν προσικαρτέρησαν (Zosime, I, 46). Cf. Trébellius Pollion, 9 : *Inpletæ barbaris servis provinciæ... nec ulla fuit regio quæ Gothum servum non haberet.* [Cf. *Recherches sur quelques problèmes d'histoire*, p. 42 et suiv.] — Zosime ajoute qu'on fit tant de femmes prisonnières, que chaque soldat romain en eut deux ou trois pour sa part. Il nous a été conservé une lettre d'Aurélien au sujet de femmes *optimates Gothicæ* internées à Périnthe (Vopiscus, *Bonosus*, 15).

[1] Zosime, I, 49; Vopiscus, *Probus*, 12 : *Testes Franci in inviis strati paludibus, testes Germani et Alamanni longe a Rheni summoti littoribus.*

[2] Vopiscus, *Aurelianus*, 18 : *Accepta est clades a Marcomannis... postea tamen Marcomanni superati sunt.... quos omnes Aurelianus carptim vagantes excidit.* — Plus loin l'historien mentionne une défaite près de Plaisance; mais cette défaite fut suivie d'une victoire, qu'il attribue aux dieux des païens (idem, 21).

[3] Ammien, XXXI, 5, 17 : *Per longa sæcula siluere inmobiles.*

[4] Vopiscus, *Probus*, 13 : *Galliæ, interfecto Aureliano, a Germanis possessæ.* Pour qui connaît les habitudes de langage de cette époque, il est clair qu'il ne faut pas prendre à la lettre cette expression de Vopiscus. Il ne veut pas dire que les Germains eussent entièrement conquis la Gaule; il veut dire seulement qu'ils y faisaient des incursions sans y rencontrer de résistance. C'est d'ailleurs l'habitude des écrivains de l'Histoire Auguste d'exagérer chaque danger pour attribuer plus de mérite au vainqueur.

[5] Ibidem : *Cum jam in nostra ripa, immo per omnes Gallias securi vagarentur.*

reprit toutes les villes, et, la Gaule délivrée, envahit à son tour le pays des Germains et en rapporta un immense butin[1]. Neuf rois vinrent se jeter à ses pieds, lui livrèrent des otages, et lui payèrent une contribution de guerre en blé et en bestiaux[2]. Il établit des camps fortifiés et des garnisons en Germanie[3]. Zosime raconte les victoires de Probus sur des Francs, des Burgondes et des Vandales[4].

Nous voudrions savoir avec exactitude quel était le sentiment des populations de l'Empire au sujet de ces Germains envahisseurs. On a supposé qu'elles étaient dans un état de perpétuelle terreur et qu'elles pressentaient leur ruine. C'est une impression que nous pouvons leur attribuer après coup, mais ce n'est pas celle qui est exprimée par les documents de l'époque. On y voit, à la vérité, que les provinces frontières, dès qu'elles se trouvaient dégarnies de troupes, tremblaient, et que, si les villes résistaient ordinairement derrière leurs murailles, les campagnes n'offraient aucune résistance; l'Empire ne connaissait plus les levées en masse, et la population

[1] Vopiscus, *Probus*, 13 : *Cæsis prope quadringentis milibus, reliquias ultra Nigrum fluvium et Albam removit, tantum his prædæ barbaricæ tulit quantum ipsi Romanis abstulerant.* — Chronique d'Eusèbe, anno 277.

[2] Ibidem, 14 : *Quamdiu reguli novem ex diversis gentibus venirent atque ad pedes Probi jacerent; quibus ille primum obsides imperavit, qui statim dati sunt, deinde frumentum, postremo etiam vaccas.*

[3] Ibidem, 15 : *Castra in solo barbarico posuit atque illic milites collocavit; agros, horrea, et domus et annonam Transrhenanis omnibus fecit quos in excubiis collocavit.*

[4] Zosime, I, 67-68. Cet historien n'a pas les exagérations de Vopiscus. Il ne dit pas que « les Gaules aient été possédées » par les barbares, mais seulement que les villes de la province de Germanie furent menacées. Après les avoir délivrées, Probus fit la guerre contre les Logiens, peuple germain, les vainquit, les reçut à discrétion, ἱκέτας ἐδέξατο, leur imposa des conditions de paix, ἐπὶ ῥηταῖς ὁμολογίαις ἠφίει. Plus tard un de ses généraux battit les Francs, et lui-même les Burgondes et les Vandales.

civile avait perdu l'habitude des armes. Si les légions
étaient vaincues sur le Rhin, la Gaule était perdue sans
ressource; si elles étaient vaincues sur le Pô, Rome
même pouvait tomber aux mains des barbares. Aussi
les documents signalent-ils des terreurs ou locales ou
passagères. Mais il est bien digne de remarque que l'on
n'y rencontre jamais un sentiment de désespérance.
Les ravages et la peur étaient vite oubliés. Il ne semble
pas qu'on ait vu un danger très sérieux pour l'avenir.
Que ces Germains dussent un jour détruire l'Empire
et prendre sa place, c'est une pensée que l'on ne rencontre jamais. On croyait à l'éternité de l'Empire[1], et
nous ne voyons à aucun signe que l'on ait cru à un
grand avenir des Germains. La supériorité militaire des
armées romaines était incontestable; aussi, sauf deux
défaites, les voyait-on toujours victorieuses, même d'ennemis bien plus nombreux. C'était la Germanie qu'on
croyait facile à conquérir. On disait que Marc-Aurèle
aurait réduit en province tout le pays des Marcomans
et des Sarmates s'il n'avait été rappelé par la révolte
et l'usurpation d'Avidius Cassius[2]. On disait que Maximin avait été tout près de conquérir toute la Germanie et que les Germains n'avaient été sauvés que par
leurs marécages et leurs forêts[3]. La confiance était telle,

---

[1] Ammien croyait à l'éternité de Rome: *Victura cum sæculis Roma*
(Ammien, XXVI, 1, 14).

[2] Jules Capitolin, *Marcus*, 24 : *Voluit Marcomanniam provinciam,
voluit etiam Sarmatiam facere, et fecisset, nisi Avidius Cassius rebel-
lasset.*

[3] Idem, *Maximini duo*, 12 : *Nisi Germani a campis ad paludes et
silvas confugissent, omnem Germaniam in romanam ditionem redegis-
set.* Nous n'avons pas besoin de dire combien la pensée de la conquête
de la Germanie était chimérique. Il est très regrettable que tous les écrits
du IIIe siècle aient péri et que nous ne puissions entrevoir l'état d'esprit de cette époque que par les écrivains de l'Histoire Auguste.

qu'après les victoires de Probus on se prit à penser que, « toutes les nations barbares étant soumises, l'Univers étant en paix, l'Empire n'aurait plus besoin de soldats ni d'armes et que l'on ne verrait plus jamais de guerres[1] ».

Il faut comprendre ces illusions. D'abord les hommes ne pouvaient juger les Germains comme nous les jugeons; placés à un point de vue absolument différent du nôtre, ils exagéraient peut-être leur faiblesse, comme nous exagérons peut-être leur force. Mais il y avait une autre raison pour que les populations de l'Empire se préoccupassent peu de la Germanie. C'était le temps où la religion chrétienne régnait sur la moitié des âmes, et où la vieille religion païenne, plus ardente que jamais, régnait sur l'autre moitié. Tous les écrits du temps laissent à celui qui les lit cette impression que la pensée qui dominait dans les esprits de ces générations était celle de faire prévaloir l'une ou l'autre des deux croyances. On songeait beaucoup moins à une lutte de races qu'à une lutte de religions[2]. La haine était entre païens et chrétiens; aucun parti ne détestait les Germains, et peut-être même chacun d'eux espérait-il les avoir pour auxiliaires.

2° [DEPUIS PROBUS JUSQU'A THÉODOSE.]

Les incursions recommencèrent après Probus. En 297, une armée d'Alamans pénétra jusqu'auprès de

---

[1] Vopiscus, *Probus*, 20 : *Milites necessarios non futuros. Nonne omnes barbaras gentes subjecerat pedibus totumque mundum fecerat jam romanum?... Romanus jam miles erit nullus. Ubique regnabit secura respublica. Orbis terrarum non arma fabricabitur... nulla erunt bella; ubique pax, ubique romanæ leges.*

[2] Voir, entre cent exemples, ce qui se passe à Rome à l'approche de Radagaise; les païens se soulèvent contre les chrétiens (Orose, VII, 57). [Cf. plus haut, p. 221.]

Langres, où Constance Chlore les arrêta en leur tuant 60 000 hommes[1].

Claude Mamertin signale une irruption qui, s'il fallait ajouter une foi absolue à son langage hyperbolique, aurait été redoutable : « Toutes les nations barbares étaient conjurées pour la ruine de la Gaule; ce n'étaient pas seulement les Burgondions et les Alamans, c'étaient les Chaibons et les Hérules, les plus puissants des Germains, qui se précipitaient sur nos provinces[2]. » Mais il ajoute que les Burgondions et les Alamans furent détruits au milieu de leurs ravages par la faim et par la peste[3]; quant aux Chaibons et aux Hérules, il suffit d'un petit nombre de cohortes pour les anéantir, et pas un d'eux ne retourna dans son pays[4].

Zosime reproche à Constantin d'avoir changé le système militaire de l'Empire et de l'avoir affaibli en retirant les troupes des forteresses et des châteaux que Dioclétien avait établis sur toutes les frontières, pour les répandre en petites garnisons dans les villes de l'intérieur[5]. Si imprudente qu'ait été cette mesure, ce qui fut encore plus funeste, ce furent les horribles guerres

---

[1] Chronique d'Eusèbe, anno 297.

[2] Claude Mamertin, *Panegyricus Maximiano Augusto dictus*, 5 : *Omnes barbariæ nationes excidium universæ Galliæ minabantur, neque solum Burgundiones et Alamanni, sed etiam Chaibones Eruliqué, viribus primi barbarorum....*

[3] Ibidem : *Ceteros quidem perduelles ire passus es in profundam famem, et ex fame in pestilentiam.... Chaibones tamen Erulosque aperto Marte atque uno impetu perculisti, non universo usus exercitu, sed paucis cohortibus.*

[4] Ibidem : *Cuncti Chaibones Eruliqué cuncti tanta internecione cæsi sunt, ut extinctos eos relictis domi conjugibus ac matribus non profugus aliquis e prælio nuntiaret.* — Cf. idem, *Panegyricus genethliacus*, 7 : *Gens Chaibonum Erulorumque deleta, et transrhenana victoria, et domitis oppressa Francis bella piratica.*

[5] Zosime, II, 34.

civiles qui remplirent la première moitié du ɪᴠᵉ siècle. Les luttes entre Constantin et Maxence, entre Constantin et Licinius, entre Constant et Constantin II, entre Constance II et Magnence, épuisèrent le sang des légions[1] et habituèrent l'Empire à ne plus penser aux ennemis du dehors.

Au milieu de ces guerres civiles, les invasions recommencèrent; Magnence et Constance II, uniquement occupés de leur querelle, avaient dégarni les frontières; alors, de 351 à 354, toutes les provinces de l'Empire furent parcourues par les barbares. Les Francs, les Alamans, les Saxons, voyant que le passage du Rhin n'était pas défendu, pénétrèrent en Gaule, et prirent quarante villes voisines du fleuve, non pour s'y établir, mais pour les piller et en emmener la population captive avec un grand butin[2]. La Gaule, privée de toutes forces militaires, était mise à sac[3].

La nature de ces incursions est nettement marquée dans les écrivains du temps. Ils s'accordent à nous représenter les Germains, non comme des conquérants, mais comme des ravageurs. C'est falsifier l'histoire que de se figurer ici des nations émigrantes qui chercheraient un établissement. La théorie moderne qui transforme ces incursions en un grand déplacement de peuples, *Vælkerwanderung*, est contraire aux documents. Voici une anecdote rapportée par l'historien Zosime et qui caractérise bien les barbares. Un Germain, nommé

---

[1] Zosime, II, 54.
[2] Idem, III, 1 : Τεσσαράκοντα πόλεις κατειληφότας, καὶ αὐτὰς ἀναστάτους πεποιηκότας, τοὺς δὲ τούτων οἰκήτορας ἄπειρον ὄντας πλῆθος ληϊσαμένους μετὰ πλούτου λαφύρων ἀναριθμήτου.
[3] Ammien, XV, 5, 2 : *Cum diuturna incuria Galliæ cædes acerbas rapinasque et incendia, barbaris licenter grassantibus, nullo juvante perferrent.*

Charietto, remarquable par sa haute taille et par sa force, avait été longtemps l'un des ravageurs[1]; il imagina de passer du côté des Romains et s'attacha à la ville de Trèves; c'était le temps où les barbares d'outre-Rhin « faisaient des courses dans le pays et pillaient tout[2] ». Charietto, pour défendre ses nouveaux amis, sortait de Trèves chaque nuit, se cachait dans quelque fourré, surprenait quelques compatriotes ivres ou endormis et leur coupait la tête, qu'il avait soin de rapporter et de montrer aux habitants de la ville[3]. Apparemment ces coups de main étaient bien payés, car d'autres barbares, anciens ravageurs comme lui, trouvèrent intérêt à se joindre à lui; il s'en fit peu à peu une troupe assez nombreuse[4]. Julien étant venu à Trèves accepta les services de ce singulier capitaine; car il manquait de troupes régulières et « il ne lui était pas facile de réprimer les incursions de ces barbares qui se dispersaient en petites bandes pour piller la nuit, et qu'on n'apercevait plus pendant le jour ». Julien donc « contre des brigands employa des brigands »; beaucoup de Saliens vinrent grossir la troupe de Charietto. Tous ensemble, la nuit, se jetaient sur les Quades, et « comme ils étaient eux-mêmes habitués au pillage, ils faisaient merveille contre les pillards », jusqu'à ce point que les Quades ayant perdu beaucoup d'hommes vinrent supplier Julien de leur accorder la paix. Beaucoup d'entre eux devinrent soldats de l'Empire, et l'on

---

[1] Zosime, III, 7 : Λῃστεύειν σὺν αὐτοῖς εἰωθώς.

[2] Βαρβάρους τὰς τῇδε κατατρέχοντας πόλεις καὶ τὰ πάντων ἀκωλύτως ληϊζομένους.

[3] Νυκτὸς ἐπιὼν ἤδη παρειμένοις μέθῃ καὶ ὕπνῳ κεφαλὰς ὅσων οἷός τε ἦν βαρβάρων ἀπέτεμε καὶ τοῖς ἐν τῇ πόλει φέρων ἐδείκνυ.

[4] Καὶ ἄλλοι συνεμίγησαν τούτῳ λῃσταὶ καὶ καθ' ἕνα συνιόντες πλῆθος γεγόνασι.

vit ces Quades confondus avec les Saliens de tout à l'heure dans des corps de l'armée impériale[1].

Rien n'est plus précieux pour l'historien que des anecdotes et des détails de cette sorte. Sans eux, on pourrait se complaire à se figurer la marche régulière et presque solennelle d'un grand peuple qui a besoin d'expansion et qui, du droit de sa forte et vertueuse jeunesse, va fonder de nouveaux États. Par eux, l'historien saisit la physionomie vraie de ces envahisseurs.

Parfois les ravageurs se réunissaient par grandes masses et formaient de véritables armées. Ainsi, en 357, plusieurs bandes d'Alamans qui avaient pillé la partie orientale de la Gaule, refoulées par Julien, poussées des Vosges sur le Rhin[2], s'unissent et se concertent[3] avant de passer le fleuve, et livrent une grande bataille près de Strasbourg. Ils essuient une sanglante défaite, sont poursuivis au delà du Rhin, vaincus une seconde fois et détruits[4]. « Pas un barbare ne resta en Gaule[5]. »

---

[1] Zosime, III, 8 : Σαλίους τε καὶ Κουάδων μοῖραν τάγμασιν ἐγκατέλεξε.

[2] Ammien, XVI, 11.

[3] Idem, XVI, 12 : *Alamannorum reges Chonodomarius et Vestralpus, Urius quinetiam et Ursicinus cum Serapione et Suomario et Hortario, in unum robore omni virium suarum collecto, consedere prope urbem Argentoratum.*

[4] Idem, XVI, 12; Zosime, III, 3. Suivant Zosime, Julien leur aurait tué 60 000 hommes; il vaut mieux croire Ammien, qui réduit le nombre de leurs morts à 6000, sans compter, il est vrai, la *multitudo innumerabilis* de ceux qui en fuyant furent noyés dans le Rhin. — On peut admettre que les écrivains païens ont un peu exalté la victoire de Julien; mais les écrivains chrétiens sont, pour le fond, d'accord avec eux. Saint Jérôme, *Chronique, anno* 357 : *Magnæ Alamannorum copiæ apud Argentoratum a Cæsare Juliano oppressæ.* Orose, VII, 29 : *Julianus oppressas ab hostibus Gallias strenuissime in integrum restituit.* Socrate, *Historia ecclesiastica*, II, 47 : Ἰουλιανὸς ἐν ταῖς Γαλλίαις πολλοῖς βαρβάροις συμπλέκει, καὶ νικήσας....

[5] Ammien, XVII, 1 : *Cum nullum barbarum reliquisset in nostris.*

Il faut faire une remarque sur ces grands succès de Julien. On ne peut guère les attribuer aux seuls talents militaires du jeune prince : il sortait des écoles d'Athènes, où il avait appris tout autre chose que la science de la guerre. On ne peut pas les attribuer non plus au nombre de ses troupes : tous les historiens s'accordent à dire qu'il en avait fort peu et que la multitude des Germains était considérable [1]. Ammien Marcellin dit qu'il avait seulement 13 000 hommes [2] et que les Germains étaient 35 000 [3]. Les troupes de l'Empire n'étaient même pas, sauf quelques corps peu nombreux, des troupes d'élite : Julien venait de les lever à la hâte en Gaule, enrôlant des volontaires et leur mettant en mains de vieilles armes qu'il avait trouvées dans un dépôt [4]. Nous ne pouvons expliquer cette grande victoire qu'en admettant qu'en général les soldats de l'Empire étaient fort supérieurs aux Germains. C'est ce qui ressort, en effet, du récit singulièrement précis de ce combat que nous devons à Ammien, personnage qui était un homme de guerre et qui décrit la bataille en homme qui s'y connaît [5]. Il dit que « les Germains l'emportaient par la taille et l'énergie des muscles, les soldats romains par

---

[1] Orose, VII, 29, 15 : *Alamannorum magnam multitudinem parvis copiis fudit.* — Aurélius Victor, *Epitome*, 42 : *Julianus in campis Argentoratensibus cum paucis militibus infinitas hostium copias delevit.* — Eutrope, X, 14 : *A Juliano modicis copiis apud Argentoratum ingentes Alamannorum copiæ exstinctæ sunt.* — Zosime, III, 3.

[2] Ammien, XVI, 12, 2 : *Armatorum tredecim milia tantum remansisse cum Juliano... Is enim numerus eum sequebatur.*

[3] Idem, XVI, 12, 26 : *Hos sequebantur reges numero quinque, regalesque decem, et optimatum series magna, armatorumque milia triginta et quinque ex variis nationibus, partim mercede, partim pacto vicissitudinis reddendæ quæsita.*

[4] Zosime, III, 3. Cependant Ammien cite les *Cornuti*, les *Braccati*, et la *legio Primanorum*, qui paraissent avoir été des troupes aguerries.

[5] Ammien, XXXI, 16, 9 : *Hæc ut miles quondam explicavi.*

la tactique et par la discipline ; les Germains avaient l'impétuosité brutale et désordonnée, les Romains avaient le sang-froid, le calcul, c'est-à-dire les grandes vertus militaires. Les Germains comptaient sur la force du corps, les soldats romains sur les qualités de l'âme[1]. » Ainsi parle un homme qui avait vu de près les Germains et qui avait fait la guerre contre eux[2]. Il décrit la bataille et montre le *barbare* et le *romain* luttant avec un égal courage. Les Germains courent avec plus de vitesse que de bon ordre[3]. Le soldat romain est plus solide[4]; les *antepilani* et les *hastati* forment un mur contre la fougue barbare[5] ; la cavalerie est un moment rompue, mais les légions restent inébranlables[6]. Deux troupes gauloises[7] soutenues par un escadron batave supportent le choc avec une longue ténacité et luttent corps à corps. Enfin la nombreuse infanterie germaine se range en colonne ; les rois et les optimates marchent en tête ; cette masse profonde réussit à enfoncer la première ligne romaine, mais elle vient se heurter contre

---

[1] Ammien, XVI, 12, 47 : *Alamanni robusti et celsiores; milites (romani) usu nimio dociles. Illi feri et turbidi; hi quieti et cauti. Animis isti fidentes, grandissimis illi corporibus freti.* Même observation en une autre circonstance, XXVII, 10, 13.

[2] Il cite un fait qui caractérise l'indiscipline de ces bandes germaines. Le corps d'infanterie obligea ses chefs à descendre de cheval, ne voulant pas qu'en cas d'échec ils eussent un moyen de fuir : *Alamannorum peditum fremitus auditus est unanimi conspiratione vociferantium relictis equis secum oportere versari regales, ne, si quid contigisset adversum, deserta miserabili plebe discedendi copiam reperirent* (Ammien, XVI, 12, 34).

[3] *Properantes cito quam considerato cursu* (XVI, 12, 36). *Incompositi barbari* (ibidem, 44).

[4] *Miles pertinax* (ibidem, 36).

[5] *Antepilanis hastalisque et ordinum primis velut insolubili muro fundatis* (ibidem, 20).

[6] *Gremio legionum protecti.... Ni pedites stetissent inmobiles* (ibidem, 37 et 38).

[7] Les *Cornuti* et les *Braccati*

la *legio Primanorum* qui reste ferme « comme une tour[1] », et ses rangs viennent s'abattre l'un après l'autre sous les coups des légionnaires immobiles; 6000 barbares tombent, le reste se noie dans le Rhin en fuyant. Le roi Chonodomar se rendit; suivant l'historien, il aurait montré l'attitude dégradante d'un esclave; prosterné aux pieds du vainqueur, il aurait imploré sa grâce « avec les prières dont usent les barbares en pareil cas[2] ». Julien l'envoya à Rome, où il mourut bientôt d'une maladie de langueur[3].

Après la mort de Julien, les incursions recommen-

---

[1] *Ardens optimatium globus, inter quos decernebant et reges, sequente vulgo, agmina nostrorum inrupit, adusque Primanorum legionem pervenit, locatam in medio, ubi densior et ordinibus frequens miles instar turrium fixa firmitate consistens, prælium majore spiritu repetivit* (ibidem, 49). — Voir un autre récit de bataille dans Ammien, XXVII, 2.

[2] *Chonodomarius... ultro se dedit.... Utque nativo more sunt barbari humiles in adversis, servus alienæ voluntatis trahebatur pallore confusus* (Ammien, XVI, 12, 60 et 61).... *Curvatus, deinde humi suppliciter fusus, gentilique prece veniam poscens* (ibidem, 65). — Cette attitude suppliante des barbares est souvent mentionnée dans Ammien. XVII, 1, 12-13 : *Precibus et humilitate suprema petiere pacem.... Tres reges venerunt trepidi, jurantes conceptis ritu patrio verbis, nihil inquietum acturos, sed fœdera servaturos frugesque portaturos humeris; quod utrumque, metu perfidiam frenante, fecerunt.* XVII, 12, 21 : *Sub gressibus jacuere militum et adepti veniam jussa fecerunt.* XXX, 6, 2 : *Quadi, cum membris incurvatis starent metu debiles et præstricti.* XVII, 10, 3 : *Rex Alamannorum Suomarius pacem genibus curvatis oravit.* XVII, 12, 11 : *Obedire præceptis promptissime spoponderunt.* XIV, 10, 9 : *Alamanni optimates misere delictorum veniam petituros et pacem.* Ailleurs il montre les envoyés des Quades « le corps plié en deux suivant l'usage de leur pays », XVII, 12, 13. — Déjà Velléius avait vu : *Omnis Chaucorum juventus, traditis armis, una cum ducibus suis, ante imperatoris procubuit tribunal* (Velléius, II, 106). — Zosime, II, 21 : Ὁ Κωνσταντῖνος πολλοὺς μὲν ἀνεῖλεν, πολλοὺς δὲ ζωγρίᾳ ἑλὼν τὸ περιλειφθὲν πλῆθος χεῖρας ἀνατεῖναν ἐδέξατο. — Les populations de l'Empire ne comprenaient rien à cette double face d'hommes « tantôt humbles jusqu'à la bassesse, tantôt poussant l'insolence et les menaces aux dernières limites ». Ammien, XXVII, 10, 5.

[3] Ibidem, 66.

cèrent. En 367, trois troupes (*cunei*) d'Alamans pénétrèrent en Gaule et furent détruites par Jovinus, général de Valentinien[1]. En 368, un chef alaman, sachant que la ville de Mayence n'avait pas de garnison, s'y introduisit par surprise avec une petite troupe de pillards[2]; il put sans coup férir emmener de nombreux captifs de toute condition et de tout sexe et retourna dans son pays avec un riche butin[3]. Mais l'empereur Valentinien châtia ces ravageurs dans leur propre pays[4] et frappa les barbares d'une telle terreur, « que, tant qu'il vécut, les Germains n'osèrent faire aucune tentative contre les villes de l'Empire[5]. » Quant à la ville de Mayence, elle resta romaine[6]. En 370, une bande de Saxons fit irruption en Gaule; elle fut exterminée jusqu'au dernier homme[7]. Sous Gratien, de nouvelles incursions furent encore repoussées[8], et les Lentiens, l'un des peuples alamans, furent exterminés par une armée

---

[1] Ammien, XXVII, 2.
[2] Idem, XXVII, 10, 1 : *Mogontiacum præsidiis vacuam cum expeditis ad latrocinandum latenter inrepsit.*
[3] Ibidem, 2 : *Impræpedite cujusque modi fortunæ virile et muliebre secus cum supellectili non parva indefensum abduxit.* Ammien n'est pas fâché de remarquer que la ville s'était laissé surprendre un jour de grande fête des chrétiens.
[4] Ibidem.
[5] Zosime, IV, 12.
[6] C'est ce qui ressort bien d'une anecdote racontée par Ammien à l'année 374. Il montre un haut fonctionnaire nommé Remigius qui, las des emplois publics, va jouir du repos dans ses terres près de Mayence; là, il n'est pas question de barbares; mais il se trouve un autre fonctionnaire romain, le préfet Maximinus, dont l'inimitié le poursuit (Ammien, XXX, 2, 10-11). — D'ailleurs un passage d'Ammien, XXVIII, 2, 1-3, montre bien que, non seulement toute la ligne du Rhin était restée romaine, mais que l'Empire avait encore des forteresses sur la rive droite.
[7] Ammien, XXVIII, 5.
[8] Saint Jérôme, *Chronique*, anno 377 (Bouquet, I, p. 611) : *Alamannorum triginta circiter millia apud Argentariam oppidum Galliarum ab exercitu Gratiani strata.* — Socrate, *Historia ecclesiastica*, V, 6.

romaine bien inférieure en nombre[1]. Pendant le règne de Théodose, la Gaule fut paisible et intacte.

3° [LES TROIS GRANDES INVASIONS DU V° SIÈCLE.]

Nous arrivons ainsi à ce qu'on a appelé la grande invasion, celle de 406 et de 407. C'est assurément un des événements les plus désastreux de l'histoire du monde, mais il est nécessaire de l'observer de près et de l'analyser pour pouvoir dire s'il constitue à proprement parler une invasion. Cet événement est raconté par des écrivains contemporains, Orose, Zosime et Sozomène; saint Jérôme, Rutilius, Prosper d'Aquitaine et plus tard Jordanès en ont parlé. S'il n'est pas possible d'en connaître le détail complet, il est facile au moins d'en saisir le caractère et de voir ce qu'il a produit.

En 404, une troupe de Goths que les historiens évaluent à 200 000 guerriers, sous la conduite d'un roi, Radagaise, entrèrent en Italie[2]. Nul ne nous dit avec précision quelles villes ils prirent, quelles provinces ils ravagèrent. Ce qui est certain, c'est que, l'année suivante, les uns furent détruits dans un combat par l'armée de Stilicon[3]; les autres, cernés et affamés dans

---

[1] Ammien, XXXI, 10. Orose, VII, 33 : *Gratianus, cum inaestimabilem multitudinem hostium Romanis infusam finibus cerneret, longe inpari militum numero sese in hostem dedit, et apud Argentariam formidulosissimum bellum incredibili felicitate confecit. Nam plus quam triginta milia Alamannorum minimo Romanorum detrimento in eo praelio interfecta narrantur.*

[2] Prosper Tyro, anno 404 : *Saeva Italiae barbarici motus tempestas incubuit; siquidem Radagaius rex Gothorum Italiae limitem vastaturus transgreditur* (dom Bouquet, I, p. 637). — Orose, VII, 37, 4 : *Radagaisus inundavit Italiam. Fuisse in populo ejus plus quam ducenta milia Gothorum ferunt.*

[3] Prosper Tyro, anno 405 : *Radagaius occubuit; cujus in tres partes*

les montagnes de l'Étrurie, se rendirent sans combat¹ et furent vendus comme esclaves « ainsi que des troupeaux », au prix d'une pièce d'or par tête².

D'autres Germains, le dernier jour de l'année 406, pénétrèrent en Gaule. Sur cet événement, voici tous les renseignements qui nous sont parvenus. « Le comte Stilicon, dit l'historien contemporain Orose, mécontent de n'être que le ministre de l'empereur et voulant porter à l'empire son propre fils Eucherius, pour en faire un persécuteur des chrétiens, suscita contre nous les troupes innombrables des Alains, des Suèves, des Vandales, des Burgondions, et les poussa contre l'Empire et contre la Gaule; il espérait, le malheureux, préparer ainsi l'usurpation de son fils, et il croyait qu'il serait aussi facile d'arrêter les barbares que de les mettre en branle³. Mais le complot de Stilicon et des païens fut

---

per diversos principes divisus exercitus aliquam repugnandi Romanis aperuit facultatem; insigni triumpho exercitum tertiæ partis hostium Stilico usque ad internecionem delevit. — Prosper d'Aquitaine, anno 405 : *Radagaisus in Tuscia, multis Gothorum millibus cæsis, ducente exercitum Stilicone superatus.*

¹ Orose, VII, 37, 13 : *Conterritum divinitus Radagaisum in Fæsulanos montes cogit; ejusque ducenta milia hominum, inopum consilii et cibi, in arido et aspero montis jugo, urguente undique timore, concludit.*

² Orose, VII, 37, 16 : *Tanta multitudo captivorum Gothorum fuisse fertur ut, vilissimorum pecudum modo, singulis aureis passim greges hominum venderentur.* — Zosime, V, 26, raconte les faits autrement, mais arrive à la même conclusion, à savoir que cette armée fut détruite par Stilicon et qu'il n'en resta rien. — Cf. saint Augustin [*De civitate Dei*, V, 23]. — Orelli, n° 1155 : *Imperatoribus clementissimis et felicissimis toto orbe victoribus dominis nostris Arcadio, Honorio et Theodosio augustis, ad perenne indicium triumphi quod Gothorum nationem in omne ævum domuerunt, senatus populusque romanus.*

³ Orose, VII, 38, 1-4 : *Interea comes Stilico... parvi pendens quod sub imperatore imperabat, Eucherium filium suum, jam inde Christianorum persecutionem meditantem, in imperium sustinere* [substituere? ct. édit. du *Corpus* de Vienne] *nitebatur. Quamobrem... gentes alias copiis viribusque intolerabiles, Alanorum, Suevorum, Vandalorum...,*

déjoué ; le ministre et son fils furent mis à mort. Cependant les barbares qu'il avait attirés vers la Gaule traversent le Rhin, envahissent la province, et s'avancent tout droit jusqu'aux Pyrénées ; leurs bandes, arrêtées par ces montagnes, se répandent quelque temps dans la région environnante[1]. Survient un usurpateur nommé Constantinus, qui traite avec ces barbares[2], et qui, s'étant rendu maître d'un passage des Pyrénées à l'aide d'une troupe de Germains qui étaient depuis quelque temps au service de l'Empire, jette sur l'Espagne tous ces barbares qui avaient erré dans la Gaule[3]. L'Espagne fut donc à son tour couverte de ravages et de meurtres. Quelques années se passèrent, et ces peuples germains se firent la guerre entre eux ; aussi apprenons-nous presque chaque jour, ajoute Orose, la nouvelle d'un massacre où l'un ou l'autre de ces peuples a péri[4]. »
L'historien grec Zosime raconte les mêmes faits avec quelque différence : En l'année 406, des Vandales joints à des Suèves et à des Alains franchirent la frontière et

---

Burgundionum, ultro in arma sollicitans, deterso semel Romani nominis metu, suscitarit... sperans miser quod [ou quia] et extorquere imperium genero posset in filium, et barbaræ gentes tam facile comprimi quam commoveri valerent.

[1] Orose, VII, 40, 3 : *Interea, excitatæ per Stiliconem gentes Alanorum, Suevorum, Vandalorum, multæque cum his aliæ Francos proterunt, Rhenum transeunt, Gallias invadunt, directoque impetu Pyrenæum usque perveniunt ; cujus obice ad tempus repulsæ, per circumjacentes provincias refunduntur.*

[2] Ibidem, 4 : *Constantinus... in Gallias transiit. Ibi sæpe a barbaris incertis fœderibus inlusus, detrimento reipublicæ fuit.*

[3] Ibidem, 7-9 : *Constantinus... Constantem filium suum cum barbaris quibusdam qui quondam in fœdus recepti atque in militiam allecti, Honoriaci vocabantur, in Hispanias misit. His barbaris claustrorum montis cura permissa est.... Prodita Pyrenæi custodia claustrisque patefactis, cunctas gentes, quæ per Gallias vagabantur, Hispaniis inmittunt.*

[4] Orose, VII, 43, 15.

ravagèrent les régions transalpines, où ils firent beaucoup de massacres¹; l'usurpateur Constantinus avec une armée romaine détruisit ces barbares et, pour fermer à leurs compatriotes l'entrée de la Gaule, il rétablit les garnisons de la ligne du Rhin². L'année suivante, tandis que la plus grande partie des troupes de Constantinus sont en Espagne, Gérontius usurpe à son tour la pourpre impériale et soulève contre Constantinus les corps barbares cantonnés en Gaule³; à la faveur de ces discordes, les barbares d'outre-Rhin font encore irruption⁴. L'historien ne dit pas ce qu'ils devinrent; son ouvrage se termine en nous montrant l'usurpateur Constantinus maître de la Gaule⁵.

Les historiens grecs Olympiodore et Sozomène parlent de l'usurpation de Constantinus comme d'un événement plus important que l'invasion des barbares. Ils montrent en 408 Constantinus reconnu empereur par tous les corps de troupes établis en Gaule⁶, Gérontius se soulevant contre lui avec la faveur de ces mêmes troupes, Constantinus appelant alors de Germanie une nouvelle nuée de barbares pour sauver son autorité, et enfin l'empereur légitime Honorius envoyant d'Italie une armée qui

---

¹ Zosime, VI, 3 : Βανδίλοι Συήβοις καὶ Ἀλανοῖς ἑαυτοὺς ἀναμίξαντες τοῖς ὑπὲρ Ἄλπεις ἔθνεσιν ἐλυμήναντο καὶ πολὺν ἐργασάμενοι φόνον....

² Ibidem : Ἐνίκων μὲν οἱ Ῥωμαῖοι, τὸ πολὺ τῶν βαρβάρων κατασφάξαντες μέρος.... Διὰ ταῦτα τούτοις τοῖς τόποις φύλακας ἐγκατέστησε Κωνσταντῖνος, ὡς ἂν μὴ τὴν εἰς Γαλατίαν ἀνειμένην ἔχοιεν πάροδον. Ἐγκατέστησε δὲ καὶ τῷ Ῥήνῳ πᾶσαν ἀσφάλειαν. — Cf. VI, 2.

³ Zosime, VI, 5 : Γερόντιος ἐπανίστησι Κωνσταντίνῳ τοὺς ἐν Κελτοῖς βαρβάρους.

⁴ Ibidem : Πάντα κατ' ἐξουσίαν ἐπιόντες οἱ ὑπὲρ τὸν Ῥῆνον βάρβαροι.

⁵ Idem, VI, 13 : Κωνσταντῖνος δὲ τῷ παιδὶ Κώνστᾳ τὸ διάδημα περιθεὶς καὶ βασιλέα πεποιηκώς....

⁶ Olympiodore, dans les *Fragmenta historicorum græcorum*, édit. Didot, t. IV, p. 59 : Κωνσταντῖνος κρατεῖ πάντων τῶν μερῶν τῆς Γαλατίας (en 408).

bat tour à tour tous ces usurpateurs et remet la Gaule sous son pouvoir[1].

Le chroniqueur Prosper d'Aquitaine mentionne en 406 l'entrée des Vandales et des Alains en Gaule, en 407 l'usurpation de Constantinus dans le même pays, en 409 le passage des Vandales en Espagne, en 411 la chute de Constantinus[2]. Une autre chronique, mise sous le nom de Prosper Tyro, signale, à l'année 407, une furieuse irruption de diverses nations barbares, appelées par Stilicon, et qui déchirèrent la Gaule[3]; il ne dit pas ce que ces barbares firent ni ce qu'ils devinrent; puis, arrivant à l'année 410, il dit que « les Vandales et les Alains ravagèrent une partie de la Gaule et que l'usurpateur Constantinus occupait le reste[4] ». Ni la chronique de Cassiodore ni celle d'Idace n'ajoutent aucun renseignement; aucun d'eux surtout ne nous dit que les barbares aient été maîtres de toute la Gaule. Salvien se contente de rappeler vaguement la grande irruption de 407[5]. Jordanès, qui écrit au siècle suivant, sait seulement que les Vandales, sur l'invitation de

---

[1] Olympiodore, ibidem, p. 60-61. — Sozomène, *Historia ecclesiastica*, IX, 4, 11-14.

[2] Prosper, *Chronicon* : *Arcadio VI et Probo consulibus, Vandali et Alani Gallias, trajecto Rheno, pridie Kalendas januarias ingressi.* — *Honorio VII et Theodosio II consulibus, Constantinus in Britannia tyrannus exoritur et ad Gallias transit.* — *Honorio VIII et Theodosio III consulibus, Vandali Hispanias occupaverunt.* — *Theodosio IV consule, Constantinus per Honorii duces apud Arelatense oppidum victus et captus est.*

[3] *Prosperi Tyronis Chronicon* (dom Bouquet, t. 1, p. 637) : *Diversarum gentium rabies Gallias dilacerare exorsa, immissu Stiliconis.*

[4] Ibidem : *Saxonum incursione devastatam Galliarum partem Wandali atque Alani vastavere; quod reliquum fuerat, Constantinus tyrannus obsidebat....*

[5] Salvien, *De gubernatione Dei*, livre VII, édit. Baluze, p. 164 [cf. surtout c. 11 et 12].

Stilicon, se sont un moment établis en Gaule[1], et que ces Vandales, ainsi que des Alains, ont bientôt « fui de la Gaule et se sont cachés en Espagne[2] ».

D'autres documents signalent de très grands ravages en Gaule dans cette même période de 407 à 410. Un poème sur la Providence divine que l'on a attribué longtemps à Prosper d'Aquitaine, et qui paraît bien avoir été écrit vers 416, débute par une plainte sur la misère du temps et par des allusions aux ravages des barbares : « Voilà dix ans que nous tombons massacrés sous le fer des Vandales et des Goths.... Les villes sont détruites, le peuple périt sans distinction de fortune ni de sexe, on égorge les enfants et les jeunes filles; les temples de Dieu sont livrés aux flammes, les monastères saccagés.... Si l'Océan eût répandu toutes ses eaux sur les champs de la Gaule, il aurait fait moins de ruines[3]. » Ces mouvements d'éloquence peuvent être fort beaux; ils éclairent peu l'histoire, surtout si l'on veut bien songer que les villes de la Gaule n'ont pas péri, et que Rutilius et Sidoine nous dépeignent la prospérité du pays où ils vivaient.

On a encore une lettre de saint Jérôme, ou plutôt

---

[1] Jordanès, *De rebus geticis*, c. 22, édit. Closs, p. 89 [Mommsen, p. 88] : *Ab Stilicone invitati Gallias occupaverunt ubi finitimos deprædantes non adeo fixas sedes habuerunt.*

[2] Idem, c. 31, p. 117 [Mommsen, p. 100] : *Vandali vel Alani ad Gallias transierunt; sed mox a Galliis fugientes Spanias se recluserunt.*

[3] *Carmen de Providentia*, dans les œuvres de Prosper d'Aquitaine, édit. de Lyon, 1539, et édit. de Paris, 1711; dans la Patrologie latine, t. LI, col. 617 et suivantes:

> Si totus Gallos sese effudisset in agros
> Occanus, vastis plus superesset aquis....
>   ....Heu! cæde decenni
> Vandalicis gladiis sternimur ac Geticis....
> Quo scelere admisso pariter periere tot urbes?
> Quid pueri insontes? Quid commisere puellæ
> Quare templa Dei licuit popularier igni?

une sorte d'homélie sous forme de lettre sur les mérites de l'état de veuve. Elle est écrite de Bethléem. Pour détourner une femme de contracter des secondes noces, il s'écrie avec l'Écriture : *Væ prægnantibus et nutrientibus*, et il appuie sur les misères du temps, qu'il a soin de décrire des plus noires couleurs; à l'en croire, le genre humain a été presque exterminé : « Si nous sommes quelques rares échappés à la mort, nous le devons à la miséricorde de Dieu. Des nations innombrables et d'une férocité inouïe ont occupé la Gaule tout entière, tout ce qui est entre les Alpes et les Pyrénées, entre le Rhin et l'Océan; le Quade, le Vandale, le Sarmate, l'Alain, les Gépides, les Hérules, les Saxons, les Burgondions, les Alamans, les Pannoniens ont tout mis à sac[1]. Mayence a été renversée de fond en comble; la ville des Vangions a été détruite. Les cités des Rèmes, des Ambiens, des Atrébates, des Morins, Tournai, Spire, Strasbourg, ont été emmenées en Germanie. L'Aquitaine, la Novempopulanie, la Lugdunaise et la Narbonnaise ont été tout entières dévastées, sauf un petit nombre de villes, qui n'ont échappé au fer que pour périr par la faim[2]. Et ce n'est pas par la faute des

---

[1] Saint Jérôme, *Lettre* XCI, *Ad Ageruchiam*, édit. de Paris, in-folio, t. IV, 2ᵉ partie, p. 748 : *Væ prægnantibus et nutrientibus in illa die, quorum utrumque de fructibus nuptiarum est. Præsentium miseriarum pauca percurram. Quod rari hucusque residemus, non nostri meriti sed Domini misericordiæ est. Innumerabiles ac ferocissimæ nationes universas Gallias occuparunt. Quidquid inter Alpes et Pyrenæum est, quod Oceano et Rheno includitur, Quadus, Wandalus, Sarmata, Halani, Gipedes, Heruli, Saxones, Burgundiones, Alemanni et, o lugenda respublica, hostes Pannonii vastarunt.*

[2] *Ibidem* : *Maguntiacum, nobilis quondam civitas, capta atque subversa est, Vangiones longa obsidione deleti, Remorum urbs præpotens, Ambiani, Attrebatæ, extremique hominum Morini, Tornacus, Nemetæ, Argentoratus, translati in Germaniam. Aquitaniæ, Novemquepopulorum, Lugdunensis et Narbonensis provinciæ præter paucas urbes populata sunt cuncta, quas et ipsas foris gladius, intus vastat fames.*

princes que cela nous est arrivé, car nos princes sont très pieux; c'est l'effet de la perfidie d'un homme à demi barbare, de Stilicon, ce traître qui s'est servi de nos richesses pour armer contre nous nos ennemis[1]. » D'où le sermonnaire conclut qu'une veuve ne doit pas se remarier. Un historien ne prendra pas à la lettre toutes ces assertions de l'éloquent solitaire de Bethléem et il ne fondera pas sur elles un récit de ce qui se passa alors en Gaule. Nous n'en conclurons pas que tant de villes aient été réellement détruites, puisque les écrivains du siècle suivant les décrivent comme étant encore debout; nous en tirerons seulement cette vérité, que la Gaule a subi d'épouvantables ravages et souffert de grandes douleurs.

Le vrai caractère de l'événement ressort moins de cette page émue de saint Jérôme que des récits qu'en font les historiens Orose, Zosime, Sozomène et Jordanès. Or nous y voyons : 1° qu'au dernier jour de l'année 406 des bandes d'Alains, de Vandales et de Suèves, appelées, disait-on, par le premier ministre de l'Empire, ont réellement franchi le Rhin, qui se trouvait sans autre défense qu'un petit corps de Francs; 2° que vers la même époque les légions de Bretagne proclamèrent empereur Constantinus; que ce Constantinus, passant en Gaule, y détruisit une partie de ces barbares, s'attacha le reste, et fut maître du pays jusqu'au Rhin, où il rétablit les garnisons romaines, tandis qu'il se débarrassait des ravageurs en les faisant passer en Espagne; 3° que, contre un autre usurpateur, Gérontius, Constantinus appela de nouvelles bandes germaines, qui furent vain-

---

[1] Ibidem : *Quod non vitio principum, qui vel religiosissimi sunt, sed scelere semibarbari accidit proditoris qui nostris contra nos opibus armavit inimicos.*

cues et détruites en 411 par l'armée d'Honorius. Il y eut ainsi cinq années d'horribles guerres civiles entre des usurpateurs qui ne songeaient qu'à s'emparer du pouvoir, et entre des bandes ou romaines ou germaines qui, sous prétexte de soutenir l'un ou l'autre des prétendants, ne songeaient qu'à ravager et à rançonner le pays. Mais, quelque douloureuses qu'aient été ces cinq années, l'historien se tromperait beaucoup s'il croyait y voir une véritable invasion de peuples germains dans la Gaule. Ces bandes barbares ne se sont pas établies dans le pays. Ce qui n'a pas été détruit est passé en Espagne, et il n'en est rien resté en Gaule. La Gaule, à partir de 411, est redevenue province d'empire, tout entière obéissante aux ordres d'Honorius et de ses fonctionnaires, ainsi que l'affirme un historien du temps[1] et ainsi qu'on le voit clairement dans les vers de Rutilius écrits en 416 et dans les lettres de Sidoine Apollinaire.

[La dernière des grandes incursions dont nous ayons à parler est celle d'un peuple étranger à la race germanique, les Huns. Elle a été plus formidable, elle est demeurée plus célèbre que toutes celles qui l'ont précédée. Elle n'a pas eu plus de conséquences, et de cette immense horde de peuples qui menaçaient de tout engloutir, rien n'est demeuré attaché au sol gaulois.]

Vers la fin du IV° siècle, un nouveau coup avait frappé cette Germanie déjà si malheureuse : les Huns arrivèrent de l'Asie. Ce n'était pas un peuple bien puissant; ils fuyaient eux-mêmes devant une autre population plus orientale. Ils étaient plusieurs hordes nomades qu'aucun lien n'unissait; ils ne sont devenus puissants

---

[1] Sozomène, *Historia ecclesiastica*, IX, 15 : Καὶ τὸ ἐξ ἐκείνου πάλιν τὸ τῇδε ὑπήκοον εἰς τὴν Ὀνωρίου ἡγεμονίαν ἐπανῆλθε καὶ τοῖς ὑπ' αὐτὸν ἄρχουσιν ἐπείθετο.

que soixante années plus tard, quand Attila les a groupés pour un moment en un seul faisceau. Mais, si faibles qu'ils fussent alors, la Germanie plus faible encore ne pouvait pas les arrêter. Au nord du Danube étaient les Goths, dont le roi Hermanrich travaillait à fonder un État solide. Aux premiers coups des premières hordes des Huns, l'édifice s'écroula; les Ostrogoths se soumirent humblement aux nouveaux venus; les Wisigoths éperdus demandèrent un asile à l'Empire, qui le leur accorda : nous dirons ailleurs leur histoire [1].

Les Huns avançaient lentement. La Germanie, ou du moins ce qu'il en restait, fuyait effaré. Tout ce qui était au nord du Danube se réunit au nombre de 200 000 hommes sous les ordres d'un chef nommé Radagaise et se précipita sur l'Italie. Ils furent [comme nous venons de le voir] exterminés en Toscane.

Les Huns avançaient toujours. Le départ des envahisseurs de l'année 406 avait fait le vide en Germanie; les Huns régnèrent dans ce désert. Peu à peu ils arrivèrent sur le Rhin; c'est ici le seul moment où ils aient eu quelque force : un chef hardi avait réuni leurs différentes hordes sous son autorité. Il franchit le fleuve et marcha sans rencontrer d'armée jusqu'à Orléans. Jamais l'invasion n'avait été si redoutable. En 451, la plaine de Châlons offrit ce spectacle : d'un côté étaient les Huns, que suivaient à titre de sujets les Ostrogoths, les Gépides, les Thuringiens et les Alamans; de l'autre était un général de l'Empire, Aétius, qui commandait à des Wisigoths, à des Burgondes, à des Francs, à des Saxons, tous sujets de l'Empire et « soldats romains »; de sorte que, si l'on excepte les Lombards et le gros des

---

[1] [Cf. plus haut, p. 502, et plus loin, c. 8.]

Saxons restés en Germanie, tout ce qui était germain obéissait alors ou au Hun Attila ou à l'empereur Valentinien. La défaite d'Attila sauva l'Empire de l'invasion, et en même temps rendit l'indépendance au sol germanique.

4° [CARACTÈRES COMMUNS DE CES INVASIONS.]

Nous aurons à étudier à part la manière dont les Wisigoths, les Burgondes et les Francs sont entrés dans le pays. Ces événements présentent un caractère qui ne permet pas de les confondre avec les invasions que nous venons d'énumérer jusqu'à l'année 411, et c'est pourquoi nous l'examinerons dans un autre chapitre. Nous n'avons voulu raconter ici que les invasions véritablement hostiles, celles où les Germains se sont avancés franchement en ennemis. Du détail des faits il ressort plusieurs vérités.

En premier lieu, les documents ne les présentent jamais comme des migrations de peuples. Il n'y a pas une ligne parmi tant d'écrivains où cette idée soit exprimée. Pour eux, il ne s'agit toujours que de bandes armées; le terme le plus ordinairement employé par Ammien, qui les a bien connues, est celui de *catervæ*. Quelquefois une bande était composée d'hommes appartenant à plusieurs peuples[1]. D'autres fois elle était formée de guerriers d'une seule nation; mais ce qui prouve

---

[1] Zosime dit formellement que la horde conduite par Radagaise était composée d'hommes de toute nation (Zosime, V, 26, p. 285). Il avait fait la même remarque pour l'invasion des Goths sous Gallien (I, 42). De même l'invasion de 357 était faite par des hommes *ex variis nationibus* (Ammien, XVI, 12, 26). Ailleurs Ammien caractérise ces bandes par les mots *vesania gentium dissonarum* (XXXI, 5, 15). — Ammien dit que les soi-disant Alamans que Julien vainquit près de Strasbourg étaient *ex variis nationibus, partim mercede quæsiti* (Ammien, XVI, 12, 26).

bien que ce n'était pas la nation même, c'est que, beaucoup de ces bandes ayant été exterminées, nous retrouvons pourtant en Germanie les nations dont elles avaient porté les noms. Les Goths qui ont inondé la Thrace sous Gallien, les Alamans qui ont mis la Gaule à feu et à sang sous Constance, n'étaient ni le peuple goth ni le peuple alaman, puisque ces bandes ont été absolument détruites et que les deux peuples ont subsisté[1].

Dans tout ce que les historiens racontent de ces envahisseurs, nous ne voyons pas un trait qui caractérise un corps de peuple. L'imprévu de leurs irruptions et la rapidité de leur marche ne sauraient convenir à une nation. Se figure-t-on quelle place occuperait un peuple, n'eût-il que 200 000 familles? songe-t-on à la peine qu'il aurait à se mouvoir et à se nourrir? Cela ressemble-t-il à tout ce que les écrivains nous racontent de ces Germains qui surprennent les villes, qui traversent en courant, qui se dispersent pour piller, qui ravagent la nuit et sont invisibles le jour[2]? Un trait que nous citerons plus loin nous montrera que ceux des Germains qui étaient soldats de l'Empire établissaient leurs femmes et leurs enfants dans les villes; ces envahisseurs font tout le contraire : les villes qui leur seraient si nécessaires pour mettre leurs familles en sûreté, ils ne songent qu'à les brûler comme inutiles.

Il est vrai que des femmes les suivaient assez ordinairement sur des chariots; mais les corps fédérés avaient aussi leurs femmes; les troupes romaines elles-mêmes

---

[1] Ammien, XXI, 3, parle d'Alamans qui ravagent la Rétie et il nous montre que ces Alamans ont quitté leur peuple, *a pago Vadomarii exorsos*.

[2] Ammien, XXI, 3, 3 : *Barbari jam certamina meditantes sese per valles abdiderant*.

avaient les leurs[1]. La présence d'un certain nombre de femmes à la suite des guerriers n'implique nullement qu'il s'agisse d'un peuple entier en mouvement[2]. Ces hommes n'étaient ni de véritables nations ni des armées semblables aux armées modernes; c'étaient des bandes guerrières ordinairement accompagnées de leurs familles[3].

Ce qui a fait illusion, c'est que les historiens désignent assez souvent ces troupes envahissantes par les mots *gentes* et ἔθνη. Mais on devrait faire attention que ces mots ne sont pas synonymes de *populi* ou de δῆμοι, et n'ont pas le sens propre et précis de peuples organisés. Il faut être très familier avec la langue d'une époque pour apercevoir la vraie signification d'un terme, d'après l'emploi le plus habituel qui en est fait. Or, dans la langue du iv° et du v° siècle, les mots *gentes* et ἔθνη sont fréquemment appliqués à des corps de troupes barbares

---

[1] Voir, par exemple, dans Ammien, XX, 4, 10, ces troupes qui, ayant reçu l'ordre de passer de Gaule en Orient, se plaignent d'avoir à se séparer de leurs femmes et de les laisser exposées aux incursions des Alamans : *Caritates nostræ Alamannis denuo servient.*

[2] Quelquefois, d'ailleurs, les écrivains font remarquer qu'ils n'étaient pas suivis de femmes ni d'enfants. Mamertin, *Panegyricus Maximiano Augusto dictus*, 5 : *Relictis domi conjugibus ac matribus.* Les 320 000 Goths armés qui montèrent sur des vaisseaux, au temps de Gallien [cf. p. 354], n'étaient certes pas suivis de toutes leurs familles, quoiqu'il ait pu se trouver avec eux un assez bon nombre de femmes (Trébellius Pollion, *Claudius*, 8). Les écrivains qui parlent des invasions des Alamans en Gaule, de Radagaise en Italie, des Alains, des Suèves, ne signalent jamais la présence des femmes ni des enfants. Les Wisigoths qui passèrent le Danube en 375 avaient leurs femmes avec eux ; mais aussi nous reconnaîtrons plus loin qu'ils ne se présentaient pas en envahisseurs.

[3] Aussi voyait-on que, lorsqu'une bande repoussée, le gouvernement s'adressait à la nation elle-même pour en obtenir satisfaction, il était habituel que la nation répondît que ce n'était pas elle qui avait fait l'incursion, ni ses chefs qui l'avaient ordonnée : *Usitatas illas causationum species : nihil ex communi mente procerum gentis delictum, sed per extimos quosdam latrones* (Ammien, XXX, 6, 2).

au service de l'Empire, et même à de très petits corps de troupes. Un exemple frappant, entre beaucoup d'autres, se trouve dans Zosime : Théodose marchant contre l'usurpateur Eugénius emmène avec lui, 1° des troupes romaines qui sont sous le commandement général de Timasius, 2° des troupes barbares qui sont sous le commandement général de Gaïnas[1]; celles-ci montaient à environ 20 000 hommes[2]; elles étaient partagées en plusieurs petits corps[3], et quand l'historien grec arrive au récit de la bataille, il dit que Théodose ordonne aux différents corps commandés par Gaïnas de marcher à l'ennemi, Γαίνην ἔταξε σὺν τοῖς ὑπ' αὐτὸν ἔθνεσιν ἐπελθεῖν[4]; personne ne supposera que le mot ἔθνη désigne ici des nations barbares : il désigne des corps de guerriers au milieu d'une bataille[5]. Nous pourrions multiplier ces exemples. Le terme λαός que l'on croirait à première vue signifier un peuple, est appliqué par un écrivain grec du v° siècle à un escadron de 200 à 300 cavaliers germains faisant partie de la garde impériale[6]. Dans les habitudes de langage de ce temps-là, les termes *gentes* et ἔθνη désignaient les troupes barbares par opposition aux troupes romaines[7] : termes d'ailleurs assez

---

[1] Zosime, IV, 57.
[2] C'est le chiffre que donne Jordanès, c. 28, § 145.
[3] L'un de ces corps fédérés était commandé par Alaric (Zosime, V, 5).
[4] Zosime, IV, 58.
[5] Pour dire les peuples germains chez eux Ammien dit *nationes* (XVII, 12, 16); *reges eorumque populi* (XVIII, 2, 14); il dit aussi *gentes* (ibidem); *Alamannorum nationes* (XXX, 7, 7). Ammien, XXVII, 2, 1, parlant des envahisseurs alamans, dit : *Barbarorum plebem*.
[6] Olympiodore, *Fragmenta*, 3 (Didot, t. IV, p. 58); il désigne cette petite troupe à la fois par le mot πλῆθος et par le mot λαός : Ὅτι Σάρον, πλήθους ὀλίγου ἐπάρχοντα (ἄχρι γὰρ διακοσίων ἢ τριακοσίων ὁ λαὸς ἐξετείνετο)....
[7] Cf. *imperator, conductis pretio gentibus* (Grégoire de Tours, III, 32, p. 170).

vagues, qui s'appliquaient aussi bien aux barbares envahisseurs qu'aux barbares attachés au service impérial, aussi bien à de grandes armées qu'à de très petites troupes, et aussi bien aux barbares chez eux qu'aux barbares dans l'Empire, termes très compréhensifs, qui pouvaient se dire de tout ce qui ne faisait pas partie des sujets de l'Empire; ce qui est sûr, c'est que l'idée de nation ou de corps politique ne s'y attachait pas[1].

Une autre remarque qui est suggérée par l'observation attentive du détail, c'est que les écrivains contemporains n'attribuent jamais à ces bandes germaines, jusqu'en 410, la volonté arrêtée de conquérir, c'est-à-dire la volonté de s'emparer du pays et de s'y établir en maîtres et en souverains. Les historiens ne parlent d'eux que comme de simples ravageurs. Les termes qui signifient pillage ou razzia reviennent sans cesse et uniformément sous leur plume[2]. Ils montrent chacune de ces

---

[1] C'est faute d'avoir observé l'emploi du mot ἔθνος que l'on a fait des lètes, dont nous parlerons plus loin, un peuple gaulois, en alléguant le passage de Zosime, II, 54 : Λετοὺς, γαλατικὸν ἔθνος. Les mots ἔθνος γαλατικόν signifient troupe barbare cantonnée en Gaule. — Notez encore que c'est le moment où les deux mots *populus* et *exercitus* deviennent synonymes [cf. *Monarchie franque*, p. 295, n. 1]. Orose, VII, 37, appelle l'armée de Radagaise *populus*; et pourtant son récit ne permet pas de supposer que ces 200 000 guerriers eussent leurs familles avec eux. Par exemple, Ammien, décrivant une bataille livrée par les Limigantes, désigne leurs guerriers, abstraction faite des femmes, enfants et vieillards, par l'expression *populi hostiles*: il oppose ces *populi hostiles* qui combattent aux familles (*necessitudines*) qui étaient restées en arrière dans des cabanes, *tuguria, casæ trabibus compactæ* (ibidem, 13) (ibidem, XVII, 13, 12).

[2] *Alamanni quorum crebris excursibus vastabantur terræ Gallorum* (Ammien, XIV, 10, 1). — *Barbaris vastantibus universa* (Ammien, XV, 8, 1). — *Germanorum vastationibus Gallia diripiebatur* (Lampride, *Alexander*, 59). — *Omnes gentes Gothorum ad romanas prædas incitaverunt* (Trébellius Pollion, *Claudius*, 6). — *Vastatoriæ manus* (Ammien, XXIX, 6, 6). — *Latrocinales globi* (Ammien, XXXI, 5, 17). — *Prædatorii globi* (Ammien, XXVI, 4, 5). — *Latrocinalia castra* (Ammien, XXVII, 2, 3). — Ἐληΐζοντο (Zosime, I, 26). — *Gentes ad raptus et latrocinia*

bandes rapidement rassemblée, franchissant la partie de la frontière qui se trouve sans défense, évitant les légions, marchant sans but et sans direction certaine, se débandant très vite¹, ne songeant d'ailleurs qu'à piller², fondant sur la population paisible, cherchant à surprendre les villes³, parce qu'elle sait que la richesse y abonde, et, si elle ne peut les surprendre, se contentant de ravager les campagnes ouvertes, ramassant le butin, brûlant ce qu'elle ne peut emporter⁴, enchaînant les hommes et les femmes, esclaves, paysans, personnes libres de tout sexe et de tout âge, se faisant suivre de cette longue suite de captifs mêlée aux troupeaux qu'elle a pu prendre⁵, et retournant avec tout cela dans son

aptissimæ (Ammien, XXIX, 6, 8). — *Gallias Alamanni populabantur* (ibidem, XXVI, 4, 5). — En parlant des Saxons, *manum latronum* (idem, XXVIII, 5, 7). — Les expressions de cette sorte sont innombrables; voir Ammien, Orose, la fameuse lettre de saint Jérôme à Agéruchia, et le *Carmen de Providentia*; il est toujours question de ravages, jamais de conquête ni d'établissement.

¹ *Manus prædatorias fusius discurrentes* (idem, XXI, 5, 1). — *Quos omnes carptim vagantes Aurelianus occidit* (Vopiscus, *Aurelianus*, 18). — *Vagabantur* (Ammien, XXXI, 5, 1). — *Cum vagarentur per totam Galliam* (Vopiscus, *Aurelianus*, 7). — *Cum per omnes Gallias securi vagarentur* (idem, *Probus*, 14). — *Cunctas gentes quæ per Gallias vagabantur* (Orose, VII, 40). — *Finitimos deprædantes non fixas sedes habuerunt* (Jordanès, 22, § 115).

² *Prædæ cupiditate in romanum solum inruperunt atque illic pleraque vastarunt* (Trébellius Pollion, *Claudius*, 6).

³ *Cum expeditis ad latrocinandum urbem inrepsit* (Ammien, XXVII, 10, 1).

⁴ *Quæ subita inruptione Germanorum et direpta fuerant et incensa* (Trébellius Pollion, *Triginta tyranni*, 5). — *Prædis acerbis incendiisque et captivorum funeribus hominum* (Ammien, XXVII, 8, 5). — *Direpti villis* (idem, XXVII, 2, 2).

⁵ *Occupatam circa messem agrestem adortæ plebem, majoreque parte truncata, quidquid superfuit, domum cum multitudine pecoris abduxerunt.... Prædas hominum, virile et muliebre secus agebant et pecorum.... Sarcinis inpediti prædarum* (Ammien, XXIX, 6, 6, 8 et 12). — *Cujusque modi fortunæ virile et muliebre secus cum supellectili non parva indefensum abduxit* (Ammien, XXVII, 10, 2).

pays¹, à moins qu'elle ne soit détruite par la faim, par la peste, par toutes les maladies qui frappent les ravageurs², ou qu'elle ne soit rencontrée et atteinte par une armée romaine qui lui reprend ses captifs et son butin et la fait esclave à son tour³. L'ambition de ces hommes est de s'enrichir par le pillage⁴ et d'enlever à la Gaule son or et ses bras; elle n'est pas de faire des conquêtes ou de fonder des États. On ne signale pas chez eux, même dans le moment de leurs victoires, un effort pour s'établir à demeure⁵.

Enfin, il ressort avec une pleine évidence du récit des faits qu'aucune de ces bandes envahissantes n'est restée en Gaule. Les unes, après avoir pillé, sont retournées dans leur pays. Les autres ont été détruites par les armées impériales. Les Suèves et les Vandales, entrés en 406, sont passés en Espagne et en Afrique. Ainsi, aucune de ces invasions à main armée n'a abouti à un établissement de Germains en Gaule. De ces barbares qui ont voulu y entrer de force, aucun n'y est demeuré. Ils ont ravagé, détruit, brûlé, ils n'ont jamais pris pos-

¹ *Ut captivos restituerent omnes quos rapuerant excursibus crebris* (Ammien, XVIII, 2, 19).

² Zosime, I, 46 : Λοιμοῦ κατασχόντος ἅπαντας αὐτοὺς, ἐφθάρησαν. — Mamertin, *Panegyricus Maximiano Augusto dictus*, 5 : *Hostes ire passus es in profundam famem et ex fame in pestilentiam.* — Orose, VII, 37, 13 : *Inopes consilii cibique.*

³ *Gallienus Gothis vagantibus occurrit et plurimos interemit* (Trébellius Pollion, *Gallieni*, 13). — *Impletæ barbaris servis provinciæ, nec ulla fuit regio quæ Gothum servum non haberet* (Trébellius Pollion, *Claudius*, 9). — *Tanta multitudo captivorum Gothorum fuisse fertur ut singulis aureis greges hominum venderentur* (Orose, VII 37, 16).

⁴ *Rapinis ditescere adsueti* (Ammien, XVII, 10, 10).

⁵ Nous exceptons, bien entendu, quelques peuples dont il sera parlé plus loin. — Nous trouvons aussi quelques Saxons et quelques Taïfales établis dans de petits cantons de la Gaule, sans que l'histoire dise à quel titre ils s'étaient établis là; rien n'indique qu'ils y fussent des conquérants. [Il en sera question plus loin, c. 7.]

session. Ils ont pillé, ils n'ont pas conquis. Ce n'est donc pas par eux que le sang germain s'est introduit en Gaule, et ils n'ont pu y apporter aucune institution germanique.

Il est facile de juger du mal qu'ils ont fait; les contemporains nous disent assez ce qu'il y eut de villes détruites, de provinces ravagées, d'existences humaines brisées. Que l'on cherche pourtant ce que sont devenus tous ces envahisseurs : ils n'ont rien laissé d'eux. A ne considérer que la Gaule, il est constant qu'il n'y resta rien de ces Alamans qui en 259 dévastèrent le pays et passèrent ensuite en Italie, où ils disparurent; rien de ces autres Germains qui profitèrent de la mort d'Aurélien pour piller la Gaule, mais furent ensuite exterminés par Probus; rien de ces 60 000 Alamans qui, après quelques pillages, furent massacrés par Constance Chlore; rien de toutes ces bandes qui avaient détruit quarante-cinq villes et avaient fait de l'Alsace un désert, mais qui furent à la fin anéanties par Julien; rien des Saxons qui firent irruption en 370 et qui furent exterminés jusqu'au dernier; rien de ce qu'on appelle la grande invasion, puisque l'armée de Radagaise fut détruite en Italie, et que ceux qui s'étaient portés d'abord contre la Gaule passèrent de là en Espagne et en Afrique, où ils n'eurent pas une longue existence; rien enfin de l'invasion des Huns et des Ostrogoths qui furent vaincus à Châlons.

Ce ne furent pas là des invasions, ce furent seulement des essais d'invasion : immenses déplacements d'hommes d'où il n'est sorti rien de durable; beaucoup de tumulte et peu d'effets; beaucoup de ruines et pas une victoire.

Les Germains qui s'établirent en Gaule, et qui purent

y laisser quelque chose de leur sang et de leurs mœurs, furent seulement ceux qui y entrèrent [comme sujets], comme laboureurs ou à titre de soldats de l'Empire.

CHAPITRE V

Des Germains qui sont entrés dans l'Empire à titre de sujets.

Les Germains n'avaient aucune haine contre le gouvernement impérial ni contre la société romaine. Le sentiment d'une antipathie de races était inconnu en ce temps-là. Ce qui les forçait à sortir de leur pays, c'était le désordre qui y régnait. La plupart d'entre eux étaient, non des conquérants, mais des fuyards; ils cherchaient, non la domination ou la gloire, mais un asile. Se réfugier dans l'Empire romain et y vivre en paix était toute leur ambition. Chez eux, le sol était pauvre et l'existence troublée ; dans l'Empire, ils savaient que la terre était fertile et que les fruits du travail étaient garantis par des institutions fixes. Ils se portèrent vers ces contrées comme vers un séjour désirable ; l'Empire leur apparaissait comme une terre privilégiée où l'on ne pouvait pas manquer d'être heureux[1]. Ils aspirèrent

---

[1] Cette pensée des Germains, outre qu'elle ressort de l'ensemble des faits, est plusieurs fois exprimée par les écrivains du temps. Libanius dit des Francs : Ἤξίουν μετοικεῖν καὶ μέρος εἶναι τῆς βασιλείας, τῆς οἰκείας τὸ ζῆν ὑπ' ἐκείνῳ κρίνοντες ἥδιον ['Επιτάφιος ἐπ' Ἰουλιανῷ, édit. Reiske, t. I, p. 546]. Ennodius dit d'une bande de Germains établis en Italie : *Cui feliciter cessit fugisse patriam suam, nam sic adepta est nostri soli opulentiam* [Panégyrique de Théodoric, p. 281, édit. Hartel]. Les textes où l'on voit des Germains implorer l'entrée dans l'Empire sont en nombre incalculable.

donc à se faire une place dans cette société riche. Si quelques-uns d'entre eux essayèrent d'y entrer par force, la plupart préférèrent s'y introduire par des voies pacifiques.

Ils n'avaient pas cette fierté sauvage dont on leur a plus tard fait honneur. Il faut se souvenir que, lorsque les Cimbres et les Teutons étaient venus se heurter, sans le savoir, contre les forces romaines, ils s'étaient excusés auprès du consul et avaient demandé qu'on les reçût comme serviteurs de Rome; ils offraient à la fois leurs armes pour la guerre et leurs mains pour le travail[1].

Tacite voyait déjà de son temps quelques peuples germains qui venaient d'entrer sur la terre romaine. Il donne l'explication de ce fait. « Les Bataves, chassés de chez eux par une guerre civile, sont passés dans la contrée qu'ils occupent pour y devenir une partie de l'Empire romain[2]. » Ils avaient, comme tant d'autres peuples soumis, la qualification d'alliés (*societas*), ce qui impliquait qu'ils gardaient leurs lois et choisissaient leurs chefs particuliers, mais ce qui ne les dispensait pas d'obéir à tous les ordres du gouvernement romain. Ils étaient dans la même condition que beaucoup de peuples gaulois qui portaient aussi le titre d'alliés. L'Empire exigeait de ces Bataves le service militaire, et Tacite remarque comme une grande faveur qu'il n'exigeait pas d'eux le tribut, et qu'il voulait bien ne pas envoyer chez eux de publicains[3]. Cette obligation de fournir des sol-

---

[1] Florus, III, 3 [I, 38] : *Ut vellet, manibus atque armis suis uteretur.*

[2] Tacite, *Germanie*, 29 : *Batavi, seditione domestica in eas sedes transgressi, in quibus pars romani imperii fierent.*

[3] Ibidem : *Manet honos et antiquæ societatis insigne; nam nec tributis contemnuntur, nec publicanus atterit; exempti oneribus et tantum in usum prœliorum sepositi, velut tela atque arma, bellis reservantur.*

dats paraît avoir été assez lourde pour tenir lieu d'impôts ; car nous trouvons, au temps de Néron, huit cohortes bataves qui tiennent garnison à Langres[2] ; c'étaient, de ce fait seul, sans compter les cavaliers[3], au moins 4000 fantassins bataves casernés loin de chez eux[4]. Les soldats bataves prirent part à toutes les expéditions contre les Germains[5] ; ils suivirent Agricola en Bretagne[6]. Au temps d'Hadrien, nous voyons la cavalerie batave dans l'armée romaine sur les bords du Danube[7]. Au temps de Julien, des Bataves forment la garnison de Sirmium[8]. Sous Valentinien, une troupe batave, après un court moment de faiblesse, se bat brillamment contre les Germains et « se montre digne du nom romain[9] ».

D'autres peuples barbares étaient dans les mêmes conditions que les Bataves. Tacite mentionne le peuple

— Idem, *Histoires*, IV, 12 : *Viros tantum et arma imperio ministrant.* Le chap. 14 montre bien qu'ils étaient des sujets : *Legatum (Cæsaris) gravi comitatu et superbo cum imperio venire.*

[1] Ibidem, IV, 14 : *Batavorum juventus ad delectum vocabatur ; quem suapte natura gravem onerabant ministri avaritia ac luxu, senes aut invalidos conquirendo quos pretio dimitteret.*

[2] Tacite, *Histoires*, I, 59.

[3] La cavalerie batave était particulièrement estimée dans les armées romaines, Dion Cassius, LV, 24. Cf. Henzen, n° 5263.

[4] Les cohortes auxiliaires étaient, les unes de 500, les autres de 1000 hommes.

[5] Tacite, *Histoires*, IV, 12 : *Diu germanicis bellis exerciti.*

[6] Idem, *Agricola*, 36, et *Histoires*, IV, 12. Cf. Orelli, *Inscriptions latines*, n° 3400 : *Fortunæ cohortis primæ Batavorum, cui præest Melaccinius Marcellus præfectus.* Tacite dit que les chefs de ces cohortes étaient des Bataves (*Histoires*, IV, 12) ; encore semble-t-il que ces chefs bataves prenaient volontiers des noms romains [cf. plus haut, p. 316]. Cf. Henzen, n° 5263. On sait qu'un des principaux chefs bataves s'appelait Julius Civilis ; Tacite, *Histoires*, I, 59. [Cf. *La Gaule romaine*, p. 100.]

[7] Dion Cassius, LXIX, 9.

[8] Zosime, III, 35.

[9] Idem, IV, 9.

des *Mattiaci* qui, bien que resté sur la rive droite du Rhin, « était dans la sujétion de Rome », et il remarque que, loin que cette sujétion leur pesât, ils étaient « unis de cœur et de sentiments avec l'Empire[1] ». Suétone rapporte que, sous Auguste, les Ubiens et les Sicambres « firent dédition[2] »; or cette expression de la langue romaine avait un sens très précis : faire dédition était se déclarer absolument sujet de Rome; ce fut donc à titre de sujets que ces deux peuples, au moment même des plus grandes victoires des Romains en Germanie, firent partie de l'Empire.

Pareils faits se reproduisirent assez souvent dans la suite. Marc-Aurèle, après ses grandes victoires sur les Germains, admit les Astinges sur la terre romaine à titre de sujets et sous la condition de combattre toujours les ennemis de Rome[3]. Au siècle suivant, Probus, vainqueur des Bastarnes, reçut ce peuple à discrétion et le transporta en Thrace[4]; et l'historien, qui vivait cent cinquante années plus tard, ajoute cette curieuse remarque : « Depuis cette époque, ils ont vécu dans ce pays en se conformant toujours aux lois des Romains[5]. »

---

[1] Tacite, *Germanie*, 29 : *Est in eodem obsequio et Mattiacorum gens.... Sede finibusque in sua ripa, mente animoque nobiscum agunt, cetera similes Batavis.*

[2] Suétone, *Auguste*, 21 : *Germanos ultra Albim fluvium summovit, ex quibus Ubios [Suebos?] et Sigambros* DEDENTES SE *traduxit in Galliam atque in proximis Rheno agris collocavit.* — Ces faits se rapportent à l'an 9 avant J.-C. Cf. Dion-Cassius, LV, 1, et Florus, IV, 12. — Pour les Ubiens, Tacite se sert d'une expression moins énergique, mais de même sens : *Gentem Ubiorum Agrippa in fidem accepit* (*Annales*, XII, 27). Pour les Sicambres, il emploie les mots *in deditionem accepit* (ibidem, II, 26). — Οὔβιοι... οὓς μετήγαγεν Ἀγρίππας ἑκόντας εἰς τὴν ἐντὸς τοῦ Ῥήνου. Strabon, IV, 3, 4.

[3] Dion Cassius, LXXI, 12.

[4] Zosime, I, 71 : Βαστάρνας δὲ ὑποπεσόντας αὐτῷ προσέμενος κατῴκισε Θρᾳκίοις χωρίοις.

[5] Ibidem : Καὶ διετέλεσαν τοῖς Ῥωμαίων βιοτεύοντες νόμοις. — Vopiscus,

En même temps Probus voyait venir à lui des Francs « qui lui demandaient de les établir dans l'Empire »; il leur assigna une place sur les bords du Pont-Euxin[1].

Je rencontre ici chez quelques historiens modernes une erreur qui porte sur un détail en apparence peu important, mais qu'il faut réfuter parce qu'elle donne une idée fausse de ces Germains. « On sait, dit Michelet, le hardi voyage de ces pirates, qui partirent, ennuyés de leur exil, pour aller *revoir leur Rhin*, pillant sur la route les côtes de l'Asie, de la Grèce, de la Sicile, et vinrent aborder tranquillement *dans la Frise ou dans la Batavie*[2]. » Mais Zosime, le seul historien qui parle de ce fait, le raconte d'une tout autre manière. Il dit d'abord que ces Francs avaient imploré un établissement dans l'Empire, ce qui n'indique pas un amour très vif pour la patrie germanique. Il ajoute que, non pas tous ces Francs, mais seulement une partie d'entre eux s'éloigna de la contrée qu'on leur avait assignée[3]. Il raconte que ces hommes montèrent sur des navires, non pour regagner leur pays natal, mais pour piller les rivages de la Grèce, de la Sicile et de l'Afrique. Repoussés de l'Afrique par une troupe romaine, l'historien ne dit nullement qu'ils franchirent le détroit de Gadès; encore moins dit-il qu'ils allèrent jusqu'en Frise ou en Batavie, où on ne les aurait certes pas reçus. Zosime dit simplement que, ayant subi un échec

---

Probus, 18 : *Centum milia Basternarum in solo romano constituit, qui omnes fidem servarunt.* Il fut moins heureux avec d'autres peuples : *Sed cum ex aliis gentibus plerosque pariter transtulisset, id est ex Gepidis, Grauthungis et Vandulis, illi omnes fidem fregerunt.*

[1] Zosime, I, 71.

[2] Michelet. *Histoire de France*, t. I, p. 193. Déjà Dubos avait dit de même, t. I, p. 162.

[3] Zosime, I, 71 : Φράγκων μοῖρα τις ἀποστᾶσα.

en Afrique, ils purent cependant revenir impunis chez eux, ἐπανελθεῖν οἴκαδε : termes qui ne peuvent s'appliquer qu'aux terres d'où ils venaient et qui désignent, non pas la terre germaine qu'ils avaient depuis longtemps quittée, mais la terre romaine qu'ils avaient obtenue de l'empereur Probus, et où était vraiment leur domicile, οἴκαδε.

Présenter cet événement comme une preuve de l'audace des Germains est une idée juste ; le présenter comme un symptôme de leur goût pour les aventures, et surtout pour le pillage, est exact encore ; mais le présenter comme une manifestation du patriotisme germain est une idée fausse, contraire au texte, contraire à toute une série de faits avérés. Les Germains quittaient facilement la Germanie et n'y retournaient pas volontiers[1].

Le peuple des Carpes fut transporté en Pannonie par Dioclétien[2]. Constance Chlore établit des Francs dans plusieurs cantons dépeuplés de la Gaule, en leur imposant l'obligation de cultiver le sol et de fournir des soldats à l'Empire[3].

---

[1] L'orateur Eumène rapporte le même fait avec quelques variantes. Suivant lui, ces Francs étaient des captifs ; quelques-uns d'entre eux, *pauci*, après avoir pillé le littoral de l'Asie et de la Grèce, de l'Afrique, de la Sicile, auraient pénétré jusqu'à l'Océan. Il ne dit pas ce qu'ils devinrent et rien ne fait supposer qu'ils soient retournés dans leur pays natal. Il parle de leur petit nombre : *Paucorum ex Francis*, et il les dépeint, non comme des patriotes, mais simplement comme des pirates, *nihil clausum piraticæ desperationi* (Eumène, *Panegyricus Constantio Cæsari*, c. 18 (*alias* c. 21). — Tacite, *Histoires*, IV, 28, dit des *Ubii* : *Gens germanicæ originis ejurata patria*.

[2] Ammien, XXVIII, 1, 5 : *Ortus a posteritate Carporum quos antiquis excitos sedibus Diocletianus transtulit in Pannoniam.* — Jordanès, *De rebus geticis*, c. 16 : *Carpos Maximianus devicit et reipublicæ romanæ subegit.* — Cf. Eutrope, IX, 25.

[3] Eumène, *Panegyricus* [VII] *Constantino Augusto*, c. 6 : *Quid loquar intimas Franciæ nationes, a propriis sedibus avulsas, ut in desertis Galliæ regionibus collocatæ et pacem romani imperii cultu juvarent et arma dilectu.*

Sous Constantin, une guerre éclata, au nord du Danube, entre les Goths et les Vandales. Ceux-ci furent vaincus et perdirent un grand nombre de guerriers. Ce qui en resta, ne se croyant plus en sûreté dans le voisinage des Goths, implora l'empereur et lui demanda de les établir en Pannonie. Constantin leur accorda ce qu'ils demandaient, et l'historien Jordanès ajoute : « Ils demeurèrent pendant soixante ans sur les terres qui leur avaient été assignées, et ils obéirent à tous les ordres des empereurs comme s'ils eussent été des indigènes[1]. »

Quand on lit les écrivains du iv° siècle, et surtout Ammien, on reconnaît que les Germains ne songeaient [nullement] à s'établir dans l'Empire en conquérants; ceux qui voulaient s'y établir ne voulaient y entrer qu'en sujets. C'était l'ambition et toute l'espérance de ces barbares. « Nous sommes prêts, disaient-ils, si c'est la volonté de l'empereur, à vivre dans les limites de l'Empire et à occuper un district aussi éloigné qu'on voudra; désormais tranquilles, nous serons voués au culte de la paix, comme d'une divinité bienfaisante, et nous accepterons les charges et même le nom de tributaires[2]. »

---

[1] Jordanès, *De rebus geticis*, c. 22, § 115 : *Tunc Vandali infortunatam patriam relinquentes, Pannoniam sibi a Constantino principe petierunt, ibique per sexaginta annos sedibus locatis imperatorum decretis ut incolæ famularunt.*

[2] Ammien, XIX, 11, 6.

CHAPITRE VI

Des Germains qui sont entrés dans l'Empire comme esclaves ou comme colons.

Il arriva souvent aussi, dans cet espace de quatre siècles, que les armées romaines pénétrèrent en Germanie. Il est facile de compter qu'elles furent plus souvent victorieuses que vaincues. A chaque victoire elles ramenaient des captifs. Il parut naturel de faire de ces captifs ou des esclaves ou des colons [1].

Tibère en ramena ainsi 40 000, au dire de Suétone. Il ne les vendit pas, mais « il leur assigna des terres à cultiver sur la rive gauche du Rhin [2] ». Cette phrase de l'historien ne signifie nullement qu'il en fit des propriétaires ; aucun mot ne présente cette idée, et le terme de *dedititius* est incompatible avec le droit de propriété.

Marc-Aurèle ramena beaucoup de prisonniers de son expédition contre les Marcomans et les Quades. Au lieu de les vendre comme esclaves, il les établit sur le sol comme colons [3]. Il y a apparence que Marc-Aurèle voulait réparer les grandes pertes qu'une peste effroyable venait de faire subir à la population de l'Empire [4].

---

[1] [Cf. *Recherches sur le colonat*, c. 3.]
[2] Suétone, *Tiberius*, 9 : *Quadraginta milia dedititiorum trajecit in Galliam juxtaque ripam Rheni sedibus adsignatis conlocavit.*
[3] Jules Capitolin, *Marcus*, 24 : *Æquitatem etiam circa captos hostes custodivit. Infinitos ex gentibus in romano solo conlocavit.* — Ibidem, 22 : *Accepit in deditionem Marcomannos, plurimis in Italiam traductis.*
[4] Voir, sur cette peste qui dépeupla l'Italie et plusieurs provinces, Jules Capitolin, *Marcus*, 13 et 17 ; elle était venue de Perse (idem, *Verus*, 8) ; cf. Orose, VII, 15. Une autre peste sévit au siècle suivant sous Gallien et

Au siècle suivant, vers 270, les historiens nous disent qu'après les grandes victoires de Claude II et de ses lieutenants sur les Goths, « les provinces se remplirent d'esclaves et de cultivateurs germains, et qu'il n'y eut aucun pays où l'on ne vit des esclaves goths[1] ».

Des deux côtés on faisait la guerre pour piller. Les Germains, dans leurs incursions, brûlaient les villes, enlevaient l'or, emmenaient la population captive. Les Romains, dans leurs incursions en Germanie, brûlaient les villages, enlevaient le blé et le bétail, emmenaient la population captive. Exécuter des razzias, ramasser du butin[2], faire surtout des esclaves pour cultiver le sol, tel était le but principal des belligérants. « Probus, dit son historien, fit autant de butin en Germanie que les Germains en avaient fait dans l'Empire[3]. » Ce prince, après quelques victoires sur la rive

---

sous Claude II (Trébellius Pollion, *Gallieni*, 5; Zosime, I, 26; Jordanès, *De rebus geticis*, c. 19, § 104). — [Cf. plus haut, p. 221.]

[2] Trébellius Pollion, *Claudius*, 9 : *Inpletæ barbaris servis Scythicisque cultoribus romanæ provinciæ, nec ulla fuit regio quæ Gothum servum non haberet.* — Zosime, I, 46 : Ὅσοι διεσώθησαν.... γῆν λαβόντες εἰς γεωργίαν ταύτῃ προσεκαρτέρησαν. — [Cf. plus haut, p. 334.]

[2] Ammien se plaint de la *incivilitas militis occurrentia vastantis* (en pays germain), XVIII, 2, 7. — *Messes incensas et habitacula captosque plures* (sur les terres des Alamans), XVIII, 2, 19. — Ammien, XIX, 11, 2: *Expletus prædarum opimitate exercitus.* — Ammien parlant du soldat romain sur les terres des Alamans : *Urebat agros, pecora diripiebat et homines* (XVII, 10, 6) ; cf. XXVII, 10, 7. — Jules Capitolin, *Maximini*, 12 : *Vicos incendit, greges abegit, prædas sustulit, cepit innumeros, militem divitem reduxit.* — Ammien, XVII, 12, 4 : *Imperator, coacta militum valida manu, populandis barbarorum incubuit terris.* — Ibidem, XXX, 3, 1 : *Post vastatos aliquos Alamanniæ pagos.* — Les soldats romains en Germanie étaient aussi pillards que les Germains l'étaient en Gaule : *Valentinianus adsidue mandans ut rapinis et incendiis abstinerent, inpetrare non potuit* (Ammien, XXIX, 4, 5).

[3] Vopiscus, *Probus*, 13 : *Tantum prædæ barbaricæ tulit quantum ipsi Romanis abstulerant.* — L'empereur exigea des rois barbares *frumentum, vaccas, oves* (idem, 14). Les troupeaux enlevés dans cette grande razzia

droite du Rhin, ramena tant de colons, qu'il put écrire au Sénat : « Maintenant les barbares labourent pour vous, sèment pour vous[1]. »

Sans prendre à la lettre toutes les affirmations des Panégyristes, on doit croire qu'il y a quelque chose de vrai quand Eumène dit, dans un discours public, prononcé en Gaule, que Constance Chlore est allé poursuivre les barbares au milieu de leurs forêts, qu'ils se sont rendus à discrétion, et qu'ils ont été amenés en Gaule pour cultiver les champs à titre de serviteurs[2]. « Nous avons vu, ajoute-t-il, et nous voyons encore dans les rues de nos villes et sous nos portiques se tenir de longues files de barbares captifs, que les ordres de l'empereur distribuent entre les habitants de la province, en attendant qu'ils soient conduits sur les champs qui manquent de bras et qu'ils devront cultiver[3]. Voici donc qu'un Chamave et un Frison labourent pour moi ; l'ancien pillard se change en travailleur et apporte sa récolte à nos marchés[4].... Les territoires de Beauvais, de

---

furent si nombreux, que Probus écrivit au sénat : *Arantur gallicana rura barbaris bubus, et juga germanica captiva præbent nostris colla cultoribus*, etc. (ibidem, 15).

[1] Vopiscus, *Probus*, 15 : *Omnes jam barbari vobis arant, vobis jam serunt.* — Cf. Eutrope, IX, 25 : [Sous Dioclétien], *Carpis et Basternis subactis.... quarum nationum ingentes captivorum copias in Romanis finibus locaverunt.*

[2] Eumène, *Panegyricus* [V] *Constantio Cæsari dictus*, c. 8 : *Neque illæ fraudes locorum nec perfugia silvarum barbaros tegere potuerunt, quominus dicioni Tuæ Divinitatis omnes sese dedere cogerentur et cum conjugibus ac liberis ad loca olim deserta transirent ut, quæ fortasse ipsi deprædando vastaverant, culta redderent serviendo.*

[3] Ibidem, 9 : *Nunc vidimus et videmus totis porticibus civitatum sedere captiva agmina barbarorum, viros attonita feritate trepidantes, respicientes anus ignaviam filiorum, nuptas maritorum, vinculis copulatos pueros ac puellas familiari murmure blandientes, atque hos omnes provincialibus vestris ad obsequium distributos, donec ad destinatos sibi cultus solitudinum ducerentur.*

[4] Ibidem : *Arat ergo nunc mihi Chamavus et Frisius, et ille vagus,*

Troyes, de Langres, auxquels manquaient les colons, prospèrent aujourd'hui par le travail des colons barbares[1]. » Julien fit en Germanie de nombreux prisonniers, qu'il réduisit de même à l'état de colons[2].

Plus tard, Théodose, vainqueur des Alamans, transporta tous ses captifs sur les bords du Pô et les attacha au travail des champs à titre de *tributarii*, c'est-à-dire de colons[3]. De même Gratien, vainqueur des Goths et des Taïfales, au lieu de les massacrer, leur accorde la vie et les transporte en Italie pour cultiver les champs de Modène, de Parme et de Rhégium[4].

En 405, les 200 000 Germains que Radagaise avait conduits en Italie furent ou massacrés ou vendus. « Le nombre des prisonniers était si grand, dit un contemporain, qu'on les voyait rassemblés en troupeaux comme des moutons et vendus pour une pièce d'or par tête[5]. »

---

ille prædator exercitio squalidus ruris operatur, et frequentat nundinas meas pecore venali et cultor barbarus taxat annonam.

[1] Eumène, 21 : *Nunc per victorias tuas, Constanti Cæsar, quicquid infrequens Ambiano et Belloraco et Tricassino solo Lingonicoque restabat, barbaro cultore revirescit.* — La situation de ces colons barbares est bien expliquée par un texte d'Ammien, XIX, 11, 6 : *Limigantes principem exorabant in veniam, obsecrantes ut, transmisso flumine, ad eum venire permitterentur, parati intra spatia orbis Romani, si id placuerit, terras suscipere longe discretas ut tributariorum onera subirent et nomen.*

[2] Ammien, XX, 4, 1 : *Quos tributarios fecit et vectigales.*

[3] Idem, XXVIII, 5, 15 : *Quoscumque (Alamannorum) cepit ad Italiam misit ubi, fertilibus pagis acceptis, jam tributarii circumcolunt Padum.*

[4] Idem, XXXI, 9, 4 : *Adortus nationis utriusque grassatores, trucidasset omnes ad unum ni obtestatus prece impensa superstitibus pepercisset, rivosque omnes circa Mutinam Regiumque et Parmam Italica oppida rura culturos exterminavit.*

[5] Orose, VII, 37, 16 : *Tanta multitudo captivorum Gothorum fuisse fertur ut, vilissimorum pecudum modo, singulis aureis passim greges hominum venderentur.* [Cf. plus haut, p. 347.]

Il faut ajouter que la guerre n'était pas l'unique source de l'esclavage pour les Germains. Il se fit de tout temps un commerce d'esclaves entre la Germanie et l'Empire. Ammien mentionne à plusieurs reprises les marchands qui approvisionnaient la Gaule ou la Thrace d'esclaves germains[1].

Ces innombrables esclaves de race germanique ont vécu et se sont perpétués sur la terre romaine, mêlant leur sang à celui des esclaves indigènes. Il est certain qu'ils n'ont pas conservé longtemps leur langue ni leurs cultes ; ont-ils gardé quelque temps leurs mœurs, leurs traditions, leurs coutumes, c'est ce que les documents n'indiquent pas. L'histoire ne montre jamais qu'ils se soient révoltés. On ne voit même à aucun indice que les envahisseurs barbares aient été beaucoup aidés par ces anciens compatriotes[2]. Enfin on ne voit pas non plus que, le jour où les Germains furent les maîtres, ils aient songé à tirer de l'esclavage ces hommes de leur race.

[Dans les premières années du v⁰ siècle, le nombre de Germains employés dans la domesticité impériale ou au service des particuliers devint ainsi considérable.]

---

[1] Ammien, XXII, 7, 8 : *Suadentibus proximis ut adgrederetur propinquos Gothos, sæpe fallaces et perfidos, hostes quærere se meliores, aiebat Julianus : illis enim sufficere mercatores Galatas, per quos ubique sine condicionis discrimine venundantur.* — Idem, XXIX, 4, 4 : *Venalia ducentes mancipia*, dans le pays des Mattiaques. — Idem, XXXI, 6, 5 : *Confluebat ad eos in dies ex eadem gente (Gothorum) multitudo, dudum a mercatoribus venundati.* — Déjà Tacite avait signalé l'habitude qu'avaient les Germains de vendre leurs esclaves à l'étranger : *Servos per commercia tradunt* (*Germanie*, 24). Dans la *Vie d'Agricola*, 28, il est question d'Usipiens vendus par des Suèves.

[2] Une fois seulement Ammien, racontant une incursion des Goths à travers la Thrace, fait observer que beaucoup d'esclaves de cette nation rejoignirent leurs compatriotes (Ammien, XXXI, 6, 5) ; ce fait ne nous est signalé qu'une fois, et, sans croire qu'il ait été unique, nous pouvons du moins admettre qu'il n'a pas été très fréquent. On voit aussi Alaric rejoint par un grand nombre d'esclaves venus de Rome (Zosime, V, 42).

L'évêque Synésius écrivait vers ce temps-là : « Dans toutes les maisons qui jouissent de quelque aisance, on trouve comme esclaves des Scythes (des Goths); pour maître d'hôtel, pour boulanger, pour échanson, on prend des Scythes ; les esclaves qui portent ces pliants sur lesquels les maîtres s'assoient dans les rues sont encore des Scythes[1]. »

[Mais la plupart des] Germains préféraient cultiver le sol. L'acheter leur était impossible; ils n'y pouvaient être que des laboureurs à gages ou des colons. Ils offrirent leurs services, et il y avait des motifs pour que les propriétaires fussent empressés à les accepter.

Les bras, en effet, manquaient alors pour la culture. Ce n'est pas que le nombre des habitants eût diminué dans l'Empire; aucun document du moins n'autorise à affirmer qu'il y ait eu alors une dépopulation générale, et il n'est pas vraisemblable que la longue période de paix et de travail qui s'étendit depuis le règne d'Auguste jusqu'à ceux des Sévères ait pu dépeupler l'Empire. C'est la classe agricole seule qui était insuffisante. On avait depuis deux siècles défriché beaucoup de forêts, créé des routes, amélioré le sol[2]; la terre cultivable s'était fort étendue, et le nombre des cultivateurs n'avait pas augmenté dans la même proportion. Il s'était formé, au contraire, des professions nouvelles; les travaux de l'industrie avaient enlevé des bras à l'agriculture au moment même où il aurait fallu que ces bras fussent plus nombreux. En même temps, l'usage des affranchissements et l'élévation incessante

---

[1] Synésius, *De la royauté*, c. 22, trad. Druon, p. 225.

[2] *Ubi silvæ fuere jam seges est* (Mamertin, *Panegyricus genethliacus*, 15). — *Orbis cultior et instructior; silvas arva domuerunt, arenæ seruntur, paludes eliquantur* (Tertullien, *De anima*, 30).

des basses classes avaient épuisé peu à peu cette couche inférieure de la société dont le dur labeur fécondait la terre[1]. Le progrès général devint ainsi, par un certain côté, une cause d'embarras. Il arriva à la classe agricole de l'Empire romain ce qui serait arrivé dans notre siècle à la classe ouvrière si la science n'avait pas inventé les machines : le nombre des bras n'aurait pas été en rapport avec les besoins croissants. La population générale de l'Empire pouvait augmenter; la population agricole restait au-dessous de ce qu'il eût fallu. Le mal parut surtout lorsque Trajan eut jeté de grandes colonies d'agriculteurs sur la rive gauche du Danube, peuplant la Dacie aux dépens de l'Italie et de la Gaule.

Pour toutes ces raisons la culture manquait d'hommes; il fallait donc en chercher au dehors. Si l'on ne trouvait moyen d'avoir des bras étrangers, la main-d'œuvre était chère, les frais de culture démesurés, les propriétaires ruinés, les impôts impayés, les récoltes incomplètes, et la vie de l'Empire pouvait se trouver arrêtée, comme elle l'est dans un corps vigoureux où un organe ne s'est pas fortifié dans la même proportion que les autres. L'Empire lutta pendant trois siècles contre cette difficulté; l'adjonction de laboureurs germains était son salut.

Aussi trouvait-on qu'il ne s'en présentait jamais assez, et ne se contentait-on pas de ceux qui offraient spontanément leurs services. On profitait de chaque victoire pour en introduire de force le plus qu'on pouvait, à la grande satisfaction des propriétaires du sol.

Il ne faudrait pas supposer [en effet] que ces Germains, entrés spontanément ou amenés de force, devins-

---

[1] [Tout cela a été développé plus haut, p. 187 et suiv., p. 222, et *Recherches*, p. 45.]

sent propriétaires du sol. Nous devons au contraire remarquer que dans les documents qui mentionnent cette attache des Germains à la terre on ne rencontre pas une seule des expressions qui dans la langue latine désignaient le droit de propriété. Ils n'étaient reçus sur la terre romaine qu'à titre de cultivateurs et de colons[1]. On les répartissait entre les provinces qui avaient le plus besoin de bras : les uns étaient disséminés sur les terres du domaine public ; les autres étaient partagés entre les propriétaires du sol.

Les instructions impériales avertissaient d'ailleurs les propriétaires que ces Germains qui leur étaient donnés par le gouvernement seraient traités, non comme esclaves, mais comme colons ; par conséquent ils ne pouvaient être ni vendus ni transportés ailleurs, et ils devaient toujours rester attachés aux mêmes champs. C'était moins à l'homme qu'à la terre que l'Empire les donnait. Chacun d'eux était inscrit et comme immatriculé à une glèbe (*ascriptitius*) ; il ne pouvait jamais s'en détacher, ni ses fils après lui. Une de ces lois est ainsi conçue : « La nation barbare des Scyres, après la défaite des Huns auxquels elle s'était jointe, a été assujettie à notre Empire. En conséquence, nous permettons à tous propriétaires de prendre des hommes de cette nation pour augmenter le nombre des travailleurs sur leurs champs ; qu'ils sachent toutefois que ces hommes ne seront pas leurs esclaves : ils n'auront pas le droit de les attacher aux travaux domestiques. Ces barbares

---

[1] C'est bien ce que signifient le mot *tributarii* d'Ammien et la phrase de Zosime : Γῆν εἰς γεωργίαν λαβόντες ταύτῃ προσεκαρτέρησαν [cf. p. 372 et *Recherches*, p. 45]. C'est aussi le sens de la phrase d'Eumène [cf. p. 374, n. 2] : *Ut loca culta redderent serviendo*. — Cf. Ammien, XIX, 11, 6 : *Parati ut tributariorum onera subirent et nomen*. — [Voir les *Recherches sur le colonat*, c. 3.]

seront seulement soumis aux lois du colonat : ils travailleront, à titre d'hommes libres, aux ordres et au profit des propriétaires. Il ne sera permis à personne d'en enlever un du champ auquel il aura été attaché; celui qui fuira sera poursuivi et rendu à son maître[1]. »

Ce règlement montre avec une clarté parfaite quelle était la condition des Germains. Ils n'entraient dans l'Empire qu'en se soumettant aux lois très dures du colonat. Ils n'étaient pas précisément esclaves d'un maître, mais ils l'étaient du sol qu'ils cultivaient pour le maître. Loin qu'ils s'emparassent de la terre, c'était la terre qui s'emparait d'eux.

[Tous ces faits expliquent les singulières conséquences qu'eurent certaines grandes incursions barbares du commencement du v⁰ siècle et la joie des contemporains, qui chantent] les grands succès de Stilicon, obligeant les Sicambres à changer leurs épées contre des socs de charrue. On ne craignait guère alors une conquête du pays par une population étrangère : on voyait plutôt l'Empire conquérant des sujets étrangers.

[1] Loi de 409, au Code Théodosien, V, 4, 3, édit. Hænel, p. 460-462. La victoire sur les Scyres est mentionnée par Zosime (IV, 34). Sozomène raconte aussi leur désastre; il dit que tout ce qui ne fut pas tué fut vendu à vil prix ou même distribué gratuitement, et il ajoute : « J'en ai vu beaucoup dans la Bithynie, vivant épars sur les champs et labourant les vallées et les collines » (Sozomène, *Histoire ecclésiastique*, IX, 5).

CHAPITRE VII

Des Germains qui sont entrés à titre de soldats de l'Empire.

Ce que nous avons dit plus haut des usages de la bande guerrière en Germanie a suffisamment montré qu'il était permis au Germain de prendre du service à l'étranger. Aucune loi du pays, aucune coutume, aucune prescription des mœurs ou de l'opinion ne s'opposaient à ce qu'un Germain se fît soldat de Rome.

L'Empire romain, de son côté, cherchait volontiers des soldats au dehors. Ce n'était pas, ainsi qu'on l'a dit, qu'il eût besoin des étrangers pour comprimer ses citoyens : son pouvoir était trop respecté pour qu'il eût à faire un tel calcul. Mais l'origine de l'Empire avait coïncidé avec un universel désir de paix ; il avait donc paru naturel de décharger les peuples du fardeau des obligations militaires qui les avait si fort écrasés et épuisés dans les siècles précédents[1]. Comme il fallait pourtant des légions aux frontières et quelques troupes dans la capitale, on avait établi des armées permanentes, ce qui est, de tous les systèmes d'organisation militaire, celui qui coûte le moins cher aux populations et à l'État.

Il songea naturellement à enrôler des Germains. Il n'avait aucune haine pour ces hommes, et ne leur sentait aucune haine contre lui. Ils demandaient à le servir ; ils étaient robustes, braves, disciplinables : il les prit à son service.

---

[1] [Cf. *La Gaule Romaine*, p. 293 et suiv., et ici, plus haut, p. 52.]

1° [DE LA CONDITION DES SOLDATS BARBARES; FÉDÉRÉS ET LÈTES.]

Dès le temps des premiers empereurs, nous voyons des troupes germaines qui servent à côté des légions. César en avait dans ses armées. Germanicus en conduisit dans ses expéditions contre d'autres Germains[1]. Dans une guerre contre les Frisons, Tacite nous montre un escadron de Caninéfates et plusieurs cohortes germaines combattant fidèlement pour Rome[2]. Un général romain, qui fait la guerre en Thrace, se trouve avoir sous ses ordres une cohorte de Sicambres[3].

Il y avait des cohortes germaines en Italie et dans Rome même. Il y en avait dans la garde des empereurs, casernées dans le Palais[4] et qui se montrèrent toujours fidèles. Les inscriptions nous montrent des Germains qui ont vécu à Rome, qui y ont été ensevelis et que leur épitaphe écrite en latin qualifie de « gardes du corps

---

[1] Tacite, *Annales*, I, 56 : *Germanicus quatuor legiones, quinque auxiliarium milia, et tumultuarias catervas Germanorum cis Rhenum colentium Cæcinæ tradit.* — Ibidem, II, 16 : *Auxiliares Galli Germaniæque in fronte, dein quatuor legiones.*

[2] Ibidem, IV, 73 : *Alam Caninefatum et quod peditum Germanorum inter nostros merebat.*

[3] Ibidem, IV, 47.

[4] Ibidem, I, 24 : *Robora Germanorum qui tum custodes imperatori aderant.* Idem, XIII, 18 : *Germanos (matri imperatoris) custodes additos.* Idem, XV, 58 : *Permixti Germanis, quibus fidebat princeps quasi externis.* — Suétone, *Augustus*, 49 : *Manum Germanorum usque ad cladem Varianam inter armigeros circa se habuerat.* Cf. Dion Cassius, LVI, 23. — Suétone, *Caligula*, 55 : *Germanis corporis custodibus.* Idem, *Nero*, 34. Idem, *Galba*, 12 : *Germanorum cohortem a Cæsaribus olim ad custodiam corporis institutam multisque experimentis fidelissimam dissolvit.* — Ils reparurent après Galba; Hérodien, IV, 13, 6 : Γερμανοὶ ἱππεῖς οἷς ὁ Ἀντωνῖνος ἔχαιρε φρουροῖς τε τοῦ σώματος ἐχρῆτο. Cf. Jules Capitolin, *Maximus et Balbinus*, 14 : *In Palatio soli cum Germanis.*

du prince[1] ». C'est un de ces Germains, un Tongre, qui porta le premier coup à l'empereur Pertinax[2].

Vitellius avait des auxiliaires germains dans son armée[3], Vespasien en avait aussi dans la sienne. Les Sarmates s'étaient tous offerts à le suivre; mais il avait préféré des Germains, et il avait pris à son service deux rois des Suèves, nommés Sido et Italicus, « dont il connaissait la vieille obéissance à l'égard de Rome et qui étaient d'une nation plus fidèle que les Sarmates[4] ». Ces Suèves combattirent, en effet, aux premiers rangs à la bataille de Crémone[5].

Marc-Aurèle, faisant la guerre contre les Germains, avait des troupes mercenaires de Germains dans son armée[6]. Postumus, pour se faire empereur en Gaule, avait rassemblé des troupes franques[7]. Dans la bataille du pont Milvius, l'armée de Constantin était composée en grande partie de Germains[8]. Tandis que beaucoup

---

[1] Orelli, n°ˢ 2923, 3538, 5397 [inscription suspecte] ; Wilmanns, n° 1518. Voir Henzen, *Annales de l'Institut archéologique*, 1850, p. 16 ; *Corpus inscriptionum latinarum*, VI, n° 4338 : *Bassus Tiberii Germanici, Germanus;* n° 4354 : *Felix Tiberii Germanici, eques;* n° 4339 : *Macro Germaniciano Tiberii Cæsaris, Germano.* — [Plus haut, p. 317, et *Bulletin épigraphique*, t. III, p. 61 et suiv.]

[2] Jules Capitolin, *Pertinax*, 11.

[3] Tacite, *Histoires*, I, 61.

[4] Ibidem, III, 5 : *Sido atque Italicus, reges Sueborum, quis vetus obsequium erga Romanos, et gens fidei commissæ patientior.*

[5] Ibidem, 21 : *Sido atque Italicus Suebi cum delectis popularium primori in acie versabantur.*

[6] Jules Capitolin, *Marcus*, 21 : *Emit Germanorum auxilia contra Germanos.*

[7] Trébellius Pollion, *Gallieni*, 7 : *Cum multis auxiliis Postumus juvaretur Celticis atque Francicis.* On sait que le mot *auxilia* n'avait pas dans la langue le sens général de secours ; il avait la signification précise de troupe non composée de citoyens. Il correspond au terme moderne de *contingents*.

[8] Zosime, II, 15 : Ὁ Κωνσταντῖνος συναγαγὼν δυνάμεις ἔκ τε ὧν ἔτυχεν ἔχων δορυκτήτων βαρϐάρων καὶ Γερμανῶν καὶ τῶν ἄλλων Κελτικῶν ἐθνῶν.

de bandes d'Alamans ravageaient la Gaule, une troupe nombreuse de la même nation était au service de l'Empire et cantonnée dans la Bretagne[1].

Les documents permettent de distinguer deux catégories de soldats germains au service de Rome. Il y avait ceux qui étaient soldats volontairement, et ceux qui l'étaient malgré eux et par force.

1° Les premiers servaient l'Empire en vertu d'un libre contrat que les écrivains du IV° siècle désignent par le mot *fœdus*; aussi les appelait-on des fédérés[2]. Ammien Marcellin mentionne ce contrat et signale l'une des clauses qui y étaient le plus ordinairement insérées : comme l'empereur Constance avait prescrit à Julien, qui résidait en Gaule, de lui envoyer en Orient, pour faire la guerre aux Parthes, plusieurs corps bataves et hérules, ainsi que l'élite des autres corps germains, Julien lui répond « que ces hommes n'ont quitté leur pays d'au delà du Rhin qu'en vertu d'une convention qui leur garantit qu'on ne les fera jamais servir au delà des Alpes[3] ». Il ajoute que « c'est une clause souvent insérée par les barbares dans leurs engagements volontaires, et que, si on la viole, on risque de les éloigner du service de Rome pour l'avenir[4] ». Il est digne d'attention que ces Germains prenaient leurs précautions pour n'avoir à combattre jamais ni les Italiens ni les Parthes et qu'ils se réservaient de n'avoir à combattre que contre d'autres Germains.

Ammien, XXIX, 4, 7.

[2] *Cum barbaris quibusdam qui quondam in fœdus recepti atque in militiam allecti Honoriaci vocabantur*; Orose, VII, 40 [cf. plus haut, p. 349].

[3] Ammien Marcellin, XX, 4, 4 : *Qui relictis laribus transrhenanis, sub hoc venerant pacto ne ducerentur ad partes umquam transalpinas.*

[4] Ibidem : *Verendum esse adfirmans ne voluntarii barbari militares,*

L'historien Jordanès parle aussi d'un traité en bonne forme qui fut conclu entre Constantin et la nation des Goths, en vertu duquel ceux-ci s'engageaient à fournir à tout jamais un corps complet de 40 000 soldats, qui devaient servir l'Empire contre quelque nation que ce fût[1]. On les appelait des « fédérés ». Un fait rapporté par Ammien montre que, trente ans après la mort de Constantin, la nation des Goths tenait encore ces engagements et envoyait de temps à autre de nouvelles recrues pour compléter les cadres de ce corps[2]. Théodose renouvela cette convention[3], en sorte qu'il y eut toujours jusqu'à Justinien une troupe de fédérés goths au service de l'Empire[4]. Les lois font aussi mention de fédérés germains en Occident[5]. Gratien avait des Alamans parmi ses gardes du corps[6].

2° D'autres servaient Rome malgré eux. L'idée d'incorporer de force des barbares dans l'armée est aussi vieille que l'Empire. Tacite parle des Thraces, « qui

sæpe sub ejusmodi legibus adsueti transire ad nostra, hoc cognito, deinceps arcerentur.

[1] Jordanès, *De rebus geticis*, c. 21, § 112 : *Gothi, fœdere inito cum imperatore, quadraginta suorum milia illi contra gentes varias obtulere.*

[2] Ammien, XXVII, 5 : *Gens amica Romanis fœderibusque ingenuæ pacis obstricta.*

[3] Jordanès, *De rebus geticis*, c. 28 : *Defuncto Athanarico, cunctus ejus exercitus, romano se imperio subdens, cum milite velut unum corpus effecit, militiaque illa dudum sub Constantino principe Fœderatorum renovata, et ipsi dicti sunt Fœderati.*

[4] Ibidem, c. 21 : *Quorum et numerus et militia usque ad præsens in republica nominantur, id est Fœderati* (voir sur cette phrase la note de l'édition Closs, p. 86-87).

[5] Code Théodosien, VII, 13, 16 : *Præcipue sane eorum servos quos militia armata detentat, fœderatorum nihilominus et dediticiorum* (loi de 406 datée de Ravenne). — Novelles de Valentinien, tit. IX, édit. Hænel, p. 159 : *Tam militum atque fœderatorum tuitionem urbibus atque littoribus non desinit ordinare* (loi de 440). — Sidoine Apollinaire, *Lettres*, I, 8 et II, 13, signale des *fœderati* en Occident.

[6] Ammien, XXXI, 10, 5.

étaient contraints à fournir des soldats et à livrer au service de Rome leurs plus robustes jeunes gens¹ ». Il en était de même des Bretons « qu'on enlevait pour les faire servir loin de leur pays² ». C'est ainsi que les Bataves, les Mattiaques et les Ubiens payaient à Rome l'impôt du sang³. Dans la guerre de Bretagne, on leva de force une cohorte d'Usipiens, qui à la vérité fit défection⁴. Plus tard, on alla jusqu'au fond de la Germanie pour y prendre des soldats. Marc-Aurèle, après ses grandes victoires, choisit les plus robustes parmi ses prisonniers et les obligea à servir⁵. Il n'accorda la paix aux Iazyges qu'à la condition que ceux-ci lui livreraient 8000 des leurs comme soldats, et il les envoya en Bretagne⁶. Commode exigea des Marcomans et des Quades qu'ils lui donnassent des soldats⁷. Cette pratique devint ordinaire aux empereurs. Alexandre Sévère, après ses victoires en Asie et en Afrique, fit deux parts de ses prisonniers arméniens ou maures, distribua les uns comme esclaves, et incorpora les autres dans l'armée⁸. Zosime rapportant le désastre de 300 000 Goths qui avaient envahi l'Empire, et qui furent vaincus par Claude II et ses lieutenants, affirme que tout ce qui échappa à la mort fut attaché à la terre comme colon ou à l'armée comme

---

[1] Tacite, *Annales*, IV, 46 : *Pati dilectus et validissimum quemque militiæ nostræ dare.*

[2] Idem, *Agricola*, 15 et 31 : *Liberi ac propinqui per dilectus alibi servituri auferuntur.*

[3] Idem, *Germanie*, 29 ; *Histoires*, I, 59 ; IV, 18.

[4] Idem, *Agricola*, 28.

[5] Dion Cassius, LXXI, 11, édit. Boissée, t. X, p. 28 : Οἱ μὲν ἐστρατεύσαντο, ἄλλοσέ ποι πεμφθέντες, ὥσπερ καὶ τῶν ἁλισκομένων οἱ δυνάμενοι.

[6] Idem, LXXI, 16.

[7] Idem, LXXII, 2.

[8] Lampride, *Alexander*, 58 : *Captivos diversarum nationum amicis donavit ; si qui nobiliores fuerunt, eos militiæ deputavit.*

soldat¹. Aurélien, vainqueur des Vandales qui avaient fait irruption, ne leur permit de retourner dans leur pays qu'en faisant avec eux un traité régulier dont l'une des clauses était qu'ils laisseraient aux mains de l'empereur 2000 cavaliers choisis². L'empereur Probus, après une expédition en Germanie, en ramena, outre beaucoup de bétail et d'esclaves, 16 000 conscrits, qu'il répartit dans les différents corps auxiliaires de l'armée³. Au siècle suivant, nous voyons les Sarmates vaincus « offrir à l'empereur Constance, pour avoir la vie sauve, un tribut annuel et une levée de soldats⁴ ». Julien, ayant vaincu les Saliens et les Quades, en prit une partie, qu'il enrôla dans l'armée⁵, et l'historien qui rapporte ce fait soixante ans plus tard ajoute cette curieuse remarque : « Ces corps de troupes existent encore aujourd'hui. » Enfin l'empereur Gratien, après avoir presque exterminé le peuple des Lentiens dans une bataille, n'accorda la paix à ce qui en restait qu'à la condition qu'ils livreraient leurs jeunes gens à la conscription romaine⁶.

¹ Zosime, I, 48 : Ὅσοι διεσώθησαν, ἢ τάγμασι Ῥωμαίων συνηριθμήθησαν, ἢ γῆν λαβόντες εἰς γεωργίαν ταύτῃ προσεκαρτέρησαν.

² Dexippe, *Fragmenta*, édit. Didot, t. III, p. 685, 686 : Οἱ Βανδῆλοι κατὰ κράτος ἡττηθέντες παρὰ Ῥωμαίων πρεσβείαν ἐποιήσαντο περὶ διαλύσεως πολέμου, καὶ αἱ σπονδαὶ ἐγίνοντο· συνεμάχουν δὲ ἀπὸ τῆςδε Ῥωμαίοις Βανδῆλων ἱππεῖς εἰς δισχιλίους, οἱ μὲν αἱρετοὶ ἐκ τοῦ πλήθους καταλεγθέντες, οἱ δὲ ἐθέλοντες ἑκούσιον στρατίαν ὑποδυόμενοι.

³ Vopiscus, *Probus*, 14 : *Accepit præterea sedecim milia tyronum quos omnes per provincias sparsit, ita ut numeris vel limitaneis militibus quinquagenos et sexagenos intersereret.*

⁴ Ammien Marcellin, XVII, 13, 3 : *Vitam precati, tributum annuum et dilectum validæ juventutis et servitium spoponderunt.*

⁵ Zosime, III, 8 : Σαλίους τε καὶ Κουάδων μοῖραν τάγμασιν ἐγκατέλεξεν, ἃ καὶ νῦν ἔτι δοκεῖ περισώζεσθαι. De même en 375, les Quades envoient des députés demander la paix, *pacem suppliciter obsecrantes, quam ut adipisci possent, tirocinium pollicebantur* (Ammien, XXX, 6, 1).

⁶ Ammien, XXXI, 10, 17 : *Lentienses, post deditionem quam inpetravere supplici prece, oblata (ut præceptum est) juventute valida nostris tirociniis permiscenda, ad genitales terras ire permissi sunt*

Il semble qu'il fût à peu près indifférent à ces Germains de combattre contre Rome ou pour elle. Un roi des Alamans, Vadomaire, commença sa carrière par des incursions en Gaule, et la finit comme duc de Phénicie et chef de corps au service de l'Empire[1].

Il est à peu près impossible de dire quelle était en général la condition de ces soldats germains au service de Rome. Cette condition variait à l'infini[2]. On y distingue très nettement deux classes d'hommes. Tandis que les corps de troupes qui s'étaient engagés volontairement et par contrat portaient le titre honorable de *fédérés*, ceux qui avaient été amenés de force paraissent avoir été ordinairement désignés par le nom de *déditices*[3] qui marquait leur absolue sujétion. D'autres étaient appelés *lètes*, d'un mot germain qui paraît avoir désigné des gens de condition inférieure[4].

Ordinairement les fédérés recevaient une solde en argent et en blé. Les déditices et les lètes recevaient des terres à cultiver en guise de solde. Ils avaient avec eux leurs femmes et leurs enfants. Ces corps de troupes se perpétuaient donc et le service était héréditaire; le fils du lète n'aurait pas joui de la terre létique s'il n'avait

---

[1] Ammien, XXI, 3; XXVI, 8, 2; XXIX, 1.

[2] Voir Bœcking, *Notitia dignitatum*; Léotard, *De la condition des barbares au* IVe *siècle*, 1873; Brambach, *Dissertatio juris publici de Lætis*; Guérard, *Polyptyque d'Irminon*, Prolégomènes, p. 275; Opitz, *Die Germanen im Römischen Imperium*, 1867.

[3] Code Théodosien, VII, 13, 16 : *Militia fœderatorum et dedititiorum*. — Au mot *dedititii* correspond le mot δορίκτητοι, qui est employé par Zosime, II, 15.

[4] Les lètes sont signalés à la fin du IIIe siècle, dans un texte, à la vérité contesté, d'Eumène, *Panegyricus* [V] *Constantio Cæsari dictus*, 9. On les voit figurer, au IVe siècle, dans Ammien, XX, 8, 13 : *Adolescentes lætos quosdam cis Rhenum editam barbarorum progeniem*; ils paraissent distincts des *dedititii*; en l'année 361, on trouve un corps de *læti* qui sert en Thrace (Ammien, XXI, 13, 16).

été lète, c'est-à-dire soldat à son tour[1]. Chacun de ces corps était cantonné à demeure dans un pays, formant à la fois un bataillon et un village.

La *Notice des dignités et fonctions de l'Empire*, qui fut rédigée dans les premières années du v° siècle, montre que l'armée romaine comptait alors, à côté de ses légions et de ses cohortes provinciales, un très grand nombre de troupes germaines. Nous y voyons que des corps de Bataves, d'Hérules, de Mattiaques, de Marcomans, d'Alains, étaient casernés en Italie[2]; qu'il y avait un corps de Saliens en Espagne[3], des Bataves en Rétie[4], des Marcomans en Pannonie[5]. Dans les Gaules, parmi beaucoup de troupes gauloises, italiennes, dalmates et africaines, nous trouvons des Mattiaques, des Bataves, des Saliens, des Bructères, des Ampsivariens[6]. Un corps de lètes teutons était caserné à Sens; il y avait des lètes suèves au Mans, à Bayeux, à Coutances et en Auvergne, des lètes francs à Rennes, des lètes bataves à Arras, d'autres lètes germains à Reims et à Senlis[7], de même qu'il y avait des Sarmates à Poitiers, à Paris, à Amiens, à Langres[8].

Plusieurs de ces troupes de fédérés ou de lètes ont

---

[1] Code Théodosien, VII, 20, 12 : *Quisquis lætus, Alamannus, Sarmata, vagus vel filius veterani aut cujuslibet corporis dilectui obnoxius, tirociniis castrensibus imbuatur.* Il faut noter que le mot *lætus* est une restitution des éditeurs; les manuscrits portent *luctus*. — Code Théodosien, XIII, 11, 9 : *Quoniam ex multis gentibus sequentes romanam felicitatem se ad nostrum imperium contulerunt, quibus terræ læticæ administrandæ sunt....*

[2] *Notitia dignitatum et administrationum*, édit. Seeck, p. 133.

[3] *Ibidem*, p. 158.

[4] *Ibidem*, p. 200.

[5] *Ibidem*, p. 197.

[6] *Ibidem*, p. 135.

[7] *Ibidem*, p. 216-217.

[8] *Ibidem*, p. 219.

fondé dans la Gaule des établissements durables. Un corps de Taïfales que l'Empire avait cantonné aux environs de Poitiers se maintint et se perpétua à la même place; on l'y retrouve un siècle et demi plus tard[1]. Il en fut de même d'un corps de Saxons qui était cantonné près de Bayeux; il y resta toujours, s'y fit chrétien, et son nom demeura longtemps attaché à ce petit pays[2]. Ce que l'on sait de ces deux troupes dut arriver pour beaucoup d'autres. Plusieurs cantons où la *Notice* mentionne des garnisons sarmates ont conservé jusqu'à nos jours le nom de Sarmaise.

La même *Notice* nous montre dans la partie orientale de l'Empire des corps de Bataves, de Saliens, d'Angrivariens[3]. Quelques-uns figuraient à Constantinople même, parmi les troupes d'élite qu'on appelait *auxilia palatina*. En Égypte, nous trouvons des Vandales, un escadron de Francs, un escadron de Quades, une cohorte de Chamaves, une d'Alamans, de même qu'il s'y trouvait des cohortes gauloises[4]. Il y avait des escadrons francs, alamans, saxons, en Illyrie; une cohorte de Goths en Syrie, une cohorte de Francs en Mésopotamie[5], une cohorte de Germains en Arménie[6].

D'ailleurs les Germains n'étaient pas les seuls étrangers que Rome fit servir dans ses armées : elle avait des

---

[1] Comparez la *Notitia dignitatum* et Grégoire de Tours, IV, 18 et V, 7; le nom de *Taifalia* est resté attaché à ce canton, et se retrouve aujourd'hui sous la forme de Tiffauges-sur-Sèvre.

[2] Grégoire de Tours, V, 27. Le nom de *Ollinga Saxonum*, appliqué à ce canton, se trouve encore dans un diplôme de Charles le Chauve. Voir Ducange, *Glossarium*, au mot *Ollinga* [*Monarchie franque*, p. 196; Longnon, *Géographie de la Gaule*, p. 173 et suiv.]

[3] *Notitia dignitatum*, édit. Seeck, p. 13 et 14.

[4] Ibidem, p. 59, 60, 64, 65, 66.

[5] Ibidem, p. 78.

[6] Ibidem, p. 84.

troupes de Maures, d'Arabes, de Parthes. Nous trouvons une troupe maure cantonnée à Vannes en Bretagne, et une autre de même nation dans le pays des *Osismii*, qui est aujourd'hui Saint-Pol-de-Léon.

8° [POURQUOI L'EMPIRE A ENRÔLÉ DES GERMAINS. QUE CET ENRÔLEMENT EST UNE FORME DE CONQUÊTE DE LA GERMANIE].

On peut se demander pour quelles raisons le gouvernement impérial appelait à lui tant de soldats étrangers. La première supposition qui se présente à l'esprit est que la population virile faisait défaut; mais il n'y a pas une seule ligne dans les documents qui autorise cette opinion. La dépopulation de l'Empire, sauf dans quelques provinces frontières, est une pure conjecture dont on n'a jamais donné la moindre preuve; et cet Empire n'eût-il compté que 80 millions d'âmes, il est facile de calculer qu'il n'en fallait pas davantage pour mettre sur pied un million de soldats[1].

Une autre supposition qu'on peut faire est que les populations de l'Empire, amollies par une longue paix, manquaient de courage militaire; mais quand on lit les historiens du IV° et du V° siècle, on s'aperçoit que cette supposition est absolument contraire à la vérité. Ammien, en particulier, décrit assez de batailles et d'escarmouches pour que nous puissions juger des qualités militaires des soldats de l'Empire; on y voit que les Gaulois, les Espagnols, les Illyriens et d'autres encore ne manquaient ni de bravoure, ni d'instruction,

---

[1] Il est vrai que, en droit, les esclaves n'entraient pas dans l'armée; en pratique, ils y entraient par l'affranchissement

ni de discipline[1]. Pour les Gaulois en particulier, l'historien dit « qu'ils étaient bons soldats à tout âge, que jeunes et vieux portaient au service la même vigueur, que leurs corps étaient endurcis par la vigueur de leur climat et par un constant exercice, et qu'ils bravaient tous les périls[2] ». Le détail des faits prouve surabondamment que les légionnaires du IV° siècle, par l'ensemble des qualités militaires, étaient fort supérieurs aux Germains.

Il faut donc chercher ailleurs les raisons qui déterminèrent le gouvernement impérial à employer tant d'auxiliaires barbares. J'en crois voir plusieurs.

1° En premier lieu, une raison d'ordre militaire. Les incursions des Germains au III° et au IV° siècle, ainsi que les guerres des Perses, ont certainement modifié les règles de la tactique. Contre un ennemi dont les mouvements étaient toujours imprévus il fallait des troupes très mobiles. Or les légions romaines du IV° siècle paraissent assez lentes dans leurs déplacements. Dans les batailles, nous les trouvons plus solides que rapides.

---

[1] Voir surtout Ammien, XVI-XVII, et XXIV, où l'historien raconte une guerre contre les Germains et une guerre contre les Perses. Voir aussi XXVII, 2, 5 ; l'historien décrit une bataille et montre les Romains, *numero inferiores, viribus pares*; et il ajoute, § 7 : *Resistens animorum acri robore miles ita lacertis eminuit ut hostium interficeret sex milia, ipse vero non amplius mille ducentis amitteret*. — Ailleurs, l'historien montre les Alamans *disjecti Romanorum ardore* (XXVII, 10, 15) : XXIX, 6, 13, il parle de deux légions, *valida proeliis manus*. — Végèce, qui écrit sous Valentinien II, ne se plaint pas non plus du manque de courage : *Non degeneravit in hominibus Martius calor* (I, 28) ; il se plaint seulement de la négligence apportée aux exercices. — [Cf. plus haut, p. 344.]

[2] Ammien, XV, 12, 3 : *Ad militandum omnis ætas aptissima ; et pari pectoris robore senex ad procinctum ducitur et adultus, gelu duratis artubus et labore adsiduo, multa contempturus et formidanda*. Cf. XXIX, 6, 16 : *Gallicani militis validum robur*. — Voir (XIX, 6 ; XXIII, 5) des exemples de la bravoure de la fougue gauloises.

Les grandes marches leur convenaient mal, d'abord parce qu'elles étaient pesamment armées[1], ensuite parce que, les soldats étant habitués dans leurs quartiers aux commodités de la vie, elles devaient traîner avec elles des bagages encombrants[2], enfin parce que les légionnaires avaient des femmes et des enfants et qu'ils n'aimaient pas à s'en éloigner[3]. Les armes des barbares étaient plus légères, leurs corps moins exigeants. Pour avoir un certain nombre de troupes qui pussent se transporter aisément et lutter de vitesse avec les envahisseurs barbares, le meilleur moyen était de prendre les barbares eux-mêmes. Aussi les autorités militaires de l'Empire avaient-elles imaginé un système assez habile dans lequel les troupes légères composées de Germains ou d'Africains étaient associées aux troupes plus solides tirées de l'Empire et exercées à la romaine[4].

2° Ensuite une raison financière. On sait que le recrutement se faisait par voie de réquisition sur les propriétaires fonciers, qui étaient tenus de livrer un nombre déterminé de leurs paysans, mais à qui l'on permettait souvent de remplacer chaque homme par le payement [d'un certain nombre] de pièces d'or; de là le calcul que les administrateurs de l'Empire durent faire,

---

[1] C'est seulement à partir de Gratien qu'on a déchargé les légionnaires du casque et de la cuirasse (Végèce, I, 20); encore Végèce ajoute-t-il que dans les légions les armes sont [toujours] plus pesantes que dans les *auxilia* composés d'étrangers (II, 3).

[2] Ammien rapporte une curieuse anecdote qui montre combien les soldats indigènes se préoccupaient de leurs vivres (XVII, 9); il donne ailleurs (XXII, 12, 6) un autre exemple des habitudes voraces des soldats.

[3] Voir sur cela un trait dans Ammien, XX, 4, 10, où l'on voit la répugnance qu'ils avaient à quitter leurs *caritates* [cf. plus haut, p. 359, n. 1].

[4] C'est pour la même raison que, de nos jours, en Algérie, beaucoup de militaires pensent qu'il est indispensable d'avoir, à côté des troupes françaises plus solides, des troupes arabes plus rapides et toujours prêtes à se déplacer.

que moins on lèverait de conscrits, plus le trésor aurait d'argent[1]. Il n'est guère douteux que l'entretien et la solde du soldat indigène ne montassent à un chiffre plus élevé que l'entretien et la solde du soldat barbare. Enfin, le soldat indigène recevait, vers l'âge de quarante ans, avec le titre de vétéran, une retraite sous des formes diverses, et cela ne laissait pas d'être assez coûteux. On conçoit donc que le gouvernement impérial ait eu quelque intérêt à remplacer une partie de ses troupes nationales par des troupes barbares qui, à moins de frais, lui rendaient autant de services.

3° Enfin, une raison politique. Le gouvernement impérial eut de tout temps beaucoup de peine à se faire obéir des légions, et même des troupes auxiliaires indigènes. Ce n'était pas que le soldat fût ennemi du régime impérial; mais il faisait volontiers de nouveaux empereurs, pour que le *donativum* fût renouvelé plus souvent. Les armées se croyaient le droit d'élire les empereurs; il faut lire les récits de l'élection de Julien et de celle de Valentinien Ier pour comprendre combien elles étaient convaincues de leur droit, et surtout de leur force[2]. Un autre exemple bien caractéristique est celui de l'usurpateur Procope : cet homme inconnu s'adresse à des soldats de passage; comme ces soldats sont à vendre, *vendibiles*, il leur offre de l'argent et il est proclamé par eux empereur[3]. Quand on lit les historiens de ce temps, on est frappé de voir combien les princes croyaient devoir ménager les soldats et les flatter. L'usage s'était établi de

---

[1] Nous avons la preuve que ce calcul fut fait (Ammien, XXXI, 4, 4). [Cf. *La Gaule Romaine*, p. 293; et plus loin, c. 8, § 2.]

[2] Ammien, XX, 4; XX, 9; XXVI, 2.

[3] Idem, XXVI, 6, 12-16; cf. XXVI, 7, 9.

les haranguer[1]; le prince les appelait « ses compagnons d'armes », *commilitones*[2], et ils avaient deux manières de répondre aux discours des princes : ils marquaient leur approbation en frappant du bouclier sur leur genou ; ils désapprouvaient en frappant de la pique sur le bouclier[3]. On les consultait sur toutes choses, sur le choix d'un empereur, sur l'adoption d'un héritier à l'Empire[4], sur une expédition militaire[5]; on n'aurait rien osé entreprendre sans leur assentiment. Si nous observons ces faits et ces habitudes, nous ne serons pas surpris que les empereurs, pour se donner quelque sécurité et quelque indépendance, aient tenu à avoir beaucoup de soldats étrangers. Ils calculèrent que ces étrangers, Germains, Africains, Asiatiques, n'ayant rien de romain, n'oseraient jamais faire des empereurs. Leur calcul se trouva juste pendant presque tout le ive siècle; plus tard seulement, les soldats germains firent à leur tour ce qu'avaient fait de tout temps les légions romaines.

Telles sont les raisons qui déterminèrent les empereurs à appeler à leur service un grand nombre de barbares. Cette habitude, qui étonne les hommes de nos jours parce que nous avons de tout autres idées, n'étonna personne; c'était chez les Romains une tradition qui datait de mille ans d'avoir à côté des légions

---

[1] Ammien, XIV, 10; XV, 8; XVII, 13; XX, 5; XXIV, 3; XXVI, 2; XXVII, 6. — Zosime, II, 44; II, 46.

[2] *Sanctissimi commilitones*, Vopiscus, *Tacitus*, 8.

[3] Ammien, XV, 8, 15 : Notons bien qu'il s'agit ici, non de troupes étrangères, mais de troupes indigènes et romaines.

[4] Idem, XXVII, 6, 5 : *Dextera puerum adprehensum productumque in medium oratione contionaria exercitui commendabat....* Valentinien dit à son fils Gratien qu'il est associé à l'Empire, *meo conmilitonumque nostrorum arbitrio*, XXVII, 6, 12.

[5] Zosime, III, 13; voir *Vita S. Martini* [sur les rapports du général avec ses soldats; *apud* Sulpice Sévère, édit. Halm, p. 114]. Zosime, III, 26.

des cohortes étrangères; ni la République ni l'Empire ne s'en étaient mal trouvés.

Ces soldats étrangers n'étaient jamais mêlés aux soldats indigènes[1]. Les légions, composées de citoyens romains, restaient des corps d'élite[2]. On peut même remarquer que le titre honorable de soldats, *milites*, était réservé, au moins dans la langue officielle, aux soldats indigènes[3].

Le gouvernement impérial ne s'occupait pas d'effacer chez ces soldats barbares ce qu'ils pouvaient avoir d'esprit national. Il ne prenait pas le soin de les fondre entre eux et de leur faire oublier leur lieu d'origine. Chaque troupe, au contraire, était composée d'hommes de la même nation. Cette règle que l'Empire observait pour ses soldats provinciaux, il ne voyait nul danger à la suivre aussi pour ses soldats étrangers; et de même qu'il y avait des corps de Gaulois, d'Espagnols, de Thraces, d'Italiens, de Syriens, il y avait aussi des troupes de Bataves, de Saxons, de Francs, de Goths. Chacune de ces troupes avait son chef, qui était toujours de sa nation, mais qui était choisi par le gouver-

---

[1] Par exception, on vit quelques empereurs faire entrer des barbares dans les légions (Zosime, IV, 12, et IV, 30); mais cela était tellement contraire à la règle, que Zosime mentionne comme un désordre grave et presque comme un scandale qu'on ait laissé une fois les soldats barbares se mêler aux soldats romains (IV, 31).

[2] Voir Végèce, II, 2, sur la supériorité des légions à l'égard des *auxilia*.

[3] La Novelle de Valentinien, IX (Hænel, p. 159), fait deux catégories différentes des *milites* et des *fœderati*. Zosime distingue les τάγματα Ῥωμαίων et le πλῆθος βαρβάρων (IV, 7). De même dans la langue grecque terme στρατιώτης était réservé aux Romains. Exemple dans Zosime, VI, 12 : Καὶ βαρβάρους μετὰ τῶν στρατιωτῶν ἐκπέμψαι. Autre exemple, IV, 57 : Τῶν μὲν ῥωμαϊκῶν στρατοπέδων ἡγεῖσθαι Τιμάσιον, τοὺς δὲ συμμαχοῦντας βαρβάροις ὑπὸ Γαΐνη. Autre exemple, V, 5 : Ἀλάριχος ἠγανάκτει ὅτι μὴ στρατιωτικῶν ἡγεῖτο δυνάμεων, ἀλλὰ μόνους εἶχε τοὺς βαρβάρους.

nement romain[1]. Plusieurs troupes d'une même circonscription régionale obéissaient, aussi bien que les troupes nationales, au fonctionnaire romain qui portait le titre de duc ou de comte. L'ensemble de tous ces soldats, nationaux ou étrangers, était sous les ordres des *magistri militum*, nommés par l'empereur.

Les soldats germains étaient pillards : on voit, par exemple, une de leurs troupes essayer de surprendre la ville de Lyon et, ayant trouvé les portes fermées, ravager impitoyablement la campagne environnante[2]. Ils n'étaient pas aimés de la population : on reconnaît dans beaucoup de passages d'Ammien, de Zosime, d'Orose, que le sentiment général était contre eux et que l'on reprochait au gouvernement impérial d'être trop favorable à ces étrangers[3]. Dès la fin du IV° siècle, on les vit s'insurger parfois contre les empereurs et transporter leur serment de fidélité d'un prince à un autre, par exemple d'Honorius à Constantinus, et de Constantinus à Gérontius[4]. Mais s'ils combattaient ainsi contre tel ou tel empereur, ils ne combattaient pas contre l'Empire. Si peu enclins qu'ils fussent à la subordination, ils ne cherchaient pas à s'affranchir de l'autorité impériale. Ce qui est surtout frappant, c'est qu'on ne les voit jamais aider les envahisseurs du dehors. Ils se

---

[1] Zosime, V, 5 : Ἀλάριχος εἶχε μόνους τοὺς βαρβάρους οὓς Θεοδόσιος ἔτυχεν αὐτῷ παραδούς.

[2] Ammien, XVI, 11, 4 : *Læti barbari ad tempestiva furta sollertes invasere Lugdunum incautam, eamque populatam concremassent ni clausis aditibus repercussi, quicquid extra oppidum potuit inveniri vastassent.*

[3] Les troupes nationales et les troupes étrangères étaient souvent en querelle (exemples, Zosime, IV, 33 ; IV, 40 ; V, 33).

[4] Zosime, VI, 5. Autre exemple dans Zosime, IV, 45, où l'on voit les barbares incorporés dans l'armée trahir Théodose en faveur de l'usurpateur Maximin pour avoir une augmentation de solde.

sont souvent révoltés, ils n'ont jamais trahi. Ils n'ont jamais fait cause commune avec les ennemis étrangers, même quand ceux-ci étaient de leur race. Ils n'ont jamais manqué au devoir de défendre l'Empire, surtout contre les autres Germains.

On peut se demander [enfin] comment il se fait que les Romains aient de tant de façons attiré chez eux tant de barbares et qu'ils se soient si peu défiés d'une race étrangère. Cela surprend un homme de nos jours. Aussi les historiens modernes sont-ils imbus de cette idée que le gouvernement impérial devait nécessairement écarter ces Germains, et que, s'il ne l'a pas fait, ce n'a pu être que par un inexplicable aveuglement ou par une défaite à peine dissimulée. Cette idée préconçue a amené les esprits à croire que l'Empire romain avait été incessamment vaincu pendant quatre siècles. Mais la distinction que nous établissons, nous, entre les races, et l'antagonisme que nous leur supposons naturel, étaient chez eux chose inconnue. Quand nous parlons d'antipathie de races, nous disons une chose que l'esprit romain n'a jamais comprise. De tout temps, le *populus romanus* fut un mélange de toutes races. Il comprit successivement des Latins, des Étrusques, des Grecs, des Gaulois, des Espagnols, des Syriens. Il s'ouvrit de bonne heure même à des Germains : Arminius et Ségeste et une foule d'autres furent des membres du peuple romain. Rome ignora toujours la distinction des races : elle ne connut que la distinction des états ou celle des classes. Les termes de « Romain, » de « Latin », de « pérégrin », indiquaient des différences d'état et de droit, non de race. Le mot Romain ne signifiait pas né à Rome, ni même né dans l'Empire; il se disait de celui qui était, quelle que fût sa race, revêtu du titre de citoyen. Un esclave né à Rome n'était pas un Romain ; un homme né chez les Chérusques ou les Vandales pouvait l'être. Si nous songeons à ces habitudes et à ce tour d'esprit des Romains et de toute la population de l'Empire, nous comprendrons combien il serait faux de leur attribuer notre manière de penser sur l'antipathie des races, et nous ne nous étonnerons plus qu'ils aient, sans crainte et sans défiance, ouvert l'Empire à des hommes qui presque toujours les servirent bien[1].

---

[1] On dit quelquefois que l'union conjugale était interdite entre les deux races ; si l'on y regardait de près, on reconnaîtrait qu'il y a là une erreur. Il est bien vrai que nous lisons au Code Théodosien, III, 14, 1, une loi de l'an 370 qui interdit le *conjugium* entre les *provinciales*, c'est-à-dire les sujets de l'Empire, et ceux qui sont appelés *gentiles*, c'est-à-dire les barbares. Mais d'autre part une foule de faits nous montrent des mariages entre Romains et Germains. Les Ubiens, qui étaient des Germains, avaient le *connubium* avec des Italiens et des provinciaux (Tacite, *Histoires*, IV, 65). Bonosus, un général d'Aurélien, épousa une femme de nation gothique, non secrètement, mais en grande pompe et avec l'autorisation du prince (Vopiscus, *Bonosus*, 2, édit. H. Peter, t. II, p. 213-214) ; le goth Fravitha [ou Fraiut] épousa une Romaine avec le consentement de l'empereur Théodose (Eunape, Didot, IV, p. 41) ; Stilicon, qui était de race vandale, épousa Séréna, nièce de l'empereur, et Honorius épousa la fille de Stilicon. Ces mariages mixtes paraissent avoir été nombreux dans les classes inférieures. Cassiodore écrivant sous Théodoric parle d'« anciens barbares » qui avant lui ont épousé des femmes romaines, et il en parle de manière à donner à entendre que le cas avait été fréquent (Cassiodore, *Variarum*, V, 14, Migne, p. 654). Voir enfin Prudence, qui écrit dans les premières années du v⁰ siècle, avant toute invasion et lorsque les lois impériales étaient debout (*In Symmachum*, II, v. 615 et suivants, p. 356). — Il semble qu'il y ait contradiction entre tant de faits constatés d'une part et la loi insérée au Code Théodosien d'autre part. La contradiction n'est qu'apparente. La législation romaine a toujours interdit le mariage, non entre races diverses, mais entre personnes d'état différent ou de classe différente. La loi de 370 n'est que l'application du vieux principe qui refusait le *connubium* entre deux personnes qui n'avaient pas le même état civil ; elle ne vise nullement une distinction de races. Or le Germain pouvait devenir citoyen romain ; il pouvait surtout, s'il servait dans les armées de Rome, obtenir au bout de quelque temps une sorte de demi-droit de cité qui lui assurait le *connubium* et aussi le *commercium*. Stilicon, quoique de race vandale, était certainement citoyen romain, puisque Théodose le donnait comme

En résumé, jusqu'aux premières années du v° siècle, les incursions hostiles des Germains n'avaient pas réussi, et ceux-là seuls s'établissaient dans l'Empire qui y étaient esclaves, ou colons, ou soldats. Les historiens modernes qui ont jugé ces événements d'après les événements qui ont suivi, ont été portés à se figurer que dès le iv° siècle les Germains s'emparaient de l'Empire. Mais si nous nous plaçons vers l'année 410, en ayant bien soin de ne pas regarder les âges suivants et d'écarter de notre esprit l'idée d'une Germanie triomphante, si nous essayons de juger les faits comme devait les juger un Romain ou un Gaulois de cette année, ils nous apparaîtront très simples et très clairs. Ce Romain ou ce Gaulois avait vu, à la vérité, deux ou trois fois dans le cours d'une longue vie, les barbares envahir son pays et le mettre à sac; mais jamais il ne les avait vus y rester. Ce qu'il trouvait de Germains à demeure en Gaule, c'étaient des esclaves pris à la guerre, c'étaient des colons, ou c'étaient des soldats au service de ses princes. Si l'on eût demandé à ce Romain ou à ce Gaulois laquelle, de Rome ou de la Germanie, était la plus forte, il n'aurait pas hésité : à moins qu'il ne fût doué d'une rare prescience[1], il aurait dit que l'Empire conquérait

---

tuteur à l'un de ses fils. Le Goth Fravitha le fut aussi, puisqu'on put faire de lui un consul (Eunape, fr. 82, Didot, p. 50).

[1] On a dit qu'Ammien avait vu la ruine de l'Empire et le triomphe des Germains. Il suffit de lire sans idée préconçue son dernier livre, le XXXI°, pour se convaincre du contraire. Il blâme les fautes des fonctionnaires impériaux, il déplore la bataille d'Andrinople et les dévastations commises par les Goths; puis son livre s'arrête; mais quant à voir dans ces malheurs passagers la chute de l'Empire, il n'en a pas la pensée. La phrase que l'on cite : *Orbis romani pernicies ducebatur* (XXXI, 4, 6), est une allusion aux lamentables ravages dont Ammien a été témoin. — Le ton désolé d'Ammien s'explique si l'on songe que c'est le dernier événement qu'il ait vu et qu'il raconte.

les barbares. N'était-ce pas, en effet, les conquérir que de leur prendre les bras les plus valides pour en faire des cultivateurs ou des soldats? Qu'est-ce que la Germanie aurait fourni de plus, si elle eût été province romaine? N'était-ce pas la meilleure forme de conquête que celle qui, sans occuper le pays à grands frais, mettait les meilleures ressources de ce pays au service de l'Empire? Voilà ce qu'un homme de notre époque pensera difficilement, parce que notre esprit sait ce qui est résulté de ces faits; mais voilà ce que pensaient les hommes de ce temps-là, ne pouvant prévoir l'avenir.

CHAPITRE VIII

Comment les Wisigoths sont entrés en Gaule.

Nous avons vu jusqu'ici les Germains entrer dans l'Empire, 1° comme envahisseurs et ennemis, 2° comme sujets de l'Empire, 3° comme esclaves ou colons, 4° comme soldats des empereurs. Nous arrivons à une cinquième catégorie de Germains, dans laquelle nous plaçons les Wisigoths, les Burgondes et les Francs. Nous ne pouvions pas les compter parmi les envahisseurs, parce qu'ils ont été soldats de l'Empire; et nous ne pouvions pas non plus les compter parmi les soldats de l'Empire, parce qu'ils ont été envahisseurs. La vérité est que ce double caractère se rencontre en eux. Ils ont été tour à tour, parfois même en même temps, soldats de l'Empire et ennemis de l'Empire. Ils l'ont servi, et, dans le temps même où ils le servaient, ils l'ont détruit. Situation singulière et étrange, qui ne sera vraiment comprise que par les esprits doués du sens historique, c'est-à-dire par les esprits assez dégagés des manières de penser du temps présent et des formes de notre existence sociale pour sentir toutes les nuances de pensée et de conduite des siècles que nous étudions.

Ce n'est pas d'ailleurs par des raisonnements que nous arriverons à saisir le vrai caractère de cette situation. Nous n'y réussirons qu'en nous rapprochant le plus possible des documents et en observant avec attention le détail des faits.

1° [LES GOTHS EN DEHORS DE L'EMPIRE.]

Les Goths [1] apparaissent d'abord comme envahisseurs. Au III° siècle, sous l'empereur Philippe, sous Décius, sous Gallien, soit que leurs bandes franchissent le Danube, soit qu'elles s'embarquent sur le Pont-Euxin, elles ravagent la Mésie, la Thrace, la Grèce et les îles de la mer Égée; mais ces bandes de pillards furent détruites l'une après l'autre, ou par la faim ou par les armées romaines; ce qui échappa à la mort fut fait esclave ou colon[2]; il n'en resta rien après les grandes victoires de Claude II, et un historien dit « qu'à partir de ce moment et durant plusieurs générations d'hommes les Goths restèrent en paix et ne firent plus parler d'eux », *siluerunt inmobiles*[3]. Renonçant à leur rôle d'envahisseurs, ils se firent soldats de l'Empire. Lorsque

---

[1] Les écrivains les appellent quelquefois du nom de Scythes. Trébellius Pollion, *Gallieni*, 6; Dexippe, dans les *Fragmenta historicorum græcorum*, Didot, t. III, p. 674; Zosime, I, 23; IV, 20.

[2] Trébellius Pollion, *Claudius*, 8 et 9; Zosime, I, 46 [plus haut, p. 334].

[3] Ammien, XXXI, 5, 17 : *Vagati per Epirum Thessaliamque et omnem Græciam licentius hostes externi; sed adsumpto in imperium Claudio... per longa sæcula siluerunt inmobiles.*

Galérius marcha contre les Perses, il avait un corps de Goths dans son armée, et Jordanès dit qu'ils combattirent fidèlement[1]. Puis nous les voyons servir dans l'armée de Constantin contre Licinius[2]. Quelques années après, Constantin fit avec eux un traité régulier par lequel leur nation devait fournir à perpétuité 40 000 soldats à l'Empire[3]. Trente ans plus tard, dans l'armée de Julien qui fait la guerre aux Perses, nous voyons un corps de Goths[4]. En 365, le roi des Goths envoie encore des recrues à l'Empire[5], et en 367 l'empereur envoyant un fonctionnaire chez les Goths leur rappelle qu'ils sont « une nation amie des Romains et liée à eux par un traité de paix et d'alliance[6] ». Ainsi, pendant un siècle, depuis le règne d'Aurélien jusqu'à celui de Valens, le peuple des Goths a vécu en paix avec l'Empire et lui a fourni régulièrement des soldats[7].

---

[1] Jordanès, *De rebus geticis*, c. 21, § 110 : *Post hæc a Maximiano imperatore (Galerius Maximianus) rediguntur in auxilium Romanorum contra Parthos rogati, ubi omnino datis auxiliariis fideliter decertati sunt.*

[2] Ibidem, § 111 : *Sub Constantino rogati sunt et contra Licinium arma tulerunt eumque devictum trucidarunt.*

[3] Ibidem, § 112 : *Fœdere inito cum imperatore quadraginta suorum milia in solacio contra gentes varias obtulere; quorum et numerus et militia usque ad præsens in republica nominatur, id est Fœderati* [plus haut, p. 385].

[4] Zosime, III, 25.

[5] Idem, IV, 10 : Οὗτοι δὲ ἦσαν οὓς ὁ τῶν Σκυθῶν ἡγούμενος ἔτυχε Προκοπίῳ συμμάχους ἐκπέμψας. Ce Procopius, il est vrai, était un usurpateur ; mais les Goths se justifièrent plus tard, prétendant, à tort ou à raison, qu'ils avaient cru obéir à un ordre du prince légitime : *Ut factum purgarent litteras Procopii obtulere ut generis Constantiniani propinquo imperium sibi debitum sumpsisse commemorantis, veniaque dignum adserentes errorem* (Ammien, XXVII, 5, 1 ; cf. XXVI, 10, 3) ; c'est ce que dit aussi Zosime : cette troupe de Goths, battue et faite prisonnière par Valens, protesta qu'elle était venue en alliée, non en ennemie.

[6] Ammien, XXVII, 5, 1 : *Victor magister equitum ad Gothos est missus, cogniturus quam ob causam gens amica Romanis fœderibusque ingenuæ pacis obstricta....*

[7] Notons toutefois que, même quand le corps de la nation était en paix

Cette situation changea en 375. Elle changea, non par la volonté des Goths, mais malgré eux. Les Huns, arrivant de l'Asie, les assaillirent et les écrasèrent. Ammien mentionne une série de défaites[1]; Zosime parle de massacres sans nombre[2]; Eunape dit que les Goths furent vaincus et complètement anéantis, que ce qui ne fut pas tué dans les batailles fut pris et égorgé, ainsi que les femmes et les enfants, et qu'il ne resta qu'une population de 200 000 hommes valides. Quelques-uns servirent les Huns, le reste s'enfuit loin du pays[3]. Le peuple goth était détruit[4].

Nous arrivons à des événements qui sont bien attestés et sur lesquels les documents abondent et sont d'accord. Ils sont racontés avec beaucoup de précision par Ammien, qui en a été témoin, mais qui, à la vérité, n'en a vu que la première partie. Ils sont racontés encore par l'historien Eunape, qui est aussi un contemporain, par

---

et servait l'Empire, cela n'empêchait pas que des bandes ne sortissent du pays et ne vinssent faire des ravages; Ammien, XXXI, 5, 17 : *Latrocinales globi vicina incursabant;* c'est ainsi que les *Excerpta de Constantino* (à la suite d'Ammien, édit. Erfurdt, p. 615) [et édit. Gardthausen, § 51-53] mentionnent une incursion de Goths sous Constantin lui-même. [Cf. p. 559, n. 3.]

[1] Ammien Marcellin, XXXI, 3.
[2] Zosime, IV, 20 : Οὖννοι ἄπειρον τῶν Σκυθῶν εἰργάσαντο φόνον· εἰς τοῦτο τὸ Σκυθικὸν περιέστησαν τύχης ὥστε τοὺς περιλελειμμένους, ὧν εἶχον ἐκστάντες οἰκήσεων, ἐκδοῦναι μὲν τοῖς Οὕννοις ταύτας οἰκεῖν, αὐτοὶ δὲ φεύγοντες.... — Orose, VII, 33 : *Gens Hunorum Gothos passim conturbatos ab antiquis sedibus expulit.*
[3] Eunape, édit. Dindorf, p. 237; édit. C. Müller, Didot, t. IV, p. 31 : Τῶν Σκυθῶν ἡττηθέντων καὶ ὑπὸ τῶν Οὕννων ἀναιρεθέντων καὶ ἄρδην ἀπολλυμένων, οἱ μὲν ἐγκαταλαμβανόμενοι σὺν γυναιξὶ καὶ τέκνοις διεφθείροντο καὶ οὐδεμία φειδὼ τῆς περὶ τοὺς φόνους ἦν ὠμότητος. Τὸ δὲ συναλισθὲν καὶ πρὸς φυγὴν ὁρμῆσαν πλῆθος μὲν ἦν οὐ πολὺ τῶν εἴκοσι μυριάδων ἀποδέουσαι...
[4] Jordanès (*De rebus geticis*, 24) atténue les désastres des Goths; il dit seulement que l'assassinat d'Hermanrich *occasionem dedit Hunnis prævalere in Ostrogothis*, et que les Wisigoths effrayés se retirèrent en masse vers les régions de l'Empire.

trois autres historiens, Zosime, Socrate et Sozomène, qui, écrivant cinquante ans plus tard, connaissaient non seulement les événements, mais encore leurs conséquences; ils sont rapportés encore par Orose et Idace, qui, vivant dans une autre région de l'Empire, ont pu voir les mêmes faits d'un autre point de vue; on les retrouve enfin dans Jordanès, qui écrivait un siècle et demi plus tard, mais qui nous présente cette particularité qu'il appartenait par sa naissance à la race des envahisseurs. Tous ces écrivains, si différents entre eux, s'accordent pour le récit des faits, et voici ce qu'ils racontent.

Les Wisigoths n'étaient pas des conquérants: ils étaient des fuyards qui cherchaient un asile[1]. Ils se présentèrent sur la rive du Danube, qui formait la frontière romaine; ils ne la franchirent pas, mais ils demandèrent la permission de la passer. Ammien dit « qu'ils envoyèrent vers l'empereur, sollicitant par une humble prière d'être admis sur la terre romaine[2] ». Zosime les représente « tendant les mains comme des suppliants[3] ». « Ils se tenaient debout sur la rive, dit un autre historien[4], tendant les mains, avec des pleurs, des cris et toutes sortes de supplications, demandant qu'on leur accordât le passage du fleuve. » Les officiers romains déclarèrent qu'il fallait attendre les ordres de

---

[1] Ammien, XXXI, 3, 8 : *Quæritabat domicilium remotum ab omn notitia barbarorum (id est Hunnorum), diuque deliberans quas eligeret sedes, cogitavit Thraciæ receptaculum sibi convenientius.*

[2] Idem, XXXI, 4, 1 : *Missis oratoribus ad Valentem, suscipi se humili prece poscebant.* — Idem, 4, 4 : *Legati precibus et obtestatione petentes citra flumen suscipi plebem extorrem.*

[3] Zosime, IV, 20 : Τὰς χεῖρας ἀνατείναντες ἱκετεύειν.

[4] Eunape, p. 237 : Καὶ ταῖς ὄχθαις ἐπιστάντες χεῖράς τε ὤρεγον πόρρωθεν μετ' ὀλοφυρμῶν καὶ βοῆς, καὶ προέτεινον ἱκετηρίας, ἐπιτραπῆναι τὴν διάβασιν παρακαλοῦντες.

l'empereur¹ ; mais l'empereur était loin : il se trouvait alors à Antioche. Il fallait attendre longtemps; ils attendirent. Quelques-uns perdirent patience et voulurent hardiment forcer le passage; mais ils furent taillés en pièces². Pour obtenir d'entrer dans l'Empire, les Goths offraient trois choses : se laisser cantonner soit en Thrace, soit en Mésie, au choix de l'empereur, pour cultiver la terre³; lui fournir des soldats suivant ses besoins⁴; enfin obéir à tous ses ordres comme des sujets⁵. Valens y ajouta une autre condition, celle de livrer leurs armes⁶; ils la subirent.

Alors la permission de passer le fleuve leur fut accordée, le gouvernement impérial leur fournit les barques et les moyens de transport⁷, et ils furent transportés d'une rive à l'autre sous la conduite d'officiers romains.

¹ Eunape, p. 237 : Οἱ δὲ ταῖς ὄχθαις ἐπιτεταγμένοι Ῥωμαίων οὐδὲν ἔφασαν πράξειν ἄνευ βασιλέως γνώμης.

² Ibidem : Οἱ τολμηρότατοι καὶ αὐθάδεις βιάσασθαι τὸν πόρον ἔγνωσαν, καὶ βιαζόμενοι κατεκόπησαν.

³ Jordanès, c. 25, § 131 : *Legatos direxerunt ad Valentem imperatorem ut, partem Thraciæ sive Mœsiæ si illis traderet ad colendum....* Nous n'avons sans doute pas besoin d'avertir que les mots *tradere ad colendum* ne signifient nullement qu'on leur donnerait la propriété du sol. Il s'agit là d'une sorte de concession de culture ou de colonat, de la nature de celles dont nous avons parlé plus haut (p. 379).

⁴ Ammien, XXXI, 4, 1 : *Daturos, si res flagitasset, auxilia.* Dans la langue du IV⁰ siècle, le terme *auxilia* n'a pas le sens général de secours; il a le sens précis de troupes auxiliaires barbares.

⁵ Zosime, IV, 26 : Ὑπηκόων πληρώσαντας χρείαν, ὑπηρετησομένους πᾶσιν οἷς ἂν ὁ βασιλεὺς ἐπιτάξει. — Socrate, IV, 34. — Sozomène, VI, 37. — Cassiodore, *Historia tripartita*, VIII, 13 : *Servire volentes imperatori.* — Jordanès, *De rebus geticis*, c. 25 : *Ut ejus legibus viverent ejusque imperiis subderentur.*

⁶ Zosime, IV, 20 : Δέχεσθαι τούτους Οὐάλης ἐπέτρεπε πρότερον ἀποθεμένους τὰ ὅπλα. — Eunape : Δεχθῆναι κελεύει τοὺς τὰ ὅπλα καταθεμένους.

⁷ Ammien, XXXI, 4, 5 : *Mittuntur diversi (ab imperatore) qui cum vehiculis plebem (Gothorum) transferant, et navabatur opera diligens. Proinde permissu imperatoris transeundi Danubium copiam adepti,*

2° [LES GOTHS ENTRENT DANS L'EMPIRE COMME SUJETS.]

Les écrivains du temps ont pris soin de nous dire quelle était la pensée du gouvernement impérial. On avait longuement délibéré dans le conseil de Valens[1], et l'on s'était arrêté à cette opinion, que « l'entrée des Wisigoths était pour l'Empire un nouvel élément de force[2] ». Si quelques officiers avaient parlé de les traiter en ennemis, « on s'était moqué d'eux comme de gens qui ne comprenaient rien aux affaires publiques[3] ». Ces Wisigoths devaient fournir des cultivateurs, des esclaves, surtout des soldats. « C'étaient de nouveaux conscrits que la fortune offrait à l'Empire[4] » ; grâce à eux on n'aurait plus besoin de s'adresser aux provinciaux, et la conscription annuelle serait remplacée par un impôt[5]. On voyait dans ces barbares, non des

transfretabantur in dies et noctes. — C'est aussi ce qu'indique Eunape indirectement : Ὁ βασιλεὺς ἐξ Ἀντιοχείας ἐπέτραπε μὴ πρότερον τὰ πλοῖα παρασχεῖν ἐς τὴν περαίωσιν εἰ μὴ τὰ ὅπλα καταθέμενοι γυμνοὶ διαβαίνοιεν. — Τῶν ταξιάρχων καὶ ὅσοι τῶν στρατιωτῶν ἡγεμονίαν εἶχον διαβάντων ἐφ' ᾧ τοὺς βαρβάρους ἐπὶ τὰ Ῥωμαίων ὅρια διαπέμψαι (Zosime, IV, 20). — Ammien parle aussi de ces fonctionnaires qui avaient été chargés du transport de ces barbares, *infaustos transvehendi barbaram plebem ministros*, et à qui il reproche de n'en avoir pas même su le nombre (Ammien, XXXI, 4, 6).

[1] Eunape : Πολλῆς ἀντιλογίας γενομένης καὶ πολλῶν ἐφ' ἑκάτερα γνωμῶν ἐν τῷ βασιλικῷ συλλόγῳ ῥηθεισῶν.

[2] Idem : Ὡς μεγάλη προσθήκη τὸ Ῥωμαϊκὸν αὐξήσων.

[3] Idem : Πολιτικοὺς οὐκ ἔφασαν εἶναι.

[4] Ammien, XXXI, 4, 4 : *Fortunam principis extollentibus quod ex ultimis terris tot tirocinia trahens ei offerret.* — Sozomène, *Historia ecclesiastica*, VI, 37 : [Οἰηθεὶς αὐτῷ χρησίμους ἔσεσθαι τοὺς Γότθους]. — Socrate, *Historia ecclesiastica*, IV, 34 : [Ἤλπιζε γὰρ βαρβάρους Ῥωμαίων φοβερωτέρους ἔσεσθαι φύλακας]. — Jordanès, c. 25, § 132 : *Valens susceptos in partibus Moesiae Getas quasi murum regni sui contra ceteras statuit gentes.*

[5] Ammien, XXXI, 4, 4 : *Pro militari supplemento quod provinciatim annuum pendebatur, thesauris accederet auri cumulus magnus.* [Cf., au sujet de ce calcul du gouvernement, plus haut, p. 395.]

ennemis, encore moins des envahisseurs, mais de nouveaux sujets. Ainsi que le dit expressément un contemporain, « au lieu de craindre, on se réjouissait[1] ».

Ces 400 ou 500 000 barbares, dont près de la moitié étaient des hommes en état de porter les armes, furent donc ainsi transportés dans l'Empire et cantonnés provisoirement en Mésie. Ils y restèrent quelques mois sous les ordres d'officiers impériaux. Ce dernier trait nous est attesté par tous les historiens. Ils sont même unanimes à dire que ces officiers les traitèrent fort mal et abusèrent de leur autorité. Profitant de la faiblesse de ces malheureux, ils ravissaient leurs femmes, leurs enfants[2], ils exigeaient des présents des plus riches[3], ils en enlevaient enfin un grand nombre pour les enfermer comme esclaves dans leurs propres maisons ou les attacher comme colons à leurs terres[4]. Même des enfants de grandes familles barbares furent emmenés en servitude[5].

Il n'échappait à personne qu'une telle multitude serait dangereuse si elle restait agglomérée. Aussi l'empereur avait-il envoyé l'ordre de la disperser par tous les moyens. Avant tout, les enfants et toute la population faible devait être emmenée et répartie dans les diverses provinces de l'Empire, où elle devait servir comme

---

[1] Ammien, XXXI, 4, 4 : *Negotium lætitiæ fuit potius quam timori.* Jordanès va plus loin encore : *Valens gratulabundus annuit quod ultro petere voluisset.*

[2] Zosime, IV, 20 : Μηδενὸς γενομένου ἑτέρου πλὴν γυναικῶν εὐπροσώπων ἐπιλογῆς καὶ παίδων ὡραίων εἰς αἰσχρότητα θήρας. — Eunape : Ὁ μὲν ἐκ τῶν διαβεβηκότων ἤρα παιδαρίου τινὸς λευκοῦ καὶ χαρίεντος τὴν ὄψιν, ὁ δὲ γυναικὸς εὐπροσώπου τῶν αἰχμαλώτων.

[3] Eunape : Τοὺς δὲ τὸ μέγεθος κατεῖχε τῶν δώρων, τά τε λινᾶ ὑφάσματα καὶ τὸ τῶν στρωμάτων θυσανοειδές.

[4] Zosime, ibidem : Ἢ οἰκετῶν ἢ γεωργῶν κτήσεως. — Eunape : Ἕκαστος δὲ ὑπελάμβανε καὶ τὴν οἰκίαν καταπλήσειν οἰκετῶν καὶ τὰ χωρία βοηλατῶν.

[5] Ammien, XXXI, 4, 11 : *Inter mancipia et filii ducti sunt optimatum.*

d'otages et répondre de la fidélité de la population virile[1]. Beaucoup de personnes furent ainsi transportées en Asie Mineure et distribuées entre plusieurs villes, sous bonne garde[2]. Mais cette opération, qui consistait à disperser 500 000 barbares et à les répartir entre des provinces choisies, était longue et difficile. Assez bien commencée, elle ne fut pas achevée. Ici les historiens s'accordent encore pour accuser la négligence et la cupidité des fonctionnaires impériaux, surtout du comte Lupicinus et du duc Maximus, qui n'exécutèrent pas les ordres reçus[3]. Ils permirent même à un bon nombre de barbares de garder leurs armes[4]. De son côté, le gouvernement paraît avoir commis l'imprudence de dégarnir ses légions, de renoncer à la conscription de cette année, et de renvoyer beaucoup de vétérans, dans la pensée que les nouveaux venus étaient déjà de fidèles soldats[5].

[1] Eunape : Ὁ βασιλεὺς ἐπέτρεπεν αὐτοῖς τὴν ἀχρεῖον ἡλικίαν πρῶτον ὑποδεξαμένοις καὶ παραπέμψασιν εἰς τὴν Ῥωμαϊκὴν ἐπικράτειαν, καὶ ταύτην εἰς ὁμηρείαν ἀσφαλῶς κατέχουσιν... ...Ἡ ἄχρηστος ἡλικία εἰς τὰ ἔθνη κατεχεῖτο καὶ διεσπείρετο.

[2] Zosime, IV, 26 : Ὁ βασιλεὺς οἰηθεὶς τῆς αὐτῶν πίστεως ἐγέγγυον ἀσφάλειαν ἕξειν εἰ τοὺς αὐτῶν παῖδας ἐν ἑτέρᾳ διαιτᾶσθαι χώρᾳ παρασκευάσειε, πλῆθος πολὺ παιδαρίων εἰς τὴν ἑῴαν ἐκπέμψας Ἰούλιον ἐπέστησε τῇ αὐτῶν φυλακῇ. C'est ce que dit aussi Ammien, XXXI, 16, 8.

[3] Ammien, XXXI, 4, 9-10 : *Potestatibus castrensibus præfuere homines maculosi, quibus Lupicinus antistabat et Maximus, alter per Thracias comes, dux alter exitiosus... quorum insidiatrix aviditas materia malorum omnium fuit.... Cum traducti barbari victus inopia vexarentur, turpe commercium duces invisissimi agitarunt.* — Zosime, IV, 20. — Orose, VII, 33, § 11 : *Propter avaritiam Maximi ducis, fame et injuriis adacti.* — Jordanès, *De rebus geticis*, c. 26.

[4] Zosime, IV, 20 : Ὥστε ἀμέλει μετὰ τῶν ὅπλων ἔλαθον οἱ πλείους περαιωθέντες. — Orose, VII, 33, § 10 : *Ne arma quidem tradidere Romanis.* — Eunape : Μετὰ τῶν ὅπλων ἐδέξαντο.

[5] Socrate, *Historia ecclesiastica*, IV, 34 : [Καὶ διὰ τοῦτο ἠμέλει τοῦ λοιποῦ τοὺς Ῥωμαίων στρατιώτας αὐξῆσαι]. — Sozomène, VI, 37 : [Ἀντὶ τῶν εἰωθότων εἰς στρατείαν ἐπιλέγεσθαι ἐκ τῶν ὑπὸ Ῥωμαίους πόλεων, χρυσίον εἰσεπράττετο].

Au bout d'une année, les Wisigoths, qui se trouvaient encore agglomérés, se plaignirent des officiers impériaux qui les faisaient souffrir de la faim[1]. Pour acheter du pain, de la viande et du vin, ils vendirent leurs esclaves; beaucoup vendirent même leurs enfants[2]. Ils se révoltèrent[3]. Il n'y avait dans la province qu'un corps insignifiant de troupes indigènes : ils le taillèrent en pièces[4] et mirent en fuite les officiers romains. Dès lors, livrés à eux-mêmes et voyant la Thrace vide de légions[5], ils se mirent à ravager le pays. L'empereur faisait alors la guerre contre les Perses[6]. Il envoya à la hâte quelques légions tirées d'Arménie, que rejoignirent quelques cohortes venues de Gaule. Ammien décrit une bataille acharnée que cette petite armée[7] livra aux multitudes

---

[1] Ammien, XXXI, 4, 10-11 : *Cum traducti barbari victus inopia vexarentur, turpe commercium duces* (il s'agit des généraux romains Lupicinus et Maximus) *invisissimi agitarunt : canes pro singulis dederunt mancipiis....* — Orose, VII, 33 : *Propter intolerabilem avaritiam Maximi ducis, fame et injuriis adacti, in arma surgentes.*

[2] Jordanès, *De rebus geticis*, c. 26 : *Quibus evenit, ut adsolet gentibus necdum bene loco fundatis, penuria famis, cœperuntque primates eorum negotiationem a Lupicino Maximoque Romanorum ducibus expetere. Cœperunt duces, avaritia compellente, ovium boumque carnes et canum eis pro magno contradere, adeo ut quemlibet mancipium in uno pane mercarent; sed, jam mancipiis et supellectili deficientibus, filios eorum avarus mercator exposcit.* — Ammien, XXXI, 4, 11 : *Commercium romani duces agitarunt... canes pro singulis dederunt mancipiis, inter quæ et filii ducti sunt optimatum*; idem, XXXI, 6, 5 : *Quos vino exili vel panis frustis mutavere vilissimis.*

[3] Le terme de révolte, ἐπανάστασις, est de l'historien contemporain Eunape. Jordanès dit aussi *rebellare coacti sunt* (*De successione temporum*, c. 14, § 513).

[4] Ammien, XXXI, 5, 9; Jordanès, *De rebus geticis*, 26.

[5] Eunape : Ἀξιομάχου μὴ παρούσης δυνάμεως εἰς ἄμυναν.

[6] Idem : Βασιλεὺς δὲ, ἐπειδὴ τούτων ἐπύθετο κακῶν, πρὸς μὲν τοὺς Πέρσας εἰρήνην συνθέμενος. — Ammien, XXXI, 7, 1. — Zosime, IV, 21 : Ὁ δὲ τὰ πρὸς Πέρσας ὡς ἐνῆν διαθέμενος, ἀπὸ τῆς Ἀντιοχείας διαδραμών....

[7] *Numero satis inferiores* (Ammien, XXXI, 7, 9).

gothiques¹ et où elle eut l'avantage². On réussit un moment à pousser les barbares dans les gorges de l'Hémus et à les y enfermer³. Mais les Goths appelèrent à eux des bandes d'Alains et de Huns, tous s'associant pour le pillage. Le peu de troupes romaines qu'on avait sous la main ne suffisaient pas à garder tous les défilés des montagnes. La masse des barbares les franchit, déborda sur la Thrace, qui fut horriblement ravagée, s'avança jusqu'à Constantinople. En vain une de leurs bandes fut exterminée par un officier romain nommé Frigéridus⁴, une autre encore par Sébastianus⁵ : les barbares étaient partout. Valens revint enfin d'Antioche ; il accourut à Constantinople, repoussa les barbares des environs de la ville⁶ et les poursuivit jusqu'auprès d'Andrinople. A l'approche de l'empereur, les Goths demandèrent la paix⁷ ; elle leur fut refusée. Valens, sans attendre l'arrivée d'une armée que son collègue

---

[1] Ammien, XXXI, 7, 16 : *In numero longe minores Romanos cum copiosa multitudine conluctatos.* La bataille fut livrée près d'un endroit nommé *Salices*, au nord de l'Hémus. Les chefs de l'armée romaine s'appelaient Profuturus, Trajanus et Richomer.

[2] Ammien dit que les Romains repoussèrent les barbares du champ de bataille, *exagitaverunt barbaram plebem*, mais que cet avantage fut acheté par des pertes très sensibles (XXXI, 7, 16). Ce fut, à vrai dire, un combat brillant, mais sans résultat.

[3] Ammien, XXXI, 8.

[4] Idem, XXXI, 9.

[5] Eunape, *Fragmenta*, 47 ; Zosime, IV, 23. Ces deux historiens s'accordent à dire que Sébastianus n'avait voulu prendre que 2000 soldats, qui étaient à la vérité des soldats d'élite, et que c'est avec cette petite troupe résolue et bien conduite qu'il battit l'un après l'autre plusieurs bandes barbares.

[6] Zosime, IV, 22.

[7] Ammien, XXXI, 12, 8 : *Presbyter christiani ritus missus a Fritigerno legatus cum aliis humilibus venit ad principis castra, susceptusque leniter, ejusdem ductoris obtulit scripta petentis ut sibi suisque, quos extorres patriis laribus rapidi ferarum gentium exegere discursus, habitanda Thracia sola cum pecore omni concederentur et frugibus.*

Gratien lui amenait de la Gaule, attaqua l'ennemi. On peut lire dans Ammien le récit de cette bataille, où l'on combattit longtemps corps à corps et avec un courage égal des deux parts. L'absence de plan et d'ordre chez les Romains et la supériorité du nombre chez les barbares expliquent suffisamment la défaite de Valens, qui perdit la vie[1] (378).

Il ne faudrait pas croire que l'Empire ait été perdu par cette défaite. D'abord, on remarquera dans le récit d'Ammien que les Goths n'avaient aucun plan, et que surtout ils n'avaient aucune vue de conquête solide ni d'établissement. Ils s'étaient défendus à Andrinople pour qu'on ne leur enlevât pas leur butin. Vainqueurs inespérément[2], ils ne pensèrent qu'à piller encore, et comme les villes étaient plus riches que les campagnes, ils convoitèrent les villes[3]. Ils essayèrent de prendre d'assaut Andrinople au lendemain de leur victoire, et ils furent repoussés. Ils se portèrent sur Périnthe, ils furent repoussés. Ils s'avancèrent jusqu'à Constantinople, ils furent repoussés encore ; et les trois fois avec nombreuses pertes d'hommes[4]. On ne saurait dire de combien leur armée fut réduite en nombre après ses deux défaites, sa victoire d'Andrinople, et ses trois sièges malheureux ; ce qui est certain, c'est que ce qui en restait se dissémina et se répandit à la débandade dans les provinces du nord[5]. Ces hommes, impuissants à s'établir, ne songeaient qu'à ravager.

[1] Ammien, XXXI, 13 ; Zosime, IV, 23-24 ; cf. Sozomène, VI, 40 ; Socrate, IV, 38.
[2] Ammien, XXXI, 12, 14.
[3] L'historien ne signale pas, dans ces efforts, d'autre vue que le pillage. XXXI, 15, 2 ; 16, 1 ; 16, 4 : *Copiarum cumulis inhiantes amplissimis.*
[4] Ammien, XXXI, c. 15, c. 16. Il insiste sur les pertes des Goths : *Post accepta majora funera quam inlata* (c. 16, § 7).
[5] Idem, XXXI, 16, 7 : *Exinde digressi sunt effusorie per Arctoas*

Pendant ce temps, Théodose, récemment associé à l'Empire, préparait à Thessalonique une nouvelle armée. Il avait même des Goths avec lui; car ce n'était pas la nation gothique qui émigrait, c'étaient des bandes qui cherchaient fortune, et, si les unes attaquaient l'Empire, les autres trouvaient avantage à se mettre à son service. Un de ces Goths, nommé Modarès, qui était de la race royale dans son pays, et qui par sa fidélité aux Romains avait obtenu l'un des plus hauts grades de l'Empire[1], à la tête d'une armée impériale livra bataille aux hommes de sa nation, les extermina, reprit leur butin et, s'emparant de leurs 4000 chariots, emmena prisonniers leurs femmes et leurs enfants[2]. « A partir de ce moment, dit l'historien, la Thrace fut en paix, les barbares étant anéantis[3]. » Zosime ne rapporte qu'une seule bataille; suivant Orose, Idace et Jordanès, il y en aurait eu plusieurs livrées par Théodose ou par ses généraux, toujours avec succès[4]. Zosime ajoute que les débris des

---

provincias. — Il faut ajouter que des milliers de Goths, qui avaient été internés en Asie Mineure, furent, au premier mouvement, massacrés jusqu'au dernier par l'ordre des fonctionnaires impériaux (Zosime, IV, 26; Ammien, XXXI, 16, 8).

[1] Zosime, IV, 25 : Μοδάρης ὢν ἐκ τοῦ βασιλείου τῶν Σκυθῶν γένους, πρὸς Ῥωμαίους αὐτομολήσας καὶ δι' ἣν ἐπεδείξατο πίστιν στρατιωτικῆς προεξελημένος ἀρχῆς. Ces derniers termes indiquent un commandement dans l'armée romaine et correspondent au titre officiel de *magister militum*.

[2] Ibidem : Ἐπεὶ τῶν ἀνδρῶν οὐδὲν ὑπελείφθη, τοὺς μὲν πεσόντας ἐσκύλευον, ἐπὶ δὲ τὰς γυναῖκας καὶ τοὺς παῖδας ὁρμήσαντες ἁμάξας μὲν εἷλον τετρακισχιλίους, αἰχμαλώτους δὲ ὅσους ἦν εἰκὸς ἐπὶ τοσούτων ἁμαξῶν φέρεσθαι.

[3] Ibidem : Τὰ τῆς Θρᾴκης τέως ἦν ἐν ἡσυχίᾳ, τῶν ἐν ταύτῃ βαρβάρων ἀπολομένων.

[4] Orose, VII, 34, 5 : *Maximas illas gentes incunctanter adgressus magnis multisque proeliis vicit.* — Idace, *Descriptio consulum*, annis 379 et 380 (dans la Patrologie latine, t. LI, p. 914). — Jordanès, *De rebus geticis*, c. 27 : *Gothos Thraciæ finibus pellunt*; idem : *De successione temporum*, § 315 : *Theodosius Gothos diversis proeliis vicit.* — Marcellinus *comes, Chronicon,* annis 379-380.

bandes qui avaient vaincu à Andrinople, errèrent un moment entre la Gaule et la Pannonie[1], et il y a de l'incertitude sur ce qu'elles devinrent[2]. Ce qui est sûr, c'est qu'elles ne firent plus d'incursion, que deux autres bandes qui essayèrent encore de passer le Danube et d'envahir l'Empire furent vaincues et détruites par un général romain nommé Promotus[3], qu'enfin les envahisseurs disparurent et que dès l'année 380 les provinces retrouvèrent la paix et la prospérité[4].

Ainsi, les Wisigoths, malgré leur succès à Andrinople, succès unique en cinq années de guerre, n'ont rien conquis et n'ont rien fondé.

5° [LES GOTHS SOLDATS DE L'EMPIRE.]

A partir de l'an 380, nous ne voyons plus dans l'empire de Théodose d'autres Wisigoths que ceux qui sont soldats de l'Empire. Zosime et Jordanès nous montrent un chef de cette nation portant le titre de roi[5], Athanaric, qui se fait l'allié, l'ami, l'admirateur de Théodose. Jordanès surtout décrit l'enthousiasme naïf du barbare à la vue des magnificences de Constantinople et en présence de l'empereur, « dont la personne lui

---

[1] Zosime, IV, 34 : Δύο μοῖραι, ἡ μὲν ἡγεμόνι Φριτιγέρνῳ χρωμένη, ἡ δὲ ὑπὸ Ἀλλόθον καὶ Σάφρακα τεταγμένη, τοῖς Κελτικοῖς ἔθνεσιν ἐπικείμεναι.... C'étaient les mêmes chefs qui avaient commandé les Goths à Andrinople.

[2] Zosime, après avoir dit que, rejetées en Pannonie par Gratien, elles se préparèrent à envahir l'Épire, ne parle plus d'elles, et la suite du récit montre bien que leur projet ne fut pas réalisé. Suivant Jordanès, ces bandes seraient entrées comme fédérés au service de l'Empire.

[3] Zosime, IV, 35 et 39.

[4] Idem, IV, 34 : Ἀνιέναι τε γεωργοῖς τὴν ἐκ τῆς γῆς ἐπιμέλειαν καὶ ὑποζυγίοις καὶ θρέμμασι νομὴν ἄφοβον.

[5] Ibidem : Ἀθανάριχον παντὸς τοῦ βασιλείου τῶν Σκυθῶν ἄρχοντα γένους. Ammien, XXVII, 5, 10.

semble un dieu sur la terre[1] ». A partir de ce moment, tous les historiens affirment que tous ceux des Goths qui restèrent dans l'Empire y furent soldats du prince et y vécurent à son service. « Les Goths, dit Zosime, ne portèrent plus aucun trouble aux Romains, et tous les hommes d'Athanaric s'attachèrent dès lors à défendre les frontières de l'Empire[2]. » « Toutes les bandes des Goths, dit Orose, se soumirent à l'autorité impériale[3]. » Le Goth Jordanès est plus explicite encore : « Toute l'armée des Goths se mit au service de Théodose, s'assujettit à l'Empire romain et sous le nom de fédérés s'associa aux soldats de l'Empire[4]. » Cette situation est bien marquée par un fait que Jordanès mentionne : lorsque Théodose marcha contre Eugénius qui avait usurpé la dignité impériale en Gaule en 392, il emmena avec lui 20 000 de ces fédérés, « dont il connaissait la fidélité et l'attachement[5] ».

Nous arrivons ainsi à l'histoire du fameux Alaric.

[1] Jordanès, *De rebus geticis*, c. 28 : *Regiam urbem ingressus est miransque : En, inquit, cerno quod sæpe incredulus audiebam, famam videlicet tantæ urbis ; et huc illuc oculos volvens, nunc situm urbis commeatumque navium, nunc mœnia clara prospectans miratur.... Deus, inquit, sine dubio terrenus est imperator.*
[2] Zosime, IV, 34 : Σκύθας μηκέτι Ῥωμαίοις παρενοχλεῖν, ὅσοι δὲ ἅμα τῷ τελευτήσαντι Ἀθαναρίχῳ παρεγένοντο τῇ τῆς ὄχθης φυλακῇ προσεγκαρτερήσαντες ἐπὶ πολὺ κωλῦσαι τὰς κατὰ Ῥωμαίων ἐφόδους.
[3] Orose, VII, 34, 7 : *Universæ Gothorum gentes romano sese imperio dediderunt.* — Idace et Latinus Pacatus disent la même chose : *Universa gens Gothorum cum rege suo in Romaniam se tradiderunt* (Idace, *Descriptio consulum*, anno 382) ; *receptos servitum Gothos castris tuis militem, terris sufficere cultorem* (Latinus Pacatus, dans les *Panegyrici*, XII, 22). — Marcellinus comes, *Chronicon*, anno 382 : *Hoc anno universa gens Gothorum se romano imperio dedit.*
[4] Jordanès, *De rebus geticis*, c. 28 : *Cunctus Gothorum exercitus in servitio Theodosii imperatoris perdurans, romano se imperio subdens, cum milite velut unum corpus effecit, et dicti sunt Fœderati.*
[5] Ibidem : *E quibus imperator contra Eugenium tyrannum plus quam viginti milia armatorum fideles sibi et amicos intellegens duxit.*

Se figurer ce personnage comme un chef de nation est absolument impossible. De la nation gothique il ne restait plus rien ; il n'y avait plus que des troupes de fédérés goths au service de l'Empire. En 392, le jeune Alaric avait reçu de Théodose le commandement d'une de ces troupes[1] et l'avait suivi dans ses expéditions contre Eugénius. Apparemment il n'en revint qu'avec un petit nombre de soldats, car l'historien qui raconte la bataille contre Eugénius nous dit que l'empereur y perdit la plus grande partie de ses barbares fédérés[2]. Quoi qu'il en soit, il fut récompensé de ses services par un grade élevé et par des titres de dignités romaines[3]. Cependant, trois ans après, nous le voyons mécontent de n'avoir pas un commandement plus élevé; il voudrait commander aux troupes romaines elles-mêmes, avec le titre de *magister militum*[4]. On le lui refusa. Le ministre Rufinus, comptant se servir de lui pour une intrigue personnelle, l'autorisa à joindre à sa troupe d'autres barbares de toute nation[5] et à quitter ses cantonne-

---

[1] Zosime, V, 5 : Μόνους εἶχε τοὺς βαρβάρους οὓς Θεοδόσιος ἔτυχεν αὐτῷ παραδοὺς ὅτε σὺν αὐτῷ τὴν Εὐγενίου τυραννίδα καθεῖλε. Il s'agit d'un des corps fédérés qui étaient sous le commandement général de Gaïnas (IV, 57) [cf. p. 360]. — Socrate, *Historia ecclesiastica*, VII, 10 : Ἀλάριχός τις βάρβαρος, ὑπόσπονδος ὢν Ῥωμαίοις καὶ τῷ βασιλεῖ Θεοδοσίῳ εἰς τὸν κατὰ τοῦ Εὐγενίου πόλεμον συμμαχήσας καὶ διὰ τοῦτο Ῥωμαϊκῇ ἀξίᾳ τιμηθείς.

[2] Zosime, IV, 58 : Τὸ πολὺ μέρος τῶν συμμαχούντων ἀποθανεῖν. On voit, en effet, qu'il y eut deux batailles successives dans la même journée ; dans la première, les barbares seuls donnèrent, et ils furent repoussés avec de grandes pertes ; dans la seconde, les troupes romaines furent victorieuses.

[3] Socrate, *Historia ecclesiastica*, VII, 10 : Ῥωμαϊκῇ ἀξίᾳ τιμηθείς. — Cassiodore, *Historia tripartita*, XI, 9 : *Alaricus romanæ ditioni subjectus et romanis dignitatibus honoratus.*

[4] Zosime, V, 5 : Ἠγανάκτει ὅτι μὴ στρατιωτικῶν ἡγεῖτο δυνάμεων, ἀλλὰ μόνους εἶχε τοὺς βαρβάρους οὓς Θεοδόσιος ἔτυχεν αὐτῷ παραδούς. L'expression ἡγεῖσθαι στρατιωτικῶν δυνάμεων est celle qui dans Zosime, comme dans Sozomène et dans Lydus, indique la fonction et le grade de *magister militum*.

[5] Ibidem : Τοὺς σὺν αὐτῷ βαρβάρους ἢ ἄλλως σύγκλυδας ὄντας ἐξαγαγεῖν.

ments. Alaric se mit alors à parcourir la Thessalie, la Grèce centrale et le Péloponèse. Ce n'est pas qu'il songeât à faire la conquête du pays et à s'y établir. Après avoir beaucoup pillé, il revint avec son armée en Épire. Suivant quelques auteurs, ce sont quelques troupes romaines envoyées d'Occident par Stilicon qui l'auraient mis en fuite[1].

Vaincu ou non, il fit la paix avec l'Empire et reçut un cantonnement en Thrace et en Illyrie. Il y resta quelques années avec une autorité qu'un contemporain déclare légitime, c'est-à-dire en vertu d'un ordre du gouvernement impérial[2]; la population lui obéissait comme à un fonctionnaire; il était un soldat de l'Empire d'Orient. Puis, las de ce service, il essaya de se faire conquérant, conduisit ses Goths en Italie; mais son armée fut détruite à Pollentia par une armée impériale que commandait Stilicon[3].

Quelques années se passent, et nous le retrouvons en Épire[4]; il y est encore à la tête d'une armée; mais cette

[1] Zosime, V, 7; Claudien, *De bello getico*, v. 513-517.
[2] Claudien, *De bello getico*, v. 535 et suivants : Le poète fait dire à Alaric :

> At nunc Illyrici postquam mihi tradita jura...
> Inque meos usus vectigal vertere ferri
> Oppida legitimo jussu Romana coegi....

[3] Prosper d'Aquitaine, anno 400 : *Gothi Italiam Alarico et Radagaiso ducibus ingressi ... Pollentiæ adversus Gothos vehementer pugnatum est.* — Claudien, ibidem. — Cassiodore, *Chronique* : *Gothi Halarico et Radagaiso regibus ingrediuntur Italiam.* — Orose, VII, 37, 2 : *Taceo de Alarico rege cum Gothis sæpe victo, sæpe concluso, semperque dimisso.* — Sur la bataille de Pollentia il y a une grande incertitude; Claudien (ibidem) et Prudence (*Contre Symmaque*, liv. II, v. 695 et suiv.) la chantent comme une grande victoire de Stilicon; Orose, Jordanès et Cassiodore en parlent comme d'une défaite. Prosper d'Aquitaine dit simplement : *Pollentiæ adversus Gothos vehementer utriusque partis clade pugnatum est.* Il est certain qu'Alaric ne put pas rester en Italie.

[4] Zosime, V, 26 : Ἀλλάριχος διατρίβων ἐν Ἠπείροις τὸ παρὰ Στελίχωνος ἀνέμενε σύνθημα τοιόνδε· ὁ Στελίχων διενοεῖτο, κοινωνῷ χρησάμενος Ἀλλαρίχῳ,

fois il est d'accord avec le ministre de l'empereur d'Occident; il est secrètement convenu avec lui d'enlever la province d'Illyrie à l'empereur d'Orient pour la donner à Honorius. Pendant plusieurs années, l'invasion de Radagaise en Italie¹ et l'usurpation de Constantinus en Gaule le forcèrent de différer l'exécution de ce projet; il ressort du moins du récit des historiens que pendant ces années-là Alaric était un chef de fédérés officiellement au service de l'empereur d'Orient et secrètement au service de l'empereur d'Occident². Aussi Alaric réclama-t-il en 408 la solde qui lui était due³. On tint conseil autour de l'empereur. Il paraît que les sénateurs qui n'étaient pas au courant des secrets d'État s'indignèrent qu'un chef barbare qu'ils ne connaissaient pas réclamât de l'argent; mais Stilicon, qui était depuis longtemps le ministre dirigeant, attesta qu'en effet c'était par l'ordre du gouvernement impérial et pour servir ses desseins qu'Alaric était resté plusieurs années en Épire, et qu'en conséquence il avait droit à une solde. On lui alloua 4000 livres d'or⁴. Alaric était donc reconnu

τῇ Ὀνωρίου βασιλείᾳ τὰ ἐν Ἰλλυρίοις ἔθνη πάντα προσθεῖναι, συνθήκας τε περὶ τούτου πρὸς αὐτὸν ποιησάμενος.... — Olympiodore, édit. Didot, t. IV, p. 58 : Ἀλάριχος ὃν Στελίχων μετεκαλέσατο ἐπὶ τῷ φυλάξαι τῷ Ὀνωρίῳ τὸ Ἰλλυρικόν. — Orose, VII, 38, 2 : *Stilico Alaricum occulto fœdere fovens.*

¹ Zosime, V, 26 : Προσδεχομένου δὲ Ἀλλαρίχου τῷ παραγγέλματι πειθαρχήσειν, Ῥοδογάϊσος....

² Idem, V, 26 et 27.

³ Idem, V, 29 : Πρὸς Στελίχωνα πρεσβείαν ἐκπέμπει, χρήματα αἰτῶν ὑπέρ τε τῆς ἐν ταῖς Ἠπείροις τριβῆς ἣν ἔλεγεν αὐτῷ, Στελίχων ι πεισθέντι γενέσθαι.

⁴ Idem, V, 29 : Διὰ γὰρ τὸ τῷ βασιλεῖ συνοῖσον, ἔφη ὁ Στελίχων, τοσοῦτον ἐν ταῖς Ἠπείροις διέτριψε χρόνον, ὡς Ἰλλυριοὺς τῇ Ὀνωρίου ἀρχῇ προσθείη.... Πᾶσι τοίνυν δόξαντος δίκαια λέγειν Στελίχωνος, ἐδόκει τῇ γερουσίᾳ χρυσίου τετρακισχιλίας Ἀλλαρίχῳ δίδοσθαι λίτρας. C'était bien à titre d'arriéré de solde que cet argent lui était donné; c'est ce que dit aussi Olympiodore (*Fragmenta*, 5, édit. Didot, t. IV, p. 58) : Ἀλάριχος, ἔτι ζῶντος Στελίχωνος, τεσσαράκοντα κεντηνάρια μισθὸν ἔλαβε τῆς ἐκστρατείας.

officiellement comme un soldat de l'Empire. Il est vrai qu'il était venu réclamer sa solde en conduisant son armée contre l'Italie et que les Italiens ne pouvaient pas bien distinguer s'il était un soldat de l'Empire ou un envahisseur.

Ici se place une révolution intérieure que les historiens du temps décrivent mal et dont il nous est difficile de discerner le caractère. Ce que l'on peut dire d'après les récits très insuffisants qu'on en possède, c'est que les querelles religieuses y ont tenu une plus grande place que les querelles nationales ou les querelles de race[1]. Stilicon y périt massacré avec beaucoup de fonctionnaires romains. On l'accusait de vouloir relever les temples du paganisme. Au milieu de la fureur générale, la population égorgea les femmes et les enfants des soldats germains fédérés, qui ne donnaient pourtant à ce moment aucun sujet de plainte[2]. Ces Germains indignés quittèrent aussitôt le service de l'empereur, vouèrent la guerre à Rome, et, comme il leur fallait un chef, ils accoururent vers Alaric. Ces fédérés, de toute nation, étaient au nombre de 30 000[3].

[1] Le meilleur récit de cette révolution est dans Zosime, V, 32-35 ; on y voit que le chrétien Olympius en fut l'instigateur ; que ce furent surtout les troupes indigènes qui l'accomplirent, avec l'assentiment assez visible de l'empereur ; que l'on commença par massacrer les fonctionnaires Némorius, Patronius et Salvius, le *magister militum* Chariobaude et le préfet du prétoire Liménius ; que les fédérés barbares se partagèrent entre le parti d'Olympius et Stilicon ; qu'enfin celui-ci fut arrêté et mis à mort par le goth Sarus, ainsi que le cubiculaire Deutérius et le chef des *notarii* Pétrus. — Le récit d'Orose (VII, 38) ne laisse pas de doute sur le caractère de la lutte ; les païens avaient compté sur Stilicon, et ils attendaient de lui le relèvement des temples.

[2] Zosime, V, 35. Les fédérés germains avaient laissé leurs femmes et leurs enfants dans les villes du voisinage.

[3] Ibidem : Πάντες ἔγνωσαν Ἀλλαρίχῳ προσθέσθαι καὶ τοῦ κατὰ τῆς Ῥώμης πολέμου αὐτῷ κοινωνῆσαι· καὶ συναχθεῖσαι πρὸς τοῦτο πλείους ὀλίγῳ τριῶν μυριάδες συνέθεον.

Tous ces détails sont significatifs; ils montrent de quels éléments se composaient les forces d'Alaric. Il est visible qu'il était à la tête, non d'une nation, mais d'une armée[1]. Cette armée même, dont le premier noyau était une troupe de fédérés wisigoths, s'était peu à peu grossie de fédérés d'autres nations[2]. Ce n'était pas un peuple émigrant qui se déplaçait, c'était une armée de soldats de l'Empire qui se mettaient en révolte contre l'Empire. D'ailleurs, d'autres fédérés goths, avec un chef nommé Sarus, restaient fidèles au gouvernement romain.

Alaric, prétendant venger Stilicon et alléguant surtout que la somme convenue ne lui avait pas été remise[3], courut droit à Rome. Qu'y allait-il faire? Quand on le lui demanda, il répondit « qu'il voulait avoir tout l'or et tout l'argent qui se trouvaient dans la ville, ainsi que tous les objets de prix et tous les esclaves de nation barbare[4] ». Il se contenta de 5000 livres d'or, 30 000 livres d'argent, 4000 robes de soie et 3000 livres de poivre; il partit avec ce butin, promettant d'ailleurs d'être à l'avenir un fidèle fédéré et de servir l'Empire romain contre quelque nation que ce fût qui lui serait hostile[5].

---

[1] Le titre de roi qu'il portait ne doit pas faire illusion; il y avait longtemps que ce titre avait perdu le sens de chef national; il se donnait à tous les chefs de troupes un peu importantes. Les historiens grecs n'appellent jamais ces hommes du titre de βασιλεύς, ils les appellent ἡγεμών, φύλαρχος, ῥήξ (Olympiodore, *Fragmenta*, 26, 31, 35, etc.)

[2] Il eut même bientôt avec lui des Huns que lui amena Ataulph. Zosime, V, 37.

[3] Olympiodore, *Fragmenta*, 3 : Ἀλάριχος διά τε φόνον Στελίχωνος καὶ ὅτι ἃ συνέκειτο οὐκ ἐλάμβανε.

[4] Zosime, V, 40 : Ἔλεγε οὐκ ἄλλως ἀποστήσεσθαι τῆς πολιορκίας εἰ μὴ τὸν χρυσὸν ἅπαντα ὅσον ἡ πόλις ἔχοι καὶ τὸν ἄργυρον λάβοι, καὶ ὅσα ἐν ἐπίπλοις εὕροι καὶ ἔτι τοὺς βαρβάρους οἰκέτας.

[5] Idem, V, 42 : Χωρήσειν ὁμόσε Ῥωμαίοις κατὰ παντὸς ἐναντία τούτοις φρονεῖν βουλομένου.

D'autre part, l'Empire lui promettait une solde annuelle, une quantité déterminée de vivres et le droit d'habiter avec les siens dans la Vénétie, le Norique et la Dalmatie[1].

Il fit demander en outre, par l'entremise du préfet du prétoire Jovius, qu'on lui conférât le titre de maître de la milice, qui l'eût mis à la tête, non seulement des fédérés barbares, mais des troupes indigènes ; l'empereur répliqua qu'il accorderait la solde et les vivres, mais qu'il ne consentirait jamais à lui donner le grade de maître de la milice[2]. Sur ce refus, Alaric marcha de nouveau sur Rome.

Puis il se ravisa et chargea quelques évêques de renouer les négociations ; cette fois, s'il faut en croire Zosime, il renonçait au grade de maître de la milice, ne demandait plus comme cantonnement que le Norique et s'en remettait au prince pour le chiffre de la solde et des fournitures, offrant encore de redevenir soldat de l'Empire et de le défendre contre tout ennemi. Ses propositions furent encore rejetées. Ce qui est curieux, c'est que Zosime et Orose, qui écrivaient quelques années après la fatale issue de ces événements, au lieu de louer le gouvernement impérial d'avoir eu un moment la résolution virile de repousser ce dangereux serviteur, lui en font un reproche[3].

[1] Zosime, V, 48 : Ἀπῄτει χρυσίον μὲν ἔτους ἑκάστου δίδοσθαί τι ῥητὸν καὶ σίτου τι μέτρον, οἰκεῖν δὲ αὐτὸν ἅμα τοῖς σὺν αὐτῷ πᾶσι Βενετίας ἄμφω καὶ Νωρικοὺς καὶ Δαλματίαν.

[2] Idem, V, 49. — Sozomène, IX, 7 : Ἰόβιος δηλοῖ Ὀνωρίῳ τὴν Ἀλαρίχου αἴτησιν, καὶ ὡς δέοι δέλτοις αὐτὸν τιμῆσαι στρατηγοῦ δυνάμεως ἑκατέρας.... Ὁ δὲ βασιλεὺς ἀξίας οὔποτε μεταδώσειν αὐτῷ ἀντεδήλωσεν.

[3] Idem, V, 50 : Ταῦτα ἐπιεικῶς καὶ σωφρόνως Ἀλλαρίχου προτεινομένου, καὶ πάντων τὴν τοῦ ἀνδρὸς μετριότητα θαυμαζόντων. — Orose, VII, 38, 2 : *Alaricum pro pace optima et quibuscumque sedibus suppliciter orantem, occulto fœdere fovens, publice autem et belli et pacis copia negata....*

Alaric se porta donc sur Rome, non pour la conquérir, mais pour y faire nommer un autre empereur. Sur son ordre, le sénat déféra la pourpre à Attalus[1], et Attalus aussitôt donna à Alaric le grade de maître de la milice[2]. A ce titre, Alaric prêta serment de fidélité au nouveau prince[3], et lui assura l'obéissance des villes italiennes. Mais il ne tarda guère à se brouiller avec Attalus; il lui retira le diadème et le manteau de pourpre et renvoya ces insignes de l'autorité à Honorius[4], qu'il reconnut de nouveau comme empereur et avec qui il négocia une nouvelle convention[5]. Mais la paix ne put se faire, et Alaric retournant à Rome pour la troisième fois permit à ses bandes de mettre la ville au pillage, de vider toutes les maisons, et d'emporter l'or[6], mais sans répandre le sang[7]. La permission de piller dura trois jours.

Ce qu'il y a de plus étrange dans ces étranges événements, c'est que les historiens qui les racontent, Orose

---

[1] Zosime, VI, 7 : Οἱ Ῥωμαῖοι, κατὰ τὸ κελευόμενον, Ἄτταλον εἰς τὸν βασίλειον ἀναβιβάζουσι θρόνον, ἁλουργίδα καὶ στέφανον περιθέντες. — Sozomène, IX, 8 : Βιάζεται Ῥωμαίους βασιλέα ψηφίσασθαι τὸν Ἄτταλον.

[2] Ibidem : Ἄτταλος παραχρῆμα τὰς τῶν δυνάμεων στρατηγίας αὐτῷ τε Ἀλλαρίχῳ καὶ Οὐάλεντι παραδέδωκεν.

[3] Idem, VI, 10 : Ἀλλαρίχου δὲ τέως ἐμμένειν τοῖς πρὸς Ἄτταλον ὅρκοις ἐθέλοντος....

[4] Idem, VI, 12 : Ἀλλάριχος ἐξαγαγὼν τὸν Ἄτταλον, περιελὼν τὸ διάδημα καὶ τῆς ἁλουργίδος ἐκδύσας, ταῦτα ἔπεμψεν Ὀνωρίῳ τῷ βασιλεῖ.

[5] Idem, 13 : Ἀλλαρίχου ἐπὶ Ῥάβενναν ὡρμηκότος, ὡς δὴ βεβαίως αὐτῷ πρὸς Ὀνώριον ἐσομένης εἰρήνης. — Sozomène, IX, 9 : Εἰς λόγους ἦλθε τῷ βασιλεῖ περὶ τῆς εἰρήνης.

[6] Sozomène, IX, 9 : Τοῖς αὐτοῦ πλήθεσιν ἐπέτρεψεν τῶν Ῥωμαίων πλοῦτον ἁρπάζειν καὶ πάντας τοὺς οἴκους ληΐζεσθαι. — Jordanès, *De rebus geticis*, c. 30, § 156 : *Gothi, Halarico jubente, spoliant tantum, non autem ignem supponunt.* — Orose dit qu'il n'y eut qu'un petit nombre d'incendies, *facto quidem aliquantarum ædium incendio*, VII, 39, 15.

[7] Orose, VII, 39, 1 : *Alaricus Romam inrumpit, dato præcepto prius, ut... in quantum possent prædæ inhiantes, a sanguine temperarent.* Orose représente un de ces Goths qui, s'adressant à une femme, *ab ea aurum argentumque honeste exposcit.* — Il n'est pourtant pas douteux qu'il n'y ait eu des massacres.

et Sozomène, — le récit de Zosime s'arrête un peu plus tôt, — n'ont pas un mot de malédiction ou de haine contre ce ravageur. Ces écrivains chrétiens lui savent gré de n'avoir pas mis le feu aux églises et peut-être encore plus de n'avoir pas ordonné le relèvement des temples païens[1]. Orose ajoute que Rome ne fut nullement ruinée, que la population demeura nombreuse, que la ville resta debout et « qu'enfin à la voir on ne se douterait pas, n'étaient les traces de quelques incendies, qu'elle eût été en proie aux barbares[2] ». Alaric n'y resta d'ailleurs que juste le temps qu'il fallait pour y faire du butin. Au bout de trois jours[3], satisfait d'emporter beaucoup d'or et de richesses[4], il conduisit son armée

[1] Orose, VII, 39 ; Sozomène, IX, 9-10. Cassiodore, *Variarum*, XII, 20. Alaric aurait donné l'ordre de respecter les églises, et même de leur laisser leurs objets précieux. Cf. Jordanès, *De rebus geticis*, c. 30. Orose s'attache à montrer que les ravages et les incendies n'approchèrent pas de ce que Rome avait souffert dans l'invasion gauloise et au temps de Néron. Il se plaît à montrer que les églises furent respectées, et qu'au milieu même du pillage les chrétiens faisaient leurs processions et chantaient leurs hymnes ; quant aux païens, leur seule ressource, à l'en croire, aurait été de se mêler parmi les chrétiens. — Idace remarque aussi que les églises furent épargnées. — Cassiodore, dans sa Chronique, s'exprime ainsi : *Roma a Gothis Alarico duce capta est, ubi clementer usi sunt victoria*.

[2] Idem, VII, 40, 1 : *Cujus rei quamvis recens memoria sit* (Orose écrivait huit ans après), *si quis populi romani multitudinem videat, nihil factum, sicut etiam ipsi fatentur, arbitrabitur, nisi aliquantis adhuc existentibus ex incendio ruinis forte doceatur*. — Voir le petit ouvrage écrit dans les années qui suivirent, sous ce titre : *Descriptio urbis Romæ quæ aliquando desolata, nunc gloriosior piissimo imperio restaurata* (Patrologie latine, t. XVIII, p. 437) ; on voit dans cette description que presque tous les édifices anciens subsistèrent intacts ; la ville n'a donc pas été brûlée. Les incendies dont parle Orose furent des faits isolés ; Jordanès, c. 30 : *Urbem spoliant tantum, non autem ignem supponunt*.

[3] Idem, VII, 39, 15 : *Tertia die barbari sponte discedunt*. S'il faut en croire Socrate (*Historia ecclesiastica*, VII, 10), c'est l'approche d'une armée romaine envoyée d'Orient qui aurait déterminé Alaric à s'éloigner de Rome à la hâte et comme un fuyard ; cette explication est reproduite par Cassiodore (*Historia tripartita*, XI, 9).

[4] *Alaricus urbis Romæ deprædatione satiatus... qui tanta se urbis vastatione ditavit* (Cassiodore, *Variarum*, XII, 20).

vers le sud de l'Italie. Il essaya de passer en Sicile, mais la mer engloutit une partie de son armée[1] et la mort l'enleva lui-même[2].

6° [LES WISIGOTHS ÉTABLIS EN GAULE PAR L'AUTORITÉ IMPÉRIALE.]

Les Goths se donnèrent pour roi Ataulph. On ne voit pas clairement ce qu'il fit entre les années 410 et 412; suivant Jordanès, il serait revenu à Rome et l'aurait pillée de nouveau. En 412, il passa en Gaule; mais aucun des écrivains qui signalent son arrivée dans le pays n'indique qu'il y soit entré en conquérant[3]. S'il faut en croire Jordanès, il y serait venu à titre d'allié de l'empereur, et d'accord avec lui; son arrivée n'aurait eu d'autre effet que d'effrayer les Francs et les Burgondes et de débarrasser la Gaule de leurs ravages[4]. Nous pouvons bien penser qu'ils commirent eux-mêmes beaucoup de dévastations[5]. Jovinus s'étant fait empereur, Ataulph se déclara pour lui. Il est vrai qu'il le trahit

---

[1] Orose, VII, 43, 12 : *Vallia memor illius acceptæ sub Alarico cladis cum in Siciliam Gothi transire conati in conspectu suorum miserabiliter demersi sunt.*

[2] Olympiodore, *Fragmenta*, 10 (édit. Didot, p. 59), 15 (p. 60). — Jordanès, *De rebus geticis*, c. 30.

[3] Prosper d'Aquitaine, *anno* 412 : *Gothi, rege Adaulpho, Gallias ingressi.* — Cassiodore, *Chronique* : *Gothi, rege Ataulpho, Gallias intraverunt.*

[4] Jordanès, *De rebus geticis*, c. 31 : *Ataulphus Placidiam suo matrimonio copulavit, ut gentes hac societate conperta, quasi adunata Gothis republica, efficacius tenerentur, Honoriumque augustum, quamvis opibus exhaustum, tamen jam quasi cognatum grato animo derelinquens, Gallias tendit. Ubi cum advenisset, vicinæ gentes perterritæ in suis se cœperunt finibus continere, quæ dudum crudeliter Gallias infestassent, tam Franci quam Burgundiones.*

[5] Prosper Tyro : *Alia prædatio Galliarum, Gothis Alpes transgredientibus.*

l'année suivante, l'assiégea dans Valence, prit d'assaut cette ville et livra Jovinus à l'empereur Honorius[1].

Nous le trouvons ensuite à Narbonne, sans qu'on nous dise à quel titre[2]. Il avait essayé de s'emparer de Marseille par surprise, mais il en avait été repoussé avec perte par le général romain Bonifacius[3]. Dans Narbonne il épousa la sœur de l'empereur, Placidie; il est digne d'attention que ce mariage fût célébré en grande pompe et suivant les rites romains; le roi goth était vêtu à la romaine, et les Romains de l'assistance chantèrent, joyeux, l'épithalame[4].

Brouillé ensuite avec Honorius, Ataulph tint à reconnaître un autre empereur, et il proclama Attalus[5]; mais il l'abandonna bientôt et, revenant à Honorius, il s'engagea « à le servir fidèlement et à employer les forces des Goths à la défense de l'État romain[6] ». Quelques

---

[1] Olympiodore, *Fragmenta*, 19 (édit. Didot, p. 61) : Πέμπει Ἀδάουλφος πρὸς Ὁνώριον πρέσβεις, ὑποσχόμενος τάς τε τῶν τυράννων (ces deux usurpateurs étaient Jovinus et Sébastianus) κεφαλὰς καὶ εἰρήνην ἄγειν. Ὧν ὑποστρεψάντων καὶ ὅρκων μεσιτευσάντων, Σεβαστιανοῦ μὲν πέμπεται τῷ βασιλεῖ ἡ κεφαλή· Ἰοβῖνος δὲ ὑπὸ Ἀδαούλφου πολιορκούμενος ἑαυτὸν ἐκδίδωσι καὶ πέμπεται τῷ βασιλεῖ. — Prosper Tyro : *Valentia civitas a Gothis effringitur ad quam se fugiens Jovinus contulerat.*

[2] Idace, *anno* 413 : *Gothi Narbonam ingressi vindemiæ tempore.*

[3] Olympiodore, *Fragmenta*, 21 (édit. Didot, p. 62).

[4] Olympiodore fait un curieux récit de la cérémonie nuptiale; en voici la traduction : *Adaulpho, studio ac consilio Candidiani, nuptiæ cum Placidia celebrantur, in Narbone, in domo Ingenii, primarii ejus urbis viri. Hic digniore loco residente Placidia in thalamo, Romano more adornato, habituque imperiali* (βασιλικῷ), *assedit ipsi Adaulphus læna indutus ceteroque amictu romano.... Deinde versus epithalamii canuntur, Attalo præcinente, dein Rusticio atque Phœbadio, nuptiæque peraguntur lusu gaudioque ingenti barbarorum simul et Romanorum* (Olympiodore, *Fragmenta*, 24, édit. Didot, p. 62). De ce mariage naquit un fils, qui fut appelé Théodose.

[5] Prosper d'Aquitaine, *anno* 414 : *Attalus Gothorum consiliis et præsidio tyrannidem resumit in Galliis.* — Voir l'*Eucharisticos* de Paulin de Pella.

[6] Orose, VII, 43, 3 : *Militare fideliter Honorio imperatori ac pro defendenda romana republica inpendere vires Gothorum.*

mois se passent, et les historiens du temps nous disent que le général romain Constantius, qui était à cette époque le premier fonctionnaire de l'Empire dans la Gaule méridionale, chassa les Goths de Narbonne et les obligea à se rendre en Espagne, pour y combattre les Vandales et les Suèves[1]. Suivant Jordanès, il y serait allé, non par force, mais de son plein gré. D'une façon comme de l'autre, il est avéré que les Wisigoths quittèrent la Gaule[2].

Ataulph, après quelques combats contre les barbares en Espagne, périt assassiné par un homme de sa nation. Ce personnage avait assez bien ressemblé à Alaric : véritable chef de bandes et non pas chef de peuple, il avait affecté d'être toujours au service de l'Empire, changeant volontiers d'empereur, transportant sa fidélité d'Honorius à Jovinus et à Attalus pour la rapporter ensuite à Honorius, mais se prétendant toujours le serviteur d'un empereur romain, obéissant le moins possible, pillant ou laissant ses soldats piller, mais faisant plus volontiers la guerre à d'autres Germains qu'à l'Empire.

Orose, qui a pu le connaître et qui a vu des hommes

---

[1] Orose, VII, 43, 1 : *Constantius comes, apud Arelatem consistens, Gothos a Narbona expulit atque abire in Hispaniam coegit.* — Idace, anno 415 : *Ataulphus a Constantio patricio pulsatus ut relicta Narbona Hispanias peteret.* — Sur ce Constantius, qui fut plus tard associé à l'Empire, voir l'admiration enthousiaste d'Orose, VII, 42. — Jordanès ne dit pas formellement qu'Ataulph ait été chassé de la Gaule méridionale ; suivant lui et selon la vraisemblance, il serait passé en Espagne de son plein gré, mais toujours pour servir l'Empire ; voir le c. 31, § 163, où les mots *confirmato regno* désignent l'État romain que Jordanès appelle souvent *regnum* ; la phrase de Jordanès veut dire qu'Ataulph, après avoir affermi les affaires de l'Empire en Gaule, voulut lui rendre le même service en Espagne en combattant les Suèves.

[2] Voir aussi dans Paulin de Pella comment les Goths quittèrent Bordeaux ; ils eurent soin de piller la ville, en hommes qui n'étaient pas sûrs de revenir.

qui l'ont connu, rapporte de lui une parole qui n'a rien d'invraisemblable : « Dans ma jeunesse, j'avais soif de détruire le nom romain et de mettre à la place un empire goth; mais l'expérience m'a appris que les Goths ne savaient pas obéir aux lois, et que sans lois il n'y a pas d'État; alors je me suis donné pour but de fortifier le nom romain avec la force des Goths, et j'ai mis ma gloire à être appelé le restaurateur de l'Empire romain[1]. » On peut douter que ces paroles aient été réellement prononcées; elles se concilient pourtant assez bien avec les actes connus du chef barbare; elles montrent, en tout cas, l'idée que des Romains comme Orose se faisaient de lui[2].

L'histoire de Vallia, qui le remplaça, nous est retracée par trois écrivains de ce temps et de ces contrées, Orose, Idace et Prosper d'Aquitaine, et par deux écrivains postérieurs, Jordanès et Isidore de Séville. Nous ne pouvons mieux faire que de rapporter ce que chacun d'eux dit de lui.

Suivant Orose, Vallia essaya de passer d'Espagne en Afrique; mais il assista au naufrage d'un grand nombre de ses soldats[3], et dès lors il ne songea plus qu'à faire

---

[1] Orose, VII, 43 : [*Se imprimis ardenter inhiasse, ut oblitterato romano nomine romanum omne solum Gothorum imperium et faceret et vocaret essetque Gothia quod Romania fuisset, et fieret nunc Athaulfus quod quondam Cæsar Augustus. At ubi multa experientia probavisset neque Gothos ullo modo parere legibus posse propter effrenatam barbariem neque reipublicæ interdici leges oportere, sine quibus respublica non est respublica, elegisse saltem, ut gloriam sibi de restituendo in integrum augendoque Romano nomine Gothorum viribus quæreret haberetque apud posteros Romanæ restitutionis auctor, postquam esse non potuerat immutator.*]

[2] Suivant Olympiodore, *Fragmenta*, 26, Ataulph, près de mourir, aurait recommandé à son frère « de s'entourer autant que possible de l'amitié des Romains ».

[3] Orose, VII, 43 : *Cum magna Gothorum manus transire in Africam moliretur, tempestate correpta miserabili exitu perierat.*

la paix avec l'empereur Honorius en lui remettant comme otages les premiers de ses sujets[1]; « il s'engagea à braver désormais tous les périls pour la défense de l'Empire romain et à combattre tous les barbares qui s'étaient établis en Espagne[2] ». Idace énumère ses principaux actes. En 415, il renouvelle le traité avec le patrice Constantius qui continuait à représenter l'autorité impériale en Gaule, et il fait la guerre en Espagne contre les Alains et les Vandales[3]. En 416, « ce roi des Goths, agissant au nom de l'Empire romain, fait de grands massacres de barbares en Espagne[4] ». En 417, il écrase les Vandales, il extermine les Alains[5]. En 419, Constantius le rappelle en Gaule et lui donne des cantonnements dans la province d'Aquitaine depuis Toulouse jusqu'à l'Océan[6]. Dans un fragment de l'historien Philostorge, nous lisons simplement que les Goths font un traité avec Honorius, lui rendent sa sœur Placidie, et reçoivent de lui des fournitures de vivres et une partie de la Gaule à cultiver[7]. Prosper d'Aquitaine parle seu-

---

[1] Orose : *Pacem optimam cum Honorio imperatore, datis lectissimis obsidibus, pepigit.*

[2] Idem : *Romanæ securitati periculum suum obtulit, ut adversum ceteras gentes quæ per Hispanias consedissent, sibi pugnaret et Romanis vinceret.*

[3] Idace, anno 415 : *Wallia, cum Constantio patricio pace mox facta, Alanis et Wandalis adversatur.*

[4] Idem : *Wallia, rex Gothorum, Romani nominis causa, intra Hispanias cædes magnas efficit barbarorum.*

[5] Idem : *Wandali Silingi per Walliam regem in Bætica omnes exstincti. — Alani adeo cæsi sunt a Gothis ut pauci qui superfuerant Gunderici regis Wandalorum se patrocinio subjugarent.*

[6] Idem : *Gothi, intermisso certamine quod agebant, per Constantium ad Gallias revocati, sedes in Aquitanica a Tolosa ad Oceanum acceperunt.*

[7] Philostorge, *ex libro XII*, c. 4 (Bouquet, t. I, p. 601) : Ἐκ τούτου τὸ βάρβαρον πρὸς Ὀνώριον σπένδεται, καὶ τὴν οἰκείαν ἀδελφὴν καὶ τὸν Ἄτταλον τῷ βασιλεῖ παρατίθενται, σιτήσεσί τε δεξιωθέντες καὶ μοῖράν τινα τῆς τῶν Γαλατῶν χώρας εἰς γεωργίαν ἀποκληρωσάμενοι.

lement du traité de 416, puis, omettant les guerres en Espagne, il dit qu'en 419 Vallia reçoit de Constantius « la Seconde Aquitaine à habiter[1] ». Il est digne d'attention que ces chroniqueurs, contemporains des faits, ne parlent jamais d'une conquête. Isidore de Séville représente aussi Vallia comme un allié d'Honorius : « A peine roi, il conclut un traité avec l'empereur, s'engageant à soutenir l'Empire dans toutes ses guerres; envoyé en Espagne par Constantius, il livra, au nom de Rome, de grands combats aux barbares; puis, cette guerre achevée, il revint en Gaule et l'empereur lui donna en récompense de ses services la Seconde Aquitaine avec quelques cités avoisinantes[2]. » Suivant Jordanès, le gouvernement impérial se serait d'abord inquiété du choix de Vallia comme chef des Goths et il aurait envoyé Constantius avec des forces considérables pour le combattre[3]; les deux armées se seraient trouvées en présence près des passages des Pyrénées; mais, au lieu de combattre, Vallia aurait fait un traité par lequel il rendait Placidie à Honorius et s'engageait à « fournir des auxiliaires à l'Empire contre quelque ennemi que ce fût[4] ».

[1] Prosper d'Aquitaine, *anno* 411 : *Placidiam Wallia pacem expetens reddit.* — *Anno* 419 : *Constantius patricius pacem firmat cum Wallia, data ei ad inhabitandum Secunda Aquitania et quibusdam civitatibus confinium provinciarum.*

[2] *Mox ut regnare cœpit, fœdus cum imperatore Honorio pepigit promittens imperatori propter rempublicam omne certamen implere. Itaque ad Spanias per Constantium evocatus, Romani nominis causa cædes magnas barbaris intulit. Confecto bello, Gallias repetit, data ei ab imperatore ob meritum victoriæ Secunda Aquitania* (Bouquet, t. II, p. 701).

[3] Jordanès, *De rebus geticis*, c. 32 : *Contra Valliam Honorius imperator Constantium, virum industria militari pollentem multisque prœliis gloriosum, cum exercitu dirigens, veritus ne fœdus dudum cum Atauulfo initum turbaret... Constantius cum copia armatorum Spanias petit.*

[4] Idem : *Convenit pacisci ut sua solacia* (ce mot dans la langue du

Il aurait ensuite fait une guerre acharnée aux Vandales, et rendant à l'Empire romain plusieurs provinces débarrassées d'ennemis, il serait revenu à Toulouse[1].

Tous ces récits sont d'accord entre eux; ils nous montrent d'une part Constantius qui représente l'autorité impériale dans la Gaule, de l'autre Vallia qui commande à une armée de Wisigoths en Espagne. Vallia n'est jamais aux prises avec Constantius; il ne fait la guerre qu'aux barbares, qu'il poursuit au nom de l'Empire. S'il rentre en Gaule, en 419, c'est qu'il y est rappelé par Constantius lui-même, et s'il s'y établit, c'est que le représentant de l'Empire lui donne en récompense des services rendus en Espagne ce qu'il était habitué à donner à ses auxiliaires, des terres à cultiver et une province à gouverner.

Le vrai fondateur du royaume des Goths en Gaule n'est pas Ataulph, c'est Vallia; car de 415 à 419 les Wisigoths étaient en Espagne, et l'origine de ce royaume est une concession de terre faite par l'Empire.

Tels sont les faits que les documents nous fournissent. Il nous importait de savoir par quels moyens et à quel titre les Goths sont entrés en Gaule. Nous avons observé le long chemin qu'ils ont parcouru depuis le Danube jusqu'à la Garonne. Ce n'est pas un peuple en marche, ce sont les débris mal reconnaissables d'un peuple détruit. Ils ne descendent même pas des vainqueurs d'Andrinople. Ils ont commencé par être une petite troupe de soldats au service de Théodose. Cette troupe

---

vi° siècle devient synonyme de *auxilia*) *romanæ reipublicæ, ubi usus exegerit, non denegaret.*

[1] Jordanès, c. 33, § 173 : *Valia adeo cum suis in Vandalos sæviebat ut... Tolosam revertitur, Romano imperio fugatis hostibus aliquantas provincias, quod promiserat, derelinquens.*

s'est peu à peu grossie d'autres soldats de toute nation et de toute provenance. Pendant vingt ans ils ont été une armée errante, dont les services étaient tour à tour repoussés ou acceptés par l'Empire, et qui pour cette raison pillait et servait tour à tour. Le hasard ou l'intérêt du moment les a poussés de la Thrace dans le Péloponnèse, du Péloponnèse dans l'Illyrie, de l'Illyrie à Rome, de Rome en Gaule, de Gaule en Espagne, puis un acte de l'autorité impériale les a fixés en Gaule.

5° [DE LA NATURE DU TRAITÉ CONCLU ENTRE LES WISIGOTHS ET L'EMPIRE.]

Ce qui reste malheureusement vague et incertain pour nous, c'est la nature de cette concession du gouvernement romain. Que l'on examine les textes qui la mentionnent, on n'y trouvera pas que Constantius ait fait un abandon complet du pays aux Wisigoths, qu'il le leur ait donné en propre, qu'il en ait fait un royaume indépendant. Les écrivains disent seulement : « Les Goths reçurent une résidence », *sedes acceperunt* [1]; — « On leur donna l'Aquitaine à habiter », *ad inhabitandum* [2]; « Ils obtinrent de l'Empire des vivres et des terres à cultiver [3] ». Aucune de ces expressions n'implique que l'Empire ait formellement renoncé à tous ses droits sur ses provinces ni qu'il ait créé pour Vallia un royaume indépendant. Elles font plutôt penser à ces cantonnements que l'Empire avait l'habitude d'assigner aux troupes étrangères qui se mettaient à son service.

---

[1] Idace [p. 428, n. 6].
[2] Prosper [p. 420, n. 1].
[3] Philostorge [p. 428, n. 7].

Il est bien certain que les Goths ne s'établirent pas par force, mais en vertu d'un traité ou d'un contrat, *fœdus*[1]. Nous n'en connaissons pas les termes. Seulement, quand on lit les écrivains du ve siècle, surtout en ce qui concerne les Wisigoths, on est frappé de voir revenir si souvent le *fœdus*, le contrat qui réglait leurs rapports avec l'Empire. Nous ne pouvons espérer de reconstituer ce contrat, dont il ne reste aucun texte. Nous pouvons du moins supposer qu'il y avait là un engagement bilatéral. Si l'Empire donnait le droit d'habiter une de ses plus belles provinces, s'il y ajoutait, ainsi qu'il est vraisemblable, le droit de percevoir les impôts et probablement aussi la jouissance des terres publiques, on pensera volontiers que le chef barbare promettait en retour la fidélité, le respect, la déférence, très probablement le service militaire, et peut-être aussi l'obligation de faire exécuter les lois de l'Empire à l'égard des populations indigènes. Les rois goths étaient ainsi, d'une certaine façon, des sujets de l'Empire. Cette subordination qui résultait d'un contrat librement consenti des deux parts, devait ressembler à ce qu'on a appelé plus tard *vassalité*. On ne se tromperait peut-être pas en disant que dans la pensée du gouvernement impérial, et peut-être dans la pensée des populations témoins de ces événements, le royaume des Goths devait être un État vassal de l'Empire.

Dans les soixante années qui suivent, nous voyons le contrat tour à tour exécuté et violé. En 422, les Goths

---

[1] Le mot *fœdus*, dans Ammien Marcellin et dans les écrivains du siècle suivant, ne signifie pas toujours un traité en bonne forme entre deux gouvernements ; il désigne le plus souvent cette sorte de pacte qui liait les petites troupes barbares à l'Empire et en faisait des *fœderati*, c'est-à-dire des soldats absolument sujets. (Cf. plus haut, p. 384 et suiv.)

fournissent des auxiliaires qui vont en Espagne, sous les ordres d'un général romain, pour combattre les Suèves¹. Quatre ans après, au contraire, ils font la guerre à l'Empire et assiègent Arles ; mais ils sont vaincus et repoussés². Le contrat est rétabli ; il est rompu huit ans plus tard et les Goths assiègent Narbonne sans pouvoir la prendre³. Les généraux de l'Empire leur font éprouver plusieurs défaites, et dans l'une d'elles leur tuent 8000 guerriers⁴ ; ils assiègent même Toulouse qui est la capitale de leur État⁵. Le contrat est renouvelé en 439⁶. En 451, les Goths sont dans l'armée d'Aétius contre Attila⁷. Un peu plus tard ils envoient une armée en Espagne « sur un ordre du gouvernement impérial » pour réprimer les Bagaudes de la Tarraconnaise⁸ ; peu après, le roi des Goths fait une expédition en Espagne contre les Suèves « d'après la volonté et sur l'ordre de l'empereur Avitus⁹ ».

¹ Idace à l'année 422.
² Prosper d'Aquitaine : *Arelas nobile oppidum Galliarum a Gothis multa vi oppugnatum est, donec imminente Aetio non impuniti discederent.*
³ Idem : *Gothi pacis placita perturbant et pleraque municipia sedibus vicina occupant, Narbonensi oppido maxime infesti quod, cum diu obsidione et fame laboraret, per Littorium comitem ab utroque periculo liberatum est ; siquidem strenuissime hostes in fugam vertit.*
⁴ Idem, anno 437 : *Bellum adversus Gothos Hunnis auxiliantibus geritur.* 438 : *Adversus Gothos in Gallia quædam prospere gesta.* — Idace, 436 : *Per Aetium comitem haud procul de Arelate quædam Gothorum manus extinguitur.* 437 : *Narbona obsidione liberatur, Aetio duce.* 438 : *Gothorum cæsa octo millia sub Aetio duce.*
⁵ Idace, 439. — Salvien, *De gubernatione Dei*, VII, p. 164 [c. 11].
⁶ Prosper d'Aquitaine : *Pax cum Gothis facta cum eam humilius quam unquam antea poposcissent.*
⁷ Noter qu'ils y sont, non à titre de peuple indépendant et allié, mais à titre d'*auxiliaires*, c'est-à-dire de soldats à la solde. Sidoine, *Avitus*, vers 341-352.
⁸ Idace, anno 454 : *Per Fredericum Theuderici regis fratrem Bacaudæ Tarraconenses cæduntur ex auctoritate romana.*
⁹ Idem, anno 456 : *Rex Gothorum Theudoricus cum ingenti exercitu*

Par malheur, ce qui rendait leur fidélité chancelante, c'était l'instabilité même du gouvernement impérial. Après Honorius, il y eut l'usurpateur Jean; après Valentinien III, une série de princes entre lesquels il n'était pas aisé de discerner le plus légitime. Les Goths avaient leurs préférences. Ils voulaient bien obéir à un empereur romain, à la condition de le choisir. C'est ainsi qu'ils firent empereur Avitus[1], promettant de le servir, mais de ne servir que lui[2]. Ils se faisaient d'ailleurs payer leurs services. On ne sait ce que leur donna Avitus; Majorien leur permit de faire quelques conquêtes en Espagne aux dépens des Suèves. Les plus hardis fonctionnaires de l'Empire se disputaient leur alliance; en 462, le comte Égidius qui gouvernait la Gaule du Nord et le comte Agrippinus qui gouvernait le Midi étaient en mésintelligence; Agrippinus pour s'attacher les Goths les fit entrer dans Narbonne et leur livra la Narbonnaise Première jusqu'au Rhône[3]. En 468, un préfet du prétoire nommé Arvandus négociait avec eux, sans que nous sachions dans quel but, et leur promettait de nouveaux agrandissements[4]. Ces hommes

---

suo et cum voluntate et ordinatione Aviti imperatoris Hispanias ingreditur.

[1] Prosper d'Aquitaine, *anno* 456.

[2] Voir la scène que décrit Sidoine Apollinaire (Panégyrique d'Avitus, vers 500 et suivants). Ces vers ont été écrits par le gendre même d'Avitus et quelques mois après l'événement; sous une forme très peu historique, on démêle assez bien les faits et les pensées des hommes. Ce sont les Goths qui ont fait choix d'Avitus; ce choix a été ensuite ratifié par une assemblée de la noblesse de la Gaule.

[3] Idace, anno 462 : *Agrippinus Gallus et comes et civis, Ægidio comiti inimicus, ut Gothorum mereretur auxilia, Narbonam tradit Theudorico.* On admet généralement que cette concession fut ordonnée ou au moins ratifiée par l'empereur Sévère. Voir *Vita S. Lupicini* (Bollandistes, 21 mars) [dom Bouquet, t. I, p. 646].

[4] Voir le récit assez long, mais encore vague, de cette affaire dans Sidoine Apollinaire, *Lettres*, I, 7, *Vincentio.* On accusait Arvandus d'avoir

n'étaient pas tout à fait des traîtres; ils ne songeaient pas qu'ils livraient le pays aux étrangers: ils voyaient dans le chef des Goths une sorte de fonctionnaire impérial avec qui l'on pouvait nouer des intrigues comme on faisait avec tous les puissants. Sidoine Apollinaire, qui ne manquait certainement pas de patriotisme, faisait l'éloge du roi goth Théodoric et l'appelait « le soutien et le salut de la puissance romaine¹ ». Ce n'était pas qu'il aimât les Goths, mais il respectait les termes du traité en vertu duquel Narbonne leur avait été cédée par le gouvernement impérial, et ce qui nous paraît une flatterie n'était peut-être que l'expression des rapports officiels entre ces chefs de guerre et l'Empire².

On devine bien que cette subordination était plus apparente que réelle et qu'elle ne pouvait pas durer. C'est seulement sous le roi Euric qu'elle cessa. Il avait dès les premières années de son règne fait des conquêtes en Espagne; en Gaule, il obtint de l'empereur Népos la cession de plusieurs provinces et entre autres de l'Auvergne³; enfin, « voyant tous ces changements d'empe-

---

écrit une lettre au roi des Goths pour le dissuader de s'entendre avec l'empereur Anthémius, ajoutant *cum Burgundionibus jure gentium Gallias dividi debere*. Ce qu'il y a de plus remarquable, c'est que ce furent les députés élus par la province de Gaule qui furent officiellement chargés par leurs compatriotes d'accuser Arvandus devant le sénat romain.

¹ Sidoine, *Carmina*, XXIII, v. 71 : *Romanæ columen salusque gentis*.

² Noter que ces vers de Sidoine ne sont pas adressés à Théodoric; ils sont adressés à un sénateur romain, Consentius. C'est une pièce tout intime où l'auteur dit ce qu'il pense. Nous voyons là comment les Romains entre eux parlaient des Goths. Sidoine parle à peu près de même du roi Euric dans une lettre à Lampridius (*Epistolæ*, VIII, 9).

³ Jordanès, *De rebus geticis*, c. 45 : *Eurichus... Arvernam occupat civitatem... Nepos imperator præcipit Ecdicio relictis Galliis ad se veniret.* — Voir Sidoine Apollinaire, *Lettres*, VII, 6 et 7, et surtout *Vita S. Epiphanii ab Ennodio* (Bollandistes, janvier, t. II; Patrologie, t. LXIII, p. 221) [édit. Hartel, 1882]. Cette biographie est presque un

reurs et combien l'Empire branlait, il occupa dès lors en souverain, *jure suo*, la Gaule et l'Espagne[1] ». L'autorité impériale cessa d'exister pour lui.

Telles sont les différentes phases par lesquelles ont passé les Wisigoths pour arriver à former un royaume indépendant. On voit bien que tout cela ne ressemble ni à une migration de peuple ni à une conquête par la force. Les chroniques ne signalent pas qu'ils aient remporté aucune victoire sur une armée romaine. Elles disent que les provinces leur ont été données spontanément, l'Aquitaine par Honorius, la Narbonnaise par Sévère, l'Auvergne par Népos. Elles indiquent un *fœdus*, c'est-à-dire un lien contractuel entre eux et l'Empire jusque vers l'an 476, et ne parlent d'un royaume officiellement séparé qu'à cette date. On dira peut-être qu'ils sont arrivés au même résultat que s'ils avaient dès l'abord conquis le pays. Mais il y a une grande différence entre un établissement qui s'opère par degrés en soixante ans ou une invasion brusque qui se serait opérée par la seule violence.

6° [DE L'EFFECTIF ET DE LA COMPOSITION DE L'ARMÉE DES WISIGOTHS.]

On voudrait savoir quel était le nombre de ces Wisigoths. Les chiffres nous manquent. La première troupe

---

document contemporain. Voir Tillemont, *Histoire des empereurs*, VI, p. 429.

[1] Jordanès, *De rebus geticis*, 45 : *Eurichus, crebram mutationem principum Romanorum cernens, Gallias suo jure nisus est occupare* (édit. Closs, p. 160) [Mommsen, p. 118].... *Tantas varietates mutationesque Eurichus cernens....* C. 47 : *Eurichus, Romani regni vacillationem cernens,...totas Hispanias Galliasque sibi jam jure proprio tenens* (p. 164-165) [Mommsen, p. 119-121]. — Procope, *De bello gothico*, I, 12 : Οὐισίγοτθοι τὴν Ῥωμαίων ἀρχὴν βιασάμενοι, Ἰσπανίαν καὶ Γαλλίας τὰς ἐκτὸς Ῥοδανοῦ κατηκόους σφίσιν ἐς φόρου ἀπαγωγὴν

d'Alaric en 394 ne pouvait guère dépasser 3000 à 4000 hommes, puisqu'elle n'était que l'un des corps de fédérés qui étaient sous le commandement général de Gaïnas[1] et qui furent à moitié détruits dans la bataille livrée à Eugénius[2]. Il est vrai que plus tard le ministre Rufin l'autorisa à joindre à sa troupe plusieurs autres troupes de toutes nations[3], et qu'il eut alors assez d'hommes pour parcourir la Grèce, où ne se trouvait à la vérité aucune force militaire[4]. Cette armée devait être encore très peu nombreuse, s'il est vrai, comme l'affirme Zosime, que l'approche de Stilicon, avec quelques légionnaires embarqués à la hâte sur des vaisseaux, l'ait forcé à fuir[5]. Dans le séjour assez long qu'il fit en Épire, il put augmenter le nombre de ses soldats; ce qui accrut surtout ses forces, c'est qu'à son entrée en Italie presque tous les fédérés cantonnés dans le nord de la Péninsule se joignirent à lui; l'historien évalue leur nombre à 50 000[6]. Son armée se trouva ainsi une agglomération de barbares appartenant à tous les peuples, et si l'on continua à l'appeler l'armée des Wisigoths, c'est apparemment parce que le chef et peut-être le corps d'élite appartenaient à cette nation. L'année d'après, il fut encore rejoint par Ataulf, qui lui amena de Pannonie un renfort de Goths et de Huns[7]. Nous pouvons donc évaluer, avec quelque vraisemblance, l'armée

ποιησάμενοι ἔσχον. — Sidoine Apollinaire (*Epistolæ*, VII, 6) : *Evarix, rex Gothorum, rupto dissolutoque fœdere antiquo....*

[1] Zosime, IV, 57 [cf. plus haut, p. 360].
[2] Idem, IV, 58 [cf. plus haut, p. 416].
[3] Idem, V, 5 : Σύγκλυδας ὄντας [cf. plus haut, p. 416].
[4] Sauf une garnison aux Thermopyles.
[5] Zosime, V, 7 : Στελίχων ναυσὶ στρατιώτας ἐμβιβάσας καὶ τῇ Πελοποννήσῳ προσχὼν εἰς Φολόην συμφυγεῖν τοὺς βαρβάρους ἠνάγκασε.
[6] Idem, V, 35.
[7] Idem, V, 37.

d'Alaric à 60 000 guerriers, dont un tiers environ étaient des Goths.

D'autre part, cette armée a dû perdre beaucoup de soldats. Beaucoup ont été engloutis par une tempête dans le détroit de Sicile[1] : désastre qui fit renoncer Alaric à son expédition en Afrique. L'armée de Vallia éprouva un malheur semblable dans le détroit de Gadès, et une foule de Goths y périrent[2]. Nous pouvons bien penser qu'il en périt beaucoup d'autres dans les nombreux combats qu'ils livrèrent, en Espagne, aux Alains, aux Suèves, et surtout aux Vandales[3]. Ajoutons que, dans ces longues courses à travers la Grèce, l'Italie, la Gaule et l'Espagne, la mort a dû faucher beaucoup de ces hommes ; on sait bien ce que toute armée, même bien ordonnée, laisse de malades et de mourants sur sa route. Des 60 000 guerriers qu'avait eus Alaric en 409, en restait-il plus de la moitié à Wallia en 419 ?

Il n'y a qu'un moyen d'admettre que les forces de Vallia lors de son établissement à Toulouse aient dépassé 30 000 hommes : c'est de supposer que beaucoup d'indigènes se soient joints à lui. Cette supposition n'a rien d'invraisemblable. Les écrivains contemporains mentionnent des révoltes d'esclaves[4] ; ils ajoutent que même des hommes libres s'associaient aux barbares[5], et puis-

---

[1] Orose, VII, 43 [cf. plus haut, p. 424].

[2] Idem, VII, 43, 11 : *Cum magna Gothorum manus tempestate correpta miserabili exitu perierat.* — Jordanès, *De rebus geticis*, c. 33 : *Vallia voluisset Vandalos in Africa persequi nisi eum casus, qui dudum Halarico in Africam tendenti contigerat, revocasset.*

[3] Idem, VII, 43 : *Nunc cottidie geri bella gentium et agi strages ex alterutro barbarorum crebris certisque nuntiis discimus.*

[4] Esclaves qui rejoignent les barbares : Sidoine, *Lettres*, III, 9 ; Zosime, V, 42.

[5] Orose, VII, 41 ; Salvien, *passim* ; [voir l'*Eucharisticos* de Paulin de Pella et le *Commonitorium* d'Orientius, II, v. 273.] Le pseudo-empereur

que les chefs barbares acceptaient les Gaulois comme ministres, ils pouvaient bien les recevoir aussi comme soldats. Il a pu se passer ici quelque chose d'analogue aux incursions normandes du ix° et du x° siècle où chaque bande de pirates se grossissait de paysans indigènes, qui se faisaient Normands pour piller. On a pu pour le même motif se faire Wisigoth. C'est ainsi seulement que les armées wisigothiques ont pu être nombreuses. Mais si l'on admet cette conjecture, on arrive forcément à penser que ces hommes qui s'appelaient Wisigoths, et qui étaient déjà un mélange de plusieurs peuples germains, avaient encore en eux beaucoup de sang italien, gaulois ou espagnol. Entre tant d'éléments divers, l'unité ne venait que de ce qu'on obéissait à un seul chef. Il n'y avait là ni une race, ni une nation; il n'y avait qu'une armée.

CHAPITRE IX

Comment les Burgondes sont entrés en Gaule.

1° [LES BURGONDES EN DEHORS DE L'EMPIRE.]

Sur les Burgondes ou Burgondions nos renseignements sont moins nombreux et moins sûrs que sur les Wisigoths[1].

Attalus resta plusieurs années dans le camp d'Ataulph et de Vallia ; nous pouvons croire que plus d'un Gaulois, partisan d'Attalus, y resta aussi.

[1] Leur nom même prête à quelque incertitude. La forme la plus usitée est *Burgundiones* ; toutefois il ne faut pas dire, ainsi qu'on l'a fait, que la forme Burgonde soit absolument illégitime ; on trouve *Burgundii* dans Ammien Marcellin (XVIII, 2, 15 ; XXVIII, 5, 9 ; XXX, 7, 11) ; on trouve

Tacite ne les a pas connus parmi les peuples de la Germanie. Pline mentionne leur nom et les rattache au groupe qu'il appelle du nom de *Vandili*[1]. Le géographe Ptolémée cite un nom qui se rapproche assez du leur[2]. Aucun historien ne parle d'eux avant la fin du iii° siècle. Leur origine et leur place primitive sont des problèmes aussi difficiles à résoudre que celles des Francs, des Alamans et des Saxons[3].

Les légendes et les opinions des peuples, même lorsqu'elles sont contraires à toute vraisemblance, ne doivent pas être négligées par l'historien. Ammien Marcellin, qui écrivait au iv° siècle, dit que les Burgondes « savent qu'en remontant aux temps antiques ils sont de race romaine[4] ». Assertion étrange à première vue; mais il faut songer que dans la langue du temps les mots « être de race romaine », ne signifiaient pas qu'on fût originaire de l'Italie; ils voulaient dire qu'on appartenait par l'origine à un peuple ayant fait partie de l'Empire romain. Or l'historien Orose exprime sous une autre

Βουργούνδοι dans Zosime (I, 68); on trouve même le féminin de *Burgundius* dans la loi Gombette (XXIV, 1, Pertz, *Leges*, t. III, p. 543; et *Additamentum primum*, ibidem, p. 573).

[1] Pline, *Histoire naturelle*, IV, 28, 99 : *Germanorum genera quinque : Vindili, quorum pars Burgodiones* [dans d'autres mss. *Burgondiones*], *Varini, Carini, Gutones.* — Que ces *Burgodiones* que Pline signalait vers l'an 50 de notre ère soient les mêmes qui apparaissent deux siècles plus tard, cela n'a rien d'impossible; encore est-il étrange que ce nom ne se trouve jamais mentionné ni par Tacite ni par aucun écrivain des deux siècles suivants. Quant à une parenté entre les Burgondes et les Vandales qui semble ressortir du passage de Pline, elle n'est mentionnée par aucun autre écrivain, et Jordanès ne semble pas la connaître.

[2] On trouve dans Ptolémée des Βουγοῦντες (II, 11, 15, 18) et des Βουργιῶνες (III, 5, 20). Sont-ce les Burgondes?

[3] Orose remarque qu'à la fin du iv° siècle leur nom était nouveau. *Burgundionum quoque novorum hostium novum nomen* (VII, 32, 11).

[4] Ammien, XXVIII, 5, 11 : *Jam inde a temporibus priscis subolem se esse Romanam Burgundii sciunt.*

forme la même pensée qu'Ammien : « Au temps où Drusus et Tibère conquirent la Germanie, ces hommes furent distribués dans les camps romains, et, comme les habitations agglomérées sur les confins militaires de l'Empire sont appelées en langue vulgaire *burgi*, ils tirèrent de là leur nom de Burgondes[1]. » La même opinion sur l'origine de ce peuple et sur l'étymologie de son nom se trouve répétée par Isidore de Séville[2] et par les auteurs des Vies de saint Sigismond[3] et de saint Faron[4]. On la retrouve encore dans Liutprand[5]; d'où

[1] Orose, VII, 32, 12 : *Hos quondam, subacta interiore Germania a Druso et Tiberio, adoptivis filiis Cæsaris, per castra dispositos, in magnam coaluisse gentem ; atque ita etiam nomen ex opere præsumpsisse quia crebra per limitem habitacula constituta burgos vulgo vocant.*

[2] Isidore de Séville, *Origines*, IX, 2, 99 (édit. Migne, col. 338) : *Burgundiones quondam, a Romanis subacta interiore Germania, per castrorum limites positi a Tiberio Cæsare in magnam coaluerunt gentem atque ita nomen ex locis sumpserunt, quia crebra per limites habitacula constituta burgos vulgo vocant. Illi postea rebelles Romanis effecti....* — Cf. Paul Diacre, *Historia miscella*, XII (édit. Migne, t. XCV, col. 930) ; noter toutefois que le plus ancien manuscrit de cet ouvrage de Paul Diacre ne mentionne pas cette légende ; les cinq manuscrits postérieurs la contiennent, mais ils ne font guère que copier Orose.

[3] *Vita S. Sigismundi* (*Acta Sanctorum*, mai, I, p. 86 [édit. Krusch, 1889, p. 333]) : *Tempore Tiberii senioris Augusti egressa est gens de insula cujus vocabulum est Scanadavia, qui ex vocabulo quoque regionis Scanadavii nuncupati sunt. Cumque alia regna vel regiones cum mulieribus et prolis suis penetrassent et Renum usque pervenissent, ibi a jussione imperatoris Tiberii burgos ultra flumen Renum per multorum spacia annorum custodire coacti sunt. Unde et Burgundofarones nuncupati sunt et usque hodie Burgundiones vocantur. Qui tempore Valentiniani egressi de ipsis burgis, Gallias petierunt* (voir Alb. Jahn, t. II, p. 504-512, 513, 518).

[4] *Vita S. Faronis* (Bouquet, t. III, p. 501) : *Olim a Romanis devicta est Germania... in qua fuit constitutum quoddam genus per limites castrorum a Tiberio Cæsare pro officio militari.... atque in magnam coaluit gentem et ex locis nomen sumpsit, quia pro limitibus crebra habitacula constituta burgos vulgo vocant. Unde sunt Burgundiones vulgo dicti. Hi præterea rebelles Romanis effecti....*

[5] Liutprand, *Antapodosis*, III, 44 (Pertz, t. III, p. 313) : *Burgundiones ideo dictos quoniam dum Romani, orbe devicto, ex gente hac captivos*

l'on peut au moins conclure que, depuis le IV° siècle jusqu'au X°, les hommes ont cru que les Burgondes, tout en étant Germains de race, avaient été soumis à Rome et avaient fait partie intégrante de l'Empire, dont ils avaient été chargés de défendre les frontières.

Ce qui est certain, c'est que, durant les trois premiers siècles de l'Empire, si l'on cherche le nom de Burgondes parmi les noms de tant de peuples germains qui font la guerre à Rome, on ne le trouvera pas.

Ils n'apparaissent dans l'histoire qu'en 245, et non d'une façon brillante. Ils étaient en guerre avec les Gépides; ceux-ci « les exterminèrent presque jusqu'au dernier[1] ». Trente ans plus tard, cependant, nous voyons des Burgondes sur le Rhin. Étaient-ils un corps de peuple, ou une bande guerrière, on ne nous le dit pas; nous savons seulement que l'empereur Probus leur livra bataille, en tua beaucoup, et que « tout ce qui resta se livra à discrétion et fut transporté dans l'île de Bretagne pour servir l'Empire comme soldats[2] ».

[A la fin du III° siècle], d'autres Burgondes tentent une incursion en Gaule; mais ils sont détruits par la famine et par la maladie[3]. Puis on perd de vue ce

---

ducerent multos, constituerunt eis ut extra urbem domos sibi sustollerent, a quibus paulo post a Romanis ob superbiam sunt expulsi, et quoniam ipsi domorum congregationem quæ muro non clauditur burgum vocant, Burgundiones a Romanis, quod est a burgo expulsi, appellati sunt. Il est bon de noter que Liutprand met ces paroles dans la bouche d'un ennemi des Burgondes; aussi ajoute-t-il à la légende quelques traits que nous n'avions pas trouvés dans les écrivains précédents.

[1] Jordanès, *De rebus geticis*, c. 17, édit. Closs, p. 76 [Mommsen, p. 83] : *Gepidarum rex Fastida... Burgundiones pene usque ad internecionem delevit.*

[2] Zosime, I, 68.

[3] Mamertin, *Panegyricus Maximiano dictus*, II, § 5. *Cum barbaræ nationes excidium Galliæ minarentur, neque solum Burgundiones*

peuple pendant quatre-vingts ans; on sait seulement que dans cet intervalle ils furent en guerre avec les Goths qui les vainquirent et leur infligèrent de grandes pertes[1]. Voisins des Alamans[2], ils étaient souvent en guerre avec eux; le principal motif de cette lutte était que les deux peuples se disputaient la possession de quelques salines[3].

En 370, l'empereur Valentinien voulant faire la guerre aux Alamans résolut de s'attacher les Burgondes, et il écrivit des lettres à leurs rois pour les engager à attaquer les Alamans par derrière, tandis que lui-même passerait le Rhin avec son armée. « Ces lettres, dit l'historien, furent reçues avec faveur, pour deux raisons : l'une, que les Burgondes savent qu'en remontant aux temps anciens ils sont de race romaine; l'autre, qu'ils sont en hostilité perpétuelle avec les Alamans[4]. » Ce passage est significatif; il prouve tout au moins que les Burgondes aimaient mieux faire la guerre aux Alamans qu'à l'Empire, et que, loin d'avoir dans le cœur une haine de race, ils prétendaient à une sorte de fraternité avec Rome.

Ils mirent en effet plus d'empressement à servir l'Empire que Valentinien ne le souhaitait. Avant que celui-ci eût réuni son armée, ils avaient déjà dispersé les Alamans, traversé leur pays, et ils apparaissaient sur le Rhin. L'empereur s'effraya de l'arrivée de pareils

---

et Alamanni.... Ire passus es in profundam famem, et ex fame in pestilentiam.

[1] Mamertin, III, 16, 17 : Gothi Burgundios excidunt.

[2] Ammien Marcellin, XVIII, 2, 15 : Ubi terminales lapides Alamannorum et Burgundiorum confinia distinguebant.

[3] Idem, XXVIII, 5, 11 : Quod salinarum finiumque causa Alamannis sæpe jurgabant.

[4] Idem, XXVIII, 5, 10-11.

auxiliaires qu'il jugea sans doute trop nombreux et trop avides, et il refusa de les recevoir. Après avoir attendu quelque temps sur la rive du fleuve, ils retournèrent dans leur pays, fort désappointés et mécontents de n'avoir pas été admis au service de l'Empire[1].

Jusque-là ils n'avaient pas occupé les bords du Rhin, dont ils étaient séparés par les Alamans; mais, ce dernier peuple ayant été affaibli à la fois par leur incursion de 370 et par une défaite que leur infligea l'armée romaine[2], ils n'eurent pas de peine à prendre sa place. En 373, ils vinrent s'établir sur la rive droite du fleuve[3]. Ces Burgondes étaient-ils un peuple organisé, ou étaient-ils une bande guerrière ayant ses femmes et ses enfants, nous ne saurions le dire; les historiens disent seulement que 80 000 guerriers burgondes[4] s'établirent sur le bord du fleuve. Voisinage dangereux; mais un chroniqueur dit qu'ils vivaient de la façon la plus paisible[5]; et nous savons d'ailleurs que durant trente ans la frontière ne fut pas franchie ni l'Empire entamé.

Dans la grande irruption de 406, les Burgondes sont nommés[6]. Apparemment une de leurs bandes se joignit

---

[1] Ammien Marcellin : *Catervas misere lectissimas, quæ, antequam milites (romani) congregarentur, adusque ripas Rheni progressæ, terrori nostris fuere vel maximo. Igitur paulisper morati.... mæsti exinde discesserunt et indignati... genitales repetunt terras.*

[2] Ibidem : *Per hanc occasionem Alamannos Burgundionum metu dispersos adgressus Theodosius magister equitum, pluribus cæsis, quoscumque cepit ad Italiam jussu principis misit.*

[3] Chronique de saint Jérôme, anno 373 : *Burgundionum octoginta millia, quod nunquam ante, ad Rhenum descenderunt.* — Orose, VII, 32 : *Burgundionum quoque novorum hostium novum nomen, qui plus quam octoginta milia armatorum ripæ Rheni insederunt.*

[4] *Octoginta milia armatorum.*

[5] C'est la chronique attribuée à Frédégaire [l. II, § 46, édit. Krusch] : *Ad Renum descenderunt et ibi castra posuerunt ibique nihil aliud nisi quantum præcium ementes a Germanis eorum stipendia accipiebant.*

[6] Orose, VII, 38; saint Jérôme, *Epistola ad Ageruchiam*; Jordanès,

aux Vandales, aux Suèves et aux Alains pour piller la Gaule ; mais ils ne passèrent pas comme les autres en Espagne et personne ne nous dit ce qu'ils devinrent. Nous savons seulement que, parmi ces bandes envahissantes, Constantinus détruisit les unes, en prit d'autres à sa solde, et fit passer le reste en Espagne[1]. Or, comme les Burgondes n'allèrent pas en Espagne, il ne reste que cette alternative ou que Constantinus les ait détruits ou qu'il se les soit attachés. Et comme en 411 Constantinus lui-même et ses alliés furent détruits par les généraux d'Honorius, il est clair qu'il ne resta rien de cette invasion de Burgondes. Les Burgondes qui ont fondé plus tard un royaume ne sont pas les mêmes que les ravageurs de 406.

En 412, nous apercevons quelques Burgondes sur la rive gauche du Rhin. Un écrivain grec, racontant l'usurpation de Jovinus, dit qu'il se fit proclamer empereur dans Mayence, grâce à l'appui de deux barbares, Goar l'Alaman et Gunthaire chef des Burgondes[2]. Il ne dit pas si ces deux personnages étaient des envahisseurs, des ennemis de l'Empire, ou des chefs de fédérés, comme ces Germains que les usurpateurs aussi bien que les princes légitimes trouvaient à leur service. Il ne dit pas non plus que ce chef burgonde régnât dans Mayence. Il ressort plutôt de ce passage que Mayence était encore ville d'empire, puisque Jovinus la choisit pour s'y faire proclamer empereur. On sait d'ail-

---

De rebus geticis, c. 31. Ni Prosper d'Aquitaine, ni Idace, ni Zosime ne les mentionnent ; il semble bien qu'ils aient un rôle assez effacé à côté des Vandales et des Suèves.

[1] Zosime, VI, 2 et 3 [cf. p. 353].

[2] Olympiodore, *Fragmenta*, 17 (édit. Dindorf, p. 456 ; édit. Didot, p. 58) : Ἰοβῖνος ἐν Μουνδιακῷ κατὰ σπουδὴν Γώαρ τοῦ Ἀλαμανοῦ [Ἀλανοῦ dans les mss.] καὶ Γυντιαρίου ὃς φύλαρχος ἐχρημάτιζε τῶν Βουργουντιόνων.

leurs que ni Jovinus ni Gunthaire ne réussirent[1]. Cette intrigue fut peut-être pour les Burgondes une occasion de faire quelques ravages ; elle n'aboutit pour eux à aucun résultat.

2° [LES CANTONNEMENTS DES BURGONDES EN GAULE.]

En 413 enfin, les Burgondes « obtinrent une partie de la Gaule dans le voisinage du Rhin[2] ». Les chroniqueurs qui indiquent ce fait ne disent pas qu'ils aient conquis ce pays par la force ; ils ne disent pas non plus quel fut le pays qu'ils obtinrent, ni à quel titre ils s'y établirent.

Orose indique à la fin de son ouvrage qu'au moment où il écrit, c'est-à-dire vers 418, les Burgondes sont en Gaule ; mais il ne dit pas non plus comment ils y sont entrés. Il les représente comme un peuple fort et dangereux qui a pris possession en Gaule et qui s'y est fait une demeure fixe[3]. Il ajoute qu'ils sont tous chrétiens, catholiques, qu'ils accueillent les prêtres romains et leur obéissent, qu'ils vivent avec douceur, et qu'ils traitent les Gaulois, non en sujets, mais en frères[4].

---

[1] Olympiodore; Orose, VII, 42; Chronique d'Idace, anno 413; Prosper d'Aquitaine et Prosper Tyro, *eodem anno*. — Cf. Jordanès, *De rebus geticis*, c. 31, § 160 : *Ataulfus Honorium augustum quasi cognatum grato animo derelinquens Gallias tendit; ubi cum advenisset, vicinæ gentes perterritæ in suis se finibus cœperunt continere, quæ dudum crudeliter Gallias infestassent, tam Franci quam Burgondiones.*

[2] Prosper d'Aquitaine : *Burgundiones partem Galliæ propinquam Rheno obtinuerunt*. — Chronique de Cassiodore (anno 413) : *Burgundiones partem Galliæ Rheno tenuere conjunctam.*

[3] Orose, VII, 32, 12 : *Eorum esse prævalidam et perniciosam manum Galliæ hodieque testes sunt, in quibus præsumpta possessione consistunt.*

[4] Ibidem, 13 : *Quamvis providentia Dei christiani omnes facti, ca-*

L'historien Socrate, qui écrivait au milieu du v⁰ siècle, parle des Burgondes comme d'une population singulièrement paisible. « Ils mènent une vie très calme; ils sont presque tous maçons ou charpentiers et vivent du salaire que ces métiers leur procurent[1]. » Il ajoute qu'ils sont chrétiens, et il parle de leurs guerres, non contre l'Empire, mais contre les hordes de Huns qui dès 430 s'avançaient jusqu'au Rhin.

En 435 ou 436, quatre chroniqueurs rapportent que ces Burgondes « se révoltèrent » contre l'Empire romain, que le général de l'Empire Aétius les vainquit complètement, *debellavit*, les détruisit presque entièrement, *pæne delevit*, et qu'il n'accorda la paix qu'à leurs supplications, *pacem supplicantibus dedit*[2]. Après ce grand désastre, ils en éprouvèrent un autre de la part des Huns, qui firent d'eux un grand carnage où périt toute leur famille royale[3].

---

tholica fide, nostrisque clericis quibus obœdirent receptis, blande, mansuete, innocenter vivant, non quasi cum subjectis Gallis, sed vere cum fratribus christianis.

[1] Socrate, *Historia ecclesiastica*, VII, 30 : Βίον ἀπράγμονα ζῶσιν αὐτέκτονες γὰρ σχεδὸν πάντες εἰσί, καὶ ἐκ ταύτης μισθὸν λαμβάνοντες ἀποτρέφονται. Socrate écrivait vers 440; les faits dont il parle ici se rapportent au 13⁰ consulat de Théodose II, c'est-à-dire à l'année 430. — Cassiodore copie Socrate dans son *Historia tripartita*, XII, 4 : *Quædam gens ultra Rhenum fluvium est Burgundionum; isti vitam quietam agunt et pene omnes fabri lignorum sunt ex qua arte pascuntur.*

[2] Idace, *anno* 436 : *Burgundiones qui rebellaverant a Romanis duce Aetio debellantur.* — Prosper Tyro, *anno* 436 : *Bellum contra Burgundionum gentem memorabile exarsit, quo universa pene gens cum rege per Aetium deleta.* — Prosper d'Aquitaine, *anno* 435 : *Gundicarium Burgundionum regem intra Gallias habitantem Aetius bello obtinuit pacemque ei supplicanti dedit.* — Cassiodore, *Chronique* : *Cundicharium regem Burgundionum Aetius bello subegit pacemque ei reddidit supplicanti.* — Sidoine fait allusion à cette guerre et à une incursion des Burgondes en Belgique, incursion réprimée par Aétius (*Panégyrique d'Avitus*, v. 233).

[3] Prosper d'Aquitaine, ibidem : *Qua pace non diu potitus est (rex*

« A ce qu'il restait de Burgondes la Sabaudie fut donnée à partager avec les habitants. » Ainsi s'exprime un chroniqueur à l'année 443¹. Ce texte est fort loin d'impliquer une conquête : il signifie que ce qui avait échappé à deux guerres désastreuses obtint bénévolement de l'autorité romaine un petit pays; il ne dit pas à quelles conditions. Quant au « partage » avec les habitants, c'est un problème que nous essayerons de résoudre à part.

Que devinrent ces Burgondes dans les vingt années qui suivirent? Aucun écrivain contemporain ne mentionne de leur part ni une attaque contre l'Empire ni une conquête. Sidoine Apollinaire, qui vit à Lyon et qui écrit chaque jour à quelque ami, ne signale nulle part une invasion de Burgondes. Il n'en est pas signalé non plus dans les œuvres de Salvien, d'Euchérius, de Paulin de Pella, de Paulin de Périgueux, ni dans les lettres des papes de cette époque qui s'occupent pourtant des affaires de la Gaule, ni dans les Chroniques d'Idace ou de Cassiodore. Grégoire de Tours n'en indique non plus aucune, et il se contente de dire que vers 450 les Burgondes habitent au delà du Rhône, c'est-à-dire sur la rive gauche². Frédégaire n'en sait pas non plus davantage. Les lois mêmes des Burgondes ne contiennent

---

Gundicharius); siquidem illum Chuni cum populo suo ac stirpe deleverunt. — Idace, *anno* 437 : *Burgundionum cæsa viginti millia.* — Cassiodore, *Chronique* : *Quem mox Hunni peremerunt.* — Paul Diacre, *De episcopis Mettensibus* (édit. Migne, t. XCV, p. 715; dom Bouquet, t. I, p. 649) : *Eo tempore, rex Attila postquam Gundicharium Burgundionum regem sibi occurrentem protriverat....*

¹ Prosper Tyro, *anno* 443 : *Sabaudia Burgundionum reliquiis datur cum indigenis dividenda.* — Sur la *Sabaudia* ou *Sapaudia*, voir Ammien, XV, 11, 17.

² Grégoire de Tours, *Historia Francorum*, II, 9, *in fine* : *Burgundiones habitabant trans Rhodanum.*

pas un seul mot qui signifie conquête ou qui rappelle un établissement opéré par la force des armes.

C'est seulement dans deux textes, qui sont postérieurs d'un siècle et demi ou de deux siècles à l'événement, que l'idée d'une conquête burgonde est exprimée. Marius d'Avenches écrit « qu'en 456 les Burgondes occupèrent une partie de la Gaule et partagèrent les terres avec les grands propriétaires gaulois[1] ». Un hagiographe, auteur de la Vie de saint Sigismond, écrit ce qui suit : « Au temps de l'empereur Valentinien, les Burgondes entrèrent dans les Gaules et à la façon des barbares envahirent les contrées soumises à l'autorité impériale; s'étant donné un roi nommé Gundioc, ils massacrèrent tous les Romains habitants des Gaules que la fuite ne put sauver, et le petit nombre qui échappa à leur glaive vécut sous leur domination[2]. » Ces assertions d'un hagiographe, qui est grand ennemi des Ariens et qui pour mieux louer son saint accuse volontiers les prédécesseurs de ce saint, ne peuvent pas être acceptées

---

[1] Marius d'Avenches, édit. Arndt, 1878, p. 9 : *His consulibus dejectus est Avitus imperator a Majoriano.... Eo anno Burgundiones partem Galliæ occupaverunt terrasque cum Gallis senatoribus diviserunt.* — Marius, évêque d'Avenches, est mort en 594. Ce serait se tromper beaucoup que de croire que, pour vivre en Bourgogne, il ait eu des documents d'origine burgonde; pour cette partie de sa chronique, il s'est uniquement servi des Annales d'Arles (Wattenbach, p. 87).

[2] *Vita S. Sigismundi* (dans les *Acta Sanctorum*, mai, t. I, p. 88) : *Tempore Valentiniani Augusti* [Valentinien III, de 425 à 455], *egressi de ipsis burgis, Gallias petierunt, et more barbarico terras vel populos imperialibus dicionibus subjugatos invaserunt; atque ex suo genere levato rege nomine Gundiocho* [alias *Gundiuco*], *Romanos Galliarum habitatores quos ab ipsorum conspectibus fuga non celavit, gladiorum manus interfecit, paucisque relictis et suis dicionibus subjugatis, ipsi sub eorum dominatione positi sunt.* — Voir Binding, sur la valeur de la *Vita S. Sigismundi* (*Geschichte des Burgundisch-Romanischen Kœnigreichs*, p. 278. Nous suivons ici le texte des Bollandistes de préférence à celui de Krusch, 1889.

sans réserve et sans critique. Elles contiennent sans doute quelque chose de vrai; on y voit que les Burgondes avaient commis bien des dévastations et suscité des haines vivaces, surtout dans le clergé catholique; mais, pour ce qui est d'une véritable conquête et surtout d'un massacre général de la population, il n'en est pas trace dans les documents du v° siècle.

Les Burgondes n'ont certainement pas conquis la Lugdunaise entre les années 456 et 461. On voit, en effet, dans la correspondance et dans les poésies de Sidoine Apollinaire, que le fait important qui remplit l'année 457 pour toute cette partie de la Gaule, ce fut la tentative de Marcellianus pour se faire proclamer empereur[1]. La noblesse gauloise se déclara pour lui[2], et Sidoine prit son parti[3] ainsi que la cité de Lyon. L'empereur Majorien dut faire une expédition en Gaule pour combattre son rival; il franchit les Alpes en 458[4] et par une marche rapide arriva devant Lyon, dont il s'empara et où il fit beaucoup de ruines[5]. La ville reçut son pardon au prix d'une augmentation d'impôts. Sidoine aussi implora sa grâce et l'obtint[6], mais il dut prononcer, dans Lyon même, le panégyrique de l'empereur victorieux. Tous ces faits impliquent que Lyon n'appartenait pas alors aux Burgondes. Il n'est même

---

[1] Sidoine Apollinaire, *Lettres*, I, 11, *Montio* : *Cum de capessendo diademate conjuratio Marcelliana coqueretur... vacante aula turbataque republica.* — Procope dit quelques mots de cette usurpation de Marcellianus, ancien ami d'Avitus (*De bello vandalico*, I, 6; Bouquet, I, p. 786.

[2] *Ibidem* : *Nobilium juventuti Pæonius signiferum sese in factione præbuerat.*

[3] Cela ressort de la Préface du *Panégyrique de Majorien*, vers 11 : *Sic mihi diverso nuper sub marte cadenti.*

[4] Sidoine, *Panegyricus Majoriano dictus*, v. 51°

[5] *Ibidem*, vers 573-585.

[6] *Idem*, *Præfatio*, vers 12; *Panegyricus*, vers 598.

pas question d'eux dans le long discours du poète. Les Burgondes semblent tout à fait absents. Il est visible que Sidoine et les Lyonnais sont les sujets, non d'un roi barbare, mais de l'empereur Majorien. C'est à l'Empire que la cité de Lyon paye les impôts. En 460, quand Sidoine demande que les impôts soient diminués, c'est à l'empereur Majorien qu'il adresse sa requête[1]. Enfin dans une lettre qu'on croit écrite en 461, le même écrivain fait savoir à un ami que l'assemblée de la curie s'est tenue ainsi qu'aux temps les plus calmes de l'Empire et qu'elle a élu un député, suivant l'usage, pour porter ses vœux à l'empereur[2]. Un passage de cette même lettre fait penser qu'un député allant de Lyon à Arles ne devait rencontrer sur la route aucun ennemi et que la poste impériale fonctionnait régulièrement[3]. Conçoit-on que, si les Burgondes avaient été des envahisseurs et des conquérants de la Lugdunaise, leur nom n'eût pas été prononcé dans les pages écrites à ce moment même, et que l'on ne rencontre pas la plus légère allusion, non seulement à leurs violences, mais même à leur présence?

Vers cette même époque, les rois des Burgondes se trouvaient en Espagne. Jordanès rapporte en effet que le roi des Wisigoths, Théodoric, qui était alors l'allié de l'Empire et qui faisait la guerre aux Suèves, avait dans son armée « à titre d'auxiliaires et de fidèles » les deux rois burgondes Gundioc et Chilpéric[4]. Nul ne

---

[1] Sidoine Apollinaire, *Carmina*, XIII.
[2] Idem, *Epistolæ*, V, 20, *Pastori* (la lettre est peut-être postérieure).
[3] Il en était encore de même en 467 ; voir la lettre de Sidoine, I, 5.
[4] Jordanès, *De rebus geticis*, 44, édit. Closs, p. 156 (§ 231, édit. Mommsen) : *Theodoricus arma movit in Suevos, Burgundionum reges Gundiuchum* (Gnudiuchum dans les mss.) *et Hilpericum auxiliarios habens et sibi devotos. Ventum est ad certamen juxta flumen Urbicum*

pensera qu'il s'agisse ici de la nation des Burgondes qui se serait transportée en Espagne ; il ne se peut agir que de deux bandes guerrières qui se sont mises à la solde du roi des Wisigoths pour faire la guerre à d'autres Germains.

3° [LES ROIS BURGONDES GÉNÉRAUX DE L'EMPIRE.]

On voudrait pourtant savoir comment ces Burgondes, dont il n'y avait que des « restes » en 443, ont réussi à former, vingt-cinq ans plus tard, un royaume qui eut quelque puissance. Voici, sur ce point, les seuls renseignements qu'on puisse recueillir.

Nous savons par une lettre du pape Hilarius, de 463, qu'à cette date Gundioc, revenu d'Espagne, se trouvait en Gaule. Il résidait dans la Viennoise. Il était revêtu du grade de *magister militum*[1]. Il exerçait probablement aussi le pouvoir civil; on voit qu'il s'occupait des intérêts religieux de la population gauloise; les élections épiscopales de la ville de Die ayant été irrégulières, c'est lui qui s'est chargé de signaler l'irrégularité au siège de Rome. Ajoutons que le pape l'appelle « son fils », ce qui ne s'accorde guère avec ce que l'auteur de la Vie de saint Sigismond dira plus tard de ce même Gundioc.

Vers le même temps, une lettre de Sidoine Apollinaire fait mention de Chilpéric. Le Burgonde est encore

---

qui inter Asturicam Hiberiamque pretermeat. — Cette expédition eut lieu en 456 (Chronique d'Idace, dom Bouquet, t. I, p. 620).

[1] *Epistola Hilari papæ ad Leontium episcopum Arelatensem* (dans la Patrologie, t. LVIII, col. 27) : *Quantum enim filii nostri, viri illustris, magistri militum Gunduici sermone est indicatum, prædictus episcopus, invitis Deensibus, occupans civitatem episcopum consecrare præsumpsit*

ici qualifié du titre tout romain de *magister militum*[1]. L'écrivain gaulois parle de lui avec honneur et comme d'un homme revêtu d'une autorité légitime dans la province viennoise et dans la Lugdunaise. Il ne dit pas qu'il y soit un conquérant ou un oppresseur[2].

Je ne crois pas qu'on ait donné assez d'attention à ces deux lettres du pape Hilarius et de Sidoine Apollinaire. Elles fournissent les premiers renseignements que nous ayons sur les débuts du royaume burgonde et sur cette dynastie de rois qui commence à Gundioc et qui finit à Sigismond. On se trompe, en effet, beaucoup quand on se figure que ces Burgondes de la Viennoise et de la Lugdunaise sont le même peuple qui, arrivé d'abord sur le Rhin en 373, aurait envahi la Gaule en 406, aurait occupé la Sabaudie en 443, et se serait étendu ensuite dans la vallée du Rhône. On n'a pas remarqué que les documents qui mentionnent ces différents faits successifs sont fort loin d'établir entre eux un lien de filiation. A regarder de près, on aurait vu que ces faits ne se rapportaient pas aux mêmes hommes, et qu'il s'en faut de tout qu'ils soient, ainsi qu'on l'a dit, les étapes successives d'un même peuple en marche et en progrès. En effet, entre l'établissement sur le Rhin et l'établissement en Sabaudie, il y a deux défaites désastreuses et l'extermination de la famille royale. Puis, entre l'établissement en Sabaudie et l'établissement

---

[1] Sidoine Apollinaire, *Epistolæ*, V, 6 : *Magistro militum Chilperico, victoriosissimo viro*. Voir aussi V, 7, où il parle avec éloge de la femme de ce Chilpéric et la compare à la femme de Germanicus.

[2] L'affaire dont il est question dans la lettre de Sidoine se rapporte à une intrigue ourdie dans la ville de Vaison en faveur d'un usurpateur à l'Empire. Chilpéric recherche les chefs du complot, comme pourrait le faire tout fonctionnaire romain attentif à soutenir les droits de l'empereur légitime.

dans la Viennoise, il y a l'expédition en Espagne. Gundioc et Chilpéric ne viennent pas de la Sabaudie, ils viennent d'Espagne. Ce ne sont pas eux qui, suivant Marius d'Avenches, auraient occupé une partie de la Gaule en 456, puisque dans cette même année ils étaient les auxiliaires d'un roi wisigoth allié de l'Empire. Leurs sujets ne se rattachent pas plus directement aux Burgondes de la Sabaudie ou à ceux des bords du Rhin qu'eux-mêmes ne se rattachent à l'ancienne famille royale qui avait disparu vers 437. L'occupation de la Viennoise et de la Lugdunaise n'a pas été, ainsi qu'on l'a dit, une extension du peuple précédemment cantonné en Sabaudie. L'erreur des historiens qui ont fondé ce système a été de supposer un lien entre des choses qui n'en avaient pas.

On devrait s'habituer, quand on parle des Germains, à distinguer entre les peuples et les bandes guerrières. Le même nom ne désigne pas toujours un même groupe de population. Des Burgondes ont envahi en 406; d'autres Burgondes ont obtenu la Sabaudie en 443. Une troupe burgonde, en 451, servait contre Attila sous les ordres du général de l'Empire. Une autre troupe enfin, sous les ordres de Gundioc et de Chilpéric, après avoir combattu les Suèves en Espagne, s'est établie dans le sud-est de la Gaule.

La dynastie des rois burgondes que l'histoire connaît commence à ce Gundioc. L'occupation de la Viennoise et de la Lugdunaise commence aussi à lui. Cette occupation est d'une date inconnue, mais postérieure à 456. Comment et à quel titre s'est-elle opérée, nul ne le sait. Que Gundioc, revenu d'Espagne, ait traversé toute la Gaule méridionale en ennemi et qu'il soit entré dans Vienne et dans Lyon en conquérant, c'est une chose dont on ne trouve aucun indice et l'on reconnaîtra même qu'elle fut absolument impossible pendant le règne de Majorien. Mais que ce même Gundioc, de retour d'Espagne où il avait conduit, non un peuple, mais une bande guerrière, soit venu avec cette même bande en Gaule et se soit mis au service de Majorien, cela est possible, puisque nous savons que Majorien avait des Burgondes dans son armée[1]. Qu'ensuite les chefs de cette troupe aient fait un accord avec l'empereur, c'est ce qui paraît bien résulter de ce que nous voyons ces mêmes chefs revêtus des titres romains de *vir illuster* et de *magister militum*. Sans doute il n'y a rien là que l'on puisse affirmer avec une pleine certitude, mais cela se concilie mieux avec les documents que l'hypothèse d'une conquête.

Dans une pièce de vers dont la date est inconnue[2], Sidoine Apollinaire écrit à un ami qu'il voit des Burgondes autour de lui. Qu'on lise cette pièce, on n'y trouvera pas un mot qui indique que ces Burgondes soient des conquérants, ni qu'ils soient des maîtres, ni qu'ils oppriment qui que ce soit. Ils paraissent former une garnison et se donner le rôle de protecteurs de l'ordre[3]. Ils sont d'ailleurs pleins de respect pour Sidoine et ils le fatiguent de leurs salutations empressées autant que de leur mauvaise musique.

Une anecdote racontée plus tard par Grégoire de Tours donne à penser que, vers 472, les Burgondes firent une invasion en Auvergne; mais, à y regarder de près, on s'aperçoit qu'il s'agit dans ce passage, non pas du peuple burgonde ou de ses rois, mais seulement

---

[1] Sidoine Apollinaire, *Panegyricus Majoriano dictus*, vers 476.
[2] Idem, *Carmina*, XII.
[3] C'est ce que semble indiquer le mot *patronos*, au vers 11.

de quelques Burgondes, *quidam de Burgundionibus*; cette bande pilla un village, mais elle fut ensuite taillée en pièces par un pieux chrétien nommé Hillidius[1].

Il n'est pas douteux que ces Burgondes ne fussent fort gênants et très désagréables. Vers 474, Sidoine, alors évêque d'Auvergne, se plaignait que son diocèse fût si malheureusement situé entre les Wisigoths et les Burgondes. Les deux peuples étaient souvent en guerre entre eux, et la population gauloise qui les séparait était ordinairement la première victime de leurs luttes[2].

Encore ne faisaient-ils jamais une guerre ouverte à l'Empire. L'histoire ne parle d'eux que comme d'alliés des Romains[3]. Leurs chefs briguaient et obtenaient les dignités romaines. Gundioc avait le titre de *vir illuster* et la fonction de *magister militum*. Chilpéric exerçait la même fonction. Les hommes de race gauloise, comme Hilarius et Sidoine, quand ils parlaient d'eux, ne les qualifiaient pas du titre de roi, mais du titre de *magister*

---

[1] Grégoire de Tours, *Miracula S. Juliani*, 7 [édit. Krusch, p. 567]: *venientes quidam de Burgundionibus ad Brivatinsim vicum, eum cum armorum multitudine copiosa circumdant, captoque populo, viros gladio interficere, reliquum vulgus sorte dividere parant. Tunc Hillidius quidam a Vellavo veniens et, ut aiunt, commonitione columbæ incitatus, super eos inruit, hortatusque socios ita hostes ad internicionem cecidit ut, captivis laxatis, triumphans in laude martyris, ad beatam cellulam cum omni populo canendo revertitur.* — Le chroniqueur pourrait bien avoir grossi le nombre des envahisseurs pour faire mieux paraître le miracle de la victoire.

[2] Sidoine Apollinaire, *Epistolæ*, III, 4, Felici: *Oppidum nostrum quasi quamdam sui limitis opposite obicem circumfusarum nobis gentium arma terrificant. Sic æmulorum sibi in medio positi popularum lacrimabilis præda, suspecti Burgundionibus, proximi Gothis, nec impugnantum ira nec propugnantum caremus invidia.* [Cf. la préface de Mommsen, p. LII.]

[3] Jordanès, *De rebus geticis*, c. 45, rapporte qu'une troupe de Bretons au service de l'Empire ayant été attaquée et vaincue par les Visigoths, se réfugia *ad Burgundionum gentem Romanis eo tempore fœderatam* (vers 470).

militum, comme s'ils voyaient en eux moins des rois étrangers que des officiers de l'Empire. Apparemment ils étaient l'un et l'autre. Le fils de Gundioc, Gondebaud, passa plusieurs années de sa jeunesse en Italie et paraît avoir exercé des fonctions ou des dignités assez importantes pour qu'il lui fût permis d'intervenir dans les affaires de l'Empire. Ce fut lui qui porta au trône impérial Glycérius en 473[1]; l'année précédente, l'empereur Olybrius lui avait conféré le titre de patrice, qui était le plus élevé de la hiérarchie impériale[2]. Tout cela ne l'empêchait pas d'être roi des Burgondes et l'aidait peut-être à gouverner la population gauloise.

Plus tard, le fils de Gondebaud, Sigismond, affirmait sa fidélité et sa soumission à l'Empire. Par la plume de son ministre Avitus, il écrivait à l'empereur Anastase : « Mes ancêtres ont toujours été dévoués à l'Empire; rien ne les a plus honorés que les titres que leur a conférés Votre Grandeur; tous mes parents ont brigué les dignités que donnent les empereurs, les tenant en plus haute estime que celles qu'ils avaient de leurs pères[3]. » Le roi burgonde, à son avènement, croyait de son devoir de faire acte de subordination à l'Empire, et il envoyait à la cour un ambassadeur et une lettre, comme s'il eût à deman-

---

[1] Cassiodore, *Chronique* : *Gundibado hortante, Glycerius Ravennæ sumpsit imperium*. — *Johannis Antiocheni fragmenta* (coll. Didot, t. IV, p. 618) : Γουνδουβάλης, ἀνεψιὸς ὢν Ῥικίμερος, Γλυκέριον ἐπὶ τὴν βασιλείαν ἄγει.

[2] *Anonymus Cuspiniani*, anno 472, dans dom Bouquet, t. III, p. 683 (voir Wattenbach, p. 49) : *Gundobadus factus est patricius ab Olybrio imperatore*. — Ce fait a été contesté, et il est difficile en effet de croire qu'un petit chef barbare, et si jeune, ait obtenu un titre si élevé. Ce qui n'est pas contestable, c'est que Gondebaud ait obtenu un titre de dignité, car son fils Sigismond disait plus tard que tous ses parents avaient brigué et obtenu des titres de dignités romaines. (Lettres d'Avitus, 83 [édit. Peiper, 95]).

[3] *Traxit illud a proavis generis mei apud vos decessoresque vestros*

der la permission de régner. Il écrivait : « A la mort de mon père, qui vous était très fidèle et qui était l'un des grands de votre cour, je vous ai envoyé un de mes conseillers, *ainsi que c'était mon devoir*, pour mettre sous votre patronage les premiers débuts de mon service[1]. » Phraséologie vague, j'en conviens, mais qui marquait précisément le vague qui entourait la situation de ces rois burgondes. Sigismond ajoutait : « Mon peuple vous appartient; je vous obéis en même temps que je lui commande, et j'ai plus de plaisir à vous obéir qu'à lui commander. Je parais roi au milieu des miens, mais je ne suis que votre soldat. Par moi vous administrez les contrées les plus éloignées de votre résidence. J'attends les ordres que vous daignez me donner[2]. » Il est vrai que le prince auquel il parlait ainsi, était bien loin; car l'Empire romain tout entier n'avait plus alors qu'un seul empereur, lequel résidait à Constantinople. Ces

---

semper animo romana devotio ut illa nobis magis claritas putaretur quam Vestra per militiæ titulos porrigeret Celsitudo. Cunctis auctoribus meis semper ambitum [*habitum?*] *est quod a principibus sumeren! magis quam quod a patribus attulissent* (Avit, *Epistolæ*, 83 [édit. Peiper, 93]). Ces lettres d'Avitus sont écrites par l'ordre et au nom du roi des Burgondes ; ce sont des pièces de chancellerie. De là leur importance au point de vue de la vérité légale et officielle. Il va sans dire que la réalité et la pratique pouvaient être sensiblement différentes.

[1] *Post obitum fidelissimi vobis patris mei, proceris vestri, ad commendanda meæ militiæ rudimenta* (*militia*, dans le langage du temps, signifie le service impérial, celui des fonctionnaires aussi bien que celui des soldats), *sicut debebam, unum de consiliariis meis* (*misi*) (Avitus, *Epistolæ*, 84 [édit. Peiper, 94]).

[2] *Vester quidem est populus meus; plus me servire vobis delectat quam illi præesse. Cum gentem nostram videamur regere, non aliud nos quam milites vestros credimus ordinari. Per nos administratis remotarum spatia regionum. Ambio si quid sit quod jubere dignemini* (Avitus, *Epistolæ*, 83 [édit. Peiper, 94]). — Dans une autre lettre (n° 69 [n° 78]), Sigismond remercie l'empereur de lui avoir accordé trois choses : *militiæ fasces*, c'est-à-dire un haut commandement; *aulæ contubernium*, c'est-à-dire une dignité de cour et un titre tel que celui de

formules de soumission, adressées à une telle distance, ne devaient pas gêner beaucoup l'indépendance réelle des rois barbares. Elles restaient comme le vestige d'une ancienne subordination apparente et elles témoignaient du respect qu'on gardait à l'Empire.

Voilà tous les renseignements que nous possédons sur les Burgondes. On y voit un établissement sur la rive du Rhin en 373, une invasion sans résultat en 406, une « révolte » écrasée en 436, une population presque détruite vers 437, puis une troupe de Burgondes dans l'armée romaine d'Aétius, une autre troupe burgonde en Espagne, enfin des chefs qui, à la fois revêtus du titre barbare de rois et du titre romain de *magistri militum*, gouvernent les provinces de Viennoise et de Lugdunaise. D'ailleurs on ne les voit jamais en guerre contre l'Empire, sauf la « révolte » de 436. On n'aperçoit pas une seule victoire contre une armée impériale. Un hagiographe, à la vérité, leur impute d'avoir conquis la Gaule et d'avoir fait un massacre de la population indigène; mais cela est inconciliable [avec ce que nous savons de leur histoire et de leur affectation à se dire les serviteurs de l'Empire].

comes ou de *patricius*; enfin *venerandam romani nominis participationem*, la sainte participation au nom romain. — Nous admettons volontiers que Sigismond aurait eu quelque peine à écrire ces choses de sa propre main, quoiqu'il eût reçu une éducation très romaine; mais il les faisait écrire par son ministre, et s'il s'était donné un ministre romain, c'était pour qu'il les écrivît. Ce sont là des faits qu'un historien ne doit pas négliger.

CHAPITRE X

Comment les Francs sont entrés en Gaule.

1° [LES FRANCS AVANT CLOVIS.]

Faisons la même étude sur les Francs et cherchons si leur établissement en Gaule s'est opéré de telle sorte qu'il ait pu changer tout l'état social et politique et engendrer le régime féodal.

On peut constater d'abord que le nom de Francs ne se lit ni chez Tacite, ni chez Pline, ni chez Ptolémée, ni chez Dion Cassius, ni chez aucun écrivain des deux premiers siècles de notre ère. Il n'y a pas d'indice qu'il ait existé un ancien peuple germain du nom de Francs.

Ce nom apparaît pour la première fois en 242, et il ne désigne qu'une bande de guerriers qui tentent alors une incursion en Gaule[1]. Il devient fréquent dans la suite; mais il ne paraît pas être un nom ethnique ou national : il s'applique à plusieurs peuples divers, dont chacun a gardé son nom de peuple. Ainsi parmi les Francs il y a des Bructères, des Chamaves, des Ampsivariens, des Chattes[2], des Saliens[3], des Sicambres, peut-être des Chauques et des Chérusques[4]. Tous ces noms sont anciens, tandis que celui de Francs est nouveau;

---

[1] Vopiscus, *Aurelianus*, 7.
[2] Sulpice Alexandre, dans Grégoire de Tours, II, 9 : *Gnarus omnes Franciæ recessus penetrandos urendosque, Bricteros, ripæ proximos, pagum etiam quem Chamavi incolunt, depopulatus est, nullo occursante nisi quod pauci ex Ampsivariis et Chatthis....*
[3] Ammien Marcellin, XVII, 8 ; Zosime, III, 6.
[4] C'est ce que paraît indiquer la Table de Peutinger [cf. p. 298 n°.3]; mais nous conservons quelques doutes sur ce point.

ils désignent d'anciens peuples germains, ou du moins ce qui restait d'eux au IVe siècle[1].

Pourquoi ces peuples, tout en conservant leurs noms nationaux, se sont-ils appelés Francs? L'explication ordinaire des historiens modernes est qu'ils se sont ligués et que le mot *Francs* désigne leur confédération. Pure hypothèse. Aucun document n'indique que ces peuples se soient unis par un lien d'alliance permanente. Jamais on ne voit chez eux ni un conseil commun ni même une entente. S'ils attaquent, ce n'est presque jamais en groupe. S'ils sont attaqués, ils se défendent séparément[2].

Ainsi le terme de Francs n'est ni le nom d'un ancien peuple ni le nom d'une confédération. Il est une épithète qui, soit qu'elle signifie errant (*warg, wrang*), soit qu'elle signifie brave (*frak, ferox*), était prise par plusieurs peuples et surtout par les bandes guerrières qui sortaient de ces peuples.

Il ne faut pas d'ailleurs que ce nom, pour être devenu grand dans la suite de l'histoire, fasse supposer qu'il ait représenté tout de suite quelque chose de grand et de fort. Ces Bructères, ces Chamaves, ces Chattes n'étaient plus les grandes nations d'autrefois. Dès le temps de Tacite, « les Bructères avaient été tout à fait détruits »[3]; les Ampsivariens avaient été massacrés et ce qui en restait avait été réduit en servitude[4]. Les Chauques n'occupaient plus cette place qu'ils avaient « remplie[5] » au

---

[1] [Cf. plus haut, p. 298.]
[2] Voir, par exemple, Ammien Marcellin, XVII, 18, et XX, 10.
[3] Tacite, *Germanie*, 33 : *Bructeri penitus excisi.*
[4] Idem, *Annales*, XIII, 56 : *Ampsivariorum... quod juventutis erat cæduntur, imbellis ætas in prædam divisa est.*
[5] Idem, *Germanie*, 35 : *Immensum terrarum spatium non tenent tantum, sed et implent.*

temps de Tacite. Les Chérusques, si souvent vaincus, n'avaient plus d'histoire depuis deux siècles. Ces noms ne représentaient donc que de faibles débris d'anciens peuples. On peut juger de leur faiblesse par la facilité avec laquelle Julien, puis Arbogast, les écrasèrent dans leur propre pays et les soumirent presque sans combat[1].

Il y avait aussi parmi les Francs un groupe « qu'on s'était habitué à appeler *Salii*[2] ». Cette façon de parler de l'historien implique que le mot *Salii* n'était pas un ancien nom national ; peut-être était-ce une épithète ou une expression géographique. Ces *Salii*, qui s'étaient fixés en Toxandrie, paraissent un peuple bien faible à en juger par le peu de résistance qu'ils opposèrent à Julien[3].

On compte ordinairement parmi les Francs le peuple des Sicambres. Le nom est ancien ; mais il faut observer que ce peuple, dès le temps de l'empereur Auguste, avait été placé sous la sujétion de l'Empire. Tacite dit expressément qu'ils avaient été rayés du nom des peuples ; on les citait plus tard comme l'exemple le plus frappant d'un peuple éteint[4]. Ce qui avait échappé à la destruction avait été transporté en Gaule et y avait été réduit à la condition des *déditices*[5]. Ils avaient si bien disparu comme peuple, que Tacite, énumérant tous les

---

[1] Ammien Marcellin, XX, 10, 2 ; Sulpice Alexandre dans Grégoire de Tours, *Historia Francorum*, II, 9.

[2] Idem, XVII, 8, 3 : *Petit Francos, eos videlicet quos consuetudo Salios appellavit.*

[3] Ibidem.

[4] Tacite, *Annales*, XII, 39 : *Ut quondam Sugambri excisi et in Gallias trajecti forent, ita Silurum nomen penitus extinguendum.*

[5] Ibidem, II, 26 : *Sugambros in deditionem acceptos.* — Suétone, *Auguste*, 21 : *Sigambros dedentes se traduxit in Galliam.* — [Cf. plus haut, p. 368.]

peuples de la Germanie, ne nomme pas une seule fois les Sicambres. Ils n'étaient plus en Germanie ; ce qui en restait vivait obscurément en Gaule. Ils n'étaient pas une nation, ils étaient des sujets ; et si on les rencontre encore, c'est dans les troupes auxiliaires de l'armée romaine[1]. L'histoire ne parle plus d'eux pendant quatre siècles. Nul ne les nomme, ni comme ennemis ni comme alliés. Leur nom reparaît au ve siècle, mais c'est chez des poètes, chez Claudien[2], chez Sidoine Apollinaire[3], chez Fortunat[4], enfin dans les Vies de saint Remi et de saint Sigismond[5]. De deux choses l'une, ou ce nom n'est plus qu'un terme de la langue poétique qu'on aura appliqué à Clovis à cause de sa sonorité ou de la vieille gloire qui s'y était attachée, ou bien Clovis était réellement un Sicambre, et en ce cas l descendait de ces faibles débris échappés au massacre de Tibère et devenus sujets de l'Empire, sujets dociles durant quatre siècles.

Avant de se rendre maîtres de la Gaule, les Francs se montrent assez souvent comme des ravageurs. En 242, une bande de Francs fait irruption, mais il suffit d'un tribun de légion pour l'arrêter[6]. D'autres Francs,

---

[1] Tacite, *Annales*, IV, 47.

[2] Claudien, *De laude Stiliconis*, I, v. 222 ; *De consulatu Honorii*, v. 446 ; *De bello getico*, v. 419.

[3] Sidoine Apollinaire, *Carmina*, XIII ; VII, v. 42 et 114 ; XXIII, v. 245 ; *Epistolæ*, IV, 1.

[4] Fortunat, *Carmina*, VI, v. 4. Cf. Grégoire de Tours, II, 31. Voir aussi Lydus, *De magistratibus*, III, 56.

[5] *Acta Sanctorum*, mai, t. I, p. 88. Flodoard, I, 20. — Le terme de Sicambre est encore employé comme synonyme de Franc dans la *Vita S. Arnulfi* et dans la *Vita Sanctæ Salabergæ*. Le nom de Sicambres devint de plus en plus en usage à partir du vi{e} siècle, et les *Gesta regum Francorum* (c. 1) imaginent une ancienne ville nommée *Sicambria*.

[6] Vopiscus, *Aurelianus*, 7 : *Idem apud Mogontiacum tribunus legionis*

en 263, réussirent à traverser la Gaule et l'Espagne, et l'on ne sait ce qu'ils devinrent[1]. Des envahisseurs francs furent encore vaincus par Probus en 277[2], par Constance en 293[3]. En 342 et 344, de nouvelles défaites leur furent infligées[4]. Julien en arrivant en Gaule y trouva des bandes de Francs qui la pillaient. Au lieu de se borner à repousser ces bandes, Julien imagina d'attaquer les peuples eux-mêmes chez eux. Il se porta d'abord contre les Saliens; ce petit peuple ne résista pas, implora sa pitié et se livra à lui à discrétion avec ses familles et tous ses biens[5]. Les Chamaves luttèrent un peu mieux; quelques-uns furent tués, beaucoup furent

---

Sextæ Gallicanæ Francos inruentes sic adflixit ut trecentos ex his captos, septingentis interemptis, sub corona vendiderit.

[1] Aurélius Victor, *De Cæsaribus*, 33.

[2] Zosime, I, 68.

[3] *Panegyricus in Maximianum et Constantinum*, [VI, § 4] (dans dom Bouquet, I, 714) : *Multa Francorum milia qui Bataviam aliasque cis Rhenum terras invaserunt interfecit, cepit, abduxit.*

[4] Cassiodore, *Chronique* : *Franci a Constante perdomiti in pacem suscepti sunt.* — Chronique de saint Jérôme, anno 341 : *Vario eventu adversum Francos a Constante pugnatur. Anno 342 : Franci a Constante perdomiti et pax cum eis facta.*

[5] Ammien Marcellin, XVII, 8, 3-4 : *Petit Salios... precantes potius quam resistentes, dedentes se cum opibus liberisque suscepit.* Cf. Julien, *Epistola ad Athenienses.* On peut admettre qu'il y ait quelque exagération dans les récits des contemporains très favorables à Julien; mais il est étrangement téméraire de supposer que ces récits puissent être le contre-pied de la vérité. Le plus sûr est de nous appuyer sur les documents tels qu'ils sont. Je connais bien cet argument vulgaire : la vanité romaine ne disait que ce qui était à l'honneur des Romains ; la servilité romaine ne disait que ce qui était à l'éloge du prince. Mais l'homme qui a lu ces textes ne peut admettre cet argument, car il sait bien que les écrivains de l'Empire ne se gênaient pas pour dire du mal des empereurs, et que, depuis Tacite, ils avaient une prédilection à louer les barbares. Le vice des écrivains de cette époque n'est ni la servilité ni la vanité patriotique, c'est l'exagération du style ; mais ils portent cette exagération aussi bien dans le blâme que dans l'éloge et aussi bien en faveur des barbares que des Romains.

pris; le reste « demanda humblement la paix¹ ». Deux ans plus tard, les Attuaires, qui habitaient sur la rive droite du Rhin, furent attaqués à leur tour; facilement vaincus, ils acceptèrent les conditions de paix qu'on voulut leur imposer². Il est vrai que la soumission des peuples francs n'empêchait jamais qu'il se reformât des bandes pour recommencer les irruptions. En 388, des Francs envahirent encore la province romaine de Germanie, menacèrent Cologne, et, quoique vaincus par les généraux romains dans la forêt Charbonnière, purent retourner chez eux³.

Pendant que des Francs essayaient de piller la Gaule, d'autres Francs se mettaient au service de l'Empire. Postumus, qui fut quelque temps empereur, avait composé son armée en grande partie d'auxiliaires francs⁴. Au temps de Julien, les Saliens, chassés de leur petit territoire par les Quades, se réfugièrent avec l'autorisation expresse du prince sur le sol romain et, « se présentant à lui en suppliants, se mirent dans la sujétion

---

¹ Ammien Marcellin, XVII, 8, 5 : *Chamavos adortus partim cecidit, partim acriter repugnantes vivosque captos conpegit in vincula; alios præcipiti fuga trepidantes... legatis postea missis, humi prostratis sub obtutibus ejus, pacem tribuit.* — Eunape, fragment 12 (édit. Didot, t. IV, p. 17-19) : Βαρϐάρων πάντα ποιεῖν ὄντων ἑτοίμων .... προσεκύνησαν ἅπαντες καὶ ἀνευφήμουν θεόν τινα ἡγούμενοι. Ce respect superstitieux des barbares pour la personne de l'empereur est un fait significatif.

² Idem, XX, 10, 2 : *Rheno transmisso, regionem Francorum pervasit, quos Athuarios vocant... quos superavit negotio levi, captisque plurimis et occisis, orantibus aliis qui superfuere pacem ex arbitrio dedit.*

³ Sulpice Alexandre, dans Grégoire de Tours, II, 9 : *Franci in Germaniam prorumpere, ac pluribus mortalium limite inrupto cæsis, fertiles maxime pagos depopulati, Agrippinensi etiam Coloniæ metum incusserunt. Nanninus et Quintinus militares magistri collecto exercitu apud Agrippinam convenerunt; sed onusti præda hostes Rhenum transierunt... multis Francorum apud Carbonariam ferro peremptis.*

⁴ Trébellius Pollion, *Gallieni*, 7.

de l'Empire, eux et tout ce qui leur appartenait[1] ». Julien les prit au service de l'Empire et en forma des corps de troupes qui subsistaient encore cinquante années plus tard[2]. Cette longue persistance de corps de troupes barbares n'étonnera pas, si l'on se rappelle que tous ces soldats avaient avec eux leurs femmes et leurs enfants. Lorsque les Suèves et les Vandales envahirent la Gaule en 407, la frontière dégarnie de troupes indigènes ne fut défendue que par des auxiliaires francs[3].

Il entrait aussi des Francs dans l'Empire comme colons et laboureurs. Nous ne devons pas prendre à la lettre tout ce que dit l'orateur Eumène, mais il faut croire qu'il y a quelque chose de vrai lorsqu'il dit, dans un discours public prononcé en Gaule, que les propriétaires nerviens et trévires, dont les terres n'avaient pas assez de bras, ont reçu, par la volonté de Maximien, des Francs pour les cultiver[4]. Ailleurs il donne une idée assez nette de ces Francs sujets de l'Empire, qui étaient à la fois laboureurs et soldats : « Vois ce Chamave ; il laboure pour moi ; de pillard il s'est fait travailleur ; il

---

[1] Zosime, III, 6 : Σάλιοι... ἱκέται τοῦ Καίσαρος ἅπαντες καθιστάμενοι καὶ ἐθελοντὶ τὰ καθ' ἑαυτοὺς ἐνδιδόντες. Le récit de Zosime est différent de celui d'Ammien ; mais les deux récits peuvent se rapporter à deux faits successifs.

[2] Idem, III, 8 : Ὁ Καῖσαρ Σαλίους... τάγμασιν ἐγκατέλεξεν, ἃ καὶ νῦν ἐφ' ἡμῖν ἔτι δοκεῖ περισώζεσθαι. Ces Saliens, comme tous les soldats à cette époque, avaient avec eux leurs femmes et leurs enfants.

[3] Orose, VII, 40.

[4] Eumène, *Panegyricus Constantio dictus*, 21 : *Tuo n :u, Maximiane Auguste, Nerviorum et Trevirorum arva jacentia.... Francus excoluit.* — *Arva jacentia* ne signifie pas, comme on l'a dit, des terres désertes ou délaissées par leurs propriétaires ; c'était l'expression usuelle pour désigner les champs en jachère et les terres où le nombre des esclaves laboureurs était trop faible ; comparer *agri jacent*, dans Pétrone, c. 44, *in fine*. Quand on a dit, d'après la phrase d'Eumène, que les Nerviens et les Trévires avaient abandonné leurs territoires déserts, on a fait un assez grossier contresens.

amène ses moutons à nos marchés, et grâce à ses récoltes nous voyons baisser le prix du blé. Puis, l'appelle-t-on au recrutement, il accourt; il se plie à tous les services; a-t-il mérité une punition, ses épaules reçoivent les coups; sous le nom de soldat, c'est un vrai serviteur, et heureux de l'être[1]. »

Sous ces expressions élégantes et sans doute exagérées, nous reconnaissons la condition des lètes, ces hommes qui étaient moitié colons, moitié soldats, toujours tenus dans une sujétion rigoureuse. Aussi voyons-nous dans la *Notitia dignitatum* que, dans les premières années du v° siècle, l'Empire avait une garnison de lètes francs à Rennes. Il y avait des corps de Saliens, de Bructères, d'Ampsivariens casernés en Gaule; un autre corps de Saliens était caserné en Espagne, et un autre à Constantinople; un escadron de Francs servait en Égypte, ainsi qu'une cohorte de Chamaves; une cohorte de Francs tenait garnison en Mésopotamie. Peut-être chacun de ces corps avait-il un chef de sa nation; mais ils étaient subordonnés aux fonctionnaires impériaux, aux ducs des provinces ou aux *magistri militum*. Ainsi les corps francs de la Gaule obéissaient aux [chefs militaires de la frontière, ducs ou] comtes, et, en dernier lieu, au *magister militum*, qui avait le commandement suprême[2].

---

[1] Eumène, *Panegyricus* [V] *Constantio dictus*, 9 : *Arat ergo nunc mihi Chamavus, et ille prædator exercitio squalidus operatur, et frequentat nundinas meas pecore venali, et cultor barbarus taxat annonam; quin etiam si ad dilectum vocetur, accurrit, et obsequiis teritur, et tergo cohercetur et servire se militiæ nomine gratulatur.* — Idem, *Panegyricus* [VII] *Constantino dictus*, 6 : *Quid loquar intimas Franciæ nationes a propriis sui sedibus avulsas ut in desertis Galliæ regionibus collocatæ, et pacem Romani imperii cultu juvarent et arma dilectu.* — [Cf. plus haut, p. 374 et 375.]

[2] *Notitia dignitatum*, édit. Seeck [cf. plus haut, p. 389 et 390].

Les Francs pouvaient d'ailleurs arriver à ces hauts commandements par leur fidélité et leur mérite. On connaît un Franc, qui se faisait appeler Bonitus, et qui servit avec zèle l'empereur Constantin dans sa lutte contre Licinius[1]; son fils prit le nom bien latin de Silvanus, devint *magister peditum* et essaya même de se faire empereur[2]. Un autre Franc, qui avait conservé son nom germain de Malarich, fut d'abord chef des troupes étrangères de la Gaule, puis fut élevé au grade de *magister militum* de la même province[3]. Un peu plus tard, en 377, Mallobaude était à la fois roi des Francs et comte des domestiques[4], c'est-à-dire chef des gardes du corps de l'empereur, ce qui lui donnait dans la hiérarchie romaine le rang et le titre de *vir illuster*. Les Francs qui servaient dans le Palais même de l'empereur étaient nombreux[5]. Un Franc nommé Baudo, « grand ami des Romains », commanda une des armées de l'empereur Gratien[6]. Sous Valentinien II, presque tous les commandements militaires de la Gaule étaient aux mains d'hommes de race franque[7]. Arbogast, qui gouverna quelque temps l'Empire avec le titre de *magister militum*, était un Franc[8]. On put lui repro-

---

[1] Ammien Marcellin, XV, 5, 33.
[2] Idem, XV, 5, 2-31.
[3] Idem, XXV, 8, 11. Malarich est indiqué comme de nation franque, *popularis Silvani*, XV, 5, 11. Nous ne parlerons pas de Charietto, qui était certainement un barbare, mais dont il n'est pas prouvé qu'il fût un Franc; il parvint aux fonctions de comte des deux Germanies (Ammien, XXVII, 1, 2).
[4] Idem, XXXI, 10, 6. Il avait commencé par être tribun militaire (idem, XIV, 11, 21).
[5] Idem, XV, 5, 11: *Adhibitis Francis quorum ea tempestate in palatio multitudo florebat*.
[6] Zosime, IV, 33 : Βαύδων, Φράγκος τὸ γένος καὶ εὖνους σφόδρα Ῥωμαίοις.
[7] Sulpice Alexandre, dans Grégoire de Tours, II, 9.
[8] Zosime, IV, 33.

cher d'avoir soulevé une guerre civile pour changer d'empereur; on ne put lui reprocher d'avoir trahi l'Empire, ni surtout d'avoir prêté assistance aux envahisseurs de sa race; nul ne mit plus de zèle à arrêter les Germains, et particulièrement les Francs[1].

Voici quelle était, à la veille des grandes invasions, la situation géographique des Francs : 1° sur la rive droite du Rhin étaient quelques peuples indépendants, Bructères, Chamaves, Ampsivariens, Cattes[2], Attuaires[3], peuples très faibles[4], d'où sortaient pourtant parfois des bandes de pillards; 2° sur la rive gauche du Rhin et vers l'Escaut, il y avait des populations franques, qui étaient sujettes de l'Empire : c'étaient les anciens Sicambres, une partie des Chamaves[5] et les Saliens soumis par Julien, et çà et là une multitude de colons arrivés insensiblement depuis un siècle; 3° enfin il y avait, dans toutes les parties de la Gaule et dans toutes les provinces de l'Empire, des troupes franques qui faisaient partie des armées impériales. Le problème est de savoir ce que sont devenues ces trois catégories de Francs, ce que chacune d'elles a fait au v° siècle, et quelle est celle des trois qui a fondé une monarchie nouvelle.

1° Nous savons très peu de chose des populations franques de la rive droite du Rhin. Nous les trouvons

---

[1] Sulpice Alexandre dans Grégoire de Tours, II. 9 : *Arbogastes Sunnonem et Marcomerem subregulos Francorum gentilibus odiis insectans.... Gnarus omnes Franciæ recessus penetrandos urendosque....*

[2] Idem. ibidem.

[3] Ammien Marcellin, XX, 10, 2.

[4] Leur faiblesse ressort visiblement du récit que Sulpice Alexandre fait de l'expédition de Quintinus, qui ne fut arrêté que par la nature marécageuse du pays, et de l'expédition d'Arbogast, qui ne fut pas arrêté du tout.

[5] Les Chamaves que Julien attaqua et soumit étaient sur la rive gauche (Ammien, XVII, 8, 9 et 10); il y avait aussi sur la rive droite un *pagus* habité par des Chamaves (Sulpice Alexandre, ibidem).

d'abord très dociles à Stilicon, qui est alors le chef et le représentant de l'Empire[1]. Peu après, on les voit fournir des auxiliaires à l'usurpateur Constantinus, et un peu plus tard à l'usurpateur Jovinus[2]. On sait aussi qu'une bande franque mit au pillage la ville de Trèves[3]. Mais aucun document ne cite, à cette époque, les noms des Bructères, des Ampsivariens, des Attuaires, des Cattes, des Chamaves. Aucun écrivain ne nous dit que ces peuples aient formé une grande masse envahissante et se soient transportés en Gaule. Au contraire, ces peuples et leurs noms semblent disparaître à cette époque. Tout ce que nous voyons, c'est que vers 427 les Francs « ont occupé une partie de la Gaule près du Rhin », mais qu'en 428 le général romain Aétius les a vaincus et « a repris possession de ce territoire[4] ». Il est vrai que les chroniqueurs ne disent pas qu'après avoir vaincu ces Francs il les ait chassés sur l'autre rive; en sorte que l'on peut croire qu'en rattachant ce territoire à l'Empire il permit aux Francs d'y rester comme sujets[5]. On a supposé que les Francs ripuaires

[1] Claudien, *De quarto consulatu Honorii*, v. 440 et suivants :

> Rhenum pacare jubes...
> ...... Totum properare per amnem
> Attonitos humili reges cervice videres.
> Ante ducem nostrum flavam sparsere Sigambri
> Cæsariem pavidoque orantes murmure Franci
> Procubuere solo.

Cf. *De laudibus Stiliconis*, I, v. 237 et suiv.

[2] Rénatus Frigéridus, dans Grégoire de Tours, II, 9.

[3] Ibidem.

[4] Prosper d'Aquitaine, anno 426 : *Pars Galliarum propinqua Rheno quam Franci possidendam occupaverant, Aetii comitis armis recepta.* — Cassiodore, *Chronique* : *Aetius, multis Francis cæsis, quam occupaverant propinquam Rheno partem Galliarum recepit.* — Idace, anno 432 : *Superatis per Aetium in certamine Francis et in pace susceptis.*

[5] C'est ce qu'indique l'expression d'Idace *in pace susceptis*. Le mot *suscepti*, dans la langue du v° siècle, porte toujours avec lui l'idée de clientèle et de sujétion. [Cf. *Les Origines du Système féodal*, p. 258.]

étaient venus de là, et cela n'est pas invraisemblable. En tout cas, il n'y a pas là d'indice de conquête franque.

2° Nous ne dirons rien des corps de Saliens ou de Francs qui étaient au service de l'Empire, casernés dans toutes les provinces, jusqu'en Asie. L'histoire ne parle pas d'eux. On ne voit pas qu'ils aient trahi l'Empire. Ils disparurent obscurément.

3° Restent ceux qui, partagés en plusieurs petits peuples, occupaient les territoires situés entre l'Escaut et le Rhin; ils étaient sujets de l'Empire, et s'ils avaient leurs rois nationaux, encore paraît-il que ces rois ne régnaient que par la volonté de l'Empire; il semble que Stilicon, qui était, au commencement de ce siècle, le représentant de la puissance romaine, ait désigné lui-même les rois de ces petits peuples francs[1]. Ce n'est pas que tous ces chefs fussent bien dociles. Un d'eux, que Sidoine Apollinaire appelle Cloio, voyant le pays des Atrébates dégarni de troupes romaines[2], l'envahit; il est vrai qu'Aétius survint et le chassa de ce territoire[3]. Ce même chef s'empara plus tard de Cambrai et occupa le pays jusqu'à la Somme[4], mais il n'est pas très sûr qu'il l'ait gardé. Ce qui dans cette histoire si vague est le plus nettement affirmé, c'est la sujétion des Francs à l'Empire : « Aétius, dit Jordanès, dompta la barbarie franque au point de la forcer à servir l'Empire ro-

[1] Claudien, *De Laudibus Stiliconis*, I, v. 237 : *Provincia missos expellet potius fasces quam Francia reges quos dederis.* — Libanius, *Orationes*, III, p. 137 (Bouquet, I, p. 732) : Ἐδέξαντο παρ' ἡμῶν ἄρχοντας ὥσπερ ἐπόπτας τῶν δρωμένων.

[2] Sidoine Apollinaire, *Panégyrique de Majorien*, v. 242 et suivants : *Francus qua Cloio patentes Atrebatum terras pervaserat.* — [C'est celui que nous appelons plus volontiers Clodion.]

[3] Ibidem, v. 221 : *Hos ergo, ut perhibent, stravit.... Hostis terga dedit.*

[4] Grégoire de Tours, II, 9, *in fine*.

main¹. » Et ce n'est pas seulement Jordanès qui dit cela, c'est la Loi salique elle-même. Lorsque les Francs ont écrit leur loi, ils ont rappelé dans le Prologue « le temps où les Romains avaient fait peser un joug très dur sur leurs têtes² ».

Priscus, écrivain contemporain, rapporte qu'un roi des Francs étant mort, ses deux fils se disputèrent la royauté : l'aîné se rendit auprès d'Attila pour obtenir son appui ; le second aima mieux s'adresser à l'empereur et fit le voyage de Rome. « Je l'ai vu, dit Priscus, dans cette ville ; il était encore fort jeune et l'on remarquait sa longue chevelure blonde qui lui tombait sur les épaules³. » Aétius lui fit bon accueil et l'adopta comme fils ; le jeune homme reçut de nombreux présents d'Aétius et de l'empereur et se fit l'ami et le fédéré de l'Empire. Curieuse anecdote et qui jette quelque lumière sur la condition de ces Francs et de leurs rois au milieu du v⁰ siècle.

L'histoire du roi franc Childéric est plus curieuse encore. Il faut la dire, non pour le vain plaisir de s'étendre sur des détails, mais parce que c'est l'obser-

---

¹ Jordanès, *De rebus geticis*, c. 34, édit. Closs, p. 126 [édit. Mommsen, p. 104] : *Aetius patricius tunc præerat militibus, romanæ reipublicæ singulariter natus qui Francorum barbariem immensis cædibus servire romano imperio coegisset.*

² *Lex Salica*, édit. Pardessus, p. 345 ; édit. Behrend, p. 125 : *Romanorum jugum durissimum de suis cervicibus excusserunt.*

³ Priscus, *Fragmenta* 16, édit. Didot, t. IV, p. 98-99 : Ἡ τοῦ Φράγγων βασιλέως τελευτὴ καὶ ἡ τῆς ἀρχῆς τῶν ἐκείνου παίδων διαφορά, τοῦ πρεσβυτέρου μὲν Ἀττήλαν, τοῦ δὲ νεωτέρου Ἀέτιον ἐπὶ συμμαχίᾳ ἐπάγεσθαι ἐγνωκότος· ὃν κατὰ τὴν Ῥώμην εἴδομεν πρεσβευόμενον, μήπω ἰούλου ἀρχομένου, ξανθὴν τὴν κόμην τοῖς αὑτοῦ περικεχυμένην διὰ μέγεθος ὤμοις. Θετὸν δὲ αὐτὸν ὁ Ἀέτιος πεποιηκαμένος παῖδα καὶ πλεῖστα δῶρα δοὺς ἅμα τῷ βασιλεύοντι ἐπὶ φιλίᾳ καὶ ὁμαιχμίᾳ ἀπέπεμψε. — Priscus ne dit pas en quelle année il a fait la rencontre de ce chef franc ; on a pensé qu'il s'agissait de Mérovée ; cela est assez vraisemblable, mais non certain.

vation attentive des détails qui fait comprendre le vrai caractère des plus grands événements.

Grégoire de Tours[1] montre Childéric régnant sur un groupe de Francs dont il ne donne pas le nom, mais qui est le même dont Clovis fut plus tard le chef, et qui paraît avoir eu son siège principal à Tournai[2]. Au bout de quelque temps, « les Francs le renversèrent de la royauté[3] » et alors « ils prirent unanimement pour roi le Romain Égidius, qui était *magister militum* de l'Empire ». Quelques années se passèrent, et Childéric, qui s'était réfugié « en Thuringe, » revint et « fut rétabli par les Francs dans la royauté[4] ». Ce qui surprend d'abord dans ce récit, c'est que les Francs aient reconnu pour roi un Romain, un fonctionnaire de l'Empire. Cela étonne moins si l'on se rappelle que ces groupes francs établis dans l'Empire, et sujets de l'Empire, avaient toujours reconnu, au-dessus de leurs chefs nationaux, l'autorité des hauts fonctionnaires qui représentaient l'empereur. Ils avaient obéi par l'intermédiaire de leurs rois à Stilicon, à Aétius, à Égidius. Que leur roi Childéric vînt à disparaître, ils se trouvaient obéir

---

[1] Grégoire de Tours, *Historia Francorum*, II, 9, *in fine*, et II, 12.

[2] Le chroniqueur dit *super gentem Francorum*. Mais il ne faut pas croire que Childéric fût roi de tous les Francs. Traduire *gentem Francorum* par *la nation franque* serait inexact. Le mot *gens*, dans la langue des IVe, V^e, VIe siècles, n'a presque jamais le sens de nation; il s'applique à de très petits groupes d'hommes, mais à de simples bandes, soit qu'elles envahissent l'Empire, soit qu'elles le servent. [Cf. plus haut, p. 561.]

[3] Grégoire de Tours, II, 12 : *De regno eum ejiciunt*. Suivant le chroniqueur, les sujets de Childéric lui auraient reproché *filias eorum stuprose detrahere*. Ces histoires de femmes déguisent souvent des raisons politiques que le peuple ne comprend pas.

[4] *Ibidem* : *Franci, hunc ejectum, Egidium sibi, quem superius magistrum militum a republica missum diximus, unanimiter regem adsciscunt.... Qui, cum octavo anno* (peut-être au lieu de VIII faut-il lire IIII) *super eos regnaret.... Childericus, Francis rogantibus, in regno suo est restitutus.*

sans intermédiaire au *magister militum*. La seule chose invraisemblable est qu'Égidius ait accepté le titre de roi, par la raison que son titre romain était infiniment supérieur à celui de petit roi d'un petit groupe barbare; mais la tradition franque, en disant qu'on l'avait reconnu pour roi, exprimait seulement la soumission qu'on lui avait accordée. La vérité est que, Childéric ayant été écarté soit par la volonté des Francs, soit par la volonté d'Égidius lui-même, Égidius laissa la royauté vacante et exigea qu'on lui obéît directement.

A ce que raconte Grégoire de Tours, Frédégaire ajoute quelques traits[1]. Égidius, qui avait autre chose à faire qu'à administrer le petit État franc, y établit un sous-roi, *subregulus*, qui gouverna pour lui[2]. Il levait des impôts sur les Francs, et ces impôts étaient transmis dans la capitale de l'Empire par l'intermédiaire d'Égidius. Le chroniqueur dit qu'il les aggrava, qu'il les porta à trois sous d'or par famille, et que les Francs s'y soumirent[3]. Il ajoute qu'Égidius condamna à mort une centaine d'entre ces Francs, ce qui fait supposer qu'il avait la haute juridiction et le droit de vie et de mort sur eux[4]. — De tels faits, qui ne nous sont four-

---

[1] On a pris l'habitude de désigner par le nom de Frédégaire l'auteur d'une *Historia Francorum epitomata* qui n'est pas toujours un abrégé de Grégoire de Tours et où une autre source a été employée, ouvrage d'ailleurs dénué de toute critique (dans dom Bouquet, t. II, p. 396, ou dans Grégoire de Tours, édit. Guadet, t. II, p. 292) [voir l'édition de Monod et celle des *Monumenta Germaniæ*, par Krusch, 1889].

[2] [Édit. Krusch, III, 11, p. 95] : *Franci Ægidium unanimiter regem adsciscunt; Wiomadus subregulus ab Ægidio Francis instituitur.* [Les mss. portent *Eiegius* ou *Egegius*.]

[3] Ibidem : *Francos singulis aureis tributavit; adquiescentes impleverunt. Dicens iterum ad Ægidium Wiomadus, jube ut ternos solidos tributentur. Quod cum factum fuisset, adquiescentes Franci.*

[4] Ibidem : *Wiomadus iterum ad Ægidium dicens : rebelles existunt tibi Franci; nisi præceperis ex eis plurimos jugulari, eorum superbiam non mitigas. Electos a Wiomado centum... Ægidius interficere jussit.*

nis que par un chroniqueur postérieur de deux siècles, ne peuvent pas être affirmés avec certitude; mais ce serait une bien autre témérité que d'affirmer qu'ils sont faux. Il est bien commode de dire, comme M. Junghans, que tout cela est pure légende; c'est ainsi qu'on se débarrasse des faits qui dérangent les systèmes préconçus. Il n'est pas douteux qu'il y ait dans ces récits une partie légendaire[1]; mais encore faut-il observer qu'une légende où les Francs sont traités en sujets et en tributaires n'a pas pu être imaginée par le peuple après les grandes victoires de Clovis. S'il y a ici une légende, elle n'a pu se faire qu'au temps de Childéric ou très peu de temps après lui, et comme le peuple ne met dans ses légendes que ce qu'il croit vrai, on conclura que la sujétion des Francs à l'Empire était alors un fait connu de tous. Ajoutons enfin que cette aggravation des impôts et ces condamnations à mort concordent assez bien avec « ce joug très dur des Romains » dont les Francs de l'époque suivante ont inscrit le souvenir dans le prologue de leur loi.

Le chroniqueur rapporte encore que Childéric serait redevenu roi des Francs par la volonté de l'empereur lui-même. Il se serait rendu dans la capitale de l'Empire, et, introduit devant le Prince, il lui aurait dit : « Ordonne que moi, ton serviteur, j'aille en Gaule, et je te vengerai d'Égidius[2]. » Une telle démarche n'étonnera pas trop si l'on songe qu'en ce moment Égidius

[1] La forme dialoguée, les mots prêtés aux divers personnages, et surtout la vision de la fin, voilà qui est légendaire. [Cf. là-dessus les excellentes remarques de Gasquet, p. 114 et suiv.]

[2] *Historia Francorum epitomata*, ibidem : *Jobe me servo tuo ire in Gallis; ego fororem indignationis tuæ super Ægidio ulciscor.* — Ce langage d'un Franc à l'égard d'un empereur n'a rien de surprenant; Théodoric tint le même langage à l'empereur Zénon : *Ego qui sum servus vester*, etc. (Jordanès, *De rebus geticis*, c. 57, p. 194).

refusait de reconnaître l'empereur Sévère, et que celui-ci s'attachait les Wisigoths et les Burgondes pour former en Gaule une coalition générale contre ce *magister militum* qui le traitait d'usurpateur[1]. Il accueillit donc favorablement Childéric; il lui donna de l'argent et les moyens matériels de se rendre en Gaule[2]. Histoire invraisemblable, dira-t-on encore : elle ne l'est nullement; c'est l'histoire de beaucoup de Germains : c'est l'histoire de Théodoric le Grand; c'est l'histoire du Mérovingien Gondovald que Grégoire de Tours rapporte tout au long et que l'on n'a jamais songé à contester.

Childéric fit quelque temps la guerre à Égidius et aux troupes romaines qu'il commandait[3]. Plus tard, Égidius en se réconciliant avec l'empereur Sévère se réconcilia du même coup avec le chef franc, qui reconnut à son tour son autorité. On croit qu'il servit sous ses ordres à la bataille qu'Égidius livra aux Wisigoths près d'Orléans[4]. Plus tard, nous le voyons combattre,

---

[1] Le passage capital pour cette partie de l'histoire d'Égidius est dans Priscus, *Fragmenta*, 30, édit. Didot, p. 104. On y voit qu'Égidius, ami de Majorien et ennemi de son successeur, songea à aller combattre celui-ci dans l'Italie même, mais que les Wisigoths l'en empêchèrent.

[2] Le chroniqueur, qui vit au VII° siècle, et qui est habitué à regarder Constantinople comme la capitale de tout l'Empire, suppose que c'est à Constantinople que Childéric s'est rendu ; il ignore que la résidence des empereurs d'Occident était alors Ravenne. Puis, par un grossier anachronisme, il appelle Maurice l'empereur alors régnant. Le chroniqueur est un ignorant qui fait force bévues ; on ne conclura pas de là que les faits qu'il rapporte si inexactement ne reposent pas néanmoins sur un fond vrai.

[3] *Historia Francorum epitomata*, ibidem : *Multa prilia cum Ægidio egit; plures strages ab ipso facti sunt in Romanis.* — Cf. *Gesta regum Francorum* (Bouquet, II, p. 546 [Krusch, § 8, p. 250]) : *Cœperunt Franci Agrippinam civitatem super Renum multumque populum Romanorum a parte Egidii occiderunt.* — Il est curieux que les chroniques présentent ces combats moins comme une invasion dans l'Empire que comme une lutte contre des Romains partisans d'Égidius.

[4] Sur cette bataille, voir Idace, *anno* 463 : *Adversus Ægidium in*

pour le service de Rome, une invasion de Saxons assez loin de son petit royaume¹. Il sert ensuite sous les ordres du comte romain Paulus; il reprend Angers sur les Saxons, mais il ne paraît pas qu'il ait gardé cette ville pour lui, ne l'ayant prise vraisemblablement qu'au nom de l'Empire². On ne lui voit plus combattre ensuite qu'une bande d'Alamans, et il meurt à Tournai. On y a trouvé son tombeau, avec son sceau royal qui portait l'inscription latine : *Childerici regis*³.

2° [LA NATURE DE L'AUTORITÉ DE CLOVIS A SON AVÈNEMENT.]

L'histoire de Clovis est une des parties les plus obscures de l'histoire des Francs. Aucun contemporain ne l'a écrite, et la façon dont il est devenu maître de la

---

Armoricana provincia Fritericus frater Theoderici regis insurgens, superatus occiditur. — Marius d'Avenches, même année : *Pugna facta est inter Ægidium et Gothos juxta Aurelianis, ibique interfectus est rex Gothorum.* — Grégoire de Tours, *Historia Francorum*, II, 18 : *Childericus Aurelianis pugnas egit.* — Pseudo-Sulpice Sévère (chronique qui n'a été écrite que dans la première moitié du vııı° siècle, mais qui s'est servie des Annales d'Arles) : *Fredericus frater Theodorici regis pugnans cum Francis occiditur juxta Ligerim* (Junghans, p. 158).

¹ Grégoire de Tours, ibidem.
² Ibidem : *Paulus vero comes cum Romanis ac Francis, Gothis bella intulit et prædas egit. Veniente vero Adovacrio Andecavis, Childericus rex sequenti die advenit, interemptoque Paulo comite, civitatem obtinuit.* Les mots *interempto Paulo* ne signifient pas forcément qu'il ait été tué par Childéric. On peut comprendre que, Odoacre s'étant emparé d'Angers, Childéric accourut au secours de son chef Paulus, qu'il arriva un jour trop tard, et que, trouvant Paulus tué dans la bataille de la veille avec les Saxons, ce fut lui qui commanda à toute l'armée et reprit la ville. — Toutefois l'abréviateur a compris que c'était Childéric qui avait tué Paulus [III, 12, édit. Krusch] : *Childericus Odovacro superato Paulum comitem interfecit, Andegavo obtinuit.* — Ajoutons que la Vie de saint Remi (Bouquet, IV, p. 374) dit que Childéric occupa et saccagea les villes d'Orléans et d'Angers.
³ Chiflet, *Anastasis Childerici regis*, 1655; Cochet, *Le tombeau de Childéric Ier*, 1859. [Deloche, *Revue archéologique*, 1891, 1er semestre.]

partie septentrionale de la Gaule est particulièrement obscure. Voici du moins ce que les documents nous enseignent[1].

En 481, Clovis règne sur une partie des Francs. Il existe d'ailleurs d'autres rois francs, Ragnachaire à

---

[1] Aucun contemporain n'a écrit l'histoire de Clovis. Grégoire de Tours, qui vient quatre-vingts ans après sa mort, n'a à sa disposition que des souvenirs et des traditions déjà vagues ou altérées ; aussi n'essaye-t-il même pas de tracer un véritable tableau historique du règne ; mais, également en rapport avec les Romains et les Francs, il a pu recueillir les souvenirs des uns et des autres. — L'*Historia Francorum epitomata* ne fait guère, en ce qui concerne Clovis, que reproduire Grégoire en l'abrégeant. Marius d'Avenches ne parle de Clovis qu'à propos de sa lutte avec les Burgondes. Procope, qui écrit vers 560, est peu instruit des faits et en parle avec peu de précision. Isidore de Séville, Espagnol, qui n'écrit que dans le viie siècle, ne s'occupe de Clovis qu'incidemment. Les *Gesta regum Francorum* sont écrits vers 720, par un moine de Paris ou de Saint-Denis, avec beaucoup de souvenirs et de légendes, mais sans critique. [Cf. Krusch, p. 217, qui préfère le titre de *Liber historiæ Francorum* et le place en 727.] — Il faut joindre à cela beaucoup de Vies de saints : celle de saint Remi (*Acta Sanctorum*, 1er octobre) et celle de sainte Geneviève (3 janvier) sont surtout importantes ; on trouvera quelques traits historiques épars dans les Vies de saint Mélanius (6 janvier), sainte Clotilde (3 juin), saint Vaast (6 janvier), saint Éleuthère, évêque de Tournai (20 février), saint Fridolin (6 mars), saint Régule (30 mars), saint Déodat (24 avril), saint Sacerdos (5 mai), saint Germer (16 mai), saint Maixent (26 juin), saint Extadius (24 août), saint Césaire d'Arles (27 août). — Ce qui est plus important encore, ce sont quelques lettres d'Avitus, évêque de Vienne (*Aviti opera*, édit. Sirmond, 1648 [et dans les *Monumenta Germaniæ*, édit. Peiper]), du pape Anastase et de saint Remi (Bouquet, IV, 50-54), du roi ostrogoth Théodoric, dans les œuvres de Cassiodore. — Il faut lire aussi les Actes des conciles d'Agde, 506, d'Orléans, 511, ainsi que ceux du colloque de Lyon, 499 (dans Bouquet, IV, p. 99) au sujet de la question de l'arianisme. — On a enfin, au milieu de plusieurs diplômes manifestement faux, un diplôme que quelques-uns admettent comme vrai pour le fond, et un autre dont l'authenticité est incontestée : l'un de 497 en faveur de Jean de Réomé (Pardessus, *Diplomata*, I, p. 30 ; Pardessus le croit authentique pour le fond, quoique plusieurs expressions y aient été intercalées postérieurement ; Junghans le rejette, voir p. 145 de la traduction) ; l'autre de 510 en faveur d'Euspice et Maximin (Pardessus, I, p. 57 ; il n'a été contesté [que ces derniers temps]). [Cf. *Les Origines du système féodal*, p. 305, n. 3, et p. 338-540.]

Cambrai[1], Sigibert à Cologne[2], Rignomer au Mans[3], Chararic et « beaucoup d'autres[4] ». Les historiens modernes ont pris l'habitude de partager les Francs en deux groupes, Saliens au Nord, Ripuaires à l'Est; mais ce n'est là qu'une hypothèse. Aucun document n'indique que Clovis fût un Salien, ni Sigibert un Ripuaire ; on aurait dû remarquer que ces deux termes ne se trouvent dans aucun texte : on ne rencontrera jamais au vi° siècle les noms de peuple salien et de peuple ripuaire.

Chacun de ces rois paraît avoir été assez faible; on ne leur voit à chacun qu'une cité, et, en dehors de Clovis, on ne voit pas qu'aucun d'eux fasse aucune grande entreprise. Clovis lui-même[5], à l'origine, ne

---

[1] Grégoire de Tours, *Historia Francorum*, II, 27 : *Ragnacharius et ipse regnum tenebat*; II, 42 : *Erat tunc Ragnacharius rex apud Camaracum*.

[2] Ibidem, II, 37, et II, 40.

[3] Ibidem, II, 42. Plusieurs de ces rois (non pas Sigibert) étaient parents de Clovis, *propinqui*. Le chroniqueur n'indique pas quelle était la nature de cette parenté.

[4] Ibidem, II, 42 : *Et aliis multis regibus*. Il faut noter que le titre de *rex* était alors très prodigué; le moindre chef de troupe guerrière le prenait; de plus, les fils de roi se faisaient appeler rois aussi.

[5] Nous continuerons d'employer la forme Clovis, bien qu'elle ne soit pas la forme vraie. Grégoire de Tours écrit *Chlodovechus*, de même qu'il écrit *Merovechus*, *Gunichramnes*, *Chrotechildis*, etc.; l'*Historia epitomata*, *Chlodoveus*; les *Gesta regum Francorum*, *Chlodoveus*; la *Lex Salica*, *Chlodeveus* ou *Chlodoveus* (Pardessus, p. 345 ; Behrend, p. 125); la lettre de saint Remi porte *Chlodoveus* (Bouquet, IV, p. 51), tandis que la *Vita Remigii* porte *Chlodovichus* (Bouquet, III, p. 377); la *Vita Genovefæ*, *Chlodoveus*. On trouve avec quelque surprise la forme *Luduin* dans Cassiodore (*Lettres*, II, 40 ; III, 4; cf. Pardessus, *Diplomata*, t. I, p. 29, n. 7); Jordanès écrit *Lodoin* (*De rebus geticis*, 57, édit. Closs, p. 197 ; § 296, édit. Mommsen)); Isidore de Séville écrit *Hluduicus* ou *Fluduius*; Junghans, p. 150, écrit *Fluduius*. Dans les *Gesta Dagoberti* nous lisons *Hludowius* ou *Hludowicus* (c. 32), dans la Vie de sainte Clotilde, *Ludovicus qui et Flodoveus* (Bouquet, III, p. 599 [Krusch, p. 345]), dans la Vie de saint Mélanius, qui est d'un contemporain, *Clodovæus*. Enfin ce nom a pris deux formes, d'une part Floovant, de l'autre Loys et Louis. —

paraît pas bien fort. Il est impossible de savoir exactement à combien de Francs il commandait. Il est toutefois un chiffre caractéristique que nous trouvons dans Grégoire de Tours : il dit qu'en 496 « le peuple franc tout entier s'écria qu'il était prêt à adorer le dieu des chrétiens », et il ajoute que « plus de 3000 Francs reçurent le baptême ». Ainsi, dans la pensée du chroniqueur, 3000 Francs représentaient à peu près l'unanimité du peuple franc, non compris, bien entendu, les enfants et les femmes[1]. Si Clovis n'avait pas plus de guerriers francs en 496, à l'époque où il était déjà devenu très puissant, il est probable qu'il en avait moins encore en 481.

Quant à la forme primitive qu'il avait au temps du personnage dont nous parlons, on ne peut la connaître avec exactitude; la forme franque du nom ne s'écrivait probablement pas; la forme latine, dans les deux diplômes que nous avons, est *Chlodoveus* (Pardessus, I, p. 30 ; I, p. 57). La question est d'autant plus insoluble que nous ne savons pas comment les Francs prononçaient le *ch*, soit au commencement, soit à la fin d'un mot. — Les Allemands d'aujourd'hui préfèrent la forme la plus rude, Chlodovech ; nous venons de voir qu'elle n'est pas plus certaine qu'une autre. Écrire et prononcer Chlodovech, c'est supposer que les Francs écrivaient et prononçaient ainsi; mais cela n'est qu'une hypothèse. Dans l'impossibilité d'arriver à la certitude, je crois qu'il n'y a nul intérêt à abandonner la forme convenue de Clovis. — Il y a même un avantage : quand nous écrivons Clovis, nous savons que cette forme est inexacte et nous ne faisons illusion à personne; si nous écrivions Chlodovech, nous pourrions faire croire que nous avons trouvé la forme exacte, et cela pourrait faire illusion. — D'ailleurs l'intelligence historique consiste moins à reproduire exactement les noms qu'à reproduire exactement les faits, les usages et les idées de chaque époque; on se croit plus près du vrai quand on a écrit Chlodovech, et l'on se dispense ainsi de chercher le vrai. — Rien n'est plus arbitraire que les noms propres; rien ne l'est moins que les faits et les institutions.

[1] Grégoire de Tours, *Historia Francorum*, II, 31 : *Omnis populus adclamavit : Deum quem Remigius prædicat sequi parati sumus. ...Baptizati sunt amplius tria milia.* — La Vie de saint Remi (Bouquet, III, 377) confirme ce chiffre de 3000, sans compter les femmes et les enfants, et elle ajoute un peu plus loin que Clovis fut baptisé *cum gente integra*; toutefois le biographe fait observer que beaucoup de Francs

Sur la nature de l'autorité de Clovis à son avènement Grégoire de Tours ne s'explique pas. Il ne signale pas d'élection; il dit simplement : « Childéric étant mort, son fils Clovis régna à sa place[1] ». Cette manière de parler implique que, dans la pensée de Grégoire de Tours, Clovis régna naturellement et par droit d'hérédité. Cela est d'autant plus vraisemblable que Clovis n'était alors qu'un jeune homme de quinze ans[2]. La dignité de roi semble donc avoir été à peu près héréditaire. Elle l'était chez les Francs de Cologne; car nous voyons Clovis écrire au fils de Sigibert : « Si ton père mourait, son royaume te reviendrait de droit[3] ».

Quelle était sa situation à l'égard des populations romaines des pays où il régnait? Notre seul renseignement sur ce point nous vient d'une lettre qui lui fut adressée par l'archevêque de Reims, Rémigius[4]. Il est vrai que cette lettre, dont l'authenticité n'est pas contestée[5], ne porte pas de date, et que quelques érudits ont conjecturé qu'elle n'avait été écrite que vers la fin du règne de Clovis. Or la seule raison de cette conjecture est que la lettre contient les mots « respecte et con-

---

restés païens vécurent sous l'autorité de Ragnachaire. L'*Historia epitomata* dit 6000 (c. 24).

[1] Grégoire de Tours, II, 27 : *Mortuo Childerico, regnavit Chlodovechus filius ejus pro eo.*

[2] Grégoire de Tours dit en effet qu'au moment de sa mort (511) il avait trente ans de règne et quarante-cinq ans d'âge (Grégoire de Tours, II, 43).

[3] Grégoire de Tours, II, 40 : *Si pater tuus moreretur, recte tibi regnum illius redderetur* [reddebatur dans les mss.].

[4] Saint Remi fut évêque de Reims de 459 à 530.

[5] Cette lettre a été publiée d'abord par Freher, *Corpus Historiæ Francicæ*, p. 184, *ex codice Nazariano Bibliothecæ palatinæ*, puis, d'après Freher, par Duchesne, *Historiæ Francorum scriptores*, I, p. 849; Bouquet, IV, p. 51. — Il n'y a pas à être surpris qu'un évêque écrive à Clovis encore païen; pareille chose était alors fréquente. L'auteur de la Vie de saint Séverinus montre que le saint avait exactement les mêmes rapports avec le roi des Ruges que saint Remi avec le roi des Francs.

sulte tes évêques », *sacerdotes tuos*[1], ce dont on a conclu qu'à ce moment Clovis était chrétien. Mais les mots *sacerdotes tuos* ne signifient pas nécessairement les évêques de ta religion ; ils signifient plutôt les évêques de ton royaume. En effet les rois francs ayant une population chrétienne à gouverner devaient être, quoique païens, en relations fréquentes avec les évêques, et avaient souvent besoin de prendre leur avis. Tel est le ton de la lettre de saint Remi, tels sont les conseils qu'elle contient, qu'il est visible qu'elle est adressée à un jeune homme inexpérimenté ; elle ne renferme d'allusion à aucun des événements du règne de Clovis, à aucune de ses victoires, ni à la grande puissance qu'il acquit de bonne heure[2], ni même à sa conversion au christianisme ; enfin on peut remarquer que saint Remi qui l'écrit ne parle ni comme un conseiller ordinaire et intime, ce qu'il a été à partir de 486, ni même comme un sujet de Clovis[3], ce qu'il n'a été aussi qu'à cette époque. La

---

[1] Dans la langue du vᵉ siècle le mot *sacerdos* signifie évêque ; voir, par exemple, le testament de Perpétuus, évêque de Tours : *Ego Turonicæ ecclesiæ sacerdos* (Pardessus, *Diplomata*, n° 49, *anno* 475). Chez saint Augustin et saint Ambroise, le mot *sacerdos* signifie presque toujours un évêque. Toutefois on commençait déjà à appeler *sacerdotes* ou *secundi ordinis sacerdotes* les *presbyteri*, c'est-à-dire les prêtres d'ordre supérieur (exemple, Sidoine, *Epistolæ*, IV, 25) ; on peut appliquer l'un ou l'autre sens à la lettre de saint Remi.

[2] Cela est surtout frappant si l'on compare à cette lettre celle que le même Rémigius écrivit au même Clovis à propos de la mort d'Alboflède ; dans celle-ci il lui dit *Gloria Vestra, populorum caput estis* ; rien de semblable dans la lettre que nous analysons.

[3] Outre qu'aucun mot n'indique la sujétion, il faut faire attention à cette forme de langage : *Rumor ad nos pervenit....* Que l'avènement de Clovis ne soit connu d'un évêque que par le bruit public, c'est ce qui ne se comprendrait pas si cet évêque se trouvait dans la limite des États de Clovis. — Le terme *dominus* que saint Remi emploie n'indique pas la sujétion ; c'était un terme de politesse employé, au vᵉ siècle, dans la suscription de toutes les lettres, comme on peut le voir par la correspondance de Sidoine Apollinaire. — Le vague de cette lettre et l'absence de tout

lettre nous paraît donc être du début du règne; au moins est-elle antérieure à l'année 486[1].

La lettre est ainsi conçue : « Au seigneur insigne et magnifique, au roi Clovis, Remi évêque. Le bruit est parvenu jusqu'à nous que vous avez pris en mains la fonction[2] de chef militaire[3]. Il n'est pas étonnant que tu commences à être ce que tes ancêtres ont toujours été[4]. Il faut maintenant agir de telle sorte que le jugement de Dieu continue à te soutenir, car c'est en récompense de ton humilité qu'il t'a fait parvenir à cette dignité très haute[5].... Tu dois approcher de toi des con-

---

objet précis montrent qu'elle n'est qu'une de ces lettres de félicitation qui étaient si fort en usage dans la société romaine; or l'objet dont on félicite ici, ce n'est pas une victoire, c'est l'avènement à une dignité.

[1] M. Junghans a émis l'hypothèse qu'elle aurait été adressée, non à Clovis, mais à l'un de ses fils. Seulement, comme aucun de ses fils ne s'est appelé Clovis, il faut supposer une faute de texte, ce qui est toujours grave. Il n'y a d'ailleurs dans la lettre aucune allusion aux quatre fils de Clovis, ni au partage du royaume; il n'y a non plus aucun souvenir des grandes victoires du père, ainsi qu'il serait naturel. L'hypothèse de Junghans est ingénieuse et spirituelle, plutôt que solide.

[2] *Administrationem (rei) bellicæ*. [Le ms. ne porte pas *rei*.] — Pour savoir la signification du mot *administratio* au ve siècle, il faut se rappeler le titre de la *Notitia dignitatum atque administrationum imperii tam civilium quam militarium*. On appelait *administratio* ce que nous appelons aujourd'hui une fonction, et le mot s'appliquait aussi bien aux fonctions militaires qu'aux fonctions civiles. Voir aussi Symmaque, *Lettres*, V, 76 et *alias passim*.

[3] J'omets le mot *secundum* qu'on croit être une faute de copiste et qui s'accorde mal avec les mots qui l'entourent; peut-être faut-il le prendre dans le sens de *secunde*, c'est-à-dire *feliciter*, heureusement. [On a récemment proposé la correction *administrationem Secundæ Belgicæ* au lieu de *secundum (rei) bellicæ*. Cf. *Neues Archiv*, XIII, p. 380.]

[4] L'auteur écrit tantôt *vos*, tantôt *tu*; l'usage du tutoiement était en train de disparaître, mais n'avait pas encore tout à fait disparu. Le *tu* domine dans cette lettre, tandis que dans la lettre du même saint Remi au même Clovis au sujet de la mort d'Alboflède, lettre écrite une quinzaine d'années plus tard, c'est le *vous* qui l'emporte.

[5] La phrase latine est à peu près inexplicable : *Hoc in primis agendum ut Domini judicium a te non vacillet, ubi tui meriti, qui per industriam humilitatis tuæ ad summum culminis pervenit*.

seillers qui te fassent une bonne réputation. Ta faveur doit être intègre et pure[1]. Tu devras honorer tes évêques et recourir à leurs conseils. Si tu es d'accord avec eux, tout ira bien dans ta province. Élève les citoyens[2], soulage les affligés, protège les veuves, nourris les orphelins, afin que tous t'aiment et te craignent en même temps. Que la justice sorte de votre bouche; ne demandez rien aux pauvres et aux étrangers, ne recevez pas de présents. Que ton prétoire soit ouvert à tous, et que personne n'en sorte avec un cœur triste. Les richesses que ton père t'a laissées, emploie-les à racheter des captifs, à affranchir des esclaves. Que personne ne se sente étranger devant vos yeux. Plaisante avec les jeunes gens, mais traite les affaires avec les vieillards; si tu veux régner, il faut que l'on reconnaisse en toi un homme supérieur. »

[1] *Beneficium tuum castum et honestum esse debet.* — Dubos et Pétigny expliquent *beneficium* dans le sens de bénéfice militaire; ils traduisent: « Ne faites pas d'exactions dans votre bénéfice militaire »; ou « Soyez chaste et honnête dans la gestion de votre bénéfice ». Mais le terme *beneficium* n'a jamais cette signification dans les écrits qui nous restent du v⁰ siècle, et je n'ose pas la lui attribuer [cf. *Les Origines du Système féodal*, p. 159]. — Il me semble plus naturel de donner au mot *beneficium* son sens ordinaire de faveur, surtout après qu'on vient de parler des *consiliarii*. La suite des idées est: Entoure-toi de conseillers qui te fassent une bonne réputation et qui ne fassent pas dire que ta faveur s'achète ou qu'elle autorise le vice et la concussion; d'ailleurs consulte encore plus les évêques que tes conseillers ordinaires.

[2] *Cives tuos erige.* — Dubos traduit: « Faites du bien à ceux qui sont de la même nation que vous. » Il applique donc ce mot aux Francs, comme si Remi avait besoin de dire au chef franc d'élever les Francs. D'ailleurs je n'ai jamais rencontré dans les écrits du iv⁰ et du v⁰ siècle le mot *cives* appliqué à des barbares; c'est le mot *populares* qu'un Romain aurait employé pour désigner les concitoyens de Clovis. Un homme comme Rémigius ne donnait au mot *civis* qu'une seule acception, celle de citoyen romain. — Nous ne présentons d'ailleurs notre explication de la lettre de saint Remi qu'avec la plus grande défiance de nous-même. Tout est difficile ici. Il est regrettable que Junghans, qui se croit complet sur Chlodovech, soit passé à côté de toutes les difficultés.

Telle est cette lettre. Ce qui me frappe, c'est le vague et la banalité de ces conseils et de toutes ces expressions. Vous n'y trouvez pas un trait qui s'applique à Clovis d'une façon particulière. Or c'est justement ce caractère impersonnel qui me paraît digne d'attention. Je suis, en effet, porté à croire que cette lettre n'est autre chose qu'une de ces lettres de politesse et de félicitation que les évêques comme les magistrats des villes étaient habitués à écrire à ceux qui prenaient l'autorité. Peut-être même était-elle, suivant l'usage du temps, une formule presque invariable, dont quelques mots seuls changeaient pour qu'elle pût s'adapter à chaque personnage. Je suis frappé de voir que le nom des Francs ne s'y trouve pas, et qu'il n'y a pas un mot qui indique que Clovis soit un Franc. Nulle allusion à une royauté barbare. Tout est romain dans cette lettre. Les termes *administratio, consiliarii, provincia, prætorium* appartiennent à la langue la plus officielle de l'Empire, et toutes les autres expressions appartiennent à la langue de la société polie de ce temps-là[1] ou de l'Église. Il n'y a pas un trait qui fasse sentir qu'il s'agit ici d'un barbare, encore moins d'un envahisseur. Si nous n'avions pas dans la suscription les noms de Clovis et de Rémigius, nous pourrions croire que cette lettre est adressée par n'importe quel évêque à n'importe quel fonctionnaire de l'Empire, du moins à un fonctionnaire de l'ordre militaire[2]. Il n'y a que l'expression de la fin, si

[1] Il n'est pas jusqu'à la phrase *ut cœperis esse quod majores tui fuerunt* qui ne fût une formule très usitée dans un temps où les fonctions et les dignités étaient à peu près héréditaires. On en trouverait l'analogue vingt fois dans les lettres de Symmaque et de Sidoine Apollinaire.

[2] C'est-à-dire à un *comes*, à un *dux* [par exemple de la Seconde Belgique, si on acceptait la correction proposée], ou à un *magister militum*. Toutefois je n'admets pas, comme l'abbé Dubos et Pétigny, que cette lettre

vis regnare, qui indique que le personnage est un roi en même temps qu'un fonctionnaire. Dans tout le reste de la lettre il n'est question que de ce que ferait tout fonctionnaire de l'Empire. Clovis possède, non un royaume, mais une *province*; il *administre*, il juge dans son *prétoire*, il a ses *conseillers* et ses *évêques*, enfin il gouverne des *citoyens*.

Il est vrai que l'Empire ni l'empereur ne sont nommés dans la lettre; il n'y a pas une phrase qui autorise à penser que la dignité dont Clovis est revêtu lui ait été conférée par le prince. Aussi ne dirai-je pas, comme l'abbé Dubos, qu'il s'agit ici d'une fonction donnée par l'empereur. Je dis seulement que, dans la pensée et suivant la manière de voir de l'évêque romain Rémigius, il s'agit des mêmes fonctions qui peu de temps auparavant étaient conférées par les empereurs; il s'agit de fonctions reconnues dans l'Empire. Clovis s'en est probablement revêtu lui-même, et on ne s'en est pas étonné, parce que l'unique empereur en ce moment résidait à Constantinople; mais ce ne sont pas moins des fonctions romaines qu'il exerce. Si l'on avait rédigé encore en 481 une *Notitia dignitatum atque administrationum*, il est vraisemblable qu'il y aurait figuré. A tout le moins faut-il reconnaître que rien dans cette lettre ne fait sentir qu'il y ait eu violence, invasion, usurpation manifeste. Rémigius ne voit pas dans Clovis

implique que Clovis fût *magister militum* [du moins à son avènement; M. Gasquet aussi incline vers cette hypothèse]. Pour un grade si élevé, les épithètes obligées auraient été tout autres, et les titres *insignis* et *magnificus* n'auraient pas suffi; de plus, Rémigius n'aurait pas employé le mot *administratio*, mais le mot *magisterium*. Remarquez d'ailleurs que le ton de celui qui écrit est d'un égal, presque d'un supérieur; un évêque était l'égal d'un *dux*, il ne l'était pas d'un *magister militum*. L'expression *summum culminis* est trop vague pour qu'on en puisse rien conclure, et la portée en est bien diminuée par le mot *humilitas* qui le précède.

un conquérant ou un fils de conquérants. Il ne signale ni vainqueurs ni vaincus. L'autorité que Clovis exerce sur la population romaine ne résulte pas à ses yeux d'un acte de force : elle est une juridiction régulière qui procède des mêmes principes de gouvernement qui étaient en vigueur dans les générations précédentes. S'il s'est produit une révolution dans la nature de l'autorité, Rémigius ne paraît pas s'en apercevoir.

Si donc nous voulons essayer de penser sur Clovis ce que pensaient les contemporains, nous devons croire que, en même temps qu'il était roi parmi les Francs, il exerçait vis-à-vis des Romains l'autorité des anciens fonctionnaires. Il ne faut pas perdre de vue que tous ces Francs du nord de la Gaule étaient depuis longtemps des *fédérés*. Ces petits groupes d'hommes dans lesquels on a cru voir des peuples étaient des corps de troupes, qui plus ou moins docilement servaient l'Empire, cantonnés à Tournai, à Cologne ou à Cambrai. Depuis longtemps aussi l'Empire ne plaçait plus de fonctionnaires civils auprès des fonctionnaires militaires. Aussi les chefs de ces petits corps avaient-ils reçu de l'Empire l'autorité sur un territoire et sur la population indigène qui l'habitait. Ces chefs agissaient vis-à-vis de leurs soldats suivant les usages germaniques ; vis-à-vis des indigènes qui habitaient leurs *provinces*, ils agissaient suivant les règles de l'Empire; ils jugeaient et levaient les impôts, non en conquérants, mais en fonctionnaires.

Leur indépendance, déjà très grande quand l'empereur résidait à Ravenne, devint complète quand on ne le vit plus qu'à Constantinople. Mais cette indépendance ne leur fut pas acquise brusquement et par force : elle commença par l'affaiblissement progressif de l'autorité impériale et s'acheva par l'éloignement de cette autorité. Ce fut une révolution presque imperceptible; les choses continuèrent à marcher suivant leur cours ordinaire. Les chefs barbares continuèrent à juger dans leur prétoire et à lever les impôts, comme s'ils jugeaient au nom de l'empereur et comme s'ils levaient l'impôt pour lui. Les populations s'aperçurent à peine du changement; aussi ne devons-nous pas être surpris que cinq ans après que la dignité impériale avait été transportée à Constantinople, un évêque écrivant à Clovis ait employé les termes dont il aurait pu se servir avec plus de justesse cinquante années auparavant.

3° [COMMENT CLOVIS A CONQUIS LA GAULE.]

Les premiers agrandissements de Clovis sont présentés dans les documents sous la forme d'une lutte contre Syagrius[1]. Pour comprendre le vrai caractère de cette lutte, il faudrait savoir avec exactitude ce qu'était Syagrius, et c'est ce que les documents nous enseignent mal. On sait à la vérité que ce personnage était un Romain, et qu'il appartenait à la famille Syagria, l'une des plus nobles de la Gaule et depuis longtemps en possession des consulats et des fonctions les plus élevées; mais c'est sa situation vis-à-vis de l'Empire et des populations que l'on voudrait connaître. Son père, Égidius, après avoir été comte, avait été *magister militum* de l'Empire[2]. Égidius mort, il n'avait pas hérité de son

---

[1] Grégoire de Tours, II, 27. *Historia epitomata*, [III], 15. *Gesta regum Francorum*, 9. *Vita S. Remigii*.

[2] Grégoire de Tours, II, 12 : *Egidium, magistrum militum a republica missum.* On sait que le mot *respublica*, au v° siècle, signifie toujours l'Empire.

titre¹; mais il paraît qu'il avait gardé ses soldats et son autorité dans la ville de Soissons². De 464 à 486, personne ne parle de lui; puis, en 486, il nous apparaît avec un titre étrange et qui n'appartient pas à la hiérarchie des fonctions de l'Empire : Grégoire de Tours l'appelle « roi des Romains »³; il est vrai que d'autres documents l'appellent *duc* et *patrice*⁴, qui étaient des titres de fonctions ou de dignités romaines. Il est certain qu'au temps de Grégoire de Tours on ne savait plus quelle avait été sa situation. Était-il un fonctionnaire de l'Empire et s'était-il fait donner un titre régulier par la cour de Ravenne ou celle de Constantinople? ou bien était-il un souverain indépendant? C'est ce que nous ignorons; ses contemporains l'ignoraient peut-être eux-mêmes. On a supposé qu'il avait été une sorte de chef élu par la patrie gauloise : hypothèse qui ne s'appuie sur aucun fondement. Le plus vraisemblable est que, ayant gardé les soldats qui avaient obéi à son père, s'étant maintenu aussi dans la cité de Soissons, il se créa une situation assez vague et indéterminée, régnant en fait dans l'étendue du territoire de quelques cités⁵, mais reconnaissant

¹ Aucun document n'indique qu'il ait hérité de la fonction et du titre de *magister militum*. Grégoire dit seulement, II, 18 : *Mortuus est Egidius et reliquit filium, Syagrium nomine*. La suite du chapitre donne à penser que le vrai successeur d'Égidius fut le comte Paulus, lequel mourut d'ailleurs peu de temps après.

² Grégoire de Tours, II, 27 : *Apud civitatem Sessionas quam Egidius tenuerat, sedem habebat*.

³ Ibidem : *Syagrius Romanorum rex*. Les *Gesta* s'expriment de même. — Le mot *rex* s'employait assez souvent depuis un siècle pour désigner l'empereur, mais non dans le langage officiel. Il n'y a pas de motifs suffisants de croire que Syagrius ait usurpé la dignité impériale, quoique la *Vita S. Remigii* l'appelle *princeps*.

⁴ *Historia epitomata*, [III], 15 : *Syagrius, Romanorum patricius*. La *Vita S. Remigii* l'appelle tantôt *princeps*, tantôt *dux*.

⁵ On a supposé que Syagrius commandait à tout le pays entre la Somme et la Loire ; Grégoire de Tours est loin de dire cela. Peut-être ne gouver-

probablement au-dessus de lui une autorité impériale dont il se disait le délégué et le représentant. Il y avait peut-être une grande analogie entre la nature de son autorité et celle de l'autorité de Clovis. Le roi barbare avait pris les dehors du fonctionnaire romain; le fonctionnaire romain avait pris les allures indépendantes des rois barbares. Tous les deux, partis d'origine diverse, se rencontraient au même point, et ils se rencontraient ainsi par cette seule raison que l'autorité impériale s'était affaiblie et éloignée sans secousse et sans ébranlement. Tous les deux probablement la reconnaissaient également et lui obéissaient aussi peu. On croirait voir, ainsi qu'au xi° siècle, deux grands vassaux qui veulent bien qu'il existe au-dessus d'eux un roi suzerain, mais qui agissent chez eux en rois.

Les historiens ne nous disent pas que Clovis fit la guerre à l'Empire. Ils ne disent pas non plus qu'il fit la guerre à la population gauloise. A tort ou à raison, les historiens qui mentionnent ces événements les présentent comme une lutte personnelle entre Clovis et Syagrius. Il est visible aussi que l'Empire, dont le représentant siégeait alors à Constantinople, n'intervint pas dans cette querelle. Les contemporains n'y virent pas une lutte entre une monarchie barbare et l'Empire romain; ils n'y virent pas davantage une lutte entre deux races : ils y virent une rivalité d'ambition entre deux chefs. « Clovis marchant contre Syagrius lui

---

nait-il que le territoire de la cité de Soissons; plus vraisemblablement, il gouvernait Soissons et quelques cités voisines. Toutefois la *Vita Remigii* étend très loin son autorité : *Circa Rhenum usque Ligerim habitabant Romani quorum princeps erat Ægidius.... et successit in principatum Romanorum qui habitabant in Gallis filius ejus Syagrius* (Bouquet, IV, p. 374) ; mais la suite des faits montre que son domaine était assez restreint ; sa défaite n'entraîna pas la soumission du pays.

dit de désigner un champ de bataille; on en vint aux mains. Syagrius, voyant son armée détruite, s'enfuit chez le roi Alaric à Toulouse. Clovis envoya au roi des Goths pour qu'il le lui rendît; Alaric, par crainte des Francs, livra Syagrius enchaîné. Clovis le fit d'abord mettre en prison, puis, ayant pris pour lui son royaume, le fit secrètement frapper du glaive¹. » Présenter Syagrius comme représentant de l'Empire, soit comme un patriote qui défendrait la Gaule contre des étrangers, est une double hypothèse que rien dans le récit de Grégoire de Tours ne justifie.

La défaite de Syagrius ne livra pas à Clovis tout le nord de la Gaule; il lui fallut plusieurs années pour s'en rendre maître ville par ville². Grégoire de Tours néglige de nous parler de ces événements. Nous voudrions savoir en vertu de quels principes Clovis se présenta devant chaque cité. S'annonçait-il en conquérant, en étranger qui veut tout soumettre? ou bien faisait-il comme ces rois barbares du commencement du siècle qui, se disant chefs d'armées au service de l'Empire, élargissaient leurs cantonnements et obligeaient les cités à les reconnaître comme chefs et à leur payer l'impôt? Ni Grégoire de Tours ni personne ne nous renseigne à

---

¹ Grégoire de Tours, *Historia Francorum*, II, 27 : *Anno quinto regni ejus... super Syagrium Chlodovechus veniens, campum pugnæ præparari deposcit.... Inter se utrisque pugnantibus, Syagrius elisum cernens exercitum terga vertit et ad Alaricum regem Tholosa perlabitur. Chlodovechus ad Alaricum mittit ut eum redderet... Ille metuens... vinctum legatis tradidit. Quem Chlodovechus receptum custodiæ mancipari præcepit, regnoque ejus accepto, eum gladio clam feriri mandavit.* — *Gesta regum Francorum*, 9 : *Chlodovechus jussit eum occidere, totumque regnum ejus et thesauros in suo dominio recepit.*

² Suivant la Vie de saint Remi, c'est seulement cinq années après la défaite de Syagrius que Clovis étendit son royaume jusqu'à la Seine, *dilatavit regnum usque Sequanam*; et ce fut plus tard encore qu'il l'étendit jusqu'à la Loire, *sequenti tempore usque Ligerim occupavit.*

cet égard. Je remarque seulement que l'unique historien que nous possédions ne signale pas une conquête du pays¹.

Il ne nous renseigne pas davantage sur l'attitude que prirent les Gaulois à son égard. Il est probable qu'ils furent très partagés. Les documents ne signalent aucun sentiment commun, aucune entente. Clovis rencontra peut-être plus d'un évêque semblable à Rémigius, plus d'une cité qui trouva avantage à lui ouvrir ses portes. Il eut peut-être autant d'alliés que d'ennemis. En tout cas, chaque cité agit pour son compte, traita avec lui ou lui résista. Les documents ne mentionnent d'ailleurs que la résistance de Paris, celle de Nantes, et une révolte de Verdun². S'il y a eu une lutte nationale contre l'étranger, contre le barbare, les documents n'en ont pas conservé le souvenir³.

C'est quand nous jugeons avec nos idées modernes que nous sommes amenés à nous figurer ici une conquête violente, ne pouvant pas concevoir qu'un pays soit occupé par des étrangers autrement qu'à la suite d'une résistance obstinée ou d'une incroyable lâcheté.

---

¹ Grégoire signale seulement le pillage de beaucoup d'églises par ces soldats païens; II, 27 : *Eo tempore multæ ecclesiæ a Chlodovecho exercitu deprædatæ sunt quia erat ille adhuc fanaticis erroribus involutus.* Le pillage d'une église, où se trouvait toujours un trésor, n'implique pas nécessairement la résistance et la prise d'une ville.

² S'il faut en croire la *Vita Genovefæ*, Paris aurait subi un siège de dix ans (Bouquet, III, p. 370) ; un manuscrit porte cinq ans, ce qui est déjà raisonnable. — D'après Grégoire de Tours (*De gloria martyrum*, I, 59), Nantes aurait été aussi assiégée, et aurait repoussé, grâce à un miracle, toutes les attaques. — La *Vita Maximini* mentionne la révolte de Verdun (Bouquet, III, p. 393). — On voit bien que les hagiographes sont plus tentés d'exagérer la résistance que de l'atténuer, pour faire valoir leurs miracles.

³ Les *Gesta* ne mentionnent même pas la conquête des pays entre Somme et Loire; ils disent seulement, § 14, après avoir raconté le mariage avec Clotilde : *In illis diebus dilatavit Chlodovechus amplificans regnum suum usque Sequanam; sequenti tempore usque Ligere fluvio occupavit.*

Ni l'une ni l'autre ne s'aperçoit dans les documents. Nous devons songer que ces générations pouvaient avoir des habitudes d'esprit différentes des nôtres. L'Empire avait depuis longtemps remplacé partout le patriotisme national par l'attachement à Rome et n'avait laissé vivre que le patriotisme municipal. Depuis longtemps aussi les populations ne pouvaient s'unir que par les ordres d'une volonté supérieure. Enfin, il est probable qu'elles n'envisageaient pas Clovis comme le chef d'une race conquérante. Habituées depuis des siècles à voir des troupes germaines au milieu d'elles et des Germains revêtus de dignités officielles, elles n'étaient pas trop surprises de voir le chef franc réclamer leur soumission, leur obéissance, leur argent, et il est vraisemblable que chaque curie délibérait pour savoir si elle devait tout cela, et dans quelle mesure elle le devait. Le problème qui se posait aux esprits n'était pas de savoir si la Gaule serait conquise ou non, mais si les relations des cités avec le pouvoir supérieur resteraient ce qu'elles avaient été autrefois, ou seraient modifiées, et dans quel sens. Je ne puis, faute de renseignements, que faire une conjecture. Il me semble que chaque cité, voyant l'Empire s'éloigner, visa à assurer l'indépendance de sa vie municipale sous la suzeraineté lointaine de cet Empire et mit son ambition à se gouverner elle-même ou à être gouvernée par son évêque, à garder le plus possible des impôts qu'elle payait, à être jugée par les siens, à obéir enfin le moins possible plutôt qu'elle ne songea à lutter contre l'invasion d'une race étrangère. La résistance de quelques villes fut peut-être une querelle sur le plus ou moins d'obligations que le pouvoir supérieur, alors représenté par des chefs francs comme ailleurs par des chefs wisigoths ou burgondes, prétendait exiger d'elles, et il n'y a pas apparence que les contemporains aient vu dans ces faits une lutte entre deux races. S'il y avait eu guerre de races, comment n'en trouverait-on aucun souvenir dans les documents? Comment, lorsque tout a subsisté de la race gauloise, ce souvenir seul aurait-il si complètement péri?

A côté des populations il y avait des troupes impériales, et il semble que ces troupes au moins durent défendre l'Empire. Aucun des écrivains de la Gaule ne mentionne une lutte entre elles et Clovis. Notre seul renseignement sur leur attitude et leur conduite nous vient d'un écrivain grec, et, sans y ajouter une foi absolue, on doit du moins y donner quelque attention. « Il se trouvait, dit Procope, des soldats de l'Empire qui avaient été chargés de la garde des parties les plus reculées de la Gaule. Ces soldats n'ayant plus la possibilité de retourner à Rome, dont ils étaient séparés par les Goths et les Burgondes, et ne voulant pas non plus s'attacher aux Goths qui étaient ariens et ennemis de l'Empire, se donnèrent avec leurs enseignes militaires aux Francs, et leur donnèrent en même temps les territoires qu'ils gardaient pour l'Empire[1]. Ils conservèrent d'ailleurs les usages de la patrie et les transmirent à leurs enfants, qui les observent encore de mon temps[2].

---

[1] Procope, *De bello gothico*, I, 12, édit. de Bonn, t. II, p. 64 : Καὶ στρατιῶται Ῥωμαίων ἕτεροι ἐς Γάλλων τὰς ἐσχατιὰς φυλακῆς ἕνεκα ἐτετάχατο. Οἳ δὴ οὔτε ἐς Ῥώμην ὅπως ἐπανήξουσιν ἔχοντες οὔτε προσχωρεῖν Ἀρειανοῖς οὖσι τοῖς πολεμίοις βουλόμενοι, σφᾶς τε αὐτοὺς ξὺν τοῖς σημείοις καὶ χώραν ἣν πάλαι Ῥωμαίοις ἐφύλασσον Ἀρβορύχοις τε καὶ Γερμανοῖς ἔδοσαν. — Le mot Γερμανοί dans Procope désigne les Francs, ainsi qu'on le voit quelques lignes plus haut dans son récit.

[2] On sait que les troupes romaines avaient, assez généralement, leurs familles avec elles ; les hommes servaient de père en fils pendant un nombre d'années fixe, et cela obligeait le fils des vétérans à être soldat à son tour. La jouissance de certaines terres était à cette condition. [Cf. *Les Origines du Système féodal*, p. 6.]

Car aujourd'hui encore ces soldats sont levés d'après les anciens catalogues de recrutement, d'après les registres matricules qui servaient auparavant à dresser les listes; c'est sous leurs enseignes d'autrefois qu'ils marchent encore au combat; les lois de la patrie se perpétuent chez eux, et ils gardent même l'ancien uniforme militaire des soldats romains[1]. »

C'est probablement l'adjonction de ces troupes romaines qui grossit l'armée de Clovis et qui lui permit désormais de grandes entreprises[2]. Quatre guerres remplissent la suite de son règne, l'une contre les Thoringiens, une autre contre les Alamans, la troisième contre les Burgondes, et la quatrième contre les Wisigoths. Il est inutile de les raconter; il suffit de remarquer qu'elles sont toutes dirigées contre des peuples germains.

L'attitude des populations gauloises au milieu de ces guerres est assez bien marquée dans les documents. Les Burgondes et les Goths étaient ariens; les Gaulois ou Romains étaient catholiques, et Clovis l'était aussi. Ce n'était pas une raison suffisante pour que toute la Gaule voulût appartenir au chef franc; mais c'en était une pour qu'il trouvât partout quelques alliés. Avant qu'il attaquât la Burgondie, il nouait déjà des intrigues

---

[1] Procope, *De bello gothico*, I, 12 : Ἐς ἀπογόνους τοὺς σφετέρους ξύμπαντα παραπέμψαντες διεσώσαντο τὰ πάτρια ἤθη, ἃ δὴ σεβόμενοι καὶ ἐς ἐμὲ τηρεῖν ἀξιοῦσιν· ἔκ τε γὰρ τῶν καταλόγων ἐς τόδε τοῦ χρόνου δηλοῦνται, ἐς οὓς τὸ παλαιὸν ταττόμενοι ἐστρατεύσαντο, καὶ σημεῖα τὰ σφέτερα ἐπαγόμενοι οὕτως ἐς μάχην καθίστανται, νόμοις τε τοῖς πατρίοις ἐς ἀεὶ χρῶνται· καὶ σχῆμα τῶν Ῥωμαίων ἔν τε τοῖς ἄλλοις ἅπασι καὶ ἐν τοῖς διαδήμασι (*alias* ὑποδήμασι) διασώζουσιν. — [Cf. *La monarchie franque*, p. 289.]

[2] L'armée de Clovis n'était pas seulement composée de Francs. Les chroniques signalent un chef gallo-romain, Aurélianus, qui combattit pour lui à Tolbiac, et qui plus tard prit pour lui la ville de Melun et en fut nommé duc (*Vita Remigii* par Hincmar, c. 32 et 34; *Historia epitomata*, [III], 18; *Gesta regum Francorum*, 14).

avec des Romains du pays et avec des Burgondes[1].

Grégoire de Tours donne à la guerre contre les Wisigoths une couleur particulièrement religieuse. « Le roi Clovis dit aux siens : Il me déplaît que ces hommes qui sont ariens possèdent une partie des Gaules; allons avec l'aide de Dieu, et réduisons leur pays en notre pouvoir[2]. » Je ne sais si Clovis a parlé ainsi; mais Grégoire de Tours, qui puise dans la tradition populaire, croyait qu'il avait parlé ainsi[3]. Et s'il n'y a pas là une vérité matérielle, il y a une vérité d'impression que l'historien ne doit pas négliger. Pour ces générations d'hommes, les questions religieuses avaient l'importance capitale. Il leur importait médiocrement qu'on fût Franc ou Goth, qu'on fût Germain ou Gaulois; ce qui les préoccupait était si on était catholique ou arien.

Grégoire de Tours ne dit pas que, dans la lutte entre les Francs et les Goths, la population gauloise se soit levée tout entière pour les Francs. Elle ne l'aurait pas pu. Il laisse voir au contraire que, cette population

---

[1] Cela ressort de la Relation du colloque qui eut lieu à Lyon en 499 entre les évêques de Burgondie en présence du roi Gondebaud. On trouvera cette Relation dans Bouquet, IV, p. 99-102. Gondebaud se plaint de ce que le roi des Francs *se cum inimicis meis sociavit*. Les évêques protestent qu'ils n'ont aucune relation avec Clovis, mais ils donnent clairement à entendre que si le roi ne renonce pas à l'arianisme, Clovis sera vainqueur. — On sait que Godegisèle aida Clovis contre son propre frère, et Grégoire de Tours montre qu'il y avait des seigneurs romains et des Burgondes qui étaient avec Godegisèle et Clovis (II, 33, *interfectis senatoribus Burgundionibusque qui Godegiselo consenserant*).

[2] Grégoire de Tours, II, 37 : *Chlodovechus rex ait suis: Valde molestum fero quod hi Arriani partem teneant Galliarum; eamus cum Dei adjutorio et superatis redigamus terram in ditionem nostram. Cumque placuisset omnibus hic sermo....*

[3] Quelques lettres du roi Théodoric, dans Cassiodore, *Variarum libri*, III, 1 et 4, laissent apercevoir que la lutte a eu d'autres motifs, que la population gauloise a pu ignorer. (Voir à ce propos les remarques de Gasquet, p. 133.]

ayant été appelée au service militaire par le roi des Goths[1], loin de trahir et de passer du côté de Clovis à la bataille de Vouglé, elle combattit vaillamment sous les ordres de ses chefs nationaux et subit de grandes pertes[2]. Il n'est pourtant pas douteux que Clovis ait eu des partisans, au moins dans le clergé : « Beaucoup désiraient ardemment avoir les Francs pour maîtres[3] », dit Grégoire de Tours; il ne cite, à la vérité, que l'exemple d'un seul homme, l'évêque de Rodez Quintianus; encore ajoute-t-il que les habitants de sa cité le chassèrent et le dénoncèrent eux-mêmes au roi des Goths « parce qu'il voulait se soumettre à la domination des Francs[4] ». Nous ne dirons donc pas avec quelques historiens modernes que Clovis ait été aidé dans sa victoire par la population catholique de la Gaule; mais ce qui est hors de doute, c'est qu'après sa victoire il la trouva très disposée à accepter son com-

---

[1] Cela est bien montré dans la *Vita S. Aviti eremitæ* (*Acta Sanctorum*, 17 juin; Bouquet, III, p. 390) : *Quisque ex militari ordine viribus potens, donativum regis (Alarici) volens nolens accepturus per præcones urgente sententia invitatur. Beatus ergo Avitus, licet invitus, militare inter ceteros prænotatur, contra Francorum aciem pugnaturus.* — Il est naturel que l'hagiographe insiste sur la contrainte qui aurait été imposée aux Gaulois; il faut que le saint n'ait servi que malgré lui. Le passage de Grégoire de Tours que nous citons plus bas tendrait à faire croire que les Gaulois ne servaient pas à contre-cœur.

[2] Grégoire de Tours. II, 37, p. 125 [p. 101, Arndt] : *Maximus ibi Arvernorum populus* (*populus*, dans la langue du ve siècle, est synonyme de *exercitus* [*Monarchie franque*, p. 295]), *qui cum Apollinare venerat, et primi qui erant ex senatoribus, corruerunt.* — *Gesta regum Francorum*, 18 : *Maximus ibi Arvernorum populus, qui cum Apollonare duce ibi venerat, corruit in gladio Francorum cum multis senatoribus.*

[3] Grégoire de Tours, II, 35 : *Multi jam tunc ex Galliis habere Francos dominos summo desiderio cupiebant.*

[4] Ibidem, 36 : *Unde factum est ut Quintianus Ruthenorum episcopus per hoc odium ab urbe pelleretur; dicebant enim ei : Quia desiderium tuum est ut Francorum dominatio possideat terram hanc.... Orto inter eum et cives scandalo, ...exprobrantibus civibus quod vellet se Francorum ditionibus subjugare....*

mandement. Les Wisigoths, après une seule bataille près de Poitiers, virent toute la Gaule jusqu'aux Pyrénées leur échapper, à l'exception d'une seule province que l'intervention armée des Ostrogoths d'Italie leur conserva[1], et, à cette exception près, ils disparurent de la Gaule comme une armée disparaît d'un pays où elle est campée[2].

C'est ainsi que Clovis conquit la Gaule. Il ne l'a conquise ni sur l'Empire romain ni sur les populations gauloises[3]; il l'a conquise sur d'autres chefs qui lui ressemblaient. Le récit de ces guerres, tel qu'il nous est donné par Grégoire de Tours, est assurément très incomplet; mais s'il peut être inexact comme histoire, il est exact comme impression. Grégoire de Tours écrit, non d'après des textes historiques, mais d'après des traditions populaires; il nous présente ce qui était resté dans les souvenirs du peuple, et il nous le présente tel que le peuple l'a vu, tel que le peuple l'a compris. Ces événements n'ont pas apparu aux esprits d'alors comme une irruption d'envahisseurs, mais comme la substitution d'un chef à un autre. Dans l'opinion du peuple, toutes ces luttes ont eu un caractère personnel : c'est Clovis qui attaque Syagrius; c'est Clovis qui venge le meurtre du père de Clotilde; c'est Clovis qui attaque les Wisigoths ariens. Clovis « prend pour lui le royaume

---

[1] Isidore de Séville, dans Bouquet, II, p. 702; Jordanès, *De rebus geticis*, c. 58. — *Vita S. Cæsarii*, dans Bouquet, III, p. 384. — Lettres de Cassiodore, III, 32; III, 44; VIII, 10; I, 24; IV, 17; V, 10; III, 16.

[2] Grégoire de Tours, II, 37. *Historia epitomata*, [III], 24. Procope, *De bello gothico*, I, 12. — Les évêques de Bazas, d'Éauze et d'Auch ont pris part au concile d'Orléans en 511 comme appartenant au royaume de Clovis.

[3] Nous ne voulons pas dire qu'il n'y ait pas eu des ravages et des spoliations : *Multæ ecclesiæ devastatæ sunt*; mais des pillages de soldats ne sont pas la même chose qu'une conquête.

de Syagrius »; Clovis « se fait payer un tribut par Gondebaud[1] »; Clovis « prend pour lui les trésors d'Alaric et, chassant les Goths de ses villes, les soumet à son autorité[2] ». Ainsi les hommes n'ont pas vu là une invasion de barbares, moins encore une « migration de peuples[3] ». Tous les traits que la mémoire [des hommes] avait gardée conviennent à un chef de guerre ambitieux et habile; aucun ne convient à un peuple en marche. Ce n'est pas le peuple franc, c'est un roi franc qui a conquis la Gaule.

4° [CLOVIS DÉLÉGUÉ DE L'EMPEREUR.]

On a pu remarquer qu'il n'y a pas dans toute l'histoire de Clovis un seul fait qui le présente comme un ennemi de l'Empire. Il y en a un, au contraire, où il reconnaît formellement l'Empire, au moins comme autorité supérieure. « Après sa victoire sur les Goths, Clovis revint à Tours. Il reçut alors de l'empereur Ana-

---

[1] Grégoire de Tours, II, 32 : *Missa legatione ad Gundobadum, ut ei per singulos annos tributa imposita reddere debeat jubet.*

[2] Idem, II, 37 : *Cunctos thesauros Alarici a Tholosa auferens.... Exclusis Gothis urbem suo dominio subjugavit.* On aurait dû remarquer que Grégoire de Tours parle des conquêtes en Gaule dans les mêmes termes et avec le même accent que des conquêtes des petits royaumes francs; II, 41 : *Quibus mortuis, regnum eorum cum thesauris et populo acquisivit.*

[3] *Vœlkerwanderung.* [Le dernier travail qui a paru sur les conquêtes de Clovis est précisément le plus net et le plus décidé à ce point de vue. C'est celui de W. Sickel, 1890, *Die Reiche der Vœlkerwanderung.* « Clovis, dit-il à la fin, est venu en Gaule comme *conquérant*, et il a, indépendamment de l'empereur, fondé en Gaule *un royaume libre* ». Clovis n'est pas seulement un conquérant, c'est un législateur, un créateur. « Le royaume des Francs est une création originale et puissante. Clovis a eu l'idée d'une monarchie universelle; sa pensée fondamentale est une pensée germaine. » Jamais, je crois, on n'avait formulé d'une façon si catégorique une théorie aussi germaniste.]

stase le diplôme du consulat[1]. Il fit son entrée dans la basilique de Saint-Martin, vêtu de la tunique de pourpre et de la chlamyde des consuls, la tête entourée du diadème. Puis, montant à cheval, et parcourant tout le chemin entre l'atrium de la basilique et l'église de la ville, au milieu d'un grand concours de peuple, il jetait de sa main les pièces d'or et d'argent, et depuis ce moment il fut appelé comme consul et auguste. »

On a tour à tour exagéré ou amoindri l'importance de ce passage, faute de l'observer de près. Grégoire de Tours ne dit pas que Clovis ait été consul ; aussi n'y a-t-il pas à s'étonner que le nom de Clovis ne se trouve pas dans les Fastes Consulaires, qui ne contiennent que les noms des *consules ordinarii*. L'historien dit seulement que l'empereur lui envoya le diplôme de consul. Or l'usage de donner, à défaut de la dignité même, le diplôme de cette dignité était fréquent sous l'Empire et datait de loin[2]. Il était d'usage aussi que l'empereur envoyât les insignes de la dignité[3] ; or les insignes du

---

[1] Grégoire de Tours, II, 38 : *Chlodovechus ab Anastasio imperatore codicillos de consulatu accepit et... tunica blatea indutus est et chlamyde, inponens vertici diadema.* — Gesta regum Francorum [§ 17, Krusch] (Bouquet, II, p. 555) : *Ab Anastasio imperatore accepit codicillos pro consulatu.* — Vita Remigii (Bouquet, III, p. 379) : *Ab Anastasio imperatore codicellos pro consulatu accepit; cum quibus codicellis etiam illi Anastasius coronam auream cum gemmis et tunicam blatteam misit.*

[2] Sur les *codicilli dignitatum* ou *dignitates codicillariæ*, voir surtout le Code Théodosien, VI, 22, lois 5-7, et XII, 1, 41. — On peut lire une formule assez longue de ces sortes de diplômes dans Cassiodore, *Variarum*, VI, 1 ; cf. ibidem, II, 2 ; dans cette phraséologie pompeuse on peut reconnaître deux choses : l'une, que ces dignités étaient très appréciées et très recherchées ; l'autre, qu'il ne s'y joignait aucun pouvoir.

[3] Sur les *ornamenta consularia*, ou *insignia*, voir surtout Tacite, *Annales*, XVI, 17 ; Spartien, *Hadrianus*, 8, et le Code Théodosien, XII, 1, 122 : *Hi quos ornavimus insignibus dignitatum....* [Cf. plus haut, p. 174.]

consulat, sous l'Empire, étaient ceux qu'indique Grégoire de Tours[1]. L'usage voulait encore que le nouveau dignitaire se montrât au peuple en grande pompe et parcourût un certain espace au milieu des acclamations; on appelait cela le *processus consularis*. C'est cette cérémonie que Grégoire décrit pour Clovis. Que le chef franc ait été appelé *augustus*, c'est ce qu'on ne peut admettre, puisque c'était le titre impérial par excellence et qu'il impliquerait qu'Anastase l'aurait associé à l'Empire; mais Grégoire de Tours dit seulement qu'il fut désormais dénommé « comme s'il était consul et Auguste[2] »; par quoi l'on peut entendre que ses sujets employèrent dès lors en s'adressant à lui les mêmes formules de politesse ou d'obséquiosité qui étaient d'usage dans l'Empire quand on s'adressait à un consul ou à un empereur[3]. Dans ce récit de l'évêque de Tours, tout

[1] La robe de pourpre était portée par les consuls dans la cérémonie d'inauguration de leur consulat et dans quelques autres, Hérodien, I, 16, 3. Cf. Vopiscus, *Aurelianus*, 13. — Par la chlamyde, Grégoire de Tours entend le *paludamentum*, que les écrivains de l'Empire appellent quelquefois chlamyde. — Par diadème, il faut entendre, non l'insigne royal, mais un des insignes des triomphateurs; voir Juvénal, X, 39-43. Le diadème n'était pas dans les *insignia consularia*, mais dans les *insignia triumphalia*; c'était un usage si fréquent, à la fin de l'Empire, d'accorder aux généraux les ornements du triomphe, qu'on comprend qu'Anastase les ait envoyés à Clovis, vainqueur des Wisigoths, avec les ornements consulaires. — On demandera peut-être pourquoi les faisceaux ne sont pas signalés par Grégoire de Tours; c'est que les faisceaux ainsi que le sceptre étaient envoyés, non par l'empereur, mais par le sénat (Vopiscus, *Aurelianus*, 13) et celui-ci ne les envoyait probablement pas quand il ne s'agissait que de dignités honoraires (Vopiscus, *Aurelianus*, 13). [Cf. Bloch, thèse latine, p. 69.]

[2] *Tanquam consul et augustus est vocitatus*. La même phrase se trouve reproduite par les *Gesta*. La *Vita Remigii* omet le mot *tanquam*. Aimoin parle du titre de patrice des Romains [cf. Gasquet, p. 149]. — La Chronique de Moissac (Bouquet, II, p. 650) porte: *Tanquam consul apud Augustum est appellatus*.

[3] C'est ainsi que le pape Anastase l'appelle *Serenitas Tua* (Bouquet, IV, p. 50).

s'explique par les coutumes romaines, tout appartient à l'Empire, tout est romain[1].

Ces faits surprennent d'abord ; mais l'historien ne doit pas s'étonner, surtout il ne doit pas rejeter d'abord ce qui l'étonne, il doit comprendre et expliquer. Or ces faits s'expliquent aisément si l'on fait attention à une série de faits analogues qui remplissent le v° siècle.

Pour Clovis, en effet, comme pour ses contemporains, l'Empire romain existait encore. Les modernes croient voir un Empire d'Occident qui disparaît en 476 ; mais les hommes du v° siècle n'ont pas vu cela. Ils étaient accoutumés depuis longtemps à ce que l'Empire fût partagé entre plusieurs empereurs, sans que personne pensât qu'il y eût plusieurs empires. Sous les fils de Constantin, ou au temps de Valentinien et de Valens, il y avait eu partage des provinces de l'Empire, mais jamais il n'y avait eu deux empires[2]. A la mort de Théodose, un historien presque contemporain nous dit qu'Arcadius et Honorius « occupèrent l'Empire commun, en séparant seulement leurs résidences[3] ». Pendant les quatre-vingts années qui suivirent, Rome et Constantinople furent les deux capitales d'un même État indivisible que les hommes appelaient *Romana respublica* ou *Romanum imperium*. Tout ce qui en faisait partie

---

[1] Junghans se trompe quand il dit (p. 131 et 133 de la traduction) que le clergé fit de cela une fête religieuse. Il n'y a rien de semblable dans le récit de Grégoire de Tours ; la cérémonie est toute romaine et ressemble à ce que faisaient depuis longtemps les hauts dignitaires et les hauts fonctionnaires de l'Empire. — [Voir, sur la question du consulat de Clovis, Gasquet, *L'empire byzantin et la monarchie franque*, p. 134 et s. Voir aussi les *Nouvelles recherches* : *Les titres romains de la monarchie franque*.]

[2] Zosime, II, 39 ; IV, 3 ; IV, 19.

[3] Orose, VII, 36 : *Commune imperium, divisis tantum sedibus, tenere cœperunt.*

s'appelait *Romania*[1]; tous les peuples en étaient également Romains; on disait « Romains orientaux[2] » et « Romains occidentaux ». Les deux empereurs avaient exactement le même titre, « empereur des Romains ». On disait de l'un qu'il était « l'empereur oriental », de l'autre qu'il était « l'empereur occidental[3] »; mais ils régnaient conjointement, et chacun des sujets de l'Empire reconnaissait les deux empereurs à la fois et devait l'obéissance, théoriquement, autant à l'un qu'à l'autre. Ils devaient s'entendre pour le choix des deux consuls de chaque année. Les actes législatifs devaient porter la signature des deux princes[4]. Les deux sénats n'étaient, en principe, que les deux parties d'un même sénat[5], et les deux princes n'étaient légalement qu'un seul empereur en deux personnes. Ils pouvaient être ennemis au fond du cœur; mais leur devoir était de n'avoir qu'une seule volonté et qu'une seule âme : c'est ce qu'on appelait *unanimitas imperii*[6]. Aucun d'eux ne devait régner qu'avec l'assentiment de l'autre. On peut même remarquer que, des deux capitales, Constantinople paraît avoir eu dès l'abord une sorte de primauté, soit parce qu'elle était la plus chrétienne des deux[7],

---

[1] Jordanès, *De rebus geticis*, c. 25, p. 99; c. 50, p. 178 [§ 131 et 266, édit. Mommsen].

[2] Priscus, *Fragmenta*, 40, édit. Didot, p. 109 : Οἱ ἑῷοι Ῥωμαῖοι.

[3] Jordanès, c. 45, p. 160 [§ 236, édit. Mommsen].

[4] Ainsi l'édit d'Honorius relatif à la Gaule et qui enjoint de tenir dorénavant l'assemblée provinciale à Arles, est intitulé *edictum Honorii et Theodosii* (Pardessus, *Diplomata*, n° 5).

[5] Ainsi le Code Théodosien, élaboré à Constantinople, fut présenté au sénat de Rome et accepté comme commun à tout l'Empire; on a les *Acta senatus* de la séance où le vote et les acclamations eurent lieu, Code Théodosien, édit. Hænel, p. 82-88. — [Voir le livre de Lécrivain sur le Sénat du Bas-Empire, 1888.]

[6] [Cf. plus haut, p. 3.]

[7] La prévention des chrétiens contre Rome et leur prédilection pour

soit parce que Arcadius se trouva l'aîné des deux fils de Théodose, soit enfin parce qu'elle fut moins menacée par les barbares. En tout cas, on peut s'apercevoir que chaque empereur en Occident eut besoin pour régner d'obtenir le consentement de celui qui régnait en Orient. Ainsi Théodose II ne permit pas à Honorius d'associer Constantin à l'Empire[1]. Honorius mort, ce fut Théodose II « qui revêtit Valentinien III de la pourpre[2] ». Pour qu'Avitus fût empereur, il ne lui suffit pas d'avoir pour lui les Goths et les Gaulois, ni même d'être appelé par le sénat de Rome : il envoya une députation à celui qui régnait à Constantinople pour lui demander l'*unanimitas*[3], et, l'ayant obtenue, « il partagea, d'accord avec Marcien, le gouvernement de l'Empire[4] ». Après lui, Majorien « reçut, par l'ordre de l'empereur Marcien, l'Empire occidental à gouverner[5] ». Puis « l'empereur Léon établit Anthémius comme empereur à Rome[6] ». Cette règle, plusieurs fois violée en fait, paraît avoir été incontestée en droit.

Constantinople est un fait frappant au IVe et au Ve siècle ; il explique bien des choses.

[1] Olympiodore, *Fragmenta*, 34, édit. Didot, p. 65.

[2] Idem, *Fragmenta*, 46, édit. Didot, p. 68. Cf. Prosper d'Aquitaine (édit. Migne, p. 593) : *Valentinianus decreto Theodosii Augustus appellatur.* — Même il y eut un moment où Théodose II fut seul Auguste et où Valentinien ne fut que César. Voir la constitution de 425 dans Bouquet, I, p. 767 [et la Chronologie du Code Théodosien, p. CXCIII].

[3] Idace, *Chronique* : *Per Avitum qui a Romanis et evocatus et susceptus fuerat imperator, legati ad Marcianum pro unanimitate mittuntur imperii.*

[4] Ibidem : *Marcianus et Avitus concordes principatu Romani utuntur imperii.*

[5] Jordanès, *De rebus geticis*, c. 45, édit. Closs, p. 159-160 [§ 256, édit. Mommsen] : *Jussu Marciani imperatoris orientalis, Maiorianus occidentale suscepit imperium gubernandum.*

[6] Ibidem : *Leo imperator qui in orientali regno Marciano successerat, Anthemium, patricium suum, ordinans Romæ principem destinavit.*

Comme il n'existait pas un Empire d'Occident et un Empire d'Orient, Odoacre n'eut pas à détruire le premier, ainsi qu'on l'a souvent dit. Mais, tandis qu'avant lui d'autres chefs barbares avaient reconnu l'empereur siégeant à Rome et avaient souvent mis un homme de leur choix sur ce trône impérial, Odoacre préféra reconnaître l'empereur qui siégeait à Constantinople et ne pas voir de souverain, même nominal, trop près de lui en Italie. A son instigation, le sénat de Rome envoya une députation à l'empereur Zénon pour lui dire « que l'Occident n'avait pas besoin d'un empereur particulier et qu'il suffisait d'un seul empereur commun aux deux régions[1] ». Par là le sénat de Rome et Odoacre s'engageaient à reconnaître Zénon comme empereur. Bien plus, Odoacre sollicita en même temps de l'empereur « le titre de patrice et le gouvernement de l'Italie[2] »; Zénon accorda tout[3], et ainsi Odoacre régna sur les populations italiennes comme représentant de l'empereur de Constantinople; son titre même de patrice faisait de lui, au moins en apparence, un fonctionnaire de l'Empire.

Une seule chose fut donc changée en 476 : au lieu que l'Empire eut deux empereurs, il n'y en eut qu'un. Les populations romaines et même les barbares reportèrent jusqu'à Constantinople le respect qu'ils avaient eu pour l'empereur de Rome ou de Ravenne, et l'on con-

---

[1] Malchus, *Fragmenta*, 10, édit. Didot, p. 119 : Ἠνάγκασε τὴν βουλὴν ἀποστεῖλαι πρεσβείαν Ζήνωνι σημαίνουσαν ὡς ἰδίας μὲν αὐτοῖς βασιλείας οὐ δέοι, κοινὸς δὲ ἀποχρήσει μόνος ὢν αὐτοκράτωρ ἐπ' ἀμφοτέροις τοῖς πέρασι. — Malchus était contemporain de ces événements.

[2] Ibidem : Καὶ δεῖσθαι πατρικίου τε αὐτῷ ἀποστεῖλαι ἀξίαν καὶ τὴν τῶν Ἰταλῶν τούτῳ ἐφεῖναι διοίκησιν.

[3] Ibidem : Βασίλειον γράμμα πέμπων τῷ Ὀδοάχῳ, πατρίκιον ἐν τούτῳ τῷ γράμματι ἐπωνόμασε.

tinua dans tout l'Occident à croire à l'existence de l'Empire. Constantinople devint la capitale du monde connu[1], et l'empereur en fut, en théorie, le chef suprême. Cela est visible dans l'histoire de Théodoric ; ce chef d'une armée d'Ostrogoths, qui avait commencé par être consul romain et qui était sénateur de Constantinople[2], se fit donner par l'empereur l'autorisation d'enlever l'Italie à Odoacre et de gouverner le sénat et le peuple romain[3] ; c'est aussi de l'empereur qu'il obtint « de quitter l'habit d'homme privé et le costume de sa nation, et de revêtir le manteau impérial, comme roi des Goths et des Romains à la fois[4] ». De même les rois burgondes étaient en relations avec l'empereur Anastase : ils demandaient et obtenaient de lui des dignités romaines ; ils lui écrivaient qu'ils étaient ses serviteurs, ses soldats, et qu'ils gouvernaient leur pays en son nom et sous ses ordres[5].

Clovis ne fit donc que ce qu'il voyait faire à presque tous les chefs germains. Comme d'autres briguaient le titre de patrice, il put désirer le titre de consul, qu'un

---

[1] Constantinople est appelée dès lors *urbs regia* (Jordanès, c. 57).

[2] Jordanès, *De rebus geticis*, c. 57 : *Theodericum Zeno inter proceres sui palatii conlocavit.... Factus est consul ordinarius.* — Procope, *De bello gothico*, I, 1 : Θευδερίχου, ἀνδρὸς πατρικίου καὶ ἐς τὸν ὑπάτων δίφρον ἀναβεβηκότος ἐν Βυζαντίῳ.... αὐτῷ ἐπ' ἐξίωμα βουλῆς ἥκοντι.

[3] Jordanès, c. 57 : *Zeno eum dimisit... senatum populumque ei commendans Romanum.*

[4] Idem, c. 57 : *Ingressus in Italiam, Zenone imperatore consulto, privatum habitum suæque gentis vestitum seponens, insigne regii amictus* [dans des mss *regio amictu*], *quasi jam Gothorum Romanorumque regnator, adsumit.* — Les mots *regius amictus* désignent, non les insignes de la royauté gothique, puisque précisément Théodoric déposait le costume national, mais les insignes de l'Empire. On sait que dans Jordanès les mots *regnum, rex, regius* se disent de l'Empire romain.

[5] *Per nos administratis remotarum spatia regionum. Ambio si quid sit quod jubere dignemini* (lettre d'Avitus, au nom du roi Sigismond, *Epistolæ*, 83 [alias 93 ; cf. plus haut, p. 458].

Germain comme lui déclarait « le bien suprême et le plus haut honneur de ce monde[1] ». Il fut fier de recevoir cette dignité, ou il affecta de l'être[2].

Non qu'il fût homme à se soucier beaucoup de titres honorifiques; mais il savait bien qu'il en tirait profit. Par le titre qu'il recevait, il reconnaissait l'empereur, et il était reconnu de lui. Or les populations romaines étaient habituées à regarder l'Empire comme le pouvoir suprême et même comme la source de laquelle tout pouvoir émanait[3]. L'Empire était pour les hommes de ce temps-là ce que fut pour d'autres générations le droit héréditaire ou le droit divin : il était la légitimité. En présentant aux populations la lettre de l'empereur Anastase, Clovis acquérait sur elles une autorité légale. Son droit à les gouverner ne pouvait venir ni de son titre de roi des Francs qui n'était rien pour elles, ni du droit de conquête, puisqu'il ne les avait pas réellement conquises. Le seul principe avouable de son pouvoir était cette lettre de l'empereur qui, en le faisant un dignitaire de l'Empire, lui confiait une sorte

---

[1] Jordanès, *De rebus geticis*, c. 57, p. 193 : *Theodoricus factus est consul, quod summum bonum primumque in mundo decus edicitur.*

[2] L'opinion de Dubos qui croit que Grégoire de Tours a écrit consulat au lieu de patriciat ne se soutient pas. Sybel, avec un peu plus de vraisemblance, a pensé qu'il s'agissait du proconsulat (*Jahrbücher des Vereins von Alterthumsfreunden im Rheinlande*, t. IV, p. 306). Le prologue de la *Lex Salica* donne, en effet, à Clovis le titre de proconsul. — D'ailleurs, patrice, consul, ou proconsul, c'était toujours un titre romain, un titre de la hiérarchie impériale, et voilà ce qui est important.

[3] Nous avons établi ailleurs (p. 6 et 7) que jamais il ne s'était établi une république armoricaine ; cela est une invention de Dubos d'après un texte mal compris. On ne voit pas que la Gaule ait jamais eu la pensée d'adopter un régime républicain. Jamais non plus, quoi qu'on en ait dit, elle ne songea à former un empire des Gaules (sauf l'acte isolé du temps de Vespasien [*Gaule romaine*, liv. I, c. 8]); tous ceux qui ont usurpé le pouvoir dans les Gaules, même Postumus, ont pris le titre d'empereurs romains. L'idée d'un empire national n'a jamais été réalisée.

de délégation sur une province qui restait théoriquement une partie de cet Empire. Ce qui paraîtra aux hommes de nos jours une formalité vaine et puérile, passa peut-être, aux yeux des contemporains, pour l'événement le plus considérable du règne de Clovis.

L'historien ne doit pas s'occuper seulement des faits matériels qui se produisent dans une société, il doit observer la manière dont ils sont compris par elle. Ces faits ont peut-être moins d'importance par eux-mêmes que par la façon dont ils sont compris. Leur signification et surtout leurs conséquences dépendent de là.

5° [LES ROIS FRANCS SE DÉTACHENT DE L'EMPIRE.]

Les fils et les petits-fils de Clovis firent comme lui. Ils entretinrent des relations suivies avec la cour de Constantinople. Les chroniqueurs mentionnent fréquemment les ambassades qu'ils lui envoyaient[1]. Il nous a été conservé quelques lettres adressées par eux aux empereurs; ils les appellent du nom de « maître », *dominus*, qui était le terme obligé quand un sujet parlait à son prince. Théodebert écrit : « Au maître illustre et glorieux, triomphateur et toujours Auguste, l'empereur Justinien. » Childebert s'adresse à l'empereur Maurice et l'appelle « le sérénissime prince de l'Empire romain, notre père, notre empereur[2] ».

Lorsque Théodebert se fut emparé de la Provence, il ne crut pas la posséder régulièrement s'il n'en obtenait

---

[1] Grégoire de Tours, III, 33; IV, 39 [*alias* 40]; VI, 2; XI, 2, 4; *In gloria martyrum*, 31 [*alias* 30]. — Frédégaire, *Epitomata*, [III], 18; *Chronique*, [IV], 62 et s. — Flodoard, *Historia ecclesiæ remensis*, I, 25.s

[2] Ces lettres sont dans le Recueil de dom Bouquet, t. IV, p. 58, 59. Cf. Pardessus, t. I, p. 95 et 153, qui les attribue à Théodebald.

la concession par un diplôme en bonne forme de l'empereur Justinien. Soixante ans plus tard, une négociation fut conduite entre un autre roi franc et l'empereur Maurice pour que celui-ci concédât quelques petits cantons situés sur le versant méridional des Alpes, qui n'avaient pas été compris dans la cession primitive[1].

Les empereurs adressaient des instructions aux rois mérovingiens. « J'ai reçu, écrit Théodebert, avec une entière dévotion la lettre que Votre Autorité m'a envoyée. » Ailleurs, le même Théodebert s'excuse de ne pas avoir exécuté un ordre de l'empereur en alléguant que cet ordre lui est parvenu trop tard. Héraclius veut que dans tout l'Empire les Juifs soient baptisés ou mis à mort ; il envoie des instructions sur ce point au roi des Francs Dagobert Ier, qui s'y conforme sans retard[2].

Ce qui est encore bien significatif, c'est que, pendant plusieurs générations, les monnaies qui furent frappées en Gaule, à Lyon, à Reims, à Metz, à Trèves, à Cologne, portèrent l'effigie des empereurs de Constantinople ; au lieu d'y lire les noms des rois francs, on lit ceux d'Anastase, de Justin Ier, de Justinien, de Justin II[3].

---

[1] Procope, *De bello gothico*, III, 33. — Cf. Lettres de Grégoire le Grand, liv. XIII, lettres 6, 7, 47.

[2] Dom Bouquet, t. IV, p. 59. Frédégaire, *Chronique*, [IV], 65. — [Voir surtout, sur les rapports des Francs avec l'Orient, l'excellent livre de Gasquet, p. 159 et suiv., où toutes ces questions sont parfaitement résolues.]

[3] Voir Digot, *Histoire d'Austrasie*, t. III, p. 38. — Des quantités considérables de sous d'or et de tiers de sous d'or ont été frappées dans les royaumes mérovingiens. Ils portent les noms des empereurs Anastase, Justin, Justinien, Justin II et Maurice. De même chez les Wisigoths. Jusqu'à Justinien inclusivement, le type adopté par les Francs est le buste impérial casqué et armé, avec le nom du prince, de l'autre côté une Victoire avec les mots *Victoria Augustorum*, et le nom ou l'initiale de l'atelier monétaire. Deux de ces monnaies portent les noms du Théodebert (Ier) et Sigebert (Ier). — Après Justinien, le type de la Victoire disparaît, et est remplacé par la croix sur un globe, ce qui est également un type impérial, et

Dans la pensée des hommes de ce temps-là, l'Empire romain n'avait pas péri; non seulement il subsistait, mais encore c'était par lui qu'on régnait. Il n'est pas douteux que Constantinople ne fût alors considérée comme la vraie capitale du monde [1].

On doit bien penser que les rois francs ne s'astreignirent pas longtemps à une subordination qu'il leur était si facile de faire cesser. Un chroniqueur a marqué ce changement avec des expressions dont la netteté est remarquable; parlant de l'année 524, c'est-à-dire treize ans après la mort de Clovis, il dit : « C'était le temps

---

cette croix est entourée des mots *Victoria Augustorum*. Telles sont plusieurs pièces au nom de Justin II et de Maurice, de Phocas et même d'Héraclius. La croix remplace la Victoire en Gaule en même temps qu'elle la remplace dans les ateliers d'Orient. L'atelier monétaire est ordinairement indiqué par quelques lettres; plus tard c'est le nom même du monétaire qui est inscrit. — Toutes ces monnaies ne sont pas proprement des monnaies romaines et elles n'ont pas été frappées par l'ordre des empereurs. Ce sont bien des monnaies de la Gaule, des monnaies mérovingiennes, des monnaies frappées par l'ordre et sous la garantie des rois francs; mais en même temps ce sont des monnaies à la romaine. Les rois francs pas plus que les rois wisigoths n'ont eu l'idée de changer les types et n'ont osé y mettre leur propre effigie. Ils ont gardé les types et les noms des empereurs, non pas par esprit d'obéissance à Constantinople, mais pour obéir à l'habitude, pour se conformer aux idées reçues, par respect pour le caractère sacré que le visage impérial imprimait à la monnaie, par intérêt enfin et pour que la monnaie continuât d'être reçue dans tout le monde romain. Ils n'avaient pas d'intérêt à changer les types; ils n'en avaient pas les moyens, peut-être même n'en eurent-ils pas la pensée. — Voir Ch. Robert, *Sur la prétendue restauration du pouvoir de l'empereur Maurice dans la Province*, 1883, [et A. de Barthélemy, *Numismatique de la France*, 1891, p. 25]. — Il y a une réserve à faire pour Théodebert, qui, à la fin de son règne, fit graver son nom et son effigie ; mais cet exemple ne paraît pas avoir été suivi par son successeur. — [Il fut, semble-t-il, repris vers 555 et à partir de cette date l'effigie du roi barbare remplaça souvent, sur les monnaies frappées en Gaule, celle de l'empereur romain. C'est à partir de 613 seulement que le nom des empereurs disparaît.]

[1] Les chroniques appellent fréquemment Constantinople *urbs regia*. Le pape Grégoire II, écrivant à l'empereur d'Orient, l'appelle *caput christianorum* (Labbe, t. VII, col. 10) [cf. plus haut, p. 506].

où la Gaule était sous la domination de l'empereur Justin. » Parlant ensuite de l'année 539, il écrit : « Alors les rois, laissant de côté les droits de l'Empire et ne tenant plus compte de la souveraineté de la République romaine, gouvernaient en leur propre nom et exerçaient un pouvoir personnel[1]. » Ainsi les hommes du vi^e siècle distinguaient la période où les chefs germains avaient gouverné comme délégués des empereurs, de celle où ils régnèrent comme souverains indépendants. La première. si l'on prend pour point de départ

---

[1] *Vita S. Treverii* (Bouquet, t. III, p. 411) : *Eo tempore quo Gallia sub imperii jure Justini exstitit.... Quum Galliarum Francorumque reges, sublato Imperii jure et postposita reipublicæ dominatione, propria fruerentur potestate, evenit ut Theodebertus rex....* — M. Monod, d'après Junghans, croit que la *Vita Treverii* est copiée sur la *Vita Johannis Reomensis*. Elles ne se ressemblent en rien. Quelques expressions, par exemple, les mots *postposita republica*, qui se rencontrent dans les deux, ne doivent pas faire illusion : c'étaient des expressions de la langue courante du vi^e et du viie siècle. — Quant au passage qui nous occupe, il diffère essentiellement dans les deux Vies. La *Vita Johannis* parlant du commencement de l'apostolat du saint le fait partir du temps où Clovis fit une invasion armée dans la Gaule, *quo tempore Franci cum Chlodoveo rege postposita republica terminos Romanorum irrumpentes Galliam invaserunt*, ce qui doit se rapporter aux environs de l'année 486, et elle laisse de côté tous les faits postérieurs du règne de Clovis. Au contraire, la *Vita Treverii* veut signaler deux autres dates, l'année 519 ou 524 où le saint bâtit son monastère, et l'année 539 où Théodebert fit une expédition en Italie ; et ce qui est curieux, c'est qu'elle exprime la première de ces deux dates par les mots *tempore quo Gallia sub imperii jure Justini consulis exstitit*, et la seconde par les mots *tempore quo reges Francorum propria fruerentur potestate*. On voit bien que les passages des deux hagiographes n'ont de commun que les mots *postposita republica*; ils diffèrent absolument pour le fond et se rapportent à des choses différentes. — Nous n'avons pas besoin d'avertir qu'il ne faut pas prendre à la lettre la phrase de la *Vita Treverii*, ni croire qu'en 519 la Gaule fut réellement *sub imperii jure*. Tout au plus l'était-elle nominalement. Les droits de l'Empire n'étaient qu'une fiction. Mais encore cette fiction avait-elle assez d'importance aux yeux des hommes pour que l'histoire ne doive pas la négliger. Je regarde comme un fait digne d'attention qu'un chroniqueur ait cru qu'en 519 la Gaule faisait encore, de quelque façon, partie de l'Empire.

la date de 406, eut une durée d'environ cent trente années; elle se prolongea sous les rois wisigoths et burgondes, sous Clovis et ses fils. Ce fut donc une suite de quatre ou cinq générations d'hommes qui, après l'entrée des Germains, se crurent encore sujets de l'Empire et le furent en réalité dans une certaine mesure. Ces générations ne se sont pas fait des événements dont elles étaient témoins l'idée qu'on s'en est faite depuis. Elles n'y ont pas vu une conquête. Elles en ont sans doute beaucoup souffert et beaucoup gémi; elles ont été victimes de beaucoup de désordres, de convoitises, de violences; mais elles ne se regardèrent jamais comme une race vaincue sous la main et sous le joug d'une race victorieuse. Ce n'est pas sous cet aspect que les faits se présentèrent à elles.

La population gauloise persista à croire à l'existence de l'Empire et à considérer l'empereur des Romains comme son chef suprême. Nous pouvons même penser qu'elle s'attacha d'autant plus à ce pouvoir éloigné qu'elle n'en sentait plus le poids. Il lui apparaissait, non comme un joug sous lequel il fallait se courber, mais comme une autorité vénérable, sacrée, qui ne pouvait plus être malfaisante; c'était une sorte de providence lointaine qu'on invoquait et qui était la consolation dernière et l'espoir des malheureux [1].

Les chroniqueurs du viᵉ et même du viiᵉ siècle présentent une singularité qui étonne d'abord. Quoiqu'ils écrivent en Gaule et soient sujets des rois francs, ils notent avec soin l'avènement des empereurs de Constanti-

---

[1] Beaucoup d'hommes avaient les yeux fixés sur Constantinople; on voit par plusieurs anecdotes que les mécontents, les ambitieux, les prétendants s'adressaient à l'empereur (Grégoire de Tours, VI, 24 et 26; VII, 36. Frédégaire, *Chronique*, 5).

nople; ils sont attentifs à ce qui se passe dans la capitale de l'Empire. Ils comptent les années par les consuls de Constantinople ou par le règne des empereurs. La Chronique de saint Waast, par exemple, s'exprime ainsi : « Il fut ordonné évêque la cinquième année du règne de Justinien, sous le consulat de Dédicius et de Paulinus, l'an de Rome 1283 ». La même Chronique dit ailleurs : « Saint Bertin mourut la première année de l'empereur Tibère II (578). » « Le roi des Francs Dagobert mourut la troisième année de l'empereur Léon[1]. » Cette manière de parler est significative : elle marque la manière de penser d'une époque.

Que la population gauloise ait conservé les lois romaines qu'elle avait eues avant Clovis, il n'y a rien là qui puisse surprendre. Mais ce qui est plus digne d'attention, c'est que, dans le temps même où elle était devenue royaume franc, trente ans après la mort de Clovis, elle recevait encore les lois que promulguaient les empereurs de Constantinople, et se croyait tenue à les observer. Il a été démontré que les collections de Justinien avaient eu force de loi dans la Gaule jusqu'au milieu du moyen âge. Ainsi, il y avait déjà un siècle que les Germains étaient les maîtres du pays, et la population regardait encore du côté de la capitale de l'Empire

---

[1] La Chronique de saint Waast, dans la forme où nous l'avons, n'a été écrite qu'au xie siècle ; il est clair qu'elle emprunte sa manière d'indiquer les dates à des archives du viie. [Il est à peine besoin de dire que le chroniqueur se trompe souvent sur les dates et sur les noms.] Dans les Actes, les noms des consuls sont de bonne heure remplacés par les années du règne des rois francs. — [Sur les inscriptions, on date à l'aide des consulats ou des postconsulats jusqu'en 606 ; mais on date aussi, dès la première partie du ve siècle, à l'aide des années du roi régnant. Il ne serait pas impossible que l'auteur de la *Vita Treverii*, dans le passage cité plus haut, p. 511, ne fît allusion à un changement dans la manière de compter les années.]

pour en suivre les lois ; ce n'étaient pas les rois francs qui légiféraient pour la Gaule, c'étaient les empereurs de Constantinople.

CHAPITRE XI

Comment l'autorité impériale disparut.

Nous avons montré qu'il y avait deux parts à faire parmi les Germains : ceux qui attaquèrent l'Empire, et ceux qui se mirent à son service. Les premiers furent ou repoussés ou détruits ; les seconds seuls subsistèrent. L'Empire romain ne fut donc pas renversé par ceux qui l'attaquaient; il le fut par ceux qui s'étaient faits ses soldats.

Les Germains n'eurent pourtant pas le dessein arrêté de le renverser. C'est à peine si cette pensée traversa l'esprit de quelques-uns d'entre eux. Le roi wisigoth Ataulph avouait qu'il avait un moment songé à le détruire et à élever sur ses ruines un empire gothique; mais il ajoutait que, « s'étant aperçu que les Goths étaient encore trop barbares pour obéir à des lois, et que sans lois il est impossible de fonder un État, il s'était donné pour tâche d'employer les forces des Goths à rétablir le lustre et l'autorité de l'Empire romain [1] ».

Ces hommes avaient une singulière vénération pour l'Empire. Un roi wisigoth, mis en présence de l'empereur, s'écriait : « Oui, l'empereur est un dieu sur la

---

[1] [Plus haut, p. 427.] — L'historien ajoute que les deux successeurs d'Ataulph pensèrent comme lui.

terre, et quiconque lève la main sur lui doit payer ce crime de son sang¹. » Un roi des Burgondes écrivait à un empereur : « J'ai plus de plaisir à vous obéir qu'à commander à mon peuple². »

Le titre de roi que prenaient ces chefs ne doit pas nous faire illusion. Il ne signifiait pas ce qu'il a signifié plus tard : personne ne pensait alors à le mettre en balance avec le titre d'empereur. On le regardait même comme fort au-dessous de ceux de patrice, de consul, de maître de la milice³.

Quand ces rois parlaient ou écrivaient aux empereurs, ils prenaient le ton le plus humble : ils se disaient leurs serviteurs, leurs esclaves, *famulus vester, vester servus*⁴. La haine ou le mépris de l'Empire ne se manifeste par aucun signe; jamais on ne voit ces Germains se glorifier de lui faire la guerre ou se vanter de l'avoir vaincu.

Il est bien vrai que les chefs de fédérés s'insurgeaient souvent pour obtenir une augmentation de vivres ou de terres; ils ressemblaient aux anciennes armées romaines qui, dès le temps de Tibère, s'étaient révoltées pour avoir une augmentation de solde. Ces luttes n'avaient jamais pour objet de renverser l'Empire. Si un chef détrônait un empereur, il se hâtait d'en nommer un autre et de se déclarer son sujet. Les barbares se battaient entre eux pour faire prévaloir les princes de leur choix.

---

¹ Jordanès, *De rebus geticis*, c. 28. [Cf. plus haut, p. 415.]

² [Cf. plus haut, p. 458.]

³ Le mot germain que les écrivains latins rendent par *rex* désignait toute espèce de chefs : les commandants des plus petites troupes avaient ce titre, ainsi qu'on peut le voir dans Ammien ; mais les Grecs se gardaien d'appeler ces chefs du nom de βασιλεύς : ils les appelaient ρήξ. Procope dit du grand Théodoric, *De bello gothico*, I, 1 : Οὐ τοῦ ὀνόματος βασιλέως ἐπιβατεῦσαι ἠξίωσεν, ἀλλὰ ῥὴξ διεβίῳ καλούμενος. [Cf. plus haut, p. 295 et 420.]

⁴ [Cf. plus haut, p. 475.]

C'est ainsi que les Wisigoths soutinrent d'abord Attalus, plus tard Avitus, tandis que les Suèves combattirent pour Majorien, et les Burgondes pour Glycérius. Ces rois germains ne pensaient pas à se faire empereurs eux-mêmes : ils choisissaient toujours des Romains ; pour eux, ils n'osaient toucher à la pourpre.

Mais il s'accomplit alors un changement dans la nature du pouvoir impérial. Depuis César et Auguste, les empereurs avaient été les chefs des armées en même temps que de la population civile, et il en fut ainsi jusqu'à Théodose. A partir d'Honorius, il n'y eut presque plus que des armées barbares ; elles étaient commandées par leurs chefs nationaux, et l'empereur n'exerçait pas sur elles une autorité directe. Le pouvoir militaire et le pouvoir civil cessèrent alors d'être dans les mêmes mains.

On distingue assez nettement, au milieu même des faits confus de cette première moitié du v° siècle, la politique des empereurs. En même temps qu'ils prenaient à leur service des armées barbares, ils cherchaient à conserver des troupes romaines ; ils veillaient surtout à maintenir l'autorité hiérarchique des hauts fonctionnaires romains qu'on appelait *maîtres de la milice*. Ils auraient voulu que les chefs fédérés fussent sur le pied des anciens ducs militaires et eussent au-dessus d'eux les grands dignitaires de l'Empire. C'est pour cela qu'Arcadius et Honorius refusèrent si obstinément à Alaric le rang de maître de la milice ; ils aimèrent mieux voir ravager leurs provinces que de céder sur ce point-là. L'histoire d'Honorius et de Valentinien III fut un long effort pour maintenir l'autorité impériale au-dessus des chefs barbares. Mais ces barbares, par une série d'efforts en sens contraire, finirent par obtenir deux choses :

d'abord, qu'il n'y eût plus de troupes romaines[1]; ensuite, que les grands commandements et les titres les plus élevés de la hiérarchie militaire leur fussent donnés.

Dès ce moment, l'empereur n'eut plus aucune autorité sur les armées. Il resta le chef de l'ordre civil; les rois barbares furent les chefs de l'ordre militaire. Il arriva alors ce qui était inévitable : le chef militaire, qui avait la force en main, tint sous lui l'autorité civile. Un roi wisigoth régna sous le nom du rhéteur Avitus, un chef suève sous le nom de Sévère et d'Anthémius; les rois barbares firent et défirent les empereurs. C'est ainsi qu'à une autre époque, et dans d'autres contrées, les sultans ont enfermé les califes au fond de leur palais. On ne songea pas à supprimer l'Empire; on continua à lui prodiguer le respect, mais on ne lui laissa aucun pouvoir.

Les mêmes faits se reproduisirent dans les provinces. L'Empire prétendait y maintenir ses fonctionnaires civils; aussi trouvons-nous des préfets du prétoire en Gaule jusqu'au milieu du ve siècle[2]. De cette façon, la population civile avait ses administrateurs romains et la population militaire avait ses chefs germains. Mais cela ne put pas durer longtemps. On devine quels conflits durent éclater entre ces deux pouvoirs et quel fut celui qui dut céder. Les chefs civils furent bientôt effacés et

---

[1] Ils l'obtinrent peu à peu et par la force même des choses; c'est ce que dit Procope, *De bello gothico*, I, 1 : Ὅσῳ τὰ τῶν βαρβάρων ἐν αὐτοῖς ἤκμαζε, τοσούτῳ τὸ τῶν Ῥωμαίων στρατιωτῶν ἀξίωμα ὑπέληγε.

[2] On trouve des préfets des Gaules, appartenant à des familles gallo-romaines, jusque vers 476. Voir dom Vaissette, *Histoire générale de Languedoc*, nouvelle édit., t. II, p. 114-115. Nous n'avons d'ailleurs aucun renseignement sur la manière dont ces derniers préfets exercèrent leur autorité.

relégués dans l'ombre ; réduits à l'impuissance, ils finirent par disparaître.

Les rois barbares prirent leur place. Nous voyons ces rois, durant tout le v° siècle, briguer les titres de consul ou de patrice et les solliciter ardemment auprès du gouvernement impérial. Il y avait là autre chose qu'une simple satisfaction de vanité. Ces titres étaient ceux des hautes dignités de l'ordre civil. Quand un roi barbare les obtenait, cela signifiait que les pouvoirs civils lui étaient délégués sur le même territoire où il exerçait déjà les pouvoirs militaires.

Dès lors le roi germain fut à la fois chef de soldats et gouverneur de province. Il administra ; il leva les impôts ; ce fut à lui que les curies des villes envoyèrent leurs contributions. Il rendit la justice ; il monta sur le prétoire, comme les anciens préfets et fonctionnaires impériaux, et ce fut devant lui que les habitants durent porter leurs procès. Il réunit ainsi en lui toutes les attributions ; il est vrai qu'il les tenait de l'Empire lui-même dont il était le délégué et le fonctionnaire ; mais ce singulier fonctionnaire ne pouvait pas être révoqué : il avait les armes ; il avait les impôts ; il pouvait tout et il agissait en maître dans sa province.

L'Empire fut alors dans une situation assez analogue à celle où nous verrons plus tard la royauté franque. Les chefs qui paraissaient dépendre de lui étaient incomparablement plus forts que lui. N'ayant plus ni les impôts ni les soldats dans sa main, il ne reçut plus l'obéissance directe des sujets. Il n'eut plus qu'une suzeraineté nominale ; il fut respecté, mais impuissant.

En 476, un de ces chefs germains, Odoacre, se fit roi en Italie. Il ne supprima pas pour cela l'Empire ; mais, ne voulant pas avoir un empereur trop près de lui, il imagina de transporter la dignité impériale au prince qui régnait à Constantinople. Le sénat de Rome, qui était encore le représentant officiel et légal du monde romain, adressa une légation à l'empereur Zénon pour lui déclarer que l'Empire n'avait besoin que d'un seul chef, et pour le reconnaître comme unique empereur de l'Orient et de l'Occident. De son côté, le chef barbare Odoacre lui fit porter les insignes impériaux, ce qui était reconnaître son autorité. Il la reconnut plus formellement encore en sollicitant de lui « la dignité de patrice et le droit de gouverner les populations italiennes ». Il obtint ce qu'il demandait; dès lors il fut à la fois roi barbare et patrice romain, c'est-à-dire chef militaire et chef civil sous la suzeraineté peu gênante de l'empereur.

Les chefs germains qui occupaient la Gaule firent comme Odoacre : ils acceptèrent pour empereur le prince qui régnait à Constantinople. Les rois burgondes particulièrement lui prodiguèrent les marques de la soumission. Pendant cinquante années, chacun d'eux sollicita les dignités de maître de la milice et de patrice. Ils ne régnèrent, ainsi qu'ils le disaient eux-mêmes, qu'en lui obéissant; ils se glorifiaient d'être des officiers impériaux. [Ce qui donna la légitimité au pouvoir que Clovis avait conquis sur la Gaule, ce fut la lettre qu'il reçut de l'empereur, et c'est à Constantinople que ses fils s'adressèrent longtemps pour régulariser leurs conquêtes. Les rois francs regardent du côté des empereurs, comme s'ils étaient leurs souverains et leurs maîtres naturels.]

Il n'est donc pas absolument exact de dire que l'Empire romain ait été détruit en 476; aux yeux des contemporains, il ne cessa pas d'être. Que son chef résidât à Rome ou à Constantinople, peu importait : il existait toujours un Empire romain qui embrassait tout l'ancien monde.

Ce qui disparut, ce fut la force de l'Empire. Il resta debout comme une sorte de dignité sainte et inviolable. Germains et Gaulois le respectèrent également; mais personne ne lui obéit. C'étaient les chefs germains qui avaient la force et l'autorité; c'était d'eux qu'on recevait des ordres, à eux qu'on devait se soumettre. Toutefois ce n'est pas un fait insignifiant dans l'histoire que ces chefs barbares se soient considérés comme des délégués d'un pouvoir plus haut, et il n'a pas été sans conséquence qu'ils aient laissé le grand nom de l'Empire planer au-dessus d'eux.

CHAPITRE XII

Relations des Germains avec la population gauloise.

[Nous n'avons observé jusqu'ici que les rapports des armées germaines avec l'autorité impériale. Il reste à se demander quels ont été leurs rapports avec la population gallo-romaine. Dans le premier livre de ce volume, on a étudié tour à tour le régime politique et le régime du sol et des personnes, l'État romain et la société gauloise au temps de l'invasion germanique. On vient de voir comment l'invasion s'est comportée en face des pouvoirs publics et jusqu'à quel point elle a été une victoire sur l'Empire. Voyons maintenant comment elle a traité les personnes et les terres, et si elle a été une conquête du sol et un asservissement des hommes.]

Pour savoir quels furent les rapports légaux entre la population indigène et ces armées barbares, il faut observer les règlements que l'Empire avait établis depuis un siècle pour ses propres soldats.

L'usage de réunir les troupes en grandes armées placées aux frontières avait été généralement abandonné; on avait préféré les disséminer en temps de paix, et les cantonner dans l'intérieur du pays. A cet effet, le territoire de l'Empire avait été partagé en circonscriptions militaires, comme il l'était déjà en circonscriptions administratives. La Gaule entière formait un grand commandement à la tête duquel était un chef que l'on appelait maître des soldats, *magister militum*. Elle se partageait en plusieurs provinces militaires; chacune de celles-ci était sous les ordres d'un chef appelé duc ou comte, *dux, comes*, qui n'était pas très différent des généraux qui commandent de nos jours les divisions territoriales. Ces régions se partageaient encore en arrondissements militaires, dans chacun desquels était établie à demeure fixe une légion romaine, ou une aile de cavalerie, ou un corps de fédérés barbares[1].

Les soldats devaient défendre le pays où ils étaient cantonnés; par compensation, chaque pays devait nourrir et loger ses soldats. En vertu de ce principe, le territoire d'une cité était assigné à une troupe dont il devenait en quelque sorte le domaine propre. Il lui appartenait en effet, non pas en ce sens que les propriétaires du sol en fussent dépouillés, mais en ce sens qu'ils devaient fournir à tous les besoins du soldat. Ceux-ci

---

[1] [Cf. plus haut, p. 25.]

avaient droit au logement ; c'est ce qu'on appelait *hospitalitas*. Ils avaient droit aussi à des réquisitions de vivres, de fourrages, de chevaux, de vêtements.

Chaque chef de corps faisait lui-même ces réquisitions. Il avait pour cela sous ses ordres quelques agents assez semblables à des officiers d'administration : les uns déterminaient les logements à occuper ; les autres fixaient les quantités de vivres et de fourrages qui étaient jugées nécessaires. Ces agents délivraient aux soldats des bons ou billets, *pittacia*, en vertu desquels les contribuables devaient livrer les fournitures[1].

Ces charges pesaient exclusivement sur les propriétaires fonciers. La règle était que chacun d'eux dût livrer le tiers de sa maison et une quantité de denrées proportionnelle à la valeur de ses domaines.

Pour comprendre cet arrangement, il faut se rappeler que le soldat de ce temps-là ne ressemblait pas à celui du nôtre. Ce n'était pas un jeune homme enlevé pour quelques années à la vie civile, et astreint à l'existence commune d'une caserne. Le soldat romain, sous l'Empire, était soldat presque toute sa vie ; il se mariait ; il avait sa famille. L'existence en commun ne lui était pas imposée ; chaque soldat, avec sa femme, ses enfants, ses vieillards, parfois même un ou deux esclaves, était logé dans une partie du domaine d'un grand propriétaire et y vivait de réquisitions.

L'armée exerçait ainsi une sorte de droit de prélèvement sur le sol qu'elle devait aussi défendre. Le territoire assigné à chaque troupe devenait, dans une certaine mesure, son bien. Il n'était pas sa propriété dans le sens juridique et rigoureux du mot ; mais il était sa

---

[1] Code Théodosien, VII, 8, *De metalis* ; VII, 4, *De erogatione militaris annonæ*. Novelles de Théodose, II, tit. 25.

possession, au moins pour une part. Cette part de jouissance lui tenait lieu de solde.

Le gouvernement impérial veillait d'ailleurs à ce que la mesure fût bien gardée entre les droits des propriétaires et ceux des soldats. Il exigeait surtout que tous les billets d'hospitalité et les bons de réquisition, délivrés par les chefs militaires, fussent contrôlés par les autorités civiles. On peut voir aussi dans ses lois combien il était attentif à protéger les propriétaires contre les abus de la force et les convoitises exagérées.

Les armées de Wisigoths et de Burgondes qui furent admises dans l'Empire furent traitées suivant les usages et les règlements qui étaient en vigueur. Il fallait les nourrir et les vêtir : on ne leur donna pas une solde en argent, mais on leur assigna des provinces à occuper. C'est en ce sens que les chroniqueurs disent que le gouvernement, après avoir vaincu les Burgondes, leur donna la Sabaudie. On donna de même aux Wisigoths, pour les récompenser de services rendus, les cités de Bordeaux, de Poitiers, de Périgueux, d'Angoulême, de Toulouse. Cela ne signifiait pas que ces pays fussent détachés de l'Empire ni que les chefs wisigoths et burgondes s'en formassent des royaumes; on entendait seulement que ces chefs exerceraient sur ces territoires la même espèce d'autorité que les ducs romains y avaient exercée auparavant [ou qu'ils exerçaient sur les autres provinces de l'Empire]. On ne voulait pas dire non plus que le sol de ces provinces devînt la propriété des Germains, mais seulement que les soldats fédérés auraient droit à l'hospitalité et aux réquisitions[1]. Les propriétaires fonciers devaient avoir la charge de les nourrir et de les

[1] Il est probable qu'on leur donna aussi la jouissance des terres du domaine public.

entretenir conformément aux règlements en vigueur. Ces provinces devenaient leur solde. Ils prélevaient sur elles une sorte de droit de jouissance ou de possession; *præsumebant possessionem*, dit un chroniqueur[1]. Le roi wisigoth ou burgonde fut dans la région qui lui était assignée ce qu'avait été le duc : ses officiers distribuèrent les ordres de logement et de fournitures[2].

Les nouveaux venus furent des *hôtes* beaucoup plus incommodes que n'avaient été les anciens soldats de l'Empire. Sidoine Apollinaire nous a laissé le tableau des ennuis qu'il éprouvait à partager avec eux sa maison. Croit-on qu'il se plaigne d'être humilié par des conquérants, d'être ruiné par des spoliateurs? Nullement; voici à quoi se bornent ses souffrances : à un ami qui lui a demandé de lui faire un épithalame, il répond en vers élégamment tournés : « Comment veux-tu que je t'écrive un chant d'hymen, entouré que je suis de ces troupes aux longs cheveux et assourdi des sons rauques de leur langue? J'entends les chants du Burgonde aviné, et ma veine poétique se glace. Ma muse ne sait plus faire des vers de six pieds depuis qu'elle voit des protecteurs qui en ont sept, *ex quo septipedes videt patronos*. Tu es heureux de ne pas sentir dix fois chaque matin leur odeur d'ail; car dès le point du jour ils viennent nous saluer, ces géants, comme si vraiment nous étions leur grand-père[3] ». Obséquiosité désagréable,

---

[1] [Cf. plus haut, p. 416, n. 3].

[2] On a des lettres de Théodoric le Grand qui expliquent cet ensemble d'usages. Dans l'une d'elles il recommande aux habitants de la Provence *ut exercituales juventur expensæ; invalidus est enim jejunus defensor*. Dans une autre, au contraire, il les exempte de cette charge : *Jusseramus ut Provincia Gothis nostris alimonia præstaret; sed ne nimia possessores illatione graventur, ex Italia destinamus exercituales expensas* (dom Bouquet, t. II, p. 7 et 10). [Cf. p. 416, n. 3.]

[3] Sidoine Apollinaire, *Carmina*, XII.

respect dont on se fût bien passé; mais qu'il y a loin de là à l'arrogance d'un maître! Le vrai maître, celui qu'on vient saluer chaque matin, c'est le propriétaire gaulois.

Pour comprendre d'ailleurs cette sorte de partage de la maison, cette *hospitalité* forcée, il faut la juger, non d'après les maisons de nos jours, mais d'après celles de cette époque. Ne perdons pas de vue que la grande propriété dominait. La maison d'un de ces hommes que le langage du temps appelait des sénateurs [1] était une demeure immense, une grande *villa*, une sorte de petit village, où l'on distinguait de nombreuses dépendances pour tous les serviteurs, des appartements pour les amis et les hôtes, et une habitation à part pour le maître et sa famille [2]. Une petite escouade de Burgondes pouvait s'y loger à l'aise sans gêner le propriétaire autrement que par leurs chansons bruyantes et leurs salutations trop empressées.

Un autre contemporain nous dit ce qu'ont été les hôtes wisigoths; c'est Paulin de Pella, riche propriétaire en Aquitaine : « Ma maison était pleine d'agréments et de délices; seule elle fut dispensée de recevoir un hôte de la nation des Goths; mais cette faveur fut ma perte, car la troupe, au moment de quitter le pays, ne se fit pas faute de le piller; personne n'étant là pour protéger ma maison, elle fut mise à sac; au contraire, beaucoup d'hôtes wisigoths, je le sais, avaient veillé à la défense des maisons où ils avaient été reçus [3]. »

L'hôte barbare était donc souvent dangereux, quelquefois utile, toujours gênant; mais ce qui ressort avec

---

[1] [Cf. plus haut, p. 198.]
[2] [Cf. le c. 1 de *L'Alleu*.]
[3] Paulin de Pella, *Eucharisticos*, v. 283-290.

clarté des descriptions qui nous viennent des contemporains, c'est que cet hôte n'était pas un maître.

On devine bien d'ailleurs à quels excès plus graves encore et à quels désordres cette *hospitalité* pouvait souvent donner lieu. On se fait une idée des conflits inévitables entre des hommes qui ne se comprenaient pas mutuellement et dont les intérêts ou les convoitises étaient si fort en opposition. Il n'est pas besoin de dire que le contrôle des autorités civiles était inefficace et qu'il ne tarda pas à disparaître.

C'est ainsi que les Gaulois virent les Germains s'établir au milieu d'eux. Ils n'étaient pas précisément conquis, puisque ces Germains arrivaient sous le nom de soldats fédérés et présentaient souvent un ordre du gouvernement impérial; mais c'était une population militaire qui venait s'installer dans le pays et qui devait y vivre aux frais de la population civile. Il n'y avait là ni invasion ni conquête; mais il y avait un mal qui ressemblait fort à celui que la conquête et l'invasion produisent ordinairement.

Les historiens modernes ont été très frappés de ce que la population gauloise n'avait pas résisté à l'entrée des Germains. Les uns ont attribué cela à la lâcheté des Gaulois, les autres à leur haine pour l'Empire. Ni l'une ni l'autre explication n'est conforme aux documents que nous avons de cette époque.

Les faits sont loin de montrer que cette population fût lâche. Les historiens du temps indiquent plus d'une fois que les Gaulois formaient les meilleures troupes de l'Empire. « Ils sont soldats à tout âge, dit Ammien Marcellin; jeunes et vieux courent au combat avec la même ardeur, et il n'est rien que ne puissent braver ces corps endurcis par un constant exercice; l'habitude des Italiens de s'amputer le pouce pour échapper au service militaire est inconnue aux Gaulois¹. » Le même historien parle ailleurs de leur force corporelle aussi bien que de leur courage, *corporum robur audaciaque*. Il s'en faut donc beaucoup que ce fût une race dégénérée. Ammien raconte avec admiration l'histoire de deux légions gauloises qui se battirent avec une ardeur indomptable contre toute une armée de Perses, à mille lieues de leur patrie. Ils n'avaient pas moins de courage chez eux. C'est avec des Gaulois que l'empereur Julien avait maintes fois vaincu des Germains bien supérieurs en nombre, et l'historien dit à cette occasion que « jamais on n'avait vu le soldat gaulois aborder l'ennemi sans l'anéantir ou sans l'obliger à crier merci ».

Dire que ces hommes détestaient l'Empire et qu'ils le virent tomber avec une secrète joie est une autre hypothèse qui ne s'appuie sur aucune preuve. Qu'il y ait eu quelques révoltes de Bagaudes et d'esclaves, cela n'empêchait pas l'ensemble de la société de rester de cœur toute romaine. La répugnance des contribuables à payer les impôts n'indique nullement qu'ils préférassent la domination des Germains à celle de l'Empire. Une phrase de l'historien grec Zosime a pu faire penser qu'une partie de la Gaule s'était volontairement détachée de l'Empire en 408; mais un écrivain gaulois nous montre qu'en 417 cette même province obéissait avec calme à un gouverneur romain, et cinquante ans plus tard Procope remarquait encore que ce même pays témoignait un courageux attachement à l'Empire². On ne

---

¹ Ammien, XV, 12. [Cf. plus haut, p. 392.] Julien dit encore que « jamais on n'avait vu un soldat gaulois tourner le dos à l'ennemi ». Julien, *Panégyrique de Constance*, c. 31.

² Rutilius, *Itinerarium*, I, v. 213. Procope, *De bello gothico*, I, 12. — [Voir plus haut, p. 6 et 7.]

trouve pas dans tout ce siècle un seul fait ni une seule phrase qui soit l'indice d'un sentiment de haine contre Rome ou contre le gouvernement impérial.

Si les Gaulois ne résistèrent pas aux barbares, la raison en est simple : ces barbares se présentaient comme soldats de l'Empire; ils marchaient sous ses étendards, et c'était lui qui leur fixait leurs cantonnements. La population civile n'avait qu'à obéir à l'ordre impérial. Elle n'avait le droit de résister aux fédérés que si ceux-ci dépassaient les limites qui leur étaient assignées; c'est ce que firent beaucoup de cités gauloises. Elles luttèrent maintes fois contre les exigences des chefs barbares : on vit Arles, Narbonne, Clermont, soutenir des sièges et repousser des assauts. Ces événements n'avaient pas et ne pouvaient avoir le caractère d'une grande lutte nationale; c'étaient de simples conflits entre la population militaire et la population civile. Le gouvernement intervenait comme arbitre suprême, et on le vit plusieurs fois donner tort aux villes et les contraindre à se soumettre. Dans cette situation très complexe on conçoit quelle devait être l'incertitude des populations, même celle des fonctionnaires. Le doute était permis, et avec le doute l'intrigue. De là l'histoire d'Arvandus [accusé d'avoir voulu partager la Gaule entre les Wisigoths et les Burgondes[1]].

Dans les provinces mêmes qui étaient attribuées aux Wisigoths et aux Burgondes, les Gallo-Romains restaient sujets de l'Empire. Ils obéissaient aux fonctionnaires impériaux, gouverneurs, présidents, préfets du prétoire. C'était à titre de sujets de l'Empire et en vertu des règlements impériaux qu'ils avaient des obligations pécuniaires envers les fédérés germains.

[1] [Cf. plus haut, p. 434.]

Leur situation n'en était guère plus douce. Sans être conquis, ils sentaient bien que leurs charges s'aggravaient et que leur existence était troublée. Ces soldats étrangers étaient brutaux et cupides. On n'avait contre eux aucun appui; car il est clair que les fonctionnaires impériaux étaient sans force. On était à leur merci. Les lettres de Sidoine Apollinaire font bien comprendre la singulière situation d'un peuple qui était encore officiellement sujet de l'Empire, mais qui était à tout moment forcé de courber la tête sous le caprice d'un chef de soldats étrangers, et que le gouvernement régulier ne pouvait plus défendre.

Ces auxiliaires barbares prenaient d'étranges libertés. Sidoine Apollinaire raconte que l'un d'eux, en pleine paix, alors qu'il marchait sous les ordres d'un général romain pour défendre l'Empire contre des Goths, égorgea sans motif un officier d'un fonctionnaire romain[1]. Un autre contemporain, Paulin de Périgueux, dit de ces barbares « qu'on pouvait à peine les supporter comme alliés, et qu'ils faisaient plus de mal que ceux contre qui on les employait[2] ». Tels étaient ces étranges soldats de l'Empire; les provinces avaient presque autant à souffrir de leur fidélité que de leurs révoltes.

Les souffrances de la population furent donc très vives; tous les chroniqueurs contemporains les attestent. « Nous sommes sous le joug des barbares, dit Salvien, qui écrit pourtant dans une ville évidemment restée romaine; nous leur payons tribut; nous sommes au milieu d'eux comme au milieu d'ennemis; nous vivons en péril et en crainte, comme des captifs; ils sont les maîtres

---

[1] Sidoine, *Panégyrique d'Avitus*, v. 245 et suivants.
[2] Paulin de Périgueux, *Vita S. Martini*, VI, v. 216.

du sol romain[1]. » Sidoine Apollinaire raconte les maux de l'Auvergne, qui était placée, pour son malheur, entre les Wisigoths et les Burgondes, et qui était le théâtre de leurs querelles et la proie de leurs convoitises. « Les barbares sont déchaînés, dit un chroniqueur, et les provinces sont mises à sac. » « En cette année, dit un autre, l'état de l'Empire fut plus misérable qu'il n'avait jamais été ; il n'y avait pas une province qui n'eût des barbares comme occupants[2]. »

On a d'abord peine à comprendre qu'aucun des écrivains de cette époque ne raconte une conquête, et qu'ils soient pourtant tous d'accord pour décrire les douleurs des contemporains. C'est qu'il importait assez peu à la population que ces étrangers entrassent en soldats ennemis ou en soldats de l'Empire ; il fallait également satisfaire leur cupidité. D'une ou d'autre façon, il fallait les payer. Toute résistance ou tout mauvais vouloir excitait leurs colères et justifiait leurs violences. Les générations contemporaines furent aussi malheureuses que si elles avaient été conquises ; mais les conséquences pour l'avenir, ainsi que nous le verrons dans la suite de ces études, furent tout à fait différentes.

---

[1] Salvien, *De gubernatione Dei*, liv. IV, V, VI : *Inundarunt Gallias gentes barbaræ. Vectigales barbaris sumus. Nulla jam pax, nulla securitas. Barbari quos Deus in medio reipublicæ sinu positos possessores fecit ac dominos soli romani.* — Il faut d'ailleurs tenir compte des habitudes de style de Salvien pour donner à ces passages leur vrai sens. Marseille où il écrivait était libre de toute domination barbare.

[2] Chroniques d'Idace et de Prosper Tyro à l'année 450 : *Quum ne una quidem sit absque barbaro cultore provincia.*

CHAPITRE XIII

Que la population gauloise n'a pas été réduite en servage.

On se représente ordinairement, au début de l'histoire de France, une immense irruption de Germains. On se figure la Gaule inondée, écrasée, asservie. Que des Germains soient entrés dans l'Empire, qu'ils l'aient même, de plusieurs façons, envahi, c'est ce qui n'est pas contestable; mais ce qui l'est, c'est le caractère qu'on assigne d'ordinaire à cet événement, ce sont les grandes conséquences qu'on lui attribue.

Il semble qu'il ait changé la face du pays et qu'il ait donné à ses destinées une direction qu'elles n'auraient pas eue sans lui. Il est pour beaucoup d'historiens, et pour la foule, la source d'où est venu tout l'ancien régime. Les seigneurs féodaux se sont vantés d'être les fils des conquérants; les bourgeois et les paysans ont cru que le servage de la glèbe leur avait été imposé par l'épée d'un vainqueur. Chacun s'est ainsi figuré une conquête originelle d'où était venu son bonheur ou sa souffrance, sa richesse ou sa misère, sa condition de maître ou sa condition d'esclave. Une conquête, c'est-à-dire un acte brutal, serait ainsi l'origine unique de l'ancienne société française. Tous les grands faits de notre histoire ont été appréciés et jugés au nom de cette iniquité première; la féodalité a été présentée comme le règne des conquérants, l'affranchissement des communes comme le réveil des vaincus, et la Révolution de 1789 comme leur revanche.

Il faut d'abord reconnaître que cette manière d'envisager l'histoire de la France n'est pas très ancienne ; elle ne date guère que de trois siècles. Les anciens chroniqueurs, qui étaient contemporains de l'établissement des Germains et qui l'ont vu de leurs yeux, mentionnent sans nul doute beaucoup de ravages et de violences ; mais ils ne montrent jamais une race vaincue, une population entière assujettie[1]. Nous possédons d'innombrables écrits de ce temps-là ; ils ne présentent jamais l'idée d'un peuple réduit au servage. Le moyen âge a beaucoup écrit : ni dans ses chroniques, ni dans ses légendes, ni dans ses romans, nous ne voyons jamais que la conquête germanique ait asservi la Gaule. On y parle sans cesse de seigneurs et de serfs ; on n'y dit jamais que les seigneurs soient les fils des conquérants étrangers, ni que les serfs soient les Gaulois vaincus. Philippe de Beaumanoir au XIIIe siècle, Commines au XVIe, et beaucoup d'autres écrivains cherchent à expliquer l'origine de l'inégalité sociale, et il ne leur vient pas à l'esprit que la féodalité et le servage dérivent d'une ancienne

---

[1] De rares documents, comme la Vie de saint Sigismond et celle de saint Volusien, présentent les envahisseurs sous un jour très défavorable ; mais il y a sur cela deux remarques à faire : la première est que ces documents ne remontent pas plus haut que le VIIIe siècle ; la seconde est qu'à les observer attentivement ils respirent plutôt la haine contre l'hérésie arienne que contre la race germanique. Ce sont les ariens qu'on a détestés, ce ne sont pas les Germains. Quant on lit Grégoire de Tours et qu'on voit l'animosité du clergé catholique au VIe siècle contre les croyances des Wisigoths et des Burgondes, on s'explique qu'il se soit formé une tradition de haine qui, grossissant d'âge en âge, ait enfin abouti aux légendes dont ces deux Vies de saints sont l'expression. Les récits de persécutions, déjà exagérés dans Grégoire de Tours, se sont peu à peu transformés en ce tableau d'une race exterminée que nous offre le début de la Vie de saint Sigismond ; mais ces peintures à la fois si sombres et si dépourvues de précision sont trop en contradiction avec les documents du VIe et du VIIe siècle pour que l'histoire puisse en tenir un grand compte. Rien de semblable d'ailleurs en ce qui concerne les Francs. Ajoutons enfin que ces récits eux-mêmes, parmi les violences qu'ils attribuent aux envahisseurs, ne signalent pourtant ni un asservissement de la population, ni un partage des terres.

conquête. Le moyen âge n'eut aucune notion d'une différence ethnographique entre Francs et Gaulois. On ne trouve, durant dix siècles, rien qui ressemble à une hostilité de races. La population gauloise n'a jamais conservé un souvenir haineux des Francs ni des Burgondes; aucun des personnages de ces nations n'est présenté comme un ennemi dans les légendes populaires. Ni les écrits ni les traditions de toute cette époque ne portent la trace de la douleur qu'un universel asservissement eût mise dans l'âme des vaincus.

L'opinion qui place au début de notre histoire une grande invasion, et qui partage dès lors la population française en deux races inégales, n'a commencé à poindre qu'au xvi° siècle et a surtout pris crédit au xviii°. Elle est née de l'antagonisme des classes, et elle a grandi avec cet antagonisme. Elle pèse encore sur notre société présente : opinion dangereuse, qui a répandu dans les esprits des idées fausses sur la manière dont se constituent les sociétés humaines, et qui a aussi répandu dans les cœurs des sentiments mauvais de rancune et de vengeance. C'est la haine qui l'a engendrée, et elle perpétue la haine.

Les Germains n'ont pas réduit la population gauloise en servitude. Ils n'étaient à son égard ni des vainqueurs ni des maîtres. Comme ils ne s'étaient pas présentés en ennemis, qu'ils avaient affecté d'être les soldats de l'Empire romain et que, sans jamais attaquer ouvertement cet empire, ils ne s'étaient battus qu'entre eux, ils ne pouvaient pas même avoir la pensée d'asservir la population indigène.

Il est hors de doute qu'ils commirent beaucoup de violences. Ils eurent des convoitises et des colères auxquelles nul ne résista impunément. Il dut arriver plus d'une fois ce que Grégoire de Tours raconte d'une ville d'Auvergne qui avait refusé d'ouvrir ses portes : « Les Burgondes massacrèrent les hommes et réduisirent en esclavage les femmes et les enfants[1]. » Ces actes de colère et de vengeance durent être fréquents ; mais entre de tels actes, si nombreux qu'on les veuille supposer, et un asservissement en masse de la population gauloise il reste encore une incalculable distance. Croire que les Germains firent tomber les Gaulois au rang de serfs serait croire une chose qu'ils n'avaient ni le droit ni le pouvoir d'accomplir.

Tous les documents du temps attestent que la population gauloise, sauf quelques exceptions malheureuses, resta dans les mêmes conditions sociales où elle se trouvait avant l'arrivée des Germains. Ceux qui étaient hommes libres demeurèrent libres ; ceux qui étaient esclaves ou colons restèrent dans la servitude ou dans le colonat.

Les Gaulois, qui s'appelaient citoyens romains avant l'invasion, persistèrent à garder ce titre. On peut voir dans les actes législatifs et dans les formules que cette expression se conserva durant deux siècles, et qu'elle continua à désigner l'état de liberté par opposition avec l'état de servitude[2].

Ni l'esclavage ni le servage de la glèbe ne datent de l'invasion : ils sont infiniment plus anciens qu'elle. Ils

---

[1] [*De Virtutibus S. Juliani*, 7. Il est hors de doute que les armées germaines aient fait de] très nombreux captifs, mais [il n'y eut] jamais [une mise en] captivité [de la population] en masse. [C'étaient] des captifs faits par chaque soldat, non une captivité enveloppant toute une race ; c'était un acte de pillage, mais non un acte voulu d'une autorité quelconque. La lettre de Clovis aux évêques (Bouquet, IV, p. 54) montre bien cela.

[2] [Voir *L'Alleu*, p. 333.]

n'ont pas non plus pesé uniquement sur la population gauloise. Avant l'invasion, il y avait eu des esclaves chez les Gaulois, il y en avait eu aussi chez les Germains. Quant au servage de la glèbe, forme adoucie de l'esclavage, il existait également des deux côtés du Rhin. Les serfs de la glèbe qu'il y a eu en Allemagne jusqu'aux temps modernes sont certainement de race germanique; ceux qu'il y a eu en Gaule appartiennent indifféremment aux deux races. Les Germains qui entrèrent dans l'Empire amenèrent leurs esclaves et leurs serfs à leur suite, et ils ne pensèrent pas plus à affranchir ceux de leur race qu'à asservir les hommes libres de race gauloise.

Les codes germaniques qui ont été écrits au vie et au viie siècle mentionnent des esclaves barbares[1] et les montrent soumis aux mêmes conditions que les esclaves romains.

Même sous la domination des Francs, la Germanie fournissait beaucoup d'esclaves à la Gaule. On lit dans la Vie de saint Germain, évêque de Paris, écrite au vie siècle : « Combien d'esclaves il racheta! Toutes les nations en peuvent porter témoignage : Goths, Bretons, Saxons, Burgondes, l'imploraient pour se faire délivrer de la servitude[2]. »

Nous avons des testaments du vie et du viie siècle; quelques-uns distinguent parmi les nombreux esclaves du testateur « ceux qui sont de naissance romaine et ceux qui sont de naissance barbare[3] ». On peut compter dans ces testaments des centaines de noms d'esclaves;

[1] [*L'Alleu*, c. 9.]
[2] [Cf. *L'Alleu*, p. 280 et tout le c. 9.]
[3] [Cf. *L'Alleu*, p. 274 et suiv., où l'on trouvera de nombreuses preuves de ce fait.]

ils appartiennent à peu près en nombre égal à la langue latine et à la langue germanique.

CHAPITRE XIV

S'il est vrai que la propriété du sol ait été enlevée aux Gaulois[1].

Les guerriers germains n'étaient venus en Gaule que pour acquérir des terres et de l'argent. Il est hors de doute qu'ils ont beaucoup pillé; on ne saurait douter non plus qu'ils ne se soient emparés par force de beaucoup de terres. Si cette vérité avait besoin d'être prouvée, elle le serait par plusieurs chartes où nous voyons les rois mérovingiens obliger des Francs à restituer des domaines qu'ils ont pris. La Loi des Burgondes mentionne aussi des usurpations de propriété et les réprouve. Beaucoup de violences ont été commises dans ce temps de désordre et sont restées impunies.

Quelques historiens modernes sont allés plus loin : il leur a paru vraisemblable que les chefs germains eussent dépossédé, par un décret régulier, la population gauloise des deux tiers de ses terres, et eussent ensuite distribué ces terres entre leurs guerriers par la voie du sort. Cette opinion ne s'appuie pas sur les documents.

On a conservé de nombreux écrits de cette époque : histoires, chroniques, Vies des saints, poésies, lettres, diplômes royaux, actes de la vie privée, textes de lois :

---

[1] [Pour plus de développements, voir *L'Alleu*, c. 2, 3 et 4; *Les Origines du Système féodal*, c. 3.]

on n'y trouve pas une seule phrase qui mentionne ni une confiscation générale des terres, ni un partage de ces terres entre les nouveaux venus.

Conçoit-on un acte aussi grave que celui-là, qui toucherait aussi sensiblement les hommes, qui remuerait aussi profondément tous leurs intérêts et toute leur âme, et dont aucun historien contemporain ne parlerait? Jordanès, Paul Orose, Procope, Sidoine Apollinaire, Paulin de Pella, Avitus, Cassiodore, Salvien, Fortunat, Grégoire de Tours, nous ont tracé un tableau très complet de toute cette époque; aucun d'eux ne signale ni cette universelle spoliation ni ce partage.

Qu'on essaye de se figurer ce que serait un tel déplacement de la propriété, à combien de difficultés il donnerait lieu dans la pratique, combien de temps et combien d'actes administratifs il faudrait pour l'accomplir; qu'on se figure encore quelles traces matérielles il aurait laissées après lui; quelles douleurs et quelles rancunes il aurait mises pour longtemps dans les cœurs; et l'on sera surpris de ne trouver, parmi tant d'écrits et tant de témoins de toute sorte, ni l'indice de ces difficultés, ni la mention de ces actes administratifs, ni l'expression de ces rancunes.

On a rencontré dans la langue de cette époque le mot *sors* employé pour désigner une terre, et l'on a conclu de l'existence seule de ce terme qu'il y avait eu un tirage au sort des terres du pays; mais ce mot *sors* avait dans la langue latine, depuis plusieurs siècles, le sens de propriété, de patrimoine; il s'appliquait à toute terre possédée héréditairement[1]. Il avait eu cette signification dans la langue de l'Empire romain, et il la conserva

[1] [Cf. *L'Alleu*, p. 169, n. 5.]

dans la langue de l'époque mérovingienne. Aussi est-il employé dans un grand nombre d'actes pour désigner un héritage[1]. Les propriétés des Romains s'appelaient *sortes* aussi bien que celles que pouvaient posséder les barbares, mais aucun document ne fournit la mention d'un tirage au sort.

Il se trouve dans les Lois des Wisigoths et des Burgondes deux phrases qui sont susceptibles de plusieurs interprétations, d'après l'une desquelles elles seraient une allusion à d'anciens partages[2]. On n'a pas même trouvé si peu que cela pour ce qui concerne les Francs. On n'a pas rencontré, parmi tant de textes, un seul mot qui se rapporte, fût-ce par une vague allusion, à des terres confisquées aux Gaulois et partagées entre les guerriers. Il n'en est aucun indice ni dans les lois des Francs, ni dans les diplômes des rois, ni dans les Chroniques.

Montesquieu a dit que les guerriers francs ont dû prendre ce qu'ils ont voulu; mais les documents montrent le contraire. Il nous a été conservé plusieurs actes judiciaires des rois où nous voyons qu'un guerrier franc a prétendu s'emparer d'une terre, que le propriétaire a porté plainte, et que le roi a condamné le guerrier à restituer ce qu'il avait pris.

D'autre part, les actes de donation de terres sont fort nombreux; nous y pouvons remarquer qu'aucun d'eux ne porte sur des terres enlevées à des particuliers : ils ont toujours pour objet le sol du domaine public qui était passé des empereurs aux mains des rois et qui suffisait à récompenser largement tous les guerriers[3].

[1] [Tout cela sera développé dans *L'Alleu*, p. 167 et suiv.]
[2] [Voir dans les *Nouvelles recherches* celles qui concernent les lois barbares.]
[3] Les concessions de terres qui sont mentionnées par les Vies des saints

Le droit de la guerre, tel qu'il était entendu par les Germains, autorisait le pillage, l'enlèvement de l'or, des objets mobiliers, des esclaves même; il n'autorisait pas la confiscation du sol. Les guerriers de Thierry lui disent en 532 : « Si tu refuses d'aller avec tes frères contre la Bourgogne, nous te quitterons et nous irons avec eux; » Thierry leur répond : « Suivez-moi et je vous conduirai dans un pays où vous recueillerez autant d'or et d'argent que vous voudrez, et où vous prendrez des troupeaux, des esclaves, des vêtements en abondance. » Il ne leur promet pas les terres des vaincus. La conquête de l'Auvergne fut ce qu'il y eut de plus cruel dans toute l'histoire des Francs; mais, même alors, les guerriers ne songèrent pas à prendre possession du sol. Ils tuèrent, ils pillèrent, ils emportèrent tout ce qu'ils purent; mais ils laissèrent la terre à ses anciens maîtres[1].

Dans les innombrables écrits de ce temps nous ne voyons jamais qu'un homme de naissance franque possédât une terre en vertu de la conquête ou du droit de l'épée. Ces expressions ni aucune autre qui leur ressemble ne se rencontrent jamais. Plusieurs centaines de diplômes et de chartes disent en termes précis qu'on possédait la terre par héritage, par achat ou par dona-

---

de cette époque portent expressément que les domaines concédés dépendaient du fisc, *ex fisco*. Lorsque Clovis donne une terre à saint Fridolin [Bouquet, III, p. 389], le chroniqueur remarque qu'il était en droit de la donner : *Nam ad regalem potestatem ab antiquis temporibus locus pertinere non ambigebatur*. Quand le même prince donne à Jean, abbé de Réomé, autant de terres qu'il pourra en parcourir en un jour, il fait cette réserve : *Quantumcumque de fiscis nostris circuisset* (*Diplomata*, I, p. 32). [Cf. *Les Origines du système féodal*, p. 55 et suiv. : *Les donations royales*.]

[1] Grégoire de Tours, *De virtutibus S. Juliani*, 23 : *Neque relictum est aliquid præter terram quam secum ferre non poterant*.

tion; aucun d'eux ne laisse supposer qu'on la possédât par suite d'un partage ou à titre de conquérant.

Les chroniqueurs et les hagiographes qui écrivaient à cette époque nous présentent l'histoire intime de beaucoup de familles gauloises; ils ne montrent pas qu'elles aient été dépossédées violemment par un décret des rois germains. Ils nous donnent beaucoup de généalogies de familles qui étaient riches avant l'invasion et qui sont restées tout aussi riches après elle. Sidoine Apollinaire possédait de nombreux domaines; il ne dit ni dans ses vers ni dans ses lettres qu'il en ait été dépouillé. Il continue à écrire à ses riches amis, et il ne parle jamais d'une spoliation qui les aurait ruinés.

L'Église possédait beaucoup de terres avant l'arrivée des Germains; il n'y avait pas de motifs pour que ses domaines fussent mieux respectés que ceux des particuliers, puisque les Germains étaient ou idolâtres ou hérétiques. Sa richesse foncière ne lui fut enlevée ni par les Francs ni par les Wisigoths.

Qu'on regarde les actes de testament et de donation du vi° et du vii° siècle; on y verra, par des centaines d'exemples, que l'ancienne *villa* gallo-romaine est intacte. L'établissement des Germains n'a pas changé la distribution de la propriété foncière. Si parfois la *villa* est partagée (*portiones*), c'est par l'effet des successions ou des ventes, jamais par l'effet d'une spoliation; on ne voit jamais une *villa* divisée entre un ancien propriétaire gaulois et un envahisseur germain[1].

Ces Germains ne firent que ce qu'il était naturel et possible qu'ils fissent. La manière dont ils entraient en Gaule leur ôtait tout prétexte de déposséder la popula-

---

[1] [*L'Alleu*, p. 253 et suiv., surtout p. 245.]

tion : l'auraient-ils voulu, ils n'étaient ni assez nombreux ni assez forts pour y réussir. Ils n'avaient pas même besoin d'enlever aux particuliers leurs terres : les domaines publics suffisaient à satisfaire leurs plus ardentes convoitises.

Le droit de propriété ne fut jamais contesté à la population gallo-romaine. Les lois germaniques elles-mêmes assurèrent les mêmes garanties et la même protection à la propriété du Gaulois qu'à celle du Germain.

Aucune statistique n'est possible pour une telle époque. On ne saurait essayer de compter combien il y eut de terres qui passèrent aux mains des nouveaux venus. Beaucoup d'entre eux sans nul doute en prirent de force; plusieurs en achetèrent avec l'argent du butin; le plus grand nombre en obtint de la libéralité des rois. Il est impossible d'évaluer avec exactitude dans quelle proportion les Gaulois et les Germains se partagèrent insensiblement le sol. Mais quand on lit les Chroniques et les actes de cette époque, on est frappé de l'opulence des familles gallo-romaines. Un bon nombre de testaments, d'actes de vente ou de donation nous montrent des Gaulois qui possèdent par héritage quinze ou vingt grands domaines, dont chacun renferme des champs, des vignes, des prés, des bois et beaucoup de serviteurs[1].

Salvien écrit son livre du *Gouvernement de Dieu* en un temps où les barbares sont les maîtres : il accuse ses concitoyens de vivre dans la mollesse et la débauche, au milieu des festins, parés de brillantes étoffes de soie et d'or. Cette accusation, vraie ou fausse, prouve au moins que les Gaulois étaient restés riches. Il leur re-

---

[1] [Les exemples abonderont dans les volumes sur *L'Alleu*, surtout c. 2, et sur *Les Origines du système féodal*, c. 3].

proche en effet « d'amasser des trésors ». Il dit que les habitants de Trèves, après le pillage de leur ville par les Germains, « avaient conservé plus de richesses que de bonnes mœurs[1] ».

Les écrivains du vᵉ siècle font un tableau très vivant de la société qu'ils ont sous les yeux : c'est une société délicate et raffinée, où il se trouve de grandes et opulentes existences, où l'on voit encore des théâtres, des écoles, des boutiques de libraires, où l'on rencontre beaucoup de professeurs et de poètes ; tous les symptômes d'une société riche sont encore là, et pourtant les Germains sont en Gaule depuis cinquante ans. Il arrive souvent à ces écrivains de comparer les Gaulois aux barbares : ce sont les barbares qu'ils représentent comme pauvres, ce sont les Gallo-Romains qu'ils disent riches. S'ils poursuivent l'excès du luxe, c'est chez les Gaulois qu'ils le montrent. Non seulement ils ne parlent jamais d'une confiscation générale du sol, mais encore la peinture qu'ils font de leur siècle montre que la plus grande partie de la richesse foncière est restée à la population indigène. Grégoire de Tours, au siècle suivant, trace la généalogie de beaucoup de Gaulois : il compte combien ils possédaient de villas et de domaines, et nous reconnaissons que la terre est, en général, demeurée dans les mêmes mains qui la possédaient avant l'invasion.

---

[1] Voici comment Salvien parle des Gaulois (*Adversus avaritiam*, III, 19) : *Circumstant locupletes matresfamiliæ, nobiles viri, sericis atque auratis vestibus.... Opulentissimi ac splendidissimi cultus homines. Thesauri eorum cumulantur.*

CHAPITRE XV

Que les Gaulois n'ont pas été traités comme une race inférieure.

Aucun chroniqueur ne dit que les Gaulois fussent des opprimés, ni les Germains des maîtres. Si on lit Grégoire de Tours et Fortunat, en se représentant par la pensée la société qu'ils décrivent, on voit bien qu'il y a deux races, mais on ne voit pas que l'une soit réputée sujette de l'autre. Quand les chroniqueurs nous présentent un personnage, ils indiquent s'il est de naissance gauloise ou de naissance franque; mais ils ne marquent jamais que le Franc soit supérieur au Gaulois. Parler de sujétion gauloise et de domination germanique, c'est parler de choses dont les hommes de ce temps-là ne paraissent avoir eu aucune idée. Il est bien vrai que les rois à qui il fallait obéir étaient de race germaine; mais on n'obéissait pas aux Germains. Ces rois eux-mêmes, nous l'avons vu, ne gouvernaient pas les Gaulois à titre de chefs des Francs; ils prenaient vis-à-vis d'eux un titre tout romain.

Une foule d'anecdotes, qui sont racontées dans les Chroniques et dans les Vies des saints, montrent que dans les relations de la vie ordinaire les Gaulois étaient avec les Francs sur un pied d'égalité. Nous ne pouvons pas saisir un symptôme de haine entre les deux races, comme il y en aurait eu infailliblement entre une population maîtresse et une population assujettie. Nous ne voyons jamais ni le Gaulois maudire le Franc comme un vainqueur, ni le Franc dédaigner le Gaulois comme un vaincu[1].

Il s'en faut beaucoup que le nom de Gaulois, ou plutôt celui de Romain que ces populations gardèrent, soit devenu un terme de mépris. Les Germains, dans leurs actes officiels et même dans leur langage ordinaire, continuèrent pendant plusieurs générations à s'appeler « barbares ». Ils appelaient les indigènes « romains »; or nous ne trouvons dans les documents du VIe et du VIIe siècle aucune phrase qui indique que ce nom fût moins honoré que celui de barbares.

La population gauloise garda sa langue, qui était le latin. Ce qui est surtout digne d'attention, c'est que le latin ne devint pas un idiome inférieur et vulgaire; il ne fut pas relégué au second rang, comme il arriva à la langue des Anglo-Saxons après la conquête normande. Il resta la langue principale du pays; il fut la langue officielle. Les rois francs écrivirent en latin, ils rendirent la justice en latin; ce fut en latin que leurs ordonnances furent rédigées; c'est en latin qu'ils envoient leurs instructions, même à leurs fonctionnaires[2]. Lorsqu'on mit en écrit les codes germaniques, on se servit du latin. Il a été conservé des actes de donation et de testament qui ont été rédigés par des Francs ou pour des guerriers de cette race : ils étaient toujours écrits en langue latine.

La population gauloise garda ses lois; l'usage des codes germaniques ne lui fut jamais imposé. Rien n'indique non plus que les lois romaines fussent regardées

---

[1] On trouvera les preuves dans les trois volumes suivants; cf. *La Monarchie franque*, p. 117.]

[2] [Cf. *La Monarchie franque*, p. 26 et 27.]

comme inférieures à celle des Germains¹. Qu'un Gaulois et un barbare fussent en procès, le barbare n'avait aucun privilège².

Si les Gaulois avaient été réduits à l'état de race sujette, il n'est pas probable qu'on leur eût laissé l'usage des armes ; or les cités gardèrent leurs milices, commandées par des officiers qui portaient des titres romains. Les Gaulois étaient astreints, comme les Francs, au service militaire, et les Mérovingiens ne craignaient pas de les employer comme soldats. Dans les querelles des rois et dans les batailles, les troupes gauloises figurent fréquemment ; il ne paraît d'ailleurs à aucun signe qu'elles fussent méprisées³.

Les Gaulois n'étaient pas seulement soldats, ils pouvaient commander les armées. Les Mérovingiens leur confièrent plus d'une fois les plus hauts grades militaires. Il est même assez curieux que le général le plus habile et le plus heureux du vi° siècle ait été un Gaulois ; il s'appelait Eunius Mummolus. Les rois Chilpéric et Gontran se disputant la possession de l'Aquitaine, leurs deux armées étaient commandées par deux Gaulois, Mummolus et Désidérius⁴.

Les Gaulois siégeaient dans les tribunaux au même titre que les Francs. Ce qu'on appelait *Mall* en langue

---

¹ Quelques historiens modernes présentent le maintien des lois romaines comme une marque d'infériorité pour les vaincus ; les Francs auraient refusé de leur accorder la communication de leur droit. Cette manière d'interpréter les faits est inexacte. Il n'y a aucun indice que la population indigène eût souhaité de partager le droit des Germains, ni que ceux-ci aient eu le moindre dédain pour la loi romaine. Au contraire, cette loi est toujours citée avec honneur, même par des hommes de race germanique.

² [Cf. *La Monarchie franque*, p. 331, 417, 418, 451, 452.]
³ [Cf. Ibidem, c. 12, surtout p. 293 et suiv.]
⁴ [Cf. Ibidem, p. 296.]

germanique, [comme ce qu'on nommait] *conventus* en langue latine, était composé d'hommes des deux races indifféremment. Les assesseurs s'appelaient *rachimbourgs* dans une langue et *boni homines* dans l'autre. Les Francs n'y étaient en majorité que dans le cas où ils formaient la majorité des propriétaires du canton[1]. Dans chaque procès on avait égard à la race de l'accusé ou du défendeur; on n'avait pas égard à celle du juge. Il pouvait arriver qu'un Franc fût jugé par un tribunal composé en majorité de Gaulois.

On a dit que les Francs avaient été exemptés de l'impôt et que les Gaulois seuls y avaient été assujettis; mais c'est là une assertion qui n'a été appuyée jusqu'ici d'aucune preuve certaine. Il n'y a pas dans les ordonnances des rois un seul mot qui indique que les hommes de race franque fussent traités autrement que ceux de race gauloise. Tous les actes législatifs des Mérovingiens s'adressent indistinctement aux deux populations[2].

Le mépris pour la race gauloise ne perce nulle part dans les documents d'origine germanique. Les Lois des Wisigoths et des Burgondes prononcent dans les termes les plus clairs que les Romains sont en toutes choses les égaux des Germains[3]. La Loi Salique ne laisse voir par aucun mot que les Gaulois fussent des vaincus et des sujets. Elle commence par un prologue qui est une sorte de chant national : le peuple franc vante ses vertus, il ne parle pas de ses victoires; il rappelle qu'il a été sujet de l'Empire, et qu'il s'en est affranchi; il ne dit pas qu'il ait été à son tour conquérant et dominateur.

Les Gaulois tenaient le même rang que les Francs dans

---

[1] [Cf. *La Monarchie franque*, p. 315 et p. 419.]
[2] [Ibidem, p. 277 et suiv.]
[3] Loi des Wisigoths, III, 1, 1 ; Loi des Burgondes, XIII, XV, XXVI.

l'entourage de Clovis et de ses successeurs. Les rois se servaient indifféremment des uns et des autres comme conseillers, comme ambassadeurs, comme ministres, comme généraux d'armée. Saint Remi et Aurélianus étaient les principaux conseillers de Clovis; les ministres de Clotaire Ier étaient Plato et Sabaudus; ceux de Théodebert furent successivement Sécundinus, Astériolus, Parthénius et l'Aquitain Aridius[1]. Un peu plus tard nous voyons le Romain Protadius et le Romain Claudius devenir maires du Palais en Bourgogne; deux autres Romains le furent même en Austrasie[2]. Les fonctions administratives étaient souvent exercées par des hommes de naissance gauloise; on en voit beaucoup qui sont comtes, ducs, patrices. Une ordonnance d'un roi burgonde est adressée à tous les comtes du royaume « tant romains que burgondes[3] ». Même dans les provinces du nord, beaucoup de ducs et de comtes étaient des Gaulois. Si l'on examinait la liste des hauts fonctionnaires dont les noms nous sont parvenus, on y compterait plus de Gaulois que de Germains[4]. Il arrivait donc fréquemment que des Francs fussent administrés par un comte gaulois, fussent cités en justice et punis par lui, dussent enfin le suivre à la guerre et lui obéir comme à leur capitaine. Cela était ordinaire, et nous ne voyons à aucun signe que cela surprît ou choquât les contemporains.

[1] [Cf. *La Monarchie franque*, p. 139.]
[2] [Cf. ibidem, p. 174 et 178.]
[3] Loi des Burgondes, CVI : *Comites tam burgundiones quam romani.*
[4] [*La Monarchie franque*, p. 211.] Les comtes de Tours furent successivement Alpinus, Leudastes, Eunomius, Ennodius, Bérulfus ; les patrices de Bourgogne furent Celsus, Amatus, Mummolus ; la Provence eut pour recteurs Jovinus et Albinus ; deux comtes du Gévaudan s'appellent Palladius et Romanus ; l'Auvergne a pour comte un Hortensius (voir Grégoire de Tours, *passim*).

Les mariages étaient permis entre les deux races, et ils n'étaient pas rares. Les chroniqueurs et surtout les auteurs des Vies des saints signalent souvent ces mariages au vi° et au vii° siècle[1]. Rien n'autorise à supposer que l'union d'un Franc avec une Gauloise passât pour une mésalliance; tout porte à croire, au contraire, qu'une telle union était fort recherchée et était réputée honorable. La famille carolingienne comptait des Gallo-Romains dans sa généalogie[2].

Les deux races ne se distinguaient pas par le costume; les Francs adoptèrent, au moins en temps de paix, l'habillement romain, c'est-à-dire la toge ou robe traînante, quelquefois la chlamyde[3]; il n'est pas sûr que, même à la guerre, le vêtement fût différent pour les hommes des deux populations. Elles ne se distinguent pas même par les noms. Ce serait une grande erreur de croire que tous les personnages qui portent des noms germaniques fussent des Germains. On rencontre des hommes qui s'appellent Richomer, Arbogast, Gaugéric, Bodégisile, Gundulf, Leudaste, Chremnolène, Sadrégisile, et dont les chroniqueurs disent qu'ils sont de naissance romaine, c'est-à-dire gauloise[4]. Plusieurs Francs, au contraire,

---

[1] Par exemple, l'auteur de la Vie de saint Médard dit que son père était *Nectardus, de Francorum genere, mater vero romana, nomine Protagia* [Bouquet, III, p. 451]. De même dans la Vie de saint Maur nous voyons le Franc Harderad épouser la Gallo-Romaine Cæcilia [ibidem, p. 415]; le père de saint Didier s'appelait Salvius et sa mère Herchénéfrid (Bouquet, III, p. 527). La loi des Burgondes autorisait le mariage entre les deux races (XII, 5). [Cf. plus haut, p. 399.]

[2] Dom Bouquet, t. II, p. 698; III, p. 677. Pertz, t. II, p. 509-513.

[3] Voir *Vita S. Medardi*, c. 7. [Voir *La Monarchie franque*, p. 161.]

[4] Richomer, patrice de Bourgogne, était *genere Romanus* (Frédégaire, 29); Bodégisile était Romain (Grégoire de Tours, X, 2); Gundulf, duc et maire du Palais, était *de genere senatorio* et parent de Grégoire de Tours (ibidem, VI, 11); Sadrégisile, duc d'Aquitaine, était Romain (*Gesta Dagoberti*, 6 et 55).

portent des noms tout à fait romains. Comme les noms n'étaient pas héréditaires, ils variaient au gré du caprice et de la mode; maintes fois il arrivait que le Germain donnât à son fils un nom romain, et que le Gaulois donnât au sien un nom germanique[1]. On rencontre des exemples de deux frères dont les noms appartenaient aux deux langues; quelquefois un même personnage avait deux noms, dont l'un était germanique et l'autre latin[2].

Francs et Gaulois vivaient ensemble; les familles s'unissaient et se confondaient. Au bout de deux ou trois générations, il était devenu fort difficile de les discerner les uns des autres. Au vii° siècle, il y avait bien peu d'hommes dont on pût dire avec certitude s'ils étaient de sang gaulois ou de sang germanique.

CHAPITRE XVI

Des conséquences de l'invasion germanique.

L'invasion germanique a été [cependant] un événement considérable; il n'est pas douteux qu'elle n'ait frappé vivement les générations contemporaines et

---

[1] Rigobert, qui devint archevêque de Reims à la fin du vi° siècle, avait pour père un Constantinus (Flodoard, *Historia ecclesiæ remensis*, II, 11).

[2] Il faut écarter aussi l'idée que les noms germains fussent réputés plus nobles; très souvent ils étaient donnés à des esclaves, ainsi que le prouvent de nombreux diplômes (voir Guérard, *Polyptyque d'Irminon*, Prolégomènes, p. 420). En matière de noms, chacun fut libre de prendre celui qui lui plaisait. Aucun texte ne permet de croire qu'il y en eût qui fussent réservés à une race ou à une classe.

qu'elle n'ait influé sur la suite des événements et des institutions. Aussi était-il nécessaire d'examiner de près la manière dont elle s'est accomplie, afin de ne pas s'égarer sur la nature des résultats qu'elle a pu produire.

Si elle a modifié la constitution de la société gauloise, ce n'est pas par le sang germain qu'elle y a introduit; car ces Germains étaient peu nombreux. Il faut écarter l'idée qu'on se fait de grandes multitudes d'hommes. Les Wisigoths, qui se présentent comme le plus puissant de tous ces peuples, n'étaient pourtant qu'une foule de 200 000 personnes, en y comptant les enfants et les femmes, lorsqu'ils passèrent le Danube; ils durent être beaucoup réduits par les ravages mêmes qu'ils commirent en Thrace, en Grèce, en Italie; car ces courses vagabondes affaiblissent encore plus les ravageurs que leurs victimes. Lorsqu'ils furent passés en Gaule et en Espagne, ils vécurent dans un état de guerre perpétuel contre les Vandales, les Suèves, les Burgondes et les Francs; leur population ne put certainement pas s'accroître[1]. A la bataille de Vouglé, le chroniqueur ne nous dit pas quel était leur nombre; mais il rapporte que pour résister à l'attaque des Francs ils avaient eu besoin de se faire renforcer par des troupes gauloises[2].

Les Burgondes avaient été 80 000 lorsqu'ils s'étaient présentés sur la rive du Rhin. On ne peut évaluer ce qu'ils perdirent d'hommes dans leurs déplacements et dans leurs luttes incessantes contre les Wisigoths; mais on sait qu'en 435 Aétius les ayant vaincus et ayant accordé la paix à leurs supplications, ils se virent ino-

---

[1] [Cf. plus haut, p. 456 et 457.]
[2] [Cf. plus haut, p. 497.]

pinément attaqués par une des hordes de Huns, « qui massacra le roi des Burgondes avec sa race et son peuple[1] ». Tout ne périt pas pourtant, car un autre chroniqueur ajoute que l'Empire assigna le pays de Sabaudie « à ce qu'il restait de Burgondes ». Que ces hommes se soient ensuite [établis] dans la vallée du Rhône à la faveur du désordre général ou en récompense des services rendus à l'un des princes qui se disputaient alors le trône impérial, cela ne prouve pas qu'ils fussent devenus bien nombreux.

Quant aux Francs, tous les chiffres que nous donnent les chroniqueurs sont singulièrement faibles; il ne semble pas que Clovis, au moment de son baptême, eût plus de 6000 guerriers francs sous ses ordres[2].

Il y a eu dans le détail des faits de cette époque un point qu'on a négligé. Lorsqu'une troupe de Germains traversait l'Empire en le ravageant, elle ne manquait guère de voir des hommes de la population indigène affluer vers elle et grossir ses rangs. C'étaient des esclaves fugitifs; c'étaient des colons; c'étaient des hommes ruinés, des mécontents, comme il s'en trouve dans toute société. Les uns pour s'affranchir de l'autorité d'un maître, d'autres pour fuir le travail, d'autres encore pour échapper à la justice sévère de l'Empire ou à ses impôts, se jetaient dans le camp des barbares. Salvien laisse bien voir que beaucoup d'hommes, affectant de se plaindre des fonctionnaires et des percepteurs, ne rougissaient pas d'aller au-devant des étrangers et de se joindre à eux pour partager la proie[3]. Ces hommes étaient peut-être ce qu'il y avait de plus cupide et de

[1] [Cf. plus haut, p. 447.]
[2] [Cf. plus haut, p. 480.]
[3] Salvien, *De gubernatione Dei*, VII, c. 16 : *Etiam adventum hostium*

plus cruel parmi les envahisseurs. Ils excitaient les barbares au pillage, dirigeaient leur marche, les conduisaient aux villes les plus riches ou leur en ouvraient les portes. C'étaient eux peut-être qui faisaient la principale force de ces armées dévastatrices. Beaucoup de ces Wisigoths, de ces Burgondes, de ces Vandales, dont parle l'histoire, étaient des Italiens, des Gaulois, des Espagnols, des Africains. Mêlés aux Germains, confondus avec eux, ils faisaient croire aux populations que ces envahisseurs étaient nombreux, et ils l'ont fait croire à la postérité.

Il entra dans la Gaule, si l'on en excepte les provinces du Nord-Est, peu de sang germanique. Aussi doit-on observer que cet établissement des Germains n'a presque rien changé à la langue des Gaulois. Elle est restée, en général, telle qu'on la parlait parmi le peuple dans les derniers temps de l'Empire. Rien n'a été changé ni à ses radicaux, ni à ses règles grammaticales, ni à son accent. Elle s'est ensuite modifiée d'âge en âge conformément aux lois naturelles des langues, sans que l'invasion germanique semble avoir été pour rien dans sa lente et régulière transformation. On peut même ajouter que, s'il se rencontre dans notre langue un assez grand nombre de mots d'origine germanique, la plupart d'entre eux n'y ont pas été apportés par les Germains du ve siècle et ne s'y sont introduits que beaucoup plus tard. Les populations neustriennes du ixe siècle nous ont laissé,

---

postulantes. — Ammien, XXXI, 6, 6 : *Quibus accessere non pauci.... Magno usui iis fuere ignota peragrantibus loca et latebras hominum et receptacula secretiora monstrando.* — Sozomène, IX, 9 : Τὴν Ῥώμην εἷλε προδοσίᾳ. — Les esclaves surtout profitaient du désordre ; voir Paulin de Pella, *Eucharisticos*, v. 334; lettre de Théodoric le Grand, dans dom Bouquet, IV, 7. — [Orientius, *Commonitorium*, II, 273 : *Multis causa fuit mortis civica proditio.* — Cf. plus haut, p. 438.]

dans le Serment de Strasbourg, un spécimen authentique de la langue qu'elles parlaient : on n'y trouve pas un seul mot qui ne soit d'origine purement latine. Ce n'est pas un débris de langue qui est resté en Gaule, destiné à s'altérer et à se perdre bientôt. C'est la langue tout entière, avec son organisme, sa vitalité, son développement naturel d'âge en âge. Ce n'est pas un patois qui aille se perdant en Gaule. Remarquez que la même langue se parle en Italie et en Espagne; et prenez les écrivains de ces divers pays, Grégoire de Tours, Grégoire le Grand, Isidore de Séville; ils parlent exactement la même langue, qui n'est plus tout à fait l'ancienne langue, mais qui est restée la même et s'est développée de même dans les trois pays, cent cinquante ans après les invasions et sous des maîtres différents.

Cette langue s'est moins corrompue que modifiée : peu de mots étrangers y sont entrés; un plus grand nombre de mots populaires s'y sont fait admettre. Ses radicaux et la plupart de ses anciennes tournures ont subsisté; si les terminaisons ont disparu et si quelques tournures auparavant inconnues s'y sont introduites, il faut bien que cette langue ait été naturelle, puisqu'on la retrouve en Espagne et en Italie aussi bien qu'en Gaule. La langue latine s'est transformée, parce que toute langue se transforme. Et il est très vraisemblable qu'elle s'est transformée précisément dans le sens où il était de sa nature qu'elle se transformât. Retranchez les invasions germaniques, la transformation n'eût pas été différente.

Beaucoup de noms d'hommes ont pris une forme germanique, parce que chacun, Franc ou Gaulois, choisissait arbitrairement le nom de ses enfants; de là vient ce mélange de noms germains, latins, et même grecs que l'on rencontre dans les diplômes du viie siècle et qui ne sont jamais un indice de la race. Quant aux noms géographiques, qui ne variaient pas au gré de la mode, ils sont restés ceux que la population gallo-romaine avait donnés à ses montagnes, à ses rivières, à ses villes. Ni les Vosges, ni les Ardennes, ni le Rhin, ni la Meuse, ni la Moselle, n'ont changé de nom. Cologne, Trèves, Coblentz, Mayence, Verdun, Metz, Toul, Saverne, ont gardé les noms qu'ils avaient avant l'invasion[1]. Ce qui est plus singulier encore, c'est que de simples *villæ*, même dans la vallée du Rhin, conservèrent durant deux siècles des dénominations latines, ainsi qu'on peut le voir dans les actes de vente et de donation du viie siècle[2].

Les Germains n'ont eu aucune action sur les croyances religieuses de la société. Les Francs n'ont pas songé à établir en Gaule leur vieux culte; ni les Wisigoths, ni les Burgondes n'ont réussi à y implanter leur arianisme. Rien n'a disparu des croyances, des rites, de la discipline même de l'Église gauloise. Les Germains qui sont entrés en Gaule, en Espagne, en Italie, n'ont pas empêché le catholicisme de se développer conformément aux habitudes d'esprit des populations de ces contrées.

Quant aux mœurs et au caractère de la nation, on ne voit pas non plus que les Germains y aient mis leur empreinte. Croire que la société romaine était corrom-

---

[1] Cologne est l'ancienne *Colonia Agrippina*; Trèves est la *Civitas Trevirorum*; Juliers, en allemand Julich, est *Juliacum* (Ammien, XVII, 2); Coblentz est *Confluentes* (Suétone, *Caligula*, 7; Ammien, XVI, 3); Bingen est *Bingium* (Tacite, *Histoires*, IV, 70); Bonn est *Bonna* (Tacite, *Histoires*, IV, 19); Neuss est *Novesium* (idem, IV, 26); Metz est *Mediomatrici* devenu *Mettis*; Toul est *Tullum Leucorum*; Seltz est *Saletio* (Ammien, XVI, 2, 12); Saverne est *Tabernæ*; Brumath est *Brocomagus* (Ptolémée, II, 9, 18; Ammien, XVI, 2); Augst, près Bâle, est *Augusta Rauracorum* de la *Civitas Basiliensium*. Ainsi, même dans cette région, le plus grand nombre des villes ont conservé leurs anciens noms. Voir *Table de Peutinger*, édit. Desjardins.

[2] [*L'Alleu*, p. 220 et suiv. : *Le nom de la villa*.]

pue et que les barbares l'ont régénérée, est une opinion toute moderne; on ne la trouve exprimée dans aucun document du temps : ni Grégoire de Tours, ni Jordanès, ni Salvien, ni aucune des nombreuses Vies des saints de cette époque ne font l'éloge des vertus germaines. La pensée que les nouveaux venus valussent mieux que les anciens habitants ne paraît être venue à l'esprit ni des Gaulois ni des Germains eux-mêmes. Si d'ailleurs on regarde les faits et que l'on compare, d'après les documents et sans partialité d'aucune sorte, l'état moral de la Gaule avant et après l'entrée de ces Germains, on est forcé de reconnaître qu'avant cet événement la vie privée était plus calme, mieux ordonnée, plus régulière, et qu'après ce même événement il y a eu beaucoup plus de convoitises, de débauches et de crimes. Ce n'est pas à dire que les Germains aient apporté des vices nouveaux qui fussent particuliers à leur race; mais tous les vices de la nature humaine furent alors déchaînés, ainsi qu'il arrive toujours dans le désordre social.

Ces Germains n'ont pas apporté de grands changements dans les lois du pays. Il est vrai qu'ils ont gardé les leurs pendant plusieurs générations, et que l'on a vu le droit germanique et le droit romain vivre quelque temps côte à côte; mais à mesure que cette dualité s'est effacée, c'est le droit germanique qui a cédé la place. Les envahisseurs n'ont fait entrer pour longtemps dans la législation ni le rachat du crime à prix d'argent, ni la solidarité des parents pour le crime commis par un membre de la famille, ni le partage du prix du meurtre entre les parents de la victime, ni la procédure par cojureurs.

[Encore a-t-on singulièrement tort quand on insiste sur le caractère purement germanique de ces coutumes.

Elles ont existé à l'origine de toutes les autres sociétés : la Grèce et Rome ont connu les « cojureurs » et la « composition ». Rome ne les a même jamais entièrement perdus. La composition est inscrite dans les recueils des jurisconsultes. Rare tant que l'autorité publique fut énergique, elle se répandit en Gaule au IV⁰ siècle, et il fut fréquent alors de voir la justice privée se substituer à celle de l'État. L'Église adopta la composition pour meurtre dans sa haine contre la peine de mort ; et les hommes les plus hostiles à cet usage ont été précisément les rois germains.] Si elle eût été uniquement germanique, je doute qu'elle eût prévalu.

Pour mesurer l'action que les Germains ont pu exercer sur le droit français, il faut se rappeler les principales règles qu'ils observaient en Germanie. L'épousée était achetée à ses parents et la dot leur était payée par le mari[1]. La fille ne partageait pas l'héritage paternel et elle était surtout incapable d'hériter de la terre. Le testament était inconnu, et la succession suivait un ordre rigoureusement fixé par la coutume. De ces règles, qu'est-il resté dans le Droit des pays de l'Occident? Les Germains les ont abandonnées eux-mêmes, pour adopter les principes opposés qu'ils trouvaient dans le Droit romain[2].

On a souvent fait ce raisonnement : Le droit français contient plusieurs dispositions que le droit romain ne connaissait pas ; c'est donc qu'elles sont venues de la Germanie. Pour que ce raisonnement fût juste, il faudrait d'abord prouver que ces dispositions existaient dans les coutumes des Germains. On leur a attribué,

[1] [Cf. *La Monarchie franque*, p. 446 et suiv., p. 476 et suiv.]
[2] [Tout cela sera développé dans *L'Alleu*, c. 3 : *Le droit mérovingien en ce qui concerne la terre.*]

par exemple, l'usage de la communauté de biens entre époux ; mais cette communauté ne se rencontre pas plus dans l'ancien droit germanique que dans le droit romain. Il est sage de croire qu'elle n'est d'origine ni romaine ni germanique, mais qu'elle s'est établie peu à peu par le progrès naturel des idées et des mœurs. Il en est de même de beaucoup d'autres règles de droit. Si l'autorité paternelle n'a plus la même rigueur que dans l'ancienne Rome, c'est que le droit romain des derniers siècles tendait déjà à l'affaiblir. Si la mère a obtenu la tutelle de ses enfants, ce sont les lois des empereurs qui ont commencé à la lui donner. Ces changements et beaucoup d'autres ont été l'effet, non de l'invasion d'une race, mais du développement régulier du droit.

Il reste à se demander si les envahisseurs ont introduit en Gaule de nouvelles institutions politiques et de nouvelles règles de gouvernement. La suite de nos études répondra à cette question[1] ; c'est par la longue exposition des faits et non par des généralités qu'il faut essayer de la résoudre. Il serait aisé sans doute de dire, *a priori*, que les Germains ont détruit le despotisme et apporté la liberté ; mais il vaut mieux chercher dans le détail de l'histoire si réellement ils furent libres. De ce que Tacite mentionne chez eux des *concilia*, on pourrait se hâter de conclure que les assemblées nationales des sociétés modernes viennent d'eux et que le régime représentatif a été trouvé dans leurs forêts ; mais il est plus prudent d'observer, dans les faits et par les textes, s'il est vrai qu'ils aient eu en Gaule la pratique des assemblées nationales et des jurys populaires.

Nous avons d'ailleurs vu déjà que les Germains qui

[1] [*La Monarchie franque.*]

s'établirent en Gaule n'étaient que des armées ou des bandes guerrières, restes de nations détruites qui quittaient leur pays pour servir l'Empire ou pour le piller. Il est difficile de croire que ces envahisseurs aient pu enraciner en Gaule les institutions politiques de la vieille Germanie : ils les avaient eux-mêmes perdues depuis plusieurs générations. Pas un seul peuple organisé suivant les règles que Tacite avait décrites n'est entré dans l'Empire.

Il nous semble donc que l'on a exagéré l'importance de l'invasion du ve siècle. Elle n'a apporté ni un sang nouveau, ni une nouvelle langue, ni de nouvelles conceptions religieuses, ni un Droit particulier, ni des institutions qui vinssent directement de la Germanie. Elle n'a pas substitué, sur la terre gauloise, un caractère et un esprit germaniques au caractère et à l'esprit gallo-romains.

Ce n'est pas à dire qu'elle n'ait eu de grandes conséquences pour la suite de l'histoire ; mais ces conséquences ont été de la nature de celles que toute autre invasion, partie de toute autre race, aurait produites. C'est comme simple invasion, ce n'est pas comme triomphe d'un peuple ou d'un esprit nouveau, qu'elle a eu d'importants résultats. Elle a mis le trouble dans la société, et c'est par cela même qu'elle a exercé une action considérable sur les âges suivants. En faisant tomber l'autorité romaine, elle a supprimé, non pas d'un seul coup, mais insensiblement, les règles sous lesquelles la société était accoutumée à vivre. Par le désordre qu'elle a jeté partout, elle a donné aux hommes de nouvelles habitudes, qui à leur tour ont enfanté de nouvelles institutions.

Il y a d'ailleurs à faire cette remarque que la conséquence de l'invasion ne s'est pas produite brusquement ni d'un seul coup. Qu'on regarde les cent cinquante années qui suivent la mort de Clovis, qu'on observe comment les hommes étaient gouvernés, comment ils vivaient et ce qu'ils pensaient, on reconnaîtra qu'ils différaient peu de ce qu'ils avaient été au dernier siècle de l'Empire. Qu'on se transporte, au contraire, au viiie et au ixe siècle, on verra que, sous des dehors plus romains peut-être, la société est absolument différente de ce qu'elle avait été sous l'autorité de Rome. Les grands résultats de l'invasion germanique, obscurs au vie siècle, apparaîtront au viiie siècle.

[CONCLUSION]

[Dans les deux derniers siècles de la domination des empereurs, la Gaule fut le théâtre de cette rencontre entre le monde romain et le monde barbare qu'on est convenu d'appeler l'invasion germanique. A la suite de cet événement, le gouvernement de la Gaule est passé à de nouveaux maîtres : les rois francs ont remplacé les empereurs. Il semble même, au premier abord, que les institutions aient dû changer comme les maîtres : les historiens ont pris l'habitude de faire de ce moment l'ère de la France moderne. Il importait donc de rechercher l'origine, de déterminer les caractères et les conséquences de cette prétendue invasion. Avant d'étudier la lutte elle-même, il a fallu aussi examiner les institutions des deux sociétés, en insistant sur celles du monde romain, dans lequel la Gaule, depuis trois siècles, s'était complètement absorbée.

Malgré les changements apportés au IIIe siècle dans la constitution de la monarchie, malgré les événements politiques, guerres civiles et invasions, malgré les crises économiques, le gouvernement impérial n'avait changé ni de caractère ni d'habitudes. L'empereur a de nouveaux titres et plus de fonctionnaires, il y a souvent plusieurs augustes qui règnent ensemble; mais l'autorité du prince est en droit plus absolue que jamais, et jamais sa personne n'a été plus vénérée. Il est toujours un Dieu sur la terre : c'est ce qu'avait dit Virgile en parlant du premier empereur ; c'est ce que diront les rois barbares en parlant des derniers. La centralisation administrative est, comme autrefois, la règle de gouvernement ; aucun État n'eut peut-être une apparence plus régulière et, comme nous dirions aujourd'hui, plus bureaucratique, que l'État romain vu à travers la *Notice des dignités*. Il ne paraît pas non plus que les libertés provinciales ou municipales aient été restreintes, du moins par la politique des empereurs. Les charges de la population ne se sont pas aussi accrues qu'on le répète. L'indépendance religieuse s'est établie. Le régime de la propriété est entouré des mêmes garanties qu'autrefois. Le même droit assujettit les personnes, et, s'il n'a été fait aucun progrès dans le sens de l'égalité, si les rangs sont aussi marqués que jadis, la société aussi divisée, aussi aristocratique que par le passé, on ne peut pas dire que les lois soient plus dures, les mœurs plus mauvaises, que les esclaves soient plus malheureux, la liberté plus difficile à acquérir, les affranchis moins nombreux, la noblesse moins accessible.

Mais il y a un affaiblissement, un énervement de la vie publique qui est le caractère principal de cette époque. La faiblesse de l'esprit politique dans le monde ancien avait été une des causes de la conquête romaine ; elle n'avait fait qu'augmenter à la faveur de la paix matérielle que l'Empire donnait aux hommes, et sous l'influence des passions religieuses et des pieux désirs auxquels les âmes se laissaient chaque jour entraîner davantage. La vie se retirait de l'État pour aller à la religion. En droit, l'Empire est tout-puissant ; en fait, il est comme déserté. Le service militaire est abandonné aux barbares. Les fonctionnaires sont moins obéis; la noblesse, en augmentant le nombre de ses clients, diminue celui des sujets immédiats de l'État. Plus que jamais, on aime l'Empire, on respecte l'empereur; mais on dirait que la souveraineté impériale s'éloigne, grandissant en gloire, diminuant en force.

Au-dessous de l'empereur, la principale autorité, dans le monde gallo-romain, est alors l'aristocratie foncière. Elle dépend de l'État, elle obéit aux lois, mais en fait les mœurs et les habitudes de la société la rendent aussi puissante que lui, et pour ainsi dire sa rivale. L'Empire n'avait jamais combattu la noblesse : il l'avait soumise au Droit, mais il l'avait aussi reconnue et s'en était servi. La Gaule avait été aristocratique avant la conquête : elle l'était tout autant au moment de l'invasion. Sous cette monarchie absolue, l'aristocratie gouvernait les hommes. Elle prenait insensiblement la place de l'Empire. Elle avait gardé son prestige et recouvrait ses forces. Les classes moyennes disparaissant, il n'y avait plus guère, au-dessus des esclaves et des affranchis, que des nobles. Ils avaient la richesse, ils exerçaient les fonctions. Ils possédaient la terre et administraient les hommes. Par le patronage sur leurs affranchis, ils maintenaient dans leur dépendance, pendant des générations, ceux-là mêmes auxquels ils avaient donné la liberté. Par le patronage sur leurs clients, ils se créaient des sujets qui étaient plus à eux qu'à l'État. La classe des hommes libres, loin de s'accroître, diminuait chaque jour davantage, pendant que de toutes manières la domesticité des grands s'augmentait de nouvelles recrues. Affranchis, clients, colons, ce n'étaient que des noms différents de serviteurs de nobles. La presque totalité du peuple, au IV° siècle, était subordonnée et comme annexée aux familles des sénateurs. Il n'y a qu'un très petit nombre d'hommes vraiment libres, et ces hommes libres sont seigneurs, à divers titres, de beaucoup d'autres. De plus, ces grands étaient intelligents, actifs, considérés : ils acquerront bientôt la souveraineté morale, en mettant la main sur l'épiscopat. Il ne leur manque que les armes.

Cette aristocratie n'est encore, en effet, qu'une puissance civile. La force matérielle, les armes, appartiennent aux barbares. En face de la noblesse, et, comme elle, rivale toute-puissante de ce pouvoir impérial auquel elles sont soumises toutes deux, se trouve l'armée. A ce moment, l'armée est à peu près uniquement composée de corps de Germains auxiliaires, de bandes de barbares.

C'est la prise de possession de l'autorité civile et du gouvernement effectif par ces bandes et par leurs chefs qui constitue surtout la transformation historique qu'on a appelée l'invasion germanique.

Le mot d'invasion fait songer à une migration d'hommes, à une nation en marche, à la conquête d'un État par un peuple. On se figure volontiers comme un immense débordement de Germains, se précipitant sur la Gaule forts et nombreux, et unis moins par l'intérêt que par la haine du nom romain. Cette union nationale, cette haine patriotique, cette force d'impulsion de l'ancienne Germanie, n'apparaissent nulle part dans les textes contemporains de l'invasion.

Les Germains, pas plus que les Gaulois de l'indépendance, ne furent unis entre eux. Chez eux, ils étaient sans cesse en lutte les uns contre les autres. Il en fut de même quand ils pénétrèrent sur le sol romain, et qu'ils s'y trouvèrent installés. Il n'y avait pas de patrie germanique. D'ailleurs, ce ne sont pas des États organisés qui ont fait les invasions. Certes, il y eut de ces États en Germanie au 1ᵉʳ siècle : dans le monde que décrit Tacite, on reconnaît les germes d'une société qui s'organise, de nations qui se forment, de vie publique qui commence. Mais au début du vᵉ siècle ce monde est en pleine dissolution : il n'y a plus d'organisation politique, il semble même qu'il n'y ait plus de peuples. A leur place, on trouve des bandes guerrières, qui, après avoir détruit ce qu'il y avait d'institutions stables dans leur pays, sont venues menacer le monde romain.

La haine contre les Romains existe moins encore chez ces Germains que l'unité nationale. Dès le début, Rome a trouvé des alliés en Germanie, comme César en a rencontré en Gaule. Le héros prétendu de l'indépendance germanique, Arminius, avant d'attaquer les légions, a été, comme Vercingétorix, l'ami des Romains : il était citoyen et chevalier romain, et avait combattu à la solde de l'Empire. Les Germains du ivᵉ et du vᵉ siècle agiront de même. Ils ne seront les ennemis de Rome que pour n'avoir pu en devenir ou en rester les soldats ou les sujets. Même dans les moments d'exaspération brutale, ils n'auront contre l'Empire ni colère indignée ni fureur patriotique. Alaric devient le maître; il se hâte de créer un auguste. Le premier acte de Clovis, après avoir achevé ses conquêtes, est de prendre les insignes de la dignité que lui confère l'empereur.

Ce n'est pas à dire qu'il n'y ait eu de grandes incursions, faites par des bandes franchement hostiles; on ne peut nier non plus que celles de ces bandes qui se sont toujours présentées en ennemies, n'aient été les plus fortes et les plus nombreuses. Mais, qu'on le remarque, ce sont précisément ces troupes, les plus dangereuses, les plus violentes, les plus agressives, qui ne sont pas demeurées dans l'Empire et qui ont laissé le moins de traces de leur passage. Les Goths au temps de Gallien, les Wisigoths au temps de Valens, les barbares de Radagaise et de la grande invasion, les Huns d'Attila formaient de véritables armées : il n'est rien resté d'eux, ils n'ont rien fondé.

Ceux des Germains qui se sont établis sur le sol romain s'y étaient fixés comme laboureurs, comme esclaves, surtout comme sujets et comme soldats. Les seules entreprises qui aient réussi ont été celles des bandes auxiliaires. Les vrais conquérants de la Gaule ont combattu sous les drapeaux de l'Empire. Les Wisigoths, les Burgondes, les Francs, ont été des soldats fédérés au service de l'État romain, de même que ces petits corps installés en Gaule au IV° siècle, ou ces Germains isolés pris comme gardes du prince par les empereurs du premier. A cinq siècles de distance, qu'il s'agisse d'individus détachés ou de troupes importantes, l'attitude de ces barbares à l'égard de l'Empire est demeurée la même : ils ont été respectueux de la majesté impériale et désireux d'appartenir au nom romain.

La conquête de la Gaule par les trois grandes bandes germaniques est donc, dans l'histoire de l'État romain, la fin d'une double transformation qui commence à l'origine même de l'Empire.

Elle a marqué d'abord le triomphe définitif du système des armées auxiliaires sur celui des armées nationales. On pouvait prévoir ce triomphe depuis longtemps, les Romains abandonnant chaque jour davantage à des alliés le soin de les défendre. Les premiers alliés ont été les Latins et les Italiens, puis sont venus les provinciaux. Quand la province est devenue romaine, on a accepté les barbares.

Cette introduction des barbares dans le monde romain a commencé avec l'Empire, elle a duré autant que lui; l'invasion l'a consommée. L'invasion a donc été aussi le dernier terme de cette lente évolution que l'on peut résumer en une seule formule, la transformation des Germains en sujets de Rome. La Gaule n'a pas été conquise par les barbares : ils ont été acquis à l'Empire.

Puis ces nouveaux sujets sont aisément devenus des maîtres. Ces bandes se sont cantonnées à demeure dans les provinces. Leurs chefs ont pris pour eux l'autorité civile, comme ils avaient déjà le pouvoir militaire. La chose s'est faite sans secousses : l'autorité était déjà si faible dans les mains de l'empereur. Beaucoup de ces soldats avaient déjà imposé leurs services au prince : ils usurpèrent le titre de sujets, ils usurpèrent la solde, les cantonnements, la possession des terres militaires; ils usurpèrent l'autorité civile, mais toujours comme soldats au service de l'Empire. Les populations ont obéi aux chefs barbares; ils ont choisi des gouverneurs, perçu les impôts; et, de simples généraux qu'ils étaient, sont aussi devenus des juges souverains.

Il y a eu ainsi en Gaule un dernier affaissement de l'esprit politique. L'État romain, après avoir donné les armes aux barbares, leur a laissé prendre le pouvoir. De sujets ils devinrent les maîtres, mais sans cesser d'être au service de l'État.

En droit et en fait, rien ne fut changé tout d'abord. Clovis et ses fils, les chefs burgondes, les premiers rois wisigoths, reconnaissent la suprématie des augustes et l'intégrité de l'Empire. L'administration n'est point modifiée, et le droit demeure le même. Les Gaulois conservent leurs terres et leur liberté. Il n'y a pas de vaincus, parce qu'il n'y a pas eu de conquête. Il y a seulement un changement dans la personne des maîtres.

Nous avons aperçu, en étudiant l'Empire au IV° et au V° siècle, des symptômes de transformation politique : la puissance de l'aristocratie grandit, celle de l'État diminue. Ces symptômes, l'invasion ne les a point fait disparaître. L'aristocratie n'a rien perdu, ni ses terres ni son prestige. L'État n'a rien gagné, ni en force ni en droit.

Au contraire, à la suite de l'établissement des barbares, ces deux faits ne pourront que se marquer davantage. Les rois francs n'auront pas longtemps qualité pour être des maîtres plus forts et plus respectés que les empereurs de Rome, et l'aristocratie ne peut que profiter de ce que l'État va perdre en puissance et en considération. La décadence de la vie publique et de l'autorité politique va continuer, à l'avantage des riches et des nobles. Qu'on songe que l'idée de l'État est encore représentée, à la mort de Clovis, par la souveraineté impériale, aussi vénérée qu'autrefois, mais perdue maintenant dans le lointain de Constantinople.

Cette invasion n'est donc pas une conquête : tout au plus est-ce la substitution d'une autorité à une autre ; le même régime continue sous de nouveaux maîtres. Ce n'est pas une révolution, mais l'évolution plus rapide de faits commencés depuis longtemps. Dans l'Empire romain, l'État s'épuisait chaque jour en face de l'aristocratie grandissante : l'invasion germanique n'a été qu'une cause nouvelle de dissolution, mais la plus forte de toutes.

Ce sont les conséquences lointaines et indirectes de cette invasion que nous rechercherons dans les volumes suivants, en voyant ce que devinrent, dans la Gaule franque, la monarchie romaine et l'aristocratie foncière.]

TABLE DES MATIÈRES

	Pages.
Préface.	V
Introduction.	XI

LIVRE I

La Gaule romaine à l'époque de l'invasion.

Chapitre I. De l'État et de la puissance publique au commencement du ve siècle.	2
1° De l'autorité impériale.	2
2° L'administration centrale.	11
3° L'administration provinciale.	17
II. Que les libertés provinciales et municipales ont persisté jusqu'aux derniers temps de l'Empire.	26
1° Les assemblées provinciales.	26
2° Si le régime municipal est tombé en décadence.	31
III. Les charges de la population.	44
IV. L'Église chrétienne dans ses rapports avec l'autorité impériale.	60
1° L'Église est indépendante de l'État.	60
2° Influence de l'Empire sur l'Église.	65
V. Que les empereurs n'ont cessé d'affermir le droit de propriété.	72
VI. Les différentes classes de la société dans l'Empire romain. Les esclaves.	81
1° De la condition des esclaves.	82
2° Les serfs de la glèbe (*servi rustici*).	92

	Pages
Chapitre VII. Les affranchis	96
1° Des différents modes d'affranchissement	96
2° Du patronage des affranchis	107
3° Des travaux dus par les affranchis	115
4° De la succession des affranchis	122
5° De la situation des affranchis sous l'Empire	134
VIII. Les colons	138
IX. Les classes moyennes	146
X. La noblesse dans l'Empire romain	153
1° Si l'Empire a combattu l'aristocratie	153
2° De l'aristocratie des fonctionnaires	166
3° L'aristocratie des grands propriétaires	171
XI. De la prépondérance de l'aristocratie foncière dans l'Empire romain	184
1° La décadence des curiales coïncide avec celle de la petite propriété	184
2° Puissance des grands propriétaires	197
XII. De l'affaiblissement de l'autorité publique	202
XIII. De l'état moral des populations de la Gaule sous l'Empire romain	206
1° Le travail et les mœurs	207
2° La décadence de la vie politique	217

LIVRE II

L'Invasion germanique.

Chapitre I. Les anciens Germains	226
1° Nature de nos documents	226
2° État des personnes. Les esclaves, les serfs de la glèbe, les affranchis	247
3° État des personnes. Les libres et les nobles	258
4° L'État germain	271
5° Le degré de civilisation de l'ancienne Germanie	281
II. Les Germains au v° siècle	291
III. Des causes des invasions germaniques	303
1° Quels sont nos documents?	303
2° Si les Germains ont agi de concert pour envahir l'Empire	306
3° Si c'est la haine de la race ou des institutions romaines qui a armé les Barbares	312
4° La vraie cause de l'invasion germanique	322

Chapitre IV. Les vraies invasions germaniques. 527
    1° Depuis César jusqu'à Probus 529
    2° Depuis Probus jusqu'à Théodose. 538
    3° Les trois grandes invasions du v° siècle. . . . 547
    4° Caractères communs de ces invasions. 557
V. Des Germains qui sont entrés dans l'Empire à titre de sujets. 365
VI. Des Germains qui sont entrés dans l'Empire comme esclaves ou comme colons. 372
VII. Des Germains qui sont entrés à titre de soldats de l'Empire 381
    1° De la condition des soldats barbares ; fédérés et lètes. 382
    2° Pourquoi l'Empire a enrôlé des Germains. Que cet enrôlement est une forme de conquête de la Germanie 391
VIII. Comment les Wisigoths sont entrés en Gaule 401
    1° Les Goths en dehors de l'Empire. 402
    2° Les Goths entrent dans l'Empire comme sujets. 407
    3° Les Goths soldats de l'Empire 414
    4° Les Wisigoths établis en Gaule par l'autorité impériale. 424
    5° De la nature du traité conclu entre les Wisigoths et l'Empire. 431
    6° De l'effectif et de la composition de l'armée des Wisigoths. 436
IX. Comment les Burgondes sont entrés en Gaule 439
    1° Les Burgondes en dehors de l'Empire 439
    2° Les cantonnements des Burgondes en Gaule. . 446
    3° Les rois burgondes généraux de l'Empire. . . 452
X. Comment les Francs sont entrés en Gaule. 460
    1° Les Francs avant Clovis. 460
    2° La nature de l'autorité de Clovis à son avènement. 477
    3° Comment Clovis a conquis la Gaule 488
    4° Clovis délégué de l'empereur. 499
    5° Les rois francs se détachent de l'Empire . . . 508
XI. Comment l'autorité impériale disparut 514
XII. Relations des Germains avec la population gauloise . . 520
XIII. Que la population gauloise n'a pas été réduite en servage. 531
XIV. S'il est vrai que la propriété du sol ait été enlevée aux Gaulois. 538

TABLE DES MATIÈRES.

Pages.

CHAPITRE XV. Que les Gaulois n'ont pas été traités comme une race inférieure 545
XVI. Des conséquences de l'invasion germanique ... 549
[Conclusion] 560

FIN DE LA TABLE DES MATIÈRES

541 OT. — Coulommiers. Imp. Paul BRODARD. — 404.

www.ingramcontent.com/pod-product-compliance
Lightning Source LLC
Chambersburg PA
CBHW070412230426
43665CB00012B/1333